François Meienberg

Zu Fuß durch die Provence

Weitwandern zwischen Mont Ventoux, Verdonschlucht und Saint-Tropez

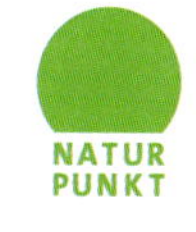

Rotpunktverlag.

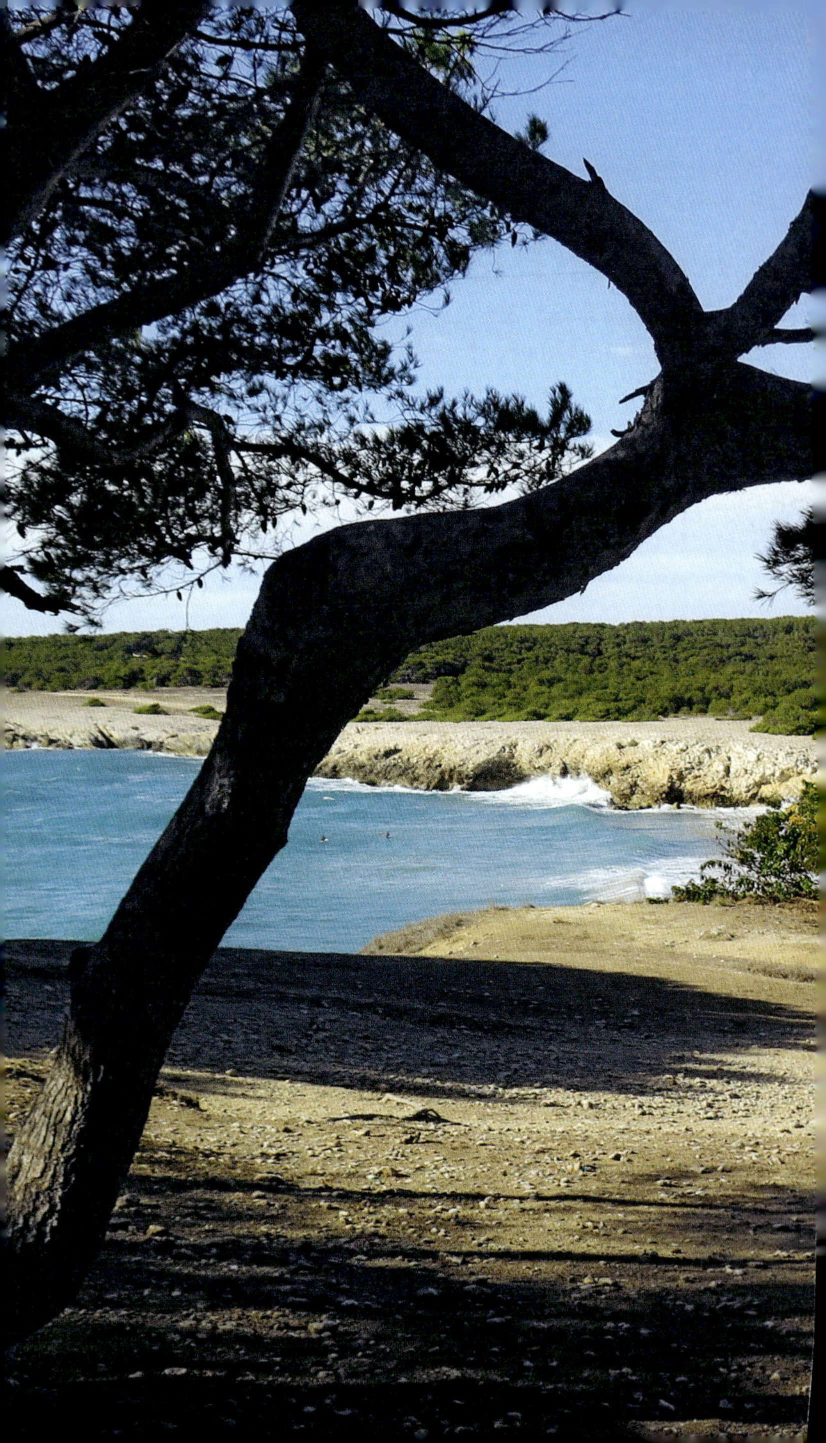

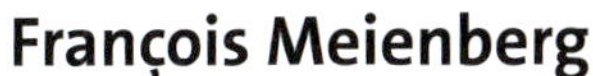

François Meienberg

Zu Fuß durch die Provence

Weitwandern zwischen Mont Ventoux, Verdonschlucht und Saint-Tropez

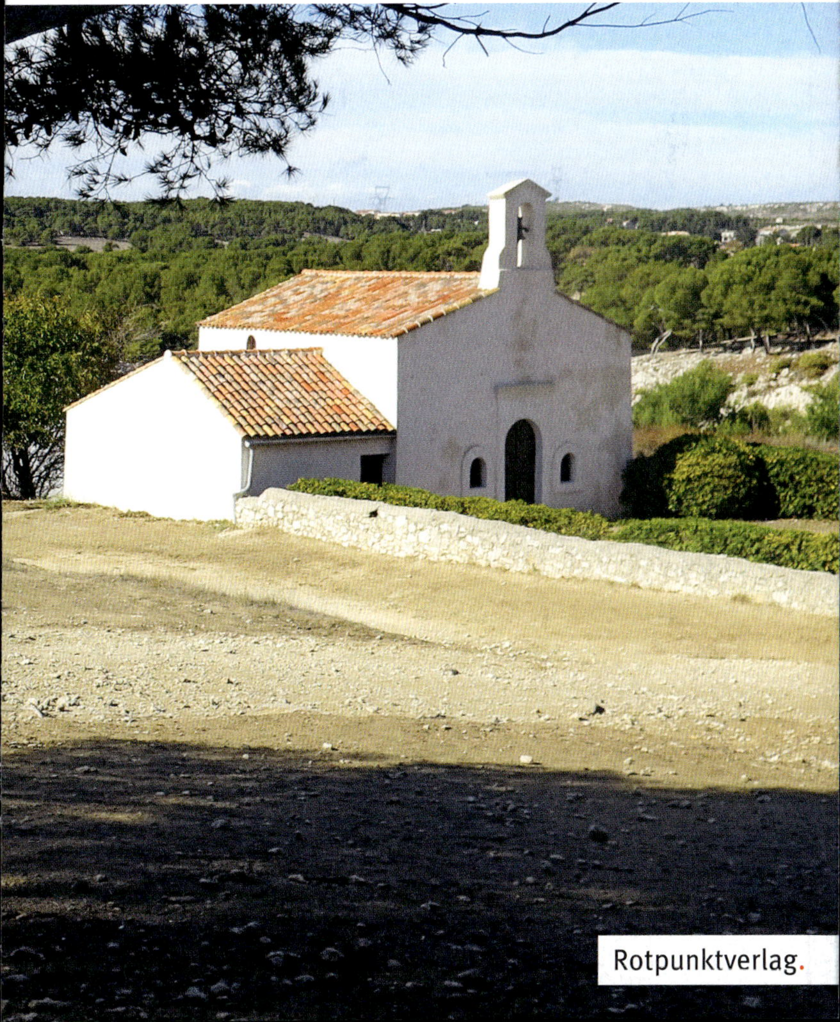

Rotpunktverlag.

Für Lila und Marion

Mein Dank geht an alle, die zum Gelingen dieses Buches beigetragen haben. Dies sind unter anderem: Daniel Anker, Martin Bloch, Wolfgang Bollack, Laure Bonnevie, Marlies Carey, Georg Christen, Patrick Durisch, Jürg Fischer, Dimitrios Gavrides, Tina Goethe, Patrizia Grab, Peter Gruber, Uorschla Guidon, Lisa Ibscher, Daniela Kistler, Jürg Langner, Barbara Müller, Lila Nitsch, Marion Nitsch, Isabelle Renon, Olivier Reynaud, Guido Schätti, David Stickelberger, Barbara Studer, Sarah Wendle, Stephanie Williamson, Sonja Wipf, Simon Yazgi – sowie Mitwandernde meiner Provence-Touren bei Per Pedes.

Naturpunkt-Fachbeirat
Daniel Anker, François Meienberg,
Lieni Roffler, Dominik Siegrist

Der Rotpunktverlag wird vom Bundesamt für Kultur mit einem Strukturbeitrag für die Jahre 2016–2020 unterstützt.

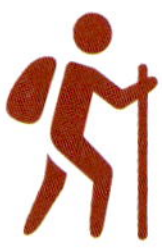

wanderweb.ch
Rotpunkt-Wanderbücher stets aktuell

Für Rückmeldungen, Korrekturen und Hinweise aller Art sind wir dankbar.
Bitte schicken Sie festgestellte Veränderungen an:
www.wanderweb.ch/forum oder
redaktion@wanderweb.ch.

www.rotpunktverlag.ch

www.wanderweb.ch

Umschlagbild: Dentelles Sarrasines (Etappe 1.3),
Foto: François Meienberg

Bild S. 2/3: Kapelle Ste-Croix (Etappe 11.2).

Bildbearbeitung: typopoint GbR, Ostfildern

Karten: Dimitrios Gavrides, Frankfurt am Main

Druck und Bindung: Printer Trento

ISBN 978-3-85869-851-3

1. Auflage 2019

Vorwort

Mit dem vorliegenden Wanderführer möchte ich Sie einladen, die Provence von einer anderen Seite zu entdecken. Es ist eine meist ländliche Provence abseits der großen Kulturstädte wie Avignon, Aix-en-Provence, Arles oder Marseille. Eine Provence, die teilweise von der Entvölkerung bedroht wird – sich an anderen Orten aber auch mit großen Touristenströmen auseinandersetzen muss. Eine Provence, die von der umtosten Meeresküste bis zu schneebedeckten Dreitausendern reicht.
Sie werden diese Provence zu Fuß erkunden. Auch dies wird Ihre Sichtweise verändern. 16 Fernwanderungen zwischen zwei und neun Tagen Dauer werden ausführlich beschrieben: Anfahrt mit dem öffentlichen Verkehr, beste Jahreszeit, Unterkunfts- und Einkaufsmöglichkeiten unterwegs et cetera. Sie bekommen alle Infos, die Sie zur Vorbereitung und Durchführung der Wanderung benötigen. Insgesamt können Sie mit diesem Buch 72 Tage – also über zwei Monate – unterwegs sein. Wo die markierten Wanderwege über längere Strecken Straßen oder breiten Schotterpisten folgen, habe ich mit den beschriebenen Routen, wo immer möglich, versucht, attraktive Alternativen vorzuschlagen. Dies hat zur Folge, dass bei unmarkierten Abschnitten die Beschreibungen etwas ausführlicher ausfallen und die Orientierung teilweise etwas anspruchsvoller ist – dafür bleiben die Routen aber abwechslungsreich und spannend. Und am Ende einer Etappe warten immer wieder Unterkünfte, wo man am liebsten mehr als eine Nacht bleiben möchte. Wenn Sie genügend Zeit haben, ist dies durchaus zu empfehlen. Wer ab und zu einen Ruhetag einlegt, hat mehr von der Fernwanderung.
Allen, die zum Gelingen dieses Buches beigetragen haben, möchte ich herzlich danken. Ein besonderes Dankeschön gebührt dem ganzen Team des Rotpunktverlags, das das Projekt von Anfang bis Ende mit viel Interesse, Geduld und Fachwissen begleitet hat. Ein spezieller Dank geht auch an meine Partnerin Marion und meine Tochter Lila, die mich auf vielen Wanderungen begleitet haben und das Projekt, wo immer möglich, unterstützten. Danken möchte ich auch allen anderen, die mich auf den Wanderungen begleiteten oder sonst mit Tipps oder Literatur zur Seite standen.
Das vorliegende Buch enthält eine Fülle von aktuellen Angaben. Doch Websites, Fahrpläne oder Öffnungszeiten wechseln schneller, als einem Wanderbuchautor lieb ist. Ich möchte die Leserinnen und Leser deshalb einladen, ihre Erfahrungen, ihre Kritik, ihr Lob und Korrekturen auf www.wanderweb.ch mit mir und anderen Wanderinnen und Wanderern zu teilen.

Ich wünsche Ihnen eine gute Zeit in der Provence!
François Meienberg, im Juni 2019

Inhalt

Küstenwanderungen

Touren in der Haute-Provence

Einführung

Das Gebiet

Die Provence ist praktisch jedem und jeder ein Begriff. Doch wenn es darum geht, das Gebiet genau abzustecken, gibt es keine klare Antwort. Oder viele Antworten.

Ihren Namen erhielt die Provence als Provinz (lateinisch: *provincia*) des römischen Reichs. Die Provinz Gallia Narbonensis deckte jedoch ganz Südfrankreich ab. Prägend für das Verständnis der Provence und ihrer Grenzen war die Grafschaft Provence (siehe S. 11 f.), die ebenfalls wechselnde Grenzen hatte, aber, vereinfacht gesagt, von der Rhone zu den Alpen reichte und im Süden vom Mittelmeer und im Norden von der Dauphiné begrenzt wurde. Später verlor sie die Gebiete der Grafschaft Nizza an die Savoyer und das Comtat Venaissin (mit Avignon) an den Papst. Diese Grenzen hatten auch dann noch Bestand, als die Grafschaft als Provinz in das französische Königreich integriert wurde. Heute werden die politischen Grenzen innerhalb Frankreichs im Rahmen der Regionen und Départements definiert. Das Gebiet der ehemaligen Grafschaft befindet sich in der Region Provence-Alpes-Côte d'Azur (abgekürzt PACA).

Dieser Wanderführer deckt in etwa das Gebiet der historischen Provence ab, das heißt die Region PACA mit den **Départements** Bouches-du-Rhône, Vaucluse, Var und Alpes-de-Haute-Provence, aber ohne die Départements Hautes-Alpes und Alpes-Maritimes (die ehemalige Grafschaft Nizza). Die Fläche und Einwohnerzahl des Gebiets entspricht etwa der Hälfte der Schweiz.

Die Verschiedenartigkeit innerhalb der Provence ist immens. Sie reicht von der stetig wachsenden Metropole Marseille bis zum kleinen, von der Entvölkerung bedrohten Weiler in der Haute-Provence und von der umtosten Meeresküste bis zu Alpengipfeln auf über 3000 Metern über Meer.

Die Vielfalt spiegelt sich auch in den vielen **Schutzgebieten** der Provence: drei Nationalparks, vier regionale Naturpärke, zwei Unesco-Biosphärenreservate, ein Unesco-Geopark und ein Grand Site de France. In all diesen Gebieten bemüht man sich um eine nachhaltige Entwicklung und

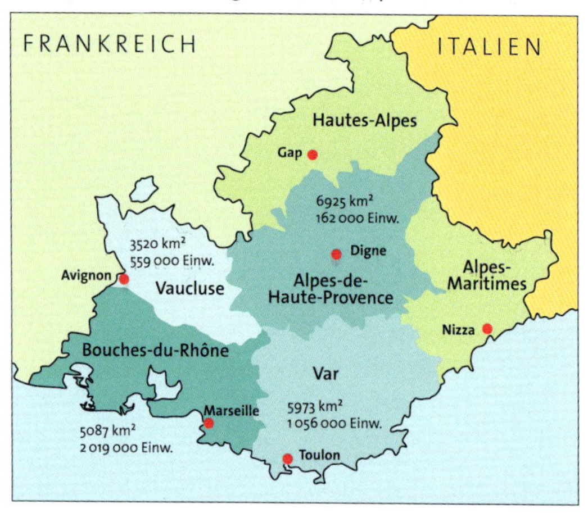

Die Departemente der Region Provence-Alpes-Côte d'Azur.

es gelten diverse Auflagen betreffend Naturschutz. Alle diese Schutzgebiete werden auf den in diesem Buch vorgestellten Wanderungen durchstreift.
Diese schützenswerten Naturlandschaften sind ein Paradies für Mehrtageswanderungen. Die Fédération française de la randonnée pédestre (FFRP), die französische Wandervereinigung, hat ein großes **Netz von Fernwanderwegen,** die sentiers de grande randonnée (GR), ausgeschildert und markiert, von denen einige durch die Provence führen. Viele dieser GRs werden auf den Wanderungen in diesem Buch in Teilabschnitten begangen. So zum Beispiel der GR4 und der GR6, die von den Alpen bis (fast) an den Atlantik führen, der Pilgerweg Via Domitia (GR653D) oder die beliebten Mehrtagestouren Tour de l'Ubaye und Tour du Luberon.

Name	Art des Schutzgebiets	Fläche	Wanderungen im Buch
Port-Cros	Nationalpark	1497 km² (Land 242 km²)	8.2 und 9.2–9.7
Mercantour	Nationalpark	2146 km²	14.5 und 15.1–15.5
Calanques	Nationalpark	1580 km² (Land 167 km²)	10.1–10.3
Alpilles	Regionaler Naturpark	510 km²	4.1–4.4
Luberon	Regionaler Naturpark	1747 km²	2.1–2.7 und 3.1–3.4
Verdon	Regionaler Naturpark	1770 km²	13.1–13.4
Sainte-Baume	Regionaler Naturpark	810 km²	6.1–6.2
Luberon-Lure	Unesco-Biosphärenreservat	2450 km²	2.1–2.7, 3.1–3.4 und 12.2–12.6
Mont Ventoux	Unesco-Biosphärenreservat	290 km²	1.3–1.5 und 2.9
Sainte-Victoire	Grand Site de France	345 km²	5.1–5.2
Haute-Provence	Unesco-Geopark	2300 km²	13.4 und 16.1–16.4

Eine kurze Geschichte der Provence

Zu den ältesten Spuren des Menschen in der Provence zählen die Höhlenzeichnungen in der Henry-Cosquier-Höhle am Cap Morgiou bei Marseille. Sie entstanden vor 27 000 bis 19 000 Jahren durch Cro-Magnon-Menschen, die in den Höhlen der Calanques lebten.
Ab der Bronzezeit (ab 1800 v. u. Z.) bewohnten Ligurer das Gebiet. Nach 800 v. u. Z. drangen **keltische Stämme** (Gallier) aus Norden in das Gebiet ein, ließen sich nieder und vermischten sich teilweise mit den Ligurern (Kelto-Ligurer). Sie bauten Oppida, befestigte Siedlungen, von denen heute noch Spuren sichtbar sind, zum Beispiel bei Glanum (Wanderung 4.3.) oder St-Pierre (Wanderung 11.3).
Um 600 v. u. Z. gründeten Phokäer, griechische Seehändler, im Einvernehmen mit den keltischen Bewohnern, den Handelsstützpunkt Massalia, das heutige Marseille. Phokäa war eine Stadt an der Westküste der heutigen Türkei. Die **Griechen** hatten kaum Siedlungen im Landesinnern (eine Ausnahme ist Glanum), sondern orientierten sich aufgrund der Handelswege zum Meer hin. Sie haben in der Pro-

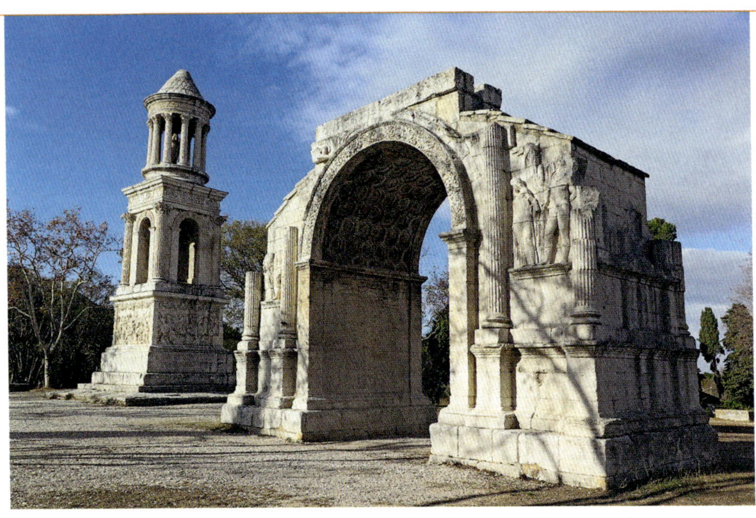

Les Antiques: Zeugnisse aus der Römerzeit bei St-Rémy-de-Provence (Etappe 4.3).

vence bleibende Spuren hinterlassen, waren sie es doch, die die Weinrebe und den Olivenbaum, aber auch die Geldwirtschaft nach Südfrankreich brachten. Zwischen Massalia und Rom gab es eine enge Verbindung. Nachdem die Kelten im Jahr 387 v. u. Z. Rom brandschatzten und plünderten, waren es die Griechen aus Marseille, die den Römern halfen, den Tribut an die Sieger zu bezahlen. Die beiden Städte vereinbarten in einem Pakt, sich im Kriegsfall gegenseitig Hilfe zu leisten. So kamen die **Römer** den griechischen Siedlern zu Hilfe, als 181 und 154 v. u. Z. keltische Stämme ihre Kolonien in Nizza und Antibes angriffen. Und sie boten auch 125 v. u. Z. Beistand, als die Salluvier und andere keltische Stämme Massalia selbst bedrohten. Doch diesmal setzten sich die Römer selber in der Gegend fest und sicherten sich auf diese Weise den Landweg zu ihren spanischen Provinzen.

Der Krieg gegen die Gallier dauerte von 125 bis 121 v. u. Z. Ein entscheidender Sieg gelang den Römern, als sie im Jahr 123 v. u. Z. das größte keltische Oppidum der Gegend, jenes von Entremont, erobern. Ein Jahr später gründeten sie ganz in der Nähe die Stadt Aquae Sextiae (das heutige Aix-en-Provence), die erste römische Siedlung auf dem Gebiet des heutigen Frankreich. Doch bereits wenige Jahre später wurde die junge Provinz und das gesamte römische Reich von den Teutonen bedroht, bis diese, wiederum in der Nähe von Aix, von Gaius Marius vernichtend geschlagen wurden (siehe S. 122). Danach folgte eine Zeit des relativen Friedens mit diversen Stadtgründungen wie Arles, Orange, Vaison-la-Romaine (Wanderung 1.1.) oder Glanum (Wanderung 4.3.), in der sich auch das Christentum (gegen Ende des 2. Jahrhunderts) in der Provence ausbreitete. Ein Konzil in der Bischofsstadt Arles bescheinigt im Jahr 314 christliche Gemeinden auch in Vaison, Apt Orange und Marseille. Aus dem Vulgärlatein der Römer entstand das **Provenzalische** (ein Dialekt des Okzitanischen), das über Jahrhunderte die Sprache der Provence war, heute von der Unesco aber als ernsthaft gefährdet eingestuft wird.

Die römische Epoche nimmt ein Ende, als die Westgoten im Jahr 471 Arles einnehmen. Die Westgoten wurden von den Ostgoten abgelöst, bis die Provence 536 Teil des Fränkischen Reichs wurde. Nach den verschiedenen Teilungen des Fränkischen Reichs entsteht 880 das Königreich Burgund-Provence (auch Niederburgund genannt), das sich 930 wieder mit dem Hochburgund zum Königreich Burgund vereint und nach der Stadt Arles auch Königreich Arelat genannt wird. Als Teil des Königreichs entsteht die **Grafschaft Provence.** Die Grafen verwalteten die Provence im Namen der Könige. Wilhelm I. Graf der Provence vertrieb 973 die plündernden Sarazenen. Durch Erbschaft gelangte das Königreich Burgund 1032 an das Heilige Römische Reich deutscher Nation, doch war der Machtanspruch eher theoretischer Natur, denn die Macht lag mittlerweile de facto bei den ansässigen Adelsfamilien. Zu Beginn des 12. Jahrhunderts hatten die Grafen der Provence keine männlichen Nachkommen mehr und die beiden Nachfolgerinnen Emma de Provence und Dulcia von Gévaudan heirateten in verschiedene Grafenhäuser – Toulouse und Barcelona – ein, was die Teilung der Provence einleitete. Der größere Teil, das ganze Gebiet südlich der Durance und bis zu den Alpen, fällt an die Katalanen, der Teil nördlich der Durance (Cavaillon, Carpentras, Vaison) kommt an die Grafen von Toulouse und wird später nochmals aufgeteilt, womit auch die kurzlebige Grafschaft Forcalquier entstand.

Das 12. Jahrhundert war eine Blütezeit der Provence. Die großen Städte wie Arles, Avignon oder Marseille genossen eine große Selbständigkeit und Machtfülle. Unter **Raimund Berengar V.** (siehe auch S. 291) wurden die Grafschaft Provence und die Grafschaft Forcalquier 1209 wieder vereint. Berengar V. hatte vier Töchter. Die erste heiratete den König von Frankreich, die zweite den König von England und die dritte den späteren römisch-deutschen König. Die jüngste Tochter Beatrix erbte beim Tod Berengars die Provence und heiratete kurz darauf **Karl von Anjou,** den jüngsten Bruder des französischen Königs

Die Aufteilung der Provence um 1125: die Grafschaft Provence, die Grafschaft Forcalquier und die Markgrafschaft Provence.

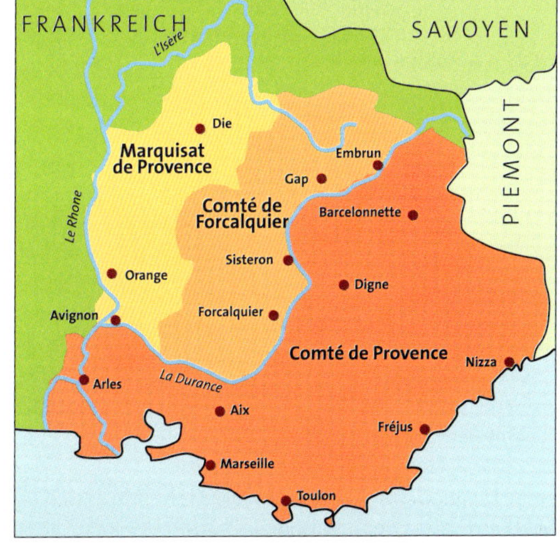

Ludwig der Heilige. Durch diese Heirat endete für die Provence die Lehenspflicht unter dem Heiligen Römischen Reich und sie wurde von Frankreich abhängig. Doch Karl begnügte sich nicht mit der Provence, sondern führte in Italien erfolgreich Krieg gegen die Staufer und wurde 1266 in Rom zum König von Neapel-Sizilien gekrönt. Als der Graf von Toulouse 1271 kinderlos starb, kam die nördliche Provence (das spätere Comtat Venaissin) in der Folge der Albigenser-Kreuzzüge an den Papst. Papst Clemens VI. kaufte sich vom Hause Anjou 1348 noch die Stadt Avignon dazu. Zwischen 1309 und 1377 residierte der **Papst in Avignon.** Während der Spaltung der katholischen Kirche von 1378 bis 1417 gab es neben dem Papst in Rom einen Gegenpapst in Avignon. Aber auch nach dem Abzug der Päpste blieben Avignon und das Comtat Venaissin bis zur Zeit der Französischen Revolution 1793 im Besitz des Heiligen Stuhls.

Als der letzte Spross des Hauses Anjou, Karl V. von Maine, kinderlos starb, fielen die Grafschaften Provence und Forcalquier 1481 an die **französische Krone** unter Ludwig XI. Somit endete die Geschichte der Grafschaft Provence. Die Grafschaft Nizza, die ab 1388 zu Savoyen gehörte, kam erst 1860 definitiv zu Frankreich. Doch ruhig wurde es in der Provence deshalb nicht. Im 16. Jahrhundert fegten die Religionskriege über die Provence hinweg, und im 17. Jahrhundert marschierte Ludwig der XIV. im abtrünnigen Marseille ein, das seit 1481 Sonderrechte beanspruchen konnte. Damit war 1660 Schluss; die bis zu diesem Zeitpunkt relativ selbständige Provence wurde vollständig ins absolutistische Frankreich integriert.

Die Provenzalen waren bei der **Französischen Revolution** aktiv involviert. Soldaten aus Marseille sangen beim Einzug in Paris 1792 den *Chant de guerre pour l'armée du Rhin,* worauf das Lied den Namen »Marseillaise« bekam und seit 1795 die französische Nationalhymne ist. Doch die Revolution kostete auch in der Provence Menschenleben (siehe S. 41). Nach der Revolution wurde die Provence mit der Schaffung von Départements neu gegliedert. Im 19. Jahrhundert wurde auch die Provence industrialisiert. Eine wichtige Branche bildete die Seifenherstellung und die damit verbundene Produktion von Soda (siehe S. 173, 177 und 199), ein anderer die Textilindustrie (siehe S. 262 und 292); später schuf die Produktion von Ockerfarbstoffen (siehe S. 61) im Luberon Arbeitsplätze. Um die vorletzte Jahrhundertwende kam auch der Tourismus am Mittelmeer immer mehr auf und bildet seither einen zentralen Wirtschaftszweig. Geprägt wurde die Provence und ganz speziell auch Marseille durch die Ankunft der **Algerienfranzosen,** die 1962 die ehemalige Kolonie verlassen mussten. Viele der 1,4 Millionen Heimkehrer siedelten sich im Süden Frankreichs an. Das Dorf Carnoux-en-Provence bei Cassis wurde extra für die Rückkehrer aus Nordafrika geschaffen. Mit der Regionalreform von 1983 kam der Name der Provence als Region Provence-Alpes-Côte d'Azur auf die politische Karte zurück.

Politisch driftete die Region in den letzten Jahren immer mehr nach rechts ab. Konnte Marine Le Pen vom rechtsextremen Front National bei den **Präsidentschaftswahlen** 2012 im ersten Wahlgang noch in keinem Département den Sieg erringen, war sie 2017 in allen Départements (Bouches-du-Rhône, Var, Vaucluse, Alpes-de-Haute-Provence) die Siegerin des ersten Wahlgangs. Im Var und im Vaucluse holte sie über 30 Prozent der Stimmen. Im zweiten Wahlgang, wo sich nur noch Emmanuel Macron und Le Pen gegenüberstanden, konnte Macron in allen Départements obsiegen, im Var mit 50,85 Prozent der Stimmen jedoch nur ganz knapp. Le Pen holte hier das drittbeste Ergebnis in ganz Frankreich.

Geologie

Die Provence, wie in diesem Führer beschrieben, lässt sich ganz grob in drei geologisch unterschiedliche Gebiete unterteilen:

Die Kalkketten der Basse-Provence: Die Landschaft im Herzen der Provence wird von vielen Gebirgszügen aus Kalkstein geprägt, die alle in Ost-West-Richtung verlaufen (Mont Ventoux, Montagne de Lure, Monts de Vaucluse, Grand und Petit Luberon, Alpilles, Sainte-Victoire, Sainte-Baume, Calanques, Chaîne de l'Estaque; Wanderungen 1–6 und 10–12). Der Kalkstein entstand aus Sedimenten, die sich vor 100 bis 150 Millionen Jahren am Boden des Urmeers Thetys abgelagert hatten. Die Sedimente bestanden entweder aus Erosionsmaterial, das in das Meer gespült wurde, oder aus ehemaligen Lebewesen wie Muscheln, Korallen oder Mikroorganismen. Als dann vor 100 Millionen Jahren die Kollision der afrikanischen und der europäischen Kontinentalplatte begann und sich die Pyrenäen und die Alpen bildeten, wurden auch die Kalkketten der Provence an die Oberfläche gehoben.

Die vulkanischen und kristallinen Gebirge an der Küste: Die Gesteine zwischen Sanary und Cannes (Wanderungen 7–9) sind um einiges älter als die Kalkketten. Sie entstanden durch vulkanische Eruptionen vor circa 270 Millionen Jahren (vor allem Esterel, siehe S. 142), andere bestehen aus kristallinem Gestein, das älter als 400 Millionen Jahre ist.

Voralpen und Alpen: Das Gebiet von der Verdon-Schlucht bis zum Alpenhauptkamm ist geologisch etwas komplizierter aufgebaut. In den unteren Regionen um Castellane und Digne dominiert immer noch der Kalkstein, der nördlich von Digne

In den Kalkketten der Basse-Provence hat das Wasser prächtige Schluchten geformt. Im Bild die Véroncle-Schlucht (Etappe 2.7).

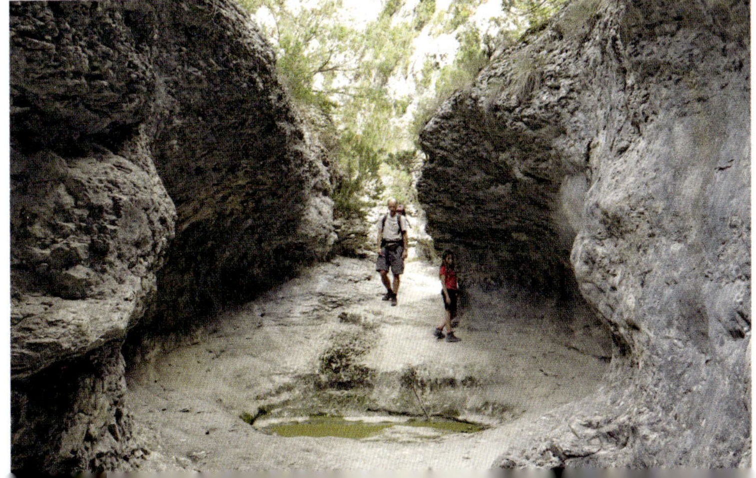

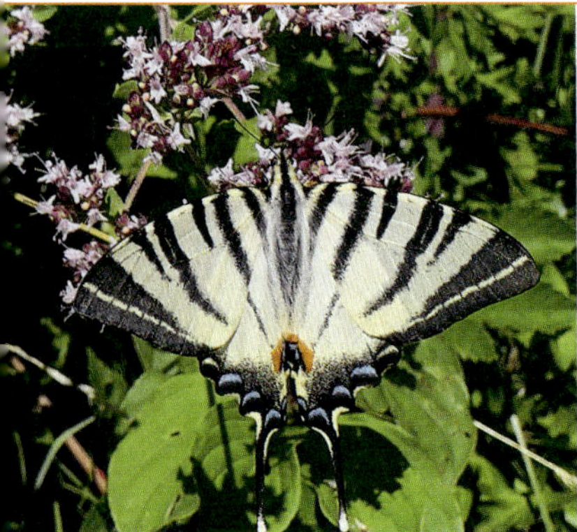

Segelfalter

über 160 Millionen Jahre alt ist, am Puy de Rent (Wanderung 14.3) jedoch nur 80 Millionen Jahre. Etwas mehr gegen Osten folgen dann mehrere Gebirgszüge, in denen der Flysch d'Annot vorherrscht, ein jüngeres Gestein (ca. 30 Millionen Jahre) aus Schichten von Sandstein und Schiefer, so zum Beispiel bei Annot (Wanderung 14.2) oder an der Tête de l'Estrop (Wanderung 16.4). Der Alpenhauptkamm an der italienischen Grenze besteht aus vielen verfrachteten Schichten, darunter auch Marmor und Dolomit.

Tierwelt

Aufgrund der unterschiedlichen Klima- und Vegetationszonen ist auch die Tierwelt der Provence äußerst divers. In der Vogelwelt gehören wohl die Flamingos in den Salins d'Hyères zu den eindrücklichsten und am einfachsten zu beobachtenden Vogelarten. An der Küste sichtet man natürlich auch diverse Möwen und Sturmtaucherarten, aber auch Wanderfalken und vieles mehr. In den Kalkmassiven im Landesinnern kann man mit etwas Glück den Schlangenadler und den Habichtsadler sichten, die in Mitteleuropa kaum vorkommen. Eindrücklich sind auch die Fasane, die zu Jagdzwecken aus Asien eingeführt wurden. In der Verdon-Schlucht wurden in den letzten Jahren erfolgreich die vorher aus der Gegend verschwundenen Gänsegeier und Mönchsgeier ausgewildert (siehe S. 236).

Was die Säugetiere anbelangt, so kommen die meisten Arten auch in Mitteleuropa vor: Die Gemse und der Steinbock im Gebirge sowie das Wildschwein, der Hase, der Fuchs et cetera. Viele Emotionen und Schlagzeilen, positive wie negative, verursacht der Wolf (siehe S. 246 f.).

Für Liebhaber von Heuschrecken ist die Provence ein wahres Eldorado. Es gibt hier über hundert verschiedene Arten, darunter auch manche endemische. Ein paar charakteristische Arten seien hier kurz vorgestellt:

Singzikade (*Cicadidae,* Cigale): Der Gesang der Singzikaden in der Dämmerung gehört zur Provence wie der Lavendel oder das Boulespiel. Er wird ausschließlich von den männlichen Tieren mit einem speziellen Trommelorgan erzeugt und kann eine Lautstärke von bis zu 120 Dezibel erreichen, was für unser Gehör an der Schmerzgrenze liegt. Zur Familie der Singzikaden gehören 4000 Arten, 61 davon kommen in Europa, vor allem im Mittelmeerraum, vor.

Segelfalter (*Iphiclides podalirius,* Flambé): Als Schmetterling, der gerne Nektar vom Lavendel aufnimmt, sei hier der Segelfalter als Vertreter der großen Schmetterlingsvielfalt in der Provence erwähnt. Im Gegensatz zu Mitteleuropa, wo jeweils nur eine Generation der Falter pro Jahr auftritt, sind es in der Provence zwei bis drei Generationen. Seinen Namen erhielt er, weil er unter Ausnutzung der Thermik mehrere Minuten ohne Flügelschlag durch die Luft segeln kann.

Wiesenotter (*Vipera ursinii*, Vipère d'Orsini): Die kleinste Schlangenart Europas wird höchstens 50 cm lang. Sie braucht offene, kalkreiche Wiesenflächen, wo sie sich fast ausschließlich von Grillen und Heuschrecken ernährt. In Europa ist sie stark gefährdet, kommt in der Provence aber unter anderem auf den Höhen der Montagne de Lure vor. Ihr Gift ist relativ stark, aber aufgrund der geringen abgesonderten Menge nicht sehr gefährlich (entspricht etwa einem Wespenstich).

Rosaflamingo (*Phoenicopterus roseus*, Flamant rose): Der in der Provence vorkommende Rosaflamingo ist die größte der sechs existierenden Flamingo-Arten und wird bis 160 cm groß. Sein beliebtestes Habitat sind salzige Seen, wo er sich vor allem von den 1–2 cm großen Salinenkrebsen und von diversen wirbellosen Arten ernährt.

Schlangenadler (*Circaetus gallicus*, Circaète Jean-le-Blanc): Der Schlangenadler ist mit einer Flügelspannbreite von bis zu 188 cm nur unwesentlich kleiner als der in den Alpen verbreitete Steinadler. Er ernährt sich fast ausschließlich von Schlangen und Eidechsen. Die in der Provence lebenden Vögel überwintern in der Sahelzone südlich der Sahara.

Alpensteinbock (Capra ibex, Boquetin): Wie in fast allen Gegenden der Alpen (außer dem königlichen Jagdreservat am Gran Paradiso/I) war der Alpensteinbock auch in den französischen Alpen zu Beginn des 20. Jahrhunderts ausgerottet. Dank vieler Wiederansiedlungen zwischen 1987 und 2006 ist er nun im Mercantour-Nationalpark, im Ubaye-Tal und bis zur Tête de l'Estrop wieder häufig anzutreffen. An den Hörnern der Böcke, die bis 1 m lang werden, kann man anhand der Schmuckwülste das Alter der Tiere bestimmen (2 Wülste pro Jahr).

Flora

Die Flora der Provence ist so vielfältig wie ihre Landschaften. Am Meer und an den sonnenreichsten und trockensten Lagen befindet sich die mesomediterrane Stufe mit ihren wohlduftenden Macchien und Garrigues und den immergrünen Steineichenwäldern. Auch Kiefern (insbesondere die Aleppokiefer) bilden auf dieser Stufe immergrüne Wälder. Darüber und an feuchteren Lagen schließt die supramediterrane Stufe mit den sommergrünen Laubwäldern an, in denen die Flaumeiche vorherrscht. Nochmals höher folgt die montane Stufe mit Kiefern- und Lärchenwäldern, bis hin zur alpinen Stufe in den Alpes-de-Haute-Provence an der Grenze zu Italien, die über die Waldgrenze hinausreicht. Im Folgenden seien die wichtigsten charakteristischen Bäume und Gehölze sowie einige ausgewählte Blumen kurz vorgestellt. Für alle, die mehr wissen wollen, sei das Buch *Die neue Kosmos Mittelmeerflora* von Peter und Ingrid Schönfelder empfohlen.

Buchsbaum (*Buxus sempervirens*, Buis commun): Der Buchsbaum ist als Strauch in der Provence weit verbreitet und bevorzugt trockene, kalkreiche Orte. Die Härte seines Holzes ist in Europa einzigartig. Gerne wird er deshalb in der Drechslerei verwendet. In der Provence benutzte man sein Holz früher, um Bouleskugeln herzustellen (siehe S. 242).

Ährige Edelraute (*Artemisia genipi*, Génépi noir): Die eher unscheinbare Pflanze wächst auf Felsschutt über 1700 Metern Höhe. Sie wird zur Herstellung des Kräuterlikörs Génépi verwendet, der sich auch in den höher gelegenen Tälern der Provence großer Beliebtheit erfreut.

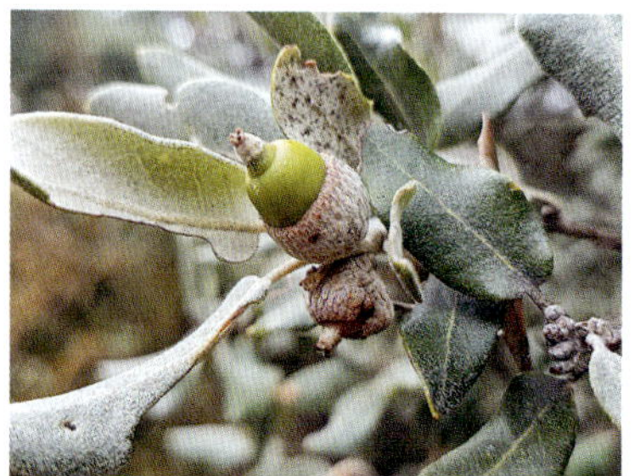

Steineiche (*Quercus ilex*, Chêne vert): Die Steineiche ist der charakteristische Baum des Mittelmeers schlechthin. Sie ist 5–25 m hoch, immergrün und kommt im Mittelmeerraum von Portugal bis in die westliche Türkei und von Marokko bis Tunesien vor. Die ledrigen Blätter sind in der Form sehr variabel und können gezähnt oder ungezähnt sein.

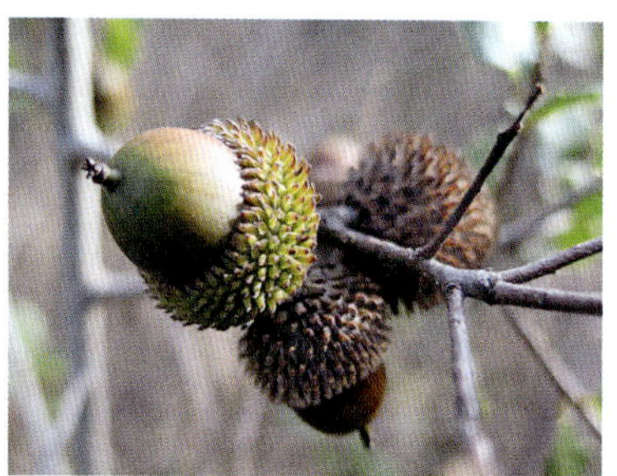

Kermeseiche (*Quercus coccifera*, Chêne kermès): Die Kermeseiche, eher ein Strauch als ein Baum, hat dornige Eicheln und stachlige Blätter. Man nennt sie deshalb auch Stecheiche. Sie ist typisch für die küstennahen Kalkgebirge, wo sie sehr häufig vorkommt und der Garrigue ihren Namen gab (vom okzitanischen Wort für Kermeseiche: *garoulia*).

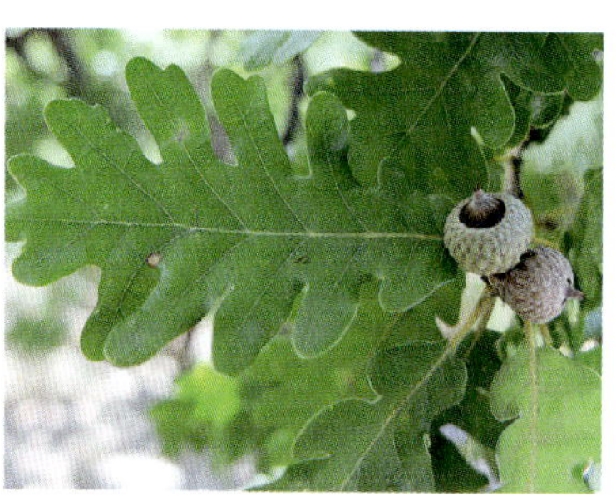

Flaumeiche (*Quercus pubescens*, Chêne pubescent): Die Flaumeiche ist ein sommergrüner Baum, der 15–25 m hoch und bis 500 Jahre alt wird. Sie kommt von den Pyrenäen über Frankreich, Italien, den Balkan und bis ans Schwarze Meer vor. Wie auch die Steineiche wird die Flaumeiche in der Provence für Trüffelkulturen gepflanzt.

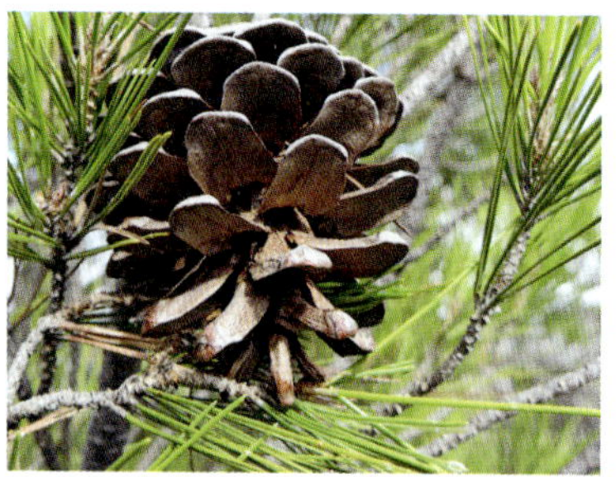

Aleppokiefer (*Pinus halepensis*, Pin blanc de Provence oder Pin d'Alep): Die Aleppokiefer, die nur um das Mittelmeer vorkommt, ist die in der Provence am meisten verbreitete Kiefernart, sowohl am Meer wie auch im Landesinnern. Ihre Nadeln sind mit 7–15 cm doppelt bis dreimal so lang wie die der bei uns verbreiteten Wald- und Bergkiefer.

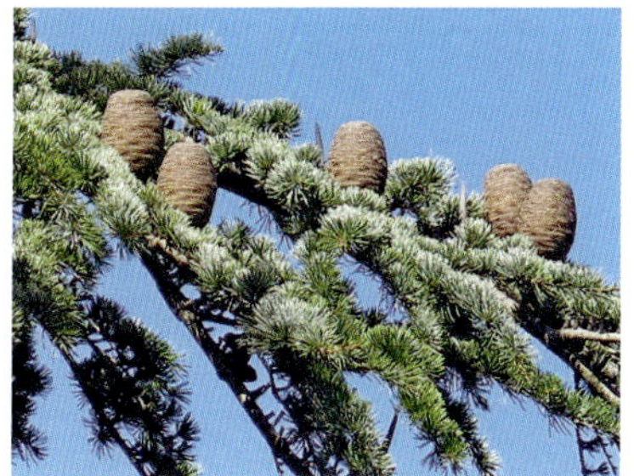

Atlaszeder (*Cedrus atlantica*, Cèdre de l'Atlas): Die Atlaszeder wurde als Zierbaum, ab 1861 im Luberon oder am Mont Ventoux aber auch zu Forstzwecken gepflanzt und vermehrt sich nun auch selbständig. Der mächtige Baum mit den kurzen Nadeln, der über 40 m hoch werden kann, stammt aus dem Atlasgebirge in Nordafrika.

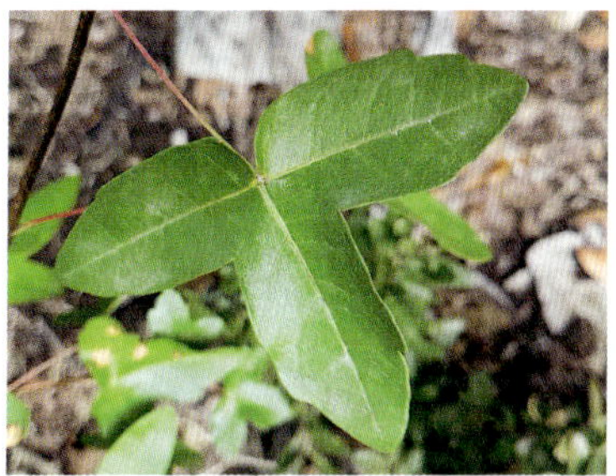

Französischer Ahorn (*Acer monspessulanum*, Érable de Montpellier): Der Französische Ahorn ist in erster Linie in Südfrankreich und Spanien heimisch und lässt sich aufgrund der dreilappigen Blätter relativ einfach von anderen heimischen Ahornarten unterscheiden. Im Herbst färben sich die Blätter goldgelb.

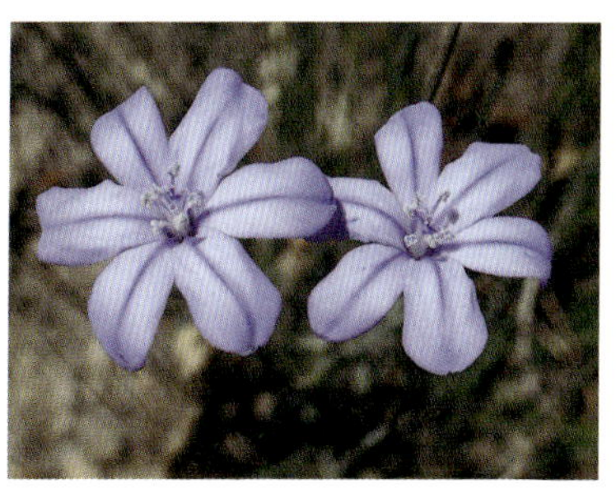

Binsenlilie (*Aphyllanthes monspeliensis*): Auf den tieferen Kalkketten der Provence wird man oft die Binsenlilie antreffen, die von Februar bis Juli blüht. Gemeinsam mit den Agaven, Hyazinthen und Spargeln gehört sie zur Familie der Spargelgewächse.

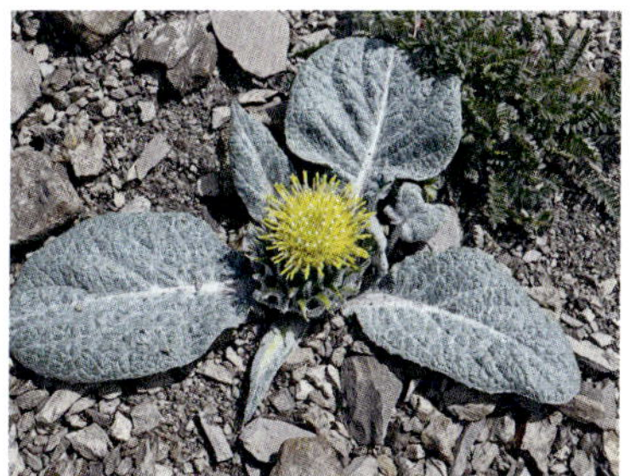

Berardia (*Berardia subacaulis*): Die seltene Berardia ist die einzige Art der der gleichnamigen Gattung und kommt nur in den Südalpen auf Kalkschutt über 1800 Metern Höhe vor. Mit ihren behaarten, dicken Blättern wird man sie auf den Wanderungen 16 und 17 antreffen.

Nützliche Tipps für die Planung und für unterwegs

Zum Gebrauch dieses Buchs

Dieser Wanderführer beschreibt 16 Mehrtageswanderungen in der Provence, genauer gesagt in den Départements Vaucluse, Bouches-du-Rhône, Var und Alpes-de-Haute-Provence. Die Wanderungen sind zwischen 2 und 9 Tagesetappen lang. Dazu kommen noch 3 Tageswanderungen auf den Inseln Porquerolles und Port-Cros. Wer möchte, kann mit diesem Buch 72 Tage unterwegs sein. Wo immer möglich, wurde versucht, die erste und letzte Etappe von Mehrtageswanderungen etwas kürzer zu halten, sodass man sie mit der Hin- respektive Rückfahrt verbinden kann.
Alle Angaben zu Routen, Unterkünften, Verkehrsverbindungen et cetera basieren auf dem Wissensstand von 2018 oder Frühling 2019. Sie ändern sich meist schneller, als einem Wanderbuchautor lieb ist. Aktualisierungen finden sich im Forum unter www.wanderweb.ch. Auch für Kommentare und Anregungen von Leserinnen und Lesern sind wir dankbar.

Wegbeschreibungen

Die Schilderung der **Etappen** ist so verfasst, dass sie bei einer Route mit Wegweisern und guter Markierung auf Details des Routenbeschriebs weitgehend verzichtet. Bei Strecken, die nicht markiert sind, wird versucht, mit einer etwas detaillierteren Beschreibung die Wegfindung zu erleichtern. An manchen Stellen kann der Beschrieb auch von einer ausgeschilderten Route abweichen. Insbesondere die Fernwanderwege (GR) weisen hier und da eine etwas unsensible Routenwahl auf und verlaufen über längere Wegstrecken auf dem Asphalt oder auf breiten Pisten. In solchen Fällen wird eine Route beschrieben, die manchmal etwas länger dauert, aber attraktiver ist. Vielleicht wird man aufgrund des Kartenstudiums ab und zu auch eigene, nicht beschriebene Varianten wählen. Hier gilt es zu beachten, dass vor allem an der Küste und in den tieferen Lagen der Provence auf der Karte eingezeichnete Wege manchmal nicht begehbar sind, weil sie über private, zum Teil abgesperrte Grundstücke (propriété privée) führen. Wird bei Flüssen oder Bächen die Angabe »links« oder »rechts« verwendet (z. B. links des Flusses oder am rechten Ufer), ist dies immer orografisch gemeint, das heißt in der Flussrichtung gesehen.
Die Terminologie der Wanderbeschriebe unterscheidet zwischen Hauptstraßen/Straßen (geteert), Pisten (zweispurig, nicht geteert), Fahrwegen (einspurig, nicht geteert, z. T. 4×4), Wanderwegen (guter Weg, gut sichtbar) und Pfaden (ganz schmaler Weg, nicht immer gut sichtbar).
Jeder Wanderbeschrieb ist wie folgt aufgebaut:

Kurzbeschrieb der Tour.
Übersichtskarte: Achtung, diese Karte soll nur einem ersten Überblick dienen. Sie kann detailliertes Kartenmaterial auf der Wanderung nicht ersetzen (siehe auch Karten, S. 20).
Nummern der **offiziellen IGN-Landkarten** (1:25 000).

Auflistung der wichtigsten **Sehenswürdigkeiten** an der Strecke mit einer Referenz zur Karte.

Beste Jahreszeit für die Wanderung. Im Winter sind viele Unterkünfte geschlossen, was gewisse Wanderungen verunmöglicht. In tieferen Lagen können während dem Sommer Gebiete wegen Waldbrandgefahr gesperrt sein (siehe auch Waldbrandgefahr, S. 22).

An- und Abreise mit den öffentlichen Verkehrsmitteln an den Start- und Zielort von/bis zur nächsten Stadt mit TGV-Bahnhof (siehe auch An- und Abreise, S. 23 f.). An dieser Stelle ebenfalls erwähnt ist die Rückfahrt vom Ziel- zum Startort für all jene, die mit dem Auto anreisen und wieder zum Auto zurück müssen. Empfohlen wird jedoch die Anreise mit dem öffentlichen Verkehr (siehe auch öffentlicher Verkehr, S. 22 f.).

Varianten, sofern vorhanden.

Die wichtigsten Informationen zu den einzelnen **Etappenorten:**

Website der Touristeninformation: Hier findet man alle Auskünfte zum Ort, falls man zum Beispiel einen Ruhetag einlegen möchte und Tipps für die Umgebung sucht.

Anbindung an den öffentlichen Verkehr: Dies kann nützlich sein, wenn man nur einen Teil der Wanderung machen möchte.

Einkaufsmöglichkeiten: Wo es keine Einkaufsmöglichkeiten gibt, kann man bei den Unterkünften in der Regel ein Picknick für den nächsten Tag bestellen.

Unterkünfte und evtl. Restaurants: Bei den Unterkünften werden an kleinen Orten jeweils alle Möglichkeiten mit der jeweiligen Website (oder, falls nicht vorhanden, Telefonnummer) angegeben. In größeren Orten wird eine Auswahl der Unterkünfte aufgeführt. Es werden nur die Unterkünfte aufgelistet, die sich in der Nähe der Wanderroute befinden. Die Preisklasse (preiswert/teuer) wird nur erwähnt, falls sie stark vom Durchschnitt abweicht. Restaurants werden nur genannt, falls sie uns besonders gut gefallen haben.

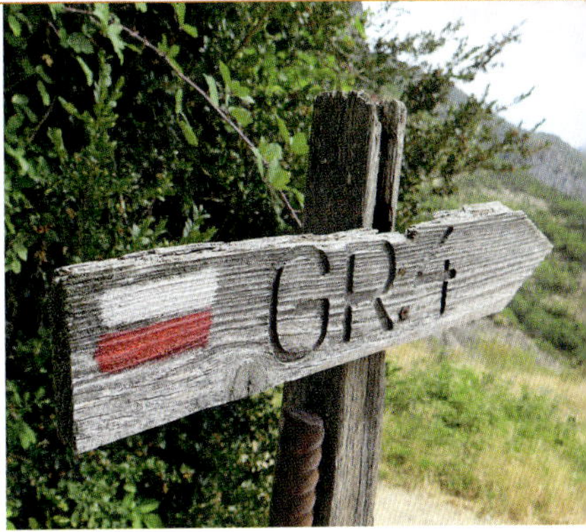

Die beschriebenen Wanderungen verlaufen zum Teil auf den nationalen Fernwanderwegen (GR).

Die Infos zu Beginn der einzelnen Etappen umfassen:

Wanderzeiten: Wichtig, es handelt sich immer um reine Wanderzeiten. Die Zeiten für Pausen sind nicht einberechnet. Dies bedeutet, dass man für eine Wanderung, für die eine Wanderzeit von 5 Stunden angegeben ist, mit mindestens 6,5 Stunden rechnen sollte. Auf diese Weise bleibt Zeit für kleine Pausen zwischendurch und eine Mittagspause. Falls es auf dem Weg Sehenswürdigkeiten gibt (Kirchen, Museen, etc.), die man besuchen möchte, verlängert sich die Gesamtzeit noch einmal.

Angaben von Höhenmetern im Auf- und Abstieg: Sie sind neben der Wanderzeit ein Indikator für die konditionelle Voraussetzung für die Tour.

Schwierigkeitsgrad der SAC-Wanderskala: T1–T5 (siehe S. 21).

Ausrüstung

Die Kunst ist, nur so viel in den Rucksack zu packen, dass er nicht über 10 kg wiegt. Je nachdem, ob es sich um eine Küsten- oder eine eher alpine Wanderung handelt, gehören andere Dinge hinein. Für alle Wanderungen braucht es gutes Schuhwerk. Auch bei Küstenwanderungen gibt es Passagen über blanke Felsen, bei denen man für eine griffige Sohle mit gutem Profil dankbar ist. Gute Trekkingschuhe sind hier ideal. Für die Bergwanderungen werden hohe, stabile Bergschuhe empfohlen, die bereits eingelaufen sind. Stöcke schonen bei längeren Abstiegen die Knie und geben bei der Durchquerung von Schneefeldern zusätzlich Sicherheit. In den Rucksack gehören auch eine Wasserflasche (mind. 1 l), Taschenmesser, Kartenmaterial, Taschenlampe, Mobiltelefon, Notfallapotheke und Sonnenschutz. Die funktionale Kleidung soll der Tour angepasst sein. Bei Wanderungen über 1500 m Höhe sind jederzeit rasche Wetterwechsel und auch im Sommer empfindlich kalte Temperaturen möglich. Es sollten deshalb bei diesen Wanderungen immer auch warme Kleider eingepackt werden. Bei starkem Wind (Mistral) ist man bisweilen froh um eine windabweisende Schicht (Windstopper).

Karten

Für alle Wanderungen empfehlen wir die offiziellen Wanderkarten des staatlichen **Institut national de l'information géographique et forestière (IGN)** im Maßstab 1:25 000 (Série bleue). Die Wanderbeschriebe und die Schreibweisen der Ortsangaben in diesem Buch beziehen sich auf dieses Kartenmaterial. Die für die beschriebenen Wanderungen notwendigen Karten aus dieser Serie sind jeweils am Beginn der Wanderung angegeben. Auf diesen Karten sind auch die markierten Wanderwege eingezeichnet. Sie können im Buchhandel, bei den gängigen Onlineportalen oder direkt bei ignrando.fr bestellt werden. Teilweise sind die Karten für einen kleinen Aufpreis auf wasserabweisendem, reißfesten Papier erhältlich (durch ein »R« markiert). Auf ignrando.fr gibt es zudem die Möglichkeit, den Ausschnitt der Karte selber zu definieren und sich den gedruckten Kartenausschnitt schicken zu lassen.

Digitale Karten auf dem Navigationsgerät oder dem Mobiltelefon haben den Vorteil, dass man damit auch den eigenen Standpunkt bestimmen kann, was die Orientierung im Gelände erleichtert. Auch bei den digitalen Karten empfehlen wir die IGN-Karten. OpenStreetMap und Google Maps haben sich in vielen Fällen als weniger verlässlich herausgestellt. Auf www.geoportail.gouv.fr ist sämtliches offizielles Kartenmaterial online. Die App von IGN (iPhiGéNie) wird immer wieder als zu kompliziert kritisiert. Gute Erfahrungen haben wir mit der **App von Visorando** gemacht. Für 19 Euro für ein Jahr oder 12 Euro für 4 Monate kann man die IGN-Karten auf sein Mobiltelefon herunterladen und somit auch offline mit GPS verwenden. Selbstverständlich kann man Tracks der Touren erstellen und sie dann mit www.visorando.com bearbeiten. Auf dieser Website kann man auch Touren planen.

Wanderwegmarkierungen

Die Farben der Wanderwegmarkierungen unterscheiden sich nicht nach Schwierigkeit (wie z. B. in der Schweiz), sondern nach Art des Wegs. Markierungen werden stets auch dazu verwendet, Richtungsänderungen zu kennzeichnen oder um Abzweigungen auszuschließen.

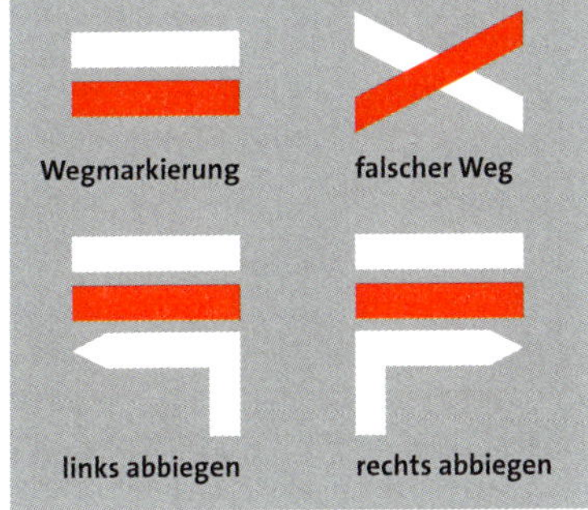

Die Wanderwegzeichen geben auch Richtungsänderungen an. Abzweigungen, die den markierten Weg verlassen, sind mit einem Kreuz gekennzeichnet.

Weiss-rote Balken: markieren die sentiers de grande randonnée (GR), die nationalen Fernwanderwege. Sie werden von der französischen Wandervereinigung, der Fédération française de la randonnée pédestre (FFRP) unterhalten. Im Buch sind wir immer wieder auf GRs unterwegs.

Gelb-rote Balken: markieren die Sentiers de grande randonnée de pays (GRP). Das sind regionale Wanderwege, die oft eine Rundtour bilden und von den lokalen Behörden betreut werden.

Gelbe Balken: markieren lokale Wanderwege. Auf dieser untersten Ebene des Wegnetzes werden teilweise aber auch andere Farben verwendet. Zudem gibt es immer wieder »wilde« Markierungen, die von Privatpersonen angebracht werden.

Wanderskala

Die technische Schwierigkeit der Wanderungen wird mit der SAC-Wanderskala angegeben. Die meisten Wanderungen liegen im Bereich T2 und T3. Diese Einstufung betrifft nur die technische Schwierigkeit und richtet sich nach dem schwierigsten Teilstück der Etappe. Es gibt im Buch nur drei Etappen, die mit T4 eingestuft sind. Um diese erhöhten Anforderungen vermeiden zu können, werden Alternativen beschrieben.

Schwierigkeitsgrad	Weg/Gelände	Anforderungen
T1 Wandern	Weg gut gebahnt. Wenn es überhaupt exponierte Stellen gibt, sind sie sehr gut gesichert. Absturzgefahr kann bei normalen Verhalten weitgehend ausgeschlossen werden.	Auch mit Turnschuhen möglich. Orientierung in der Regel auch ohne Karte problemlos.
T2 Bergwandern	Weg mit durchgehendem Trassee. Gelände teilweise steil, Absturzgefahr nicht ausgeschlossen.	Etwas Trittsicherheit erforderlich. Trekkingschuhe sind empfehlenswert. Elementares Orientierungsvermögen notwendig.
T3 Anspruchsvolles Bergwandern	Weg am Boden nicht unbedingt durchgehend sichtbar. Ausgesetzte Stellen können mit Seilen oder Ketten gesichert sein. Eventuell braucht man die Hände fürs Gleichgewicht. Zum Teil exponierte Stellen mit Absturzgefahr, Geröllflächen, weglose Schrofen.	Gute Trittsicherheit, gute Trekkingschuhe und durchschnittliches Orientierungsvermögen erforderlich.
T4 Alpinwandern	Wegspur nicht zwingend vorhanden. An gewissen Stellen braucht man die Hände zum Vorwärtskommen. Gelände bereits recht exponiert, heikle Grashalden, Schrofen, einfache Firnfelder.	Vertrautheit mit exponiertem Gelände, stabile Trekkingschuhe, gewisse Geländebeurteilung und gutes Orientierungsvermögen erforderlich.

Waldbrandgefahr

In den tieferen Lagen werden im Hochsommer zeitweise ganze Gebirgsmassive wegen Waldbrandgefahr gesperrt. Man sollte sich in diesen Monaten jeweils vor Antritt der Wanderung über den Stand der Lage (die täglich neu eingeschätzt wird) informieren. In der roten Stufe ist der Zugang prinzipiell ausgeschlossen, in den anderen Stufen – teilweise mit Einschränkungen – erlaubt. Leider sind alle Websites nur auf Französisch.

Département Vaucluse (Wanderungen 1–3): Gilt für die Zeitspanne vom 1. Juli–15. Sept., Informationen zu den Sperrzeiten unter www.risque-prevention-incendie.fr/vaucluse oder Tel. 04 28 31 77 11

Département Bouches-du-Rhône (Wanderungen 4–6 und 10–11): Gilt für die Zeitspanne vom 1. Juni–30. Sept., Info unter myprovencebalade.fr, www.ancien.paca.gouv.fr/files/massif oder Tel. 08 11 20 13 13

Département Var (Wanderungen 6–9 und 13): Gilt für die Zeitspanne vom 21. Juni–20. Sept., www.var.gouv.fr/acces-aux-massifs-forestiers-du-var-a2898.html

Département Alpes-de-Haute-Provence (Wanderungen 12–16): Gilt für die Sommermonate, www.dfci04.fr/sensibilite.html

Wetter und beste Jahreszeit

Das Wetter in der Provence ist mediterran, das bedeutet heiße, trockene Sommer und milde Winter. Mit zunehmender Höhe nimmt die Temperatur ab. In Colmars (1800 m) beispielsweise beträgt die Maximaltemperatur in den Monaten Juli und August zwischen 20 und 25 Grad – ideales Wanderwetter. In Aix-en-Provence (173 m) hingegen ist es in diesen Monaten meist um die 30 Grad heiß. An der Küste und in den tieferen Lagen sind die Monate April, Mai und Oktober mit durchschnittlichen Maximaltemperaturen zwischen 18 und 22 Grad zum Wandern sehr gut geeignet. Die Wassertemperatur des Mittelmeers beträgt im Mai rund 15 Grad und im Oktober 19 Grad. Der Mistral (siehe S. 205 ff.) bläst am stärksten in den Wintermonaten, kann aber das ganze Jahr seine Kräfte zeigen.

Vor einer Bergtour sollte man sich unbedingt über das Wetter informieren. Auf der staatlichen Website www.meteofrance.com bekommt den **Wetterbericht** für die kommenden 14 Tage. Diverse private Anbieter wie www.meteoblue.com oder kachelmannwetter.com bieten oft mehr Details und sind auf Deutsch.

Telefon

Die im Buch aufgeführten französischen Telefonnummern sind ohne internationale Vorwahl. Bei Anrufen von außerhalb Frankreichs oder mit einem nicht französischen Mobiltelefon gilt die Vorwahl 0033 und anschließend die jeweilige Nummer ohne 0. Die Netzabdeckung für **Mobilfunk** ist an der Küste makellos, weist im Innern des Landes und insbesondere in der Haute-Provence aber Lücken auf.

Notruf

Wie in der ganzen EU lautet die Notrufnummer in Frankreich **112** (Rettung, Polizei, Feuerwehr).

Touristeninformation

Eine relativ gute Website für touristische Information zum ganzen Gebiet der Provence ist www.provenceweb.fr (auf Englisch und Französisch). Noch hilfreicher sind jedoch die regionalen und lokalen Websites, die jeweils bei den einzelnen Routen angegeben sind.

Öffentlicher Verkehr

Alle beschriebenen Wanderungen beginnen und enden an Haltestellen des öffentlichen Verkehrs. Da bei allen Wanderungen außer einer Rundwanderung im Buch der Start- und der Zielpunkt nicht identisch sind, drängt sich auch für Automobilisten die Benutzung öffentlicher Verkehrsmittel auf. Für **Fahrplanauskünfte** zur ganzen Region besucht man die Website www.pacamobilite.fr. Leider ist sie nicht über alle Zweifel erhaben, da sie manchmal Verbindungen nicht findet oder etwas komplizierte Umsteigevarianten angibt. Sie ist aber sicherlich die erste Anlaufstelle. Für zwei Départements gibt es zusätzlich eine Website zum öffentlichen Verkehr: Bouches du Rhône: www.lepilote.com; Var: www.varlib.fr. Für das Département Alpes-de-Haute-Provence findet man ein PDF mit Karte und allen Fahrplänen auf www.mondepartement04.fr > Pour nous > Transport collectifs. Die Fahrpläne der regionalen Langstreckenbusse (LER, Lignes Express Régionales) finden sich auf www.info-ler.fr. Seit 2017 werden die öffentlichen Transporte der Region vermehrt mit der Marke Zou! unter einen Hut gebracht. Der Nutzen dieser Reorganisation für den Fahrgast ist jedoch noch ungewiss.

Einzelne Linien verkehren nur während der Schulzeit oder nur während den Ferien. Die Schulzeiten für jede Region Frankreichs findet man auf vacances-scolaires.education. Die Provence befindet sich in der Zone B.

An- und Abreise

Bahn: Dank dem französischen Schnellzugnetz (TGV, train à grande vitesse) ist die Provence aus dem deutschsprachigen Raum auch ideal mit der Bahn erreichbar.

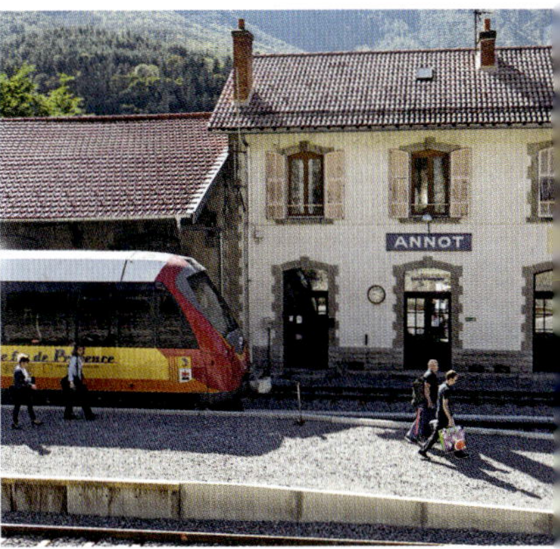

Der Train des Pignes erschließt die Haute-Provence von Nizza aus.

Man wird dabei meist in den TGV-Bahnhöfen in Avignon, Aix-en-Provence oder Marseille ankommen. Die Bahnhöfe von Avignon und Aix befinden sich außerhalb des Zentrums, sind aber mit den öffentlichen Verkehrsmitteln gut mit den Zentren verbunden. Die Reisezeiten nach Aix-en-Provence betragen von Zürich aus 6 Stunden und von Frankfurt 7,5 Stunden. Von Frankfurt aus gibt es einen direkten TGV über Mannheim und Karlsruhe, der in Avignon, Aix und Marseille Halt macht. Von Köln fährt man am besten über Brüssel (8 Stunden). Von Berlin (12 Stunden) und Wien (15 Stunden) ist die Reise noch knapp an einem Tag machbar. Aus diesen Städten sind Nachtzüge für den ersten Teil der Reise eine Möglichkeit. Wenn man früh bucht, bekommt man meist günstigere Tarife.

Flug: Aus dem deutschsprachigen Raum werden die Flughäfen von Marseille und Nizza angeflogen. Der Flughafen von Marseille wird ab Zürich, Stuttgart, Wien, Berlin, München und Frankfurt bedient, der

Flughafen Nizza zusätzlich noch aus Köln, Düsseldorf, Hamburg und Basel.

Auto: Mit dem Auto ist man länger unterwegs als mit dem Zug. Zudem sind die französischen Autobahnen gebührenpflichtig (z. B. Genf–Aix-en-Provence: ca. 45 Euro). Bei guten Verhältnissen betragen die Fahrtzeiten nach Aix von Zürich 7 Stunden, von Frankfurt 9 Stunden und von Berlin 14 Stunden.

Sehenswerte Städte bei der An- oder Abreise

Eine Mehrtageswanderung in der Provence kann man sehr gut mit einem Aufenthalt in einer der touristisch attraktiven Städte verbinden. Aus Platzgründen wird in diesem Buch jedoch auf eine Beschreibung der Städte verzichtet. Die Infos finden sich in einem der unzähligen Reiseführer zur Provence. Längere Aufenthalte lohnen sich in Marseille, Aix-en-Provence, Avignon oder Arles.

Marseille hat sich 2013 als Kulturhauptstadt Europas neu erfunden. In der zweitgrößten Stadt Frankreichs entstanden neue Top-Museen. Auch das Altstadtquartier Le Panier, das Château d'If auf einer vorgelagerten Insel oder die Basilique Notre-Dame de la Garde, die die Stadt überragt, sind beliebte Anziehungspunkte (www.marseille-tourisme.com).

Aix-en-Provence, die einstige Hauptstadt der Provence, ist trendy. Viele Studenten beleben das Zentrum mit seinen Plätzen, Brunnen und verwinkelten Gassen (www.aixenprovencetourism.com). **Avignon** ist die Stadt der Päpste. Der Papstpalast ist auch 700 Jahre nach seiner Errichtung noch ein eindrückliches Bauwerk. Im Juli findet jeweils das einzigartige Theaterfestival statt (avignon-tourisme.com).

Arles wird wegen seiner römischen Bauwerke, allen voran dem großen Amphitheater besucht. Die Stadt ist auch ein guter Ausgangspunkt, um die Camargue zu besuchen (www.arlestourisme.com).

Übernachten

Was gibt es Schöneres, als nach einer anstrengenden Wanderung in einer sympathischen Unterkunft anzukommen, sich eine Erfrischung zu genehmigen und sich nach der Dusche auf das Abendessen und ein angenehmes Bett zu freuen? In der Provence gibt es viele solcher Unterkünfte, bei denen man sich sagt, man werde wiederkommen und dann länger als nur für eine Nacht bleiben. Grundsätzlich kann man zwischen drei Arten von Unterkünften unterscheiden. Neben den klassischen **Hotels,** die es in jeder Preislage gibt, sollte man immer auch nach den **Chambres d'hôtes** (Gästezimmer) Ausschau halten. Wer nach etwas Besonderem sucht, wird meist hier fündig. Sie können sehr luxuriös oder ganz einfach sein, doch meist gilt, dass sie mit viel Liebe vom Hausherrn (oder noch öfter der Hausherrin) eingerichtet sind. Bei einigen Chambres d'hôtes bekommt man auch ein Abendessen (table d'hôtes). Am besten, man erkundigt sich dazu bereits bei der Reservation und kündigt an, falls man ein Abendessen wünscht. Die Durchschnittspreise für Hotels und Chambres d'hôtes liegen zwischen 70 und 100 Euro für ein DZ, direkt an der Küste sind es ein paar Euro mehr. Die einfachsten Unterkünfte sind die **Gîtes d'étape** oder in den Bergen die **Refuges** (Berghütten). Hier schläft man in der Regel im Massenschlag mit Dusche auf dem Gang. In den einfacheren Unterkünften werden meist keine Kreditkarten oder EC-Karten akzeptiert.

Essen

Man kann sich in der Provence sehr gut kulinarisch verwöhnen lassen. In der sonnenverwöhnten Region wachsen hervorragende Oliven, die man auf jedem Markt einkaufen kann. Aus den Trauben werden Spitzenweine gekeltert – nicht nur die weltberühmten Côtes-du-Rhône, sondern auch die Rot- und Roséweine der Côtes-de-Provence oder vom Ventoux. An der Küste dominiert eine mediterrane Küche mit viel Fisch. Zu den Bestsellern gehören die Fischsuppe Bouillabaisse und das Aïoli Provençal, bei dem weißer Fisch (Stockfisch oder Kabeljau) mit Gemüse und einer Knoblauchmayonnaise (dem Aïoli) gereicht wird. Im Landesinnern gibt es oft Lammfleisch aus der Region und wunderbare Käsespezialitäten (Ziegen- und Schafskäse). Ein Renner ist der Banon, ein mit Kastanienblättern umwickelter Ziegenkäse aus der Haute-Provence.

Literatur für unterwegs

Einen guten Einstieg in die Literatur der Region gibt der Sammelband von Kurzgeschichten und Berichten *Provence fürs Handgepäck* aus dem Unionsverlag, in dem die wichtigsten Literaten der Provence und einzelne Immigranten vertreten sind. Aber natürlich kann man sich auch direkt an die Klassiker wagen. Zu nennen wäre da **Frédéric Mistral** (1830–1914, Literaturnobelpreis 1904), der sich zeit seines Lebens für die provenzalische Sprache stark gemacht hat und seine Werke auf Provenzalisch schrieb (und sie dann selbst ins Französische übersetzte). Erhältlich sind auf Deutsch seine Erzählungen (z.B. im Band *Kindheit und Jugend in der Provence*) oder das Epos *Calendau*, ein provenzalisches Gedicht. Ein Zeitgenosse von Mistral war **Alphonse Daudet** (1840–1897, siehe auch S. 115). Einen Besuch bei Mistral hat Daudet in seinem Klassiker *Briefe aus meiner Mühle* veröffentlicht. Neben diesem Sammelband mit Erzählungen aus der Provence sind noch viele andere Werke auf Deutsch erhältlich, so sein anderer Bestseller, *Tartarin von Tarascon*. Ein anderer Klassiker ist **Jean Giono** (1895–1970). Seine Kurzgeschichte *Der Mann, der Bäume pflanzte* wurde 2019 neu auf Deutsch herausgegeben. Mehrere seiner Romane wurden auf Deutsch übersetzt. **Marcel Pagnol** (1895–1974) erlangte zuerst als Theaterautor und später als Filmregisseur Bekanntheit. Mit über sechzig Jahren veröffentlichte er auch noch zwei Romane, die seinen Weltruhm festigten und beide auf Deutsch erhältlich sind: das autobiografische Werk *Eine Kindheit in der Provence* sowie die *Wasser der Hügel*.

Kein Provenzale, aber mit 36 in die Provence emigriert, ist der Brite **Peter Mayle** (1939–2018). Er hat die Region immer wieder als Schauplatz seiner teilweise autobiografischen Romane verwendet. Sein Welterfolg *Mein Jahr in der Provence* schildert, wie sich die Mayles in der Provence niederließen. Unzählige Briten folgten seinen Spuren als Ferienreisende. Mayle soll dafür mitverantwortlich sein, dass die britischen Immobilienkäufe in Südfrankreich zwischen 1984 (2000) und 2000 (200 000) geradezu explodiert sind. Neben diesem berühmtesten Buch sind auch das Nachfolgewerk *Toujours Provence, Ein guter Jahrgang* und der *Coup von Marseille* auf Deutsch erhältlich. Kriminalromane schrieb der in Marseille geborene **Jean-Claude Izzo** (1945–2000). Am berühmtesten ist seine Marseille-Trilogie mit dem Polizisten Fabio Montale, *Total Cheops, Chourmo* und *Solea*, die alle zusammen auch in einem Band erhältlich sind.

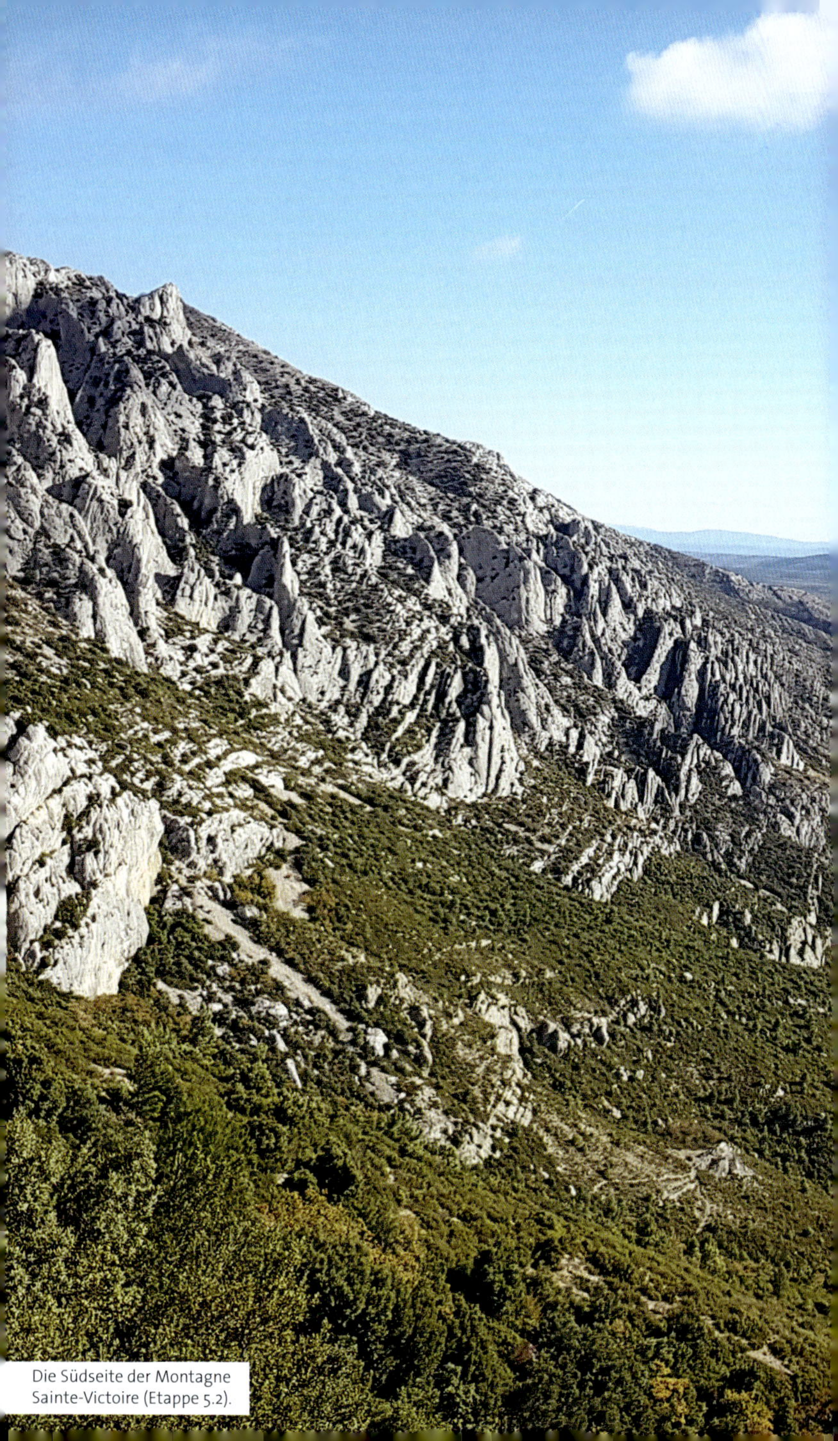

Die Südseite der Montagne Sainte-Victoire (Etappe 5.2).

Teil 1

Touren im Herzen der Provence

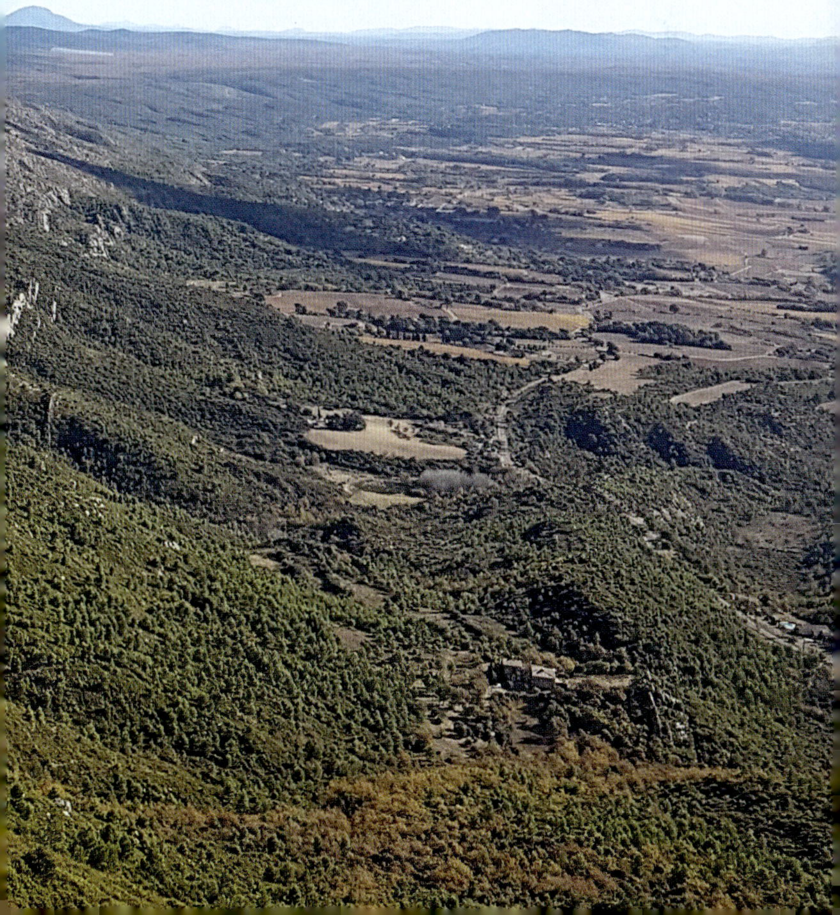

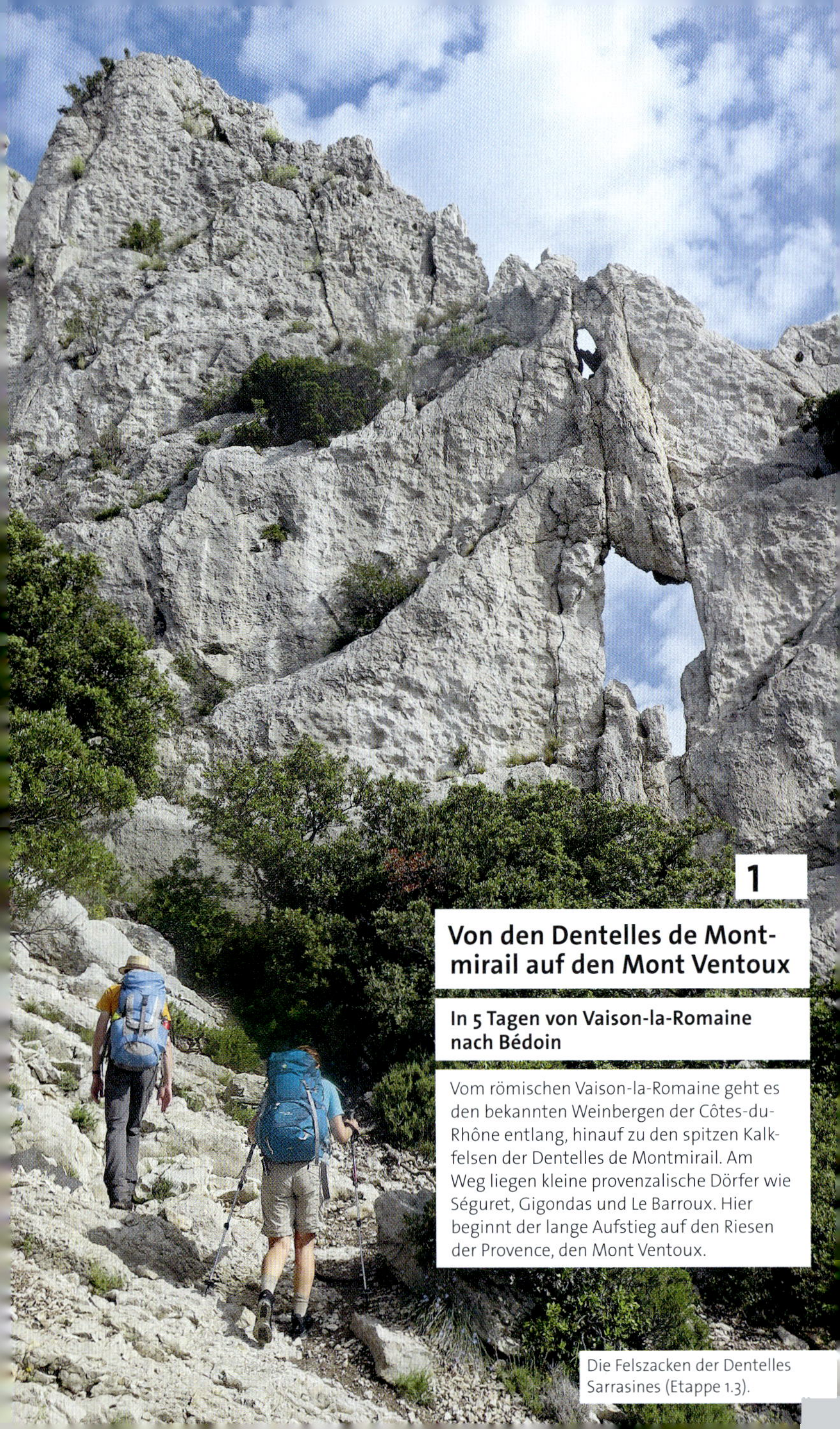

1

Von den Dentelles de Montmirail auf den Mont Ventoux

In 5 Tagen von Vaison-la-Romaine nach Bédoin

Vom römischen Vaison-la-Romaine geht es den bekannten Weinbergen der Côtes-du-Rhône entlang, hinauf zu den spitzen Kalkfelsen der Dentelles de Montmirail. Am Weg liegen kleine provenzalische Dörfer wie Séguret, Gigondas und Le Barroux. Hier beginnt der lange Aufstieg auf den Riesen der Provence, den Mont Ventoux.

Die Felszacken der Dentelles Sarrasines (Etappe 1.3).

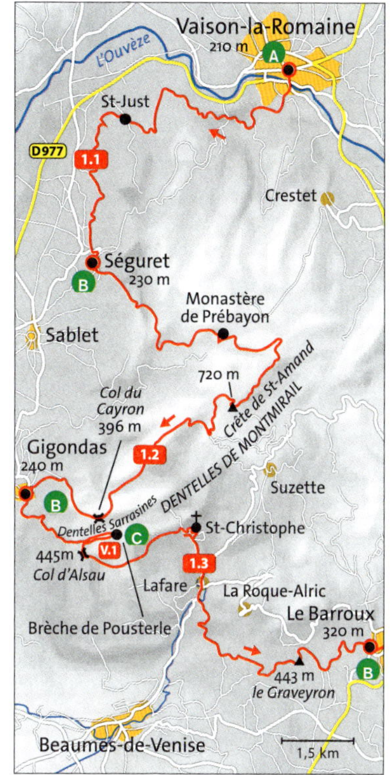

Sehenswertes

- A Römische Ausgrabungen, Kathedrale und Altstadt von Vaison-la-Romaine
- B Dörfer Séguret, Gigondas, Le Barroux und Bédoin
- C Felszacken der Dentelles Sarrasines
- D Aussicht vom Mont Ventoux
- E Schlucht Combe de Curnier
- F Felstürmchen les Demoiselles Coiffées

Beste Jahreszeit

April bis Juni und September bis Anfang November

Karten

IGN 3040 ET (Etappe 1–3), 3140 ET (Etappe 4–5)

Variante

Geübte und schwindelfreie Wanderer können am 3. Tag, auf der Südseite der Dentelles de Montmirail, vom Weg aus noch die Chambre und den Rocher du Turc, einen alten Beobachtungsposten, besteigen (T5). Der Aufstieg (kaum markiert und etwas schwierig zu finden) beginnt ca. 130 m, nachdem wir auf der Südseite der Dentelles auf dem Weg einen kleinen Kamin/Felsspalt abgestiegen sind. Eine erste Kletterei führt zur Chambre des Turcs (Eisengriff am Ende des Aufstiegs, alte Mauern). Von dort durch einen schmalen Tunnel zur Spitze des Felsens (ausgesetzt).

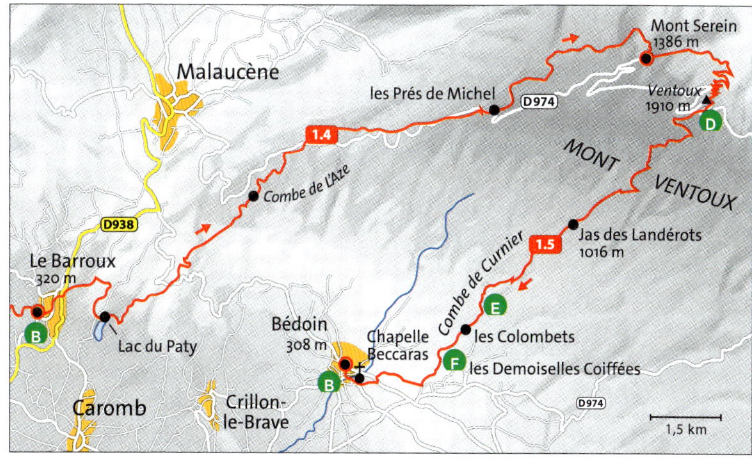

An- und Abreise

Vaison-la-Romaine: Busverbindungen nach Carpentras (Anschluss an die Bahnlinie Carpentras–Avignon) mit Linie 11 von TransVaucluse (5 × tägl. außer So) und nach Orange (Anschluss ans Bahnnetz) mit Linie 4 von TransVaucluse (10 × tägl., So nur 1 × tägl.). Die Busstation liegt 10 min außerhalb des Zentrums im Nordosten der Stadt.
Bédoin: Busverbindung nach Carpentras mit Linie L von Transcove (ca. 9 × tägl. an Wochentagen, Sa nur wenige Verbindungen, So keine transcove.com). Ein Teil der Verbindungen sind mit Rufbus (telefonische Voranmeldung mindestens 4 h vorher).
Zurück zum Startpunkt: Mit den Linien L und 11 via Carpentras (siehe oben).

Touristinfo

ventouxprovence.fr Infos zur Region allg.
vaison-ventoux-tourisme.com Infos zu Vaison-la-Romaine und Séguret

Etappenorte

Vaison-la-Romaine

Einkaufsmöglichkeiten im Ort, Markt am Di, größere Supermärkte in der Nähe des Busbahnhofs. Drei Hotels im Zentrum der Stadt: Das trendige Burrhus (burrhus.com) am zentralen Platz der Neustadt, sowie das La Fête en Provence (hotellafete-provence.com) und das etwas teurere Le Beffroi im mittelalterlichen Stadtkern (le-beffroi.com). Dort liegt auch das gepriesene Chambre d'hôtes L'Évêché (eveche.free.fr) und das Le Mûrier (lemurier-vaisonlaromaine.com). Eines von vielen Chambres d'hôtes im Zentrum ist die Villa Régina (villaregina.fr).

Séguret

seguret.fr Busverbindung nach Orange und Vaison-la-Romaine mit Linie 4 von TransVaucluse; die Haltestelle liegt an der D977, bei der Cave Coopérative, etwas mehr als 1 km vom Zentrum entfernt. Von der Post fährt morgens während der Schulzeit der Bus J von Transcove via Beaumes-de-Venise nach Carpentras. Keine Einkaufsmöglichkeiten (mit Ausnahme von Weinen im Maison du Terroir). Zwei Restaurants. Im alten Kern gibt es ein Chambre d'hôtes, das Moulin de Séguret (Tel. 06 60 61 37 73). Wenig unterhalb des Dorfs findet man eine große Auswahl guter Chambres d'hôtes (bastidebleue.com, patiosdesvignes.com, amourprovence.com, lebouquetdeseguret.com) sowie das Hotel Domaine de Cabasse (cabasse.fr).

Gigondas

gigondas-dm.fr Busverbindung via Beaumes-de-Venise nach Carpentras mit Linie J von Transcove (5 × tägl., 2 × davon Rufbusse, die reserviert werden müssen; So keine Verbindung). Kleiner Lebensmittelladen (mit Dépot de Pain; Mo geschlossen). Diverse Restaurants. Das Bistro À l'Ombre des Dentelles bietet auch Frühstück an (falls man im Gîte d'ètape übernachtet). Im Dorfkern hat das Feinschmeckerrestaurant L'Oustalet drei Zimmer (etwas teurer; loustalet-gigondas.com). Preiswert ist das in einem modernen Zweckbau untergebrachte Gîte d'étape des Dentelles (gite-dentelles.com). Ca. 1 km vom Dorf entfernt, aber direkt am Wanderweg, wenn man vom Col du Cayron kommt, liegt das Hotel Les Florets (hotel-lesflorets.com).

Lafare

Neben einem Restaurant mit einem kleinen Laden (Épicerie sèche) gibt es im Dorf zwei Chambres d'hôtes (mas-de-la-baume.com, legrandjardin-provence.com).

Le Barroux

Busverbindung nach Carpentras (Bahnhof) und Malaucéne mit Linie K von Transcove (9 × tägl., 2 × davon Rufbusse, die reserviert werden müssen). Kleiner Einkaufsladen (Mo geschlossen). Ein Hotel, das Les Geraniums mit schöner Terrasse (hotel-lesgeraniums.com), sowie zwei Chambres d'hôtes, das Petit Jardin (über gites-de-france.com buchbar) und das Grenier d'Églantine (legrenierdeglantine.com). Gut gegessen zu einem vernünftigen Preis haben wir im Bistro L'Entre-Pôtes am Ostrand des Dorfs, das dem Feinschmeckerrestaurant Gajulea angegliedert ist.

Mont Serein

stationdumontserein.com Kein ÖV, keine Einkaufsmöglichkeit. Drei gänzlich unterschiedliche Übernachtungsmöglichkeiten: Lagerhausatmosphäre im Chalet Inter Club (1er-, 2er-, 4er-Zimmer; chaletinterclub.com), Chambre d'hôtes im Chalet Ventoux Serein (chalet-ventoux-serein.com) und unterschiedliche Hüttchen im Camping Mont Serein (campingventoux.com).

Bédoin

Alle wichtigen Einkaufsmöglichkeiten, Markt am Mo. Diverse Restaurants. Im Dorfzentrum gibt es das Hotel L'Escapade (lescapade.eu) sowie zwei Chambres d'hôtes, das beliebte B&B Lily et Paul (keine eigene Website, aber auf den gängigen Buchungsseiten vertreten; Tel. 04 90 37 64 34) sowie das preiswerte Côté Jardin (cotejardin84.e-monsite.com).

Vaison-la-Romaine

Berühmt ist Vaison-la-Romaine für seine römischen Ausgrabungen – die größten Frankreichs. Dabei wurde das Zentrum der römischen Stadt (das Forum, die Tempel) gar nicht ans Tageslicht gefördert, denn es ruht unter der heutigen Neustadt. Was man heute in den beiden Ausgrabungsquartieren besucht, sind in erster Linie die Fundamente von Privathäusern und das gut erhaltene große Theater, das 6000 Zuschauern Platz bot. Im Ausgrabungsbezirk liegt auch das sehenswerte Archäologische Museum. Vasio Vocontorium gehörte bereits im 1. Jahrhundert zu den reichsten Städten der römischen Provinz Narbonensis und ganz Galliens. Die Stadt wurde früh ein christliches Zentrum und hatte bereits Ende des 3. Jahrhunderts einen Bischof. 442 und 529 fanden in Vaison regionale Konzile statt. Im 11. und 12. Jahrhundert wurde die Kathedrale unter Einbezug römischer Architekturelemente erbaut. Sehr zum Missfallen des Grafen der Provence hatte der Bischof auch weltliche Macht über die Stadt. Der Graf erbaute auf dem Hügel links der Ouvèze eine Burg und sicherte sich so seine Macht. In den folgenden Jahrhunderten verlagerte sich das Zentrum mehr und mehr auf den beschützten Burghügel. Erst im 18. Jahrhundert siedelte die Bevölkerung wieder in die Ebene zurück, wo das heutige Zentrum entstand. Ein Besuch der Stadt sollte neben den römischen Ausgrabungen und der Kathedrale mit ihrem Kreuzgang auch die mittelalterliche Stadt mit ihren vielen Brunnen und der krönenden Burgruine umfassen. Am Fuß der Altstadt steht noch die alte römische Brücke über die Ouvèze.

1.1 Vaison-la-Romaine–Séguret

Wanderzeiten	
Vaison-la-Romaine–Wegweiser St-Just	2h00
Wegweiser St-Just–Séguret	1h20
Total	**3h20**
Höhendifferenz	↗ 420 m ↘ 400 m
Schwierigkeit	T2

Vom Hauptplatz in **Vaison-la-Romaine** (210 m), der Place Montfort, gehen wir Richtung Altstadt und überqueren die römische Brücke. Am Ende der Brücke folgen wir der Straße 100 m nach links und biegen bei einem Wegweiser rechts ab. Wir umkreisen den Burghügel und gehen beim Wegweiser Derrière le Château geradeaus Richtung Sablet. An der nächsten Kreuzung halten wir uns rechts und folgen ab hier den gelb-roten Markierungen (wir wandern zu Beginn auf dem GRP Tour des Dentelles de Montmirail). Nach rund 900 m müssen wir auf die Markierung an einer Straßenlaterne achten, damit wir den Abzweiger nicht verpassen, der uns von der Straße nach rechts auf die Wiese hinunterführt. 30 m weiter halten wir uns links und gehen oberhalb des Rebbergs in den Wald hinein, wo der Weg wieder klar sichtbar ist. Wir durchqueren ein kleines Tal und erreichen wieder eine Straße. Hier sollte man nicht dem Wegweiser Richtung Séguret folgen, sondern den rot-gelben Markierungen folgend die Straße gleich wieder verlassen.

Nach einem weiteren Tal gehen wir ein längeres Stück auf einem Fahrweg bis zum P. 324 auf der IGN-Karte. Hier, am höchsten Punkt des Tages, biegen wir rechts ab und wandern durch die Weinberge bis zum

Wegweiser **St-Just** (202 m). Die Weinberge sind Teil des Weinbaugebietes der Côtes-du-Rhône, mit der Hauptrebsorte Grenache. Kurz nach St-Just folgen wir den weiß-roten Markierungen (z. T. auch Steinmännchen). Nach der Überquerung des Ravin des Morts biegen wir auf einen Fußpfad ab und gehen steil bergauf. Später folgen wir nur kurz einem breiteren Fahrweg und überqueren dann den Bachlauf des Rieu de St-Jean. Die nächsten Abzweigungen sind wieder gut rot-weiß markiert. Nachdem wir circa 500 m auf einem Fußweg aufgestiegen sind, verlassen wir an der nächsten Weggabelung auf der Anhöhe den GR und die rot-weißen Markierungen nach rechts. Ab hier ist der Weg nur noch als gelbe Mountainbikestrecke gekennzeichnet. Wo der Weg auf einen breiteren Fahrweg trifft, verlassen wir diesen gleich wieder nach links. Wir erreichen die Kapelle Notre Dame des Grâces. Die erste Straße nach rechts führt zu den Unterkünften unterhalb des Dorfes, die zweite Straße nach rechts in den alten Dorfkern von **Séguret** (230 m). Hinter dem nördlichen Stadttor führt die Rue des Poternes am schönen Brunnen des Mascarons (mit dem Salon de Thé La Maison d'Églantine) und dem Glockenturm vorbei bis zum südlichen Stadttor. Poternes bedeutet Ausfallpforte und deutet auf die Durchgänge hin, die von dieser Straße gegen das Tal hin aus dem Dorf hinausführen. Etwas oberhalb dieser Straße liegt die Kirche St-Denis mit schöner Aussicht, und auf dem Hügel oberhalb des Dorfes die Ruine der alten Burg (30 min hin und zurück vom nördlichen Stadttor aus).

Fontaine des Mascarons in Séguret.

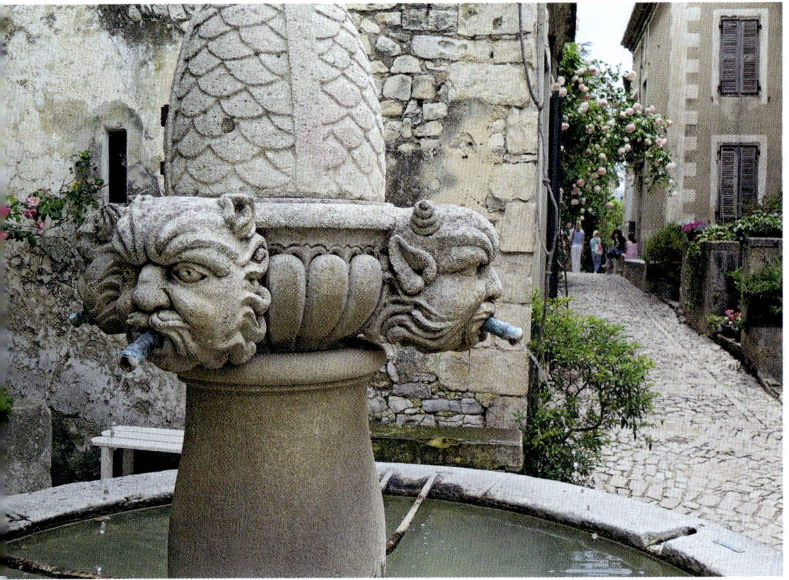

1.2 Séguret–Gigondas

Wanderzeiten	
Séguret–Monastère de Prébayon	1 h 15
Monastère de Prébayon–Gipfelkreuz der Crête de St-Amand	1 h 30
Gipfelkreuz der Crête de St-Amand–Col du Cayron	1 h 50
Col du Cayron–Gigondas	0 h 30
Total	**5 h 05, T3**
Höhendifferenz	↗ 680 m ↘ 670 m
Schwierigkeit	T3

Beim südlichen Stadttor von **Séguret** (230 m) gehen wir beim Wegweiser Richtung Constant und anschließend, 200 m weiter, beim einem weiteren Wegweiser Richtung Dindoulette (GR4, weiß-rot markiert). Wir wandern über den kleinen Pass Le Goulet bis zum Wegweiser La Dindoulette. Hier links haltend, erreichen wir nach 300 m den Wegweiser Côte Chaude, wo wir den GR verlassen und nach rechts oberhalb des tief eingeschnittenen Tals Richtung Prébayon gehen (gelb markiert). Beim Wegweiser **Prébayon** (ca. 380 m) verlassen wir den markierten Wanderweg. Wer die Ruinen des ehemaligen Klosters sehen möchte, geht noch 100 m auf dem Wanderweg Richtung Vaison.

Wir überqueren auf der solide gebauten Brücke die Schlucht (ab hier nicht mehr markiert), gehen an einer Madonnenstatue vorbei und steigen auf einer Treppe bis zu einer Piste hinauf, der wir nach links folgen. 200 m weiter biegen wir rechts ab und wandern durch einen großen Weinberg bergan. Oberhalb des Weinbergs folgen wir einem weiteren Fahrweg nach links (ab hier wieder gelb markiert) bis zum Wegweiser Les Cyprès des Évêques. Hier folgen wir für 30 m dem GR Richtung Malaucène, um dann den Fußpfad rechts des breiten Wegs zu nehmen und weiter bergan zu steigen. Nach 10 min Aufstieg durch ein steiles Rinnsal gehen wir bei einem kleinen Pass nach rechts (aber nicht gleich nochmals nach rechts). Ab hier ist der Pfad, der nun noch steiler wird, mit blauen Punkten markiert. Wir erreichen

Frauenkloster von Prébayon

Das Frauenkloster von Prébayon wurde bereits im Jahr 611 gegründet. Es waren in erster Linie adelige Frauen, die hier nach den asketischen Regeln des Caesarius von Arles lebten. In den Jahren 787 und 850 fiel das Kloster Angriffen der Sarazenen zum Opfer und wurde zerstört. 962 (andere Quellen sprechen vom 11. oder gar vom 13. Jahrhundert) schwoll der Trignon stark an und überflutete in der Nacht das Kloster, wobei zwei Nonnen den Tod fanden. Da der Ort aufgrund der Feuchte immer unbewohnbarer wurde, zogen die überlebenden Nonnen fort und gründeten sechs Kilometer weiter unten am Bach ein neues Kloster. In Anlehnung an diese historischen Gegebenheiten gibt es auch folgende Legende: Der Teufel höchstpersönlich soll in der Erscheinung des Bischofs von Vaison in einer Nacht den Nonnen den Bau der Brücke unterhalb des Klosters versichert haben, wenn sie ihm denn Treue, Gehorsam und Ergebenheit schwörten, solange der Brückenbogen hielt. So verloren die Nonnen nicht nur ihre Seele, sondern auch ihre Körper. Luzifer und ein Haufen großer und kleiner Teufelchen ließen sich im Kloster nieder. Als der Herrgott sah, wie sein alter Feind zwischen den nackten Nonnen thronte, ließ er den kleinen Trignon-Bach anschwellen, sodass dieser alles mit sich riss: den Teufel, das Kloster sowie die Nonnen und ihre Sünden.

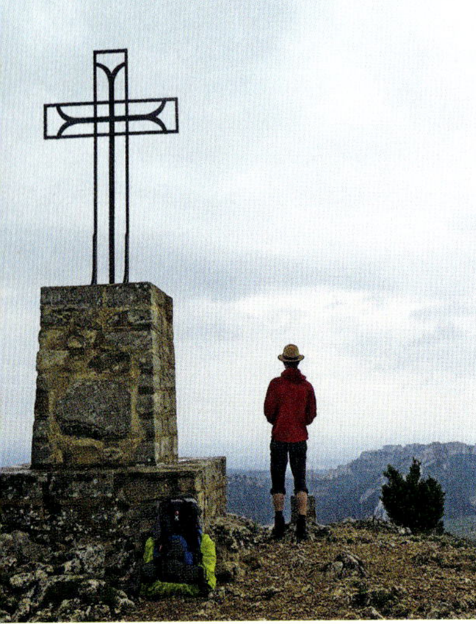

Gipfelkreuz der Crête de St-Amand.

bei einer steinigen kleinen Lichtung beinahe den Grat. Hier müssen wir nochmals nach rechts wenig absteigen, um dann über Felsen und an viel Buchs vorbei ganz auf den Grat aufzusteigen. Auf der anderen Seite gelangen wir nach 20 m auf einen breiten Weg, dem wir für 40 m nach rechts folgen, um dann rechts wieder auf einen Fußpfad abzubiegen, der dem Grat folgt. Immer den blauen Punkten nach, erreichen wir bei den Antennen wieder den breiten Weg, dem wir bis hinter die letzte Antenne zum **Gipfelkreuz der Crête de St-Amand** (720 m) folgen. Es ist ein Logenplatz, um die Dentelles Sarrasines zu bestaunen. Vom Gipfelkreuz geht es vom Grat kommend auf einem deutlichen Pfad rechts hinunter (ab hier blau und gelb markiert). Circa 500 m weiter, an der Stelle, an der der Wanderweg eine scharfe Linkskurve macht und ein Stück der Höhenlinie folgt, gehen wir geradeaus, verlassen den markierten Weg und steigen weiter ab. Kurz darauf erreichen wir einen breiten Fahrweg, dem wir nach links bis zum Wegweiser les Pradas folgen (gelb markiert). Wir wandern auf der geteerten Straße weiter Richtung Lafare und biegen bei der ersten Möglichkeit rechts auf einen Fahrweg ab (ab hier nicht mehr markiert). Bei einem kleinen Pass (P. 463) gehen wir weiter geradeaus aufwärts, um nach 100 m den breiten Weg nach links zu verlassen. Der Fußpfad, der uns durch einen Buchsbaumurwald aufwärtsführt, ist später gelb markiert. Später geht es durch einen Steineichenwald bis zum höchsten Punkt des Grats mit einer guten Aussicht auf das Tal der Rhône und die Dentelles Sarrasines. Der Abstieg führt uns an einem Klettergarten vorbei zurück zur Straße und auf dieser rechts haltend zum **Col du Cayron** (394 m). Von hier folgen wir der Straße nach rechts Richtung Gigondas. Nach rund 1,5 km und unmittelbar nach einer Brücke können wir die Straße nach links verlassen und gelangen auf einem gelb-rot markierten Wanderweg nach **Gigondas** (240 m).

Bekannt ist Gigondas in erster Linie für seinen Wein, der die geschützte Herkunftsbezeichnung Gigondas AOC trägt. Seit dem 12. Jahrhundert wird in der Gemeinde Wein angebaut, doch nachdem in der zweiten Hälfte des 19. Jahrhunderts die Reblaus viele Rebstöcke verwüstet hatte, schwenkten die meisten Einwohner auf den Anbau von Oliven um. Diese wiederum wurden vom großen Frost 1956 vernichtet, worauf man wieder zum Weinanbau wechselte.

Im Dorf gibt es Richtung Kirche einen Skulpturenweg. Von der Kirche kann man um den Friedhof herum zur Burgruine (einst ein Zweitwohnsitz der Fürsten von Orange) gelangen, wo ein kleiner botanischer Garten angelegt ist.

1.3 Gigondas–Le Barroux

Wanderzeiten	
Gigondas–Brèche de Pousterle	1h15
Brèche de Pousterle–Col d'Alsau	0h30
Col d'Alsau–Chapelle St-Christophe	1h10
Chapelle St-Christophe–Lafare	0h50
Lafare–le Graveyron	1h30
le Graveyron–Le Barroux	1h00
Total	**6h15**

Höhendifferenz	↗980 m ↘900 m

Schwierigkeit	T3

Am südlichen Ende von **Gigondas** (240 m) gehen wir vom Tourismusbüro die Straße (Chemin des Dentelles de Montmirail) hinauf (gelb-rot markiert). Bereits nach 500 m verlassen wir den gelb-rot markierten Weg und gehen nach links der Straße nach weiter aufwärts (Wegweiser les Dentelles, blaue Punkte). Circa 200 m nach einer Haarnadelkurve biegt unser Fußweg links ab. Den blauen Punkten nach erreichen wir bei einem kleinen Pass wieder die Straße, der wir 20 m nach links folgen, um dann rechts in einen Fußweg abzubiegen (Wegweiser Sentier d'accès aux Dentelles, blaue Punkte). Wir steigen fast bis zum Grat der Dentelles Sarrasines hinauf, folgen dann aber dem Fuß der Felsbastion auf ihrer nördlichen Seite. Die Felsformationen der Dentelles de Montmirail (die Dentelles Sarrasines sind ein Teil davon) bestehen aus aufgerichtetem Kalkstein (d.h. ehemalige Sedimente vom Meeresgrund) der circa 140 Millionen Jahre alt ist. Der Kalk des Mont Ventoux oder in den Calanques ist rund 30 Millionen Jahre jünger.

An der Stelle, wo der blau markierte Weg wieder hinunter ins Tal führt (zum Col du Cayron), bleiben wir auf einem deutlichen Weg nah der Felswand und erreichen kurz darauf die **Brèche de Pousterle** (ca. 520 m, ohne Namen auf der IGN-Karte, ab dem Übergang wieder blau markiert). Hier wechseln wir auf die Südseite der Dentelles, die hier diverse fotogene Felsenfenster aufweisen. Zuerst am Fuß der Felsen entlang, führt uns der blau markierte Weg später hinunter zur Straße am **Col d'Alsau** (445 m). Beim Pass folgen wir für wenige Meter der Straße und verlassen sie dann auf einem Weg mit Treppenstufen nach links (blaue Punkte, aber nicht auf dem Wanderwegweiser ausgeschildert). Der Weg führt flach bis zum Übergang zwischen dem Grand Montmirail und dem Clapis. Wir bleiben auf der Nordseite des Clapis und steigen langsam ab. Bei der nächsten Abzweigung, bei der beide Optionen blau markiert sind, gehen wir links hinunter zum Bach. Dem Talboden entlang, wandern wir bis zur Straße und zum Wegweiser Chapelle St-Christophe. Hier gehen wir circa 50 m nach links Richtung Le Crestet, um 10 m nach den Eisenpfosten einer ehemaligen Schranke auf einem schwach erkennbaren Fußpfad bis zum Fuß der Felswand aufzusteigen. Hier wird der Weg (nun gelb markiert) wieder besser und wir folgen ihm nach rechts unterhalb der Felswand bis zur **Chapelle St-Christophe** (ca. 330 m). Die kleine romanische Kapelle, die heute als Schutzraum für Wanderer stets geöffnet ist, wurde bereits im Jahr 1178 in einer Bulle von Papst Alexander III. erwähnt. Von der kleinen vorgelagerten Terrasse bietet sich eine gute Aussicht.

Auf einem breiten Weg steigen wir zur Straße ab, überqueren diese und gehen auf der anderen Seite weiter abwärts (blau markiert). Wir gehen nach rund 100 m nicht bis auf die Straße, sondern steigen, später über eine Felsstufe, weiter ab und

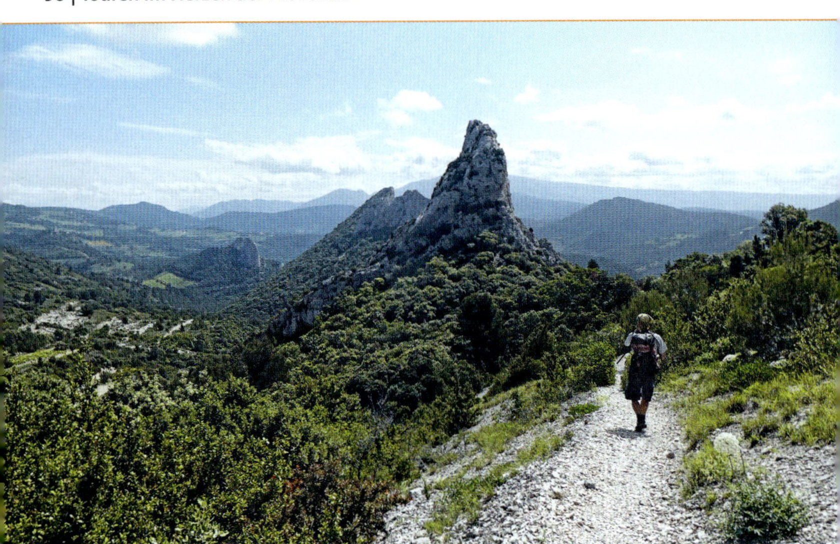

Die Querung nach dem Col d'Alsau. Vor uns der Felsgrat des Clapis.

erreichen die Straße bei einem Bach (la Salette). Hier empfiehlt sich ein 20-minütiger Abstecher dem Bach entlang aufwärts in die Schlucht hinein bis zu einem kleinen Wasserfall. An zwei Stellen ist der Weg mit Fixseilen gesichert, an denen man sich hochziehen muss. Zurück auf der Straße, folgen wir ihr Richtung Lafare (gelb markiert). In der ersten Linkskurve gehen wir geradeaus (nicht markiert), halten uns bei der ersten Abzweigung links und bei der nächsten rechts und erreichen auf einem kleinen Pfad wieder die Straße. Nach rechts kommen wir in das Zentrum des kleinen Dörfchens **Lafare** (159 m). Hier folgen wir dem Wegweiser Richtung Beaumes-de-Venise. Wer einkehren möchte, findet beim Dorfausgang links das Bistro de Lafare etwas oberhalb der Straße.
Wir gehen auf der Hauptstraße weiter und biegen circa 400 m nach dem Wegweiser links ab. Es geht nun dem gelb markierten Wanderweg folgend bergauf (zuerst noch geteert). Der Weg führt uns durch die Weinberge und erlaubt uns die Sicht auf die diversen Felsgrate der Dentelles de Montmirail. Beim Wegweiser la Galinière ist die Orientierung etwas verwirrend. Beim ersten Wegweiser gehen wir abwärts Richtung Beaumes-des-Venise, 20 m danach, beim zweiten Wegweiser, folgen wir keiner ausgeschilderten Richtung, sondern verlassen die Straße nach links und folgen dem gelb-rot und blau markierten Weg. Nachdem der Weg durch die Weinberge oberhalb des Hofs La Gourjonne vorbeigeführt hat, verlassen wir den gelbrot markierten Weg und biegen leicht rechts ab, wobei wir den unteren, gelb markierten Weg nehmen. Wir gehen um den Weinberg herum bis zum Wegweiser la Loubière. Hier noch 20 m Richtung St-Hippolyte, dann biegen wir unmittelbar nach der Rechtskurve links ab. Ab hier ist der Fußpfad, der uns steil bergauf führt, blau markiert. Bei einer Gabelung gehen

wir weiter aufwärts (Weg 6b, blau markiert). Nach einem felsigeren Stück erreichen wir den aussichtreichen Grat und folgen diesem bis zum höchsten Punkt des **Graveyron** (443 m). Weiter den blauen Markierungen nach, an einer Orientierungstafel vorbei, steigen wir später an der Nordseite des Graveyron ab. Nachdem wir die Ecke eines Weinberges gestreift haben, biegen wir circa 100 m weiter bei der zweiten Möglichkeit rechts ab (ab hier nicht markiert). Zuerst oberhalb eines weiteren Weinbergs, führt uns der zuerst breite, doch leicht verwilderte Weg sanft abwärts. Alles geradeaus, erreichen wir die Straße, gehen dort geradeaus, (Chemin de Marrou, nicht markiert) und biegen nach 50 m links auf einen Fahrweg ab. Der Fahrweg mutiert nach einer Linkskurve zu einem Fußweg, der uns zum Wegweiser Falque Pié Logier und zum offiziellen Wanderweg zurückführt. Hier gehen wir in Richtung Château de Barroux (gelb-rot markiert) und steigen zu einem kleinen Stausee (Privatgrundstück) ab. Der Wanderweg macht einen großen Bogen links um den See und führt danach (auf einer anderen Route als auf der Karte eingezeichnet) in ein kleines Tal und am Friedhof vorbei an den Fuß des Hügels, auf dem die Burg thront. Um ins Dorf zu gelangen, müssen wir bei einer größeren Straße nicht den Markierungen nach links folgen, sondern geradeaus die Straße René Char bis ins Zentrum von **Le Barroux** (ca. 320 m) nehmen.

Le Barroux ist ein typisches provenzalisches Dorf mit kleinen Gassen und vielen Brunnen, das bis jetzt von den Touristenströmen weitgehend verschont wurde. Es schart sich rund um den Hügel, der vom Schloss aus der Renaissance gekrönt wird (geöffnet April, Mai, Okt. 14–18 Uhr, in den Sommermonaten 10–19 Uhr).

1.4 Le Barroux–Mont Serein

Wanderzeiten	
Le Barroux–Lac du Paty	0 h 50
Lac du Paty–Wegweiser Combe de l'Ase	1 h 35
Wegweiser Combe de l'Ase–Wegweiser les Prés de Michel	1 h 30
Wegweiser les Prés de Michel–Mont Serein	1 h 40
Total	**5 h 35**

Höhendifferenz	↗ 1370 m ↘ 300 m
Schwierigkeit	T3

In **Le Barroux** (ca. 320 m) gehen wir auf dem Cours St-Denis unterhalb des Gemeindehauses, am Café La Maison d'Eugène und am Waschhaus vorbei Richtung Norden, um dann rechts die Treppe zu nehmen, die erste Straße zu überqueren und auf einem Pfad bis in den Talboden zur Hauptstraße zu gelangen (ab hier gelb-rot markiert). Wir überqueren die Hauptstraße und gehen auf der anderen Seite der Brücke auf dem Wanderweg weiter (immer Richtung Lac du Paty). Ein kurzer Auf- und Abstieg bringt uns zum **Lac du Paty** (285 m). Der See wurde 1766 zur Bewässerung der Felder von Caromb und für den Betrieb von vier Kornmühlen erbaut. Heute ist er ein beliebter Bade- und Fischersee, und am Ufer finden im Sommer Tanzbälle und Filmvorführungen statt. Wir gehen links durch die Gartenwirtschaft und danach rechts über eine Metallbrücke. Der nach wie vor gelb-rot markierte Weg führt uns durch den Wald hinauf zum Grat und zum Wegweiser la Madeleine. Hier gehen wir in Richtung les Trois Termes (nicht mehr gelb-rot markiert). Wir bleiben auf der westlichen Seite des Grats. Wo sich der Weg gabelt, bleiben wir auf der Höhe und folgen dem als Mountainbiketrail rot markierten Weg. Später ist der Weg, der über eine lange Strecke sehr

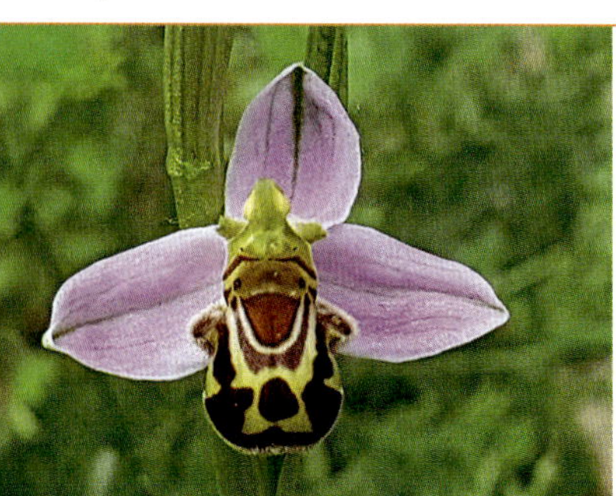

Unter den unzähligen Orchideenarten der Provence sind die Ragwurzen (im Bild eine Bienen-Ragwurz) eine besondere Augenweide.

angenehm der Höhenlinie folgt, auch wieder gelb markiert.
Beim Wegweiser les Trois Termes gehen wir Richtung Malaucène, zuerst kurz auf der Straße und dann links ab in einen Fahrweg (ab hier wieder gelb-rot markiert). Später folgen wir auf einem Fußpfad dem Grat mit freier Sicht auf den Mont Ventoux mit seinem Gipfelturm. Ab dem Wegweiser le Gros Pata (wir gehen immer noch Richtung Malaucéne) ist der Weg weiß-rot markiert. Der Weg biegt später rechts ab und führt uns zum Talboden und zum Wegweiser **Combe de L'Ase** (601 m). 300 m weiter, beim Wegweiser Combe obscure, verlassen wir den GR und gehen Richtung Bramafam (ab hier gelb markiert). Der Weg durchquert einen Zedernhain und führt hinauf zur Straße, die wir beim Wegweiser Bramafam überqueren. Auf einem Fahrweg wandern wir leicht abwärts bis zum Wegweiser le Seuil. Hier folgen wir keiner der angegebenen Richtungen, sondern biegen 30 m hinter dem Wegweiser rechts ab und gehen auf einem guten Fußweg bergauf (nicht markiert). Oben auf dem Grat streifen wir die Straße und folgen dem kleinen Pfad, der weiter bergauf führt. 400 m weiter erreichen wir wieder die Straße und kommen zurück auf einen gelb markierten Wanderweg, auf dem wir weiter aufwärts Richtung Belvedère gehen. Beim Wegweiser les Rams überqueren wir die Straße, auf die wir beim Wegweiser **les Prés de Michel** (1144 m) wieder zurückkehren. Hier biegen wir links Richtung Col de Comte auf eine breite Piste ab. Nach 40 min, beim Wegweiser Valat de Mont Serein, verlassen wir die Piste und folgen dem steilen Fußpfad, der uns nochmals viele Schweißtropfen kosten wird, Richtung Mont Serein durch ein kleines Tal. Beim Wegweiser Faysses wird der Weg breiter, beim Wegweiser Grand Valat biegen wir rechts ab Richtung Chalet des Sports und erreichen von dort in 5 min den zentralen Verkehrskreisel der Wintersportstation **Mont Serein** (1386 m). Um zum Chalet Ventoux Serein zu gelangen, müssen wir hier der überdimensionierten Straße für circa 150 m nach links folgen. Noch weiter der Straße nach geht es zum Campingplatz.
Viele Wintersportorte sind im Sommer keine Schönheit – da ist Mont Serein keine Ausnahme: Die gerodeten Hänge für die Pisten, die breite Zufahrtsstraße, die vielen leerstehenden Gebäude. Dabei gehört Mont Serein zu den kleineren Stationen. Rund 180 Chalets verstecken sich im Wald, größere Unterkunftskomplexe sind an einer Hand abzuzählen. Der Winter ist die Hauptsaison (mit bis zu 380 000 Besuchern, 12 000 an den besten Tagen; in den Sommermonaten sind es rund 100 000). In den 1930er-Jahren begann hier der Skitourismus. Wie lange es ihn noch gibt, ist fraglich, denn in den letzten Jahren war der Schnee Mangelware. In den Jahren 2017 und 2018 gab es an der Talstation nie mehr als 15 cm Schnee, und auch dies nur an wenigen Tagen.

1.5 Mont Serein–Bédoin

Wanderzeiten	
Mont Serein–Mont Ventoux	2 h 00
Mont Ventoux–Jas de Landerots	2 h 00
Jas de Landerots–les Colombets	1 h 15
les Colombets–Bédoin	0 h 45
Total	**6 h 00**
Höhendifferenz	↗ 575 m ↘ 1650 m
Schwierigkeit	T3

In **Mont Serein** (1386 m) laufen wir auf der großen Straße unterhalb des Pistenhangs Richtung Osten, am Campingplatz und einer Schranke vorbei, bis zum Wegweiser Contrat 1, bei dem wir nach rechts in einen Fahrweg abbiegen. Wir folgen für den ganzen Aufstieg dem GR4 Richtung Mont Ventoux und den weiß-roten Markierungen. Im folgenden Waldstück gibt es noch einige ältere, mehr oder weniger lebende Bäume aus der Zeit vor der Wiederaufforstung zu bewundern (Infotafel). Falls wir eine große Runse überqueren, sind wir falsch, denn unser Weg führt in vielen Kehren angenehm steigend durch den Wald bis zur Straße kurz unterhalb des Gipfels. Der Straße nach links folgend, erreichen wir einen Aussichtspunkt mit Orientierungstafel. Freier Blick auf die Alpen (sofern die Wetterlage stimmt). Danach können wir rechts der Straße auf einem Fußweg die Aussichtsterrasse auf dem höchsten Punkt des **Mont Ventoux** (1909 m) erreichen, diesem gewaltigen Block aus Kalkschiefergestein, der von so vielen Punkten in der Provence aus sichtbar ist (siehe auch S. 42 f.).

Zurück auf der Straße halten wir uns rechts.

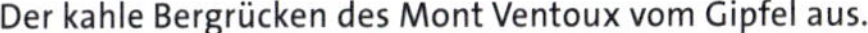

Der kahle Bergrücken des Mont Ventoux vom Gipfel aus.

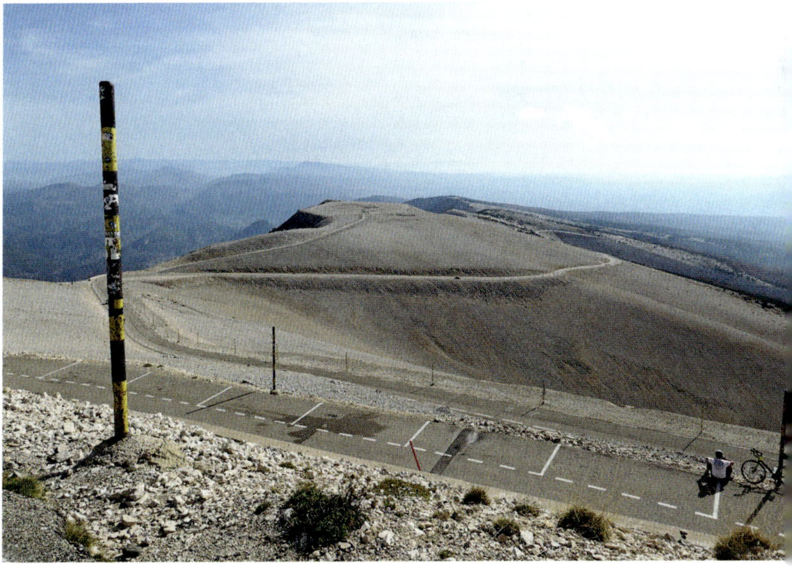

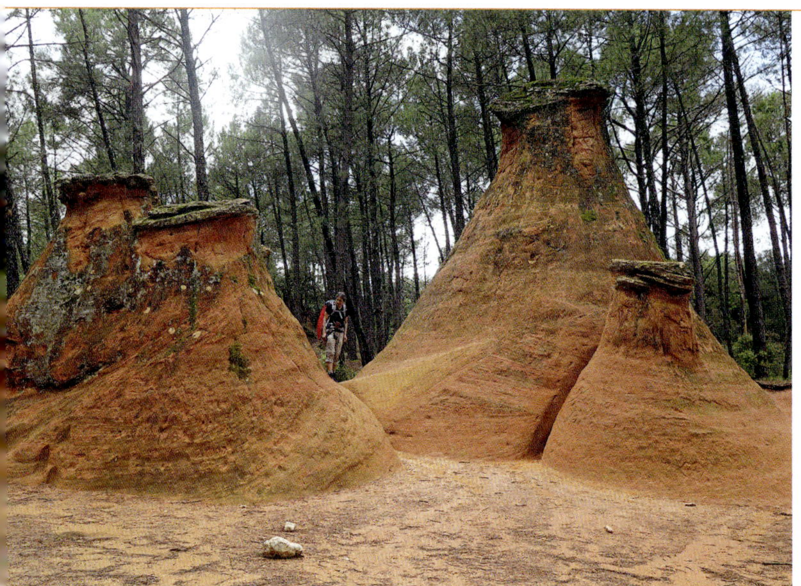

Die Demoiselles Coiffées: rote Türmchen aus erodierter Tonerde.

Bei der nächsten Haarnadelkurve können wir die Straße verlassen und in der Nähe des Restaurants (geöffnet Mai bis Sept.), dem Westgrat 200 m weiter bis zur Chapelle Ste-Croix folgen (gelb markiert). Bereits im Jahr 1500 ließ der Bischof von Carpentras auf dem Gipfel eine Kapelle erbauen, die jedoch zerfiel und zu Beginn des 20. Jahrhunderts durch diesen Neubau ersetzt wurde. Der höchste Punkt des Berges dient nun nicht mehr der Religion, sondern den Sendeanlagen der französischen Armee und der Fernsehstationen. Von der Kapelle steigen wir auf dem markierten Wanderweg durch das Geröll weiter ab, um nach circa 15 min, nach einem ersten Kiefernhain, rechts abzubiegen (P. 1727 auf der IGN-Karte, ab hier mit gelben Punkten markiert). Auf circa 1460 m überqueren wir eine Piste und steigen weiter durch den Wald ab. Wieder zurück auf der Piste, folgen wir dieser nach links, gehen auf ihr eine Rechtskurve und verlassen sie bei der darauffolgenden Linkskurve (ab hier rot-weiß markiert) und steigen weiter ab bis zum **Jas de Landerots** (1016 m). Jas ist der regionale Name für einen Schafstall, der hier jedoch nur noch als Ruine besteht. Wir folgen hier dem GR noch 50 m Richtung Bédoin und biegen dann links ab (ab hier gelb markiert). Wo unser Weg auf einen breiteren Weg trifft, folgen wir diesem nach rechts bis zum Boden der Schlucht, der wir auf einem Pfad abwärts folgen. Der Weg durch die Combe de Curnier ist spektakulär. Teilweise ist die Schlucht ganz schmal, sodass man sich nur einzeln zwischen den Felswänden durchzwängen kann. Gegen ihr Ende wird sie breiter und lässt die Sicht auf die ausgewaschenen Felswände frei. Am Ausgang der Schlucht, beim Wegweiser **les Colom-**

bets (452 m) folgen wir der Piste Richtung Bédoin. Nach circa 1 km nehmen wir die erste geteerte Straße, die nach links abzweigt (ab hier nicht mehr markiert), und gehen auf ihr am Hof les Couguious vorbei bis zu einer Linkskurve, wo wir weiter auf einem Weg geradeaus gehen. Wir befinden uns auf einem Privatgrundstück, doch der Zugang ist explizit erlaubt. Nach 300 m auf dem Weg können wir auf kleinen Pfaden über den roten Felsen in ein kleines Tal absteigen, in dem sich die Demoiselles Coiffées befinden. Bei den Damen handelt es sich um rote Türmchen aus Tonerde, die zuoberst durch einen Stein vor Erosion geschützt sind. Zurück auf dem Weg, folgen wir ihm weiter, nehmen kurz darauf bei einer Gabelung den linken Weg abwärts und halten uns später gleich nochmals links. Bei der darauffolgenden Kreuzung (P. 367) gehen wir nach rechts auf einer geteerten Straße aufwärts bis zur Kapelle Notre-Dame-du-Moustier, wo wir die Hauptstraße D 974 erreichen. Wir folgen der Straße bloß 50 m nach links und biegen dann nach rechts ab (Chemin de Maupertuis). Diese Straße macht einen Rechtsbogen und an ihrem Ende gehen wir auf einem Pfad weiter geradeaus dem Bach entlang, bis wir kurz vor der Chapelle de Beccaras wieder eine Straße erreichen.

Von der Kapelle (siehe Kasten) folgen wir der Straße bis nach **Bédoin** (308 m). Das Dorf ist heute ein Mekka für Radfahrer. Hier beginnt die populärste Route auf den Mont Ventoux, die jährlich von Zehntausenden unter die Räder genommen wird. Im Winter hat das Dorf rund 3000 Einwohner, im Sommer wird bisweilen die 10 000er-Grenze gesprengt. Es lohnt sich, einen Rundgang durch das alte Dorf und hinauf zur Kirche zu unternehmen.

Bédoin, Mai 1794

Die Chapelle de Beccaras ist ein Mahnmal für die Opfer des Massakers, das Bédoin für immer prägte. Es war Anfang Mai 1794, als in Bédoin der Freiheitsbaum – ein Siegeszeichen der Französischen Revolution – ausgerissen wurde. Von der Revolutionsregierung wurde dies als gegenrevolutionärer Akt taxiert; daraufhin wurde die gesamte Bevölkerung in der Kirche zusammengetrieben, um die Schuldigen ausfindig zu machen. Doch niemand sprach. So wurde das Revolutionstribunal mit seiner Guillotine nach Bédoin gerufen, wo es ein Exempel statuierte, indem es das ganze Dorf schuldig sprach. Am 23. Mai wurden als erstes die beiden Pfarrer geköpft. Am 28. Mai kamen 35 weitere Personen unter das Beil und – weil dies zu lange dauerte – wurden 27 weitere Bürger erschossen. Anfang Juni wurde das Dorf in Brand gesteckt, die Felder mit Salz sterilisiert und das Dorfgebiet auf die umliegenden Gemeinden verteilt. Ein Jahr später wurde das Dorf rehabilitiert. Die Bevölkerung kehrte zurück, und am Platz, auf dem die Guillotine stand, wurde ein Gendenkstein errichtet. Auf der Grube, in die nach dem Massaker die Toten geworfen wurden, erbaute man 1866 die Chapelle de Beccaras. Als man in Frankreich 1989 das 200-Jahr-Jubiläum der Revolution feierte, wurde der aufgebaute Freiheitsbaum in Bédoin ausgerissen. Wieder aufgestellt, wurde er verbrannt. Im selben Jahr pflanzte eine Gruppe von Nachfahren der Überlebenden bei der Chapelle de Beccaras 63 Zypressen, um der Toten zu gedenken.

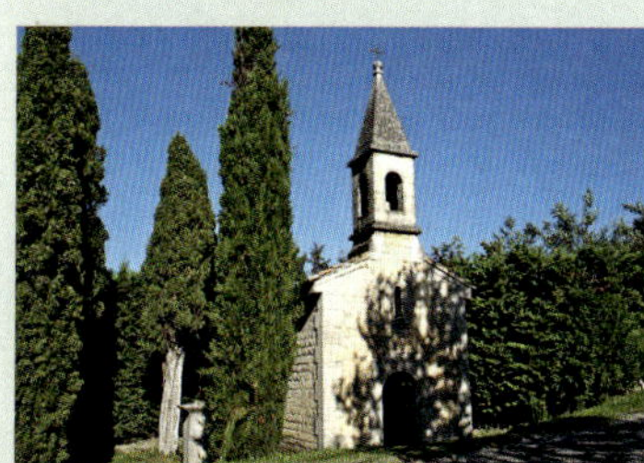

Chapelle de Beccaras.

Mont Ventoux – der Berg der Winde, Dichter und Radfahrer

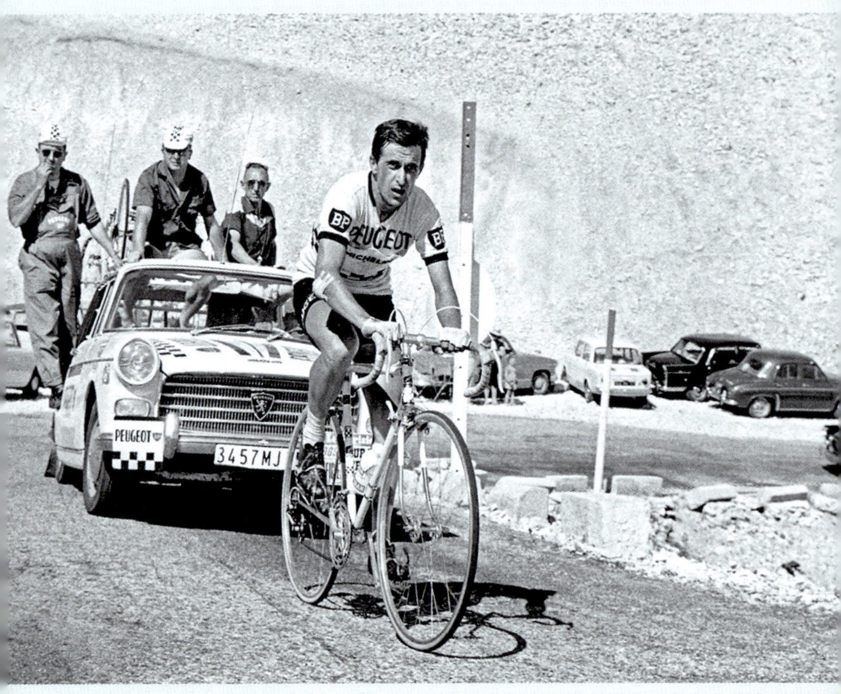

Tom Simpson am Mont Ventoux.

So bewaldet wie heute war der Mont Ventoux nicht immer. Es war die Gier nach Holz für den Schiffbau und nach Weideland für die Schafzucht, die den Berg rasierte. Erst in der Hälfte des 19. Jahrhunderts gebot man dem Kahlschlag Einhalt und begann mit der Aufforstung. Nur der Gipfel blieb kahl und lässt somit den Naturgewalten freien Lauf. Allen voran dem Mistral (siehe auch S. 205 ff.), der hier Spitzengeschwindigkeiten erreicht und dem Berg auch den Namen gab: Monte Ventoso, der Berg der Winde.

An einem Nebeltag ist man hier oben mutterseelenallein. An sonnigen Tagen hingegen herrscht grosser Trubel, wobei die Radfahrer den Hauptteil ausmachen. Man muss ihn einfach mal gemacht haben, den Mont Ventoux. Zum Mythos wurde der Mont Ventoux unter Radfahrern durch den tragischen Tod von Tom Simpson, dem britischen Radweltmeister von 1965. Es war am 13. Juli 1967, als die Tour de France den Mont Ventoux auf dem Programm hatte. 40 Grad wurden kurz nach dem Start der Etappe in Marseille gemessen. Simpson ist vor dem Mont Vetoux noch in der Spitzengruppe, fällt dann aber zurück, beginnt drei Kilometer vor dem Ziel zu torkeln und fällt vom Rad. Seine Teamleute vom Begleitwagen versuchen ihn zum Aufgeben zu bewegen, doch er erwidert: »Put me back on my bike.« Er wird von den Helfern auf sein Rad gesetzt, doch taumelt er 500 Meter weiter bereits wieder so stark, dass er von Zuschauern gestützt wird und auf dem Rad kollabiert. Es gibt Reanimationsversuche, ein Helikopter fliegt ihn ins Krankenhaus, wo nur noch sein Tod festgestellt werden kann. In seinem Blut und in Röhrchen in seinem Renntrikot findet man Amphetamine. So ist der Tod von Tom Simpson heute auch ein Mahnmal gegen den Missbrauch von Doping.

631 Jahre früher schrieb ein anderer Ventoux-Reisender Geschichte. Am 26. April 1336 bestieg der Dichter und Humanist Francesco Petrarca gemeinsam mit seinem Bruder und zwei Dienern den Berg von Malaucène aus. Beim Aufstieg versuchte er, im Gegensatz zu seinem Bruder, den steilen Stellen auszuweichen und einen bequemeren Weg über die Flanke zu wählen. Eine schlechte Wahl, die ihm eine erste Erkenntnis einbrachte: »Unmöglich gelangt ein Wesen von Fleisch und Blut in die Höhe durch Hinabsteigen.« Auf dem Gipfel genoss er »einem Betäubten gleich« die Aussicht und zitierte Augustinus: »Und es gehen die Menschen hin zu bewundern die Höhen der Berge und die gewaltigen Fluten des Meeres [...] – und verlassen dabei sich selbst.« Da wurde Petrarca sogleich zornig auf sich selbst, dass er jetzt noch Irdisches bewunderte, und sinnierte, »dass nichts bewundernswert ist außer der Seele: Im Vergleich zu ihrer Größe ist nichts groß«. Nach einem stummen Abstieg wandte er sich um und der Berg schien ihm kaum noch »die Höhe einer Elle« zu haben.

Francesco Petrarca (1304–1374).

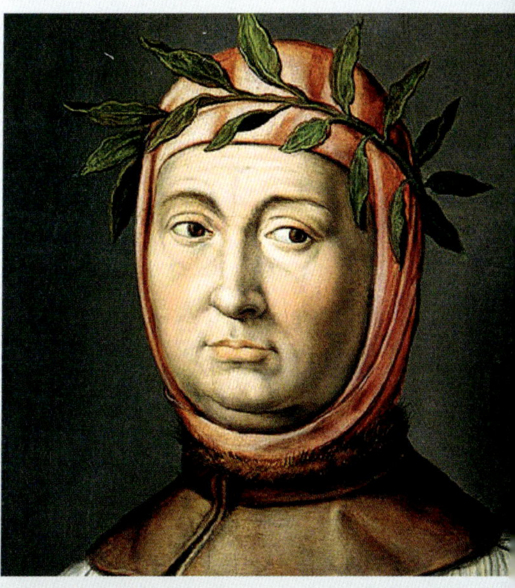

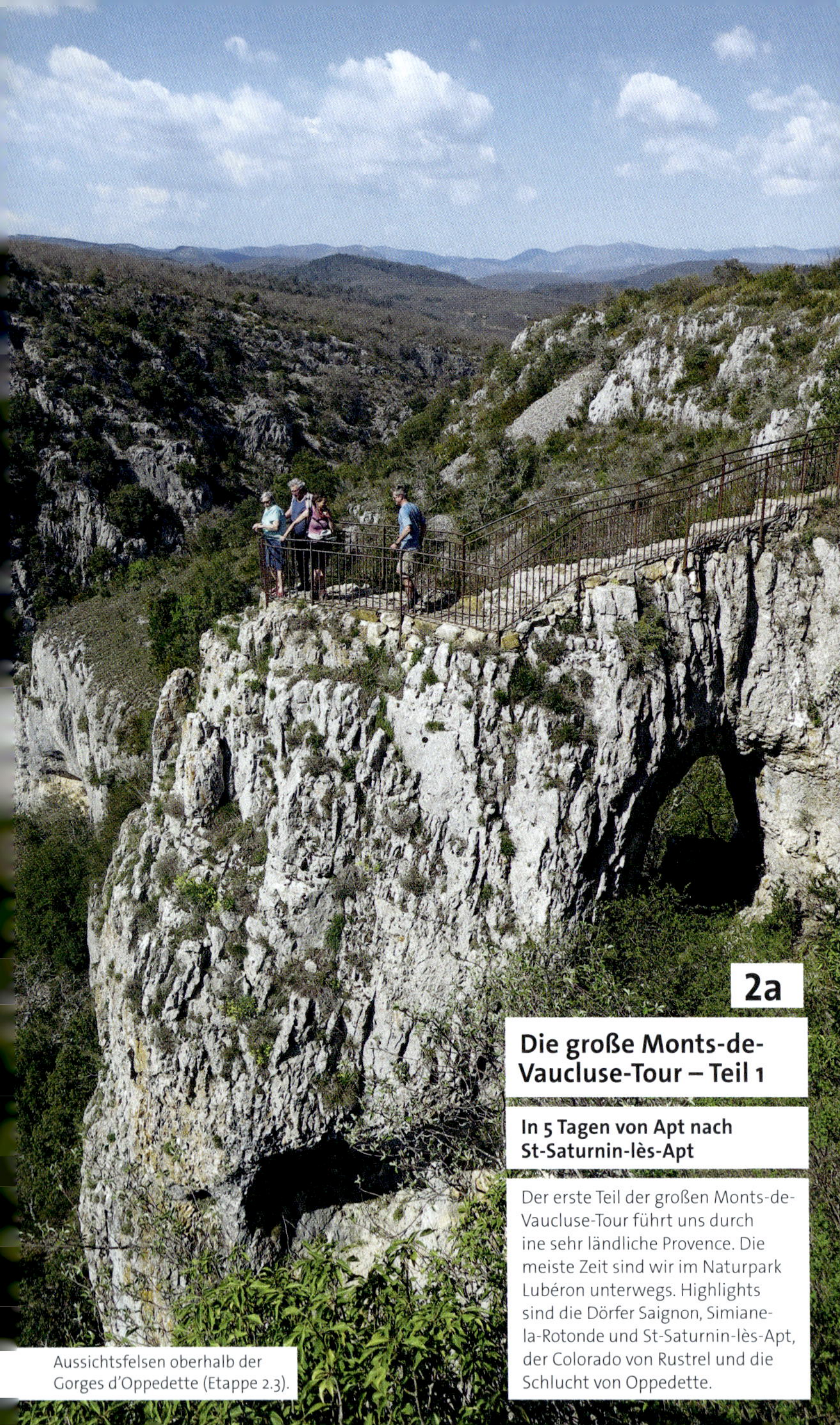

Aussichtsfelsen oberhalb der Gorges d'Oppedette (Etappe 2.3).

2a

Die große Monts-de-Vaucluse-Tour – Teil 1

In 5 Tagen von Apt nach St-Saturnin-lès-Apt

Der erste Teil der großen Monts-de-Vaucluse-Tour führt uns durch ine sehr ländliche Provence. Die meiste Zeit sind wir im Naturpark Lubéron unterwegs. Highlights sind die Dörfer Saignon, Simiane-la-Rotonde und St-Saturnin-lès-Apt, der Colorado von Rustrel und die Schlucht von Oppedette.

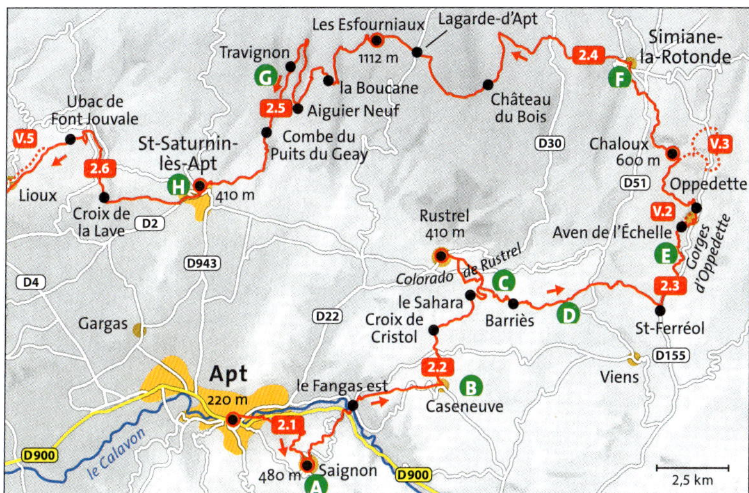

Sehenswertes

- A Saignon und Aussicht vom Burgfelsen
- B Caseneuve und sein Oratoire
- C Colorado von Rustrel
- D Rhinozerosspuren bei Viens
- E Schlucht von Oppedette
- F Simiane-la-Rotonde und seine Burg
- G Verlassener Weiler Travignon und Zisternen an den Monts de Vaucluse
- H St-Saturnin-lès-Apt

Beste Jahreszeit

März bis Ende Juni oder Mitte September bis Ende Oktober. Zu beachten ist die teilweise Sperrung des Gebiets wegen Waldbrandgefahr zwischen dem 1. Juli und dem 15. September (siehe S. 22).

Karten

IGN 3242 OT

Varianten

1 Die ersten beiden Etappen an einem Tag wandern.

2 Am 3. Tag den etwas ausgesetzten Ab- und Aufstieg in den Gorges d'Oppedette vermeiden und weiter dem Schluchtrand folgen (unterhalb von Oppedette kommt man wieder auf den beschriebenen Weg). Zeitersparnis 40 min.

3 Zusatztag in Chaloux mit kurzer Rundwanderung zum Kloster Valsaintes (valsaintes.org) mit seinem großen Garten und hinunter zum Wasserfall Saut du Moine und den runden Aushöhlungen im Kalkfels (marmites de géants). Bis zum Kloster ausgeschildert. Vom Kloster folgt man dem GR 4 Richtung Valsaintes. 150 m nachdem der Weg auf der geteerten Straße verläuft, können wir diese unmittelbar vor einer Brücke nach rechts auf einen Fußweg verlassen, der uns direkt zum Saut du Moine führt. Dauer ca. 2 h.

An- und Abreise

Apt: Unzählige Busverbindungen in die Dörfer im Umland, aber auch direkte Verbindungen nach Avignon (inkl. Avignon TGV), Aix-en-Provence, Cavaillon oder Manosque.

St-Saturnin-lès-Apt: Busverbindung mit dem Rufbus Linie 109 (Pays d'Apt) von Trans-Vaucluse nach Apt (Fahrzeiten Mo–Sa 9–16 Uhr). Der Rufbus muss am Vortag (für den Montag bereits am Freitag) vor 16 Uhr unter Tel. 04 90 74 20 21 bestellt werden. Der Preis ist nicht höher als für einen normalen Linienbus. Der Rufbus bedient auch Strecken zwischen den Orten, die an diesen Rufbus angeschlossen sind (wie. z. B. Murs, Lioux). Zudem verkehrt 2 × tägl. (außer So) die Buslinie 16 nach Apt.

Zurück zum Startpunkt: Mit Rufbus Linie 109 (siehe oben).

Touristinfo

luberon-apt.fr Allgemeine Infos zu Apt, Saignon, Rustrel, Lagarde d'Apt und St-Saturnin-lès-Apt

Etappenorte

Saignon

saignon.fr Busverbindung mit Rufbus Linie 109 (siehe An- und Abreise). Kein Lebensmittelladen im Ort, dafür aber eine Patisserie mit einem Dépôt de Pain (außer Mi). Diverse Restaurants. Ein sehr schönes Chambre d'hôtes mit Pool, wenige Meter außerhalb des Dorfkerns, ist die Bastide du Jas (labastidedujas.com). Weitere Chambre d'hôtes sind die Maison de la Place (lamaisondelaplace.com), in einem Haus aus dem 18. Jh. und direkt am kleinen Hauptlatz des Dorfs gelegen, das Pyramide (keine eigene Website, Tel. 04 90 04 70 00) und das preiswerte Étape du Randonneur (keine eigene Website, Tel. 06 47 37 41 27).

Caseneuve

Busverbindung mit Rufbus Linie 109 (siehe An- und Abreise). Keine Einkaufsmöglichkeit. Zwei Restaurants: das gehobene Le Sanglier Paresseux im Dorf und das einfache Bistrot de pays l'Authentic (tägl. außer Mo), nach dem Oratoire noch 100 m weiter auf der Straße Richtung St-Martin. Im Dorfkern gibt es ein nobles Chambre d'hôtes: Bastide de Caseneuve (bastidecaseneuve.com).

Rustrel

Busverbindung mit Rufbus Linie 109 (siehe An- und Abreise). Zudem Busverbindung mit Linie 16 nach Apt und Sault (2 × tägl. außer So). Lebensmittelladen (tägl. geöffnet) und Bäckerei (außer Do). Es gibt ein preiswertes Hotel (rustreou-hotel-apt.fr) und das Gîte d'étape im Schloss (gitelechateau.pagesperso-orange.fr), 4er- bis 6er-Zimmer, DZ und Wohnungen mit Küche. Zudem viele Angebote auf Airbnb.

Gîte de Chaloux

Doppel- und Mehrbettzimmer, aber auch ein Studio in einem alten Bauernhof. Mit Halbpension (gite-chaloux.com).

Simiane-la-Rotonde

hauteprovencepaysdebanon-tourisme.fr
In Simiane gibt es keinen öffentlichen Verkehr. Taxi (in Banon): 04 92 73 35 66. Lebensmittelladen (unterhalb des Dorfkerns). Zwei Restaurants. Ein Chambre d'hôtes am Fuß des Dorfs, unweit der Wanderroute (gitelafontaine.fr). Unmittelbar unterhalb des Dorfkerns die preiswerte Auberge du Faubourg (hoteldesimiane.fr). Im Dorf das Chambre d'hôtes von Jean Alain (keine eigene Website, Tel. 06 45 68 26 67) und die Maison Dumaistre (über Airbnb buchbar).

les Esfourniaux

Gehört zu Lagarde d'Apt, das mit dem Rufbus 109 (siehe oben bei An- und Abreise) erreichbar ist. Keine Einkaufsmöglichkeiten. Alter Bauernhof mit 3er- und 2er-Zimmern sowie Restaurant. Auf gites-de-france.com als Zielort Lagarde d'Apt eingeben.

St-Saturnin-lès-Apt 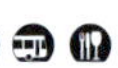 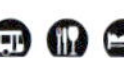

Alle wichtigen Einkaufsmöglichkeiten im Ort. Das einzige Hotel im Dorf ist das Des Voyageurs (voyageursenprovence.fr). Diverse Chambres d'hôtes in der näheren Umgebung (weniger als 15 min zu Fuß): les-grenadiers-de-saint-sat.com, masdelescaillon.com, lesburlats.com oder das Mas Silvestre (über chambres-hotes.fr buchbar). Diverse Restaurants, empfehlenswert ist das Saint-Hubert.

Weinberg-Tulpe.

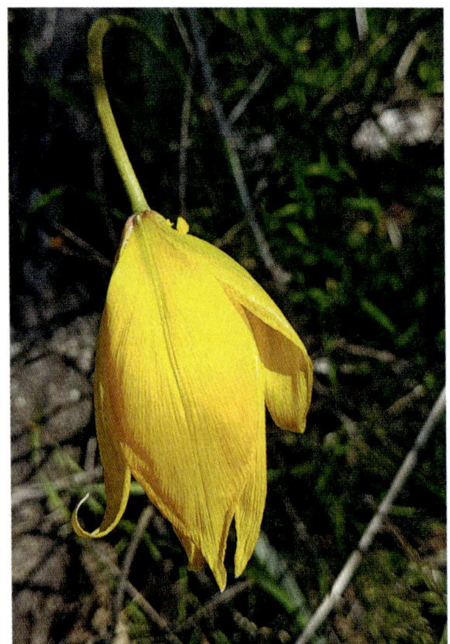

2.1 Apt–Saignon

Wanderzeiten	
Apt–Saignon	1 h 15
Total	**1 h 15**
Höhendifferenz	↗ 260 m ↘ 0 m
Schwierigkeit	T2

Die Etappe nach Saignon hinauf ist kurz und kann auch gut am Nachmittag oder Abend der Anreise nach **Apt** gemacht werden. Sie beginnt an der Place de la Bouquerie (220 m), dem Hauptplatz von Apt unmittelbar westlich des alten Stadtkerns. Um den Platz mit der großen Säule, an deren Spitze die Republik thront, finden sich viele Restaurants und die Touristinfo. Wir gehen auf der Rue du Dr Gros bis zum Platz mit dem Hôtel de Ville und der stattlichen Unterpräfektur und dort links ab in die Altstadt (Rue des Marchands). In der Fußgängerzone stets geradeaus und an der Kathedrale St-Anne vorbei, durchqueren wir die ganze Altstadt und verlassen sie auf der östlichen Seite bei der Porte de Saignon, einem letzten Überbleibsel der alten Stadtmauer. Hier queren wir die Hauptstraße und auf der kleinen Brücke auch gleich den Calavon. Danach links bis zur Avenue de Viton und auf dieser nach rechts, bis wir auf der linken Straßenseite auf einer Treppe zur Eisenbahnbrücke hinaufsteigen können. Die alte Bahnlinie, die einst Cavaillon und Apt mit St-Maime (bei Manosque) und Forcalquier verband, war nur zwischen 1890 und 1938 in Betrieb. Teile davon werden heute als Rad- und Wanderweg genutzt. Wir folgen der Bahnlinie 500 m nach rechts bis zum Wegweiser la Madeleine. Hier gehen wir zur Straße, folgen dieser nach links und biegen nach 150 m nach rechts ab (Wegweiser, ab hier gelb markiert). Bei den letzten Häusern nicht auf der Straße in den Wald hinein-

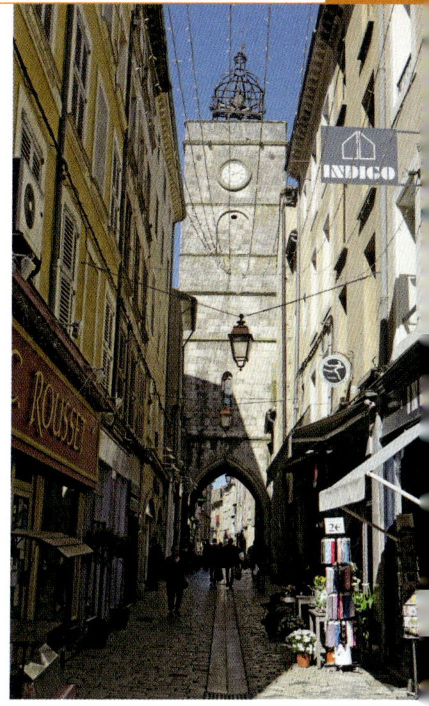

Tour de l'Horloge in Apt.

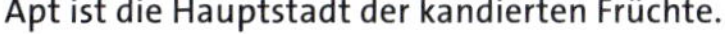
Apt ist die Hauptstadt der kandierten Früchte.

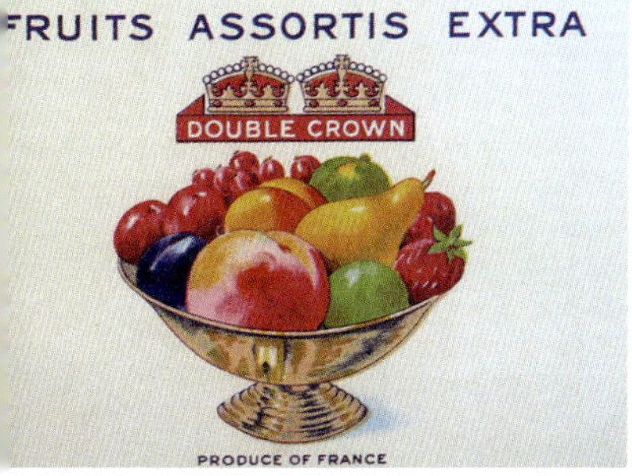

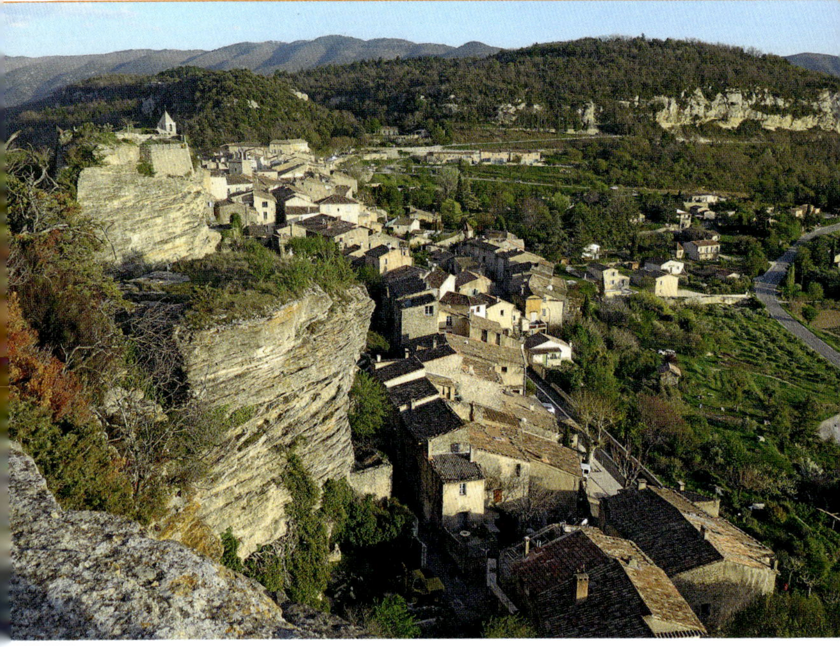

Blick vom Burgfelsen auf Saignon hinunter.

gehen, sondern nach links auf einen Fußweg abzweigen, der dem Waldrand folgt (markiert). Der Weg führt zurück auf eine kleine Straße und auf dieser nach rechts den Berg hoch. Eine weite Linkskurve kann auf einem Fußweg abgekürzt werden. Danach geht es wieder auf der Straße bis zum Wegweiser Ginestière. Hier geht es nach links, nach 20 m gleich nochmals links und dann rechts auf einem Fußpfad, den weiß-roten Markierungen folgend. Der alte, gepflasterte Weg führt uns nach Saignon hinauf. Um in den Dorfkern von **Saignon** (480 m) zu gelangen, gehen wir auf der Straße nach rechts und beim Wegweiser le Quay nach links ins Dorf hinein.

Saignon wird durch seine drei Felstürme geprägt, auf denen im Mittelalter je eine Burg stand. Diese drei Burgen zieren auch das Wappen von Saignon. Erhalten sind nur noch Ruinen, doch über eine in den Stein geschlagene Treppe auf der Ostseite kann man den nördlichsten der drei Felsen besteigen und die weite Aussicht auf das Tal des Calavon bis zum Mont Ventoux und dem Lubéron genießen. An der Ostseite des südlichen Felsens wurde eine Ölmühle in den Fels gehauen. Ebenfalls sehenswert ist der kleine zentrale Platz mit dem Brunnen und dem Waschhaus sowie die massig wirkende Kirche Notre-Dame-de-Pitié aus dem 11. und 12. Jahrhundert.

2.2 Saignon–Rustrel

Wanderzeiten	
Saignon–le Fangas est	0 h 50
le Fangas est–Caseneuve	1 h 10
Caseneuve–Croix de Cristol	0 h 40
Croix de Cristol–le Sahara	0 h 40
le Sahara–Rustrel	1 h 10
Total	**4 h 30**
Höhendifferenz	↗ 520 m ↘ 590 m
Schwierigkeit	T3

Von der Place de la Fontaine in **Saignon** (480 m) geht es Richtung Nordosten auf der Rue du Bourget das Dorf hinaus. Nach 150 m gehen wir beim Wegweiser Chemin du Bourget nach links Richtung le Fangas (bis Caseneuve gelb markiert). Die Strecke hinunter ins Tal des Calavon verläuft meist auf Fußwegen, für kurze Abschnitte auch auf der Straße, abwechslungsreich durch kleine Eichenwälder und an Obstbaumkulturen vorbei. Im Talboden überqueren wir die Hauptstraße (D900), folgen ihr 150 m nach rechts und biegen dann links ab. Beim Wegweiser **le Fangas est** (254 m) überqueren wir nochmals die alte Bahnlinie und kurz darauf auch den Calavon. Bei einer Abzweigung gleich hinter der Brücke nehmen wir einen Schotterweg, der wenig später rechts an einer alten Brücke vorbeiführt. Nun wieder stets dem markierten Weg nach. Nachdem der Weg eine starke Rechts- und dann eine starke Linkskurve gemacht hat, kann der folgende Abzweiger leicht übersehen werden: Bei der darauffolgenden Rechtskurve folgen wir nicht dem Fahrweg, sondern gehen auf einem Fußweg weiter geradeaus (zunächst leicht abwärts). Der danach wieder gut markierte Weg steigt sanft durch den Eichen- und Kiefernwald bergan, überquert später nochmals die Straße, folgt ihr danach 400 m bis zu einem Wegkreuz und geht dann gerade hinauf ins Dorf.

Beim Dorfrand empfiehlt es sich, nicht links dem Wanderweg zu folgen, sondern geradeaus, bei einem Durchgang unter einem Haus hindurch, einen kurzen Abstecher in den alten Dorfkern von **Caseneuve** (550 m) zu machen. Im Dorfkern steht die mächtige Burg aus dem 11. Jahrhundert. Vom Platz mit dem großen runden Brunnen zwischen Burg und Kirche hat man eine prächtige Aussicht hinüber nach Saignon und ins Tal des Calavon. Der wohl bemerkenswerteste Bau von Caseneuve liegt jedoch circa 100 m außerhalb des Dorfkerns an der Straße Richtung St-Martin de Castillon. Es ist die größte

Mächtige Flaumeiche beim Abstieg von Saignon.

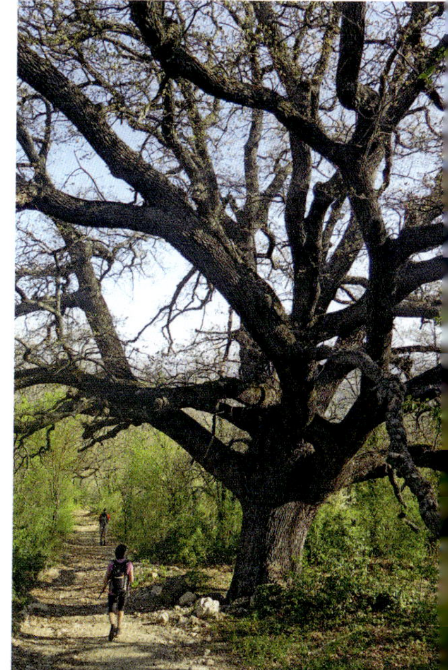

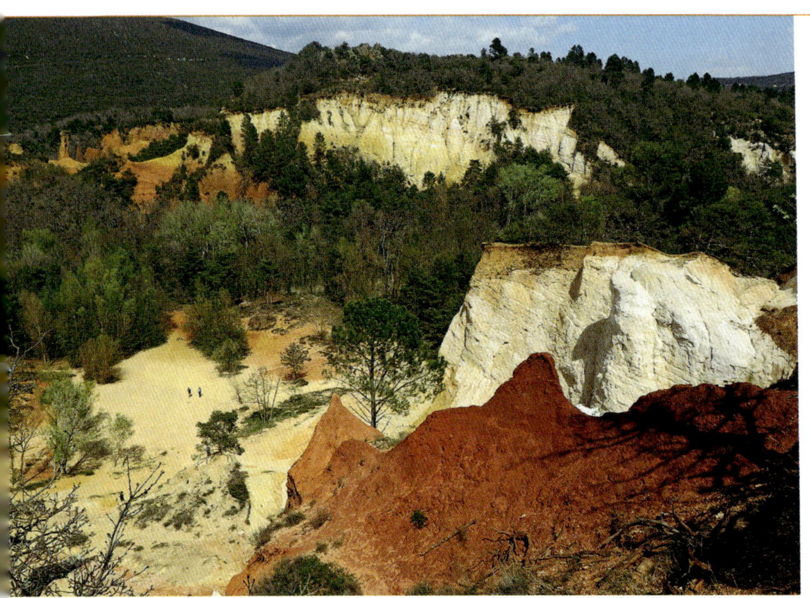

Ockergestein in den verschiedensten Farbschattierungen im Colorado de Rustrel.

Wegkapelle (Oratoire) der Provence, errichtet 1830 von Franziskanermönchen. Wir gehen zurück zum Platz vor der Kirche, dann die Treppe hinunter durch das Tor und rechts der hohen Burgmauer entlang. An deren Ecke halten wir uns links und dann die erste rechts und kommen so zurück auf die Straße. Dieser folgen wir 40 m nach rechts und gehen dann einen Fahrweg links hinunter und rechts an einem alten Hof vorbei (nicht markiert). Hinter dem Hof, auf einem nun schlechteren Weg, weiter dem Feld entlang abwärts. Am Ende des Felds biegen wir rechts ab und nach weiteren circa 400 m gleich nochmals stark rechts weiter abwärts.

Wir überqueren einen Bachlauf und kommen später geradeaus wieder auf den gelb markierten Wanderweg, dem wir nach links folgen. Doch bereits bei der nächsten Abzweigung verlassen wir den Wanderweg wieder, folgen links (nicht markiert) dem breiteren Weg und kommen später geradeaus haltend auf die Straße. Dieser folgen wir 40 m nach links und biegen dann rechts ab (Wegweiser la Lègue). Ab hier folgen wir den gelben Markierungen bergauf, wobei der Weg zu Beginn, anders als auf der IGN-Karte eingezeichnet, einen weiten Bogen um den Hof macht. Rund 5–10 min nach la Lègue befindet sich auf einer Weide, links des Wegs eine sehr gut erhaltene Borie. Weiter ansteigend erreichen wir beim Wegweiser **Croix de Cristol** (520 m) den Grat.

Wir gehen hier nach rechts und folgen dem Grat Richtung Ubac de Pradenques. Am Ende eines langgezogenen Lavendelfelds biegt der gelb markierte Fußpfad links vom breiteren Weg ab. Wir folgen diesem Pfad bis unmittelbar vor eine Rechtskurve (nach der er sich wieder mit dem breiteren Weg vereint) und gehen dort nach links auf einem Pfad steil den Wald hinunter (wenige blaue Markierungen). Der Weg führt später rechts einem Abhang entlang und auf teilweise ausgewaschenen Wegen weiter abwärts. Bei einer Kreuzung (auf der IGN-Karte im Gebiet Gourgues) können wir uns rechts halten (mit gelben Punkten markiert), um nach wenigen Metern eine eindrückliche Sicht auf die Ockerfelsen in ihren verschiedenen Schattierungen zu gewinnen. Wir gehen die wenigen Meter zurück und nehmen den kleinen Pfad nach rechts weiter abwärts (nicht mehr markiert). Später eher rechts haltend, erreichen wir die große Lichtung, die **le Sahara** (ca. 370 m) genannt wird, und den markierten Rundweg durch den Colorado de Rustrel (oder Colorado Provençal, siehe auch S. 61). An schönen Tagen werden wir das Naturerlebnis mit vielen anderen teilen müssen. Es lohnt sich, hier etwas zu verweilen und die Ockerformationen näher in Augenschein zu nehmen. Um noch andere Teile des Colorados zu besuchen, folgen wir den orangefarbenen Markierungen nach rechts (Richtung Südosten). Der Rundweg führt uns zum Aussichtspunkt der Cheminées des Fées, einzelne erodierte Türme aus Ockergestein. Nach dem Aussichtspunkt nehmen wir die erste Abzweigung nach links (Retour au Parking). An diese Stelle werden wir morgen zu Beginn der Etappe zurückkehren. Wir gehen hinunter bis zum Bach la Doa, folgen diesem nach links und überqueren ihn später über eine kleine Brücke. Danach dem Weg nach links folgend, erreichen wir die Straße. Gleich danach, 150 m von der Straße entfernt Richtung Colorado, steht eine kleine Buvette, wo man etwas trinken oder eine Kleinigkeit essen kann. Um nach Rustrel zu gelangen, müssen wir weiter der Straße folgen. Beim Wegweiser Cornet biegen wir rechts Richtung Rustrel ab und folgen den weiß-roten Markierungen bis in den Dorfkern von **Rustrel** (410 m) und zum Hotel Rustreou.

Rustrel

Das markanteste Bauwerk in Rustrel ist das Schloss aus dem 17. Jahrhundert, das heute die Gemeindeverwaltung und das Gîte d'étape beherbergt. Zumindest die Eingangshalle des Schlosses ist öffentlich zugänglich. Rund 500 m vom Dorfkern, an der Straße Richtung Apt, steht ein altes Waschhaus, le Lavoir de la Marquise. Eine Blüte erlebte Rustrel in der Mitte des 19. Jahrhunderts, als im Süden des Dorfs (bei der Kirche Notre-Dame-des-Anges) Hochöfen und Eisenschmieden in Betrieb waren, die das eisenhaltige Gestein des Colorado Provençal nutzten. Die industrielle Tätigkeit führte zu einer Abholzung der umliegenden Wälder. 1888 wurde die Produktion eingestellt. Einzelne Ruinen zeugen noch von der industriellen Vergangenheit. In der Neuzeit war Rustrel als Standort der französischen Atomraketen bekannt. Auf den Monts de Vaucluse nördlich des Dorfs befanden sich von 1971 bis 1996 Abschussrampen für 18 Raketen mit Atomsprengköpfen und einer Reichweite von 3500 km. Der Kommandoposten für den Abschuss der Raketen lag über 500 m unter der Erde und war von Rustrel aus durch einen 2 km langen Tunnel zu erreichen. Heute werden diese unterirdischen Anlagen durch das Laboratoire Souterrain à Bas Bruit (LSBB) genutzt, ein interdisziplinäres Forschungslabor, das u. a. geologische und hydrogeologische Risiken untersucht. Der Standort profitiert von einer sehr geräuscharmen Umgebung (seismisch, anthropogen und elektromagnetisch).

2.3 Rustrel–Gîte de Chaloux

Wanderzeiten	
Rustrel–Wegweiser Barriès	1 h 00
Wegweiser Barriès–Wegweiser St-Ferréol	1 h 50
Wegweiser St-Ferréol–Wegweiser Aven de l'Échelle	1 h 20
Wegweiser Aven de l'Échelle–Oppedette	0 h 55
Oppedette–Chaloux	1 h 05
Total	**6 h 10**

Höhendifferenz ↗ 620 m ↘ 430 m

Schwierigkeit T3
Mit Ketten und Leitern gesicherte Stellen in den Gorges d'Oppedette. Zu Beginn der Etappe kann im Colorado ein GPS für die Wegfindung nützlich sein.

Vom großen Platz in **Rustrel** (410 m) folgen wir der Straße Richtung Viens/Gignac (zu Beginn der gleiche Weg, den wir gestern gekommen sind). Wenn nach 10 min der GR rechts abbiegt, gehen wir auf dem Trottoir neben der Straße weiter geradeaus (nicht markiert). Wir überqueren die Hauptstraße (D22) und gelangen so zum Parkplatz des Colorado. Hier gehen wir weiter geradeaus bis zum kleinen Bach le Doa. Wer es einfach mag, kann hier dem GR nach links folgen (Piste). Im Folgenden wird ein Weg beschrieben, der nochmals einen Teil des Colorado de Rustrel durchstreift und erst weiter oben wieder auf diese Piste trifft. Dazu müssen wir bei der Abzweigung halbrechts zum Bach hinuntergehen und ihn überqueren. Auf der anderen Seite steigen wir auf dem weiß markierten Weg, den wir gestern hinuntergekommen sind, aufwärts. Bei der ersten Abzweigung, nach wenigen Minuten Aufstieg, gehen wir links und folgen weiter den weissen Markierungen. Wir kommen so zum Désert blanc. Am Fuß der Felsen entlang gehen wir durch die Abbruchhalde, in der noch einzelne Schienen auf den industriellen Abbau hinweisen. Am Ende der Felsen halten wir uns rechts und folgen einem trockenen Bachlauf aufwärts. Wo eine Piste links abbiegt, folgen wir dem Bachlauf noch 100 m weiter (grün markiert, Steinmännchen) und biegen dann links ab. Bei der nächsten Abzweigung gehen wir nochmals links. 50 m weiter biegen wir rechts auf einen Weg auf sandigem Boden ab (wenige grüne Markierungen) und gehen dann stets geradeaus. Nach einem Bachbett gehen wir links (grün markiert) und kommen auf diese Weise zurück auf den GR (Piste), dem wir nach rechts folgen. Gleich darauf können wir auf einem Fußweg weiter geradeaus gehen und so die Piste etwas abkürzen. Zurück auf dem GR, erreichen wir den Wegweiser **Barriès** (474 m).

Wir biegen hier nach links Richtung Viens ab (weiterhin weiß-rot markiert). Nach knapp 15 min erreicht der Weg eine Straße. 15 m vor der Straße biegen wir scharf rechts auf einen deutlichen Fußpfad ab, der zuerst der Falllinie nach den Hang hinaufsteigt und danach einen Bogen nach rechts und später einen nach links macht (nicht markiert; diese Abkürzung erspart uns ein längeres Stück Straße). Wir erreichen einen anderen Weg, dem wir nach links aufwärts folgen, und später die Straße, wo wir uns wieder links halten. Nach 100 m (Wegweiser la Colle, 561 m) kommen wir zurück auf den GR, dem wir nach rechts Richtung Viens folgen. Die Piste führt einem Grat entlang, der eine schöne Sicht auf den kleinen Weiler Gignac und später auch auf Rustrel, St-Saturnin und hinüber nach Caseneuve freigibt. 10 min nach la Colle erreichen wir eine große Kalkplatte (rechts des Wegs). Vor 30 Millionen Jahren haben hier

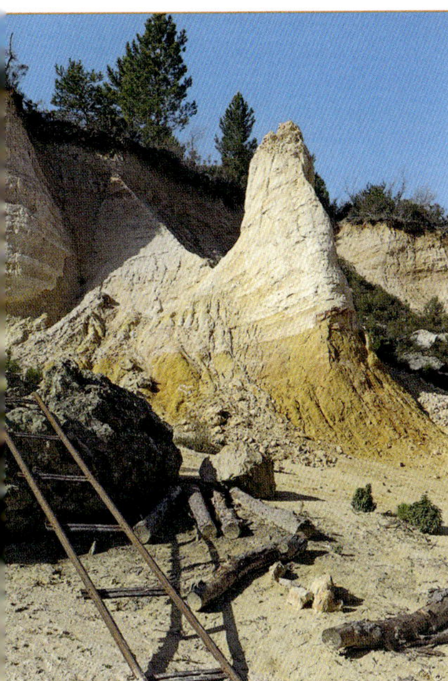

Abbruchhalde Désert blanc.

im Schlamm ein Urnashorn (Ronzotherium) und diverse Huftiere (Urflusspferde, Urwildschweine u. a.) rund 200 Fußabdrücke hinterlassen, die heute noch sichtbar sind. 5 min später, in einer Rechtskurve der Piste, gehen wir geradeaus und verlassen den GR auf einem guten Fußpfad (ab hier grün markiert). Später auf einem größeren Weg links haltend, erreichen wir beim Wegweiser la Suaude (656 m) die Straße. Hier wandern wir den gelben Markierungen nach Richtung Piémayon. Nach 150 m gehen wir bei einer Abzweigung geradeaus, um 10 m weiter in einen kleinen Fußpfad rechts abzubiegen (markiert).

Immer absteigend, kommen wir an den Rand einer Schlucht mit grünlichen Felsen (Ravin de l'Argentière) und später links haltend zum Wegweiser Piémayon. Wir gehen Richtung St-Ferréol abwärts (ab hier auch weiß-rot markiert). Beim Wegweiser **St-Ferréol** (403 m) erreichen wir die Straße. Die Kapelle St-Ferréol, 200 m südlich, fotogen hinter einem Lavendelfeld gelegen, war noch in den 1980er-Jahren eine Ruine. In den 90er-Jahren von Leuten aus Viens mit einem finanziellen Zustupf von Christine Ruiz-Picasso (der Witwe von Picassos erstgeborenem Sohn) wieder aufgebaut, ist die Kapelle heute ein Kulturzentrum mit Ausstellungen und Konzerten. Es gilt nun, für knapp 20 min in den sauren Apfel zu beißen und bis zum Beginn der Schlucht von Oppedette auf der Straße Richtung Norden zu wandern. Der Abschnitt ist nach wie vor weiß-rot markiert, denn wir befinden uns (nicht das erste Mal heute) auf dem GR6, der von St-Paul-sur-Ubaye (nahe der italienischen Grenze) bis in die Nähe von Bordeaux führt.

Nachdem wir die Départementsgrenze zum Département Alpes-de-Haute-Provence überschritten haben, verlassen wir beim Wegweiser Pont de la Blaque die Straße nach links (Richtung Oppedette Rive Droite). Die Vegetation ändert sich schlagartig, Steineichen und Buchs sind wieder dominant. Der Weg führt nun über Karstfelsen und bietet immer wieder grandiose Blicke in die Schlucht von Oppedette. Beim Wegweiser **Aven de l'Échelle** (510 m) biegen wir nach links und steigen auf einer Leiter durch eine Karsthöhle (franz. *aven*) ab (gelb markiert). Auch der weitere Abstieg bis zum Flusslauf des Calavon ist teilweise mit Eisenstangen gesichert, aber nie sehr ausgesetzt. Der Wasserstand des Flusses ist sehr unterschiedlich, aber wenn man Glück hat, reicht er für ein kleines Bad. Der Weg (gelb markiert) führt am Schluchtboden flussaufwärts und später, wieder mit Eisenstangen gesichert, teilweise auf einem Sims, teilweise steil aufwärts, hin-

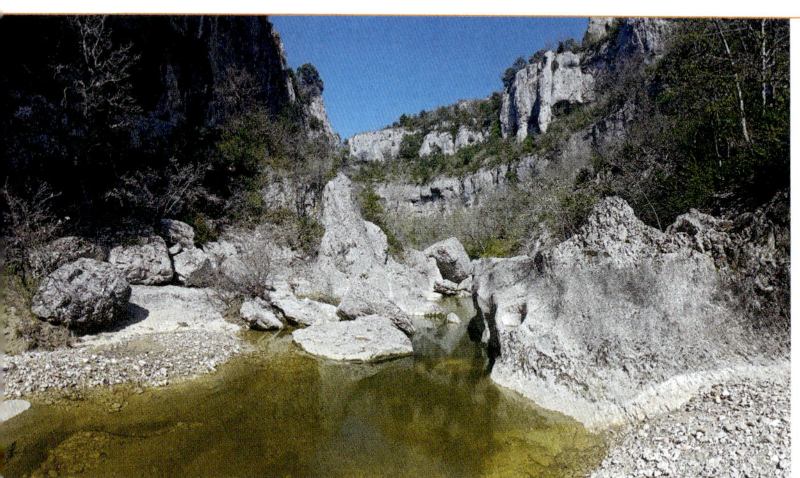

Der Calavon im Talboden der Gorges d'Oppedette.

auf zum Parkplatz am Schluchtrand. Hier kann man von einer Aussichtskanzel aus nochmals den Tiefblick in die Schlucht genießen. Der Weg (wieder weiß-rot markiert) führt uns zuerst noch am Schluchtrand entlang, später am Friedhof vorbei nach **Oppedette** (515 m). Es lohnt sich hier, die Treppe zum alten Waschhaus hinunterzusteigen und durch die Gassen und an der Kirche vorbei bis zur grasigen Spitze der Felskuppe hinter dem Dorf zu schlendern, von wo sich nochmals ein Blick in die Schlucht ergibt. Das einzige Café-Restaurant im Dorf hat leider vor kurzem seine Türen geschlossen.

Vom Waschhaus gehen wir auf der Straße das Dorf hinaus. Wenige Meter vor der Mairie (Wegweiser Oppedette Mairie) biegen wir scharf links ab (Richtung Site d'Escalade) und verlassen die Straße 20 m weiter geradeaus. Nochmals 150 m weiter biegt der GR rechts ab, wir folgen jedoch am Fuß des Felsens weiter dem Weg Richtung Site d'Escalade (gelb markiert) bis hinunter zum Calavon, den wir auf großen Steinen überqueren. Der Wanderweg biegt danach links ab – wir gehen aber nach rechts und folgen dem Calavon flussaufwärts (nicht markiert). Nach 200 m bei einer Abzweigung links haltend, erreichen wir sanft aufsteigend die Straße, der wir nach links folgen. Beim nächsten Haus, la Grange des Davids, einem großen Ferienhaus, das man ab zwei Übernachtungen auch mieten kann, biegen wir rechts ab (gelb markiert). Nun stets geradeaus, bis wir nach einem Lavendelfeld rechts abbiegen und später auf eine kleine Straße zurückkommen. Auf der Straße halten wir uns rechts und gehen bei der nächsten Abzweigung geradeaus, nun wieder abwärts. Den mächtigen Hof von **Chaloux** (600 m) vor Augen, legen wir die letzten Meter wieder auf dem GR zurück. Im April ist hier das Feld voller blühender Narzissen. Das Gîte de Chaloux ist ein alter Ziegenhof aus dem 18. Jahrhundert, der 1982 in ein Gîte umgewandelt wurde. Ein Ort, an dem man auch gerne länger als eine Nacht bleibt (siehe Varianten S. 45).

2.4 Gîte de Chaloux–les Esfourniaux

Wanderzeiten	
Chaloux–Simiane-la-Rotonde	1 h 15
Simiane-la-Rotonde–Château du Bois	2 h 00
Château du Bois–Lagarde d'Apt	0 h 50
Lagarde d'Apt–les Esfourniaux	0 h 20
Total	**4 h 25**

Höhendifferenz	↗ 680 m ↘ 170 m
Schwierigkeit	T2

Wir folgen heute den ganzen Tag dem Weitwanderweg GR4, der Grasse in der Provence mit Royan am Atlantik verbindet. Das bedeutet auch, dass wir fast den ganzen Tag den weiß-roten Markierungen folgen. Der Weg zweigt 100 m vom Gîte de **Chaloux** (600 m) vom Fahrweg ab und führt durch einen Hang voller Felsenbirnen hinunter in die kühlen Gorges de Vaumale. Wer im April kommt, wird sich an der Blütenpracht erfreuen. Später im Jahr kann man von den Früchten kosten. Der Weg schlängelt sich dem Bach(-bett) entlang, führt hinaus aus der Schlucht und zur Hauptstraße, der wir 300 m folgen, bis wir den Abzweiger nach Simiane-la-Rotonde nehmen. Pittoresk liegt das Dorf an den Hängen des Hügels, an dessen Spitze die alte Burganlage thront. (Achtung: Wer noch einkaufen muss, der sollte nicht direkt ins Dorf aufsteigen, denn der Laden befindet sich unten am Dorf, nah des Wegs, bei der Post.) Am Fuße des Hügels können wir die Straße nach rechts verlassen und dem Schild (Vieux Village) den Berg hinauf in den Dorfkern von **Simiane-la-Rotonde** (680 m) folgen. Zuerst werden wir an der Kirche Sainte-Victoire vorbeikommen (meist geschlossen), dann, wenn wir weiter durch die Gassen schlendern, auch an der gedeckten Markthalle aus

Ruhiger kann eine Unterkunft nicht liegen: das Gîte de Chaloux.

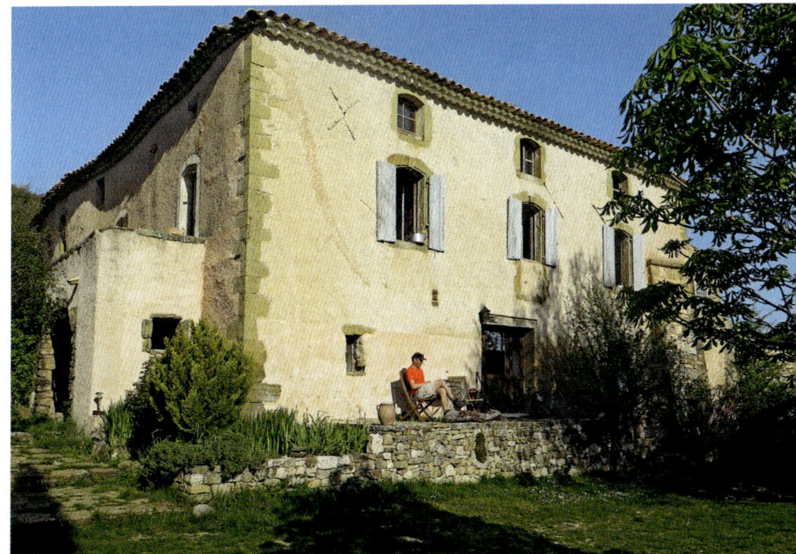

Die Rotunde von Simiane

Die Rotunde, der massige runde Turm der Burg und zentraler Bestandteil des Verteidigungssystems der ehemaligen Burganlage, wurde um 1200 erbaut. Er gilt mit seinem imposanten Rippengewölbe im Obergeschoss als das wichtigste Zeugnis der zivilen romanischen Architektur in der Provence. Ging man früher davon aus, dass er als Kapelle und Grabstätte diente, wird heute die These vertreten, dass er der repräsentative Empfangssaal der Burg war. Burgherr war die Familie von Agoult-Simiane, mächtige Vasallen der Grafen von Forcalquier und der Provence. Über 50 Burgen in der Umgebung befanden sich in ihrem Besitz. (Öffnungszeiten der Rotonde: März/April und Sept./Nov. 13.30–18 Uhr, Mai–Aug. 10.30–13 Uhr und 14–19 Uhr)

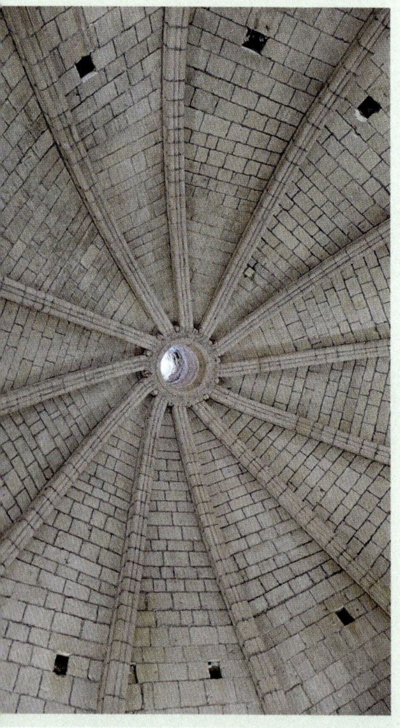

dem 16. Jahrhundert und an vielen Bürgerhäusern. Immer weiter hinauf erreichen wir die Burg mit der erhaltenen Rotonde, die dem Dorf den Namen gab.
Von der Burg folgen wir 100 m auf der Hauptstraße dem Grat. Wo die Straße nach rechts abbiegt, gehen wir weiter geradeaus bergan. Kurz darauf erreichen wir rechter Hand die kleine Kapelle Notre-Dame de Pitié aus dem 16. Jahrhundert und linker Hand drei alte Windmühlen, zwei davon als Ruinen, die dritte in ein Wohnhaus umgewandelt. Wo der Fahrweg links abbiegt, führt der Wanderweg weiter geradeaus ins Tal hinunter (markiert). Auf der Straße im Talboden halten wir uns rechts. Um ein Straßenstück zu vermeiden, können wir unmittelbar nach der folgenden Linkskurve auf einem gut sichtbaren Fußweg rechts abbiegen (nicht markiert). Der Fußweg steigt leicht an, macht eine Linkskurve, kommt später an einem verfallenen Haus vorbei und verläuft danach im Talboden parallel zur Straße. Zurück auf der Straße (und dem GR), folgen wir ihr nach rechts. Außerhalb des Waldes wird die Sicht auf weite Lavendelfelder frei. Wir befinden uns hier am Rand des Plateau d'Albion, wo auf 4500 Hektar Lavendel (siehe S. 228 f.) angebaut wird (leider blüht er von Ende Juni bis Anfang August, wenn es hier zum Wandern zu heiß ist). Ebenfalls angebaut wird Einkorn, eine der ältesten Kulturpflanzen Europas und wie der Lavendel auch auf kargen Böden fruchtbar.
Nach der Überquerung einer größeren Straße (D30) sind wir wieder auf einem Fußweg unterwegs, der weiter bergauf führt. Die zahlreichen Abzweigungen sind gut weiß-rot markiert. Je höher wir steigen, desto besser wird die Sicht auf die Montagne de Lure und die schneebedeckten Berge der provenzalischen Alpen. Zurück

im Département Vaucluse, gelangen wir beim **Château du Bois** (1091 m) wieder auf die Straße. Château du Bois ist auch der Markenname eines größeren Kosmetikproduzenten, der hier auf 350 Hektar Lavendel anpflanzt, in der nahen Fabrik destilliert und seine Produkte bis nach Asien vermarktet. Die Fabrik liegt 200 m von der Kreuzung entfernt und kann während der Erntezeit besucht werden.

Leider verläuft nun der GR 30 min auf der Straße. Beim Wegweiser St-Pierre biegen wir rechts ab und gehen auf einem Fußweg an viel Wacholder vorbei. Unmittelbar nach einem künstlich angelegten Teich biegen wir bei einem Steinmännchen links ab und gehen über die Wiese bis zur Kirche und zum Gemeindehaus von **Lagarde d'Apt** (1087 m). Lagarde d'Apt ist eine sehr kleine (39 Einwohner), aber immer noch eigenständige Gemeinde. Mit einer Bevölkerungsdichte von 2 Einwohnern/km^2 ist sie die am wenigsten dicht besiedelte und zugleich die höchstgelegene Gemeinde des Département Vaucluse. Bei der Kirche auf der Straße rechts haltend, biegen wir 100 m weiter links ab und folgen dem Wegweiser nach les Esfourniaux. Zuerst wandern wir auf der Straße, doch später können wir links einen Fußweg benutzen, der parallel der Straße dem Zaun eines großen Hirsch- und Rehgeheges folgt. **Les Esfourniaux** (1112 m) ist ein alter Hof mit einfachen Zimmern und einem Restaurant mit regionaler Küche.

Lavendelfelder beim Château du Bois.

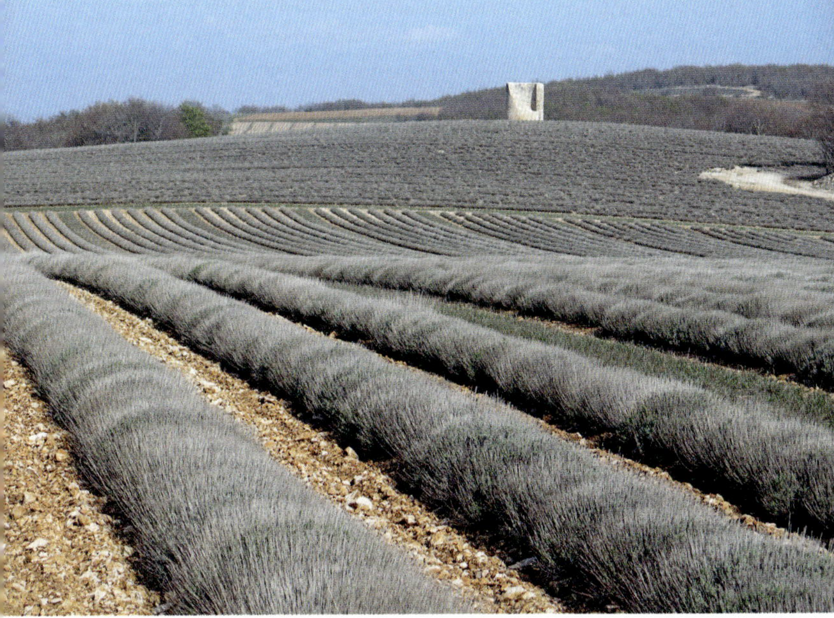

2.5 les Esfourniaux–St-Saturnin-lès-Apt

Wanderzeiten	
les Esfourniaux–la Boucane	1 h 00
la Boucane–Aiguier Neuf	0 h 35
Aiguier Neuf–Travignon	1 h 00
Travignon–Wegweiser Combe du Puits du Geay	0 h 45
Wegweiser Combe du Puits du Geay–St-Saturnin-lès-Apt	1 h 00
Total	**4 h 20**

Höhendifferenz	↗ 470 m ↘ 1170 m
Schwierigkeit	T2

Von **les Esfourniaux** (1112 m) folgen wir dem Wegweiser Richtung Villars, steigen in das Vallon des Jardins ab und in diesem bis zur Combe de St-Pierre. Beim Wegweiser Vallon des Jardins verlassen wir den GR, biegen links ab und gehen auf einem aussichtsreichen Weg oberhalb des Talbodens Richtung Villars (gelb markiert). 20 min später biegen wir bei der ersten Gelegenheit rechts ab (ab hier nicht mehr markiert). Bei **la Boucane** (940 m) kommen wir an einem Haus vorbei und 100 m weiter, rechts des Wegs, an einem alten Aiguier, einer Zisterne, die in den Felsen geschlagen wurde. Bei der nächsten Abzweigung halten wir uns rechts (ab hier mit grünen Punkten markiert) und 10 min später auf einer Piste links. Wo die Piste den Talboden erreicht, biegen wir rechts ab und folgen dem Fußpfad talabwärts (grüne Markierungen, Steinmännchen). Wir treffen auf einen breiteren Weg, dem wir nach rechts folgen und erreichen 150 m weiter den **Aiguier Neuf** (670 m, auf einem Kalkfelsen oberhalb des Wegs). Dies ist ein weiteres Beispiel einer – diesmal gedeckten – Zisterne, die einst an den trockenen Abhängen der Monts de Vaucluse die Bevölkerung und ihre Tiere mit Wasser versorgte.

Kunstvoller Schutz des kostbaren Wassers: der Aiguier Neuf.

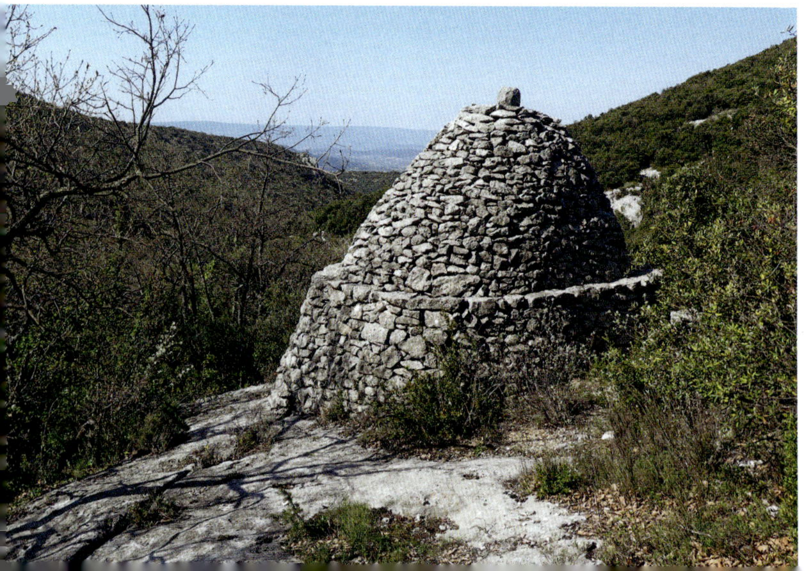

Gut zu sehen auch das sogenannte Impluvium, kleine Rinnsale, die in den Felsen geschlagen wurden, um das Regenwasser zu fassen. Weiter dem Weg folgend, überqueren wir ein trockenes Bachbett und biegen dann rechts ab (grün markiert). Wir gehen auf einem Pfad den Talboden der Combe de Freissinière hinauf, bis wir circa 40 min nach dem Aiguier Neuf einen Steinmann erreichen, wo wir links abbiegen und den Hang bis zum Weiler **Travignon** (918 m) hinauf wandern. Travignon ist ein kleiner Weiler mit einst rund 30 Einwohnern, der 1914, zu Beginn des Ersten Weltkriegs aufgegeben wurde. Heute werden die Gebäude, darunter auch ein Haus mit einem großen Ofen, immer mehr vom Gestrüpp überwuchert. Lohnenswert ist ein Abstecher zu den Zisternen vier Minuten oberhalb des Dorfs. Dazu geht man durch das Dorf hinauf und biegt danach rechts ab. Nach einer Linkskurve erreicht man mehrere Aiguiers (Infotafel). Es gibt sowohl gedeckte Zisternen wie auch offene, die zum Tränken des Viehs genutzt wurden.

Unterhalb von Travignon folgen wir dem Wegweiser Richtung Villars (weiß-rot markiert). Unmittelbar nach einer ersten Abzweigung, wo wir uns links halten, biegt der Weg rechts auf einen Fußpfad ab, der parallel zur Piste verläuft. Je felsiger das Tal wird, desto mehr Felsenbirnen treffen wir an. Immer den Markierungen folgend, gelangen wir an den Wegweiser **Combe du Puits du Geay** (509 m). Hier biegen wir nicht nach St-Saturnin ab (diese Variante verläuft ein langes Stück auf der Straße), sondern folgen weiter dem Talgrund Richtung Villars (weiß-rot markiert). Nach einer Felsenenge, den Portes de Castor, weitet sich das Tal und wir kommen auf einen breiteren Weg. Nachdem wir dem breiteren Weg 250 m gefolgt sind, biegen wir im rechten Winkel nach rechts auf einen Fußpfad ab, der zu Beginn einem Obstbaumgarten entlang geht (P. 410 auf der IGN-Karte, grüne Markierungen). Nach etwas mehr als 10 min überqueren wir einen breiteren Fahrweg und gehen geradeaus weiter, bis wir auf einen anderen Weg treffen, dem wir nach rechts folgen. Nach 60 m beachte man rund 20 m links des Wegs zwei wunderschöne und gut erhaltene Bories. Stets geradeaus, kommen wir an eine Gabelung von zwei geteerten Straßen, wo wir nach rechts, leicht bergan, abbiegen. Danach rechts und gleich wieder links haltend, nehmen wir die rechte Straße (ab hier wieder weiß-rot markiert) und gelangen auf diese Weise durch das alte Stadttor nach **St-Saturnin-lès-Apt** (410 m, siehe Kasten S. 60).

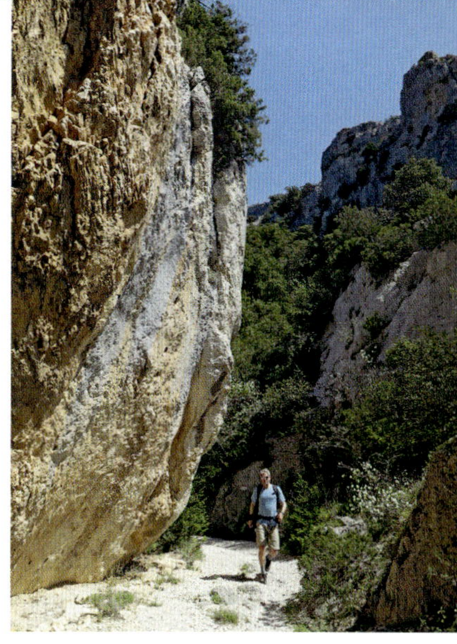

Die Portes de Castor in der Combe du Puits de Geay.

St-Saturnin-lès-Apt

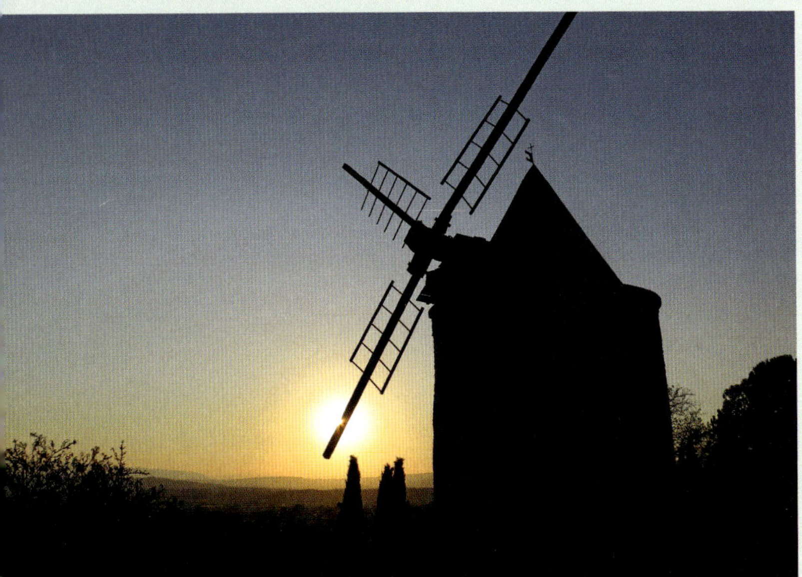

Windmühle bei St-Saturnin-lès-Apt.

St-Saturnin-lès-Apt war während Jahrhunderten eine geteilte Stadt. Ein Teil gehörte zum französischen Königreich, der andere Teil zum Comtat Venaissin unter päpstlicher Herrschaft. Dies hatte zur Folge, dass es innerstädtisch einen regen Schmuggel (z. B. von Salz) gab. Man sollte es nicht verpassen, durch die Gassen des Dorfs zu schlendern und die teilweise prunkhaften Portale der Bürgerhäuser zu bestaunen. Auf der Place Gambetta, beim Hotel des Voyageurs, steht eine Statue, von Joseph Talon, der als Begründer der provenzalischen Trüffelkultur gilt. Talon säte zu Beginn des 19. Jahrhunderts auf seinem Grundstück viele Eicheln und konnte ein paar Jahre später eine große Anzahl von Trüffeln ernten. Der Trick sprach sich herum und es wurden ganze Trüffelhaine mit Eichen angelegt, sodass im Jahr 1875 Produzenten aus der Gemeinde St-Saturnin rund sechs Tonnen Trüffel verkaufen konnten. Ganz Frankreich exportierte am Ende des 19. Jahrhunderts 1500 Tonnen, ein Rekordwert, der anschließend wegen der Übernutzung jedoch wieder zusammenbrach.

Nicht verpassen sollte man den Besuch des mittelalterlichen Burghügels. Am nördlichen Ende des Dorfs kann man auf einem gepflasterten und mit Mauern gesicherten Weg durch die mittelalterliche Porte de la Roque den Karstfelsen besteigen, auf dem zwischen dem 11. und dem 17. Jahrhundert die Burg und das ummauerte Dorf standen. Mit Ausnahme der ehemaligen Burgkapelle am oberen Ende des Felsens, die während der großen Pest von 1720 als Quarantäne genutzt wurde, sind nur noch Ruinen übriggeblieben. Auf der anderen Seite des Felsens überrascht ein kleiner Stausee, der 1763–1835 (!) für die Wasserversorgung erbaut wurde. Ein beliebter Aussichtspunkt ist die Windmühle am südlichen Dorfende.

Ocker – das Pigment aus der Natur

Lange Zeit haben Wissenschaftler darüber gerätselt, wie die Ockerberge im Lubéron enstanden sind. Denn in diesen Gebieten kommt kein Kalk vor, und dies bedeutet, dass man nicht auf Fossilien zurückgreifen kann, um das Alter des Massivs zu schätzen. Die Geschichte beginnt vor 110 Millionen Jahren, als die ganze Provence von einem niedrigen Meer bedeckt war. Im Meer gab es Ablagerungen von organischem Material, aber auch von Quarz. Durch die Sedimentierung und den Kontakt mit Wasser entstand über Millionen Jahre ein neues Mineral, Glaukonit, das auch Eisen beinhaltete. Vor rund 90 Millionen, als sich die Provence aus dem Meer erhob und ein tropisches Klima herrschte, verwandelte sich das Glaukonit in ein gelbes Eisenhydroxid, das Goethit, das noch heute die Farbe des Massivs bestimmt. Goethit erhielt seinen Namen von Johann Wolfgang von Goethe. Goethe war nicht nur Dichter, sondern als Mitglied der Regierung im Herzogtum Sachsen-Weimar-Eisenach auch Mitarbeiter in der Bergwerkskommission und leidenschaftlicher Mineraliensammler.

Was man heute vorfindet, sind der Goethit und Produkte weiterer Umwandlungsprozesse wie der rote Hämatit (ein Eisenoxid), jeweils auf weißer Tonerde fixiert. Doch 80 bis 90 Prozent der Masse sind nach wie vor Quarz und nur 10 bis 20 Prozent Ocker. Das Ockermassiv im Lubéron, das von Roussillon über Gargas und Rustrel bis Gignac reicht, ist das weltweit größte. Der Abbau von Ocker begann um 1780 durch Jean-Étienne Astier aus Roussillon, der als Erster ein industrielles Verfahren entwickelte, um den Quarzsand mittels Auswaschen vom Ocker zu trennen. Doch die Methode wurde zu Beginn vor allem im Burgund verwendet, wo die Vorkommen wirtschaftlicher verwertet werden konnten, da sie dort 80 Prozent Ocker beinhalten und die Produkte mit Schiffen gut abtransportiert werden konnten. Erst hundert Jahre später, als 1877 die Stadt Apt mit der Eisenbahn erschlossen wurde, begann der industrielle Abbau im Lubéron. Nachdem im Jahr 1870 Frost und Reblaus die gesamten Rebberge und Olivenhaine zerstört hatten und später auch die Verarbeitung von Färberkrapp (siehe S. 83) zum Erliegen kam, befand sich die Region in einer großen wirtschaftlichen Krise. 1929 war die Industrie auf ihrem Höhepunkt, als rund 1000 Arbeiter in zwanzig Fabriken 40 000 Tonnen Ocker herstellten. Heute gibt es nur noch einen Abbauort (bei Gargas) und eine Fabrik (in Apt), die noch 1000 Tonnen produziert. Wie bereits in der Steinzeit wird Ocker auch heute noch als absolut lichtechtes, wetterbeständiges und ungiftiges Pigment (Farbmittel) verwendet, sei es für Häuserfassaden, Farben für Künstler oder Knet für Kinder. Doch mittlerweile wird das natürliche Pigment immer mehr durch synthetisch hergestellte Eisenoxide ersetzt.

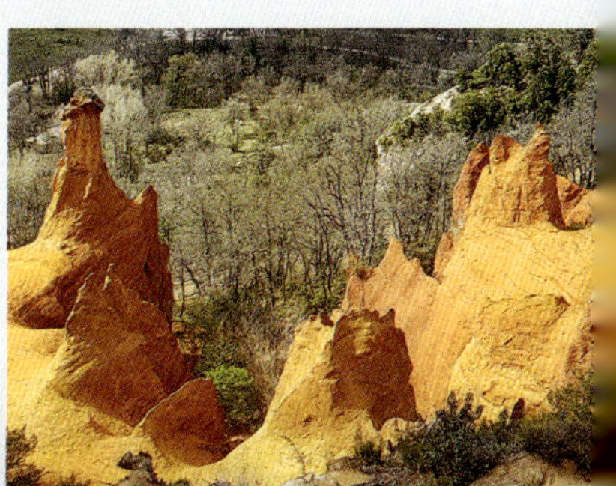

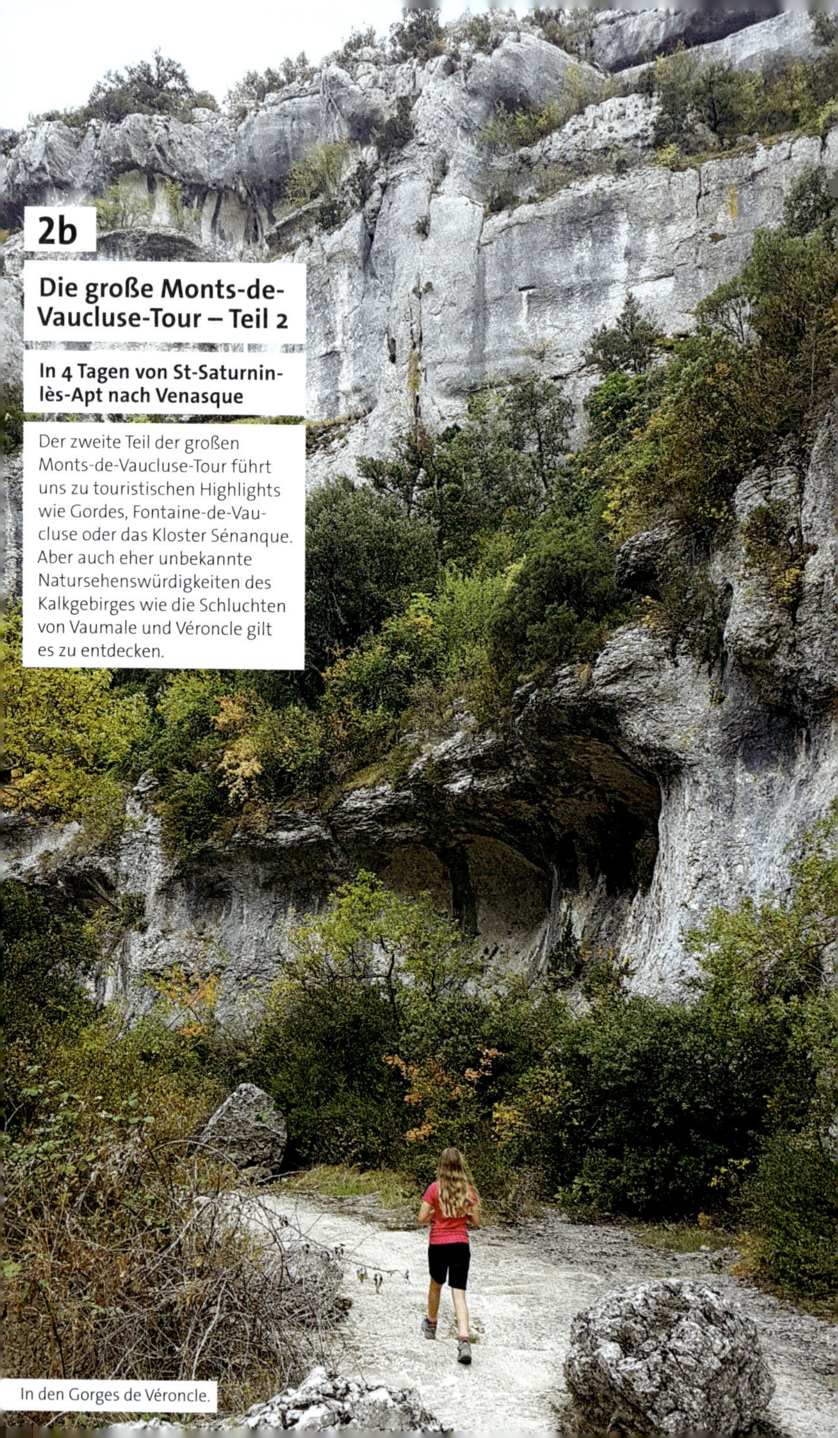

2b

Die große Monts-de-Vaucluse-Tour – Teil 2

In 4 Tagen von St-Saturnin-lès-Apt nach Venasque

Der zweite Teil der großen Monts-de-Vaucluse-Tour führt uns zu touristischen Highlights wie Gordes, Fontaine-de-Vaucluse oder das Kloster Sénanque. Aber auch eher unbekannte Natursehenswürdigkeiten des Kalkgebirges wie die Schluchten von Vaumale und Véroncle gilt es zu entdecken.

In den Gorges de Véroncle.

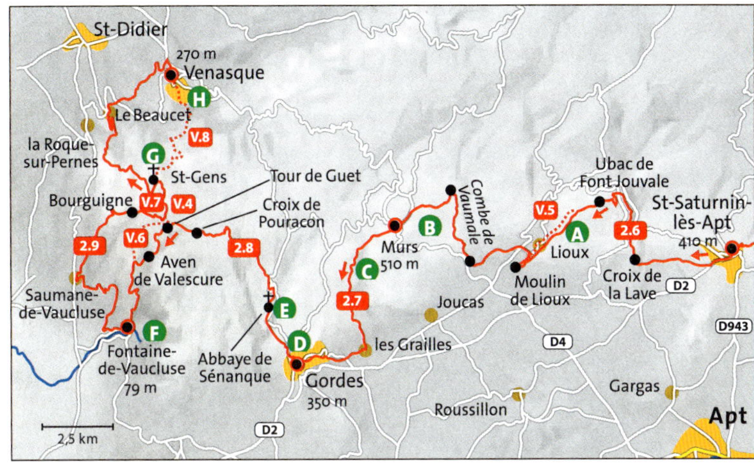

Sehenswertes

- A Felswand von Lioux
- B Vaumale-Schlucht
- C Véroncle-Schlucht
- D Altstadt von Gordes
- E Kloster Sénanque
- F Karstquelle in Fontaine-de-Vaucluse
- G Pilgerkirche St-Gens
- H Venasque, Dorf und Kirchen

Beste Jahreszeit

März bis Ende Juni oder Mitte September bis Ende Oktober. Zu beachten ist die teilweise Sperrung des Gebiets wegen Waldbrandgefahr zwischen dem 1. Juli und dem 15. September (siehe S. 22).

Karten

IGN 3142 OT, 3242 OT

An- und Abreise

St-Saturnin-lès-Apt: Busverbindung mit dem Rufbus Linie 109 (Pays d'Apt) von TransVaucluse nach Apt (Fahrzeiten Mo–Sa 9–16 Uhr). Der Rufbus muss am Vortag (für den Montag bereits am Freitag) vor 16 Uhr unter Tel. 04 90 74 20 21 bestellt werden. Der Preis ist nicht höher als für einen normalen Linienbus. Der Rufbus bedient auch Strecken zwischen den Orten, die an diesen Rufbus angeschlossen sind (wie. z. B. Murs–Lioux). Zudem verkehrt 2 × tägl. (außer Mo/So) die Buslinie 16 nach Apt.

Venasque: Busverbindung nach Carpentras (1 × tägl. um 11.15 Uhr); die Haltestelle Bellefont befindet sich 200 m von der Kirche auf der D28 unterhalb des Dorfs. In Carpentras Bahnanschluss. Drei weitere Busverbindungen nach Carpentras mit dem Rufbus (Mo–Sa, Info auf transcove.com); die Haltestelle Tours Sarrasines befindet sich unmittelbar vor dem Stadttor oberhalb des Dorfs. Der Rufbus muss mind. 4 h vorher unter Tel. 08 00 88 15 23 bestellt werden.

Zurück zum Startpunkt: Mit dem Bus via Carpentras und Sault (siehe oben; wenige Verbindungen, Recherche mit pacamobilite.com).

Varianten

4 Die Tour um einen Tag verkürzen und vom Kloster Sénanque via Croix de Pouracon direkt nach St-Gens und weiter nach Venasque wandern (inkl. Variante 5). Dauer 4 h 40.

5 Am 6. Tag am Ende des Ubac de Font Jouvale nach La Verrerie absteigen und dem Fuß der Felswand entlang nach Lioux wandern. Zeitersparnis 30 min.

6 Am 8. Tag, bei der Tour de Guet, auf dem GR bleiben und auf diesem nach Fontaine-de-Vaucluse absteigen. Zeitersparnis 15 min, aber einfacher betreffend Orientierung und Weg.
7 Am 9. Tag vom Wegweiser Bourguigne direkt nach Le Beaucet (Zeitersparnis 1 h) oder direkt nach St-Gens und weiter nach Venasque wandern. Gegenüber Variante 5 zusätzliche Zeitersparnis 40 min.
8 Am 9. Tag von St-Gens via Carroufra direkt nach Venasque wandern (auf Le Beaucet verzichten). Zeitersparnis 1 h 30.

Touristinfo

luberon-apt.fr Allgemeine Infos zu St-Saturnin-lès-Apt, Lioux und Murs

Etappenorte

St-Saturnin-lès-Apt

Alle notwendigen Einkaufsmöglichkeiten im Ort. Das einzige Hotel im Dorf ist das Voyageurs (voyageursenprovence.fr). Diverse Chambres d'hôtes in der näheren Umgebung (weniger als 15 min zu Fuß): les-grenadiers-de-saint-sat.com, masdelescaillon.com, lesburlats.com oder das Mas Silvestre (über chambres-hotes.fr buchbar). Diverse Restaurants, empfehlenswert ist das Saint-Hubert.

Lioux

In Lioux, le Château, direkt an der Wanderroute zwischen St-Saturnin und Murs, gibt es das Chambre d'hôtes Li Poulidetto (lipoulidetto-luberon.com).

Murs

Busverbindung mit dem Rufbus 109 (siehe An- und Abreise). Kleiner Lebensmittelladen mit Spezialitäten und Brot, 300 m vom Dorf an der D4 Richtung Apt (Mi geschlossen). Das einzige Hotel ist das sympathische Le Crillon (provence-hotel-gordes.com). Etwas teurer das Chambre d'hôtes (lesjardinsdeleusis-gordes.com) etwas südlich vom Dorf. Etwas mehr als 1 km vom Dorf, aber nah der Wanderroute bei der Ankunft, liegt das Gîte d'étape Les Hauts de Rémourase (gite-etape-de-murs.fr), Massenschlag, mit Küche zum Selberkochen, aber auch Mahlzeiten.

Gordes

luberoncoeurdeprovence.com (Schlechte) Busverbindung nach Apt und Cavaillon mit Linie 17 von TransVaucluse (Okt. bis Mitte April Mo–Fr 1 × tägl., im Sommer Mo–So 4 × tägl.) Alle wichtigen Einkaufsmöglichkeiten im Ort. Zum Schlafen ist Gordes ein teures Pflaster, z. B. in der Bastide de Gordes (ab 400 Euro). Eher bezahlbar das Mas des Romarins (masromarins.com) am Dorfausgang Richtung Sénanque. Wenige Gehminuten außerhalb des Dorfs liegen die teureren Le Mas de la Beaume (labeaume.com), Les Balcons du Luberon (lesbalconsduluberon.fr), Le Domaine de l'Enclos (domainedelenclos.com). Ca. 1,5 km vom Dorfkern, aber in der Nähe der Wanderroute bei der Ankunft und für Gordes geradezu preiswert, die Auberge de Carcarille (carcarille.com).

Fontaine-de-Vaucluse

Die Erschließung mit dem öffentlichen Verkehr ist katastrophal. Okt. bis Mai gibt es gar keine Verbindung. Juni bis Sept. Busverbindung mit Linie 21 nach L'Isle-sur-la-Sorgue (mehrmals tägl.) In L'Isle-sur-la-Sorgue Bahnanschluss. Ein Taxi nach L'Isle-sur-la-Sorgue kostet ca. 18 Euro (z. B. André Taxi: Tel. 06 08 09 19 49). Alle wichtigen Einkaufsmöglichkeiten im Ort. Zwei Hotels: du Parc (hotelrestaurantduparc.fr) und du Poète (hoteldupoete.com), etwas teurer. Gut gefallen hat uns das Chambre d'hôtes Villa Chante Coucou (villachantecoucou.net). Auch das empfehlenswerte Restaurant La Figuière vermietet Zimmer (lafiguiere-provence.fr).

Venasque

tourisme-venasque.com Einkaufsmöglichkeiten im Ort, Markt am Fr. Zwei Hotels: Les Remparts (hotellesremparts.com) im Dorfkern und La Garrigue (hotel-lagarrigue.com), ein etwas neuerer Bau mit Schwimmbad auf der Krete vor dem Stadttor. Diverse Chambres d'hôtes: das empfehlenswerte Les Oliviers (lesoliviersdevenasque.com), wo man unter Olivenbäumen mit einer wunderbaren Aussicht frühstückt, sowie die Maison Provençale (lamaisonprovencale.fr) und die Maison aux volets bleus (maison-volets-bleus.fr), die jedoch nur Mitte April bis Ende Sept. geöffnet hat.

2.6 St-Saturnin-lès-Apt–Murs

Wanderzeiten	
St-Saturnin-lès-Apt–Croix de la Lave	0 h 50
Croix de la Lave–Ubac de Font Jouvale, P. 579	1 h 20
Ubac de Font Jouvale, P. 579–Moulin de Lioux	1 h 10
Moulin de Lioux–Beginn Combe de Vaumale	0 h 45
Beginn Combe de Vaumale–Ausgang Combe de Vaumale	1 h 30
Ausgang Combe de Vaumale–Murs	0 h 40
Total	**6 h 15**

Höhendifferenz	↗ 540 m ↘ 400 m
Schwierigkeit	T3

Am südlichen Ende von **St-Saturnin-lès-Apt** (370 m) folgen wir der Hauptstraße Avenue Jean Geoffroy Richtung Roussillon (Westen). Am Ausgang des Dorfs können wir nach links von der Hauptstraße abbiegen (Wanderwegweiser Richtung La Croix de la Lave). Nach circa 500 m kreuzen wir die Hauptstraße nochmals und folgen der kleinen Fahrstraße Richtung Stade. Nun stets geradeaus auf dem Sträßchen, später an Reben und Olivenhainen vorbei, bis zum Wegkreuz **Croix de la Lave** (325 m), das leicht erhöht auf einem Felsband steht. Hier halten wir uns leicht rechts, um 50 m weiter rechts in einen Fußweg abzubiegen (Wanderwegweiser Richtung Font Jouvale). Der Eingang ins Tal der Combe Font Jouvale wird durch zwei steil aufragende Kalkfelsen markiert. Im linken Felsen hat die Erosion eine eindrückliche Aushöhlung (La Grande Baume) geschaffen, die man vom Wanderweg aus auf einem Pfad in 2 min erreichen kann. Weiter geht es im Talboden das Tal hinauf, bis circa 30 min nach der Croix de la Lave der markierte Weg (grüne Punkte und gelbe Striche) nach links abbiegt und steil aufsteigt. Nach weiteren 10 min erreichen wir die Straße, der wir 15 m nach rechts folgen, um dann nach links auf einem Fußpfad weiter

Die Grande Baume zu Beginn der Combe Font Jouvale.

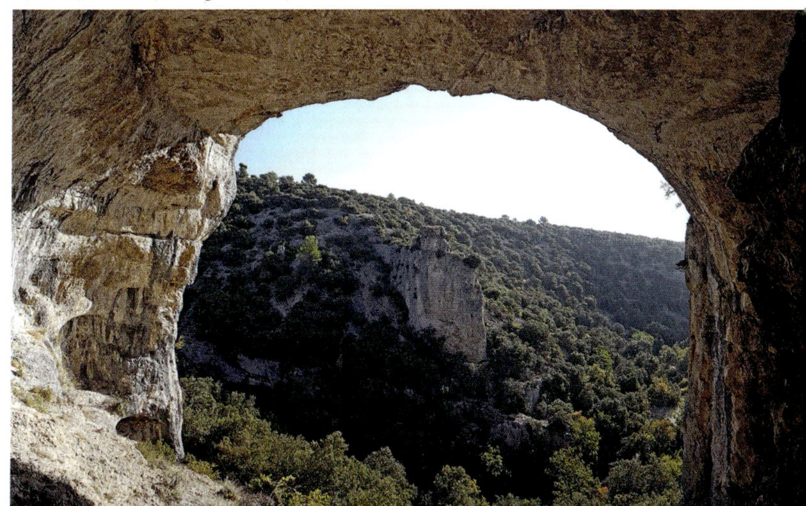

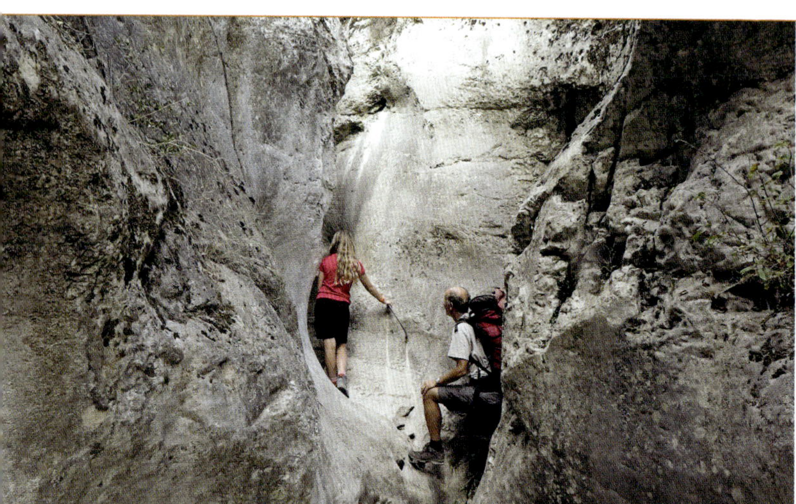

Die Combe de Vaumale bietet viele Engpässe und Kraxeleien.

steil aufzusteigen (ab hier nur noch grün markiert). Bei der nächsten Abzweigung links haltend, steigen wir bis zum Rand der Krete hinauf.

Bei einer kleinen Betonpyramide verlassen wir den Weg Nr. 12, auf dem wir bis hierher gewandert sind, und folgen nach rechts dem Weg Nr. 11 (ebenfalls grün markiert). Stets der Krete folgend, erreichen wir bald ihren höchsten Punkt (579 m). **Ubac de Font Jouvale** (frz. *ubac*, Nordhang) nennt sich die Felswand an dieser Stelle. Wir folgen weiter den grünen Markierungen, den vielen Steinmännchen und mehr oder weniger dem Abhang. Nach einer Kreuzung, wo es die Möglichkeit gäbe, direkt nach Norden abzusteigen (Variante 2), folgen wir weiterhin dem Abbruch oberhalb der Felswand. Die Falaise de la Madeleine, die hier das kleine Dorf Lioux um rund 100 m überragt, dient vielen Kolkraben als Nistplatz. (Die Person, die hier den Weg grün markiert hat, hat sich große Mühe gegeben, die Route wo immer möglich auf kleinen Pfaden nah an der Krete entlangzuführen und den etwas breiteren Weg zu vermeiden.) In der Nähe der alten **Windmühle von Lioux** (350 m) erreichen wir die Straße, der wir nach rechts Richtung Lioux folgen. Nun sehen wir die mächtige Felswand aus Kalkstein von unten, was mindestens so eindrücklich ist wie die Sicht von oben. Bei der nächsten Abzweigung folgen wir der Hauptstraße nach links (Richtung Lioux, le Château). Bei der nächsten Kreuzung und bei der Abzweigung 50 m weiter gehen wir jeweils geradeaus (Richtung Joucas, resp. Richtung Vaumale, gelb markiert; wenn wir bei der Abzweigung Richtung Murs abbiegen würden, kämen wir nicht durch die Schlucht). Wir wandern zuerst noch auf einer geteerten Straße am Schloss vorbei, später auf einem ungeteerten Fahrweg.

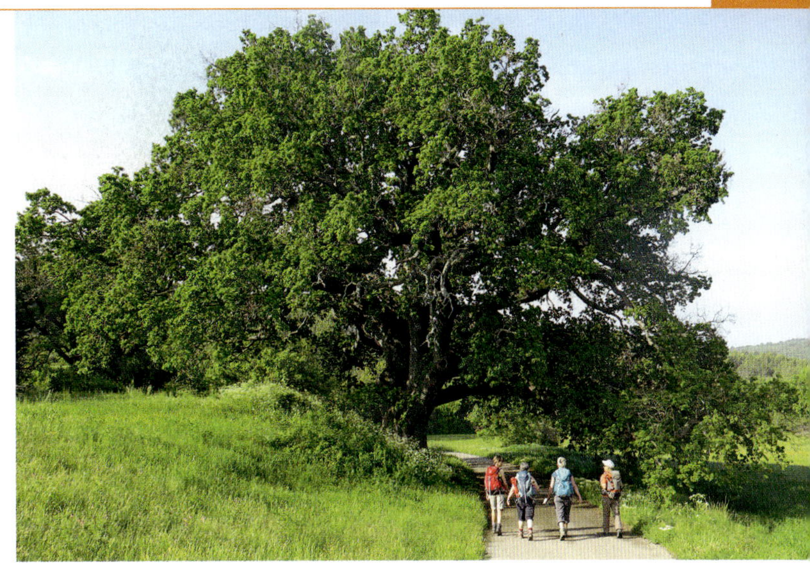

Alte Flaumeiche auf dem Weg zu den Gorges de Véroncle.

Beim Wegweiser Vaumale erreichen wir ein trockenes Bachbett und den **Beginn der Combe de Vaumale** (284 m).

Wir verlassen hier bei einem Steinhaufen den markierten Wanderweg und folgen dem Bachbett aufwärts. Je länger wir dem Bachbett folgen, desto tiefer wird die Schlucht. Einzelne Stufen im ausgewaschenen Fels meistern wir mit Metallstufen, Kabeln und kleinen Kraxeleien. Es ist ein außerordentlich abwechslungsreicher Weg, bei dem man immer gespannt ist, welche Gesteinsformen hinter der nächsten Biegung auftauchen werden. Gegen Ende der mit Buchs, Eichen und Pfaffenhütchen bewaldeten Schlucht steht ein hoher Kalkturm. Nach dem Turm folgen die höchsten Leitern des Schluchtwegs.

Am **Ausgang der Combe Vaumale** (440 m, Wanderwegweiser Gorges de Vaumale), kommen wir zurück auf den markierten Weg und folgen dem Wegweiser Richtung Murs nach links (ab hier bis nach Murs gelb und weiß-rot markiert). Kurz nachdem wir eine geteerte Straße erreicht haben, gilt es, in einer Rechtskurve einen Abzweiger nach links nicht zu verpassen (markiert). 500 m weiter erreichen wir die D5, der wir nach links bis nach **Murs** (510 m) folgen, das vom Schloss (Privatbesitz) überragt wird.

Gleich unterhalb des Schlosses befindet sich die Place de l'Eglise, mit einem Tor zum Schlossgarten, der Kirche, dem Pfarrhaus und dem Geburtshaus des »mutigen Crillon«. Louis de Balbes de Berton de Crillon, geboren 1541, war ein hoch angesehener Hauptmann in französischen Diensten, der nicht weniger als sechs französischen Königen diente und dazwischen unter Juan de Austria noch in der Seeschlacht von Lepanto mitwirkte. Am unteren Ende des Dorfs, an der D4 Richtung Carpentras, steht noch das alte Waschhaus.

2.7 Murs–Gordes

Wanderzeiten	
Murs–Moulin Jean de Mare	0 h 50
Moulin Jean de Mare–les Grailles	0 h 50
les Grailles–Gordes	0 h 50
Total	**2 h 30**
Höhendifferenz	↗ 160 m ↘ 320 m
Schwierigkeit	T3

Die eher kurze Tagesetappe erlaubt es uns, am Nachmittag das Dörfchen Gordes zu besichtigen. Mit etwas Ausdauer kann man aber auch gleich die nächste Etappe anhängen. Vor dem Gemeindehaus (Mairie) in **Murs** (510 m) nehmen wir einen kleinen Fahrweg (Rue de font de Ribeau), der von der D4 abzweigt (später gelb markiert). Der Fahrweg führt uns aus dem Dorf hinaus und an mächtigen alten Eichen vorbei. Nach circa 10 min halten wir uns bei einer Abzweigung links (zu Beginn noch geteert) und folgen weiter den gelben Markierungen, bis wir auf dem Talboden eine alte Staumauer und die erste ehemalige Mühle erreichen.

Wir folgen dem markierten Weg bis zur dritten Mühle, dem Moulin de la Charlesse. Hier verlassen wir den gelb markierten Weg und biegen unmittelbar vor der Ruine links ab (ab hier mit grünen oder blauen Punkten und gelb-rot markiert). Wir steigen zum Talboden hinunter und über Felsen auf der linken Talseite aufwärts. Der Weg führt aussichtsreich oberhalb der Schlucht entlang, doch bereits nach circa 300 m steigen wir wieder in den Talboden ab und gehen dort auf der rechten Talseite bis zum **Moulin Jean de Mare** (ca. 360 m) weiter, der größten der Véroncle-Mühlen, die über vier Stockwerke angelegt war und zugleich auch noch als Landwirtschaftsbetrieb diente. Der folgende Weg durch die hier breite, eindrückliche Schlucht mit vielen Auswaschungen ist nun wieder gelb und gelb-rot markiert. Später geht es über Eisentritte und mit einem Kabel gesichert auf ein Band auf halber Höhe der Schlucht, dem wir weiter talabwärts folgen. Der Weg wechselt dann nochmals das Ufer, führt zum Teil auch durch enge Schluchtabschnitte und ist an mehreren Stellen mit Leitern und Kabeln gesichert.

Gegen Ende der Schlucht kommen wir nochmals zu einer ehemaligen kleinen Staumauer und folgen dann für eine kurze Zeit der schmalen Wasserleitung, die das Wasser zum Moulin Cabrier geführt hat. Am Ende der Schlucht, beim Wanderwegweiser **les Grailles** (210 m), erreichen wir die Straße, der wir nach rechts folgen.

Die Mühlen der Véroncle-Schlucht

Zwischen 1546 und 1584 ließ der Dorfadlige Aymard d'Astouaud eine Staumauer errichten, die sicherstellte, dass man die Mühlen in der Véroncle-Schlucht auch bei Wasserknappheit betreiben konnte. Nebenbei diente der kleine Stausee auch als Fischteich. In den folgenden Jahrzehnten wurden in der Schlucht zehn Getreidemühlen erbaut, die heute noch als Ruinen erhalten sind. Die Ausnahmen bilden die oberste Mühle gleich bei der Staumauer und eine der untersten (Moulin des Grailles), die in ein Wohnhaus umfunktioniert wurden. Ein Erdbeben im Jahr 1887 ließ einen Großteil des Flusses verschwinden. Ein weiteres Erdbeben 1909 legte das Flussbett dann vollends trocken. Alle zehn Wassermühlen, die auf einen Schlag ihre Wasserkraft verloren hatten, wurden daraufhin aufgegeben. Die Energie wurde in der Folge mit Windmühlen gewonnen, die z. B. in St-Saturnin oder Gordes erbaut wurden.

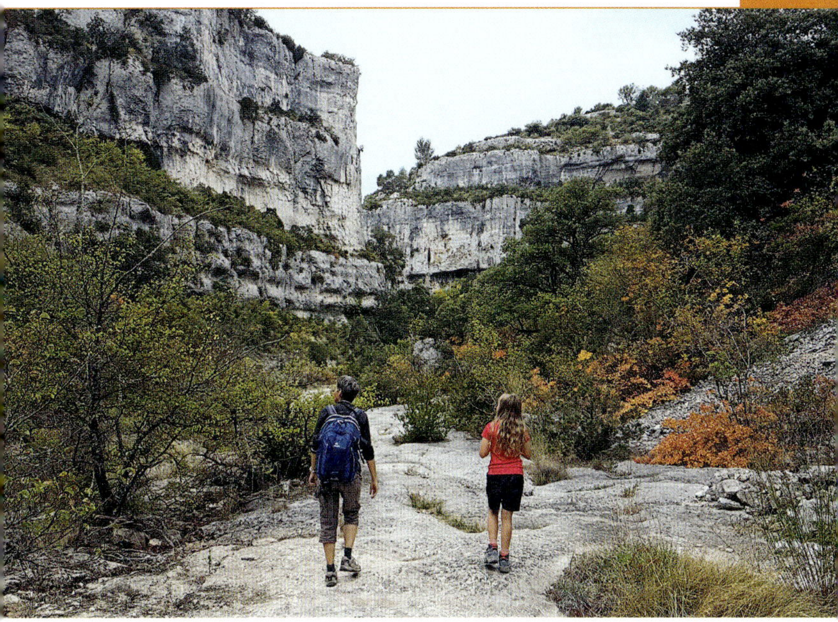

Auf dem abwechslungsreichen Wanderweg durch die Gorges de Véroncle.

Nach 1 km biegen wir beim Wanderwegweiser St-Eyriès rechts ab (Richtung Gordes, Poulety). Dieser Weg ist nicht gut unterhalten und im oberen Teil ziemlich verbuscht. Einfacher ist es, hier geradeaus den weiß-roten Markierungen bis nach Gordes zu folgen, man ist dann aber etwas mehr auf geteerten Straßen unterwegs. Wenn wir den gelben Markierungen Richtung Poulety folgen, gehen wir zuerst auf einem Fußweg, später an neu erbauten Villen vorbei hinauf zu einer Straße. Wir gehen auf der Straße circa 100 m nach links und zweigen dann links ab, eine Villenauffahrt hinauf (schlecht markiert). Vor einem Villentor müssen wir links ein Mäuerchen übersteigen und kommen dann auf den Fußweg, dem wir nach rechts bis zur Straße folgen. Auf dieser weiter aufwärts bis zur D102, auf der wir 10 m nach links gehen, um dann wieder links in eine kleine Fahrstraße abzubiegen. An deren Ende gehen wir auf einem etwas verwachsenen Fußweg unmittelbar unterhalb eines Olivenhains entlang. Am Schluss nochmals auf einer Straße steil hinauf und wieder flacher zum Schloss und ins Zentrum von **Gordes** (350 m).

Gordes

Gordes war einst ein wichtiger Marktflecken und seit dem 11. Jahrhundert von einer Burg bewacht. Ab dem 17. Jahrhundert erlebte das Dorf dank vieler Handwerksbetriebe, die hier ansässig waren, einen wirtschaftlichen Aufschwung. Im unteren Dorfteil gab es mehrere Gerber. Wichtig war auch das Kardieren und Weben. Mit dem stachligen Blütenstand einer speziell geeigneten Kardensorte wurde die Wolle kardiert (oder kardätscht), um die Fasern auszurichten, bevor sie gesponnen wurden. Der Niedergang kam mit den Erdbeben von 1887 und 1909, die Teile des Dorfs zerstörten. Am 22. August 1944 wurde das Dorf von der sich zurückziehenden deutschen Wehrmacht bombardiert, sodass nach dem Krieg nur noch eine Ruinenstadt übrigblieb. Es waren Künstler wie Marc Chagall und später Serge Poliakoff und Vasarely, die nach dem Krieg nach Gordes kamen und den Wiederaufbau beförderten. Immer mehr wurde Gordes zu einem schicken Ort der Vermögenden und zu einem beliebten Touristenmagnet. Der Bau der Ferienhäuser boomt, die Immobilienpreise steigen in die Höhe und jedes zweite Haus wird heute als Zweitwohnsitz genutzt.

Im Schloss gibt es eine Dauerausstellung über die Geschichte von Gordes sowie temporäre Ausstellungen (geöffnet März bis Okt., wechselnde Zeiten). Es lohnt sich, auch einen Gang durch die engen Gassen in den unteren Dorfteil zu machen, der steil zum Tal abfällt. Hier steht auch der Palast St-Firmin, in dessen Keller im 16. Jahrhundert eine ganze Ölmühle in den Felsen gehauen wurde (geöffnet April bis Okt. 10–18 Uhr).

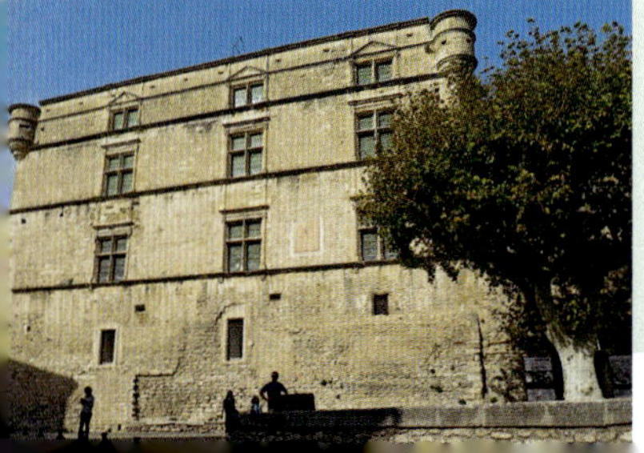

2.8 Gordes–Fontaine-de-Vaucluse

Wanderzeiten	
Gordes–Abbaye de Sénanque	0 h 45
Abbaye de Sénanque–Croix de Pouracon	1 h 30
Croix de Pouracon–Tour de Guet	0 h 20
Tour de Guet–Aven de Valescure	0 h 45
Aven de Valescure–Fontaine-de-Vaucluse	1 h 10
Total	**4 h 30**

Höhendifferenz	↗ 550 m ↘ 770 m
Schwierigkeit	T3

Am Kreisel oberhalb der Altstadt in **Gordes** (350 m) folgen wir der Hauptstraße Richtung Cavaillon. 100 m nach der folgenden großen Linkskurve biegen wir rechts in einen Weg ab (ab hier weiß-rot markiert). Nach einem kurzen Aufstieg geht es zurück auf der Straße nach rechts. Die Hauptstraße verlassen wir nach weiteren 200 m nach links, und nochmals 100 m weiter biegen wir nach rechts auf einen Wanderweg ein (Wanderwegweiser Richtung Sénanque). Zwischen Trockensteinmauern führt der Weg nochmals zur Straße, aber bereits nach 100 m können wir links auf einem Wanderweg zum bereits sichtbaren Kloster absteigen. Mit der ersten Abzweigung nach links (weg vom markierten Weg) erreichen wir die **Abbaye de Sénanque** (470 m). Zum Eingang des Klosters (siehe Kasten) müssen wir es noch gegen den Uhrzeigersinn umrunden.

Vom Kloster gehen wir zum großen Parkplatz und von dort entlang der Zufahrtsstraße bis zur Landstraße. Dieser folgen wir 50 m nach links und biegen dann rechts ab in einen Fußweg (weiß-rot markiert). Kurz danach kreuzt der Weg nochmals die Straße. Danach nehmen wir den linken

Kloster von Sénanque

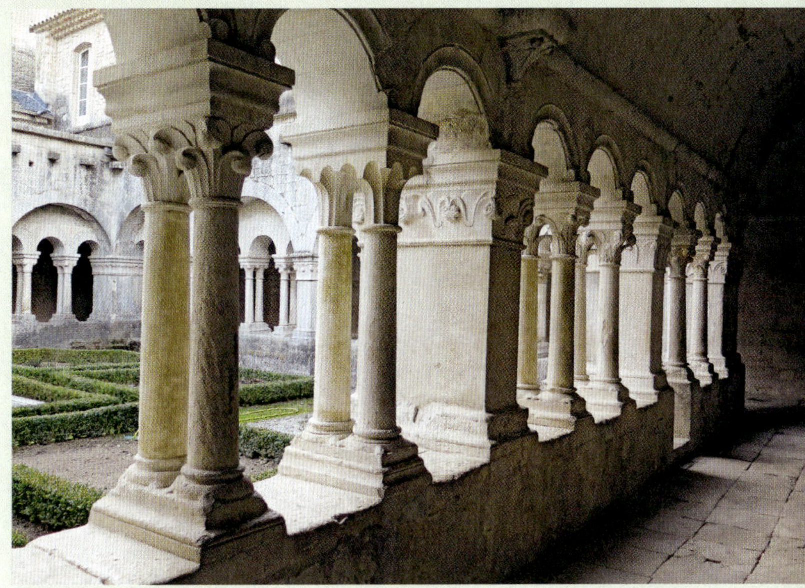

Der Kreuzgang des romanischen Klosters von Sénanque.

Einen Besuch des Klosters von Sénanque sollte man sich nicht entgehen lassen (Sonntag Morgen geschlossen; Info auf senanque.fr). Das Kloster wurde 1148 durch die Zisterzienser gegründet und nach einer circa 60-jährigen Bauzeit im romanischen Stil fertiggestellt. Der Zisterzienserorden wurde 1098 durch Robert von Molesme im Kloster Citeaux (daher der Name) als Gegenreaktion zu den mächtigen und dem Pomp zugeneigten Cluniazensern gegründet. Askese, stilles Gebet, Lesung und Arbeit war bei den Zisterziensern die Grundlage des monastischen Lebens. Eine große Ausbreitung erhielt der Orden unter dem Heiligen Bernard de Clairvaux, bei dessen Tod im Jahr 1153 es in Europa bereits 350 Zisterzienserklöster gab. Die Schlichtheit widerspiegelt sich auch in der Bauweise der Klöster. Auf Ornamente, Schmuck und Bilder sowie unnötige Bauteile wie Türme wurde generell verzichtet. Eine kleine Ausnahme bilden in Sénanque die Blatt- und Rankenmotive auf den Säulen im Kreuzgang und im Scriptorium. In der beinahe 900-jährigen Geschichte gab es viele turbulente Phasen. 1543 wurde das Kloster durch Waldenser geplündert. 1781 starb der letzte Mönch der Gemeinschaft, und nach der Französischen Revolution wurde das Kloster 1791 verkauft. 1854 kehrten die Zisterzienser zurück und blieben, mit einem Unterbruch 1904–1926, bis 1969. Danach war das Kloster während zwanzig Jahren ein kulturelles Zentrum. Seit 1988 lebt wieder eine Gemeinschaft von Mönchen in Sénanque.

Die Pest in Südfrankreich

Es war Ende Mai 1720, als das Schiff Grand-Saint-Antoine vor Marseille ankerte und seine wertvolle Ladung, Seidenstoffe aus dem Nahen Osten, löschen wollte. Doch bereits auf der Überfahrt waren acht Besatzungsmitglieder an der Pest gestorben, und so wurde das Schiff unter Quarantäne gesetzt. Dies war für die Händler, die ihre Stoffe am 20. Juli am großen Markt in Beaucaire verkaufen wollten, eine wirtschaftliche Katastrophe. Und so gelang es ihnen mittels eines fragwürdigen ärztlichen Gutachtens, die Quarantäne aufzuheben und die Fracht an Land zu bringen. Am 22. Juni gab es den ersten Pesttoten in Marseille. Die Hälfte der Stadtbevölkerung, rund 50 000 Menschen, sollte in den kommenden Monaten der Pest zum Opfer fallen. Es wurde versucht, die Epidemie zu stoppen, doch bereits am 25. September erreichte die Pest Apt. So entschieden Vertreter des Comtat Venaissin und des Königreichs Frankreich, ihre Gebiete mit einer 25 km langen und 2 m hohen Mauer zu schützen, die von Cabrières d'Avignon quer über die Monts de Vaucluse bis in die Nähe von Monieux reichte. Im Juli 1721 war die Mauer vollendet und wurde fortan von rund 1000 Soldaten bewacht. Doch bereits im August hatte die Pest die Mauer überwunden und Avignon erreicht. Als die Pest in der Provence bereits abklang, aber im Comtat Venaissin noch wütete, wurde die Mauer in der entgegengesetzten Richtung verwendet, damit die Pest nicht in die Provence zurückkehrte. 1723 war die Epidemie im Süden Frankreichs zu Ende. Sie hatte 126 000 Menschen das Leben gekostet.

Weg, der steiler hinaufführt, und nach 30 m biegen wir rechts auf einen kleineren Fußpfad ab (markiert). Der Weg führt durch einen Eichenwald und durch ein kleines Tal auf eine Hochebene. An den wenigen Stellen, bei denen der Blick etwas weiter schweifen kann, sieht man, wie riesig und menschenleer diese Eichenwälder auf den Monts de Vaucluse sind. Die weiß-roten Markierungen führen uns bis zum Wegweiser **Croix de Pouracon** (633 m). Wir folgen der Piste nach links und nach 50 m, bei einem weiteren Wegweiser, nach rechts Richtung les Trois Luisants (und nicht direkt nach Fontaine-de-Vaucluse). Hier queren wir die Linie der alten Pestmauer, die an dieser Stelle aber kaum mehr sichtbar ist.

Wir folgen auf der nun kargeren Hochebene der Piste, biegen nach 15 min links ab, immer noch der Piste folgend (ab hier wieder weiß-rot markiert) bis zu einem kleinen Wachturm, der auf der IGN-Karte als **Tour de Guet** (649 m) eingezeichnet ist. Weit schweift der Blick ins Rhônetal und Richtung Avignon. Es sind meist Freiwillige, die in der Hitzeperiode auf solchen Wachtürmen versuchen, frühzeitig Brandherde zu entdecken. Die Piste macht hier eine starke Rechtskurve, der GR führt weiter geradeaus, wir aber biegen links ab. Zu Beginn ist es nicht einfach, unter den vielen Spuren die richtige zu finden, doch Steinmännchen und blaue Punkte leiten uns auf den richtigen Weg, der sanft absteigt. Wenn wir nach circa 150 m an einem weiteren Ausguck (diesmal für die Jäger) vorbeikommen, sind wir richtig. Ab hier ist der Weg besser erkennbar. Wir folgen nun entlang der blauen Punkte meist dem Grat. Circa 10 min nach der Tour de Guet, wo der blau markierte Weg über eine circa 1 m hohe Felsstufe absteigt, können wir nach links einem ebenso guten Weg ins Tal hinein folgen. Später ist der Weg wieder blau markiert und erreicht bei Punkt 508 den Talboden.

Wir folgen diesem circa 100 m, um ihn dann vor einer Felsstufe nach links zu verlassen. Beim späteren Abstieg ist der Weg

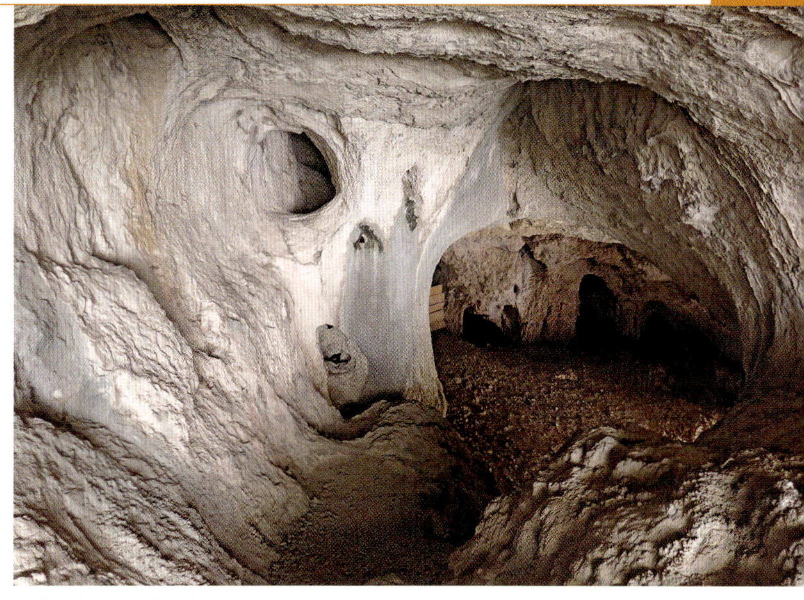

Blick in den Aven de Valescure.

auf Kiesschutt etwas rutschig, Stöcke können hier hilfreich sein. Wir kommen an einem imposanten Felsentor vorbei, zu dem man, wenige Meter vom Weg, auch aufsteigen kann. Wenige Minuten später, wo der Weg das breite (meist trockene) Bachbett erreicht, biegen wir links ab und steigen steil, teilweise etwas kraxelnd, den Berg hinauf bis zum **Aven de Valescure** (ca. 400 m). Knochenfunde haben gezeigt, dass hier vor circa 35 000 Jahren auch Höhlenlöwen, Höhlenbären und Höhlenhyänen Unterschlupf fanden. Die Höhle hat zwei Eingänge und einen tiefen verbarrikadierten Stollen. Zurück beim Bachbett, folgen wir diesem nach links, später einem Feldweg nach rechts bis zu den teilweise wieder aufgebauten Ruinen des Hofes von Valescure. Ein Raum ist für die Wanderer als Schutzhütte geöffnet. Der Hof ist das Zentrum eines kleinen Naturschutzgebiets von 400 Hektar mit einer besonders großen Biodiversität (Infotafel). Hinter dem Hof folgen wir dem breiten Weg nach links (weiß-rot markiert). Bei einer Weggabelung 5 min später folgen wir links dem Wegweiser Cabanes/Fontaine-de-Vaucluse. (Es gibt hier auch einen kürzeren Abstieg nach Fontaine-de-Vaucluse, der aber mehrheitlich einer Piste folgt.) Der Weg, immer noch weiß-rot markiert, führt uns hinauf zu einer Borie (Hütte aus Trockenmauern). 20 m vor dem Borie biegt der Weg rechts ab und führt hinunter bis ins Zentrum von **Fontaine-de-Vaucluse** (79 m, siehe Kasten S. 74).

Fontaine-de-Vaucluse

Fontaine-de-Vaucluse und seine Quelle sind ein Touristenmagnet, seit es Tourismus gibt. Eine Million Besucher strömen jährlich in das Dorf mit seinen 600 Einwohnern. Der Name (ursprünglich Vaucluse la Fontaine) leitet sich vom Lateinischen *vallis clausa*, das eingeschlossene Tal, ab. Das kleine Dorf gab dem ganzen Département den Namen, als sich das Comtat Venaissin 1791 Frankreich anschloss (wobei der Name Vaucluse in der Abstimmung des Rats nur um zwei Stimmen gegenüber der Option Ventoux obenauf schwang).

In 15 min erreicht man vom Hauptplatz, dem Fußweg auf der rechten Sorgue-Seite folgend, den riesigen Quelltopf unterhalb eines 200 m hohen Kalksteinfelsens. Im Frühjahr ist er meist ganz mit Wasser gefüllt, und der Überlauf bildet die Quelle der Sorgue. Im Herbst und Winter kann man viele Meter bis zum Wasserrand in den Quelltopf absteigen, und der Fluss entspringt kleineren Quellen wenige Meter talabwärts. Mit ihrer Abflussmenge von bis zu 85 m^3 pro Sekunde gehört die Fontaine-de-Vaucluse zu den fünf wasserreichsten Quellen der Welt. Das Einzugsgebiet reicht mit 1100 km^2 bis zur Montagne de Lure und zum Mont Ventoux. Der Schacht der Quelle führt 315 m in die Tiefe und bildet somit die tiefste Karstaustrittsstelle, die bis heute bekannt ist. In diesem Schacht erzielte der Deutsche Jochen Hasenmayer 1981 mit 205 m den Weltrekord im Höhlentieftauchen.

Auf dem Rückweg von der Quellen kommt man an einer rekonstruierten Papiermühle vorbei. Fontaine-de-Vaucluse war lange das Zentrum der Papierindustrie in der Grafschaft Venaissin. Im 19. Jahrhundert gab es noch acht Papiermühlen, die letzte davon gab 1968 die Produktion auf. Auf einem Felsen oberhalb des Talbodens thronen auf der linken Seite des Flusses die Ruinen der alten Burg aus dem 11. Jahrhundert. Der Aufstieg lohnt auch wegen der Aussicht auf das Dorf. Ebenfalls sehenswert ist die romanische Kirche, die dem heiligen Véran gewidmet ist, der im 6. Jahrhundert hier bei der Quelle ganz ohne Gewalt einen riesigen Drachen vertrieben haben soll, der die ganze Gegend in Furcht und Schrecken versetzte. Bekannt geworden ist das Dorf auch durch den Dichter Francesco Petrarca (siehe auch S. 43), der zwischen 1336 und 1353 mehrere Jahre hier verbrachte. Dort, wo einst sein Haus stand, befindet sich heute ein kleines Museum in einem schönen Garten am linken Ufer der Sorgue (der Zutritt zum Garten ist kostenlos).

Der Quelltopf der Sorgue. Einmal voll (im Frühling), einmal leer (im Herbst).

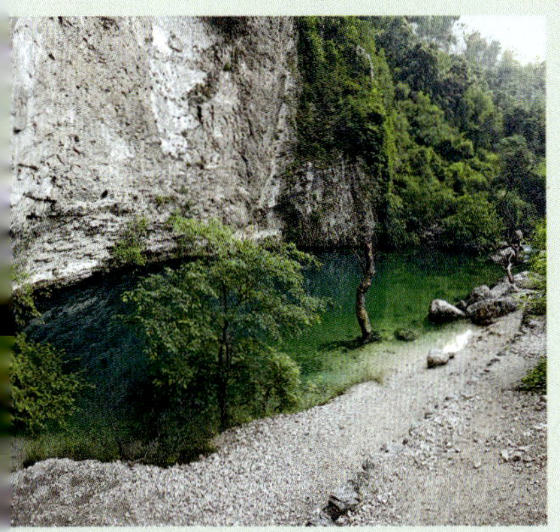

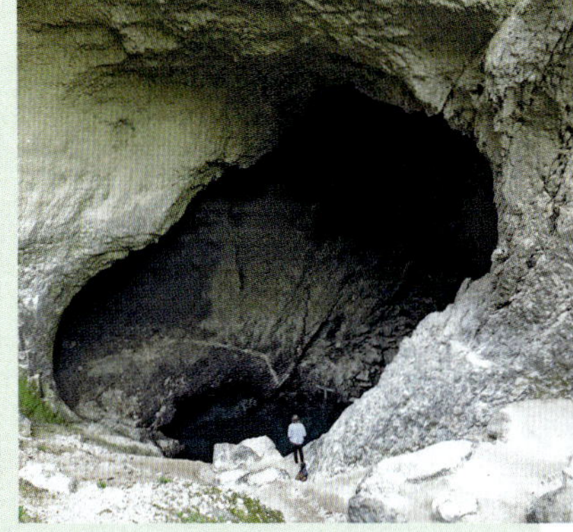

2.9 Fontaine-de-Vaucluse–Venasque

Wanderzeiten	
Fontaine-de-Vaucluse–Saumane-de-Vaucluse	1 h 30
Saumane-de-Vaucluse–Wegweiser Bourguigne	1 h 10
Wegweiser Bourguigne–St-Gens	0 h 55
St-Gens–Le Beaucet	1 h 35
Le Beaucet–Venasque	1 h 20
Total	**6 h 30**
Diverse Abkürzungsmöglichkeiten, siehe Varianten S. 63 f.	
Höhendifferenz	↗ 960 m ↘ 770 m
Schwierigkeit	T3

Vom Kreisel in **Fontaine-de-Vaucluse** (79 m) mit der Petrarca-Säule gehen wir auf der Hauptstraße an der romanischen Kirche vorbei. Nach der Post nehmen wir die zweite Straße, die nach rechts hinaufführt (zuerst orange, später auch gelb markiert). Der alte Weg mit Trockensteinmauern führt stetig aufwärts. Bei einer Kreuzung auf circa 240 m ist der Wegverlauf etwas verwirrend, da hier der Wald gerodet und Reben gepflanzt wurden. Wir folgen mehr oder weniger geradeaus, durch den Rebberg, den pinkfarbenen Pfeilen. Bei der nächsten Abzweigung links haltend, erreichen wir den Wegweiser les Fayardes, wo wir die Richtung Saumane-de-Vaucluse einschlagen (ab hier gelb-rot markiert). 200 m weiter verlassen wir die Piste nach rechts und durchqueren die Combe de Béringuier. Ab dem Wegweiser les Lauses ist der Weg bis Saumane gelb markiert.

Nach einer weiteren Schlucht erreichen wir das Dorf, das auf einem Felssporn thront und von seiner Burg überragt wird. Im Dorf stets geradeaus den gelben Markierungen folgend bis zum Waschhaus von **Saumane-de-Vaucluse** (203 m), wo sich die Straße auf die Westseite des Felsens windet. Gleich nebenan gibt es ein Bistro (geöffnet tägl. außer Mi). Einkaufsmöglichkeiten gibt es in Saumane nicht. Lohnenswert ist ein kurzer Abstecher zum Ende des Felsens, wo die romanische Kirche St-Trophime (meist verschlossen) thront und von wo man die Aussicht auf die weite Ebene genießen kann. Einen guten Blick auf das Dorf bekommt man, wenn beim Bistro die Straße nach rechts zum Felsen hinaufgeht (Sackgasse). Für unseren weiteren Weg nehmen wir beim Bistro die Straße (gelb-rot markiert) links hinauf zum Château de Saumane (siehe Kasten), dessen Pforte wir nach 400 m erreichen.

Beim Wegweiser oberhalb des Schlosses gehen wir in Richtung Le Beaucet stets dem Grat nach, zuerst auf der Straße, aber schon nach wenigen Metern auf einem Feldweg und ab P. 327 auf einem attrakti-

Château de Saumane

Das Château de Saumane steht zuoberst auf dem Kalksteinfelsen, der das Dorf dominiert, in einem großen Park. Ein erster Bau entstand im 12. Jahrhundert. Als im 14. Jahrhundert die Päpste in Avignon residierten, errichteten Kardinäle hier ein Luxusanwesen. Berühmtheit erlangte das Schloss aber, weil es 1451 in den Besitz der Familie de Sade überging. Denn der berühmteste Spross der Familie, Donatien Alphonse François de Sade, später als der Tabubrecher Marquis de Sade weltberühmt, genoss hier zwischen seinem 4. und 10. Lebensjahr die Erziehung seines Onkels, des Abtes Jacques de Sade. Im Schloss (geöffnet Juli bis Mitte Sept. tägl. außer Fr, Sa und So Morgen, im Juni nur am So Nachmittag) ist eine kleine Ausstellung über das Leben des Marquis zu sehen.

ven Wanderweg (immer gelb-rot markiert). Nach einem kurzen Zwischenstück auf einer Piste, die wir nach 400 m nach rechts verlassen, erreichen wir den Wegweiser **Bourguigne** (515 m). Wir gehen hier Richtung Rocher des Trois Luisants. Je weiter wir aufsteigen, desto besser wird die Aussicht: auf den Mont Ventoux und die Dentelles de Montmirail im Norden und nach L'Isle-sur-la-Sorgue im Süden. Nach 20 min zweigen wir ab Richtung St-Gens (ab hier weiß-rot markiert). Am Rocher des Trois Luisants vorbei führt der Weg das Tal hinunter zur Fontaine St-Gens. Von der Quelle erreichen wir talabwärts in 10 Minuten die Einsiedelei von **St-Gens** (370 m).

Von der Kirche gehen wir wieder zurück talaufwärts und biegen nach der kleinen Kapelle bei einer weißen Madonna rechts in einen Fußweg ab. Weiter oben folgen wir der Straße aufwärts bis zum Wegweiser Carrière (458 m), bei dem wir nach rechts Richtung Le Beaucet abzweigen (ab hier wieder gelb-rot markiert). Nach einer Zisterne sieht man links unterhalb des Wegs den Hof Barbarenque, wo am 2. August 1944 drei Kämpfer der Résistance von der Wehrmacht erschossen wurden. An die Beerdigung kamen 4000 Personen, und noch heute gedenkt das Dorf jährlich am 2. August der Toten. Beim Wegweiser la Grande Cabane halten wir uns links und zweigen von der Straße ab Richtung le Haut du Fraischamp. Diesen Punkt erreichen wir 400 m weiter und gehen hier Richtung Le Beaucet 2,4 km/Rouyère (bei der vorherigen wie auch bei dieser Abzweigung sind kürzere Wege nach Le Beaucet angegeben, die aber länger auf dem Asphalt verlaufen). Auf einem kleinen Fußpfad (gelb markiert), gehen wir, nach 200 m links haltend, ins Tal hinunter.

Im Talboden nehmen wir den ersten Fahrweg, der nach rechts abbiegt (ab hier nicht mehr markiert) und kurz darauf, wo der Fahrweg in ein privates Grundstück führt, steigen wir links auf einem kleinen Fußpfad steil bergan. Wenige Meter weiter erreichen wir bei Häusern, die in den Fels hineingebaut wurden, wieder den Fahrweg. Hier halten wir uns links und biegen nach 20 m, unmittelbar nach dem zweiten Steinhaus, rechts in einen alten Fußweg ab, der der Felswand folgt. Am oberen Rand der Felsen finden sich linker Hand Ruinen von alten Behausungen, die sich den schützenden Überhang zunutze gemacht haben. Auf der Ebene biegen wir rechts ab und erreichen kurz darauf wieder den Wanderweg (gelb markiert), dem wir auf einem geteerten Weg nach links folgen. Links des Wegs stehen Eichen in Reih und Glied, die für die Trüffelzucht gepflanzt wurden. Beim Wegweiser la Louvette könnte man direkt nach Le Beaucet absteigen, ein kleiner Umweg führt uns aber noch an der alten Burg vorbei. Dafür gehen wir beim Wegweiser rechts (Richtung Saumane). Nach 50 m biegen wir links von der Straße ab, in einen Fußweg, der steil aufwärts führt. Nach weiteren 50 m biegen wir nochmals links in einen schmalen, aber gut sichtbaren Fußpfad ab, der uns dem Grat entlang zu einem Riesen-Steinmann führt. Das Kunstwerk wurde zum 20. Geburtstag der Organisation APARE erstellt, die sich für den Schutz von Trockensteinbauwerken einsetzt. Weiter dem Grat folgend, erreichen wir kurz darauf die Ruine der Burg der Grafen von Toulouse aus dem 12. Jahrhundert (geöffnet 8–19 Uhr), in die heute Versammlungs- und Ausstellungsräume integriert sind. Vom Felssporn bietet sich ein guter Rundblick hinunter auf das Dorf, nach Carpentras und auf den Mont Ventoux.

Die Legende von Saint-Gens

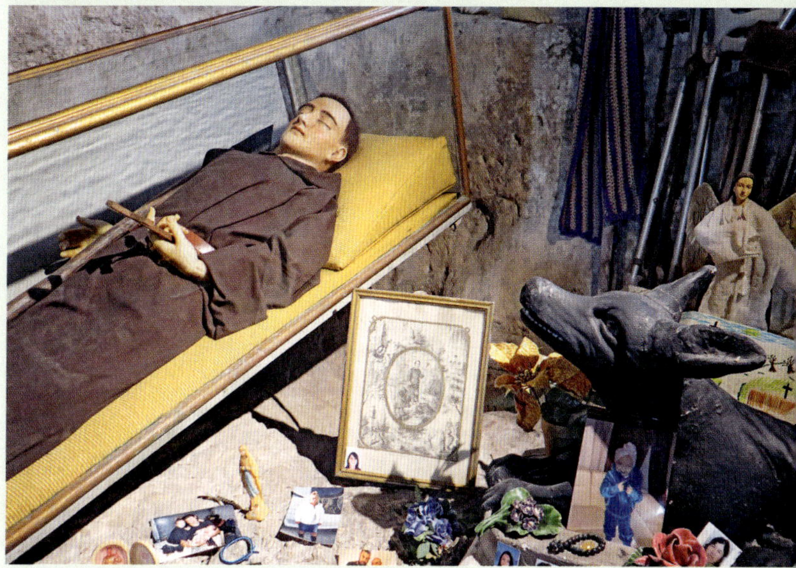

Das Grab von Saint-Gens in der nach ihm benannten Kirche.

Gens wurde 1104 in Monteux nahe Carpentras als Sohn einfacher Eltern geboren. Als frommer Junge ärgerte er sich über den mangelnden Glauben und die heidnischen Praktiken der Bewohner des Dorfes, er wurde ausgelacht und mit Steinen beworfen. So zog er eines Morgens mit einem Pflug und zwei Kühen, die er vom Vater bekommen hatte, fort und ließ sich in einem Tal bei Beaucet als Eremit nieder. Vom Tag seines Wegzugs an fiel in Monteux während drei Jahren kein Regen mehr. Die verzweifelten Dorfbewohner baten seine Mutter, ihn ins Dorf zurückzuholen. Nach langer Suche fand sie ihn in seinem Tal und bat ihn um etwas zu trinken. Gens zeigte mit seinem Zeigefinger gegen den Felsen, aus dem sogleich eine Quelle mit Wasser und eine mit Wein entsprang. Sie bat ihn, die Weinquelle versiegen zu lassen (da sie nur Unglück bringen würde), jene mit Wasser aber zum Wohl der Leute weiter sprudeln zu lassen. Seither wird der Quelle oberhalb der Einsiedelei eine heilende Eigenschaft nachgesagt. Gens folgte seiner Mutter ins Dorf zurück und bat die Priester, eine Prozession zu organisieren. Kaum hatte die Prozession begonnen, fing es an zu regnen. Gens ging in sein Tal zurück, wo er am 16. Mai 1127 mit 23 Jahren starb. Seither wird er in der Provence angebetet, um Regen zu bringen. An der Stelle seiner Einsiedelei wurde eine Kirche errichtet, die jeweils im Mai das Ziel einer Prozession ist, bei der die Statue von Saint-Gens im Laufschritt von Monteux bis hierhin getragen wird. Im Innern der Kirche gibt es viele Exvotos, die dem Heiligen den Dank bezeugen, sei es für die Genesung von einer Krankheit oder für Regen.

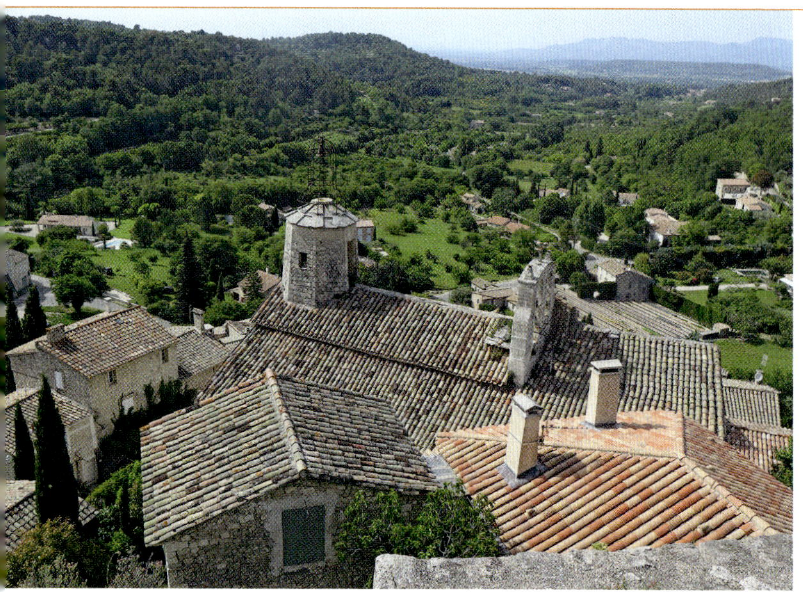

Blick von der Burg auf Le Beaucet und seine Kirche.

Wenn wir aus der Ruine hinaustreten, nehmen wir den Fahrweg, der rechts hinunterführt. Wo unser Weg in die Straße mündet (man beachte das Kunstwerk im Felsüberhang oberhalb der Straßengabelung), halten wir uns rechts und erreichen kurz darauf **Le Beaucet** (260 m). Die ersten Häuser des Dorfs sind unter einem Felsvorsprung an den Felsen gebaut. Danach erreicht man den kleinen Dorfplatz mit dem Waschhaus, dem Brunnen und der ehemaligen Schule, in der heute das Stadthaus untergebracht ist. Nach dem Stadttor führt rechts ein Fußweg zur Kirche mit ihrem achteckigen Türmchen und dem grasbewachsenen Kirchplatz hinauf. Um die Kirche herum kommen wir wieder hinunter zur Dorfstraße, von der wir das Dorf nach rechts durch das untere Stadttor verlassen. Gleich unterhalb des Stadttors, beim Wegweiser le Barri, gehen wir nicht in Richtung Venasque, sondern nach links Richtung Jouvenas (gelb-rot markiert). Nach rund 100 m zweigen wir nach rechts in einen Fußpfad ab. Konsequent den Markierungen folgend, geht es am Ende des Chemin de la Chapelle St-Etienne rechts ab und weiter, an einer eisernen Abschrankung vorbei, steil aufwärts, bis zur Ebene hinauf. Hier wächst die »Cerise des Monts de Venasque«, ein Label, unter dem die Kirschenernte der Anbauregion zwischen den Monts de Vaucluse und dem Mont Ventoux vermarktet wird. In keinem anderen französischen Département werden so viele Kirschen angebaut wie im Vaucluse, wo auf 4000 Hektar 10 000 Tonnen Früchte geerntet werden, rund viermal so viel wie in der ganzen Schweiz. Stets den gelb-roten Markierungen folgend und bei den Wegweiser Jouvenas und Clapas de Jouvenal weiter geradeaus Richtung

St-Didier, können wir erst kurz vor dem Ziel Venasque erblicken, wie es auf der anderen Seite des Tals stolz auf seinem Bergrücken thront.

Wir steigen Felswänden entlang ins Tal hinab, gehen beim Wegweiser les Ponts Richtung Venasque (immer noch gelb-rot markiert) und erreichen so die Straße unterhalb des Felsens von Venasque. 2018 war der direkte Fußweg von hier nach Venasque wegen Steinschlaggefahr gesperrt, sodass man nach links 300 m bis zur Kreuzung gehen musste, wo es einen anderen Fußweg gibt, der ins Dorf hinaufführt. Wo dieser Fußweg gleich unterhalb des Dorfs wieder die Straße erreicht, kann man über eine kurze Treppe einen Felsen mit einer Kreuzigungsszene und guter Aussicht besteigen. Der Straße nach links und gleich darauf nach rechts folgend, erreichen wir die Place de l'Eglise von **Venasque** (270 m) mit der Kirche und einem Brunnen, der 1891 zum 100. Jubiläum des Anschlusses der Grafschaft Venaissin an Frankreich errichtet wurde. Zu den diversen Unterkünften, Restaurants und der Touristeninformation geht es links die Grande Rue hinauf.

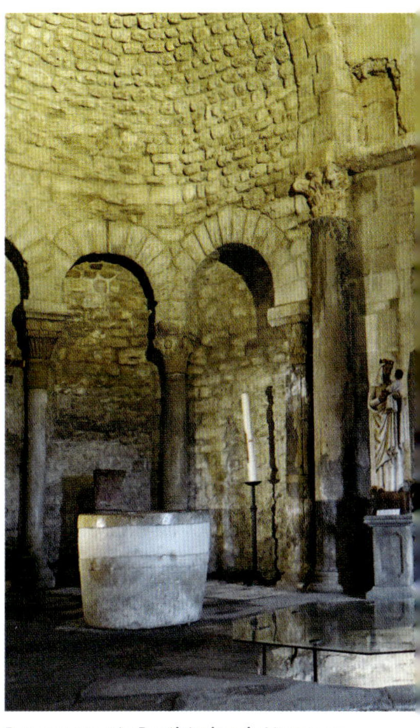

Das sogenannte Baptisterium in Venasque.

Venasque

Venasque, das kleine Dorf an den Hängen der Monts de Vaucluse gab der ganzen Grafschaft, dem Comtat Venaissin, seinen Namen. Vom 6. bis zum 11. Jahrhundert war Venasque Sitz der Bischöfe von Carpentras, als diese einen sichereren Ort suchten, um sich vor den Sarazenenüberfällen zu schützen. Die heutige Kirche Notre-Dame wurde wohl an der Stelle der ehemaligen Kathedrale errichtet. Kunsthistorisch besonders interessant ist das sogenannte Baptisterium, dessen Eingang sich hinter der Kirche befindet (geöffnet tägl. außer über Weihnachten und Neujahr). Man vermutete lange, dass dieser Bau in der Form eines Kleeblatts ein ehemaliges Baptisterium aus dem 6. Jahrhundert sei, heute geht man jedoch davon aus, er aus dem 11. Jahrhundert stammt und wohl eine Grabkapelle war. Ein Spaziergang durch das Dorf bis hinauf zum oberen Stadttor lohnt sich, Restaurants und kleine Läden laden zum Bummeln ein.

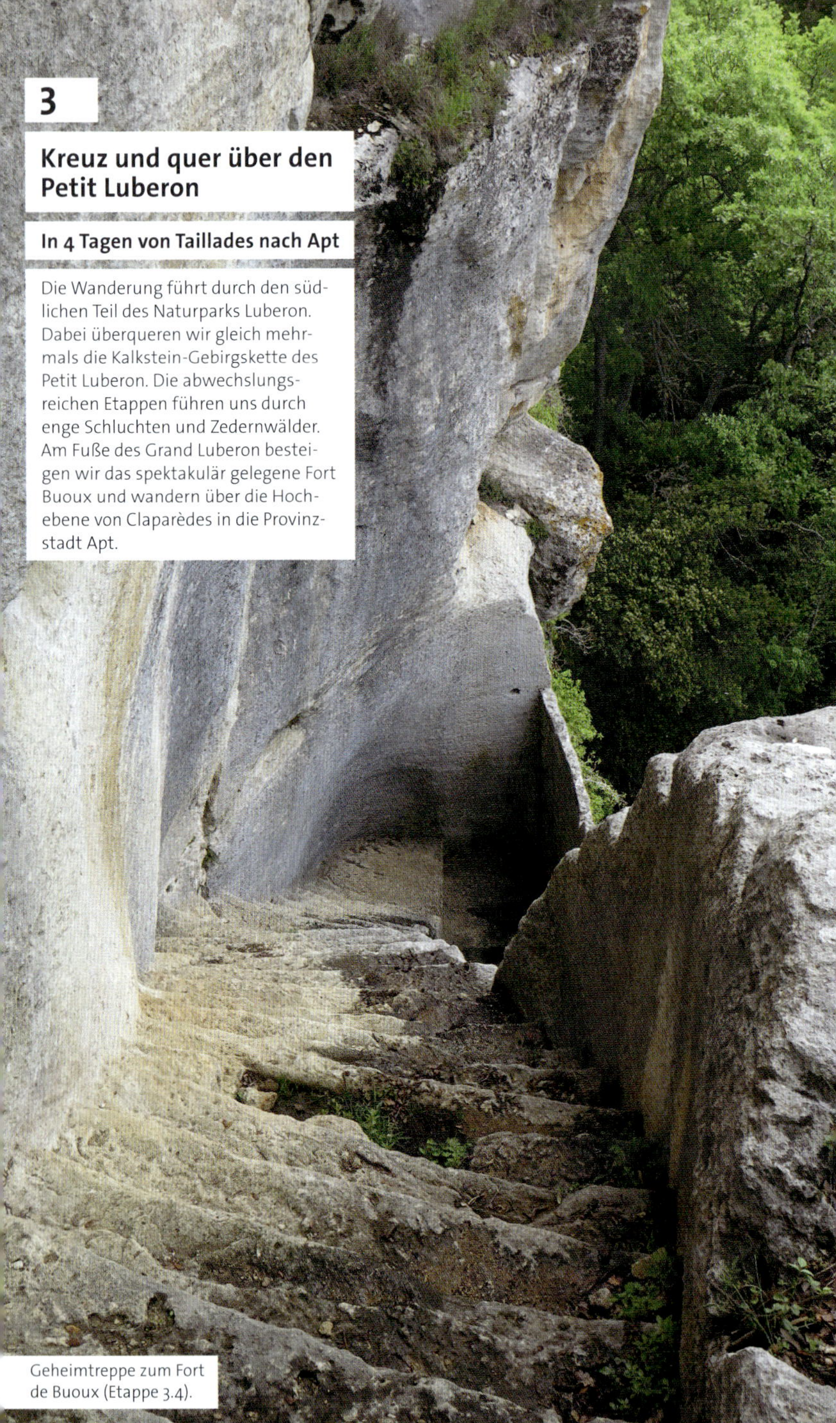

3

Kreuz und quer über den Petit Luberon

In 4 Tagen von Taillades nach Apt

Die Wanderung führt durch den südlichen Teil des Naturparks Luberon. Dabei überqueren wir gleich mehrmals die Kalkstein-Gebirgskette des Petit Luberon. Die abwechslungsreichen Etappen führen uns durch enge Schluchten und Zedernwälder. Am Fuße des Grand Luberon besteigen wir das spektakulär gelegene Fort Buoux und wandern über die Hochebene von Claparèdes in die Provinzstadt Apt.

Geheimtreppe zum Fort de Buoux (Etappe 3.4).

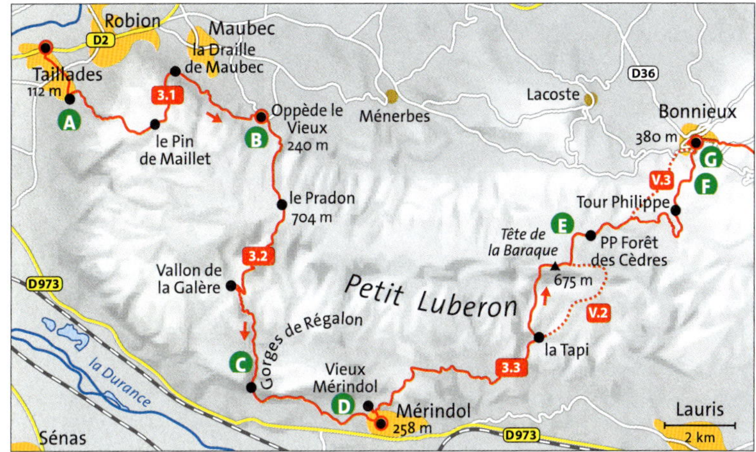

Sehenswertes

- A Steinbruch und Dorf Taillades
- B Verlassenes Dorf Oppède le Vieux
- C Régalon-Schlucht
- D Vieux Mérindol
- E Zedernwald Petit Luberon
- F Enclos des Bories
- G Bonnieux
- H Fort Buoux
- I Apt

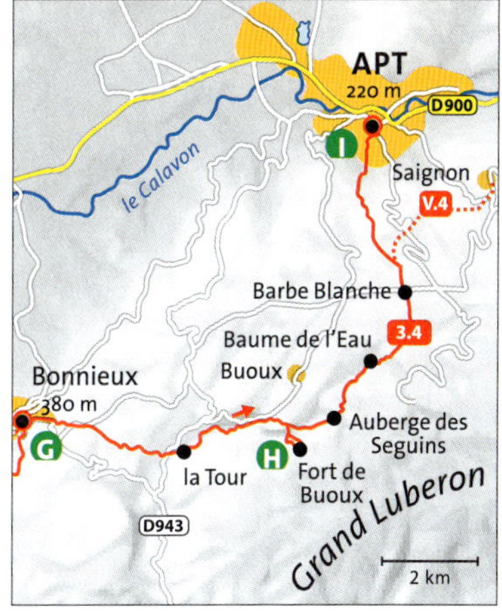

Beste Jahreszeit

März bis Juni oder Mitte September bis Mitte November. Zu beachten ist die teilweise Sperrung des Gebiets wegen Waldbrandgefahr zwischen 1. Juli und 15. September (siehe S. 22).

Karten

IGN 3142 OT, 3243 OT, 3242 OT

Varianten

1 Dank guter ÖV-Verbindungen in Mérindol und Bonnieux kann die Wanderung auf ein, zwei oder drei Tage verkürzt werden.

2 Am 3. Tag bei la Tapi zuerst weiter dem GR folgen und später auf markiertem Weg zum Grat aufsteigen. Bei P. 694 trifft man wieder auf die beschriebene Route. Dauer ca. 15 min länger, aber einfacher zu finden.

3 Direkter Abstieg von Peyrafio nach Bonnieux auf markiertem Weg. Zeitersparnis 45 min, aber ein längeres Stück asphaltiert.

4 Anstatt am letzten Tag nach Apt hinunterzuwandern, kann man auch nach Saignon queren, dort übernachten (siehe S. 46) und dann die Wanderung Richtung Rustrel fortführen (siehe Wanderung 2.2, S. 49 f.).

An- und Abreise

Taillades: Busverbindungen (alle ab Haltestelle Bel Air) nach Digne und Avignon mit LER

Linie 22 (hält auch in Apt, Bonnieux oder Maubec; ca. 4× tägl. an Wochentagen, seltener am Wochenende). Busverbindung nach Avignon und Maubec mit Linie 7 von Trans-Vaucluse (hält auch in Cavaillon; ca. 4× tägl.;). Busverbindung nach Apt und Cavaillon mit Linie 18 von TransVaucluse (hält auch in Bonnieux; 2–3× tägl).
Apt: Unzählige Busverbindungen in die Dörfer im Umland, aber auch direkte Verbindungen nach Avignon (inkl. Avignon TGV), Aix-en-Provence, Cavaillon oder Manosque.
Zurück zum Startpunkt: Direkte Busverbindung mit Linie 22 von LER und Linie 18 von TransVaucluse.

Touristinfo

luberoncoeurdeprovence.com Infos zu Taillades, Oppède-le-Vieux und Mérindol
luberon-apt.fr Touristinfo zu Bonnieux und Apt

Etappenorte

Taillades

Keine Einkaufsmöglichkeiten. Chambre d'hôtes Domaine Le Lantana (le-lantana.com), ca. 800 m von der Mühle entfernt, schön und gediegen, aber auch etwas teurer.

Maubec

In Maubec, ca. 1 h vor Oppède le Vieux und direkt am Weg, liegt das Gîte d'étape (Massenschlag) im Campingplatz Les Royères du Prieuré (campingmaubec-luberon.com). Ganzjährig geöffnet, aber von Mitte Okt. bis Mitte April nur ab 3 Personen.

Oppède le Vieux

Kein ÖV, keine Einkaufsmöglichkeiten. Es gibt gleich mehrere, attraktive Chambres d'hôtes: La Buissonière (luberon-buissonniere.com), L'Oppidum (oppede-oppidum.com) und Belle du Nuit (belle2nuit.fr). Auch das empfehlenswerte Restaurant am Dorfplatz hat wenige Zimmer (lepetitcafe.fr). Wenn am Dienstag beide Restaurants im Ort geschlossen sind, erkundige man sich am besten bei den Gastgebern nach Alternativen für das Abendessen.

Mérindol

Gute Busverbindungen nach Cavaillon und Pertuis mit Linie 8 von TransVaucluse. Einkaufsmöglichkeiten im Ort. Diverse attraktive Chambres d'hôtes: Im Zentrum Charme de Mérindol (via Airbnb oder Booking), la Bastide dou Pastre (labastidedoupastre.com) oder la Brullière (via Booking). Etwa 1 km vor dem Dorf und rund 200 m von der Wanderroute entfernt liegt das empfehlenswerte la Roquemalière (keine eigene Website, buchbar via Airbnb oder Booking). Im Dorf selber gibt es auch ein einfaches Gîte d'étape der Gemeinde (Massenschlag), wo man sehr günstig übernachten kann (Tel. 04 90 72 81 07, mairie@merindol.fr).

Bonnieux

Gute Busverbindungen nach Avignon, Apt oder Digne mit Linie 22 von LER, nach Aix-en-Provence oder Apt mit Linie 9 von Trans-Vaucluse, sowie nach Aix oder Apt mit Linie 18 von TransVaucluse. Einkaufsmöglichkeiten im Ort, Markt am Fr. Im Dorf gibt es drei Hotels: Gediegen, aber auch etwas teurer (DZ 100–180 Euro) ist das Clos du Buis (leclosdubuis.fr), etwas einfacher, aber mit schöner Aussicht, zumindest vom Hauptgebäude aus, das Hotel César (hotel-restaurant-cesar-bonnieux.fr). Einfach und günstig ist auch das Hotel la Flambée (via Booking). Wenige 100 m außerhalb des Dorfs, aber nah am Wanderweg, liegt die luxuriöse Domaine de Capelongue mit ihrem Feinschmeckerrestaurant (capelongue.com).

Auberge des Seguins

In der Mitte des Wegs nach Apt gibt es die wunderschön gelegene und empfehlenswerte Auberge des Seguins mit Zimmern oder Schlafsaal, Restaurant und Pool (aubergedesseguins.com).

Apt

Busverbindungen siehe oben. Einkaufsmöglichkeiten im Ort, großer Markt am Sa, kleinerer Bauernmarkt am Di. Bekannt ist Apt für seine kandierten Früchte. Die gibt es unter anderem bei den spezialisierten Confiserien Le Coulon und Marcel Richaud, beide am Quai de la Liberté am Ufer des Calavon gelegen. Im Zentrum gibt es drei Hotels: die beiden relativ preiswerten L'Aptois (aptois-hotel.fr) und Le Palais (hotel-restaurant-apt.fr), sowie das etwas teurere Sainte Anne (apt-hotel.com). Chambres d'hôtes gibt es diverse. Empfehlenswert ist das Le Couvent in einem alten Kloster mit kleinem Pool (loucouvent.com).

3.1 Taillades–Oppède le Vieux

Wanderzeiten	
Taillades (Haltestelle Bel Air)–Taillades (Zentrum)	0 h 25
Taillades (Zentrum)–le Pin de Maillet	1 h 25
le Pin de Maillet–la Draille de Maubec (Camping)	0 h 45
la Draille de Maubec (Camping)–Oppède le Vieux	1 h 05
Total	**3 h 40**
Höhendifferenz	↗ 640 m ↘ 490 m
Schwierigkeit	T3

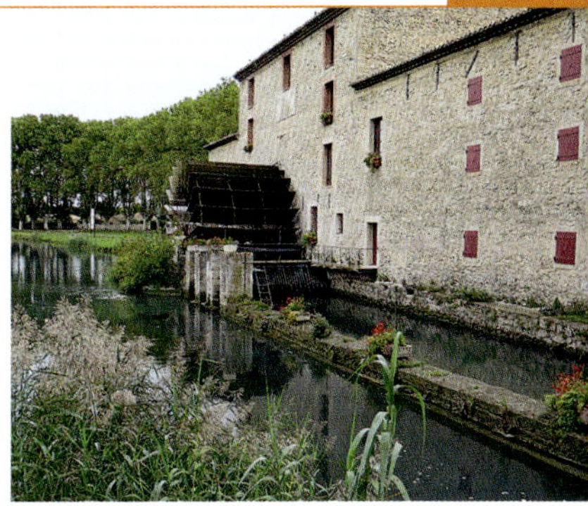

Die Mühle St-Pierre in Taillades.

Unsere Wanderung beginnt bei der **Haltestelle Bel Air** (89 m). Beim Verkehrskreisel folgen wir dem Wegweiser nach Taillades. Beim nächsten Kreisel halten wir uns links, Richtung Centre Village, und erreichen nach 10 min den Canal de Carpentras. Gespiesen vom Wasser der Durance, hat er auch heute noch eine wichtige Funktion zur Bewässerung der Landwirtschaftsflächen im Département Vaucluse.

Ein kurzer Abstecher 200 m nach rechts dem Kanal entlang führt uns zur Mühle St-Pierre. Das gewaltige Wasserrad (8 m Durchmesser, 6 m Breite) wurde 1859 erbaut, um eine Fabrik mit Energie zu versorgen, die aus der Färberpflanze Färberkrapp den roten Farbstoff Alizarin herstellte. Doch bereits nach 10 Jahren wurde das Geschäft unrentabel, da man nun den Farbstoff auch synthetisch herstellen konnte. Von 1874 bis 1970 wurde hier dann Korn gemahlen. Heute ist im Gebäude unter anderem eine kleine, aber feine handwerkliche Seifenmanufaktur untergebracht.

Zurück zur Brücke über den Kanal, folgen wir der Straße Richtung Centre Ville. Beim **Zentrum von Taillades** (112 m; Kriegsdenkmal, Parkplatz und das empfehlenswerte Restaurant Auberge des Carrières, Mo und Sa Mittag geschlossen) empfiehlt sich ein kurzer Abstecher ins alte Dorf hinauf (Wegweiser Vieux Village), das auf dem Stück Felsen steht, das noch übrigblieb, als der Steinbruch im 19. Jahrhundert den Betrieb einstellte. Am Felsen, auf dem der Wehrturm steht, findet sich ein geheimnisvolles Relief, das offenbar Saint-Véran zeigt, der mit einem Drachen kämpft. Urheber der Skulptur soll ein Arbeiter des Steinbruchs um 1400 gewesen sein. 100 m weiter aufwärts, erreichen wir die kleine Kirche und können einen Blick in den alten Steinbruch werfen, der heute als Theater genutzt wird.

Zurück bei der Auberge, halten wir nach rechts Richtung Cimetière. Nach dem Friedhof nehmen wir die erste Abzweigung nach rechts (Wegweiser Gorge de Badarel). 400 m weiter und an einer Schranke vorbei, biegen wir links ab (Richtung le Castelas, gelb markiert). Alles geradeaus, steigen wir auf einem etwas mühsamen Kiesweg in die Badarel-Schlucht hinein, die immer schmaler wird. An der engsten Stelle helfen uns wenige Eisensprossen über einen Felsabsatz. Kurz da-

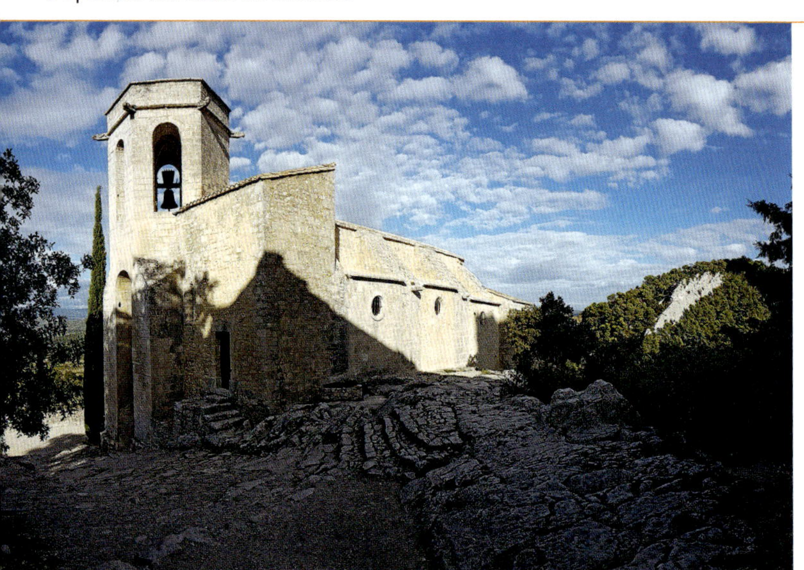

Die Kirche Notre-Dame-d'Alydon krönt das mittelalterliche Dorf von Oppède le Vieux.

nach öffnet sich das Tal wieder, und wir steigen an Buchsbäumen, Steineichen, Kiefern und wenigen Zedern vorbei weiter auf. Beim Wegweiser le Castelas folgen wir dem Weg Richtung le Pin de Maillet über die Kalkfelsen weiter aufwärts und erreichen kurz danach eine Hochebene (weiterhin gelb markiert). Beim Wegweiser **le Pin de Maillet** (493 m) folgen wir der Richtung le Quillot und 100 m weiter Richtung la Draille de Maubec. Nochmals 100 m weiter biegt unser Weg links ab (Holzwegweiser la Draille de Maubec). Nach einem aussichtsreichen Abstieg erreichen wir beim Wegweiser **la Draille de Maubec** (162 m) wieder die Talebene und den Campingplatz les Royères du Prieuré mit dem Gîte d'étape. Wir gehen hier nach rechts, folgen gleich danach aber nicht dem Wanderweg, der durch den Campingplatz führt, sondern gehen oberhalb des Campingplatzes geradeaus weiter (unmarkiert). Wir wandern mehr oder weniger geradeaus dem Hangfuß entlang, umrunden nach circa 15 min ein Anwesen und stoßen 5 min später bei einer kleinen Obstplantage wieder auf den Wanderweg, dem wir nach rechts folgen. Nun alles dem rot-weiß und gelb markierten Weg nach, mit einem zweimaligen Auf und Ab bis ans Tagesziel. Der finale Aufstieg auf einem mit groben Steinen gepflasterten Weg bildet den passenden Einzug in das mittelalterliche Dorf von **Oppède le Vieux** (240 m). Es lohnt sich, durch die alten Gassen des halbverlassenen Dorfs an verfallenen Häusern vorbei zur Kirche und zur Burg (die nicht besichtigt werden kann) hinaufzuschlendern. Ebenfalls empfehlenswert ist ein Gang durch die öffentlichen Gärten von Ste-Cécile nördlich des Hauptplatzes, von wo man einen guten Blick auf den alten Dorfkern hat.

Oppède

Oppède war einst ein blühendes Dorf, in dem im 16. Jahrhundert rund 1600 Menschen lebten. Wie die benachbarten Gemeinden gehörte es seit 1274 nicht etwa zur Grafschaft Provence, sondern war bis zur Französischen Revolution als Teil der Grafschaft Venaissin im Besitztum der Päpste. Erst 1791 wurde es, dem Wunsch der Bevölkerung entsprechend, aber gegen den Willen des Heiligen Stuhls, von Frankreich annektiert. Im 19. Jahrhundert begann eine rasante Entvölkerung. Die Einwohner zogen in die Ebene, wo sie näher an ihren Feldern in geräumigen Häusern wohnten und der Zugang zu Wasser einfacher war. 1908 zog die Schule zum neuen Weiler im Tal (Oppède les Poulivets), bald gefolgt von Post, Gemeindeverwaltung und Bäckerei. Zu Beginn des Zweiten Weltkriegs lebten nur noch sechs Personen im Ortsteil, der seither Oppède le Vieux genannt wird. Während des Kriegs lebte eine Künstlerkolonie von rund 50 Personen in der Ruinenstadt und baute einzelne Häuser wieder auf, darunter auch die Malerin und Autorin Consuelo de Saint-Exupéry, die Frau von Antoine de Saint-Exupéry. Als 1942 auch Südfrankreich von der deutschen Wehrmacht besetzt wurde, verließen die Künstler das Dorf. Seit den 1960er-Jahren werden einzelne Häuser wieder instand gestellt. Im Winter leben heute wieder rund 35 Personen in Oppède le Vieux – im Sommer einige mehr.

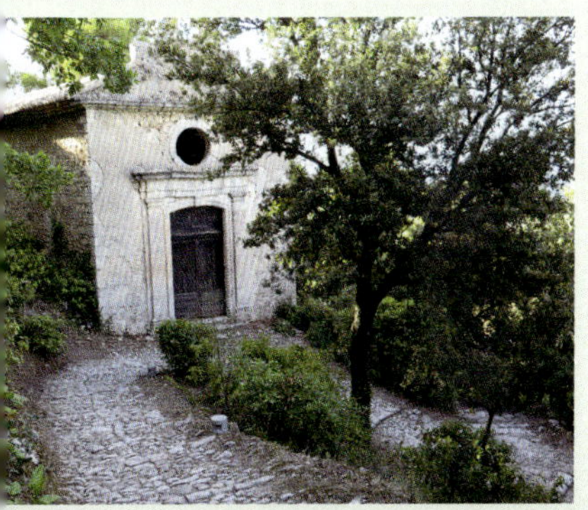

3.2 Oppède le Vieux–Mérindol

Wanderzeiten	
Oppède le Vieux–le Pradon	1h35
le Pradon–Wegweiser Vallon de la Galère	1h10
Wegweiser Vallon de la Galère–Ausgang Régalon-Schlucht	0h55
Ausgang Régalon-Schlucht–Mérindol	1h00
Total	**4h40**
Höhendifferenz	↗ 610 m ↘ 690 m
Schwierigkeit	T3

Vom Dorfplatz von **Oppède le Vieux** mit dem Glockenturm und seinem Ein-Zeiger-Zifferblatt (es ist das ehemalige Rathaus) gehen wir links am Restaurant L'Échaugette vorbei die Rue des Écoles hinunter. 10 m vor dem Stadttor findet sich links ein in eine Hauswand gemeißeltes Sator-Quadrat (rechts der zweiten Türe vor dem Tor), ein Super-Scrabble, das sich in alle Richtungen lesen lässt und auf Deutsch etwas wie »Der Sämann Arepo hält mit Mühe die Räder« bedeutet. Der eindrückliche, in den Felsen geschlagene Weg aus der Stadt hinaus führt uns hinunter zu einer ehemaligen Ölmühle, die sich im Felsen befand. Gleich hinter dem danebenstehenden Gebäude kann man dann auf einer Treppe zum ehemaligen Brunnen und zur einzigen Wasserstelle von Oppède hinuntersteigen. Nach einer kleinen Brücke biegen wir rechts ab Richtung le Pradon. Bis zur Régalon-Schlucht wandern wir nun auf dem GR6 und dem GR97, der rot-weiß markiert ist. Zuerst steil, dann immer flacher steigen wir hinauf zur Krete des Petit Luberon, wo wir bei **le Pradon** (704 m) eine größere Piste kreuzen.

Wir gehen geradeaus in das Naturschutzgebiet des Petit Luberon hinein. 200 m

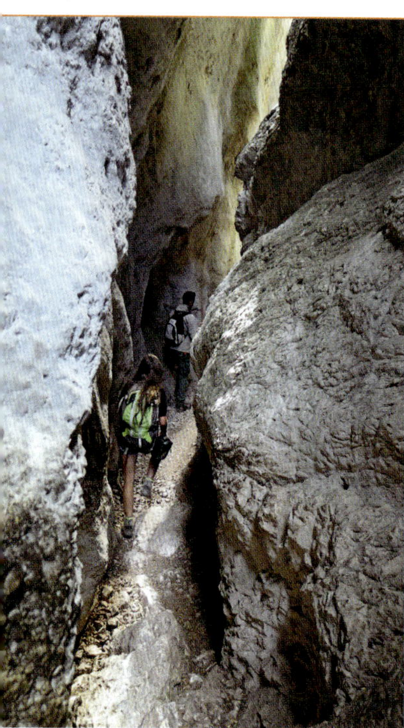

In den Gorges de Régalon.

weiter duckt sich rechts des Wegs die kleine Schutzhütte Bastidon du Pradon (mit Tisch, Kamin und kleinem Brettlager) unter mächtigen Zedern. Wir gehen weiter geradeaus, später über einen kargen Bergrücken. Die Aussicht reicht von der Régalon-Schlucht in das Tal der Durance und am Horizont zur Montagne Sainte-Victoire, den Alpilles und bis zum Meer. Nach dem Abstieg folgen wir nach rechts einer Piste, die wir nach 300 m bereits wieder nach links verlassen (immer noch rot-weiß markiert), um zum Talboden des **Vallon de la Galère** (ca. 350 m) abzusteigen. Wir folgen der Piste am Talgrund, die teilweise von Französischem Ahorn (franz. Érable de Montpellier) gesäumt wird. Nach 20 min verlassen wir die Piste auf dem markierten Weg nach rechts. Nach weiteren 10 min, beim Eingang zur Schlucht (Wegweiser Gorges de Régalon), verlassen wir den markierten Weg und gehen in die Schlucht hinein. Rund 2 km lang wandeln wir nun durch diesen Schlitz, der manchmal kaum breiter als ein Mensch und bis zu 40 m tief ist. Auf dem Weg, teilweise glattgeschliffen wie der Fußboden einer italienischen Kathedrale, helfen einzelne Tritte die Felsstufen hinunter. Die Wände sind aus urgonischem Kalkstein, der aus Sedimenten von Tieren und Algen des urgonischen Riffs entstand. Seinen Namen erhielt der Kalkstein, der für seine Festigkeit und seine weiße Farbe bekannt ist, von der Gemeinde Orgon, wo er heute noch abgebaut wird (siehe Wanderung 4.1, S. 102). 100 m nach dem **Ausgang der Régalon-Schlucht** (140 m) halten wir uns bei einer Abzweigung links, 300 m weiter nochmals links und abermals 300 m weiter nochmals links (keine Markierungen, auf der IGN-Karte jedoch als Wanderweg eingezeichnet). Der Weg steigt dann durch den Kiefernwald leicht an und ist später mit orangen Kreisen markiert. Nach rund 25 min halten wir uns unmittelbar bei einer Ruine rechts. Ab hier ist der Weg breiter, später betoniert und nun bis nach Mérindol gelb markiert. Er folgt meist einer kleinen Straße, bei Abzweigungen ist auf die Markierungen zu achten. Am Dorfeingang von **Mérindol** (160 m) gibt es ein kleines Dokumentationszentrum zur tragischen Geschichte der Waldenser (Vaudois), das jedoch nur samstags geöffnet ist. Diverse Informationstafeln hinter dem Museum informieren die Besucher auch außerhalb der Öffnungszeiten (siehe auch S. 95 ff.).

3.3 Mérindol–Bonnieux

Wanderzeiten	
Mérindol–Vieux Mérindol	0 h 20
Vieux Mérindol–la Tapi	2 h 00
la Tapi–Tête de la Baraque	1 h 30
Tête de la Baraque–Parkplatz Forêt des Cèdres	0 h 40
Parkplatz Forêt des Cèdres–Tour Philippe	1 h 10
Tour Philippe–Bonnieux	0 h 50
Total	**6 h 30**

Höhendifferenz	↗ 1010 m ↘ 790 m

Schwierigkeit	T3
Ein GPS kann hilfreich sein.	

Unsere Wanderung beginnt beim kleinen Park beim Dorfeingang von **Mérindol,** wo wir am Vortag angekommen sind. Von der großen Infotafel zu den Waldensern führt der Weg aufwärts. Bei einer kleinen Straße biegen wir links und gleich danach rechts ab und erreichen nach 20 min die Hügelspitze mit den Ruinen der Burg von **Vieux Mérindol** (258 m) und dem Mémorial Vaudois. Das alte Mérindol, das um die Burg angeordnet war, wurde bei der Verfolgung der Waldenser 1545 (siehe S. 95 ff.) zerstört und in Brand gesetzt und danach nur noch teilweise wiederaufgebaut. Im 19. Jahrhundert wurde die Siedlung zugunsten

Olivenhain am Südfuß des Petit Luberon.

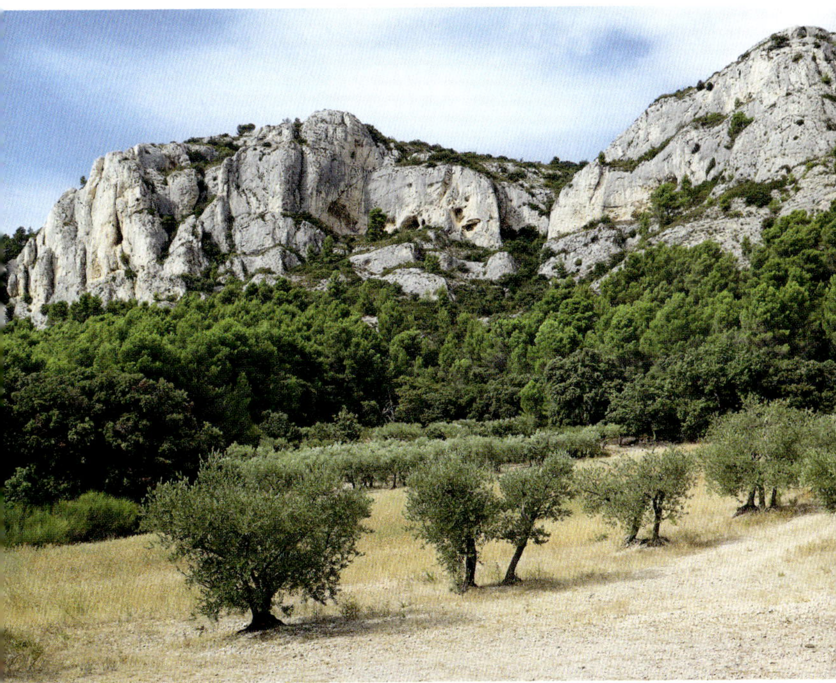

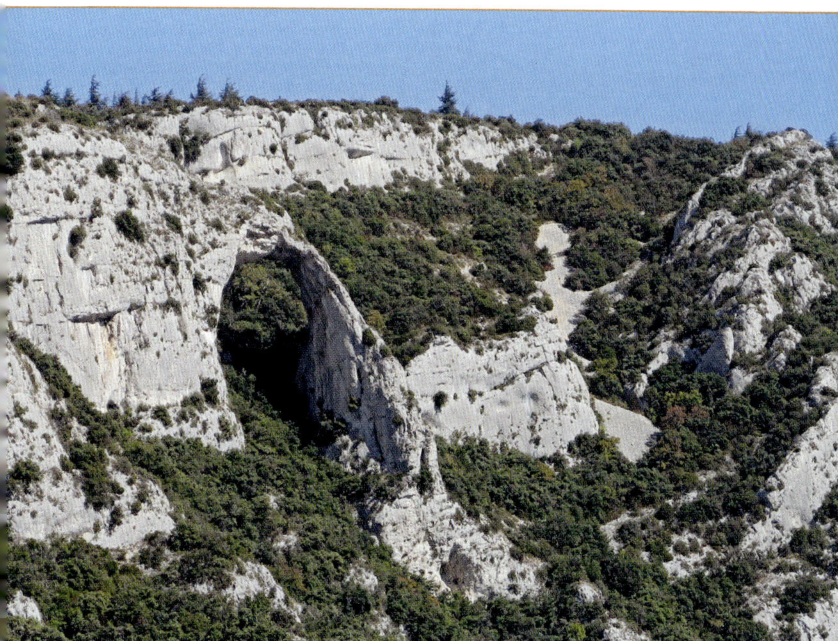

Felsentor unterhalb der Tête de la Baraque.

des Dorfs an der aktuellen Stelle ganz aufgegeben.
Wir gehen auf demselben Weg zurück bis zu der Stelle, wo der Fußweg vom Dorf auf die kleine Straße trifft, gehen hier noch wenige Meter geradeaus, um dann links hinauf auf eine betonierte Straße abzubiegen. Wo sich der Weg nach circa 300 m verzweigt, halten wir uns rechts und 200 m weiter links (GR, rot-weiß markiert). Rund 25 min nach Vieux Mérindol, nachdem unser Weg eine Linkskurve gemacht hat, verlassen wir den markierten Weg und biegen auf einen noch etwas breiteren Weg rechts ab (westlich von Peyre Plate auf der IGN-Karte). Nach rund 300 m halten wir uns links und kommen an einer Zisterne vorbei. 300 m nach der Zisterne biegen wir rechts ab. Ab hier gehen wir wieder auf dem GR97 (rot-weiß markiert). Nach rund 1 km ist der nächste Abzweiger, ein Pfad, der nach links abbiegt, eher schlecht markiert. In einem stetigen Auf und Ab mit diversen Verzweigungen folgen wir danach konsequent den rot-weißen Markierungen. Wir queren zwei kleine Täler und folgen zum Schluss einer Piste durch ein enges Tal bis zum heruntergekommenen Refuge **la Tapi** (256 m).
Hier verlassen wir den GR und folgen dem breiten Weg nach links (der nachfolgende Abschnitt ist teilweise weglos und etwas gestrüppig, einfacher ist es an dieser Stelle, dem GR zu folgen; siehe Variante 2). Nach 700 m, beim Wegweiser Vallon de la Tapi, biegen wir links ab. Dem kleinen Pfad folgen wir circa 60 m bis zu zwei Grenzsteinen. Dort gilt es, nach rechts abzubie-

gen und sich für 20 bis 30 m den Weg durch das Dickicht zu bahnen, um einen Grat zu erreichen, auf dem wir aufsteigen. Einmal auf dem Grat, folgen wir diesem konsequent (Pfadspuren, auf der IGN-Karte eingezeichnet, aber nicht markiert), wobei einzelne Felsvorsprünge rechts umgangen werden. Rund 45 min nach la Tapi erreichen wir einen ersten Gipfel (P. 537 auf der IGN-Karte). Von hier ist der Weg bis auf den Hauptgrat des Petit Luberon gut einsehbar. Wir steigen zuerst rund 30 Höhenmeter bis zu einem kleinen Pass ab, um dann geradeaus weiter aufzusteigen. Auch in diesem zweiten Abschnitt müssen die Pfadspuren teilweise gesucht werden, wer aber durch Dickicht geht, ist falsch. Kurz vor P. 642 erreichen wir einen anderen Grat, dem wir nach rechts (Richtung Osten) folgen, wobei wir beim letzten Aufschwung vielleicht die Hände zu Hilfe nehmen. Bis zur **Tête de la Baraque** (675 m) verläuft dann der Weg etwas links vom Grat. Danach folgen wir weiter dem Grat (nach rechts schöner Blick auf das Felsentor unterhalb der Tête de la Baraque) und treffen 10 min später auf einen gelb markierten Wanderweg, auf dem wir nach links über die Ebene den Zedernwald erreichen. Die ersten Atlaszedern wurden hier von lokalen Förstern 1861 zu Versuchszwecken mit Samen aus dem nordafrikanischen Atlasgebirge gepflanzt. Ab 1920 haben sich die Bäume selbständig, insbesondere in den weniger trockenen Nordhängen des Luberon, vermehrt und werden auch heute noch kommerziell genutzt.

Im Zedernwald gelangen wir zu einer breiten Forstpiste, die dem Hauptgrat des Petit Luberon entlangführt. Dieser Piste folgen wir nach rechts bis zum **Parkplatz Forêt des Cèdres** (703 m). Von hier geht es 15 min der Straße entlang (aber immerhin mit

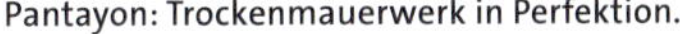

Pantayon: Trockenmauerwerk in Perfektion.

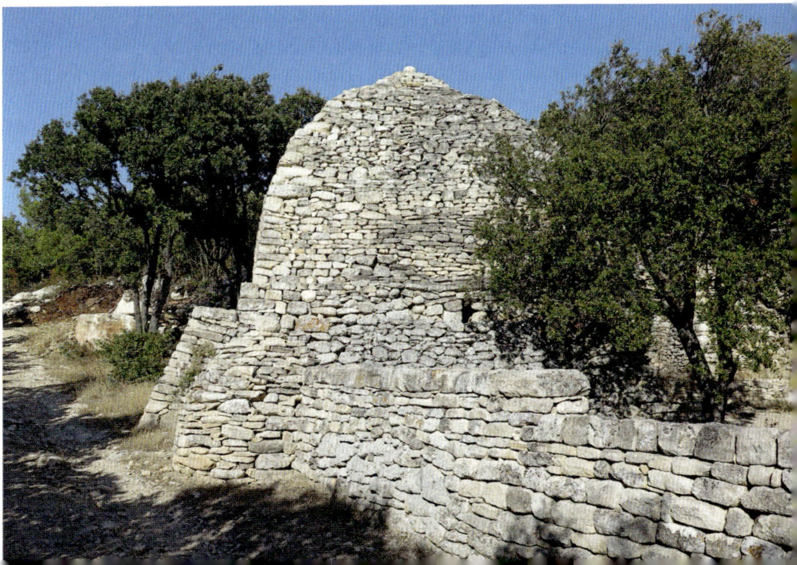

Aussicht auf den Grand Luberon) bis zum Wegweiser Peyrafio. Hier gibt es die Möglichkeit, auf einem markierten Weg direkt nach Bonnieux abzusteigen (siehe Variante 3). Wir gehen noch 400 m weiter der Straße nach (oder alternativ auf einem parallel verlaufenden Fußweg rechts der Straße) und biegen dann nach rechts in einen Feldweg ab (nach 20 m an einer Schranke vorbei). Der Weg ist nicht markiert, aber auf der IGN-Karte eingezeichnet. Er wandelt sich zum Pfad und wird mit der Zeit etwas verwachsener. 400 m nach dem Abzweig von der Straße biegt der Weg im rechten Winkel links ab und führt ins Tal hinunter (Stelle mit Steinmann markiert; Weg etwas verbuscht, ein GPS ist hier hilfreich). Kurz darauf erreichen wir am Talboden einen breiteren Weg, dem wir nach rechts folgen, bis wir 400 m weiter einen Wanderweg erreichen. Hier links aufwärts, wobei man beim Aufstieg links einen kleineren Pfad wählen kann, der parallel zum Wanderweg verläuft und auf der Anhöhe wieder auf den Wanderweg trifft. Gleich danach halten wir uns wieder links und folgen nun stets den gelben Markierungen bis nach Bonnieux. Der Weg verläuft entlang einer kleinen Mauer, hinter der sich rechts das Gehöft Pantayon versteckt – ein veritables Kunstwerk ganz aus Trockenmauern. Da es nicht bewohnt ist, kann man es sich etwas genauer anschauen. Weiter dem Weg folgend, erreichen wir kurz darauf das Tor zur Tour Philippe. Hier geht der Weg links um das Grundstück und die **Tour Philippe** (573 m) herum. Der 30 m hohe Turm wurde 1888 vom etwas seltsamen, aber preisgekrönten Bildhauer Philippe Audibert gebaut, damit dieser das Meer sehen konnte. Daneben steht ein ebenso sonderbares Haus, das einem Hochsicherheitstrakt gleicht. Audibert soll viele Jahre wie ein Einsiedler im Turm gelebt und sich am Ende auch darin erhängt haben. So bekam der Turm den Übernamen »Turm des Gehängten«.

Wenige Meter hinter dem Turm erreichen wir die Straße, folgen ihr 200 m nach rechts, um dann links in einen Fußweg abzubiegen. Alles den Markierungen nach, zwischendurch einem breiteren Weg nach rechts folgend, erreichen wir eine halbe Stunde nach der Tour Philippe die Enclos des Bories, die auf der IGN-Karte fälschlicherweise als Village Gaulois bezeichnet wird. So alt sind die Steinhäuser nicht, es lohnt sich aber allemal, die 5 Euro Eintrittsgeld zu bezahlen, um die große Ansammlung von Bories – Hütten, Ställe, Bienenstöcke, Brunnen – zu besuchen (geöffnet April–Nov., tägl. 10–19 Uhr). Weiter auf dem Wanderweg, erreichen wir nach 20 min **Bonnieux** (380 m).

Bonnieux

Wie Oppède war auch Bonnieux während Jahrhunderten unter päpstlicher Herrschaft und eine Enklave im französischen Königreich. Das Dorf profitierte von diesem Inseldasein, indem es Schießpulver und Tabak herstellte und gewinnbringend nach Frankreich schmuggelte. Sehenswert sind die Kirche zuoberst auf dem Hügel, die Terrasse unter der Kirche mit einem alten Zedernbestand und prächtiger Aussicht sowie das obere Dorf, in dem auch ein Bäckereimuseum zu finden ist (geöffnet April bis Okt., 13–18 Uhr). Für Gartenfreunde empfiehlt sich ein Besuch des prachtvollen Gartens La Louve am unteren Ende des Dorfs, der jedoch nur an wenigen Tagen geöffnet ist (lalouve.eu).

3.4 Bonnieux–Apt

Wanderzeiten	
Bonnieux–Wegweiser la Tour	1 h 00
Wegweiser la Tour–Fort de Buoux	0 h 55
Rundgang Fort de Buoux	0 h 35
Fort de Buoux–Auberge des Seguins	0 h 20
Auberge des Seguins–Baume de l'Eau	0 h 40
Baume de l'Eau–Wegweiser Barbe Blanche	0 h 40
Wegweiser Barbe Blanche–Apt Zentrum	1 h 00
Total	**5 h 10**

Höhendifferenz	↗ 540 m ↘ 700 m
Schwierigkeit	T3

Von der Place de la Liberté (Hotel César) im oberen Dorf folgen wir für 150 m der Hauptstraße D36 (Rue de la République) Richtung Lourmarin, um dann links über eine kurze Treppe in die Rue Droite abzubiegen. Diese kleine Gasse war einst die Hauptstraße von **Bonnieux** und verband in direkter Linie die beiden Stadttore Porte St-Sébastien (Richtung Apt) und Porte de Queironas (Richtung Lourmarin). Der Straße folgend, gehen wir durch eben dieses Tor aus dem Dorf hinaus. Wir folgen den Wanderwegmarkierungen bis zum Wegweiser les Blayons, den wir in weniger als 15 min erreichen. Hier verabschieden wir uns vom GR und den rot-weißen Markierungen und folgen den gelben Markierungen Richtung les Cabanes. Bei der nächsten Kreuzung geradeaus, führt uns der markierte Weg durch ein Landhausviertel und quert später ein kleines Tal. Danach muss man gut auf die etwas spärlichen Markierungen achten. Wenn wir eine kleine Straße erreichen, müssen wir diese

Blick in das Tal des Aigue Brun.

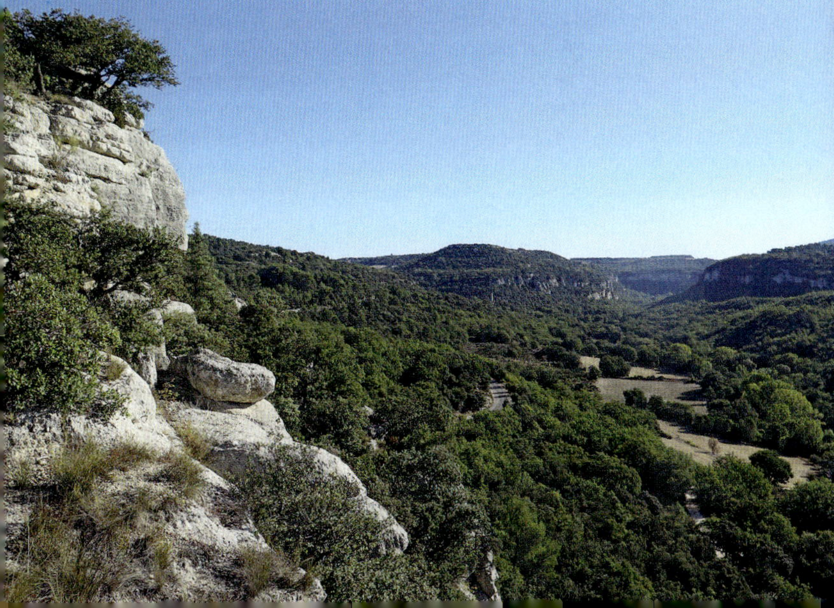

Fort de Buoux

Geöffnet tägl. 10–17 Uhr, Eintritt 5 Euro, Getränkeverkauf. Bei der Kasse erhält man einen kleinen Plan des Forts mit Erläuterungen. Auf dem markanten Karstfelsen befindet sich nicht nur die Ruine einer gut abgesicherten Burg, sondern auch die Überbleibsel eines kleinen Dorfs samt Kirche. Genutzt wurde der Felsen seit prähistorischer Zeit und bis ins 16. Jahrhundert. In den Religionskriegen wurde die Festung oft belagert und änderte immer wieder die Besitzer, bis sie um 1660 durch die Truppen von Louis XIV. endgültig zerstört wurde. Nachdem man mit der gebührenden Vorsicht bis zum höchsten Punkt und innersten Kreis der Burg hochgestiegen ist, sollte man auf dem Rückweg nicht den Abstieg über die steile Geheimtreppe verpassen. Die rund 60 in den Felsen gemeißelten Treppenstufen stammen vermutlich aus vorrömischer Zeit und könnten sakralen Prozessionen gedient haben. Vom Fuß der Treppe führt ein Fußweg zurück zum Eingang.

queren und auf einem Fußpfad, der zuerst parallel zur Straße verläuft, geradeaus weitergehen. Der Weg führt uns dann an eindrücklichen Kalksteinfelsen vorbei steil hinunter ins Tal des Aigue Brun. Der Hauptstraße folgen wir 100 m nach links, um danach rechts abzubiegen und bis in den Talboden und zum **Wegweiser la Tour** (312 m) weiterzuwandern. Das Haus war einst im Besitz der französischen Filmemacherin Agnès Varda und beherbergte eine Zeitlang auch ein Hotel. Hier weiter nach links den gelben Markierungen nach (der Wanderweg ist hier etwas anders ausgeschildert als auf der IGN-Karte eingezeichnet).

Wir erreichen die Pforte des ehemaligen Klosters St-Symphorien, das heute in Privatbesitz ist und nicht besichtigt werden kann. Immerhin konnten wir vom Tal aus noch den schönen Glockenturm aus dem 12. Jahrhundert bewundern. Unmittelbar hinter der Pforte biegen wir auf einem Pfad rechts ab (Wegweiser Sivergues, nicht mehr gelb markiert). Auf einer kleinen Holzbrücke überqueren wir den Aigue Brun und folgen weiter dem Wegweiser Sivergues auf einem breiten Weg für 100 m. Dann biegen wir scharf links in einen ebenfalls breiten Weg ab (kein Wegweiser, nicht markiert). Der Weg verläuft wenig oberhalb des Aigue Brun, ein kleines Privatgrundstück wird rechts umgangen, bis zu einer Straße. Auf der anderen Seite der Straße gehen wir über den Parkplatz bis zu dessen Ende, wo der Pfad dem Bach entlang weiterführt. 200 m nach dem Parkplatz biegen wir rechts ab und gehen auf einem ebenfalls kleinen Pfad den Hang hinauf, überqueren die Straße und einen weiteren Parkplatz und steigen dann steil weiter auf bis zu einer Piste, der wir nach rechts folgen. Vor uns ein gewaltiger Felsen und darunter ein 800 m² großer Überhang, die Baume du Fort. Es überrascht nicht, dass dieser ideale Unterschlupf, wie manche andere Höhlen im Tal des Aigue Brun, seit prähistorischer Zeit von Menschen genutzt wurde. In der näheren Umgebung finden sich mehrere Felsengräber aus dem 5. oder 6. Jahrhundert. 200 m weiter befindet sich links der Eingang zum **Fort de Buoux** (490 m), zu welchem wir einen circa 30-minütigen Rundgang unternehmen können.

Auf demselben Weg, wie wir gekommen sind, gehen wir bis zum Aigue Brun zurück und folgen dem Bach weiter aufwärts. Der Weg überquert kurz darauf den Bach und führt, immer dem Bach folgend, direkt bis zur **Auberge des Seguins** (410 m). Die idyllisch unter dem Felsen gelegene Herberge

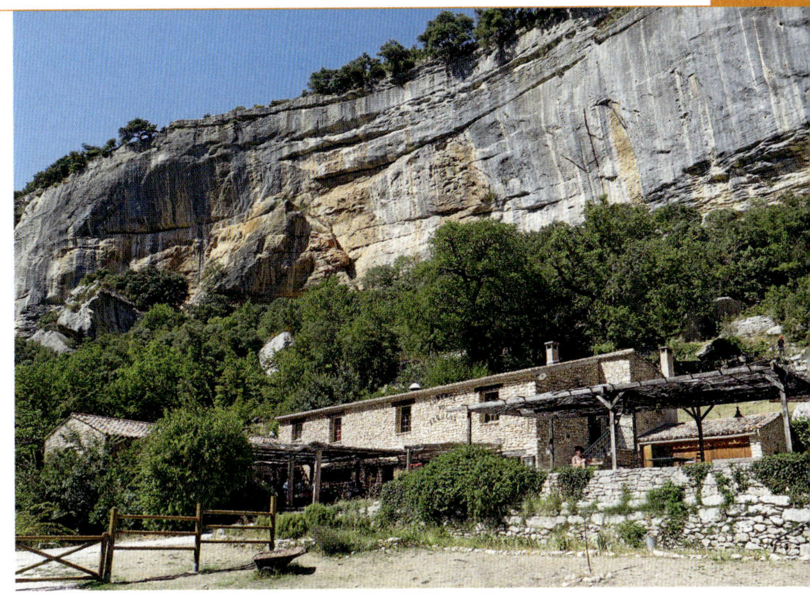

Ideal für eine Mittagsrast: die Auberge des Seguins.

ist ein idealer Ort, um etwas zu trinken oder eine Kleinigkeit zu essen (am liebsten würde man gleich ganz dableiben). Bei der Herberge gehen wir nach rechts und überqueren auf einer Brücke den Bach. Danach halten wir uns immer links, erreichen den rot-weiß markierten GR, überqueren nochmals den Bach und steigen auf der rechten Seite des Tals aufwärts. Oben an der Schlucht angelangt (Olivenbäume und erste Häuser sind sichtbar), halten wir uns rechts und verlassen den markierten Wanderweg. Unser Weg (keine Markierungen) folgt mehr oder weniger dem Rand der Schlucht Richtung Norden. 10 min nach dem Abzweiger kommen wir an zwei Säulen mit einer Kette vorbei. Nochmals circa 7 min später, bei zwei Flaumeichen, können wir nach rechts auf einem Pfad absteigen. Unterhalb eines kleinen Felsbands halten wir uns nochmals rechts und gelangen so zur **Baume de l'Eau** (483 m), einem alten Wasserreservoir, das von einer Quelle im Felsen gespiesen wird. Zurück folgen wir nur 10 m unserem Hinweg und gehen dann rechts auf Pfadspuren der Kante der Schlucht entlang. An einer weiteren kleinen Baume vorbei, geht es erneut auf einem Felsband bis zu einer Ausbuchtung der Schlucht, wo wir wenig aufwärts gehend 5 min später eine weitere, größere Baume mit einer Mauer erreichen: die Baume sans eau. Von hier können wir wieder zum oberen Rand der Schlucht aufsteigen, dem wir später auf einem Pfad nach rechts folgen, bis wir auf einen gelb und gelb-rot markierten Wanderweg treffen. Hier nach links weiter aufwärts, erreichen wir bald die Hochebene des Plateau des Claparèdes mit seinen Lavendelfeldern. Den Markierungen folgend, kommen wir zur Straße und zum **Wegweiser Barbe**

Blanche (556 m). Nun folgen wir bis Apt dem markierten Weg, zuerst die Hauptstraße querend und dann geradeaus auf einer Piste. In der Nähe eines Sendemasts wird der Weg dann schmaler (auf Markierungen achten) und führt uns mit einer weiten Aussicht auf das Tal des Calavon nach Apt hinunter. An den ersten Häusern von Apt vorbei, geht es dann meist auf der Straße bis in die Stadt. Das **Zentrum von Apt** (220 m) erreichen wir, wenn wir zum Schluss noch die Ringstraße queren.

Apt

An der Stelle einer früheren Stadt gründete Julius Caesar 45 v. u. Z. Apta Julia. An der Via Domitia gelegen, die Mailand mit Spanien verband, war Apta Julia eine blühende römische Stadt mit rund 10 000 Einwohnern (heute sind es mit 12 000 nur unwesentlich mehr). Vom 3. Jahrhundert bis zur Französischen Revolution war Apt auch Erzbistum. Eine große Anziehungskraft erhielt die Stadt durch den Kult um die Heilige Anna (die Mutter Marias), deren Reliquien in der Kathedrale aufbewahrt werden. Ste-Anne war berühmt dafür, Unfruchtbarkeit, aber auch Blindheit, Taubheit oder Stummheit heilen zu können – was sehr viele Pilger anzog. Zu faul, um nach Apt zu pilgern, war im 17. Jahrhundert Anna von Österreich (die Frau von Louis XIII.) die nach acht Jahren kinderloser Ehe einen Hilferuf nach Apt schickte, worauf man ihr 1623 den Knochen eines kleinen Fingers von Ste-Anne zukommen ließ. Nochmals 15 Jahre später kam Louis XIV zur Welt. Um Ste-Anne ihren Dank auszusprechen, reiste die Königin persönlich nach Apt. Deshalb wird die Kapelle in der Kathedrale, in der die Reliquien aufbewahrt werden, Chapelle Royale genannt.

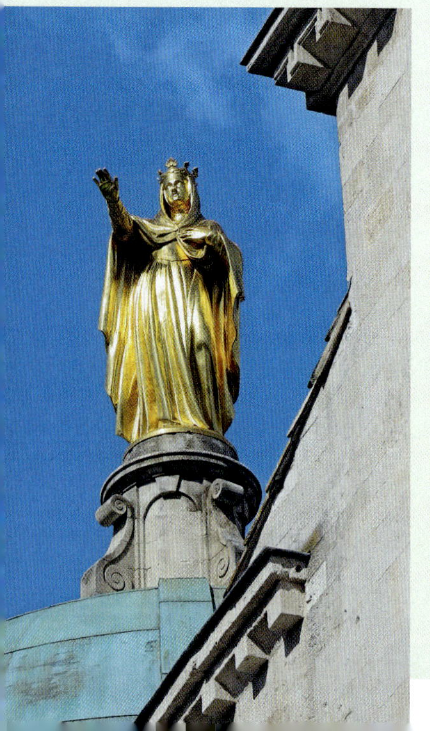

Wer in Apt noch Zeit zur Verfügung hat, sollte neben der Kathedrale das Musée d'Apt besuchen (geöffnet Di–Sa, 10–12 Uhr und 14–17.30 Uhr). Untergebracht in einer ehemaligen Fabrik für kandierte Früchte, zeigt das Museum die Industriegeschichte der Stadt – die Produktion kandierter Früchte, den Abbau und die Herstellung von Ocker sowie die Keramikproduktion. Gleich neben dem Museum befindet sich die Maison du Parc du Luberon, das über die Flora und Fauna des Naturparks informiert und eine Sonderausstellung über die Geologie der Region zeigt (geöffnet Mo–Fr, 8.30–12 Uhr und 13.30–18 Uhr).

Apt ist auch heute noch die Hauptstadt der kandierten Früchte. Seit Jahrhunderten werden sie hier nach alten Rezepten hergestellt, bei denen das Wasser der Früchte mittels Osmose durch Zucker ersetzt wird. Der bekannte und sehr große Wochenmarkt findet in der ganzen Altstadt jeweils am Samstag statt.

Die Waldenser

Die Geschichte der Waldenser begann um 1170 in Lyon. Ein reicher, verheirateter Kaufmann und Vater zweier Töchter namens Valdesius (oder Valdensis oder Vaudes) änderte radikal sein Leben. Vielleicht aufgrund einer Lebenskrise? Genaues weiß man nicht. Belegt ist, dass er die Evangelien und andere biblische Bücher in seine Landessprache übersetzen ließ, die Texte studierte und sein gesamtes Hab und Gut an die Armen verteilte. Fortan zog er durch die Lande und predigte, als Laie, das Evangelium. Er gründete keinen Orden, verfasste keine Schriften, er lebte schlicht seine Überzeugung, die Übereinstimmung von Wort und Tat. Und dies in einer Zeit, in der die katholische Kirche keineswegs frei von Exzessen war. Schon bald sammelte sich eine Gemeinschaft um ihn, die sich »die Armen von Lyon« oder »die Armen im Geist« nannte. Und auch diese Gefolgsleute, Frauen wie Männer, zogen aus und predigten.

Das entsprach nicht den Regeln der Kirche. Denn die Gruppierung stellte das Monopol der Kleriker in Frage, das Monopol auf das (in Latein) geschriebene Wort, auf die Auslegung der Bibel und auf die Predigt. Ihre wörtliche Auslegung der Bibel führte dazu, dass sie beispielsweise das Fegefeuer ablehnten. Aber ohne Fegefeuer bräuchte es auch keine Messen mehr, um für die Ruhe der Toten zu beten, zu dieser Zeit ein wichtiger Einkommenszweig der Pfarrer. Konflikte waren also unvermeidbar. Deshalb reiste Valdesius 1279 ans dritte Laterankonzil in Rom, wo die Armen von Lyon die Erlaubnis erhielten zu predigen, aber nur falls dies von den lokalen Kirchenbehörden erlaubt würde. Denn die Gruppe war eine willkommene Speerspitze gegen die verhassten Katharer, die im selben Konzil verurteilt wurden. Doch es kam schon bald zu Problemen. Vermutlich hetzten ein paar Prediger allzu heftig gegen die Kirche, oder Geistliche verboten ihnen, zu predigen. Solche Verbote wurden wiederum von den Armen von Lyon missachtet. So verurteilte sie der Papst 1184 wegen Ungehorsams gegen die Gesetze der Kirche und exkommunizierte sie. Doch auch dies bremste sie nicht, sie predigten weiter. Der Streit spitzte sich zu. Am vierten Laterankonzil 1215 wurden die Armen von Lyon als Häretiker verurteilt. Valdesius war mittlerweile gestorben, und die bisher nicht hierarchische und lose Vereinigung begann sich zu organisieren und jährliche Kapitel abzuhalten, wo sie Rektoren wählten, die die Arbeit der Prediger kontrollierten.

1231 führte Papst Gregor IX. die Inquisition ein, um alle Häretiker zu verfolgen. Dies erhöhte den Druck auf die Armen von Lyon mit dem Resultat, dass sie sich mehr und mehr von den Städten in ländliche Gegenden zurückzogen. Der Südwesten Frankreichs wurde ein neues Zentrum der Armen von Lyon, doch auch in der Schweiz, im Rheinland, in Bayern, Österreich, Brandenburg und Polen verbreitete sich die Bewegung. Im 14. Jahrhundert entwickelte sich auch in den Alpentälern des Piemonts eine starke Gemeinschaft. Durch die Notwendigkeit, den Glauben im Versteckten zu praktizieren, wandelte sich auch die Lehre. Es waren nun spezialisierte und ausgebildete Paare von Wanderpredigern, die umherzogen und auch die Absolution erteilten. Die Gleichheit wurde aufgegeben, auch jene zwischen Mann und Frau, da nur noch ledige Männer predigten. Und auch die absolute Armut wurde nur noch von den Predigern gelebt, der Rest der Gemeinde hatte durchaus Besitz, auch damit die Gemeinschaft als Ganzes überleben konnte. Sie lebten zurückgezogen und heirateten untereinander. Man nannte sie nun die Waldenser (frz. Vaudois), was zu Beginn der Bewegung eher als Schimpfwort verstanden wurde.

Als Luther 1517 seine Thesen proklamierte, stieß dies bei den Waldensern auf großes Interesse. Eine Gemeinsamkeit im Geiste schien auf den ersten Blick offensichtlich. Die Waldenser nahmen mit den Reformatoren Kontakt auf, analysierten die Gemeinsamkeiten (Opposition zur bestehenden Kirche, Ablehnung des Fegefeuers), erkannten aber auch die Unterschiede (Heirat der Pfarrer, Vorbestimmtheit der Erlösung). Einzelne Reformatoren, allen voran Guillaume Farel, der in der französischen Schweiz praktizierte, war an der Einbeziehung der Waldenser in die reformatorische Bewegung interessiert. Durch sie bekäme die junge Bewegung eine Geschichte und insbesondere eine breitere Basis außerhalb des deutschen Sprachraums. Deshalb reiste Farel 1532 an die Synode der Waldenser in Chanforan (Piemont). Und er konnte sie überzeugen, sich der Reformation anzuschließen. Darauf gab es bei den Waldensern erste Pastoren und es wurden Kirchen gebaut.

Bereits vor diesem Wechsel unter die Obhut der Protestanten siedelten sich zwischen 1470 und 1510 viele Waldenser im Luberon an. Aufgrund von Pest, Hungersnöten und Plünderungen waren zu dieser Zeit viele Dörfer der Provence und des Comtat Venasissin (siehe S. 12) entvölkert und Felder lagen brach. Dem Landadel entgingen Einkünfte, weshalb er die Wiederansiedlung forcierte, unter anderem mit Steuererleichterungen für die ersten Jahre. Dass es sich bei vielen Zuzügern um Waldenser und gemäß dem Papst um Häretiker handelte, verdrängte man. Von den rund 5000 neuen Siedlern waren 80 Prozent Waldenser aus den nahegelegenen Alpentälern. Sie blieben auch im Luberon, in rund dreißig Dörfern und Weilern, unter sich. Doch als Luther mit seiner Lehre in Deutschland immer populärer wurde, wurden der Papst und der französische König Franz I. langsam nervös. Man befürchtete, dass die neue Lehre auch auf Frankreich und das Comtat übergreifen könnte. Sie ordneten eine geheime Mission ins südliche Luberon an, die 1531 ausfindig machte, dass hier etliche Anhänger Luthers wohnten (auch wenn es in der Tat Waldenser waren – dies machte keinen Unterschied). Ein neuer Inquisitor wurde angestellt, der viele der Waldenser und ihre geheime Organisation aufdeckte; sie wurden gefoltert und ihre Häuser geplündert. Aufgrund des Terrors versteckten sich einige noch stärker, andere flohen nach Genf, wenige starben als Märtyrer und viele schworen ihrem Glauben ab (mehr zum Schein als in Wahrheit). Viele Dörfer blieben jedoch von Waldensern geprägt.

1540 kam es zu einem Prozess, nach dem ein Waldenser und Besitzer einer Mühle verbrannt und sein Gut konfisziert wurde. Darauf organisierten Waldenser aus Mérindol einen Rachefeldzug zum neuen Besitzer der Mühle. Die an der Vergeltungsaktion beteiligten Waldenser – 19 Männer, Frauen und Kinder – wurden daraufhin am 18. November 1540 vom Parlament in Aix zum Tod auf dem Scheiterhaufen verurteilt. Zusätzlich sollten auch ihre Familien vor Gericht erscheinen und das ganze Dorf Mérindol dem Erdboden gleichgemacht werden. Der König bestätigte zunächst die Strafe, sistierte sie aber kurz darauf wieder, um den Einsichtigen die Möglichkeit zu geben, ihrem Glauben abzuschwören. Beide Seiten, das Parlament in Aix und der Papst, wie auch die Waldenser, versuchten in den folgenden Jahren, den König von ihrer Sicht zu überzeugen. Schlussendlich gewann die Seite des Papstes und des Parlaments; der König unterzeichnete am 31. Januar 1545 das Urteil und verschärfte es gar noch. In einer blutigen Woche vom 16. bis 24. April wurde schließlich der Befehl umgesetzt. Mérindol und andere Waldenser-Dörfer wurden niedergebrannt, im Dorf Gebliebene umgebracht, Frauen vergewaltigt, Hab und Gut geplündert. Die Herren hatten die marodierenden Truppen nicht mehr unter Kontrolle. Rund 2700 Personen bezahlten mit ihrem Leben, weitere 600 wurden (gegen gutes Geld) auf die Galeeren gebracht.

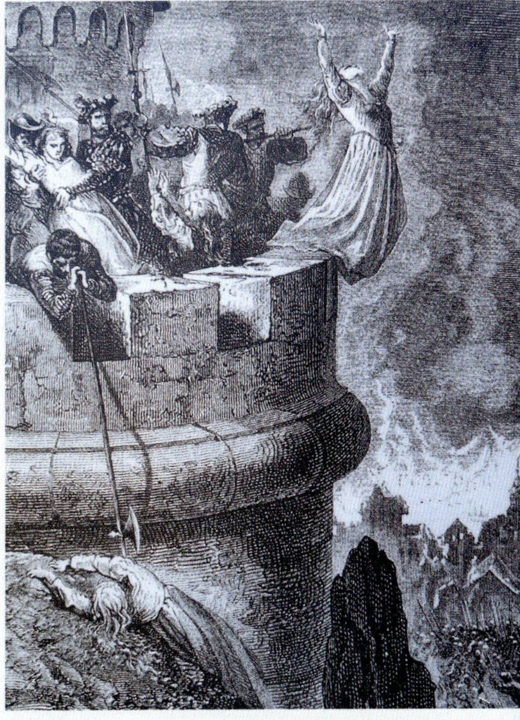

Die Frauen und Mädchen von Mérindol wurden geschändet und danach im benachbarten Lauris in die Tiefe gestürzt (Kupferstich von Gustave Doré).

Erstaunlich ist auch die Nachgeschichte des Massakers. 1549 lässt Heinrich II., der Sohn und Nachfolger des 1547 verstorbenen Franz I. die Greueltaten untersuchen, worauf die Anführer und das Parlament von Aix als solches angeklagt werden. Ein Abgeordneter des Parlaments, der 1540 die Klage gegen die Waldenser ins Rollen gebracht hatte, wird gehängt. Viele Waldenser kehren daraufhin in die Dörfer zurück und können auch ihr Gut, wenigstens zum Teil, wiedererlangen. Doch bereits wenige Jahre später brechen die Religionskriege über Frankreich herein.

Mit einem Kern von Waldensern aus dem Piemont hat die Waldenser-Kirche überlebt und zählt heute weltweit rund 98 000 Gläubige, 47 500 davon in Italien.

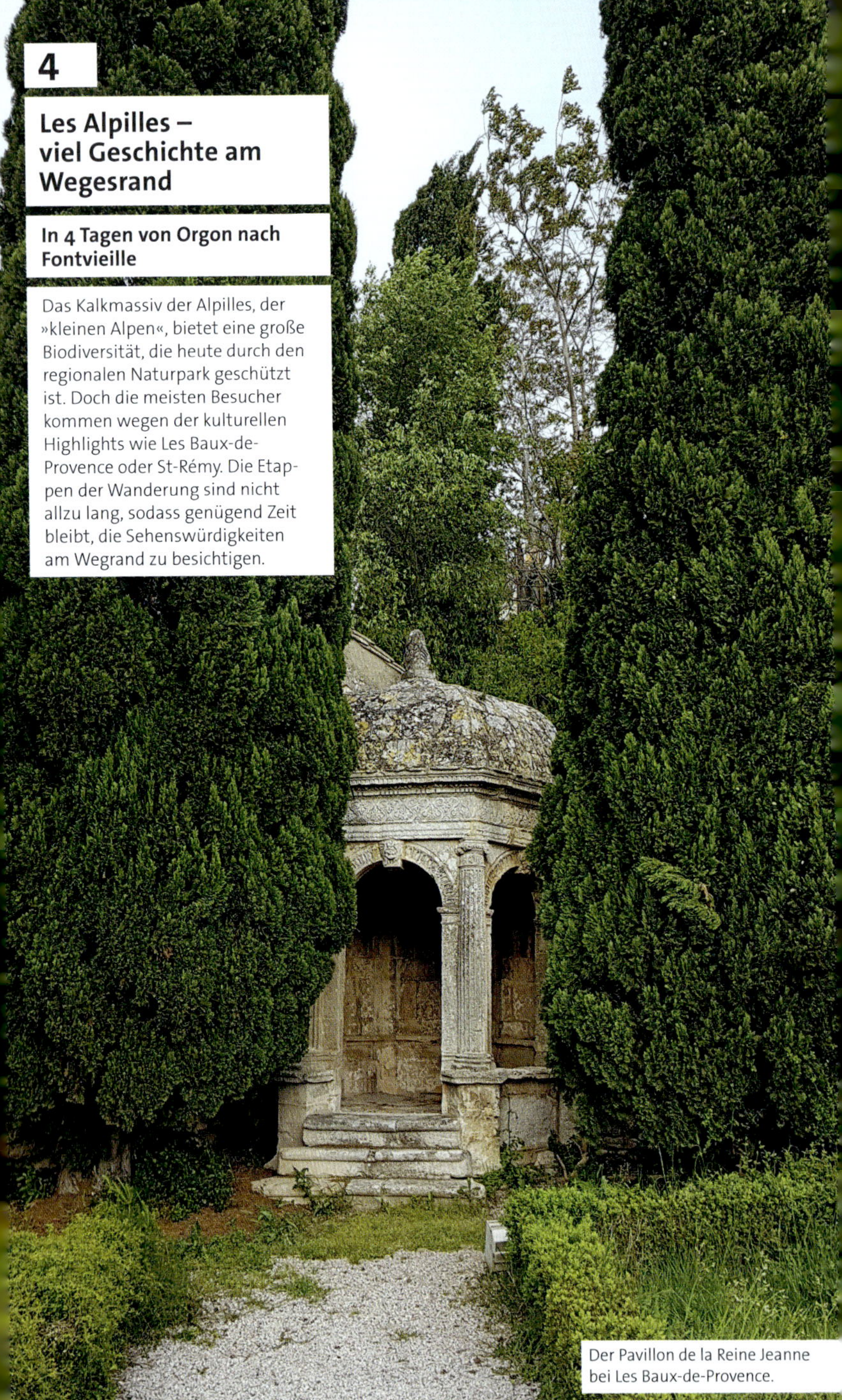

4

Les Alpilles – viel Geschichte am Wegesrand

In 4 Tagen von Orgon nach Fontvieille

Das Kalkmassiv der Alpilles, der »kleinen Alpen«, bietet eine große Biodiversität, die heute durch den regionalen Naturpark geschützt ist. Doch die meisten Besucher kommen wegen der kulturellen Highlights wie Les Baux-de-Provence oder St-Rémy. Die Etappen der Wanderung sind nicht allzu lang, sodass genügend Zeit bleibt, die Sehenswürdigkeiten am Wegrand zu besichtigen.

Der Pavillon de la Reine Jeanne bei Les Baux-de-Provence.

Sehenswertes

- A Notre-Dame de Beauregard oberhalb von Orgon
- B St-Rémy – die Altstadt, die Museen und St-Paul de Mausole
- C Römische Stadt Glanum und les Antiques
- D Les Baux-de-Provence: Dorf, Burg und Carrières de Lumière
- E Mühlen und Äquadukt von Barbegal
- F Mühle von Daudet

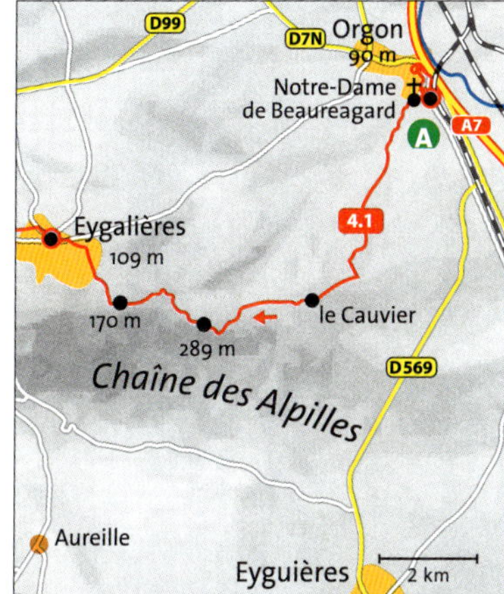

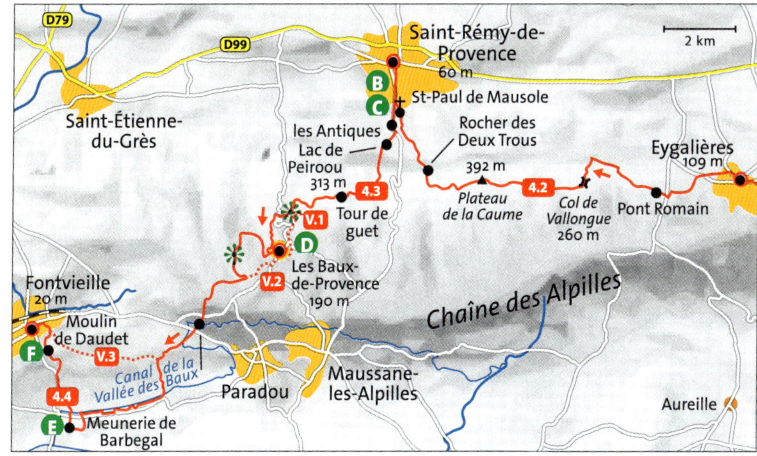

Beste Jahreszeit

Anfang März bis Mitte Juni und Mitte September bis Mitte November. Zu beachten ist die teilweise Sperrung des Gebiets wegen Waldbrandgefahr zwischen Juni und September (siehe S. 22).

Karten

IGN 3042 OT
Diese Karte deckt alle vier Tage ab. Ausnahmen: Start des 1. Tages bis kurz nach Notre-Dame de Beauregard (3143 OT) und ein kurzes Wegstück am 4. Tag beim Äquadukt von Barbegal (3043 OT).

Varianten

1 Am 3. Tag vom Aussichtspunkt nach Osten steil hinunter auf die Straße, diese überqueren und auf einem Pfad hinunter ins Val d'Enfer (blau markiert). Am Talboden nach rechts weiter abwärts bis zur Straße, der wir nach links folgen. Noch vor Les Baux kommen wir am Eingang der Carrières de Lumières vorbei (ein ehemaliger unterirdi-

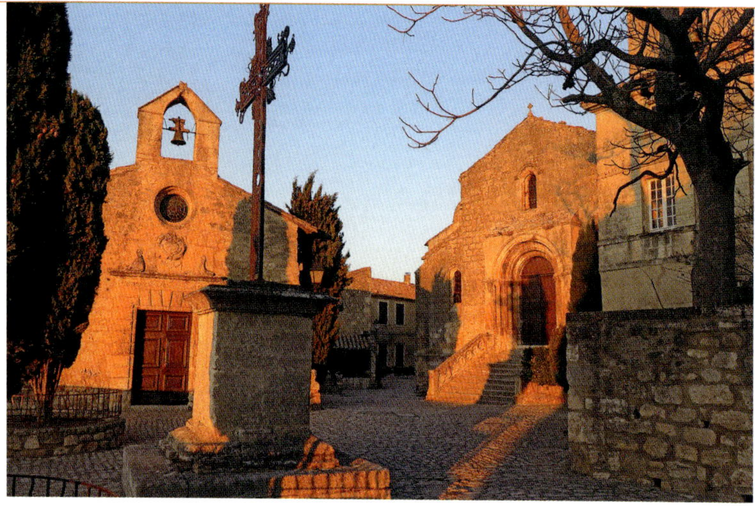

Die Kapelle St-Blaise und die Kirche St-Vincent in Les Baux-de-Provence.

scher Steinbruch mit Diaprojektionen, lohnenswert, tägl. geöffnet). Von hier ist man in 10 min in Les Baux (Wegweiser Village). Zeitersparnis 20 min.

2 Zu Beginn des 3. Tages kann man nach dem Pavillon de la Reine Jeanne der Straße geradeaus weiter bis zur Hauptstraße folgen. Hier die erste Straße nach rechts und dann die erste Straße nach links (gelb-orange markiert) gehend, erreichen wir wieder den beschriebenen Weg. Zeitersparnis 20 min, dafür aber mehr Asphalt.

3 Am 4. Tag vor Fontvieille auf dem GR bleiben und auf die Mühlen von Barbegal und den Moulin de Daudet verzichten. Zeitersparnis 50 min.

An- und Abreise

Orgon: Bahnverbindungen nach Marseille und Avignon Centre/Avignon TGV (ca. 1× pro Stunde in beide Richtungen). Vom Bahnhof sind es zu Fuß 10 min bis ins Dorfzentrum. Busverbindungen ins Zentrum von Orgon mit Cartreize Linie 87 (Linie Cavaillon–Aix-en-Provence) 5× tägl. (Sa 3×, So keine Verbindung).
Fontvieille: Busverbindung nach Arles und Salon-de-Provence mit Linie 29 von Cartreize (ca. 6× tägl., So nur 1×). Busverbindung nach St-Rémy-de-Provence, Avignon und Arles mit Linie 57 von Cartreize (6× tägl. an Wochenenden von Mai bis Sept, im Juli/August während der ganzen Woche).
Zurück zum Startpunkt: Mit Bus Linie 29 nach Salon-de-Provence (siehe oben) und von dort mit dem Zug nach Orgon.

Touristinfo

terredeprovence-agglo.com Infos zu Orgon und anderen Orten im Norden der Alpilles

Etappenorte

Orgon

orgon.fr Supermarkt ca. 1 km außerhalb der Stadt, Markt am Mi. Das einzige Hotel in Stadtnähe (aubergeduparc.net) liegt in der Nähe des Bahnhofs, direkt an der Felswand, ca. 15 min vom Dorf (etwas teurer, mit Pool). 1,6 km vom Dorf liegt das Chambre d'hôtes Mas des Cigales (cigales-alpilles.fr), mit Spa, aber noch teurer als das du Parc. Diverse, auch günstige Angebote, auf Airbnb. Ebenfalls nicht weit vom Bahnhof kann man am Ufer eines kleinen Sees Mobilhomes mieten, von April bis Juni und Sept./Okt. auch nur für eine Nacht (provence-camping.net).

Eygalières

Busverbindung mit Linie 58 (Schulbus) von Cartreize nach Avignon, aber nur während der Schulzeit (1× tägl., Richtung Avignon nur am frühen Morgen, Richtung Eygalières nur abends). Haltestelle in Avignon bei den Schulen. Einfacher: Taxi Eygalières, Tel. 06 80 32 36 73. Einkaufsmöglichkeiten im Ort, Markt am Fr. Das 4-Sterne-Hotel (hotellabastide.com) mit gutem Essen, Pool und fairen Preisen liegt an der Wanderroute kurz vor Eygalières. Gleich nebenan kann man die Ferienhäuschen (lagarriguedesalpilles.fr) in der Nebensaison auch nur für eine Nacht mieten. Ebenfalls in der Nähe das (sehr) teure Mas Notre Dame (location-chambres-hotes-eygalieres.fr). Im Dorfzentrum gleich oberhalb des gleichnamigen Restaurants das Chez Laurent (chez-laurent.com). Günstiges Chambre d'hôtes, 1 km außerhalb des Dorfs (masdespoulains.com; nicht am Weg).

St-Rémy-de-Provence

saintremy-de-provence.com Busverbindung nach Avignon mit Linie 57 von Cartreize (1 × pro Stunde, Sa/So 5 × tägl.). 3 × tägl. fährt der Bus von Arles nach Cavaillon über St-Rémy (außer So). Alle Einkaufsmöglichkeiten im Ort, Markt am Mi und Sa. Sehr zu empfehlen ist das Restaurant L'Aile ou la Cuisse. Viele gediegene Unterkünfte im oberen Preissegment (siehe Touristinfo). Mehrere Hotels in den mittleren und unteren Preislagen (hotelsoleil.com, kurz vor der Stadt an der Wanderroute, mit Spa; hotel-lechaletfleuri.com, circa 200 m nördlich der Altstadt; hotelsouslesfiguiers.com, mit schönem Garten). Im Stadtkern zwei Chambres d'hôtes (angesetfees-stremy.com, günstig und sympathisch; leschambresdesvarietes.com) sowie eines auf dem Weg zwischen Glanum/St-Paul und der Stadt (villaglanum.com).

Les Baux-de-Provence

lesbauxdeprovence.com Busverbindung nach Arles mit Linie 5485 (Schulbus) von Cartreize (1 × tägl., Richtung Arles nur am frühen Morgen, Richtung Les Baux-de-Provence nur abends). Einfacher: Taxi des Baux, Tel. 06 80 27 60 92. Beschränkte Einkaufsmöglichkeiten (kleiner Lebensmittelladen im Dorf). Auch hier gibt es eine Überfülle an Luxushotels. Die beiden Alternativen im alten Stadtkern sind das preiswerte La Reine Jeanne (la-reinejeanne.com, jedoch nur April bis Ende Sept.) und ein Chambre d'hôtes (leprincenoir.fr, teurer und meist nur 2 Nächte buchbar). Am ehesten noch erschwinglich und in Dorfnähe ist das Hotel Mas d'Aigret (masdaigret.com) mit Restaurant.

Fontvieille

fontvieille-provence.fr/de Einkaufsmöglichkeiten im Ort, Markt am Mo und Fr. Im Zentrum die Chambres d'hôtes Le Bel Oustau (lebeloustau-fontvieille.fr) und Chez Amandine (über Portale buchbar) und das teurere Hotel Villa Regalido (villa-regalido.com). Weitere Möglichkeiten weniger als 1 km von der Stadt (auberge-balastres.com, valmajour.fr, loustaublanc.fr, hotelbelesso.fr).

Die Kapelle St-Sixte bei Eygalières.

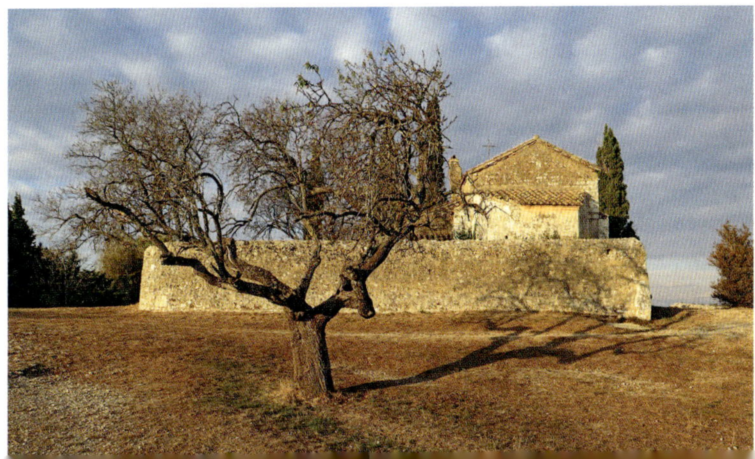

4.1 Orgon–Eygalières

Wanderzeiten	
Bahnhof Orgon–Notre-Dame de Beaureagard	0 h 30
Notre-Dame de Beaureagard–le Cauvier	1 h 25
le Cauvier–P. 289	0 h 55
P. 289–P. 170	0 h 45
P. 170–Eygalières	0 h 30
Total	**4 h 05**

Höhendifferenz ↗ 240 m ↘ 220 m

Schwierigkeit T2
viele unmarkierte Wege, ein GPS kann hilfreich sein

Der klare, weiße urgonische Kalkstein, mit seiner hohen Reinheit an Kalziumkarbonat, erhielt seinen Namen von der Stadt Orgon und ist in der Provence weit verbreitet (Calanques, Ventoux, Monts de Vaucluse, Montagne de Lure, Petit Luberon). Wir werden ihm auf dieser Wanderung während den ersten beiden Tagen begegnen. Entstanden ist er vor 110 Millionen Jahren durch die Ablagerung von Muscheln, Korallen, Algen et cetera auf dem Boden des flachen Urmeers. Mehr dazu erfährt man im Musée Urgonia in Orgon (tägl. geöffnet außer So).

Bereits am **Bahnhof Orgon** (90 m) befinden wir uns im regionalen Naturpark der Alpillen. Die Alpilles – der Name ist eine Verkleinerungsform von *Alpes* – sind ein Gebirgszug von rund 30 km Länge, der gänzlich durch das Gebiet des Naturparks abgedeckt wird. Vom Bahnhof gehen wir nach rechts entlang des weißen Felsens Richtung Stadt. Immer geradeaus, kommen wir zu den ersten Häusern und erreichen durch das Stadttor (16. Jh.) den Hauptplatz mit der Kirche. Rechts an der Kirche vorbei, gehen wir auf der Straße links und biegen bei der nächsten Gelegenheit gleich wieder links ab (ab hier gelb markiert). Wir gehen nochmals durch ein Stadttor (hier war im 12. Jahrhundert der Eingang zur Stadt). Der Weg führt uns an den Ruinen des Château du Duc de Guise vorbei, einst eine wichtige Zollstation beim Übergang über die Durance. Nach zwei Zisternen biegt der Weg links ab. 20 m unterhalb dieser Kreuzung steht eine bemerkenswerte Wegkapelle aus dem 16. Jahrhundert. Über Treppen steigen wir aufwärts und betreten durch ein Tor das Gelände der Kapelle **Notre-Dame de Beauregard** (ca. 200 m). Die etwas schmucklose Kapelle stammt aus dem 19. Jahrhundert, doch standen auf dieser Kuppe bereits während der Zeit der Kelto-Ligurer und später unter den Römern Heiligtümer. Die Töpferin im Haus unterhalb der Kapelle schenkt auch Getränke aus. Oberhalb der Kapelle ist ein Aussichtspunkt mit einer Orientierungstafel und Aussicht auf das Tal der Durance, den Lubéron und den nahen Steinbruch. Das Schweizer Unternehmen Omya gewinnt hier 900 000 Tonnen Kalziumkarbonat pro Jahr und ist der wichtigste Arbeitgeber der Stadt.

Unterhalb des Aussichtspunkts geht es auf dem kleinen Sträßchen weiter (gelb-blau markiert) der Felswand entlang. Unter uns der kleine Lac de Lavau (ehemaliger Steinbruch). Unmittelbar nachdem die Straße einen Felsriegel durchbrochen hat, biegen wir auf einen Pfad links ab (Wegweiser Boucle du Vallon de Dacla, gelb markiert). Der Pfad folgt der Kalksteinmauer. Imposant auch die Felsformationen im benachbarten Tal. Wir folgen stets den gelben Markierungen mehr oder weniger geradeaus, zuerst auf kleinen Wegen, danach auf einem Fahrweg. Die Wanderung führt nun über ein weites Hochplateau. Wo der Weg

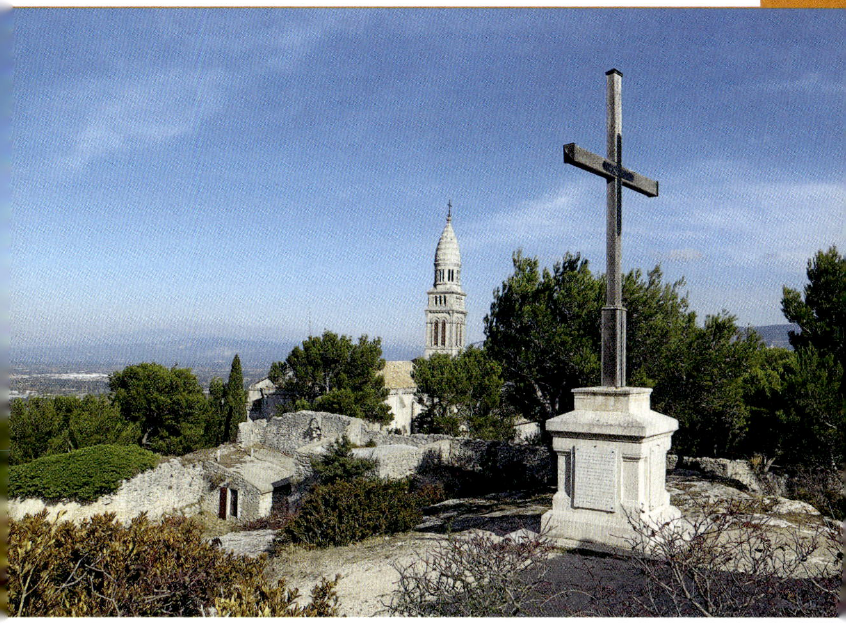

Der Aussichtspunkt bei der Kapelle Notre-Dame de Beauregard.

bei einem Strommast auf eine andere Piste trifft, biegen wir rechts ab und erreichen danach bei einer Zisterne die Kreuzung und den Wegweiser **le Cauvier** (ca. 290 m). Der folgende Abschnitt bis P. 289 ist nicht immer einfach zu finden (als Alternative kann man ab hier auch weiter der – etwas monotonen – Piste folgen). Wer die beschriebene Route gehen möchte, folgt von hier immer noch dem Wegweiser Boucle du Vallon de Dacla.

Nach rund 10 min wird unser Weg ganz schmal und führt hinunter in ein kleines Tal auf eine Piste. Wir folgen dieser Piste für 10 m nach rechts und biegen dann links ab (ab hier nicht mehr markiert). Wir gehen immer geradeaus, später nochmals in ein kleines Tal hinunter und wieder hinauf, wobei wir uns nach rund 10 m eher links halten müssen (der Weg ist hier nur schwer erkennbar, aber auf der Karte eingezeichnet. Ein GPS ist hilfreich, allenfalls auch lange Hosen). Zurück auf der Ebene, führt der Weg rund 20 m südlich eines Beobachtungspostens vorbei. Danach geht es nochmals in ein kleines Tal hinunter und wieder hinauf. Steineichen, so weit das Auge reicht. Zurück auf der Ebene, erreichen wir bei P. 288 einen breiteren Weg, dem wir nach links bis zur Piste folgen. Auf der Piste halten wir uns rechts und erreichen nach 300 m in einer Linkskurve **P. 289** (289 m). Wir verlassen hier die Piste nach rechts. Nach 40 m auf dem breiten Weg, 20 m vor einer grünen Schranke, biegen wir links in einen kleinen Fußpfad ab (nicht markiert). Der Weg führt uns durch einen dichten Steineichenwald. Bei einer Abzweigung nach 5 min halten wir uns rechts. Beim Abstieg öffnet sich für

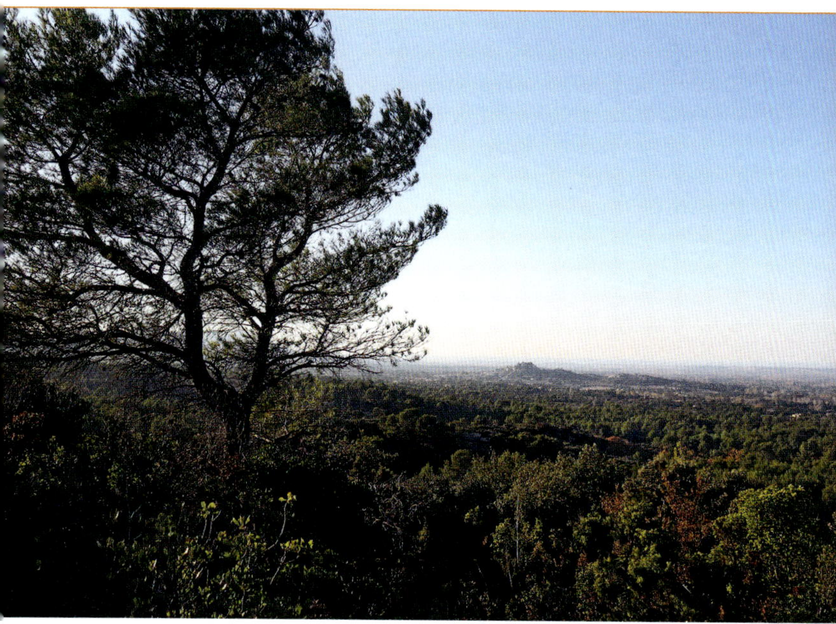

Beim Abstieg von der Hochebene eröffnet sich die Sicht auf Eygalières.

kurze Zeit der Blick auf Eygalières und den Felskamm der Alpilles, der morgen auf unserem Programm steht.
(Der folgende Abschnitt verlangt etwas Orientierungsvermögen. Alle beschriebenen Wege sind aber auf der IGN-Karte eingezeichnet.) 10 m vor einem Acker biegen wir nach links in einen breiteren Fahrweg ab. Bereits 50 m weiter verlassen wir diesen breiteren Weg nach rechts und gehen am oberen Rand des Ackers vorbei und dann aufwärts. Kurz darauf wird der Weg wieder breiter. Bei der ersten Abzweigung halten wir nach rechts, bei der zweiten nach links. Unmittelbar nachdem unser Weg eine Linkskurve gemacht hat, biegen wir nach rechts auf einen kleineren Pfad ab. 150 m weiter mündet von rechts ein größerer Weg ein – wir bleiben aber auf unserem Pfad und gehen weiter geradeaus. Am unteren Rand eines Ackers vorbei erreichen wir **P. 170** (170 m). Hier steht ein größeres privates Anwesen. Unser Weg führt auf einem Fußpfad unmittelbar oberhalb des Anwesens an einem Elektrozaun entlang. Nach 3 min biegen wir bei einer Kreuzung rechts auf einen größeren Weg ab und gehen dann immer geradeaus den Hang hinunter. Bei der geteerten Straße halten wir uns links und bei der nächsten Kreuzung rechts. 50 m weiter befindet sich auf der rechten Seite das Hotel la Bastide. Bei einem kleinen Kreisel links und auf der Hauptstraße nochmals links, erreichen wir **Eygalières** (109 m). In Eygalières lohnt sich ein Gang auf den Hügel mit dem alten Dorfkern. Zuoberst ein Glockenturm, die Ruine eines alten Wehrturms und in der Chapelle des Pénitents Clancs das kleine Dorfmuseum (nur So geöffnet).

4.2 Eygalières–St-Rémy-de-Provence

Wanderzeiten	
Eygalières–Pont Romain	0 h 35
Pont Romain–Col de Vallongue	1 h 00
Col de Vallongue–Plateau de la Caume	1 h 30
Plateau de la Caume–Rocher des Deux Trous	0 h 45
Rocher des Deux Trous–St-Paul de Mausole	0 h 40
St-Paul de Mausole–St-Rémy-de-Provence (Zentrum)	0 h 25
Total	**4 h 55**
Höhendifferenz	↗ 470 m ↘ 520 m
Schwierigkeit	T3

In **Eygalières** (109 m) gehen wir auf der Rue de la République an den Geschäften vorbei Richtung Kirche. Vor der Kirche biegen wir links ab und folgen ab hier den rot-weißen Markierungen des GR6. Er überquert die Hauptstraße (D24b) und kommt später, gleich nach der erneuten Überquerung einer Straße (D24), zum **Pont Romain** (120 m). Wie viele andere Brücken mit diesem Namen stammt auch diese aus dem Mittelalter und nicht aus der Römerzeit. 100 m nach der Brücke können wir vom GR nach links abbiegen, um das nächste Wegstück auf einem kleineren Pfad zu gehen (rot-weiß durchgestrichen) – oder man folgt alternativ weiter dem GR.

Wenn der kleinere Weg nach etwas mehr als einer halben Stunde bei einem kleinen Häuschen mit Telefonmast wieder auf den

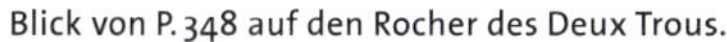

Blick von P. 348 auf den Rocher des Deux Trous.

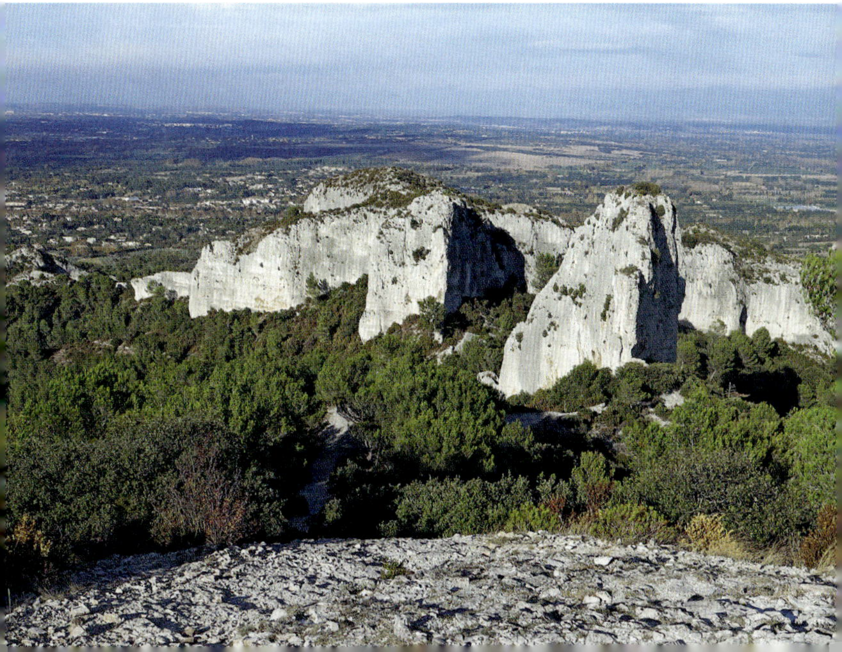

GR trifft, folgen wir diesem nach links. Bei einem Weinberg biegt der Weg links ab und führt an einem Flugfeld vorbei. Oberhalb sieht man die Ruinen des Château de Romanin. Bei einem Wegweiser am Fuß der Alpilles folgen wir weiter dem GR6 Richtung St-Rémy-de-Provence par la Caume (weiß-rot markiert). Der hier abzweigende GR653D (der Jakobsweg) würde schneller nach St-Rémy führen, aber dies im Talboden und meist auf Fahrwegen. Zwischen Buchsbaumsträuchern geht es nun steil bergauf zum **Col de Vallongue** (ca. 260 m). Der Pfad schlängelt sich danach zuerst abwechslungsreich im stetigen Auf und Ab der Südseite des Felsriegels entlang, um später, nun wieder steiler, auf den Grat hinaufzuführen. In der Ferne sehen wir das Meer, auf der Nordseite St-Rémy zwischen Weingütern und Olivenhainen. Dem Grat nach geht es noch einmal kräftig hinunter und bergauf und dann gemütlich zum kleinen Sendemast auf dem **Plateau de la Caume** (392 m, höchster Punkt des Tages).

Wir überqueren die Hochebene auf einem Fahrweg und kommen zu einer geteerten Straße, die zur Fernsehantenne führt. Wir überqueren die Straße und können auf einem Pfad ein Stück Straße vermeiden. Zurück auf der Straße, folgen wir ihr nach links und kommen kurz darauf zu einem Wegweiser bei einer Kreuzung. Wir folgen hier keinem der angezeigten Wege und verlassen den GR6. Auf einem kleinen Pfad rechts der Straße steigen wir leicht auf (rot-weiß durchgestrichen). 100 m weiter kreuzen wir einen breiteren Weg und steigen weiter an. Dem Grat nach etwas rechts haltend, gehen wir links an einem felsigen Aufsatz vorbei und folgen, bei einer Abzweigung nochmals rechts haltend, dem Grat bis zu P. 348, von wo sich uns noch einmal eine prächtige Aussicht auf die Alpilles-Kette bietet. Wir wandern abwärts bis zum vor uns liegenden Felsen und gehen auf einem Pfad in seine rechte Flanke bis zu den zwei Löchern des **Rocher des Deux Trous** (ca. 310 m). Ihn malte auch van Gogh, als er unten in St-Paul in der Klinik weilte. Vom kleinen Pass nehmen wir den Weg, der uns Richtung Westen zuerst steil und etwas rutschig hinunter ins Vallon de St-Clerg führt. Im Talboden halten wir uns rechts (gelb markiert) und wandern dem Lehrpfad (sentier de découverte) folgend das Tal hinaus. Bis zur Mitte des 19. Jahrhunderts waren große Teile der Alpilles, darunter auch dieses Tal, wegen Holzgewinnung und Weidewirtschaft kahlgeschlagen. Dann begann ein großes Aufforstungsprojekt. Die Zedern, die heute noch das Bild prägen, wurden 1870 gepflanzt.

Am Ausgang des Tals haben wir nach links die Sicht auf das römische Glanum und kurz darauf nach rechts zu einem historischen Steinbruch. Für den Bau von Glanum nahmen die Römer den Kalkstein aus der unmittelbaren Nachbarschaft. Wir kommen bei der nächsten Kreuzung auf den GR zurück und biegen links ab. Links des Wegs steht noch ein altes Spill (franz. *cabestan*), eine drehbare Vorrichtung, um die schweren Kalksteinblöcke aus dem Steinbruch hochzuhieven. Um die Mauer der Klinik herum, stehen wir sogleich vor dem Eingang von **St-Paul de Mausole** (100 m, siehe Kasten). Vom Eingang des Klosters gehen wir vor zur Hauptstraße und folgen dieser nach rechts. Auf dem Weg finden sich diverse Infotafeln zum Werk von van Gogh. Bei der Gabelung vor der kleinen Kapelle rechts haltend, gelangen wir ins Stadtzentrum von **St-Rémy-de-Provence** (60 m).

St-Paul de Mausole und St-Rémy-de-Provence

Es wäre schade, an St-Paul de Mausole einfach vorbeizugehen. Seit dem Jahr 982 gibt es an dieser Stelle ein Kloster. Der Besuch lohnt einerseits wegen der alten romanischen Kirche und dem Kreuzgang, anderseits weil hier Vincent van Gogh kurz vor seinem Tod ein Jahr in der Klinik verbrachte und während dieser Zeit zahlreiche große Werke schuf (siehe auch S. 116 f.). Die heutige Kirche und der Kreuzgang wurden im 11. und 12. Jahrhundert erbaut. Die Fassade wurde der Kirche im 18. Jahrhundert vorgesetzt. Den Zusatz »de Mausole« erhielt das Kloster aufgrund des römischen Mausoleums wenige hundert Meter von hier. Während der Revolution wurde das Kloster aufgehoben und die Mönche verjagt. Seit 1807 und bis zum heutigen Tag ist in den Gebäuden eine psychiatrische Klinik untergebracht (Kirche, Kreuzgang, der Garten und das Zimmer von van Gogh können besucht werden, tägl. geöffnet, April bis Sept. letzter Eintritt um 18.30 Uhr, Okt. bis März um 16.30 Uhr).

Der Stadtkern von St-Rémy-de-Provence hat viel Charme, und man sollte sich gut überlegen, ob man hier nicht einen Ruhetag einbauen möchte. Sehenswert sind auch die Museen: das Musée des Alpilles, ein ethnografisches Museum zur Region in einem prachtvollen Renaissancehaus (Mo geschlossen, Nov. bis Dez. auch am Di), das Musée Estrine mit moderner Malerei und einem Interpretationszentrum zum Werk van Goghs (Mo sowie Dez. bis Feb. geschlossen) sowie das Hôtel de Sade, ein archäologisches Museum mit einem Schwerpunkt zu den Ausgrabungen in Glanum (nur Juni bis Sept. geöffnet).

St-Paul de Mausole und das Musée des Alpilles in St-Rémy-de-Provence.

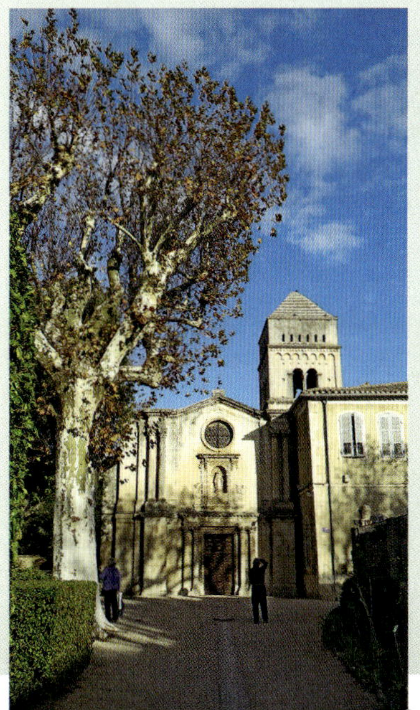

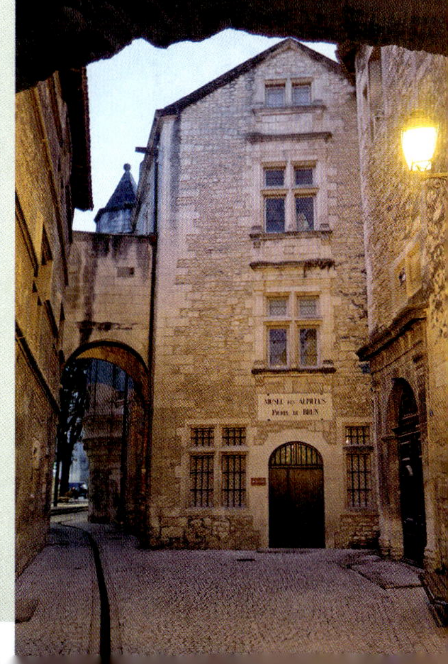

4.3 St-Rémy-de-Provence–Les Baux-de-Provence

Wanderzeiten	
St-Rémy-de-Provence (Zentrum)–les Antiques	0 h 20
les Antiques–Lac de Peiroou	0 h 25
Lac de Peiroou–Tour de Guet	0 h 50
Tour de Guet–Aussichtspunkt	0 h 30
Aussichtspunkt–Les Baux de Provence	0 h 45
Total	**2 h 50**

Höhendifferenz	↗ 400 m ↘ 270 m
Schwierigkeit	T3

Les Antiques und Glanum

Les Antiques besteht aus zwei römischen Bauwerken, die seit Jahrhunderten von Touristen besucht werden: ein Triumphbogen, auf dem unter anderem von den Römern gefangene Gallier dargestellt sind, sowie ein Mausoleum. Das Mausoleum ist das am besten erhaltene römische Bauwerk in der Provence, über die genaue Bedeutung ist man sich jedoch nicht einig. Es ist unklar, ob es sich um eine Grabstätte oder eher um ein Denkmal der Huldigung handelt. Sicher ist man sich, dass die Schöpfer aus einer romanisierten gallischen Familie stammen, die aufgrund ihres Dienstes in der Armee mit dem römischen Bürgerrecht belohnt wurden. Lange Zeit waren die beiden Bauwerke die einzigen sichtbaren Zeugen der römischen Stadt. Erst 1921 begannen die Ausgrabungen des historischen Glanum. Die Ausgrabungsstätte kann besichtigt werden (April bis Sept. tägl. geöffnet, im Winterhalbjahr Mo geschlossen). Glanum war eine Siedlung um ein gallisches Quellheiligtum, wo der Gott Glan (oder Glanis) verehrt wurde (4. Jahrhundert v. u. Z.). Am Ort haben sich im 3. Jahrhundert v. u. Z. zugewanderte Griechen niedergelassen und im 1. Jahrhundert wurde die römische Stadt errichtet.

Vom Zentrum in **St-Rémy-de-Provence** (60 m) folgen wir der Route, auf der wir gestern gekommen sind, bis nach **les Antiques** (101 m). Gleich nebenan ist der Eingang zur Ausgrabungsstätte Glanum.
Wir müssen noch 500 m weiter der Straße folgen und können dann rechts auf eine Steintreppe abbiegen (GR6, weiß-rot markiert). Nach dem Aufstieg geht es steil hinunter durch einen Naturtunnel Richtung See. Eisentritte und Drahtseile helfen uns beim Abstieg. In einer steilen Rinne biegen wir links ab und queren danach zum Stausee **Lac de Peiroou** (110 m). Bereits die Römer hatten hier im 1. Jahrhundert v. u. Z. das Wasser mit einer Bogenstaumauer gestaut. Es war dies die älteste Staumauer dieses Typs weltweit. Erhalten ist vom historischen Bauwerk aber nichts mehr. Die heutige Staumauer wurde 1891 fertiggestellt und dient ebenfalls der Wasserversorgung. Am Ende des Sees folgen wir weiter dem Wegweiser des GR6 nach Les Baux-de-Provence. Zuerst wandern wir auf einer geteerten Straße, dann links haltend auf einem Fußweg und kurz darauf auf einer Piste das Tal hinauf.
Eine Viertelstunde nach dem See, an der Stelle, wo links des Wegs die Weide aufhört und der Wald beginnt, verlassen wir den GR und biegen nach rechts in einen deutlichen Weg ab (rot-weiß durchgestrichen, nicht mehr markiert). Wir gehen das Tal hinauf und an dessen Ende etwas steiler bis auf einen Grat, wo wir auf einen breiteren Weg treffen, dem wir nach links folgen. Auf diesem Weg machen wir eine lange Linkskurve und biegen an deren Ende wieder rechts in einen steinigen Weg ab, auf dem wir bis zum Hauptgrat aufsteigen. Hier gehen wir nicht gleich hinunter zur Piste, sondern bleiben auf dem kleinen Weg, der etwas nördlich des Grats verläuft,

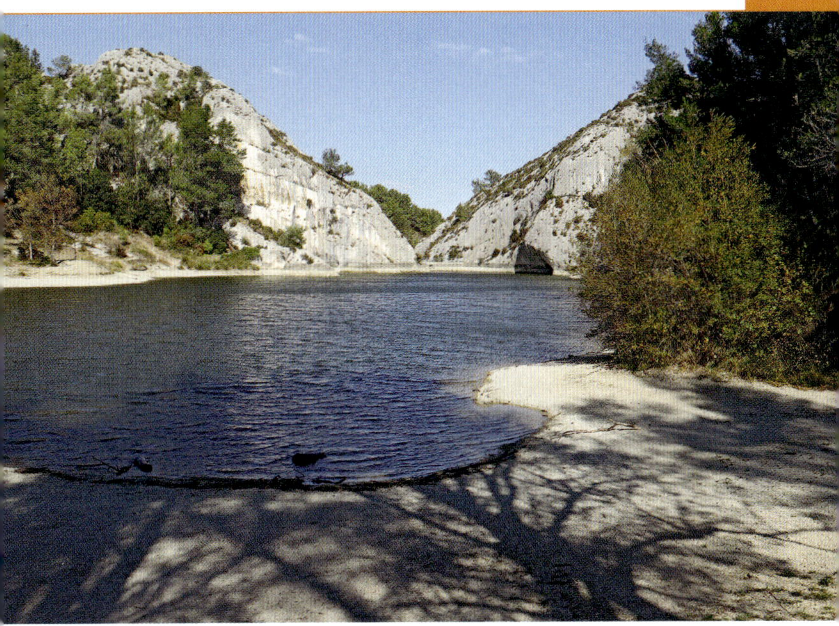

Der Lac de Peyroou ist leider mit einem Badeverbot belegt.

gehen noch über eine kleine Kuppe und treffen danach auf die Piste. Wir folgen dieser nur für 200 m und nehmen dann die Abzweigung zur **Tour de Guet** (313 m, Wachtturm) hinauf. Die Kehren können dabei auf einem Schotterweg abgekürzt werden. Auf einem Pfad gehen wir auf der anderen Seite der Kuppe (Richtung Westen) weiter. Die Wegspur macht einen Schlenker nach rechts, umgeht eine kleine Kuppe auf der linken Seite und führt uns zurück auf die Piste, der wir nach rechts folgen. Circa 800 m weiter können wir sie nochmals für ein Stück verlassen, wenn wir in einer scharfen Rechtskurve nach links abbiegen und zum P. 291 aufsteigen. Auf der Kuppe gehen wir rechts und später geradeaus zurück zur Piste. Bei der nächsten Abzweigung gehen wir nicht direkt hinunter nach Les Baux, sondern bleiben auf der Piste, folgen dem Grat, und gehen noch bis auf den **Aussichtspunkt** (ohne Kote auf der Landkarte, ca. 280 m). Der kurze Aufstieg lohnt sich, denn von hier bietet sich eine gute Sicht auf Les Baux und das Felsenchaos um das Val d'Enfer (das Höllental). Man sagt, Dante habe sich hier für das Bild der Hölle in seiner *Göttlichen Komödie* inspirieren lassen. Für den Wanderer ist es eher ein Paradies als die Hölle.

Man kann hier entweder direkt nach Les Baux absteigen, um zum Beispiel noch die Carrière de Lumières zu besichtigen (siehe Variante 1), oder Les Baux auf Nebenwegen erreichen. Dazu gehen wir vom Aussichtspunkt Richtung Westen steil zur Straße hinunter und folgen ihr, an bizarren Felsformationen vorbei, bis zur Kreuzung (weiß-rot markiert). Hier gehen wir nach

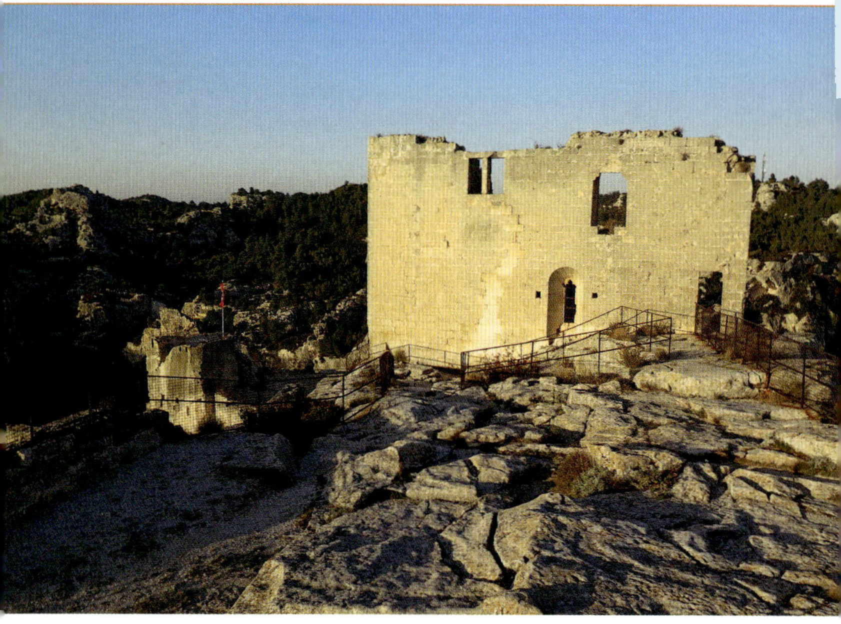

Die Burg von Les Baux-de-Provence und Blick ins Val d'Enfer.

links und biegen 100 m weiter, auf der anderen Seite des Felsen, rechts in einen Fahrweg ab (nicht markiert). An der Schranke vorbei, halten wir uns bei der ersten Abzweigung nach 300 m links. Wir bleiben anschließend auf dem breiten Weg und kommen an eine große Trockensteinmauer, die von einem Graben umgeben ist. Wir gehen rechts um die Mauer herum und an deren Ende auf einem kleinen Pfad geradeaus weiter abwärts.

Circa 200 m nach der Mauer halten wir uns bei einem Steinmann halblinks und gehen 10 m weiter rechts weg über große Felsstufen abwärts bis zu einer kurzen Eisenleiter. Unterhalb der Leiter führt uns der schmale Pfad durch die Garrigue und später wieder über einen gestuften, flachen Felsen bis zu einem Weg, dem wir nach links folgen. Mehr oder weniger geradeaus, erreichen wir am alten Waschhaus vorbei die Straße. Wenn wir dieser 50 m nach links folgen, gelangen wir links in den Garten, in dem der Pavillon der Königin Johanna steht. Den Renaissance-Pavillon ließ Ende des 16. Jahrhunderts Jeanne de Quiqueran errichten, die Gemahlin des Barons von Les Baux. Der Dichter Fréderic Mistral war von diesem Pavillon so angetan, dass er eine Kopie davon für sein eigenes Grabmal anfertigen ließ. 100 m weiter können wir nach rechts über eine Treppe hinaufsteigen. Auf der anderen Seite der Straße geht es nochmals über eine Treppe weiter, dann rechts haltend und über eine weitere Treppe durch die Porte d'Eyguières in die Altstadt von **Les Baux-de-Provence** (ca. 190 m) hinein. Bis 1866 war dieses Tor der einzige Zugang zum Dorf.

Les Baux-de-Provence

Les Baux-de-Provence ist einer der großen Touristenmagnete in der Provence. An schönen Tagen schieben sich die Massen durch die kleinen Gassen bis zur Ruine der Burg hinauf. Wer hier jedoch übernachtet, wird von einem stilleren Les Baux profitieren können. Denn der Besuch lohnt sich. Eindrücklich ist die große Burgruine, die zuoberst auf dem Felsen thront, pittoresk sind die Gassen und Bürgerhäuser im Dorf. Und wer die Carrières de Lumières besucht, bekommt neben den Bildprojektionen auch noch Einsicht in die riesigen Stollen der ehemaligen Steinbrüche.

Der Felsen von Les Baux war vermutlich bereits in prähistorischer Zeit besiedelt, aber Eingang in die Geschichte fand das Dorf, als im 11. Jahrhundert die Herren von Baux hier ihre Burg erbauten. Im 13. Jahrhundert gehörten sie zu den mächtigsten Herren der Provence und zählten 79 Städte und Festungen zu ihrem Besitz. Les Baux hatte zu dieser Zeit 3000 Einwohner. Ihr Machtanspruch führte die Herren von Baux immer wieder in kriegerische Auseinandersetzungen mit dem Grafen von Barcelona, dem französischen König und dem Papst. Als Les Baux, wie die ganze Provence, gegen Ende des 15. Jahrhunderts ins französische Königreich eingegliedert wurde, ließ Ludwig XI. die Burg 1483 schleifen. Im 17. Jahrhundert, als die Stadt ein Zufluchtsort von Protestanten und Rebellen gegen den König war, wurde sie von Richelieu belagert. Am Ende dieser Kämpfe wurde die wiederaufgebaute Festung ein zweites Mal geschleift. Nach der Revolution wurde die Stadt mehr und mehr verlassen. Am Ende des Zweiten Weltkriegs zählte sie noch rund 150 Einwohner, heute sind es etwas mehr als 400.

1821 entdeckte der französische Geologe Pierre Berthier in Baux ein rötlich gefärbtes Aluminiumerz und nannte es zuerst Aluminiumerde aus Baux. 1861 entwickelte der französische Chemiker Henry Sainte-Claire Deville den chemischen Prozess, um aus dem Erz, das er nun Bauxit nannte, Aluminium zu gewinnen. Bauxit ist bis heute das wirtschaftlich einzig interessante Ausgangsmaterial für die Aluminiumproduktion. Frankreich war der erste und bis 1939 der größte Bauxit-Produzent der Welt (wobei es größere Minen gab als jene in Les Baux). Als zu Beginn der 1970er-Jahre der französische Aluminiumkonzern Pechiney, zu dieser Zeit der größte französische Konzern überhaupt, bei Les Baux eine neue Mine eröffnete, regte sich in der Bevölkerung großer Widerstand. Die Aktivisten, vom Schweizer Journalisten Franz Weber tatkräftig unterstützt, konnten das Vorhaben jedoch nicht verhindern. Aber auch diese Mine wurde 1990 geschlossen.

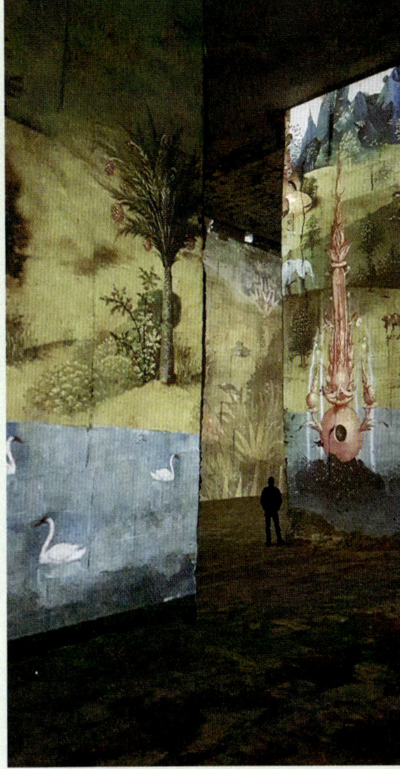

Kunstprojektionen im ehemaligen Steinbruch (Carrières de Lumières).

4.4 Les Baux-de-Provence–Fontvieille

Wanderzeiten	
Les Baux de Provence–Aussichtsfelsen	0 h 45
Aussichtsfelsen–Canal de la Vallée des Baux (1. Überquerung)	0 h 45
Canal de la Vallée des Baux–Meunerie de Barbegal	1 h 25
Meunerie de Barbegal–Moulin de Daudet	0 h 45
Moulin de Daudet–Fontvieille (Zentrum)	0 h 20
Total	**4 h 00**

Höhendifferenz	↗ 200 m ↘ 370 m
Schwierigkeit	T3

Hütte aus Trockenmauern bei Les Baux.

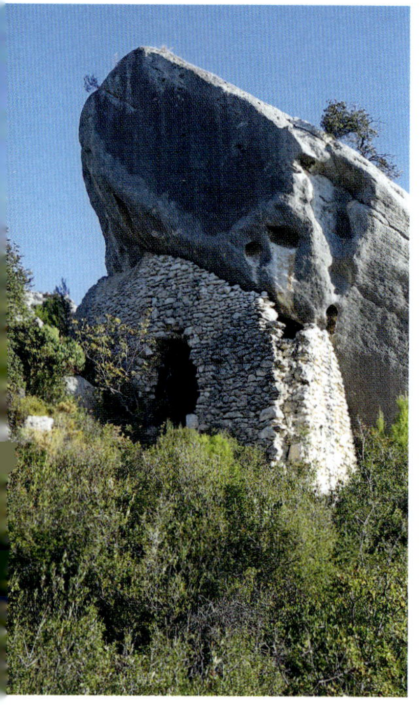

Wir verlassen **Les Baux-de-Provence** (ca. 190 m) über das westliche Tor (Porte d'Eyguières), und nehmen denselben Weg, den wir gestern gekommen sind, über diverse Treppen bis zur Straße am Talboden. Wieder am Pavillon der Reine Jeanne vorbei, biegen wir bei der nächsten Straße nach rechts ab (siehe auch Variante 2). Nach einer Linkskurve nehmen wir den ersten Weg, der rechts wegführt. Er führt uns um die Kuppe herum, von der wir am Vortag heruntergekommen sind, und mündet später wieder auf die Straße, der wir nach rechts folgen. Nach rund 500 m gehen wir bei einer Abzweigung weiter geradeaus und wandern an einem überwucherten Sportplatz vorbei. Nochmals 400 m weiter, bei einem roten Hydranten, biegen wir links in einen Fahrweg ab. Wo unser Weg eine Linkskurve macht, lassen wir eine Abzweigung nach rechts unbeachtet. An Felsen vorbei, treffen wir auf einen anderen Weg, der von rechts in unseren Weg mündet. Wir gehen hier geradeaus und biegen 10 m weiter, direkt auf einer kleinen Kuppe, nach rechts in einen Pfad ab (dieser Weg ist auf der Karte nicht eingezeichnet). Eine Minute später erreichen wir einen **aussichtsreichen Felsen** (ca. 190 m), von dem wir die westlichen Ausläufer der Alpilles überblicken können. Zwischen Steinblöcken vorbei, geht es auf dem Pfad abwärts.

Wo wir im flacheren Gelände auf einen anderen Pfad treffen, gehen wir links. Der Weg führt danach zwischen großen, ausgewaschenen Felsen vorbei weiter hinunter, bis wir auf einem Fahrweg auf den markierten Wanderweg treffen. Wenn wir hier 50 m nach links gehen, sehen wir einen mächtigen Felsen, unter den eine Hütte gemauert wurde. Wir gehen aber in die entgegengesetzte Richtung weiter

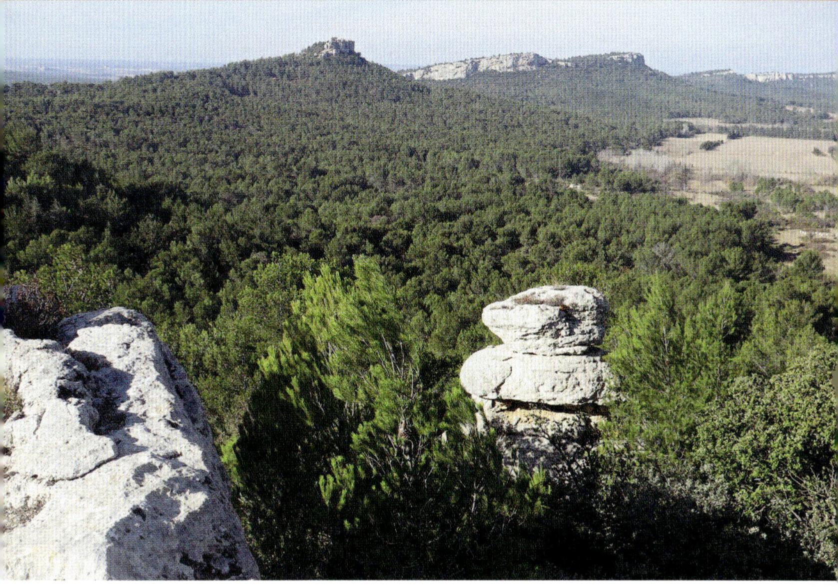

Blick vom Aussichtsfelsen Richtung Mont Paon und Mont Valence.

(nach rechts). Gleich danach können wir eine Kehre abkürzen (ab hier gelb markiert). Immer den gelben Markierungen folgend, überquert unser Weg die Hauptstraße (D78f) und später den **Canal de la Vallée des Baux** (50 m). Der Kanal, 1914 nach jahrzehntelanger Planungsarbeit eingeweiht, gehört zu einem System, das Wasser von der Durance nach Fontvieille und Richtung Rhône führt. Er dient in erster Linie der Landwirtschaft. Unser Weg trifft hier auf den GR 653A, dem wir geradeaus Richtung Fontvieille folgen (ab hier rot-weiß markiert). 10 min nachdem wir den Kanal nochmals überquert haben und leicht aufgestiegen sind, verlassen wir bei einer Gabelung (P. 87 auf der IGN-Karte) den GR und biegen links ab (ab hier gelb markiert, siehe auch Variante 3). Von diesem Weg biegen wir ab, wenn wir vor uns ein kleines Äquadukt des Kanals sehen. Wir steigen nach rechts zum Kanal auf und folgen diesem auf gutem Weg (nicht markiert). Erst wenn wir dem Kanal nicht mehr folgen können, weil ein Gittertor den Weg versperrt, überqueren wir ihn auf einer kleinen Brücke und gehen hinunter zur Straße. Dieser folgen wir circa 400 m nach rechts, um dann wieder auf einem Weg zum Kanal zurückzukehren und diesem nach links zuerst auf seiner rechten, dann auf seiner linken Seite weiter zu folgen. Wir treffen auf einen Fahrweg und gehen auf diesem nach links zur Straße (ab hier gelb markiert), überqueren diese, gehen weiter geradeaus bis hinter die kleine Hügelkette, wo uns der Wegweiser nach rechts zur **Meunerie de Barbegal** (10 m) führt. Hier ein paar in den Stein geschlagene Stufen hinauf, und wir befinden uns mitten in einem historischen Industriedenkmal.

Meunerie de Barbegal

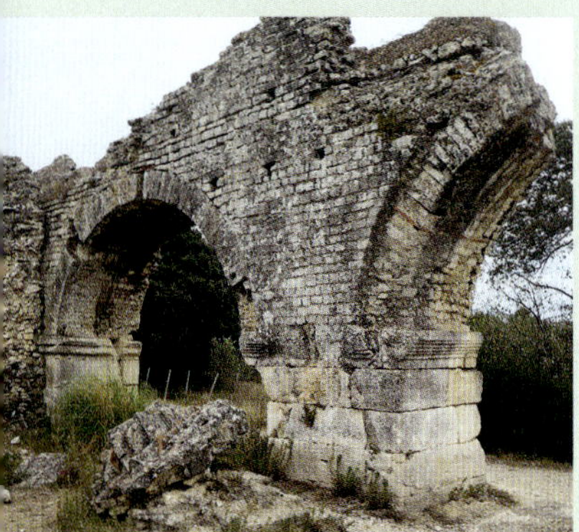

Aquädukt der Meunerie de Barbegal.

Die Meunerie (Müllerei) de Barbegal aus dem 2. Jahrhundert soll die am besten erhaltene Müllerei aus römischer Zeit sein. Sie bestand aus zwei Serien von je acht untereinander angeordneten Mühlen und konnte pro Tag 4,5 Tonnen Mehl produzieren, was zur Versorgung der römischen Metropole Arles ausreichte. Neueren Forschungen zufolge soll hier noch mehr Korn gemahlen worden sein, das Mehl wurde aber nicht nach Arles geliefert, sondern zur Herstellung von Schiffszwieback verwendet. Gespiesen wurden die Mühlen von zwei Kanälen, die das Wasser nördlich und südlich der Alpilles sammelten und über ein Äquadukt aus dem 1. Jahrhundert, das noch gut erhalten ist, auf die Mühlräder leitete. Ein Teil des Wassers wurde mit einem weiteren Kanal bis nach Arles geleitet.

Bei den Mühlen gehen wir hoch zum Felsdurchbruch, wo einst das Wasser floss, und gelangen so auf die andere Seite der Kuppe. Danach folgen wir dem römischen Äquadukt, bis wir hinter der Straße den heutigen Kanal erreichen. Hier 10 m nach links, überqueren wir den Kanal auf einer Brücke. Wir gehen zurück zum Äquadukt und nehmen einen Pfad, der in Verlängerung des Äquadukts zuerst geradeaus führt und dann einen Linksbogen macht. Bei einer Wegkreuzung gehen wir geradeaus, erreichen einen größeren Weg, dem wir nach rechts bis zu einem weiteren Weg folgen, wo wir links abbiegen. Wir sind nun wieder auf dem markierten Wanderweg (gelb und blau). Später verläuft der Weg etwas rechter Hand der Straße, und wo diese eine Linkskurve macht, geht es weiter geradeaus. Ein Wegweiser weist uns später den Weg nach links Richtung Moulin de Daudet. Der Weg biegt bei einem Picknickplatz rechts ab. Bei der nächsten Abzweigung gehen wir links haltend den Hang hinauf und erreichen so den **Moulin de Daudet** (60 m).

Von der Mühle gehen wir Richtung Norden und folgen dem Wegweiser »Sentier des Moulins« auf der flachen Seiten des Hügels abwärts. Am Fuß des Hügels folgen wir dem Wegweiser Château de Montauban (gelb markiert). Wir kommen noch an zwei weiteren ehemaligen Windmühlen vorbei (die erste ohne Windrad) und gehen dann links bis zum Eingang des Château de Montauban. Der Park des Schlosses ist öffentlich zugänglich. Im Schloss gibt es ebenfalls eine Daudet-Ausstellung (April bis Sept. Di–Sa geöffnet, Juli/Aug. auch So). Vom Schloss weiter zur Hauptstraße und auf dieser nach links bis ins Zentrum von **Fontvieille** (20 m). Seine Boomjahre erlebte Fontvieille im 19. Jahrhundert, als die umliegenden Kalksteinbrüche gute Umsätze machten. Die Talsenke nördlich der Kirche ist ein ehemaliger Steinbruch, in dem nach dessen Aufgabe ein Quartier entstand. An der Buslinie nach Arles befindet sich die Abbaye de Montmajour (Bushaltestelle), die sicherlich einen Zwischenhalt wert ist.

Moulin de Daudet

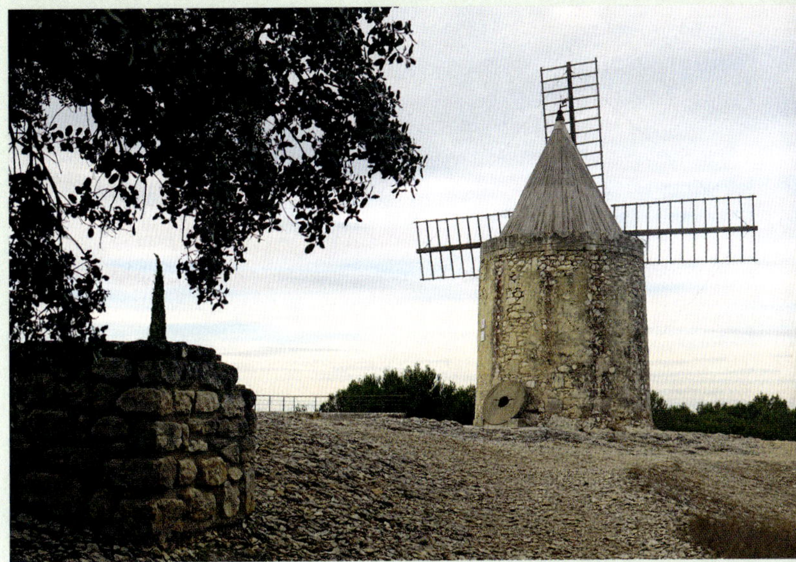

Die *Briefe aus meiner Mühle (Lettre de mon Moulin)*, eine Sammlung von Kurzgeschichten des Schriftstellers Alphonse Daudet aus dem Jahr 1869, sind ein Klassiker der französischen Literatur. In der Vorrede des Werks wird der Kaufvertrag geschildert, mit dem der in Paris lebende Daudet die Mühle erwirbt. »Eine Wind- und Mahlmühle, gelegen im Tale der Rhône, mitten im Herzen der Provence, auf einem mit Tannen und immergrünen Eichen bewachsenen Hügel.« Er schildert seinen Einzug in die verlassene Mühle, bei dem er zuerst die Kaninchen vertreiben muss und dann den Uhu unter dem Dach entdeckt: »So wie er ist, mit seinen blinzelnden Augen und seinem sauren Gesichte, gefällt mir dieser schweigsame Mieter noch immer besser, als irgend ein andrer, und ich habe mich beeilt, seinen Mietskontrakt zu erneuern. Er behält wie in der Vergangenheit den ganzen oberen Stock der Mühle mit einem Eingange durch das Dach; ich behalte für mich den untern Raum, ein kleines niedriges Gemach mit weißen Wänden, gewölbt wie das Refektorium eines Klosters. [...] Und nun, wie kannst du verlangen, dass ich mich nach deinem geräuschvollen, schwarzen Paris sehne? Ich befinde mich in meiner Mühle so wohl! Das ist gerade der Erdenwinkel, den ich suchte, ein kleiner duftender und warmer Winkel, tausend Stunden weit entfernt von Zeitungen, Droschken und Nebel!«

Alphonse Daudet (1840–1897) weilte oft in Fontvieille, im nahen Schloss Montauban, bei den Cousins seiner Frau, aber eine Mühle hat er nie gekauft und auch die Geschichten wurden nicht in einer Mühle geschrieben. Es war die Vereinigung der Freunde von Daudet, die 1935 beschloss, diese Mühle (Moulin St-Pierre) zu kaufen und darin ein kleines Museum einzurichten. Es hätte genauso gut eine andere Mühle sein können, denn alle vier Kornmühlen von Fontvieille wurden zu Beginn des 20. Jahrhunderts stillgelegt. Das kleine Museum in der Mühle ist von April bis November täglich geöffnet.

Meisterwerke aus dem Irrenhaus

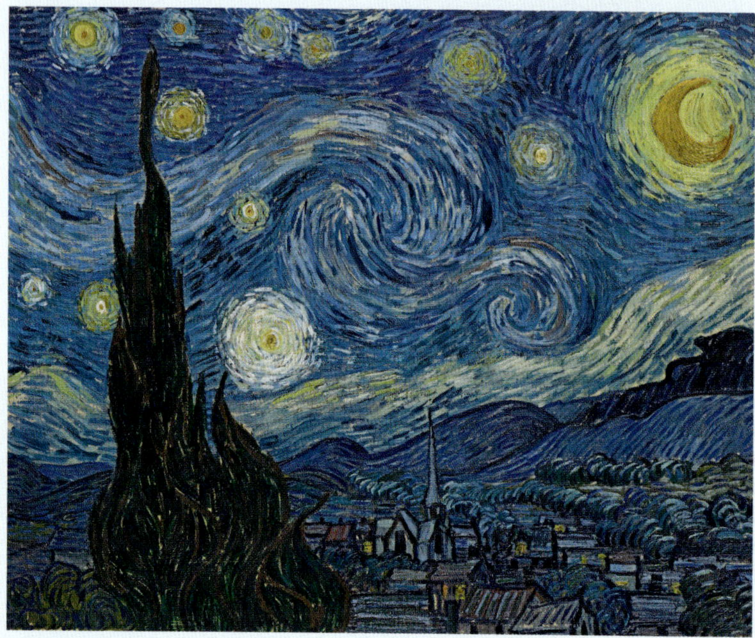

Sternennacht, St-Rémy, Juni 1889.

Es war der 8. Mai 1889, als Vincent van Gogh in Begleitung des Pfarrers Frédéric Salles aus Arles kommend in der psychiatrischen Klinik in St-Rémy eintraf. Es war sein eigener Entscheid, sich in der »Maison de Santé« einliefern zu lassen – ein Schritt, der seiner turbulenten Zeit in Arles, in der seine Krankheit voll zum Ausbruch kam, ein Ende setzte.

Nach Arles war van Gogh im Februar des Vorjahres gekommen. Es war sein Traum gewesen, dort ein Haus für verarmte und erschöpfte Impressionisten zu gründen. Dieser Wunsch ging nie in Erfüllung, doch Ende Oktober zog sein Malerkollege Paul Gauguin zu ihm nach Arles. Die beiden hatten immer wieder Streit. Eines Abends wirft Vincent ihm in einem Bistrot sein Glas mitsamt Inhalt ins Gesicht. Kurz darauf erfährt Vincent von der Verlobung seines geliebten Bruders Theo und schlägt diesem vor, er, Vincent, wolle in die Fremdenlegion eintreten, damit er seinem Bruder nicht länger zur Last falle. Auch die Beziehung mit Gauguin spitzt sich weiter zu. Am 23. Dezember bedroht er ihn mit einem Rasiermesser auf der Straße und schneidet sich danach selber das linke Ohr ab. Das Ohr überbringt er, einer Trophäe gleich, einer von ihm geschätzten Prostituierten im Bordell. Man findet van Gogh am nächsten Morgen bewusstlos in seinem blutverschmierten Bett. Er wird in einer Spitalzelle gepflegt, kann die Einrichtung aber bereits am 7. Januar wieder verlassen. Gauguin ist mittlerweile nach Paris zurückgekehrt. Doch bereits am 7. Februar, nach drei Tagen voller Halluzinationen, muss van Gogh wieder hospitalisiert werden, diesmal für drei Wochen. Kaum ist er draußen, verlangten 33 Bürger von Arles mit einer Petition seine erneute Internierung, die dann im März auch angeordnet wird.

Auf Anraten des ihn umsorgenden Pfarrers Salles entschließt er sich zum Aufenthalt im Irrenhaus von St-Rémy.

Hier bezieht er ein kleines Zimmer, aus dessen vergittertem Fenster er ein ummauertes Kornfeld sehen kann. Dazu bekommt er noch ein Zimmer zum Arbeiten. »Ich versichere Dir, dass es mir gut geht«, schreibt er an seinen Bruder Theo. Auch mit den anderen Insassen versteht er sich offenbar gut. »Ich kann zum Beispiel manchmal mit einem, der nur in unzusammenhängenden Lauten antwortet, plaudern, weil er keine Angst vor mir hat.« Die Sicht auf die anderen Patienten hilft ihm auch, seine eigene Krankheit besser zu verstehen. »Es gibt hier einen, der immer so schreit und redet wie ich vierzehn Tage lang auch, er glaubt, in den hallenden Fluren Stimmen zu hören, vermutlich weil sein Hörnerv krank und überempfindlich ist, bei mir war es das Sehen und das Hören gleichzeitig, was – wie Rey kürzlich sagte – im Anfangsstadium einer Epilepsie häufig der Fall ist.« Hatte er in Arles noch den Wunsch, »überhaupt nicht mehr aufzuwachen«, wird in St-Rémy »dieses Grauen vor dem Leben schon geringer«.

Der Aufenthalt wird für van Gogh, trotz weiterer Krisen, zu einer großen Schaffenszeit. »Ich schufte wirklich wie ein Besessener, ich habe eine Arbeitswut wie noch nie. Und ich glaube, das wird dazu beitragen, dass ich gesund werde.« Zuerst arbeitet er noch in der Klinik und ihrem Garten, später malt er auch in der freien Natur. Während seines einjährigen Aufenthalts entstehen 143 Ölgemälde und über 150 Zeichnungen, darunter viele, die zu den wichtigsten Werken der modernen Malerei gehören, wie die Schwertlilien, die Sternennacht, Weizenfelder oder die Olivenbäume. Van Gogh ist auf dem Zenit seines Schaffens und trotzdem von Selbstzweifeln geplagt. »Ich muss unbedingt etwas Besseres machen als das Bisherige, das nicht gut genug war.«

Am 16. Mai 1890 verlässt er St-Rémy, reist zu seinem Bruder nach Paris und wenige Tage später ins nahegelegene Auvers-sur-Oise, wo er von Docteur Gachet betreut wird. In dieser Zeit hat er Auseinandersetzungen mit seinem Bruder und fühlt sich einsam. Am 27. Juli schießt er sich mit einem Revolver eine Kugel in die Brust und kehrt mit großer Mühe in seine Herberge zurück. Der Arzt wird gerufen. In der folgenden Nacht stirbt er in den Armen seines Bruders. Seine letzten Worte: »Weine nicht, ich habe es zum Wohle aller getan.«

Lesetipp/Zitate

Die Zitate (außer das letzte) stammen aus: Vincent van Gogh, Briefe, Reclam 2011. Die 819 Briefe von Vincent van Gogh sind ein Meisterwerk für sich selbst und ein wichtiger Schlüssel zum Verständnis des Künstlers und des Menschen van Gogh. Auf Deutsch sind diverse Editionen der Briefe erhältlich. Die meisten Bücher zeigen eine kleine Auswahl. Die vollständige Ausgabe umfasst 6 Bände. Ein Kompromiss ist mit 1054 Seiten der Band *»Manch einer hat ein großes Feuer in seiner Seele«*, der 2017 bei C.H. Beck erschienen ist.

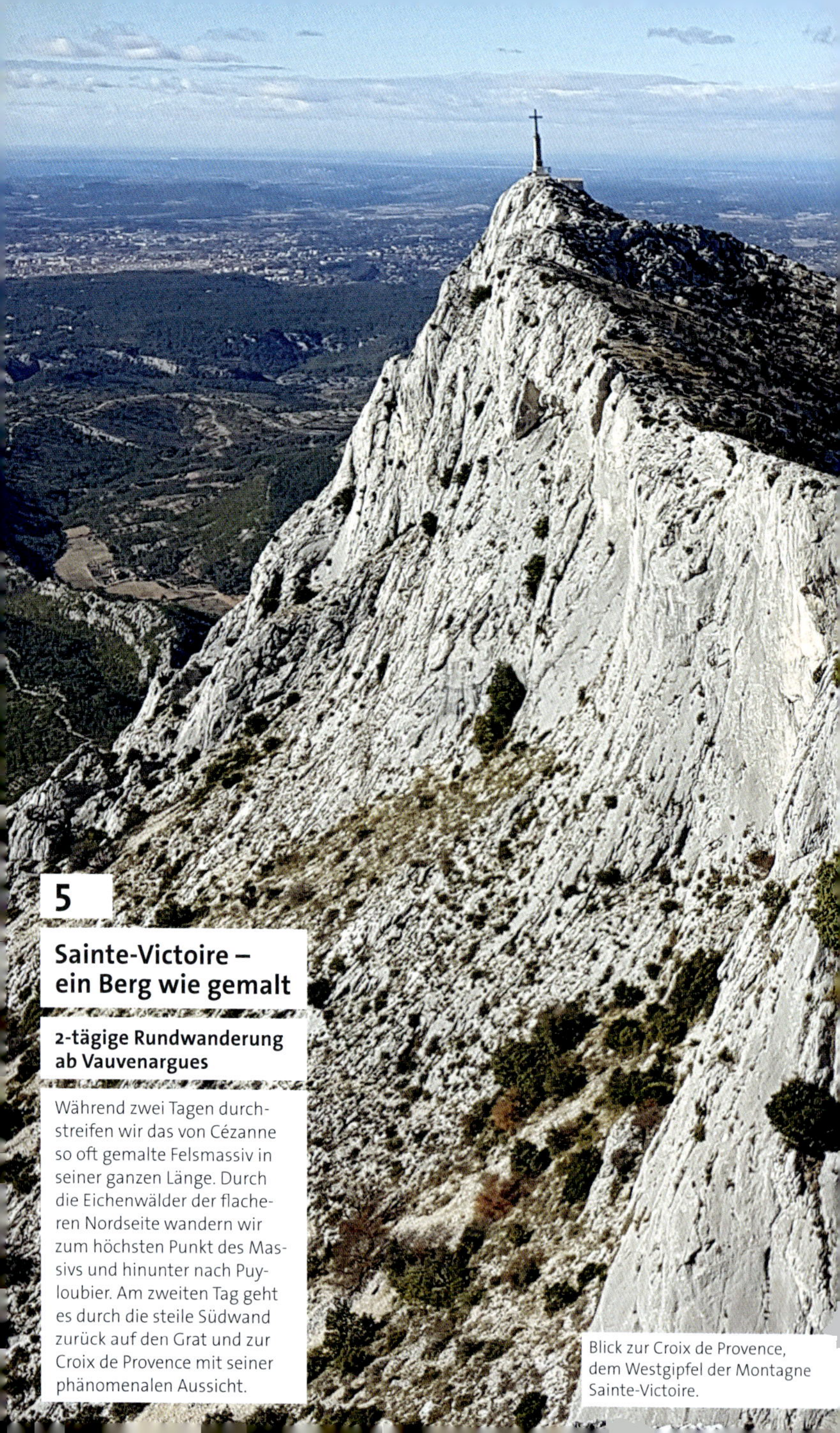

5

Sainte-Victoire – ein Berg wie gemalt

2-tägige Rundwanderung ab Vauvenargues

Während zwei Tagen durchstreifen wir das von Cézanne so oft gemalte Felsmassiv in seiner ganzen Länge. Durch die Eichenwälder der flacheren Nordseite wandern wir zum höchsten Punkt des Massivs und hinunter nach Puyloubier. Am zweiten Tag geht es durch die steile Südwand zurück auf den Grat und zur Croix de Provence mit seiner phänomenalen Aussicht.

Blick zur Croix de Provence, dem Westgipfel der Montagne Sainte-Victoire.

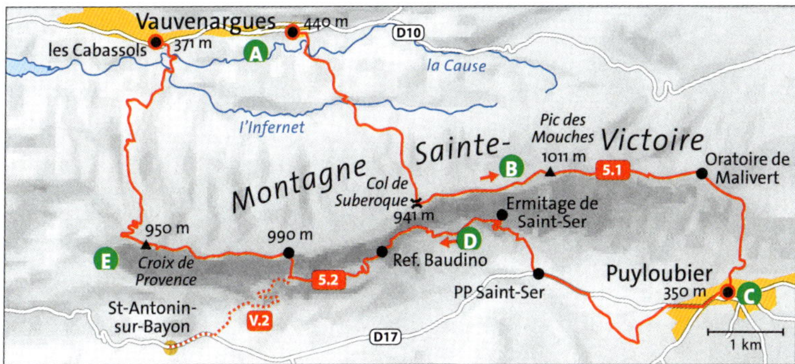

Beste Jahreszeit

März bis Juni oder Mitte September bis Mitte November. Zu beachten ist die teilweise Sperrung des Gebiets wegen Waldbrandgefahr zwischen Juni und September (siehe S. 22).

Karte

IGN 3244 ET

Varianten

1 Dank der guten Busverbindungen in Puyloubier und Vauvenargues können beide Etappen auch jeweils als Tageswanderung von Aix aus gemacht werden.

2 Wer am 2. Tag auf den etwas schwierigen Aufstieg zurück auf den Grat (T4) verzichten möchte, kann auf dem Wanderweg weiter dem Südfuß bis nach St-Antonin-sur-Bayon folgen (an der Buslinie Puyloubier–Aix gelegen). Zeitersparnis 1 h 45, Schwierigkeit T3.

An- und Abreise

Vauvenargues: Busverbindung mit Linie 140 vom Busbahnhof in Aix-en-Provence (die Haltestelle dieser Linie ist ca. 200 m vom eigentlichen Busbahnhof entfernt; 1× pro Stunde, Sa/So weniger häufig) bis zur Haltestelle Village haut. Wer nicht durch das Dorf spazieren möchte, fährt bis zur Endhaltestelle Gouirand.

Zurück nach Aix-en-Provence: Busverbindung ab Vauvenargues, les Cabassols, ebenfalls mit Bus Linie 140. Fahrplan auf pacamobilite.com oder lepilote.com.

Touristinfo

grandsitesaintevictoire.com Informative Website zur Montagne Sainte-Victoire

Sehenswertes

- A Dorf Vauvenargues mit seinem Schloss
- B Aussicht vom Pic des Mouches, dem höchsten Punkt der Sainte-Victoire
- C Dorf Puyloubier
- D Ermitage de St-Ser und die felsige Südflanke des Massivs
- E Aussicht von der Croix de Provence und die Prioratskirche

Etappenorte

Vauvenargues

vauvenargues.org Ein Lebensmittelladen und diverse Restaurants im Ort. Mögliche Unterkünfte sind das Gîte d'étape Les Écuries de la Cause (lacause.fr; Massenschlag, günstig) oder das Chambre d'hôtes L'Isolade (airbnb.fr/rooms/13200535), beide am östlichen Dorfende. Dank der guten Busverbindungen eignet sich aber auch Aix-en-Provence als Standort.

Puyloubier

si-puyloubier.13.fr Direkte Busverbindung nach Aix-en-Provence mit Linie 110 (1× pro Stunde, Sa/So weniger häufig). Fahrplan auf pacamobilite.com oder lepilote.com. Einkaufsmöglichkeiten und diverse Restaurants im Ort. Mögliche Unterkünfte sind die günstige Gîte Daniel Gorgeon (gite-dgorgeon.com; Massenschlag mit Kochmöglichkeit), die Maison d'hôtes la Garenne (maisondhotes-lagarenne.fr) oder das Chambre d'hôtes Lou Ribas (louribas.blogspot.ch). Etwa 1 h hinter

Puyloubier, direkt an der Wanderroute, befindet sich das empfehlenswerte Relais de St-Ser (relaisdesaintser.com), schlicht, gediegen mit guter Küche und schöner Aussicht.

Unterwegs

Am 2. Wandertag gibt es im Refuge Barthélémy Baudino und im Prieuré de Sainte-Victoire einfachste, unbewartete Unterkünfte mit Massenlager (ohne Matratzen). Infos zu den Öffnungszeiten der Priorei auf amisdesaintevictoire.asso.fr/dates-fermetures-prieure.html.

Lesetipp

Peter Handke, *Die Lehre der Sainte-Victoire.* In der Erzählung schildert der Autor unter anderem drei Wanderungen am Fuß der Sainte-Victoire und hinauf zur Croix de Provence. Er geht dabei offenbar lieber auf der Straße als auf sogenannten Wanderwegen. Der *Spiegel* befand, die Erzählung sei »die Verwandlung einfacher Ereignisse und Beobachtungen in Offenbarungen«.

Paul Cézanne

Das rund 10 km lange Kalksteinmassiv der Montagne Sainte-Victoire ist ein Symbol der Provence. Das Spiel des Lichts auf dem weißen Kalkstein hat viele Literaten und Maler inspiriert – allen voran Paul Cézanne, der das Massiv vor seiner Haustür über 80-mal auf der Leinwand festgehalten hat. Als er es am 15. Oktober 1906 ein weiteres Mal im Freien malte, wurde er von einem Unwetter überrascht, verlor die Besinnung und wurde von den Kutschern eines Wäschekarrens aufgelesen. Die Unterkühlung mündete in eine Lungenentzündung, von der er sich nicht mehr erholte. Er starb am 22. Oktober 1906 in seinem Haus in Aix-en-Provence.

Paul Cézanne, *La Montagne Sainte-Victoire au-dessus de la Route de Tholonet*, 1896.

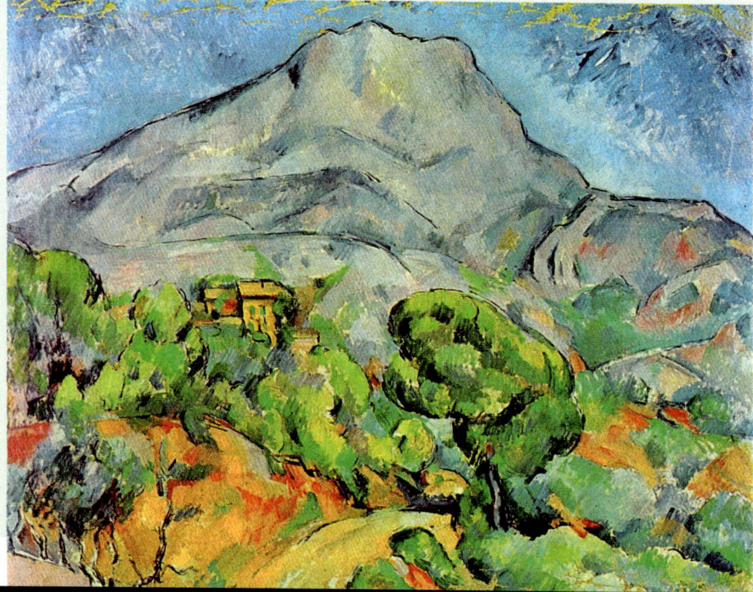

5.1 Vauvenargues–Puyloubier

Wanderzeiten	
Vauvenargues–Col de Suberoque	2 h 00
Col de Suberoque–Pic des Mouches	0 h 50
Pic des Mouches–Oratoire de Malivert	0 h 40
Oratoire de Malivert–Puyloubier	1 h 00
Total	**4 h 30**
Höhendifferenz	↗ 760 m ↘ 850 m
Schwierigkeit	T3

Wir starten unsere Wanderung bei der Bushaltestelle Village haut/Vauvenargues Centre, auf der Umfahrungsstraße oberhalb von **Vauvenargues** (440 m). Auf einer Treppe gehen wir ins Dorf hinunter. Vor uns das Schloss mit seinen charakteristischen Rundtürmen. Auf der Dorfstraße gehen wir nach links bis zum Parkplatz am Ende des Dorfs (Bushaltestelle Gouirand) und über den Parkplatz rechts hinunter zum Fluss, den wir auf einer Brücke überqueren. 100 m weiter biegt unser Wanderweg links ab. Seinen Namen Sentier des Plaideurs (frz. *plaideur* = prozessführende Partei) erhielt der Weg, weil Ende des 18. Jahrhunderts die Bewohner von Puyloubier für ihre Zivilprozesse über den Berg nach Vauvenargues zu Gericht ziehen mussten. Und genau diesen Weg gehen wir heute.

Der Weg (stets grün markiert) führt nach einem ersten Anstieg durch ein kleines Seitental und dann weiter hinauf, zuerst noch durch einen Mischwald, später durch die Garrigue bis zum Grat, den wir am **Col de Suberoque** (941 m) erreichen. Erstmals sehen wir in die eindrückliche Südflanke der Sainte-Victoire. Wir folgen ab hier bis zu unserem Tagesziel Puyloubier dem rot-weiß markierten GR9 nach links, zuerst auf der nördlichen Flanke meist etwas unterhalb Grats. Ein kurzer Abstieg über einen Felsen ist mit einer Kette gesichert. Vor dem Gipfel wechselt der Weg hinter dem Felssporn des Bau de l'Aigle für kurze Zeit auf die Südseite (was uns – sollte der Mistral blasen – willkommenen Windschatten beschert). Auf dem **Pic des Mouches** (1011 m), dem höchsten Punkt der Bergkette (er überragt den Plan de la Crau um

Picasso in Vauvenargues

1958 fand das Schloss Vauvenargues einen berühmten Käufer: Picasso. Eine Anekdote schildert das Telefonat, in dem Picasso seinen Agenten Kahnweiler über den Kauf informierte: »Ich habe die Sainte-Victoire von Cézanne gekauft.« »Welche?«, erkundigte sich Kahnweiler, der naheliegenderweise an ein Gemälde dachte. »Das Original«, entgegnete Picasso. Picasso verlegte seine Kunstsammlung in das Schloss, lebte aber selber nur kurze Zeit, bis Juni 1961, hier. Heute liegt er im Garten des Schlosses neben seiner letzten Frau Jacqueline begraben. Geerbt hat das Schloss, das für Besucher nicht zugänglich ist, Jacquelines Tochter.

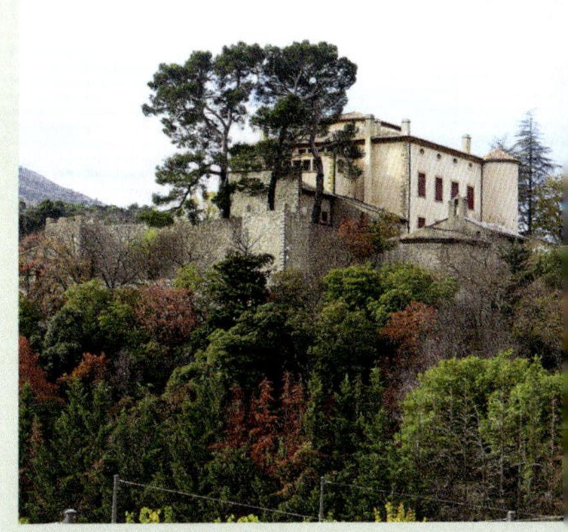

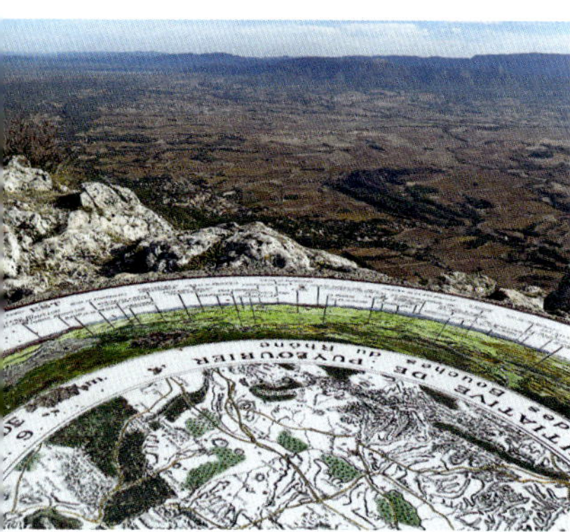

Gipfelpanorama auf dem Pic des Mouches (1011 m).

einen Meter), erklärt uns ein Panorama die phänomenale Aussicht in alle Himmelsrichtungen. Wir sehen von hier auch die anderen Kalkmassive der Provence wie den Luberon oder die Sainte-Baume, von deren Geologie die der Sainte-Victoire sich geringfügig unterscheidet. Der Tithon-Kalk der Sainte-Victoire ist rund 140 Millionen Jahre alt und somit 20 bis 30 Millionen Jahre älter als die Kalkgesteine der benachbarten Ketten (Sainte-Baume, Alpilles, Luberon, Ventoux) – aber alle stammen sie aus Sedimenten, die sich einst auf dem Grund des Tethysmeers angesammelt haben.

Schlacht von Aquae Sextiae

Auf der weiten Ebene südlich von Puyloubier fand im Jahr 102 v. u. Z. die Schlacht von Aquae Sextiae (dem heutigen Aix-en-Provence) statt, in der die Römer unter der Führung von Gaius Marius die Germanenstämme der Teutonen und Ambronen vernichtend schlugen. Die Germanen zogen plündernd durch Gallien Richtung Italien. Ihr Zug mit rund 30 000 Kriegern umfasste zusammen mit Frauen, Kindern und Greisen etwa 150 000 Personen. Antike Quellen sprachen von 100 000 bis 300 000 Opfern unter den Teutonen, was heute aber als übertrieben erscheint. Doch die Niederlage war so vernichtend, dass die Volksgruppe der Teutonen mit der Schlacht ihr Ende fand.

Unser Weg folgt weiter dem Grat Richtung Osten. Circa 500 m nach dem Gipfel, bei einem großen Steinmann, befindet sich circa 20 m nördlich des Grats der Garagaï de Cagoloup, ein 15 m tiefer und 15 m breiter Schlund. Wie in anderen Kalksteinmassiven gibt es auch in der Sainte-Victoire unzählige Dolinen und Höhlen, vom Regenwasser aus dem Fels gewaschen. Weiter absteigend, erreichen wir das **Oratoire de Malivert** (776 m), einen Bildstock, der im 17. Jahrhundert zu Zeiten der großen Pestepidemie erstellt wurde. Etwas mehr als 100 m nach dem Bildstock halten wir uns bei einer Abzweigung links und schlagen den schmaleren Weg ein. Der Blick geht Richtung Osten über weite, unbesiedelte Hügelketten. Rund 10 min später verlassen wir den Grat und steigen nach Puyloubier ab (immer noch rot-weiß markiert). Kurz vor dem Dorf führt der Weg durch eine kleine Schlucht und erreicht dann, rechts um den Burghügel und immer den Markierungen folgend, das Dorfzentrum von **Puyloubier** (350 m), einen großen Platz mit Gemeindehaus, Restaurant, Laden und Bushaltestelle. Bekannt ist Puyloubier in erster Linie wegen der Einrichtung für verletzte Soldaten der Fremdenlegion, die sich auf einem 210 Hektar großen Gelände im Westen des Dorfs befindet (Domaine du Capitaine Danjou) und auch ein kleines Museum der Uniformen der Fremdenlegion beherbergt.

5.2 Puyloubier–Vauvenargues

Wanderzeiten	
Puyloubier–Parkplatz St-Ser	0 h 50
Parkplatz St-Ser–Ermitage de St-Ser	0 h 35
Ermitage de St-Ser–Refuge Barthélémy Baudino	0 h 55
Refuge Barthélémy Baudino–Ausstieg grüne Route	1 h 10
Ausstieg grüne Route–Croix de Provence	0 h 45
Croix de Provence–les Cabassols (Vauvenargues)	1 h 15
Total	**5 h 30**

Höhendifferenz	↗ 940 m ↘ 920 m
Schwierigkeit	T4

Von der Bushaltestelle in **Puyloubier** (350 m) folgen wir der Hauptstraße stadtauswärts und biegen nach circa 300 m rechts in die D17 Richtung Le Tholonet ab. 100 m vor einer Kuppe geht es dann links in den Chemin du Puits de Daim (blau markiert) und weiter durch die Weinberge. Wo eine Stromleitung unseren Weg kreuzt, biegen wir links in einen Feldweg ab. 200 m weiter, biegen wir rechts ab und sind nun wieder auf einem rot-weiß markierten Weg, der zugleich auch Teil des Jakobswegs zwischen der italienischen Grenze und Arles ist (GR 653a). Circa 800 m weiter, nach zwei großen, allein stehenden Kiefern, können wir den GR nach links verlassen und sparen uns auf diese Weise etwas Asphalt. Immer geradeaus, errei-

Südhang der Montagne Sainte-Victoire westlich von Puyloubier.

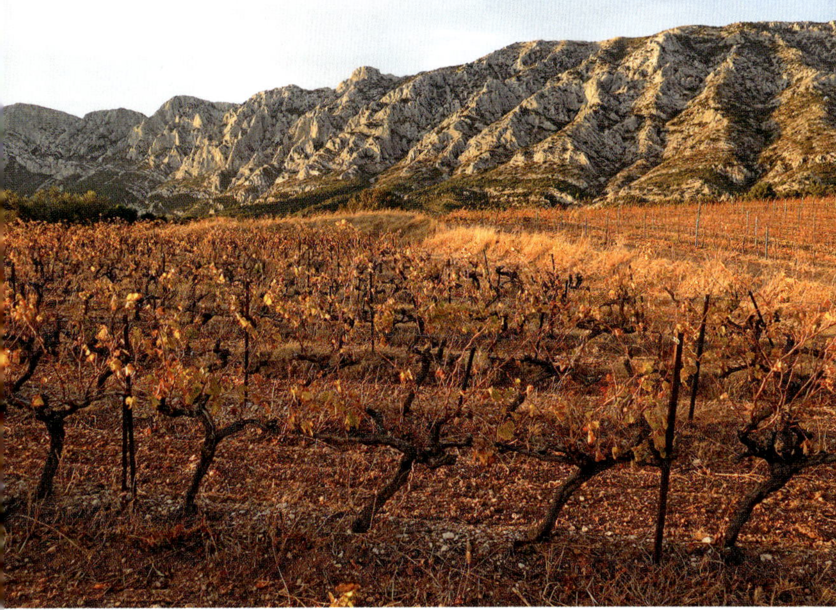

Saint-Ser

Im 5. Jahrhundert lebte Saint-Ser, ein Einsiedler aus Lyon, in einer Grotte, um in der Abgeschiedenheit Gott zu huldigen. Es war die Zeit, in der die Westgoten unter Eurich II. die Römer aus der Provence vertrieben. Die neuen Herrscher waren keine Christen, und als Eurich II. von der Beliebtheit Saint-Sers erfuhr, ließ er ihm zuerst das Trommelfell durchstechen, dann die Ohren abschneiden und zum Schluss den ganzen Kopf abschlagen. Seither wird Saint-Ser zur Heilung von Taubheit und Ohrenschmerzen angerufen. Im Jahr 1001 wurde vor der Höhle eine einfache Kapelle errichtet, die durch die Jahrhunderte immer wieder zerstört (u. a. durch Steinschlag) und wieder aufgebaut wurde, das letzte Mal 2001 zum 1000. Jahrestag.

chen auch wir die Straße und folgen dieser nach links, an einem großen Weingut und der Abzweigung zum Relais de St-Ser vorbei, bis zum **Wanderparkplatz St-Ser** (404 m). Hier verlassen wir den GR und nehmen den Weg, der bergauf und später direkt am Relais de St-Ser vorbeiführt (Wegweiser Refuge Baudino, Ermitage; rot markiert). Auf einem alten, gepflasterten Weg mit vielen Kehren gewinnen wir schnell an Höhe und erreichen nach 30 min die **Ermitage (Einsiedelei) de St-Ser** (624 m).

Für den Weiterweg gehen wir einige Meter zurück, an der kleinen Höhle und dem Aussichtspunkt unterhalb der Kapelle vorbei und halten bei der folgenden Abzweigung nach rechts. Ab hier folgen wir den braunen Markierungen bis zum **Refuge Barthélémy Baudino** (815 m), das wir nach einem steilen Aufstieg und zum Schluss durch ein Chaos von großen Felsblöcken erreichen. In der immer offenen, einfachen Hütte kann man auf Holzplanken übernachten oder sich auf dem Holzfeuer ein Essen zubereiten.

Wir steigen von der Hütte wieder rund 100 Höhenmeter ab und biegen nach 10 min bei einem großen Steinmann rechts ab (immer noch braun markiert). Von hier wieder leicht bergauf, bis wir nach weiteren circa 25 min wieder eine Abzweigung erreichen, die mit mehreren Steinmännchen markiert ist. Hier biegen wir rechts ab und folgen steil bergauf den nun grünen Markierungen. Es ist das schwierigste Teilstück der Tour. Da man sich im felsigen Gelände leicht versteigen kann, gilt es, konsequent den grünen Markierungen zu folgen. Aber auch auf der korrekten Route wird man immer wieder die Hände zu Hilfe nehmen, insbesondere beim letzten Aufschwung, der uns zurück auf den Grat bringt. Vom **Ausstieg der grünen Route** (990 m) folgen wir dem GR9 (rot-weiß markiert) dem Grat entlang bis zum Gipfelkreuz auf der westlichsten Erhebung der Montagne Sainte-Victoire, der **Croix de Provence** (946 m).

Vom Gipfel steigen wir zur Kapelle ab (siehe Kasten). Drei Minuten später halten wir uns rechts und wandern weiter auf dem rot-weiß markierten GR9, der mit weiten Kehren und später entlang einer großen Trockensteinmauer, der Grenzmauer der Priorei, ins Tal hinunterführt. Ab P. 722 wandelt sich der Weg leider in eine breite Piste. Dieser Weg durch den Kiefernwald, der Chemin des Venturiers, ist der historische Weg der Prozessionen und der Pilger hinauf zur Kapelle Notre-Dame-de-Victoire. Die Bezeichnung des Wegs stammt vom ursprünglichen Namen des Bergs, der bis ins 17. Jahrhundert Mont Venture genannt wurde (siehe Kasten). Rund 55 Minuten nach der Croix de Provence, nachdem die Piste bei einer Querung fast eben verläuft, können wir auf einem deutlichen Weg rechts abbiegen (nicht markiert, auf ca. 445 m). Der Weg führt in eine Lichtung und in ein kleines Tal. Bevor der Weg wieder ansteigt, biegen wir auf einem Fußpfad links ab und folgen dem Talgrund, um später wieder auf den markierten Weg und die Piste zu stoßen. Stets der Piste folgend, erreichen wir bei **les Cabassols** (371 m) die Hauptstraße. Die Busstation (Vauvenargues, les Cabassols) Richtung Aix-en-Provence befindet sich 200 m auf der Hauptstraße nach links.

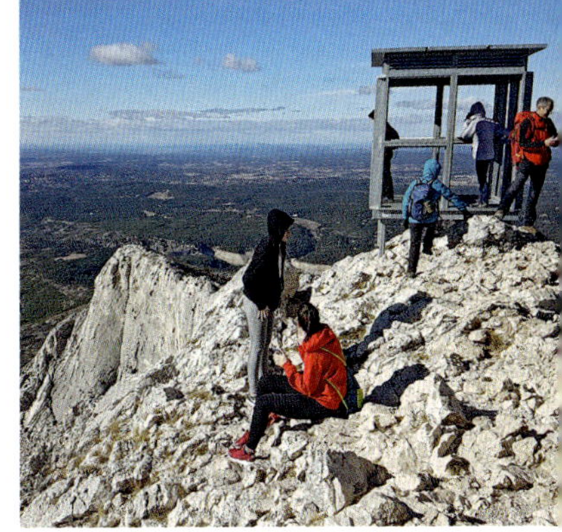

Das Stahlgerüst bei der Croix de Provence gibt Halt bei starkem Wind.

Montagne Sainte-Victoire

Das erste Kreuz auf dem Westgipfel der Montagne Sainte-Victoire soll zu Beginn des 16. Jahrhunderts von einem Seemann erstellt worden sein, der in Seenot gelobte, auf dem ersten Gipfel, den er bei seiner Rückkehr erblicke, als Dank ein Kreuz zu errichten. Doch dieses und mindestens zwei weitere Kreuze wurden alle vom Mistral davongeblasen. Damit dasselbe nicht mit den Besuchern passiert, wurde neben dem Kreuz ein Metallquader aufgestellt, an dem man sich festhalten kann. Das jetzige 19 m hohe Kreuz wurde im Mai 1875 im Beisein von nahezu 3000 Pilgern geweiht. Auf seinem Sockel trägt es Inschriften in vier Sprachen: im Norden, gegen Paris, auf Französisch; im Osten, gegen Rom, auf Latein; im Süden, gegen Marseille, die Stadt der Phokäer, auf Griechisch; und im Westen, gegen Aix, die alte Hauptstadt der Provence, auf Provenzalisch.

Die Montagne Sainte-Victoire trug bis ins 17. Jahrhundert den Namen Mont Venture. Dieser könnte vom Lateinischen *ventus* (Wind) abgeleitet sein oder, noch wahrscheinlicher, von *vin-t* oder *ven-t*, dem vorkeltischen Namen für Berg. Aus Ventur wäre dann durch eine einfache Lautverschiebung Victoire geworden. Die Hypothese, der Name Sainte-Victoire nehme Bezug zum Sieg von Gaius Marius gegen die Teutonen (siehe S. 122), wurde inzwischen aufgegeben.

Wenig unterhalb des Gipfelkreuzes liegt die Kapelle Notre-Dame-de-Victoire. In der ehemaligen Priorei (Kloster) ist heute ein einfaches Massenlager untergebracht (siehe Infoteil). Auf der Montagne Sainte-Victoire soll es schon immer eine Kapelle gegeben haben. Ältere Quellen sprechen auch von einem Tempel, der von Gaius Marius nach seinem Sieg über die Teutonen errichtet wurde, entweder hier an der Stelle der heutigen Kapelle oder aber in der Nähe von Vauvenargues. Die Fundamente der heutigen Gebäude wurden an der Stelle einer älteren Einsiedelei Mitte des 17. Jahrhunderts erbaut. Von 1651 bis 1859 war das kleine Kloster stets von wenigen Mönchen oder manchmal auch nur Einsiedlern bewohnt. Danach zerfielen die Gebäude und wurden erst ab 1955 durch die Freunde der Sainte-Victoire wieder aufgebaut. 2017 wurden Kapelle und Priorei nochmals restauriert und erstrahlen heute im neuen Glanz.

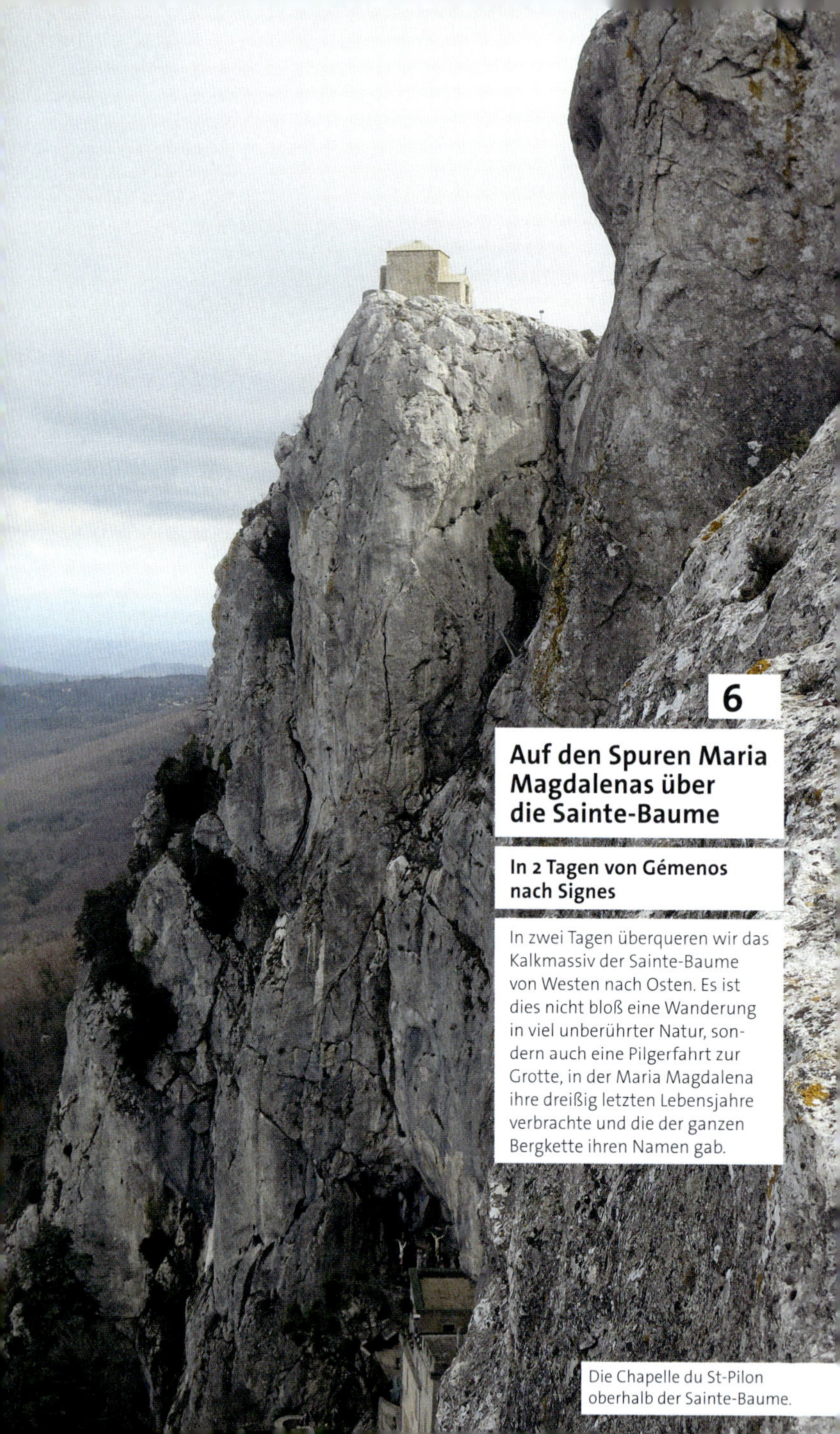

6

Auf den Spuren Maria Magdalenas über die Sainte-Baume

In 2 Tagen von Gémenos nach Signes

In zwei Tagen überqueren wir das Kalkmassiv der Sainte-Baume von Westen nach Osten. Es ist dies nicht bloß eine Wanderung in viel unberührter Natur, sondern auch eine Pilgerfahrt zur Grotte, in der Maria Magdalena ihre dreißig letzten Lebensjahre verbrachte und die der ganzen Bergkette ihren Namen gab.

Die Chapelle du St-Pilon oberhalb der Sainte-Baume.

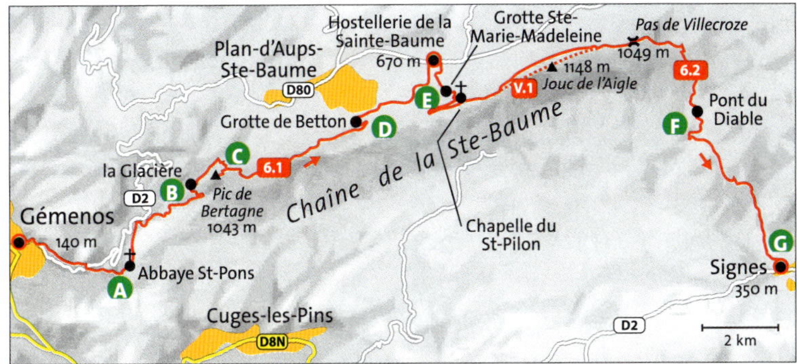

Beste Jahreszeit

Mitte März bis Mitte Juni und Mitte September bis Ende Oktober. Zu beachten ist die teilweise Sperrung des Gebiets wegen Waldbrandgefahr zwischen Juni und Ende September (siehe S. 22).

Karten

IGN 3245 ET und 3345 OT

Variante

1 Statt am 2. Tag nach dem Col du St-Pilon in die Nordflanke zu wechseln, kann man auch auf dem rot-weiß markierten GR9 bleiben und den höchsten Punkt der Sainte-Baume, den Jouc de l'Aigle (1148 m) überschreiten. Etwa gleich lang wie die beschriebene Variante.

An- und Abreise

Gémenos: Bahnverbindung von Marseille St-Charles bis Aubagne, weiter mit Bus Linie 7 von Les bus de l'agglo nach Gémenos Centre (1× pro Stunde außer So). Taxi Bero in Gémenos: Tel. 04 42 32 12 22.

Signes: Busverbindung (seit einem drastischen Abbau) nach Toulon mit Linie 8808 von Varlib nur noch Mo–Fr frühmorgens. Alternativ mit dem Taxi zum Bahnhof von St-Cyr (Bahnlinie Marseille–Toulon). Taxi Lefevre, Patricia: Tel. 06 82 95 17 47, unbedingt reservieren. Die Fahrt nach St-Cyr kostet zwischen 40 und 50 Euro.

Zurück zum Startpunkt: Kompliziert und umständlich. Mit Bus oder Taxi nach Le Beausset, von dort weiter mit Bus Linie 8801 zum Bahnhof von St-Cyr, danach mit der Bahn nach Aubagne und mit dem Bus nach Gémenos.

Sehenswertes

- A Parc de St-Pons mit alten Mühlen, Kirche, Kloster und Wasserfall
- B Eiskeller la Glacière
- C Aussicht vom Pic de Bertagne
- D Grotte de Betton
- E Grotte Ste-Marie-Madeleine
- F Cascade du Latay
- G Nougat Fouque

Etappenorte

Gémenos

mairie-gemenos.fr Einkaufsmöglichkeiten und diverse Restaurants im Ort. Am Ausgang des Dorfs im Tal von St-Pons liegen gleich drei Unterkünfte: zwei Chambres d'hôtes (moulin-gemenos.fr und lemanoir-gemenos.fr, etwas teurer) sowie die Domaine du Parc (domainehotelduparc.fr). Wenige Hundert Meter vom alten Dorfkern liegen das Hotel Le Provence (hotel-le-provence.fr, günstig), ein Chambre d'hôtes (masdebertagne.com, etwas teurer) sowie das gediegene Relais de la Magdeleine (relais-magdeleine.com).

Sainte-Baume

Die Hostellerie de la Sainte-Baume, eine historische Unterkunft für Pilger, wird von Dominikanern betreut. Gemeinsames Abendessen und einfache Zimmer (saintebaume.org). Auf der anderen Straßenseite gibt es einen Souvenirladen, wo u. a. Kekse erhältlich sind. Außerhalb der Hostellerie die Restauration Rapide (Crèpes, Sandwichs, Glaces etc.). Bei

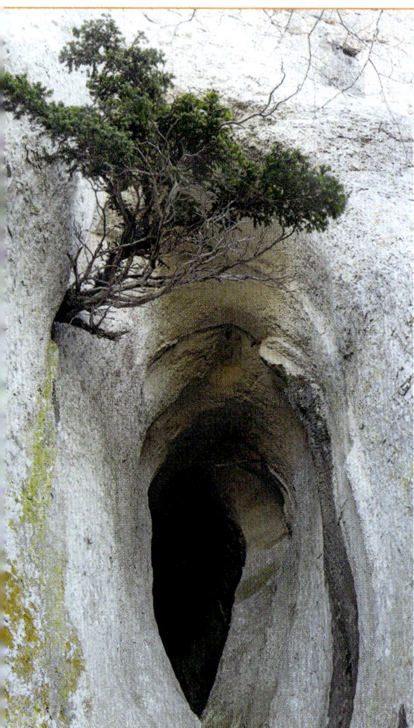

Die Grotte de Betton.

der Hostellerie kann ein Picknick für den Folgetag bestellt werden. Ca. 1 km westlich der Hostellerie liegt das Chambre d'hôtes Maison Rouge (mamaisonrouge.fr; kein Abendessen, aber Möglichkeit bei der Hostellerie).

Signes

Einkaufsmöglichkeiten und diverse Restaurants im Ort. Im Dorf das Hotel Le Clos des Acacias (closdesacacias.fr), ca. 800 m vor dem Dorf am Wanderweg, und im Grünen die Gîtes du Raby (gites-du-raby.com). Auf Vorbestellung bekommt man da auch Abendessen und Frühstück. Etwas mehr als 1 km außerhalb des Dorfs, und nicht an der Wanderroute, liegen die beiden Chambres d'hôtes Happy Riders Rest (facebook.com/TeamH2R) und Danièle et Henri (danielehenri.free.fr).

6.1 Gémenos–Hostellerie de la Sainte-Baume

Wanderzeiten	
Gémenos–Abbaye de St-Pons	0 h 55
Abbaye de St-Pons–la Glacière	1 h 20
la Glacière–Pic de Bertagne	0 h 55
Pic de Bertagne–Grotte de Betton	1 h 30
Grotte de Betton–Hostellerie de la Sainte-Baume	1 h
Total	**5 h 40**
Höhendifferenz	↗ 1050 m ↘ 520 m
Schwierigkeit	T3

Vom Hauptplatz in **Gémenos** (140 m, Busstation Gémenos Centre) gehen wir links um die Markthalle herum und am ehemaligen Waschhaus vorbei auf der Rue St-Pons stadtauswärts. Nach rund 600 m können wir unmittelbar beim Ortsschild von Gémenos links durch ein Tor in ein privates Grundstück abbiegen (Le Pré du Moulin, Zugang erlaubt). Rechts haltend gehen wir durch den Park und erreichen oberhalb der Treppe das Théatre de la Verdure. Das Open-Air-Theater wurde an einer Stelle errichtet, an der bereits vor dem Theaterbau wegen der guten Akustik am Hang getanzt und musiziert wurde. Am Theater vorbei, gehen wir dem Hang entlang stets geradeaus, an einem kleinen Wasserfall vorbei, bis zur Straße, auf der wir nach rechts den Bach le Fauge überqueren. Gleich danach halten wir links aufwärts (ab hier gelb markiert, Wegweiser Abbaye de St-Pons). Wir befinden uns nun im Parc de St-Pons, einem beliebten Naherholungsgebiet mit einem eindrücklichen Baumbestand. Vorbei an der Ruine der alten Papiermühle le Paradou (17. Jh.), erblicken wir kurz darauf auf der anderen Seite des Bachs die Kapelle St-Martin, die

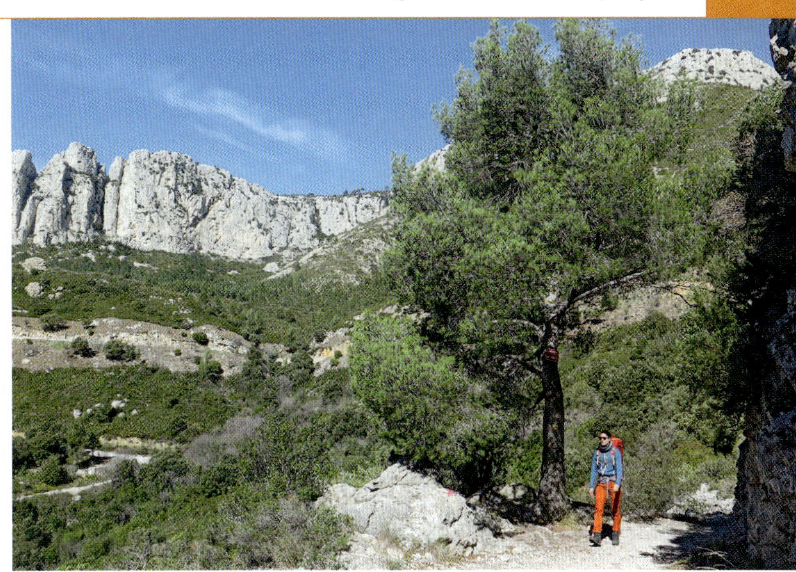

Blick zur Falaise de la Galère beim Aufstieg zur Glacière.

erste Pfarrkirche von Gémenos-le-Vieux. Die Kirche wurde 1080 erstmals erwähnt, der heutige Bau stammt aus dem 13. Jahrhundert. Weiter dem Bach entlang, erreichen wir die Getreidemühle de Cuges mit dem moosbewachsenen Felsen, über den sich der Bach stürzt. Auch diese Mühle wurde bereits im 11. Jahrhundert erwähnt. Dem Wegweiser zur Abbaye St-Pons folgend, erreichen wir das ehemalige Zisterzienserinnenkloster nach 300 m. Von der **Abbaye de St-Pons** (250 m) ist nur noch die 45 m lange Kirche erhalten (geschlossen).

Um das nächste Streckenstück auf dem Fahrweg zu vermeiden, folgen wir hier nicht den Wegweisern Richtung la Glacière, sondern gehen über die Lichtung und folgen auf einem Pfad dem linken Bachufer. Wo der Weg nach rechts aufzusteigen beginnt, halten wir nach links, überqueren auf ein paar Steinen den Bach und erreichen den Fahrweg, dem wir bergauf folgen. 150 m weiter, müssen wir uns beim Wegweiser entscheiden: Wir können hier auf dem Fahrweg bleiben (und bei der nächsten klaren Linkskurve rechts auf den Fußpfad abbiegen und dem Wegweiser la Glacière via le Vallon du Fauge folgen). Zuvor kann man einen Abstecher zum Wasserfall bei der Gour de l'Oule machen und hierher zurückkommen (10 min). Oder wir wandern bis zum Wasserfall und finden von dort weglos zum Wanderweg zurück. Dazu müssen wir links vor dem Wasserfall bei der Talenge Gour de l'Oule steil etwa 50 m hinaufkraxeln (T4). Mit etwas Fantasie kann man hier einen Pfad erkennen. Oben erreichen wir den Wanderweg, der hier auch mit Stützmauern versehen ist. Wir folgen dem Weg nach rechts (ab hier wieder gelb markiert), der uns durch den Steineichenwald das Tal hinaufführt. 150 m nach der Mündung des

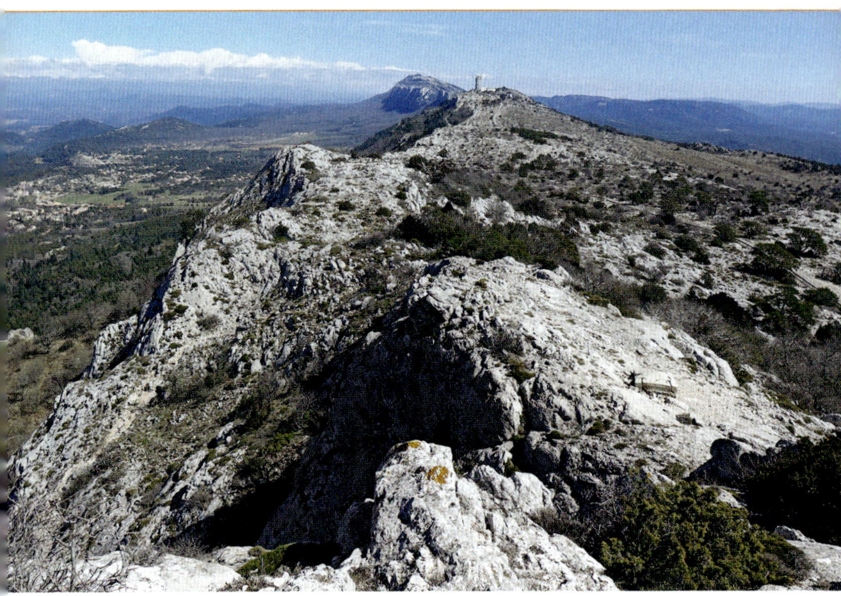

Aussicht vom Pic de Bertagne über die Kette der Sainte-Baume.

Wegs in einen anderen Wanderweg befindet sich auf der linken Seite des Wegs eine immer offene Schutzhütte. Nochmals 50 m weiter, erreichen wir **la Glacière** (660 m), ein rund 15–20 m tiefes, gemauertes Eisloch, in dem das Eis des Winters aufbewahrt wurde. In der wärmeren Jahreszeit transportierte man es nach Marseille, wo es zur Kühlung von Nahrungsmitteln und Getränken verwendet wurde. Diese überdachten Eiskeller, von denen es um die Sainte-Baume über 20 gab, waren ab dem 17. Jahrhundert und bis zu Beginn des 19. Jahrhunderts in Betrieb.

Von la Glacière erreichen wir auf dem Wanderweg in 30 min den Col de Bertagne. Über diesen Pass führte bis 1922 eine kleine Eisenbahnlinie für den Transport von Lignit (auch Xylit oder Schieferkohle genannt) von Plan d'Aups nach St-Pons. Vom Pass geht es steil bergauf bis zum Hauptgrat der Sainte-Baume. Auf der Krete können wir den Wanderweg nach rechts verlassen und einfach über Karstfelsen den höchsten Punkt des **Pic de Bertagne** (1040 m) erreichen. Es ist dies zugleich der höchste Punkt des Département Bouches-du-Rhône (der östliche, höchste und größere Teil der Sainte-Baume liegt im Département Var). Vor uns die ganze Kette der Sainte-Baume, die seit 2018 als regionaler Naturpark geschützt ist (www.pnr.saintebaume.fr). Für eine noch bessere Sicht auf das Vallon de St-Pons, Marseille, das Cap Canaille und das Meer gehen wir bei der großen Radarkugel (Zivilluftfahrt) links dem Zaun entlang, überqueren die Straße und laufen bis zur Felskante im Westen (gelb markiert). Zurück auf der Straße folgen wir ihr für 200 m bis zum Wegweiser und biegen dann rechts Richtung Col du St-Pilon ab. Nach 20 min tref-

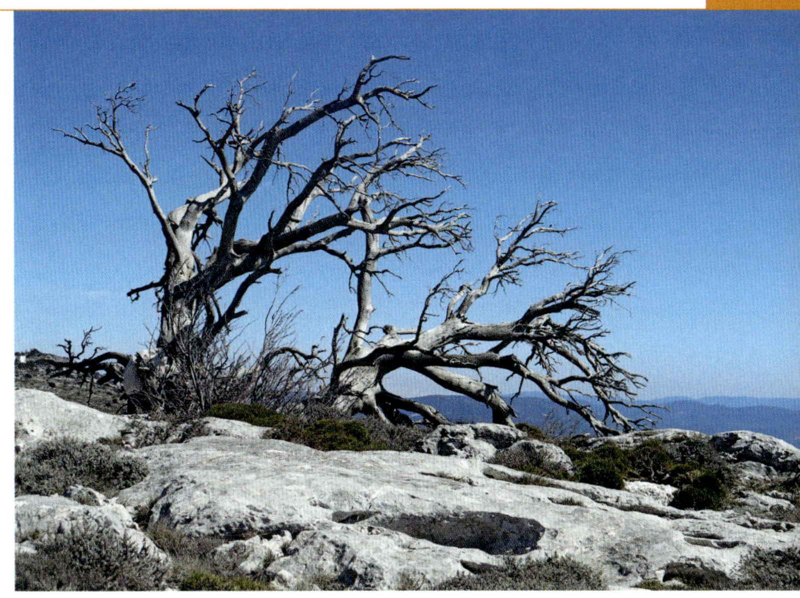

Auf dem Kalkrücken der Sainte-Baume.

fen wir auf den GR98, der uns nach links auf die Krete zurückführt. Nach dem zweiten Sendemast (aus Beton) gehen wir auf die Straße, die wir 200 m weiter östlich, bei einem Steinmann, im rechten Winkel nach links verlassen (grüne Markierungen). Der Weg führt uns auf die Nordseite der Sainte-Baume und in den Wald zurück. Circa 500 m nachdem wir einen breiteren Weg erreicht haben und auf diesem weiter abwärts gelaufen sind, führt rechts ein Pfad steil aufwärts (grüner Punkt). Wo der Pfad den Felsen erreicht, geht es noch 10 m der Wand entlang nach links bis zur kleinen **Grotte de Betton** (ca. 840 m) mit ihrer vulvaförmigen Öffnung, in die man rund 10 m hineinsteigen kann (3 min vom Fahrweg aus). Auf dem Fahrweg weiter bergab, biegen wir nach der Umrundung eines Reservoirs bei der ersten Möglichkeit rechts ab (markiert, aufwärts). Nach 30 m verlassen wir den gelb markierten Weg und halten uns links (nicht markiert). Der Weg mündet in einen breiteren Weg auf einem Band. Bei der ersten Abzweigung biegen wir links ab und halten uns danach oberhalb der ersten Häuser zweimal rechts (ab hier wieder gelb markiert). Bei einer großen Wegkreuzung folgen wir dem Wegweiser Richtung Hostellerie de la Sainte-Baume nach links. Alles den gelben Markierungen nach, kommen wir am Ende auf den Fahrweg zur **Hostellerie de la Sainte-Baume** (670 m). Da während der Revolution die ehemalige Pilgerunterkunft bei der Grotte zerstört wurde, baute man 1860 diese große Unterkunft, um die Pilger zu beherbergen. Sie dient heute auch als Kurszentrum der Benediktiner.

Wald der Sainte-Baume

Es gibt wohl nur wenige Wälder in Europa, die seit so langer Zeit unter Schutz stehen wie der 138 Hektar große Wald der Sainte-Baume. Aufgrund der Nachbarschaft zur Grotte der Maria Magdalena erließ bereits 1299 Papst Bonifaz VIII. eine Regelung, der zufolge alle exkommuniziert werden sollten, die den Bäumen Schaden zufügten. Das Verbot wurde 1319 durch den weltlichen Herrscher Robert I., König von Neapel und Graf der Provence, bestätigt. Diverse französische Könige haben es durch die Jahrhunderte mittels Dekreten aufrechterhalten. Dies war auch bitter nötig, da insbesondere im 16. Jahrhundert der Schiffbau viele Wälder kahlschlug. Der Wald – am schattigen Nordhang der Sainte-Baume gelegen und im Winter während langer Zeit ohne direkte Sonneneinstrahlung – weist ein besonderes Mikroklima auf, was sich auch in den Baumarten spiegelt. Waren es beim Aufstieg des Vortags noch Steineichen und Rosmarin, die dominierten, sind es hier uralte Eiben, Stechpalmen, Flaumeichen und Buchen. Die moosbewachsenen Felsblöcke tragen ihrerseits zur besonderen Stimmung des Waldes bei. Gemäss der Legende sollen sie just während der Kreuzigung Jesu vom Berg gefallen sein.

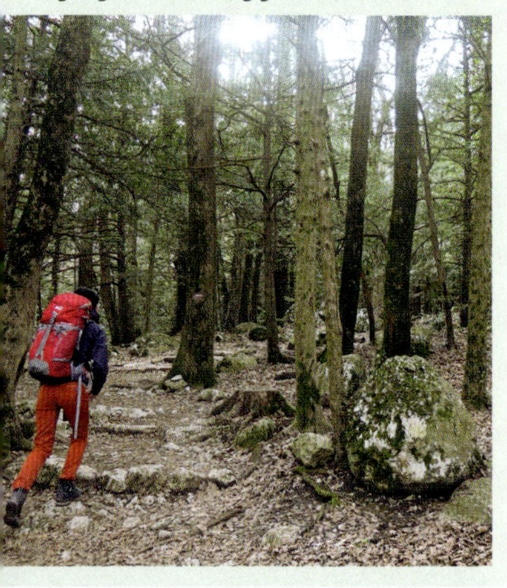

6.2 Hostellerie de la Sainte-Baume–Signes

Wanderzeiten	
Hostellerie de la Sainte-Baume–Grotte Ste-Marie-Madeleine	0 h 45
Grotte Ste-Marie-Madeleine–Chapelle du St-Pilon	0 h 50
Chapelle du St-Pilon–Pas de Villecroze	1 h 45
Pas de Villecroze–Pont du Diable	1 h 15
Pont du Diable–Signes	1 h 30
Total	**6 h 05**

Höhendifferenz	↗ 700 m ↘ 1020 m
Schwierigkeit	T3

Bei der **Hostellerie de la Sainte-Baume** (670 m) wenige Meter nach rechts beginnt der Wanderweg, der uns durch den Wald der Sainte-Baume und über Treppen zur Grotte hinaufführt (gelb und rot-weiß markiert). Wo wir auf einen Fahrweg treffen, biegen wir rechts ab (ab hier nur noch gelb markiert) und steigen weiter auf. Zum Schluss gilt es noch, die 150 Treppenstufen (in Anlehnung an die 150 Ave Maria des Rosenkranzes und die 150 Psalmen der Bibel) zur **Grotte Ste-Marie-Madeleine** (ca. 870 m) zu meistern (siehe auch S. 135 ff.). An der Kreuzigungsgruppe vorbei, erreichen wir die Grotte und die Gebäude der Benediktiner. Für Pilger (und andere) gibt es im Haus links der Grotte einen Aufenthaltsraum. In der Grotte selbst wird täglich um 11 Uhr die Messe gelesen (geöffnet tägl. von 7.30 (Mo 8.15)–18.30 Uhr). Im unteren Teil der Grotte gibt es eine Gedenkstätte für ungeborene Kinder.

Für den weiteren Weg gehen wir am unteren Ende der Treppe nach links. Nach 200 m verschmälert sich der Weg, nochmals 100 m weiter biegen wir links ab (rot bzw. braun markiert). Der aussichtsreiche Weg führt uns durch die Felsen ohne Pro-

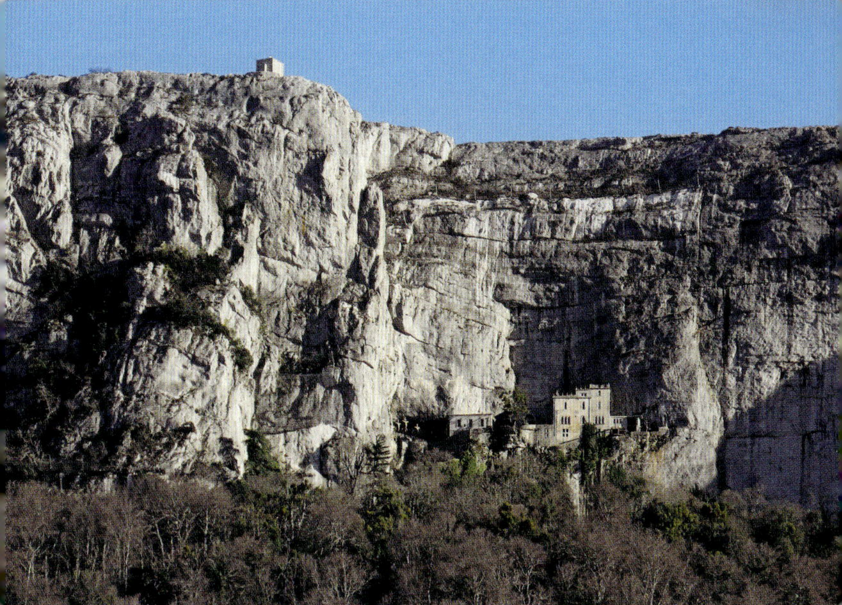

Blick zur Grotte Ste-Marie-Madeleine und zur Chapelle de St-Pilon von der Hostellerie aus.

bleme bis zur Krete hinauf, die wir beim Pas de la Cabre erreichen. Der deutsche Pilger Hans von Waltheym meinte vor 550 Jahren, dies sei »ein schwieriger Aufstieg, der einem gar sauer wird«. Auf dem Grat halten wir uns links und wandern bis zur **Chapelle du St-Pilon** (994 m, siehe S. 134). Von der Kapelle wandern wir weiter auf dem Grat nach Westen (rot-weiß markiert). Zuerst hinunter zum Col du St-Pilon und auf der anderen Seite wieder hinauf. Circa 30 min nach der Kapelle, nachdem wir hinter dem Bau des Oiseaux ein längeres Stück auf einem graslosen, breiten Weg entlang eines kleinen Felsbands hinaufgewandert sind, verlassen wir den GR und die rot-weißen Markierungen und gehen links, zu Beginn flach, in die Nordflanke der Sainte-Baume hinein (siehe auch Varianten).

Der Weg (nicht markiert) verläuft nun abwechslungsreich und in stetigem Auf und Ab für 1 h auf einem Band unterhalb der obersten Felsstufe der Sainte-Baume, bis wir beim P. 1076 wieder die Krete und den GR erreichen (ab hier bis nach Signes rot-weiß markiert). Vom **Pas de Villecroze** (1050 m) steigen wir zuerst an schönen Flaumeichen vorbei, später durch einen Kiefernwald stetig ab. Nach einer Ruine folgen wir für kurze Zeit einem kleinen Kanal, bevor wir beim Wegweiser **Pont du Diable** (580 m) den Bach überqueren. Wenige Meter weiter kann man mit etwas Vorsicht zum Bach hinuntersteigen, um den Wasserfall Cascade du Latay zu bewundern. Danach führt der Weg auf eine Piste, der wir für rund 500 m folgen, um dann nach links, immer noch auf einer Piste, wieder anzusteigen. Noch vor dem

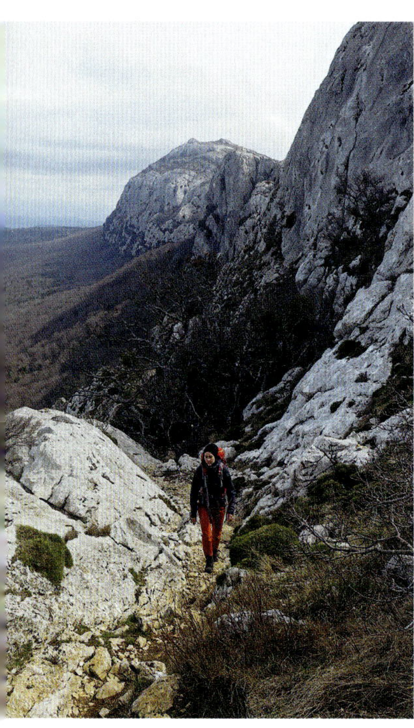

Aufstieg durch den Nordhang der Sainte-Baume.

kleinen, namenlosen Pass (ca. 705 m) verlässt unser Weg die Piste nach rechts (stets markiert). Vom Pass geht es stetig abwärts und zum Schluss auf einer kleinen Fahrstraße bis ins Zentrum von **Signes** (350 m). Die Busstation liegt 5 min vom Zentrum etwas unterhalb des Dorfs auf der anderen Seite der Hauptstraße (hier auch Supermarkt).

Eine Institution im Dorf ist die Confiserie Fouque am Hauptplatz, die jedoch nur vom 15. September bis 24. Dezember geöffnet ist, denn nur in dieser Zeit produzieren sie ihr preisgekröntes Nougat. Zwischen 15. September und 15. November kann man auch die kleine Produktionsstätte besuchen. nougat-fouque.com.

Chapelle du St-Pilon

Die Kapelle St-Pilon wurde an jenem Ort erbaut, zu dem der Legende nach Maria Magdalena jeweils von den Engeln zum Gebet hochgeflogen wurde. Früher soll hier eine Säule, gekrönt mit der Statue von Maria Magdalena, gestanden haben (frz. *pilier* = Säule). Der deutsche Pilger Hans von Waltheym hatte hier 1474 ein schlechtes Erlebnis: »Die Kapelle ist so nah an den Rand des Berges gebaut, dass der Weg drum herum nicht viel mehr als zwei Ellen breit ist. Sie sagen dort auch, wer neun Mal um die Kapelle geht, der wird sich große Gnade und Sündenablass verdienen. Deshalb wäre ich, Hans von Waltheym, auch gern herumgegangen. Als ich begann, hielt ich mich an der Kapelle fest, und als ich zwei Ellen weit gegangen war, wurde es mir grün und gelb vor den Augen, so dass ich umkehren musste. Und so konnte ich die Umrundungen nicht zu Ende bringen, denn der Berg ist so grausig hoch, und man sieht dort so unermesslich tief hinab, dass man es nicht ausdrücken kann. Einmal ist ein Mensch hinuntergefallen, der ist wohl in tausend Stücke zersprungen, und ebenso ein Hund, wie man uns berichtet hat.« Für die heutigen Sünder wurde zum Glück ein Mäuerchen gebaut, das den Sündenablass etwas erleichtert.

Maria Magdalena in der Provence

Es mag einige überraschen, aber die Erzählung wurde von vielen Päpsten und Königen bestätigt: Maria Magdalena verbrachte über dreißig Jahre ihres Lebens in der Provence.

Über die Figur Maria Magdalena – die heilige Hure, die Geliebte Christi, aber auch die Apostelin der Apostel oder erste Päpstin – gehen die Meinungen seit dem frühesten Christentum weit auseinander. Im Westen weit verbreitet ist die Vorstellung aus dem 2. Jahrhundert, die diverse in der Bibel erwähnte Figuren in der Person von Maria Magdalena vereint. Sie war die Frau, die Jesus mit ihren Tränen die Füße wusch und sie mit ihren Haaren trocknete. Sie gehörte zur Gruppe der Frauen, die Christus nachfolgten, und ihr wurden von Jesus sieben Dämonen ausgetrieben. Aber sie war auch die Frau, die bei der Kreuzigung anwesend war, beim Begräbnis mithalf und am Ostermorgen das leere Grab entdeckte. Und sie war nach Johannes die Frau, die als Erste dem Auferstandenen begegnete und seine Botschaft den Jüngern verkündete.

Auch über das weitere Leben von Maria Magdalena gibt es verschiedene Erzählungen. Eine Legende der orthodoxen Kirche besagt, sie sei mit dem Apostel Johannes und der Jungfrau Maria nach Ephesus gereist und dort gestorben. Im Gegensatz dazu steht die katholische Legende, dass Maria Magdalena gemeinsam mit Maria Salome (der Mutter Johannes' und Jakobus des Älteren), Maria Jakobäa (der Schwester der Jungfrau Maria) und ihrer Dienerin Sara sowie mit ihrer Schwester Martha, hrem Bruder Lazarus und mit dessen Freund Maximin in die Provence kamen. Sie alle wurden als Verehrer Christi im Heiligen Land verfolgt, festgenommen und in einem führerlosen Boot ohne Ruder und ohne Segel an Palästinas Küste ins Meer gestoßen und ihrem Schicksal überlassen. Auf wundersame Weise gelangte der steuerlose Kahn im Jahr 45 an den Strand des späteren Saintes-Maries-de-la-Mer. (So ist auch erklärt, warum im Ortsnamen Maria in der Mehrzahl genannt wird.) Dort teilte sich die prominente Reisegruppe. Die älteren blieben in Saintes-Maries, die anderen zogen durch die Provence und verkündeten das Wort Gottes. (In Wahrheit hat die Christianisierung der Provence 200 bis 300 Jahre später stattgefunden.) Maria Magdalena reiste zuerst nach Marseille und danach nach Aix, um von dort, auf der Suche nach Ruhe und Einsamkeit, an den Fuß der Sainte-Baume zu gelangen. Hier wurde sie von Engeln ergriffen und zur Grotte hinaufgebracht, wo sie 32 Jahre völlig nackt und nur durch ihre langen Haare bedeckt in absoluter Einsamkeit lebte. Siebenmal am Tag wurde sie in einem Zustand der Ekstase von vier Engeln auf den Felsen über der Grotte getragen, wo sie sich dem Gebet hingab. Nun ist es ja unter Heiligen keine Seltenheit, etwas zu schweben, in der Kirchengeschichte wird von über 230 Heiligen berichtet, aber Maria Magdalena bricht hier alle Rekorde. Sie fliegt nicht nur am höchsten (über 100 m), sondern auch am häufigsten (rund 80 000 mal). Immer dabei hat sie ihre kleine Ampulle mit dem Blut Christi, das sie am Kreuze aufgefangen hat. Was ihre Ernährung betrifft, sind sich die Hagiografen uneins. Die einen schreiben, sie habe sich von rohen Wurzeln

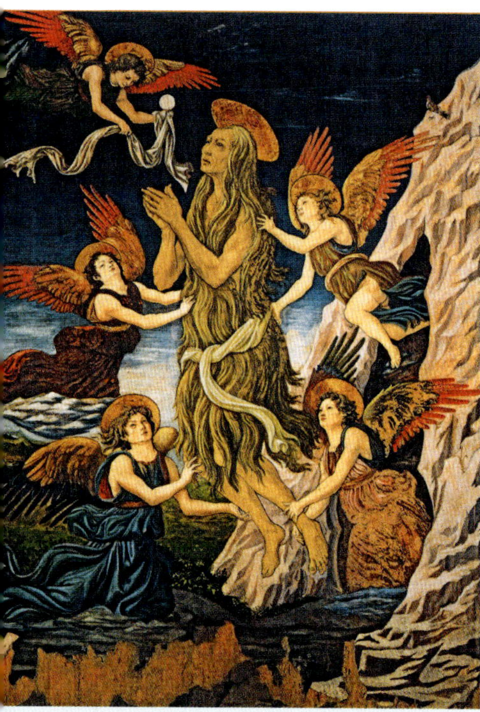

Antonio del Pollaiuolo, *Die Erhebung der Maria Magdalena*, circa 1460.

der Rückzugsort von Maria Magdalena identifiziert, worauf erste Pilger den Ort besuchten, so 1254 Saint-Louis, König von Frankreich, bei seiner Rückkehr vom Kreuzzug im Heiligen Land. Andere Quellen berichten von Besuchen bereits im 9. Jahrhundert. In dieser Zeitspanne gab es eine Konkurrenz zwischen dem burgundischen Vézelay und dem provenzalischen St-Maximin betreffend der Reliquien. Im Jahr 1058 bestätigte Papst Stephan IX., dass sich die Reliquien der Heiligen in Vézelay befänden, worauf sich der Ort zu einem bedeutenden Wallfahrtsort auf der Route nach Santiago de Compostela entwickelte. Diese Entwicklung konnte Karl I. von Anjou, dem Bruder von Louis IX. (Saint-Louis), nicht gefallen. Karl I. war nicht nur König von Sizilien, sondern auch Graf der Provence. Um seine neu erworbene Macht in der Provence zu festigen, ließ sein Sohn, Karl II. der

und Kräutern ernährt, andere meinen, sie habe gar nichts gegessen, und wiederum andere schreiben, sie sei von den Engeln täglich mit Manna versorgt worden. Am 22. Juli 75 wurde Maria Magdalena von den Engeln wieder ins Tal getragen, wo sie ihrem früheren Weggefährten Maximin – mittlerweile Bischof von Aix – begegnete, von ihm die Kommunion erhielt und danach verstarb. Maximin hat sie einbalsamiert und über ihrem Grab eine Basilika errichten lassen.

Diese abenteuerliche Legende bildete den Grundstein des Maria-Magdalena-Kults in der Provence. Im späten 12. Jahrhundert wurde die Grotte in der Sainte-Baume als

Lahme, im Dezember 1279 in der Kirche von St-Maximin Grabungen durchführen. Der Prinz selbst soll gar zur Hacke gegriffen haben, woraufhin der Sarkophag der Maria Magdalena zum Vorschein kam. Im Sarkophag lagen die Gebeine und ein Pergament, das bescheinigte, dass es sich hier um die Knochen von Maria Magdalena handle. Gänzlich erhalten war noch die Zunge, aus der ein Fenchel spross, und ein Stück Haut oberhalb des linken Auges, genau die Stelle, an der der wiederauferstandene Jesus Maria Magdalena berührte, als er ihr sagte: »Berühre mich nicht.« (»Noli me tangere.«) Auch die Ampulle mit dem Blut Jesu hat man noch gefunden. 1295 wurde die Echtheit der Reliquien durch Papst Bonifaz VIII. bestätigt. Für alle Zweifler sind sie noch heute in der Krypta der Basilika von St-Maximin ausgestellt.

Diese neuen Fakten gaben den Wallfahrten nach St-Maximin und zur Grotte massiven Auftrieb. In St-Maximin wurde mit dem Bau einer riesigen Basilika begonnen (die nie ganz vollendet wurde). Die Grotte der Sainte-Baume wurde für die Pilger zurechtgemacht und fortan von Dominikanern betreut. In den folgenden 800 Jahren sind rund vierzig Könige und fünfzehn Päpste zum Heiligtum aufgestiegen. 1332 kamen gar fünf Monarchen (die Könige von Frankreich, Aragon, Zypern, Böhmen und Sizilien) gemeinsam. Einen besonders ausführlichen Reisebeschrieb seiner Pilgerfahrt verfasste Hans von Waltheym, ein Patrizier aus Halle, der zwischen Februar 1474 und März 1475 von seiner Heimatstadt aus in dreizehn Monaten zur Grotte der Maria Magdalena und wieder nach Hause pilgerte. Nachdem er in der Grotte einer Messe beigewohnt hatte, notierte er: »Die Grotte und auch das kleine Kloster sind so voller Heiligkeit, wenn dort jemand eine fleischliche Sünde der Unkeuschheit beginge, der würde sofort von der hl. Maria Magdalena bestraft und geschimpft.« Auch heute noch zählt man an diesem heiligen Ort rund 200 000 Pilger pro Jahr. Unterbrochen wurde der Andrang der Pilger nur, als während der Französischen Revolution die Einrichtungen der Grotte zerstört wurden. Die Echtheit der Legende ist dabei für die Pilger Nebensache. Père Vayssière, Hüter der Grotte von 1900 bis 1932, formulierte es so: »Ob nun Maria Magdalena hierherkam oder ob sie nicht kam, sie ist hier.«

Gemäß den Plänen eines gewissen Édouard Trouin, dem Besitzer des Landes um die Grotte, hätte die Sainte-Baume nach Jerusalem und Rom zur weltweit größten christlichen Pilgerstätte werden sollen. Er engagierte den Architekten Le Corbusier, der von 1946 bis 1960 immer wieder am Projekt arbeitete. Geplant war eine große Basilika im Innern des Felsens, Unterkünfte für Pilger und ein Museum. Doch das Projekt stieß auf großen Widerstand von Seiten der ansässigen Dominikaner und des lokalen Priesters, die, unterstützt von weiteren kirchlichen Würdenträgern, das Projekt zu Fall brachten. Ein Grund der Ablehnung war auch in der Figur von Édouard Trouin zu finden, dem kommerzielle Interessen am Projekt nachgesagt wurden.

Die Schädelreliquie der Heiligen Maria Magdalena in der Basilika von St-Maximin-la-Sainte-Baume.

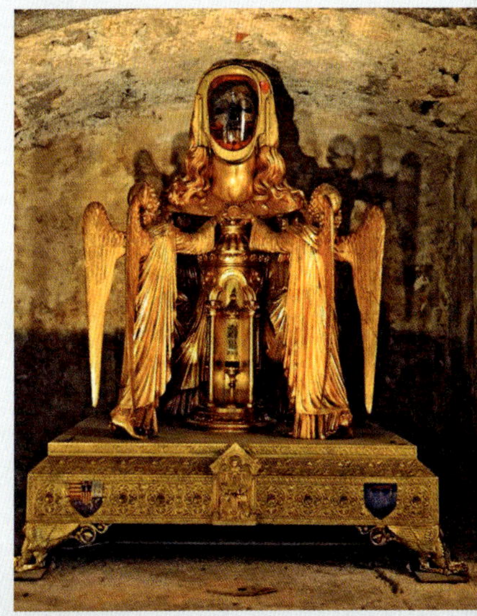

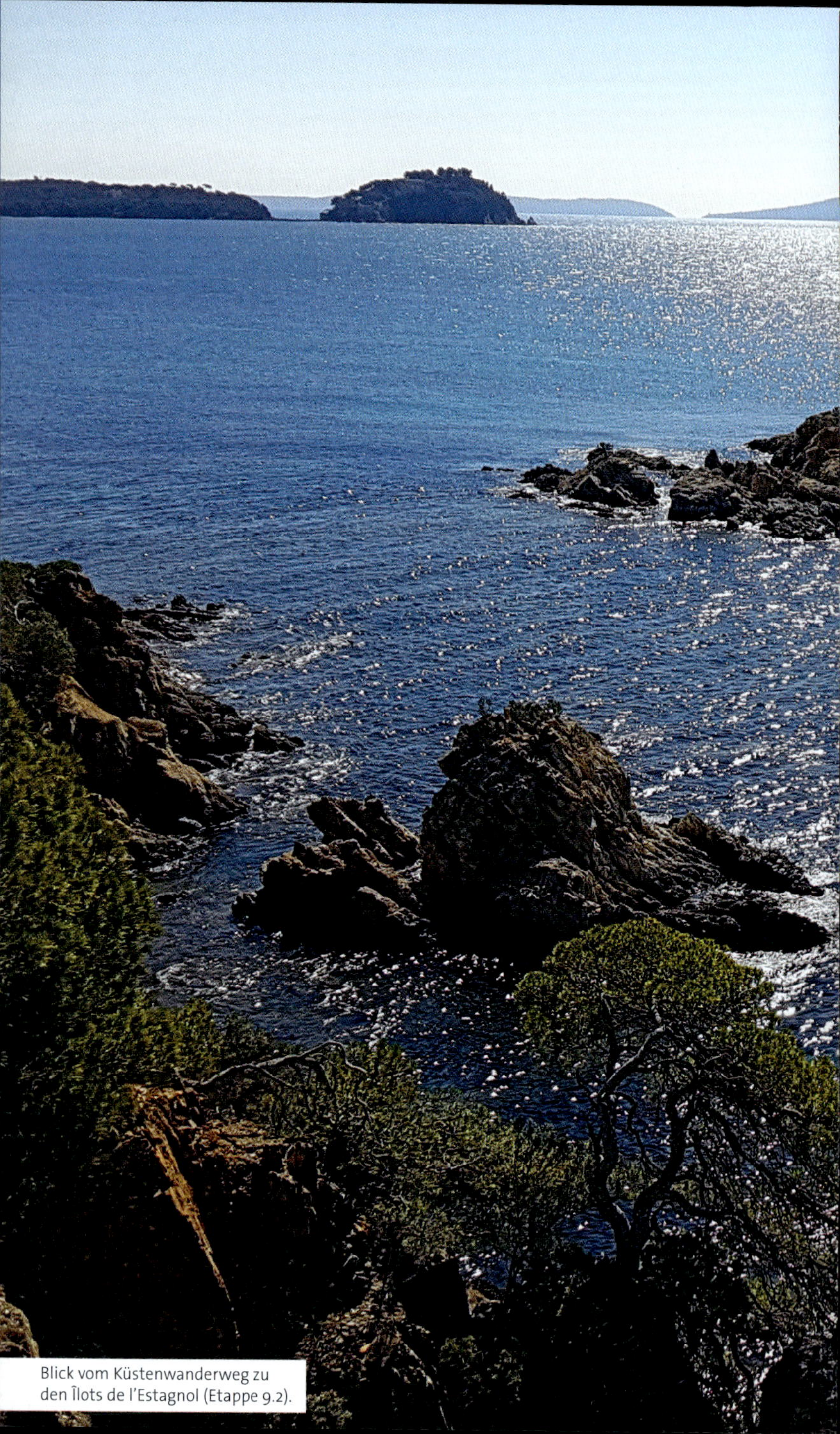

Blick vom Küstenwanderweg zu den Îlots de l'Estagnol (Etappe 9.2).

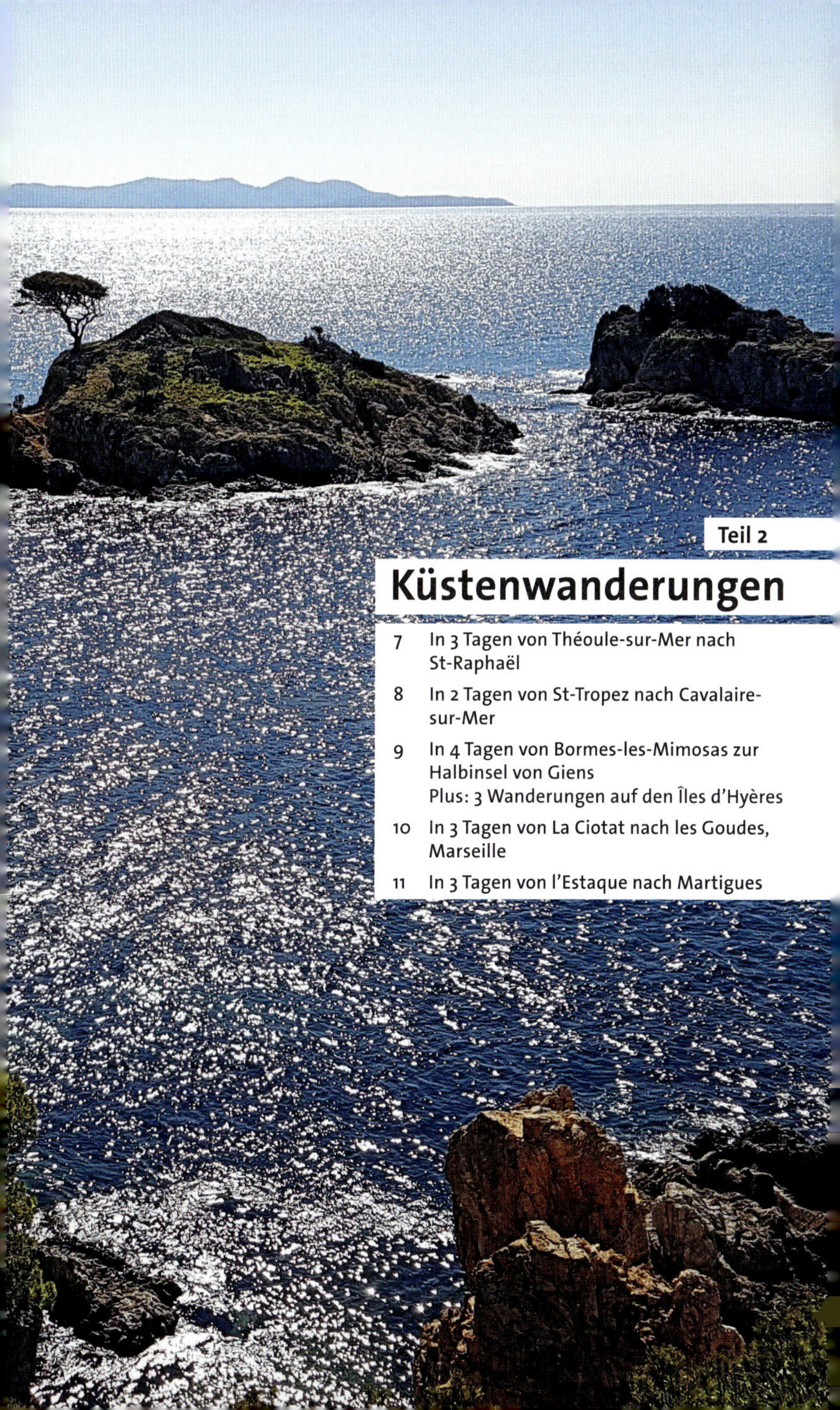

Teil 2

Küstenwanderungen

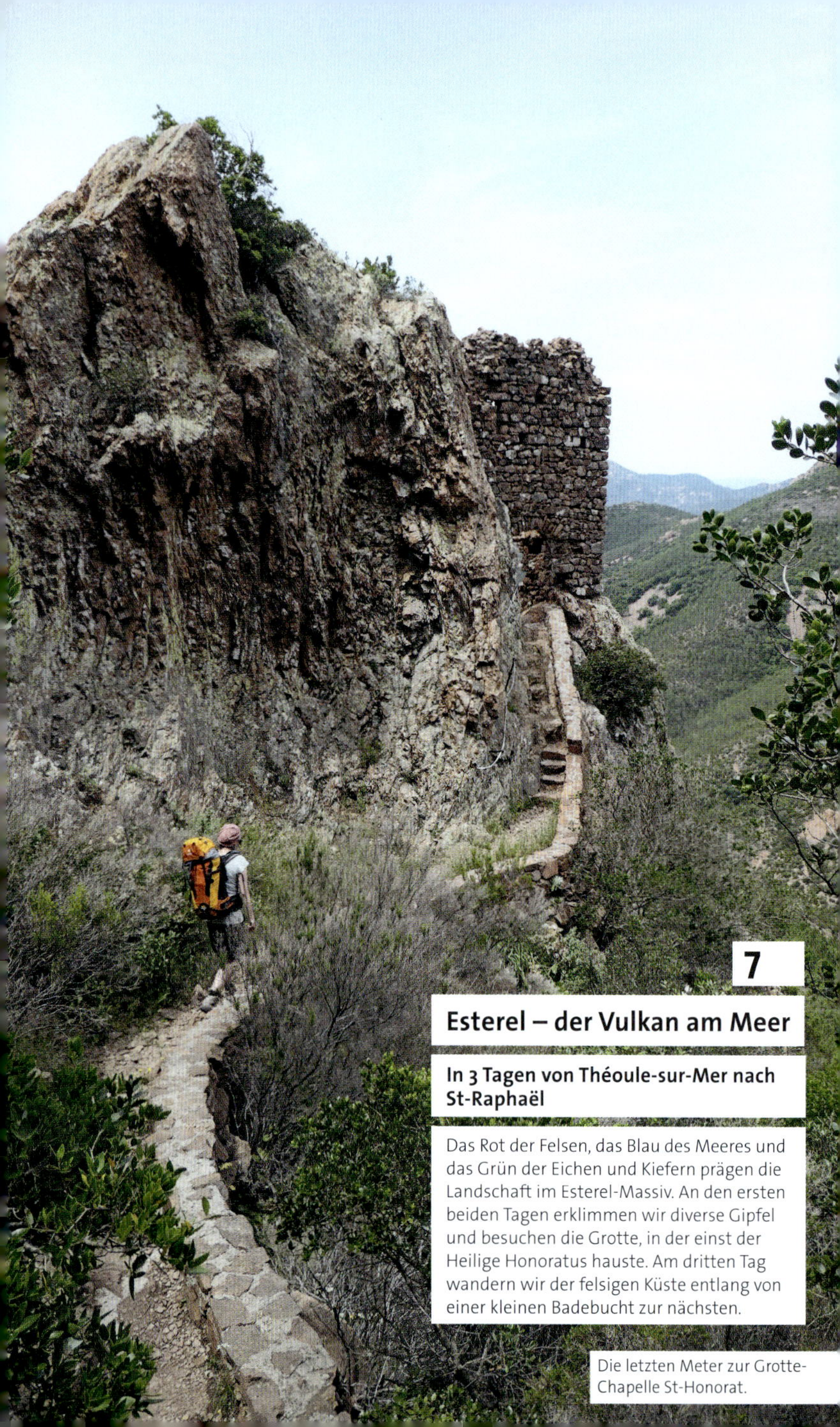

7

Esterel – der Vulkan am Meer

In 3 Tagen von Théoule-sur-Mer nach St-Raphaël

Das Rot der Felsen, das Blau des Meeres und das Grün der Eichen und Kiefern prägen die Landschaft im Esterel-Massiv. An den ersten beiden Tagen erklimmen wir diverse Gipfel und besuchen die Grotte, in der einst der Heilige Honoratus hauste. Am dritten Tag wandern wir der felsigen Küste entlang von einer kleinen Badebucht zur nächsten.

Die letzten Meter zur Grotte-Chapelle St-Honorat.

Sehenswertes

- A Badebuchten beim Relais des Calanques
- B Rote Felsen vulkanischen Ursprungs um den Pic du Cap Roux
- C Kapelle der Sainte-Baume
- D Aussicht vom Rastel d'Agay
- E Felsküste mit kleinen Badebuchten zwischen Boulouris und Santa Lucia

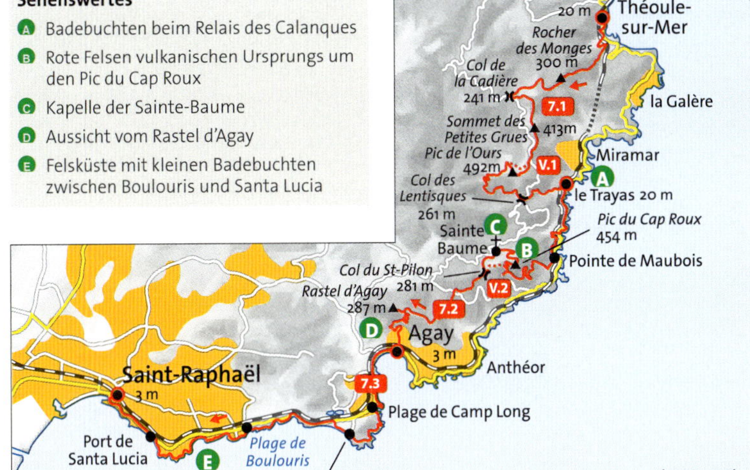

Beste Jahreszeit

Mitte März bis Mitte Juni und Mitte September bis Ende Oktober. Zu beachten ist die teilweise Sperrung des Gebiets wegen Waldbrandgefahr zwischen 21. Juni und 20. September (siehe S. 22). Zwischen 21 und 6 Uhr ist der Zugang zum Massiv verboten.

Karten

IGN 3544 ET

Varianten

Dank guter Bus- und Zugverbindungen kann man sich auch fix in einer Unterkunft einquartieren und mit dem öffentlichen Verkehr die Startpunkte erreichen.

1 Am 1. Tag den Pic de l'Ours auslassen und vom Col Notre-Dame direkt zur Dent de l'Ours queren. Zeitersparnis 40 min.

2 Am 2. Tag vom Col du Cap Roux direkt zum Col du St-Pilon queren (Pic du Cap Roux und Sainte-Baume auslassen). Zeitersparnis 1 h 15.

An- und Abreise

Théoule-sur-Mer: Bahnstation 10 min von Cannes an der SNCF-Bahnlinie Cannes–St-Raphaël–Fréjus–Les Arcs/Draguignan gelegen (ca. alle 2 h eine Verbindung). Busverbindung mit Linie 22 von Palmbus von Cannes aus (1× pro Stunde, So 7× tägl.)
St-Raphaël: Bahnstation St-Raphaël-Valescure mit regelmäßigen direkten Verbindungen nach Marseille und Nizza.
Zurück zum Startpunkt: Mit der Bahn in 30 min.

Etappenorte

Théoule-sur-Mer

theoule-sur-mer.org Keine Einkaufsmöglichkeiten an der Wanderroute. Keine passende Unterkunft nah des Bahnhofs und der Wanderroute. Am besten man übernachtet in Cannes (10 min mit der Bahn) oder an weiteren Etappenorten entlang der Bahnlinie (le Trayas, Agay oder St-Raphaël).

le Trayas

Bahnstation an der SNCF-Bahnlinie Cannes–St-Raphaël. Busverbindung nach Agay und St- Raphaël mit Linie 8 von AggloBus (2–3× tägl.) Keine Einkaufsmöglichkeiten. Unterkunft: Das direkt an zwei Felsbuchten gelegene und empfehlenswerte Relais des Calanques (relaisdescalanques.fr; etwas teuer, geöffnet 1. April bis 30. Okt., auf Nachfrage und mit Reservation ist es aber auch möglich, dass man in der übrigen Zeit im Hotel über-

Esterel-Massiv

Das Esterel-Massiv ist vulkanischen Ursprungs, im Gegensatz zu den anderen Bergketten in der Provence (Ventoux, Luberon, Calanques etc.) aus Kalkstein, die aus Sedimenten entstanden. Vor 280 bis 250 Millionen Jahren war hier ein aktiver Grabenbruch, und Vulkane sprühten ihre Lava aus. Die Kontinente waren zu dieser Zeit noch in einem großen Erdklumpen Namens Pangäa vereint. Der für das Esterel-Massiv charakteristische rote Porphyr (oder genauer porphyrisches Gefüge) entstand, als das Magma im Erdinnern langsam erkaltete und sich einzelne, große Kristalle bildeten, die in der Schmelze schwammen. Bei Vulkanausbrüchen wurde diese Masse an die Erdoberfläche geschleudert, wo sie schnell erkaltete. Noch heute erkennt man die vielen Einsprenglinge im Gestein. Genau dasselbe Gestein findet man auch an der Westküste Korsikas zwischen Calvi und Porto. Denn bis vor 11,5 Millionen Jahren war Korsika noch Teil des Festlands und beim Esterel-Massiv mit diesem verbunden.

nachten kann). Alternativ kann man auch in Agay schlafen und mit der Bahn ab- und anreisen.

Agay

Bahnstation an der SNCF-Bahnlinie Cannes–St-Raphaël. Busverbindung nach St-Raphaël mit Linie 8 von AggloBus (8 × tägl.) Supermarkt (tägl. geöffnet außer So nachmittags). Diverse Restaurants. Direkt am Strand das Agay Beach Hotel (agay-beach-hotel.fr), gleich nebenan, aber hinter der Straße das Le Relais d'Agay (relaisdagay.com) und das Esterella (hotelesterella.com). 35 min von Agay, gleich hinter dem Strand von Camp Long und direkt an der Wanderroute, liegt das Hôtel de la plage (hoteldelaplage.fr).

St-Raphaël

saint-raphael.com Einkaufsmöglichkeiten im Ort, tägl. Markt außer Mo. Viele Restaurants. Die Auswahl an Hotels ist groß. Unmittelbar an der Uferpromenade liegt das Le Beau Séjour (beausejour-hotel.com), am alten Hafen das Hôtel du Vieux Port (restaurant-saint-raphael.fr) und neben dem Bahnhof das funktionale Hotel 21 (le21-hotel.com). Ebenfalls zentral das Nouvel Hôtel (nouvelhotel.net).

Aussicht vom Sommet des Petites Grues.

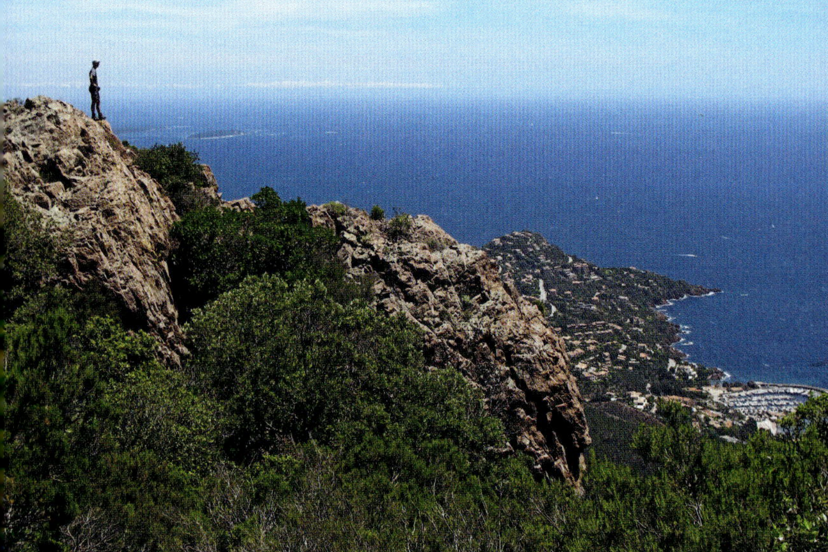

7.1 Théoule-sur-Mer–le Trayas

Wanderzeiten	
Théoule-sur-Mer (Bahnhof)–Rocher des Monges	1 h 10
Rocher des Monges–Col de la Cadière	0 h 40
Col de la Cadière–Sommet des Petites Grues	1 h 00
Sommet des Petites Grues–Pic de l'Ours	1 h 05
Pic de l'Ours–Col des Lentisques	1 h 05
Col des Lentisques–le Trayas (Bahnhof)	0 h 35
Total	**5 h 35**

Höhendifferenz	↗ 800 m ↘ 800 m
Schwierigkeit	T3

Vom **Bahnhof Théoule-sur-Mer** (20 m) folgen wir der Hauptstraße auf dem Gehsteig nach rechts. Nach 200 m nehmen wir die erste Straße, die nach rechts abzweigt. Nach dem römisch inspirierten Appartementhaus Imperial Bay nehmen wir die erste Straße nach links (Avenue du Midi) und steigen noch wenige Meter ab. Bei der nächsten Abzweigung am Talgrund gehen wir rechts (Wegweiser Col du Trayas, ab hier gelb markiert). Die Straße verwandelt sich bald in einen Fußweg und führt uns hinauf zum Collet de l'Autel. Hier gibt es markierte Abzweigungen nach rechts und nach links. Wir nehmen die mittlere Variante, den schmalsten Pfad, der auf den Grat führt (Wegweiser Col du Trayas). 10 min später führt der markierte Weg nach links vom Grat weg. Wir verlassen hier den markierten Weg und folgen auf einem deutlichen, aber unmarkierten Pfad weiter dem Grat. Es wird nun etwas steiler. Einen großen Felsen umgehen wir auf seiner rechten Seite und können ihn anschließend von hinten einfach besteigen. Von hier eröffnet sich uns eine weite Sicht auf das Esterel-Massiv, den Golfe de la Napoule, Cannes, die Îles de Lérins und dahinter die Seealpen.

Wir folgen weiter dem Grat durch einen lichten Wald mit Seekiefern und Baumheide. Der Pfad umgeht später den höchsten Punkt des Grats auf seiner rechten Seite. Es ist aber auch möglich, über Felsen konsequent dem Grat bis zum höchsten Punkt des **Rocher des Monges** (300 m) zu folgen und auf der Rückseite durch einen steileren Kamin wieder auf den Weg zurückkehren (ab hier wieder gelb markiert). Der Weg wird besser und erreicht kurz darauf eine Piste, der wir nach links zum Col des Monges und weiter dem breiten Grat nach bis zum Col de Trayas folgen. Ab hier folgen wir dem GR51 (rot-weiß markiert) und dem Wegweiser zum **Col de Cadière** (241 m). Vom Pass geht es nun nach links auf einem Fußweg aufwärts. Durch einen Wald von Seekiefern und vielen Korkeichen führt der Weg (immer noch rot-weiß markiert) stets entlang der Grenze der Departemente Var und Alpes-Maritimes und der Grenze des Staatsforsts (weiße Grenzsteine mit grünen Strichen). Im 19. Jahrhundert wurde hier die Korkeiche intensiv kultiviert. Durch den Kurssturz der Korkpreise und eine Vielzahl von Waldbränden, die teilweise das ganze Esterel-Massiv heimgesucht haben, wurde die Produktion aber uninteressant.

An der Antenne des Sommet des Grosses Grues vorbei (um das Meer zu sehen, muss man hier ein paar Meter auf einem Pfad Richtung Nordwesten gehen), führt uns der Pfad zum **Sommet des Petites Grues** (413 m), der von seinen vorgelagerten Felsen eine gute Aussicht über die Küste bietet. Dem Grat nach steigen wir zum Col Notre-Dame ab, um auf der anderen Seite gleich wieder Richtung Pic de l'Ours aufzu-

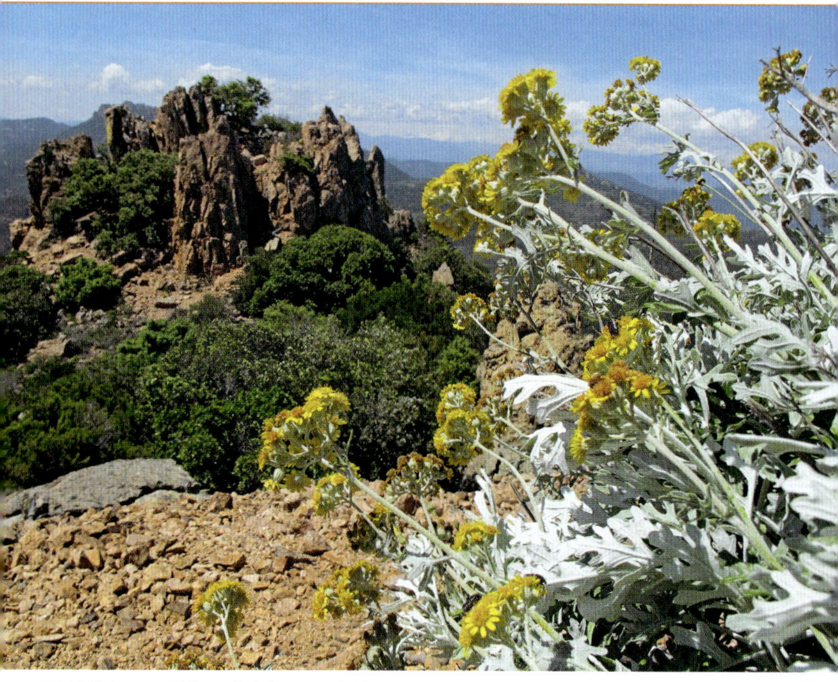

Weißfilziges Greißkraut bei der Dent de l'Ours.

steigen (die ersten Meter blau, später gelb-blau markiert). Der **Pic de l'Ours** (488 m) wird von einer weitherum sichtbaren Antenne beherrscht. Auf der Straße unterhalb des Gipfels halten wir uns rechts und umgehen den Sendemasten rechtsherum (blau markiert). Von hier haben wir einen umfassenden Rundblick über das Esterel-Massiv, mit seinem höchsten Gipfel, dem Mont Vinaigre.

Beim Abstieg treffen wir bald auf einen anderen Weg, dem wir nach rechts folgen (gelb und blau markiert). Bei der Dent de l'Ours (dem Bärenzahn) biegen wir links ab und wandern auf einem attraktiven Höhenweg bis zum **Col des Lentisques** (263 m). Wir überqueren hier die Kreuzung und gehen auf dem rot-weiß, grün und gelb markierten Fußweg Richtung Meer. Der Weg ist teilweise mit hohen Stützmauern befestigt. Bei der nächsten Abzweigung wandern wir geradeaus (ab hier nur noch gelb markiert). Hinter dem kleinen **Bahnhof von Trayas** überqueren wir die Gleise und gehen hinunter zur Uferstraße, wo sich auf der gegenüberliegenden Seite das Relais des Calanques (20 m) befindet. Welch ein Vergnügen, nach einem Wandertag in der idyllischen Bucht ins Meer zu tauchen!

7.2 le Trayas–Agay

Wanderzeiten	
le Trayas (Relais des Calanques)–Abzw. oberhalb Pointe de Maubois	0 h 50
Abzw. oberhalb Pointe de Maubois–Pic du Cap Roux	1 h 30
Pic du Cap Roux–Kapelle Sainte-Baume	0 h 50
Kapelle Sainte-Baume–Col du St-Pilon	0 h 35
Col du St-Pilon–Rastel d'Agay	1 h 10
Rastel d'Agay–Agay	0 h 50
Total	**5 h 45**

Höhendifferenz	↗ 810 m ↘ 830 m
Schwierigkeit	T3

Vom **Relais des Calanques** (20 m) müssen wir zuerst der Küstenstraße Richtung St-Raphaël folgen. Bei Auto- und Motorradfahrern ist die 1903 erbaute Corniche d'Esterel (oder Corniche d'Or) sehr beliebt und wird in Tourismusforen als eine der schönsten Küstenstraßen Europas gelobt. Wir sind dennoch froh, dass wir nach 15 min bei den Häusern von le Trayas, circa 100 m nach der Résidence Nérée, links abbiegen können (Schild: Passage Public à la Mer). Wir folgen der Küste bis zum Strand unterhalb der mächtigen Viaduktmauer. Durch einen Tunnel gelangen wir auf die andere Seite des Viadukts und auf einem etwas verbuschten Weg folgen wir dem Talboden talaufwärts (nicht markiert). Eine erste Abzweigung nach links lassen wir unberücksichtigt. Erst circa 300 m nach dem Viadukt biegen wir links ab und steigen auf der südlichen Talflanke aufwärts (Richtung Meer). Bei der zweiten Kehre halten wir uns links und gehen wieder Richtung Meer. Der Weg verläuft danach oberhalb der Bahnlinie. An der Stelle, wo unterhalb des Wegs an der Straße eine Ruine steht und auf der IGN-Karte der Bahntunnel eingezeichnet ist, erreichen wir den markierten Wander-

Die Bucht des Relais des Calanques.

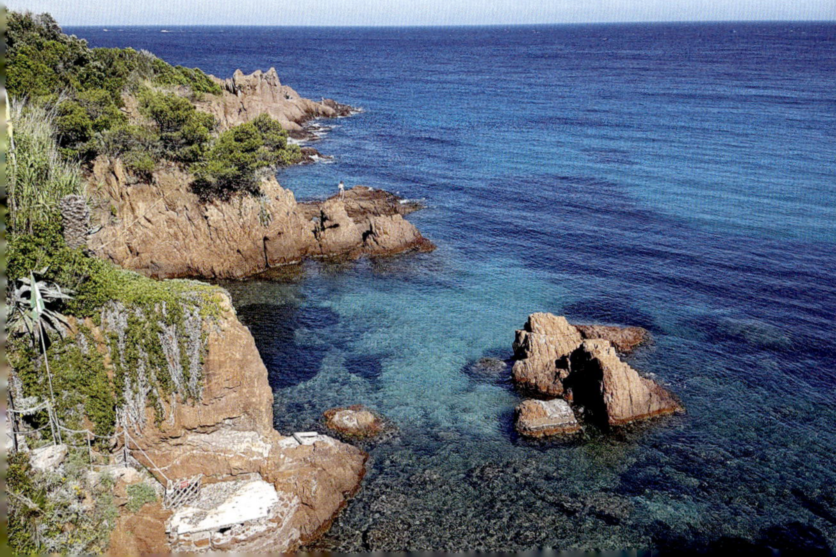

Saint-Honorat

Saint-Honorat (auf Deutsch meist Honoratus von Arles) wird um das Jahr 375 als Spross einer aristokratischen, gallorömischen Familie geboren. Bereits als Jugendlicher bekennt er sich zum christlichen Glauben und lässt sich taufen. Gemeinsam mit seinem Bruder lebt er ein asketisches Leben und unternimmt eine Reise in den Orient und nach Griechenland, wo sein Bruder stirbt. Zurück in Gallien, kommt er mit seinem Begleiter Caprais nach Fréjus, wo er als Prediger sehr populär wird. Auf der Suche nach Abgeschiedenheit zieht er sich mit Caprais in eine Grotte im Esterel-Massiv zurück. Doch bald wird er auch hier von Bittstellern aufgesucht und beschließt, gemeinsam mit Caprais auf den Lérins-Inseln, die von der Pforte oberhalb der Kapelle zu sehen sind, ein Kloster zu gründen. Bis zu diesem Punkt gibt es viele verschiedene Versionen des Lebens von Honoratus. Doch die Historiker sind sich einig, dass er es war, der um das Jahr 400/410 das Kloster auf den Lérins-Inseln gegründet hat, das sich bald darauf zu einem wichtigen Zentrum für die Christianisierung Galliens etablierte. Kurz vor seinem Tod wird Honoratus zum Bischof von Arles geweiht, ein Amt, das er bis zum seinem Tod am 16. Januar 430 ausübt.

weg. Bei dieser **Abzweigung auf der Höhe der Pointe de Maubois** (60 m) gehen wir rechts aufwärts (gelb markiert). Circa 45 min später halten wir uns bei einer Spitzkehre links (ab hier gelb und blau markiert) und wandern nun unmittelbar an den charakteristischen roten Felsen vorbei. Bei der nächsten Abzweigung scharf rechts haltend, erreichen wir den Col du Cap Roux. Von hier weiter aufsteigend, biegen wir unterhalb des Gipfels links ab (blau markiert) und erreichen auf diese Weise den **Pic du Cap Roux** (453 m). Die Aussicht auf die Küste und das Esterel-Massiv verführt zu einer verlängerten Gipfelpause.

Zurück auf dem Hauptweg, steigen wir nach links ab. Bei der nächsten Abzweigung verlassen wir den blau markierten Pfad und gehen geradeaus weiter, bis wir circa 30 min nach dem Pic du Cap Roux nach links abbiegen und teilweise über Treppen zur Sainte-Baume, der heiligen Grotte, aufsteigen (gelb markiert). Zuoberst wird es immer felsiger, und ein kurzes Wegstück ist in den Felsen gehauen und mit einem Kabel gesichert. Durch ein noch erhaltenes Tor steigen wir über eine Treppe zur **Sainte-Baume** (ca. 270 m) oder Grotte-Chapelle St-Honorat hinab. Die kleine Grotte mit der Kapelle war über die Jahrhunderte immer wieder von Eremiten und Mönchen bewohnt. Der Erste war im 5. Jahrhundert Saint-Honorat (siehe Kasten).

Von der Kapelle steigen wir auf demselben Weg wieder hinab und gehen dann nach links weiter. Nach wenigen Metern erreichen wir den Brunnen der Quelle der Sainte-Baume, wo man die Wasserflasche auffüllen kann. Danach halten wir uns links und steigen auf einem breiten Weg sanft aufwärts (Wegweiser Pic du Cap Roux, gelb und blau markiert). Bei der nächsten Abzweigung folgen wir dem Wegweiser Plateau d'Anthéor bis zum **Col du St-Pilon** (281 m), blau markiert. An der Wegkreuzung auf dem Pass gehen wir geradeaus weiter (nicht markiert). Nach etwas mehr als 5 min Abstieg erreichen wir einen kleinen Seitengrat (Steinhaufen). Hier verlassen wir den breiteren Weg, überqueren den Grat und gehen auf einem Pfad (leicht verbuscht) nach rechts weiter abwärts bis zur Straße. Der Straße folgen wir 50 m nach links und biegen dann an einer Schranke vorbei in eine Piste der DFCI (Défense de la forêt contre l'incendie) ein, die zur Bekämpfung von Waldbränden angelegt wurde. 20 min später, bei einer Kreuzung mit einer Wegkapelle, biegen wir rechts ab, um 10 m weiter die Piste nach links zu verlassen und auf einem Pfad aufzusteigen (nicht markiert). Unmittelbar bevor wir einen kleinen Pass erreichen, halten wir uns links und erreichen kurz darauf einen Parkplatz. Hier gleich rechts haltend, führt uns ein kleiner Pfad (nicht den breiten Pfad bei der Mauer nehmen) auf den Gipfel des **Rastel d'Agay** (287 m) mit seiner blechernen Fahne und der Sicht hinunter auf die kreisrunde Bucht.

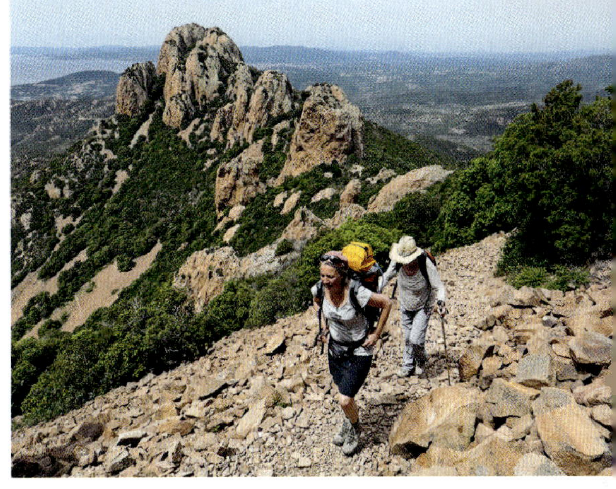

Aufstieg zum Pic du Cap Roux. Im Hintergrund le Pilon.

Zurück auf dem Parkplatz, wandern wir auf der Piste abwärts. Wo auf der rechten Seite der Straße eine große Zisterne steht, können wir links in einen breiten Fußweg abbiegen und weiter absteigen. Zurück auf der Straße, biegen wir links ab. Zwei Abzweigungen nach rechts lassen wir unbeachtet, um dort, wo die Straße wieder leicht ansteigt, auf einer Treppe nach rechts abzusteigen. Danach stets geradeaus und im Talboden bleibend, gehen wir nach einem Stück Straße zurück auf einen Fußweg und auf diesem unter der Bahnlinie hindurch bis zur Hauptstraße und der Uferpromenade. Dem Strand nach rechts folgend, erreichen wir das kleine Zentrum von **Agay** (3 m). Weiter dem Strand entlang, gelangen wir zu den Hotels.

Agay

Es wird vermutet, dass Agay einst die Hauptstadt des kelto-ligurischen Stamms der Oxybinier war. Später wurde die günstig gelegene Bucht auch von den Griechen aus Marseille sowie von den Römern als Hafen benutzt. Anfang des 17. Jahrhunderts wurde die Stadt unter Richelieu befestigt. Nachdem zu Beginn des 20. Jahrhunderts der Tourismus aufkam, hat der Zweite Weltkrieg das Gesicht des Dorfs radikal verändert. Die deutsche Wehrmacht zerstörte die Burg und brannte den Wald des Esterel-Massivs nieder, um die Widerstandskämpfer aus ihren Verstecken zu scheuchen. Als Vorbereitung für ihre Landung in der Provence (siehe S. 157) bombardierten die Allierten die Küste mit dem Ziel, den Viadukt von Anthéor zu zerstören. Zerstört wurde jedoch zum großen Teil Agay. So gibt es heute keine historischen Gebäude mehr im Dorf. Zum Gedenken an Antoine de Saint-Exupéry, der hier 1932 kirchlich heiratete und sich 1940 für längere Zeit auf dem Landsitz seiner Schwester aufhielt, wurde am Ostrand des Strands der Brunnen des kleinen Prinzen errichtet.

7.3 Agay–St-Raphaël

Wanderzeiten	
Agay–Plage de Camp Long	0 h 35
Plage de Camp Long–Port du Poussaï	0 h 45
Port du Poussaï–Plage de Boulouris	0 h 45
Plage de Boulouris–Port de Santa Lucia/Palais des Congrès	1 h 45
Port de Santa Lucia/Palais des Congrès–St-Raphaël	0 h 20
Total	**4 h 10**

Höhendifferenz	↗ 130 m ↘ 130 m
Schwierigkeit	T3

Vom Kreisel bei den Hotels von **Agay** (3 m) gehen wir auf der Hauptstraße Richtung St-Raphaël. Wir überqueren den Fluss und folgen weiter der Straße oberhalb des Hafens. Nach den letzten Häusern und vor einer Rechtskurve können wir nach links von der Straße weg und einem Pfad näher dem Meer folgen (gelbe Markierungen). Weiter über die Plage du Pourrousset und konsequent dem Meer und den Markierungen entlang bis zur feinsandigen **Plage de Camp Long** (0 m). Nach dem Strand folgen wir kurz der Straße. Wo die Wanderwege (gelb und blau) der Straße folgend rechts hinauf abbiegen (Wegweiser Belvédère de la Batterie), gehen wir weiter geradeaus und steigen eine Treppe hoch bis zu einer kleinen Lichtung mit einer Parkbank. Am hinteren Ende des Platzes nehmen wir einen Weg, der oberhalb der Felsen der Küste folgt (später wieder gelb markiert). Der Weg steigt nun an, um eine tiefe Bucht zu umgehen. Bei der nächsten Abzweigung halten wir uns rechts (der direkte Weg ist abgesperrt) und 60 m später stark links. Der Weg führt uns zu einem Aussichtspunkt mit Sitzbank oberhalb des Cap Dramont. Wir umgehen danach auf der Höhe eine weitere tiefe Bucht (la Mare Règue) und gehen bei der ersten Abzweigung nach links oberhalb des Meers weiter. Bei der nächsten Abzweigung, wo es rechts hinauf zu einem Fahrweg geht, halten wir uns links und bekommen so nochmals eine schöne Aussicht auf die Felsküste. Gleich darauf gelangen wir auf den Fahrweg und danach auf die Straße, die uns unterhalb des Leuchtturms entlangführt. Bei der nächsten Abzweigung biegen wir links ab und steigen zum **Port du Poussaï** (6 m, Café/Restaurant geöffnet April bis Sept.) ab. Vor dem Hafen liegt die Île d'Or, die im Verlauf eines angeheiterten Kartenspiels 1905 in den Besitz des Pariser Arztes Auguste Lutaud kam. Er erbaute darauf den Turm nach mittelalterlichem Vorbild und schuf so die Szenerie, die den belgischen Comiczeichner Hergé zum Tim-und-Struppi Band *Die schwarze Insel* inspiriert haben soll.

Weiter dem Meer folgend, kommen wir zur Plage du Débarquement. Auch an diesem Strand landeten die Alliierten am 15. August 1944, um die Provence von der deutschen Besatzung zu befreien (siehe S. 157). Hier weicht der rote Porphyr dem weißen Kiesel des Estérellite. Gegen Ende des Strands, wo die ersten Villen nah ans Meer gebaut wurden, müssen wir rechts zur Straße hinaufsteigen, da der nächste Abschnitt des Uferwegs nicht mehr begehbar ist. Für rund 1 km müssen wir leider der Hauptstraße folgen, bis wir nach dem Eingang des Camping L'Île d'Or nach links zum Küstenweg abbiegen können. Von hier gehen wir auf einem abwechslungsreichen Pfad von Bucht zu Bucht. Die **Plage de Boulouris** (0 m) ist eine der ersten, doch es folgen noch viele mehr. Der gelb markierte Weg folgt zwischen Villen und Meer konsequent der Küste. Teilweise sind noch Überbleibsel eines älteren, gepflasterten

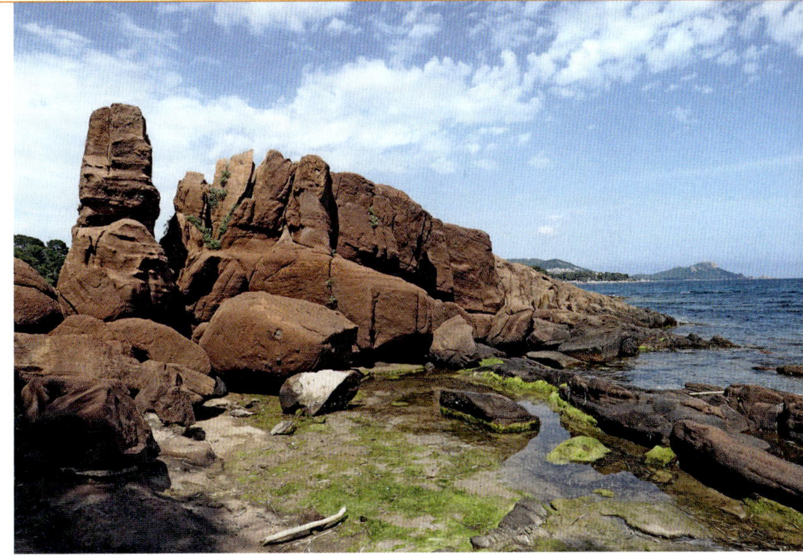

Der rote Porphyr an der Küste des Esterel-Massivs ist vulkanischen Ursprungs.

Wegs erhalten. In der letzten Bucht vor dem Hafen von Santa Lucia werden zwei Alternativen angezeigt. Der lohnenswerte Küstenweg (Sentier Littoral) wird hier als sehr sportlich bezeichnet, weist aber für Wanderer keine größeren Probleme auf. Überall dominiert nun wieder der rote Fels, an der Küste wie im Meer, wo vor dem großen Jachthafen vor 245 Millionen Jahren ein quarzhaltiger Lavastrom die beiden Inseln Le Lion de Mer und Le Lion de Terre geformt hat. Wir erreichen den **Port de Santa Lucia,** gehen vor dem **Palais des Congrès** (3 m) vorbei und weiter der Uferpromenade entlang (Restaurants, Cafés) bis zur Plage de Veillat, dem Hauptstrand von **St-Raphaël** (3 m). Hier nach rechts der Hauptstraße folgend, erreicht man in 5 min den Bahnhof von St-Rapahël-Valescure. Weiter der Promenade des Bains entlang geht es zum alten Hafen.

St-Raphaël

St-Raphaël stand lange im Schatten der nahegelegenen Bischofsstadt Fréjus. Selbst der Stadtteil Agay war noch bedeutender. Der alte, historische Stadtkern mit der romanischen Kirche befindet sich hinter dem Bahnhof. Die Kirche (schöne Aussicht vom Turm) besucht man gemeinsam mit dem angebauten archäologischen Museum (So/Mo geschlossen). In der zweiten Hälfte des 19. Jahrhunderts begann sich St-Raphaël als Seebad zu etablieren. 1881 wurde die Promenade des Bains erbaut und 1883 die Kirche Notre-Dame de la Victoire gleich dahinter im neobyzantinischen Stil. Der Name erinnert an den Sieg der Christen gegen die Flotte des Osmanischen Reichs in der Seeschlacht von Lepanto. Der Architekt der Kirche war Pierre Aublé, der in St-Raphaël noch diverse Villen sowie das nahgelegene Hotel Excelsior an der Uferpromenade erbaut hat. Im Vergleich zu anderen Städten der Region ist St-Raphaël etwas überaltert und politisch am rechten Rand einzuordnen.

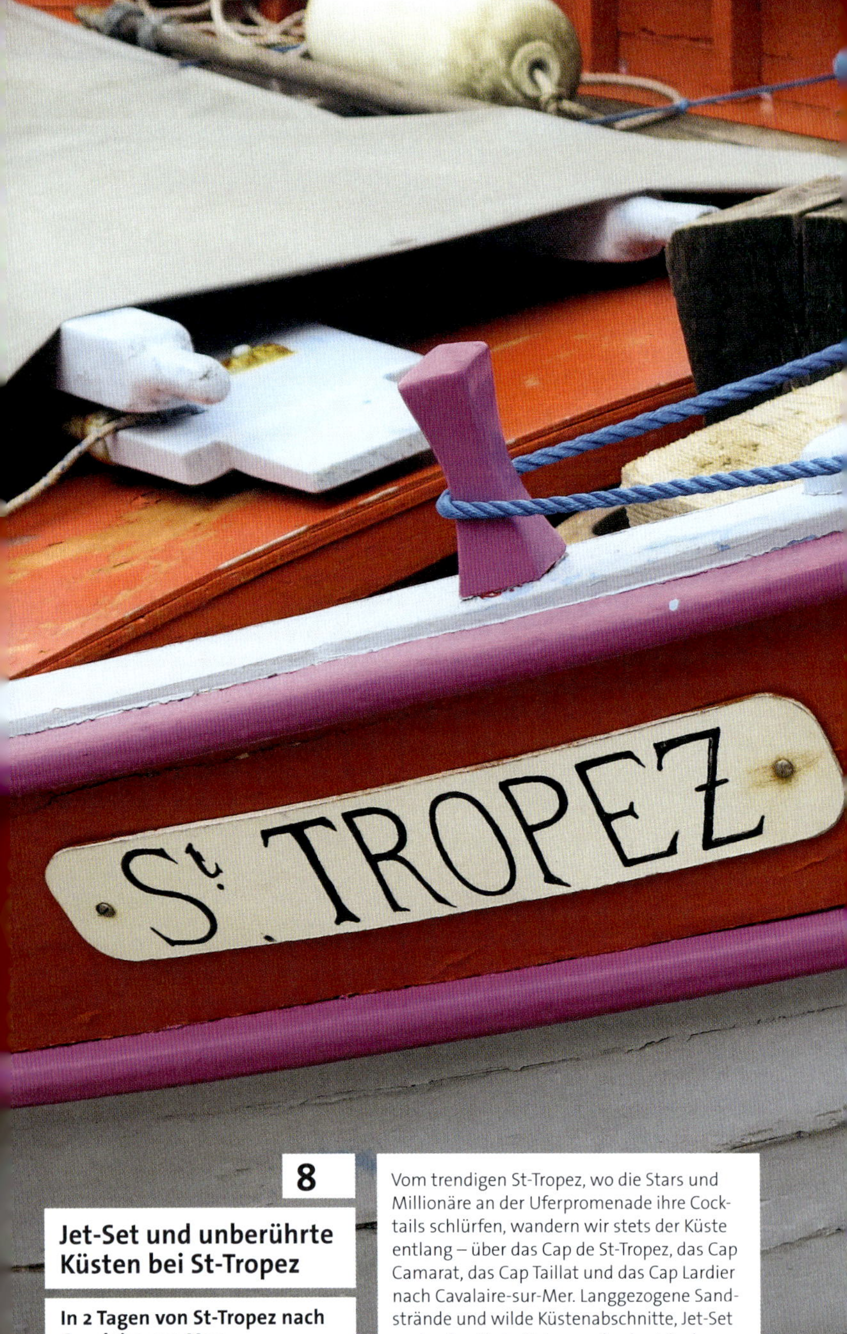

8

Jet-Set und unberührte Küsten bei St-Tropez

In 2 Tagen von St-Tropez nach Cavalaire-sur-Mer

Vom trendigen St-Tropez, wo die Stars und Millionäre an der Uferpromenade ihre Cocktails schlürfen, wandern wir stets der Küste entlang – über das Cap de St-Tropez, das Cap Camarat, das Cap Taillat und das Cap Lardier nach Cavalaire-sur-Mer. Langgezogene Sandstrände und wilde Küstenabschnitte, Jet-Set und unberührte Natur wechseln sich ab.

Sehenswertes

- A St-Tropez mit seiner Zitadelle, den Museen und dem Glamour
- B Sandstrand von Pampelonne
- C Sandstrand von Briande
- D Sandstrand von Brouis
- E Unberührte Küste am Cap Camarat, Cap Taillat und Cap Lardier

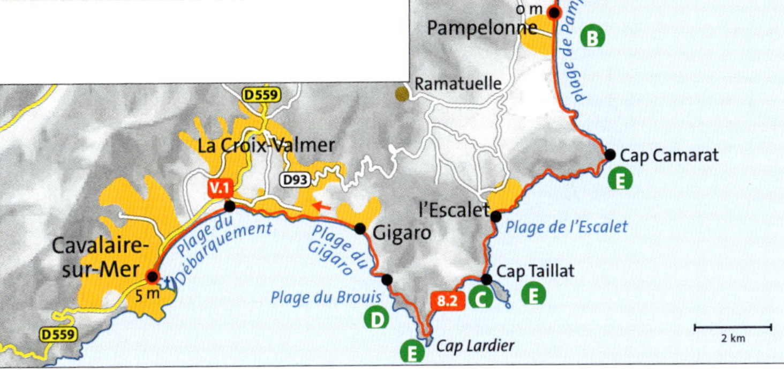

Beste Jahreszeit

Ende März bis Mitte Juni und Mitte September bis Ende Oktober. Zu beachten ist die teilweise Sperrung des Gebiets wegen Waldbrandgefahr zwischen 21. Juni und 20. September (siehe S. 22)

Karten

IGN 3545 OT

Varianten

Je nach Wahl der Unterkunft (diverse Möglichkeiten an der Plage de Pampelonne oder in l'Escalet) werden sich die beiden Tagesetappen unterschiedlich gestalten. Es ist auch möglich, die Wanderung bei der Straße hinter der Plage de Pampelonne zu beginnen oder zu beenden (siehe Busverbindung unter Etappenort Pampelonne) und St-Tropez als Übernachtungsort zwischen den Etappen zu wählen.

1 Vom Pier an der Plage du Débarquement kann man in 10 min die Bushaltestelle beim Kreisel erreichen (La Croix-Valmer-Plage du Débarquement, Linie 7801) und auf diese Weise die letzte Etappe um 30 min verkürzen.

An- und Abreise

St-Tropez: Viele Busverbindungen nach Hyères und Toulon mit Linien 7801 und 7802 sowie nach Ste-Maxime und St-Raphaël mit Linie 7601, alle von Zou (varlib.fr). Direkte, regelmäßige Schiffsverbindung mit Ste-Maxime (bateauxverts.com).
Cavalaire-sur-Mer: Direkte, regelmäßige Busverbindung nach Hyères, Toulon und St-Tropez mit Linie 7801 von Zou (varlib.fr).
Zurück zum Startpunkt: Mit Bus Linie 7801 in 25 min.

Touristinfo

sainttropeztourisme.com
golfe-saint-tropez-information.com

Etappenorte

St-Tropez

Alle Einkaufsmöglichkeiten, großer Markt im Stadtzentrum am Di und Sa, am Hafen tägl. ein kleiner Fischmarkt. Die Übernachtungsmöglichkeiten bewegen sich zum großen Teil im höheren Preissegment. Einigermaßen bezahlbar sind im Zentrum das Hotel B Lodge (hotel-b-lodge.com), das Les Palmiers (hotel-les-palmiers.com) und das Les Lauriers (hotelleslauriers.net). Am Anfang der Wanderroute, 45 min vom Zentrum entfernt, liegt das Chambre d'hôtes La Vagabonde in der Baie de Canebiers (villalavagabonde.fr).

Tahiti-Plage, Plage de Pampelonne

Busverbindung Gassin–Ramatuelle–St-Tropez mit Linie 7705 von Zou; Haltestelle an der Hauptstraße, ca. 1 km hinter dem Strand von Pampelonne (Anfang April bis Anfang Nov. 4 × tägl, varlib.fr). Viele Übernachtungsmöglichkeiten, doch die meisten öffnen erst im April und schließen im Lauf des Okt. und sind zudem ziemlich teuer (wie z. B. das tahiti-beach.com). Bezahlbar sind ca. 300 bis 500 m hinter Tahiti-Plage die Ferme Augustin (fermeaugustin.com) und das St-André (hotel-st-andre.fr). Direkt am Strand von Pampelonne kann man die Hütten von Kon Tiki auch nur für eine Nacht mieten (tiki-hutte.com). Ca. 1,5 km vom Südende des Strands von Pampelonne liegt das Chambre d'hôtes Leï Souco (leisouco.com). Im Camping Les Tournels (yellohvillage-les-tournels.com) kann man Hütten auch nur für eine Nacht mieten.

l'Escalet

Ca. 600 m hinter der der Plage de l'Escalet liegt die Villa Andrea (lavilladandrea.com; gediegen, aber teurer, geöffnet Mitte April bis Anfang Okt).

Cavalaire-sur-Mer

cavalairesurmer.fr Alle Einkaufsmöglichkeiten. Viele Restaurants. Gleich nebeneinander, nah am Strand (und etwas vor dem Zentrum, wenn man auf der Wanderroute kommt) liegen die einfachen Hotels Le Golfe Bleu (hotel-legolfebleu.com) und Les Eucalyptus (hotel-eucalyptus.com). Im Zentrum das ebenfalls preiswerte Le Maya (lemaya.com).

St-Tropez

St-Tropez ist der Treffpunkt der Reichen und der Stars. Wenn sie nicht auf der eigenen Jacht nächtigen, können sie zwischen 17 5-Sterne-Hotels auswählen. St-Tropez ist aber zugleich auch eine historische Stadt mit viel Charme. Im 18. Jahrhundert war St-Tropez der drittwichtigste Hafen an der Mittelmeerküste Frankreichs. Man kann sich damit vergnügen, den Boutiquen entlang durch die Gassen zu schlendern und am Hafen die protzigen Jachten zu bestaunen. Oder man besucht das historische Erbe und die Museen. Auf dem Hügel, der das Hafenbecken beherrscht, steht die alte Zitadelle. Erbaut wurde sie ab 1602 unter Henri IV., um den Ort vor Überfällen der Spanier zu schützen. 1993 wurde sie von der Stadt erworben und restauriert. Seit 2003 beherbergt sie das sehenswerte Museum für maritime Geschichte (tägl. 10–17 Uhr geöffnet). Gleich am Hafen ist in einer ehemaligen Kapelle das Musée de l'Annonciade untergebracht. Die Gemäldekollektion zeigt Bilder von Künstlern, die in St-Tropez tätig waren, allen voran des Impressionisten Paul Signac (Mo und im Nov. geschlossen). Das Musée de la Gendarmerie et du Cinéma ist in der alten Polizeistation untergebracht, die durch die Filme mit Louis de Funès Berühmtheit erlangte. Das Museum zeigt die Geschichte der vielen Filme, die in und um St-Tropez gedreht wurden (tägl. meist von 10–18.30 Uhr geöffnet). Auf dem Friedhof der Stadt liegt unter anderem der französische Regisseur Roger Vadim begraben, der mit seinen Filmen das Bild von St-Tropez prägte. Mit 22 Jahren lernt er in der Nähe von St-Tropez die damals 16-jährige Brigitte Bardot kennen. Kaum ist sie 18 Jahre alt, wird geheiratet, und vier Jahre später drehen sie hier den Film *Et Dieu créa la femme*, der die Karriere von Brigitte Bardot 1956 lanciert. Roger Vadim wird später noch vier weitere Frauen heiraten (darunter Jane Fonda) und mit vier verschiedenen Frauen (darunter Catherine Deneuve) vier Kinder zeugen. Brigitte Bardot kauft 1958 in St-Tropez ein Haus und lässt sich hier dauerhaft nieder. Auch sie wird nach der Ehe mit Roger Vadim noch dreimal heiraten (darunter Gunter Sachs) und sich nach ihrer Filmkarriere vehement für Tierrechte einsetzen.

8.1 St-Tropez–Pampelonne

Wanderzeiten	
St-Tropez–Plage des Canebiers	0 h 45
Plage des Canebiers–Ende Plage des Salins	1 h 30
Ende Plage des Salins–Plage de Pampelonne (Kon Tiki)	1 h 15
Total	**3 h 30**
Höhendifferenz	↗ 40 m ↘ 40 m
Schwierigkeit	T2

Wir beginnen unsere Wanderung am Hafen von **St-Tropez** (2 m). Dem Quai entlang erreichen wir den runden Wachturm aus dem 16. Jahrhundert, die Tour de Portalet. Hier beginnt der Sentier Littoral, der Küstenpfad, dem wir den ganzen Tag folgen werden (grüne Wegweiser, gelb markiert). Immer dem Meer entlang, gehen wir am Ausgang der Stadt oberhalb des Friedhofs vorbei, wo unter anderem der französische Regisseur Roger Vadim begraben liegt (siehe Kasten). Danach führt der Weg wieder direkt dem Ufer entlang, wobei wir uns zu Beginn der Baie des Canebiers, je nach Wasserstand, manchmal an Ufermauern entlang drücken müssen.

Unterwasserkabel-Fabrik

An der Baie des Canebiers stand von 1892 bis 1952 eine Fabrik zur Herstellung von Unterwasserkabeln für die Telegrafie. Über einen langen Steg konnten die produzierten Kabel direkt in die Schiffe verladen werden. In Betrieb war die Fabrik jedoch nur bis 1924, und selbst in dieser Zeit wurde nur während zusammengerechnet fünf Jahren produziert. Die größten Aufträge waren die Kabel, die Marseille mit Bizerte (Tunesien) und Philippeville (heute Skikda, Algerien) verbanden sowie die Kabel, die Verbindungen von Mauritius nach La Réunion, Madagaskar und bis nach Mosambik herstellten.

Der kilometerlange Strand von Pampelonne.

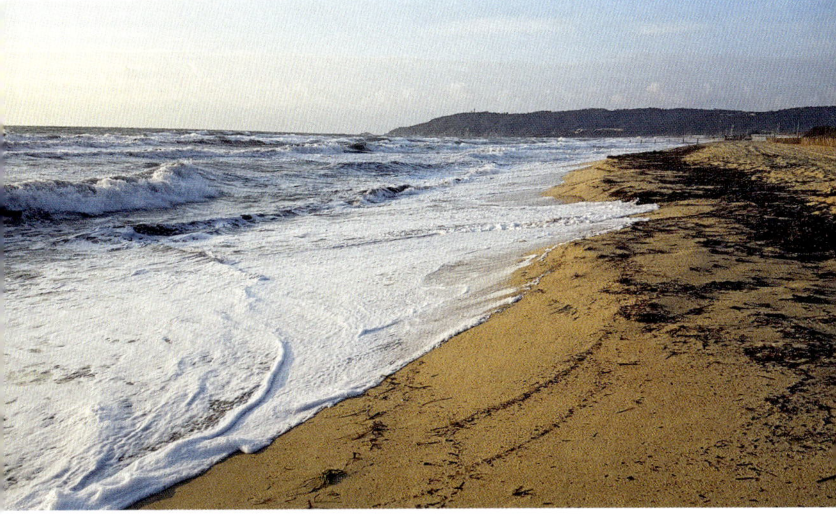

In der Nebensaison werden wir auf der **Plage des Canebiers** (0 m, siehe Kasten S. 153) – wie auch auf manchen weiteren Stränden auf dieser Tour – über dicke Schichten von angespültem Seegras (siehe S. 164) wandern. Danach verläuft der Weg für kurze Zeit hinter den Strandvillen entlang, um nachher um die Pointe de la Rabiou und um das Cap de Saint-Tropez wieder direkt der Küstenlinie zu folgen. An **Ende der Plage des Salins** (0 m) gibt es ein Restaurant mit einer Pizzeria, das auch außerhalb der Hochsaison geöffnet ist. Der Weg verläuft hier hinter dem Restaurant kurz auf einer Straße, um danach wieder der nun etwas wilderen Küste zu folgen. An der Pointe der Capon gibt es noch Überreste einer alten Batterie (Stellung mit Kanonen), die 1792 zu Beginn der Koalitionskriege erbaut wurde. Während der Seeblockade der Engländer kreuzten vor der französischen Küste dauernd englische Kriegsschiffe, und zwischen 1806 und 1814 kam es zu mehreren Scharmützeln. Anschließend geht es nur noch um das Cap de Pinet herum und wir erreichen die legendäre Plage de Tahiti, den nördlichsten Teil der Plage de Pampelonne. Strandrestaurants reihen sich aneinander, und im Sommer drängen sich pro Tag rund 30 000 Sonnenhungrige auf dem Sand. Seit den 50er-Jahren gilt hier das Motto Sehen und Gesehenwerden. In den 60er-Jahren war er einer der ersten Nudisten-Strände (auch heute noch ist auf Abschnitten des Strands FKK erlaubt) und diente diversen Filmen als Drehort. Wir wandern dem fast 5 km langen **Sandstrand von Pampelonne** (0 m) entlang. Noch vor der Hälfte befindet sich die Hütten-Feriensiedlung Kon Tiki.

Pointe du Canadel.

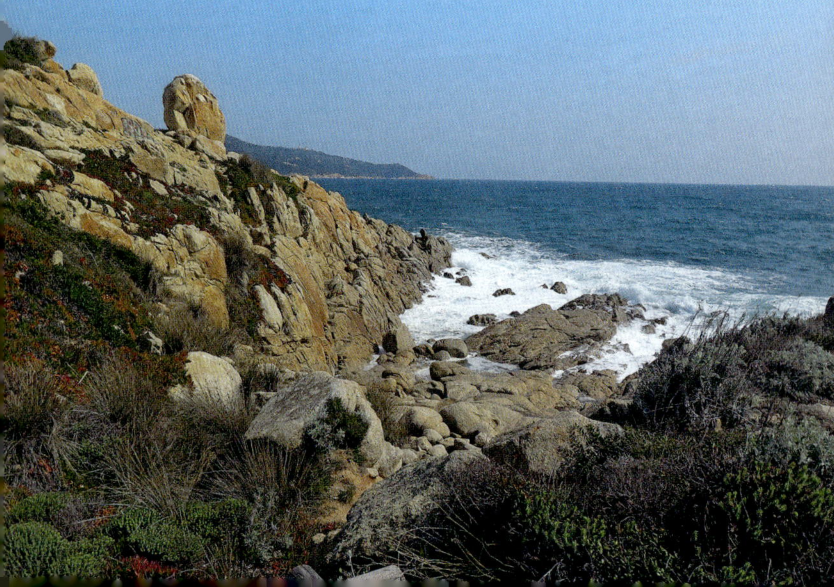

8.2 Plage de Pampelonne–Cavalaire-sur-Mer

Wanderzeiten	
Plage de Pampelonne (Kon Tiki)–Cap Camarat	1 h 15
Cap Camarat–Plage de l'Escalet	1 h 20
Plage de l'Escalet–Cap Taillat	0 h 35
Cap Taillat–Plage du Brouis	1 h 25
Plage du Brouis–Plage du Gigaro	0 h 35
Plage du Gigaro–Plage du Débarquement (Pier)	1 h 00
Plage du Débarquement (Pier)–Cavalaire-sur-Mer	0 h 40
Total	**6 h 50**

Höhendifferenz ↗ 325 m ↘ 320 m

Schwierigkeit T2

Küstenpfad

Der Sentier Littoral, der Küstenpfad, der auf rund 700 Kilometern der französischen Meeresküste folgt, heisst auch Sentier des douaniers (Zöllnerpfad) oder Sentier des contrebandiers (Schmugglerpfad). Entstanden sind diese Wege ab 1791, um den Schmuggel zu unterbinden. Heute hat man dank ihnen einen freien Zugang zum Ufer, der seit 1976 auch im französischen Gesetz verankert ist: »Private Grundstücke, die an den öffentlichen maritimen Bereich angrenzen, sind auf einem drei Meter breiten Streifen mit einer ausschließlich für die Passage von Fußgängern konzipierten Dienstbarkeit belastet.« Leider muss dieses Recht immer wieder juristisch erstritten werden. Nicht alle mögen einen Wanderweg vor ihrer Villa.

An der **Plage de Pampelonne** (0 m) wandern wir bis ganz zum Ende des Strands, wo uns ein Schild den weiteren Weg auf dem Sentier Littoral weist (gelb markiert). Nach der kleinen Siedlung Bonne Terrasse am gleichnamigen Sandstrand wird die Küste wieder wilder und der Weg führt uns mit etwas Auf und Ab bis zum **Cap Camarat** (ca. 20 m) mit seiner vorgelagerten Felseninsel. Eine Abzweigung nach rechts zum Leuchtturm lassen wir kurz vorher unbeachtet. Etwas mehr als 30 min hinter dem Cap kommen wir an der Ferienhaussiedlung le Merlier vorbei (die moderne Architektur stammt aus den Jahren 1958–1965). Der Weg unmittelbar dem Meer entlang ist bei höherem Wellengang nicht passierbar. In diesem Fall kann man beim Picknicktisch unterhalb der Siedlung noch etwas hochsteigen und auf einem oberen Weg (nicht markiert) wieder auf den Sentier Littoral gelangen. Gleich danach führt der Weg unterhalb des Château Volterra vorbei. Das Schloss, 1890 von einem verliebten Engländer erbaut, wurde 1926 von Léon Volterra, Besitzer von vier Theatern in Paris und unter Künstlern wohlbekannt, erworben. Kein Wunder, dass in dieser Zeit so manche Berühmtheiten wie zum Beispiel Josephine Baker, Marcel Pagnol oder Jean Cocteau teilweise auch für längere Aufenthalte als Gäste empfangen wurden. Bei der **Plage de l'Escalet** (0 m) wurden an der hier etwas flacheren Küste viele Häuser in den Hang gebaut. Doch bereits wenige Minuten später, hinter der Pointe du Canadel sind wir wieder an einer ursprünglichen, wilden Küste unterwegs. Hier gibt es für die Strecke bis zur Pointe de la Douane zwei markierte Möglichkeiten. Wir wandern entweder ein längere Treppe aufwärts und dann bequem etwas auf der Höhe der Küste nach, oder wir folgen dem Pfad direkt an der Küste mit etwas Auf und Ab (ca. 5 min länger). Bei beiden Varianten erreichen wir die Maison des Douanes (Zollhaus) und kurz darauf den Isthmus mit der dahinterliegenden Halbinsel des **Cap Taillat** (0 m). Hier gibt es die Möglichkeit, auf einem guten Weg bis zur Spitze

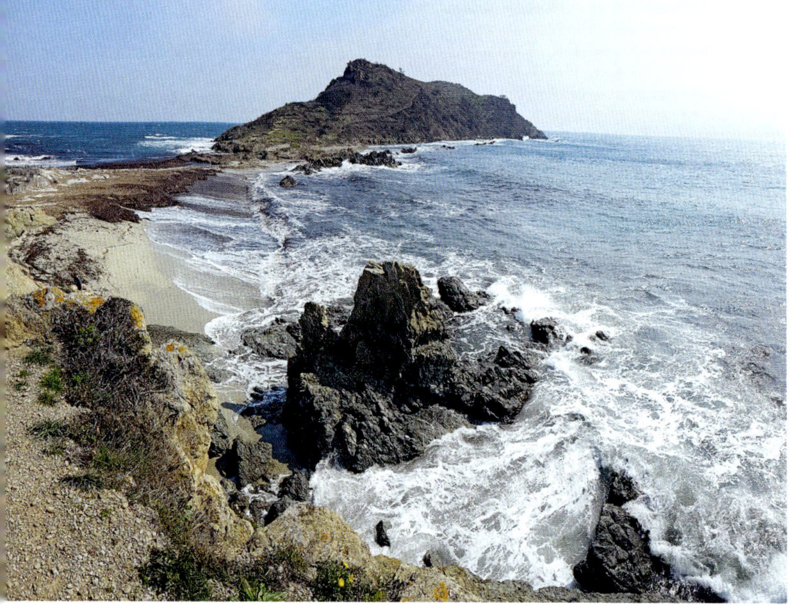

Cap Taillat.

der Halbinsel zu wandern (hin und zurück zusätzlich 25 min).

Weiter auf dem Sentier Littoral, folgt kurz nach dem Cap Taillat der feinsandige Badestrand der Plage de Briande. Beim Cap Lardier entfernt sich der Weg von der Küste und steigt auf dem Grat hinauf Richtung Leuchtturm. Ganz so hoch müssen wir jedoch nicht aufsteigen, sondern können bei einer Abzweigung links halten (Wegweiser, markiert). Die ganze Region wurde Ende Juli 2017 Opfer eines Waldbrands, der 500 Hektar Wald zerstörte. Der Küstenweg musste danach während Monaten gesperrt werden. Bei den anschließenden Arbeiten nutzte man die Gelegenheit, um auch gleich den Wald auszulichten. Noch vorhandene invasive südamerikanische Mimosenbäume wurden ausgerissen, damit die heimische Eiche wieder bessere Chancen zur Ansiedlung hat. Von der Krete steigen wir immer links haltend zum Sandstrand der **Plage de Brouis** (0 m) ab, der geradezu zu einer Pause einlädt. 35 min später kommen wir bei der langgezogenen **Plage de Gigaro** (0 m) zurück in urbanes Gebiet. Wer genug vom Strand hat, kann hier auch auf der Uferpromenade laufen. Am Ende der Promenade, wo die Straße das Ufer verlässt, führt der Sentier Littoral weiter der Küste entlang (Wegweiser). Es folgt nun ein kurzweiliges Auf und Ab der Steilküste entlang. Dazwischen kleine Sandstrände, von denen Treppen wieder auf die Anhöhe zurückführen. Für kurze Zeit wandern wir durch ein Villenquartier, bevor wir über die Pointe de la Bouillabaisse zur **Plage du Débarquement** (0 m) absteigen. 500 m weiter gibt es beim langen Pier diverse Restaurants und Cafés.

Nun folgen wir stets dem Strand bis nach **Cavalaire-sur-Mer** (5 m). Am Ende kann man optional auch auf der Uferpromenade gehen. Die Bushaltestelle befindet sich unweit des Hafens an der Hauptstraße.

Cavalaire-sur-Mer bestand lange Zeit nur aus wenigen Fischerhäusern, die zu Gassin gehörten. Erst 1929 wurde die Gemeinde selbständig. Wer mehr sucht als Strand, wird in Cavalaire nicht glücklich werden.

Cap Taillat und das Conservatoire du Littoral

Am Cap Taillat sieht man noch heute die Spuren einer bewegten Geschichte. 600 m hinter der Maison des Douanes gibt es spärliche Überreste eines Dolmen, eine rund 4000 Jahre alte Grabstätte. Die Maison des Douanes wie auch die Batterie auf der Landspitze selbst (Ruine) wurden zur Zeit Napoleons zur Verteidigung der Küste errichtet. 1970 wurde das ganze Kap vom Club Med erworben, der hier eine Ferienanlage mit 400 Bungalows, Freiluftbühne, eigenem Hafen und einem Restaurant zuoberst auf der Landspitze bauen wollte. Nur dank des Engagements des Bürgermeisters von Ramatuelle (auf dessen Gebiet sich das Kap befindet) konnte das Projekt verhindert werden. 1986 wurde das Land vom Conservatoire du Littoral erworben und somit der Spekulation entzogen. Das Conservatoire Littoral ist eine staatliche Institution, 1975 mit dem Ziel gegründet, Landschaften am Meeresufer wie auch am Ufer von Seen zu erwerben und somit definitiv zu schützen. Ist der Kauf nicht im gegenseitigen Einvernehmen möglich, kann das Conservatoire auch Enteignungen durchführen. Mit einem Budget von 50 Millionen Euro kauft es jährlich durchschnittlich 3000 Hektar, der Gesamtbesitz beläuft sich heute auf über 200 000 Hektar. Auf der Route der heutigen Wanderung sind das Cap Camarat, das Cap Taillat wie auch das Cap Lardier allesamt im Besitz des Conservatoire du Littoral.

Landung der Alliierten

An der Plage du Débarquement, am Strand von Pampelonne und an weiteren Stränden zwischen Toulon und Cannes fand in der Nacht vom 14. auf den 15. August 1944 die Operation Dragoon, die Landung (frz. *débarquement*) der Alliierten in der Provence statt. Über 900 Schiffe und 1370 kleinere Boote für die Landung brachten am ersten Tag rund 90 000 Soldaten und 11 000 Fahrzeuge an Land. Dazu kamen noch rund 5000 Fallschirmspringer. Die ganze Operation wurde aus der Luft von 5000 Flugzeugen unterstützt. Die Gegenwehr der deutschen Wehrmacht war begrenzt, da zuvor viele Truppen in die Normandie verschoben worden waren (wo die Alliierten bereits am 6. Juni 1944 gelandet waren). Bereits zwei Wochen später war praktisch die ganze Provence mitsamt den wichtigen Häfen von Toulon und Marseille befreit. Am 3. September nahmen die Alliierten Lyon ein, und am 11. September trafen die Truppen westlich von Dijon auf die Truppen, die aus der Normandie kamen. Die Hauptstadt Paris war zu diesem Zeitpunkt schon befreit.

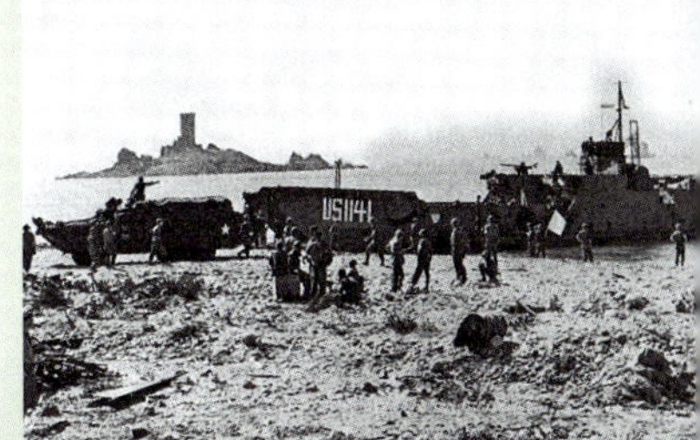

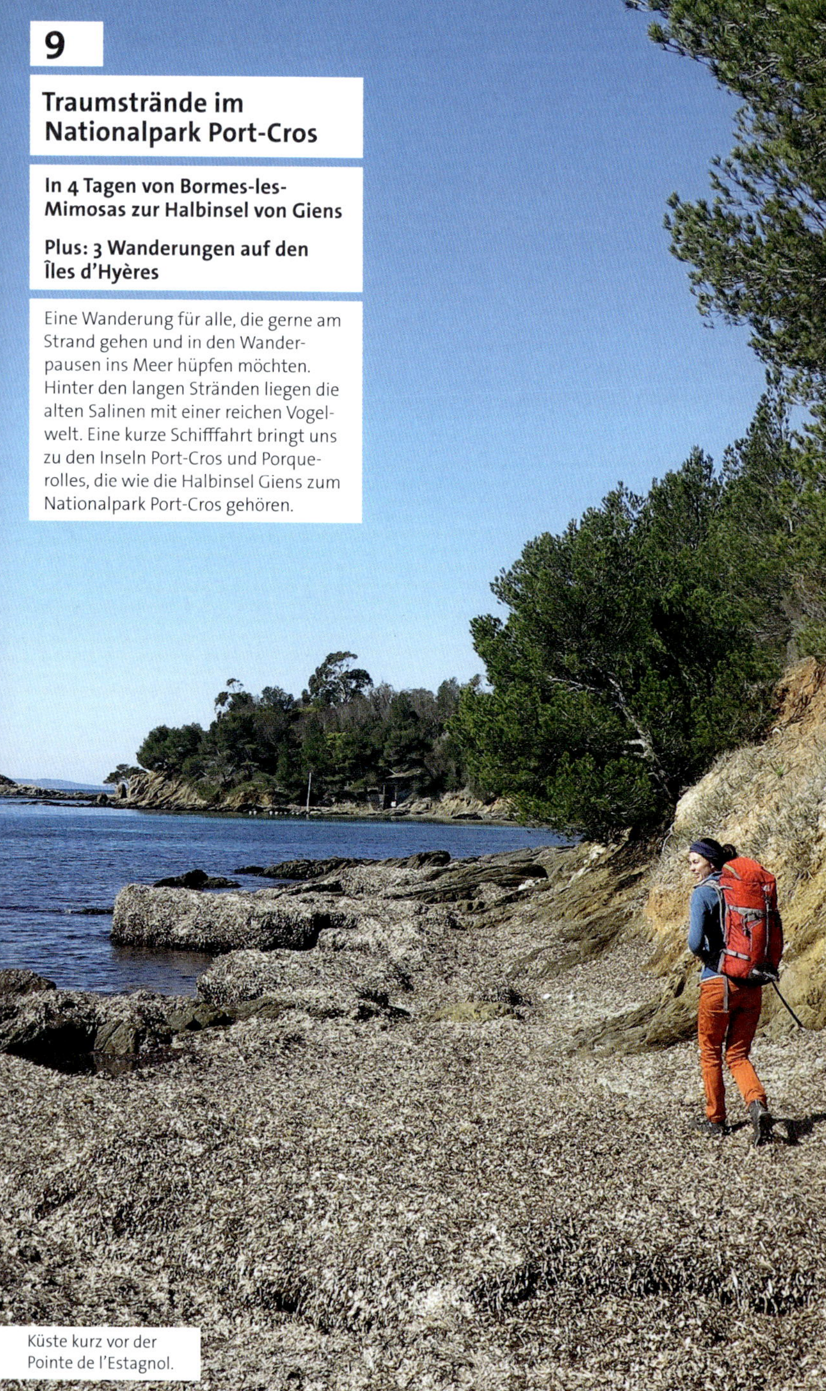

9

Traumstrände im Nationalpark Port-Cros

In 4 Tagen von Bormes-les-Mimosas zur Halbinsel von Giens

Plus: 3 Wanderungen auf den Îles d'Hyères

Eine Wanderung für alle, die gerne am Strand gehen und in den Wanderpausen ins Meer hüpfen möchten. Hinter den langen Stränden liegen die alten Salinen mit einer reichen Vogelwelt. Eine kurze Schifffahrt bringt uns zu den Inseln Port-Cros und Porquerolles, die wie die Halbinsel Giens zum Nationalpark Port-Cros gehören.

Küste kurz vor der Pointe de l'Estagnol.

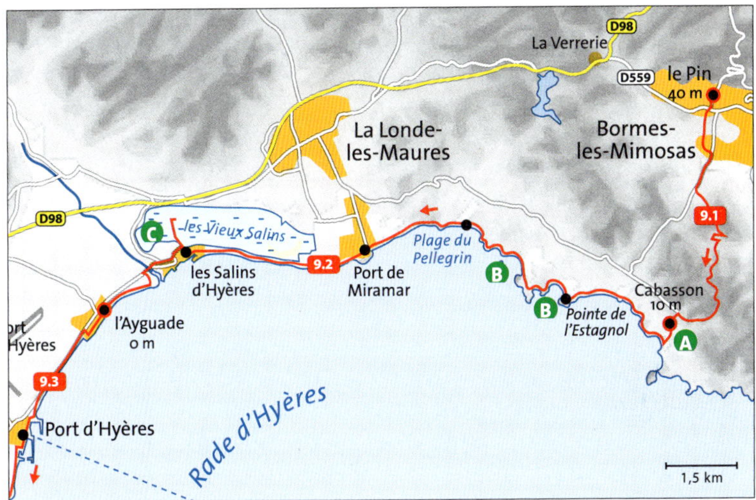

Sehenswertes

- A Weingut Château Malherbe
- B Sandstrände Estagnol und Léoube
- C Alte Salinen von Hyères
- D Leuchtturmruine und Treppe bei der Pointe Escampo-Barriou

Beste Jahreszeit

Ende September bis Mitte Mai. Zu beachten ist die teilweise Sperrung des Gebiets wegen Waldbrandgefahr (siehe S. 22).

Karten

IGN 3446 ET (Cabasson und Port Cros), 3446 OT (Halbinsel Giens und Porquerolles)

Varianten

1 Die 1. Etappe mit dem Taxi zurücklegen und in Cabasson starten. Taxi in Bormes: Coralie Taxi (Tel. 06 80 67 98 57) oder Taxi Charle (Tel. 06 80 33 52 97, taxi-charle.fr/transport).

2 Dank der vielen Übernachtungsmöglichkeiten zwischen dem Port d'Hyères und der Plage de la Badine können die Tagesetappen nach eigenem Gutdünken gestaltet werden. Da die Busverbindungen von Tour Fondue via Giens zum Port d'Hyères sehr regelmäßig sind, kann man die Wanderungen um die Halbinsel von Giens sowie die Inselwanderungen auf Port-Cros und Porquerolles auch von einer fixen Unterkunft auf der Halbinsel aus unternehmen.

3 Die Wanderung auf Port-Cros kann man auch gut in zwei kurze Tagesetappen aufteilen und nach dem Fortin de la Vigie durch das Vallon de la Solitude zum Dorf absteigen. Wenn man auf diese Weise nur den Ostteil der Insel durchwandert, dauert die Wanderung 3 h 10. Nur der Westteil (circuit des crêtes): 2 h 25.

An- und Abreise

Bormes-les-Mimosas: Busverbindungen nach Toulon, Hyères, St-Tropez und Le Lavandou u. a. mit Linie 7801; Haltestelle le Pin im unteren Dorfteil von Bormes (varlib.fr).
Giens: Busverbindungen via la Capte und Port d'Hyères nach Hyères mit Linie 67 von Réseau Mistral (1 × pro Stunde, So weniger häufig), Haltestelle direkt hinter der Kirche.
Zurück zum Startpunkt: Mit dem Bus via Hyères (siehe oben).

Touristinfo

hyeres-tourisme.com Infos für die Halbinsel von Giens (ab Salins d'Hyères) und die Inseln

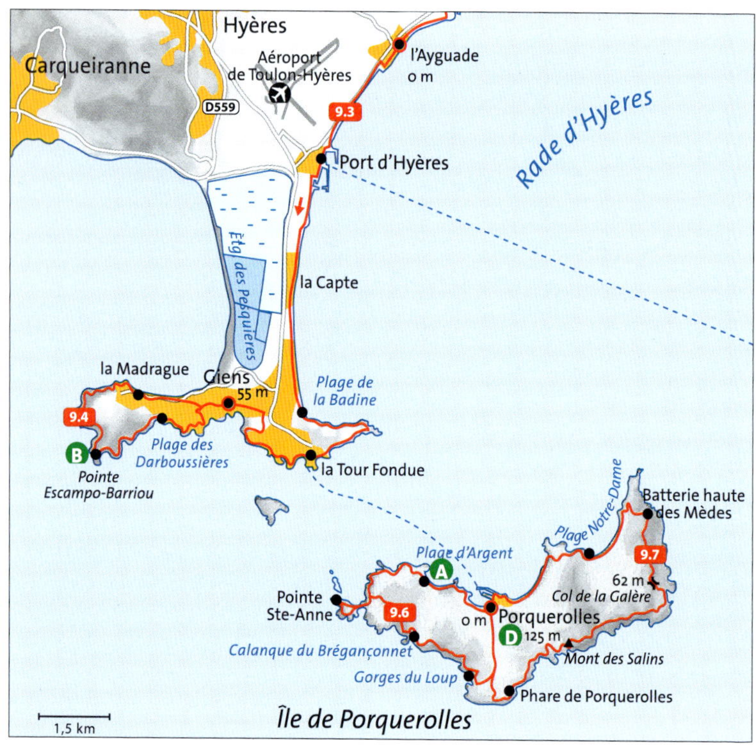

Sehenswertes

- A Leuchtturmruine und Treppe bei der Pointe Escampo-Barriou
- B Plage d'Argent
- C Festung, botanischer Garten und Fondation Carmignac in Porquerolles
- D Nationalpark Port-Cros

Etappenorte

Bormes-les-Mimosas

bormeslesmimosas.com Alle Einkaufsmöglichkeiten, Supermarkt in der Unterstadt beim Startpunkt der Wanderung (tägl. geöffnet), kleiner Markt Di vormittags. In der unteren Stadt, nahe der Bushaltestelle, gibt es das günstige Paradis (hotelparadis.fr). Richtung Cabasson und nah der Wanderroute finden sich die Chambres d'hôtes Les Roselières (les-roselieres.fr) und Pin d'Alep (04 94 46 15 32). Weitere Unterkünfte finden sich in der touristisch attraktiveren Oberstadt von Bormes-les-Mimosas.

Cabasson

Kein ÖV. Ein Taxi von Bormes-les-Mimosas kostet rund 20 Euro (siehe Variante 1). Keinerlei Einkaufsmöglichkeiten. Einziges Hotel ist das Hotel Les Palmiers (hotellespalmiers.com; geöffnet Anfang März bis Ende Okt; in den Randzeiten kann jedoch das Restaurant geschlossen sein). Falls es zeitlich passt, werden Gäste in Bormes-les-Mimosas auch abgeholt.

Port Miramar

ot-lalondelesmaures.fr (gehört zu La Londe-les-Maures). Busverbindung nach Hyères mit Linie 8815 (4 × tägl.) Einkaufsmöglichkeit ca. 100 m hinter der Plage Miramar (Superette Vival). Diverse Restaurants und Cafés.
Ca. 400 m hinter der Plage de l'Argentière kann man im großen Ferienkomplex Odalys

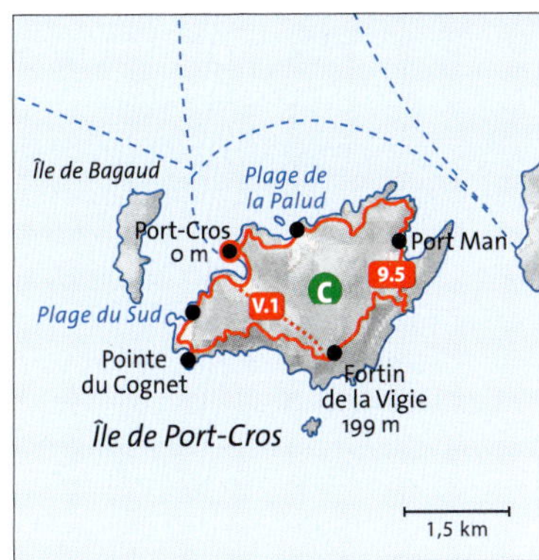

auch nur für eine Nacht übernachten (odalys-vacances.com). 500 m vom Wanderweg und der Plage de Miramar liegt die Villa Mercedes mit ihren Chambres d'hôtes im Grünen (villa-mercedes.com).

Les Salins d'Hyères

Busverbindung nach Hyéres mit Linie 66 (1× pro Stunde, So weniger häufig). Einkaufsmöglichkeiten im Ort. Diverse Cafés und Restaurants. Keine Unterkunftsmöglichkeiten.

l'Ayguade

Busverbindung nach Hyères Zentrum mit Linien 66 und 102 (1× pro Stunde). Kleiner Einkaufsladen, Markt am Mi vormittags. Es gibt drei Hotels in l'Ayguade, die etwas einfacheren Le Ceinturon (leceinturon.com) und Les Citronniers (hotelcitronnier.com; ganzjährig geöffnet, auf der Wanderroute ca. 1 km vor dem Zentrum von l'Ayguade, ebenfalls nah am Meer), sowie das trendigere, aber etwas teurere La Reine Jane (lareinejane.fr, ganzjährig geöffnet).

La Capte/Port d'Hyères

Busverbindung siehe An- und Abreise/Giens. In Port d'Hyères wie auch in la Capte gibt es Einkaufsmöglichkeiten und diverse Restaurants. Nah am Port d'Hyères und direkt am Strand sind das La Potinière (lapotiniere83.com) und das Lido Beach (lido-beach.com), etwas teurer das Hotel Bor (hotel-bor.com). In der Siedlung la Capte (ebenfalls nah am Strand) liegt das La Bastide (restaurant-labastide.com). Weitere Möglichkeiten, auch von la Capte Richtung Giens, finden sich auf der Touristinfo-Website.

Giens

Einkaufsmöglichkeiten im Ort, Markt am Di vormittags. In Giens gibt es zum Übernachten nur das etwas teure Hotel le Provençal, das zudem nur Anfang April bis Anfang Okt. geöffnet hat. Ferienwohnungen das ganze Jahr ab drei Nächte (provencalhotel.com). Günstiger sind die Wohnungen/Zimmer bei Tilou location ca. 500 m vom Dorf (tiloulocation.com, ganzjährig geöffnet). Weitere Angebote auf Airbnb.

Port-Cros

Busverbindung von Hyères Zentrum oder Bahnhof mit Bus 67 zum Port d'Hyères (1× pro Stunde). Vom Hafen Fährverbindung mit tlv-tvm.com nach Port-Cros (1 h, Abfahrt meist 9.15 Uhr, Rückfahrt meist zwischen 16 und 17 Uhr, im Sommer mehr Verbindungen). Direkte Bootsverbindungen auch von Le Lavandou aus mit vedettesilesdor.fr. Einfacher Lebensmittelladen in Port-Cros (falls geschlossen, bei der Hostellerie Provencale nachfragen). Auf der Insel gilt ein Rauch- und Hundeverbot. Drei Unterkünfte: Direkt am Hafen die einfache Maison du Port mit 2er-, 4er- oder 6er-Zimmern (sun-portcros.com), ebenfalls im kleinen Dorf die Hostellerie Provençale (hostellerie-provencale.com); beide Unterkünfte April bis Anfang Nov. geöffnet. Das Inselfeeling zahlt man mit einem kleinen Aufpreis im Vergleich zu den Hotels am Festland. Teurer (DZ/HP ab 380 Euro) ist das Le Manoir (hotel-lemanoirportcros.com) in einem historischen Haus etwas außerhalb des Dorfs.

Porquerolles

Busverbindung von Hyères Zentrum oder Bahnhof mit Linie 67 bis nach la Tour Fondue (Endstation, 1× pro Stunde). Von dort häufige Fährverbindung mit tlv-tvm.com nach Porquerolles (20 min, letzte Rückfahrt zwischen 18 und 19.30 Uhr). Supermarkt am Hauptplatz. Viele Restaurants. Rauchverbot außerhalb des Dorfs. Als Unterkunft kann man Wohnungen oder Jachten im Hafen mieten (z. B. über hyeres-tourisme.com). Diverse Hotels. Zu den günstigsten gehört das Les Mèdes (hotel-lesmedes.fr). Sympathisch, aber teurer ist die ganzjährig geöffnete Auberge Glycines (auberge-glycines.com). Das einzige Hotel außerhalb des Dorfs ist das luxuriöse Langoustier (langoustier.com; DZ/HP ab 500 Euro).

9.1 Bormes-les-Mimosas–Cabasson

Wanderzeiten

Haltestelle le Pin (Bormes-les-Mimosas)–Cabasson	1 h 50
Total	**1 h 50**
Höhendifferenz	↗ 200 m ↘ 230 m
Schwierigkeit	T2

Vorbemerkung: Lohnenswert wäre es, die Tour bereits in Le Lavandou zu beginnen und Cabasson von dort in einem Tag auf dem Sentier Littoral entlang der Küste zu erreichen. Doch nach einem Erdrutsch und Waldbränden ist der Abschnitt von der Baie du Gau bis zum Fort de Brégançon seit 2017 und bis auf weiteres gesperrt. Die hier beschriebene Route ist eine alternative Möglichkeit, nach Cabasson zu gelangen.

Unsere Wanderung beginnt bei der der **Haltestelle le Pin in Bormes-les-Mimosas** (40 m). Die touristisch attraktive Altstadt befindet sich auf einem Hügel circa 20 min zu Fuß von der Bushaltestelle. Beim Verkehrskreisel folgen wir der Straße Richtung Hyères (ganze Wanderung nicht markiert). Nach der Rechtskurve und unmittelbar nach einem Parkplatz können wir nach links eine Treppe hinuntersteigen und vom unteren Parkplatz durch eine Unterführung die Hauptstraße unterqueren. Nach der Unterführung alles geradeaus, an einem alten Olivenbaum vorbei (ab hier nicht mehr geteert) und danach einem kleinen Bachlauf entlang, bis wir wieder eine geteerte Straße erreichen. Wir überqueren die Straße und den Bachlauf und gehen auf dem Chemin des Fougères weiter, bis die Straße nicht mehr geteert ist. Hier biegen wir links in die Siedlung Les Jardins du Content ab und gehen, an einem kleinen Kreisel vorbei, zum Bachlauf zurück, dem wir nach rechts bis zur Straße folgen. Hier wieder rechts, wandern wir für rund 1 km der Straße entlang (eine Abzweigung nach rechts lassen wir unbeachtet). Am Ende der Feriensiedlung la Manne, auf einer kleinen Kuppe, biegen wir links in einen Fahrweg ab (Schranke, voie privée), der zu Beginn noch der Umzäunung der Feriensiedlung folgt. Wir gehen auf dem Weg bei verschiedenen Abzweigungen stets geradeaus und immer aufwärts bis auf den Grat. Wir überschreiten den Grat und gehen auf der anderen Seite links auf einem breiten Weg zuerst flach und dann ziemlich steil ins Tal hinunter. Von hier bis nach Cabasson befinden wir uns im Gebiet, das Ende Juli 2017 durch einen Waldbrand zerstört wurde.

Am Talboden gehen wir links das Tal hinaus, überqueren 200 m weiter das trockene Bachbett, halten uns dann rechts und

Waldbrand 2017

Drei Tage wütete im Juli 2017 die Feuersbrunst, der rund 1600 Hektar Wald und Busch zum Opfer fielen. Rund 10 000 Personen (die meisten davon Touristen) mussten evakuiert werden. Nach dem Brand wurden viele verbrannte Bäume (insbesondere Kiefern) entfernt, um für neues Leben Platz zu schaffen. Stehen geblieben sind viele Korkeichen, die durch ihre schützende dicke Korkschicht dem Brand am besten widerstehen konnten und aus deren schwarzen Stämmen bei unserem letzten Besuch 2018 bereits wieder grüne Äste trieben. Zu den Pflanzen, die vom Brand und der verdrängten Konkurrenz profitierten und als Erste wieder aufblühten, gehören der westliche Erdbeerbaum (mit seinen bei jungen Pflanzen roten Ästen) und die Baumheide mit ihren nadelartigen Blättern.

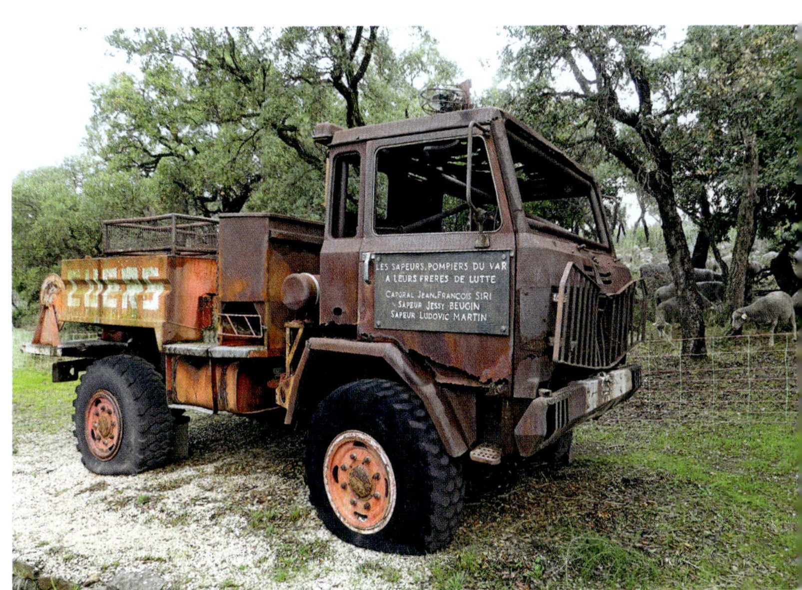

Ein ausgebranntes Feuerwehrauto erinnert an die Opfer des Waldbrands von 1990.

gehen wieder das Tal hinauf. Bei der nächsten Abzweigung gehen wir links auf einem Fahrweg weiter aufwärts, von dem wir circa 150 m weiter auf einen kleineren Weg nach links abbiegen. Der zuerst ausgewaschene Weg führt uns auf einen Seitengrat, dem wir auf dem schmaler werdenden Pfad bis zur Piste auf dem Hauptgrat folgen. Der Piste folgen wir nach links und erreichen wenige Minuten später den Gedenkstein und das Mahnmal der Feuersbrunst vom Juni 1990, der vier junge Feuerwehrleute zum Opfer fielen. Das ausgebrannte Feuerwehrauto, in dem drei der Männer ihr Leben verloren, erinnert an die Tragödie. Wir gehen noch 60 m nach links dem Grat entlang und biegen unmittelbar vor einem Strommast rechts auf einen Fußweg ab, der uns ins Tal hinunterführt (alternativ kann man vom Mahnmal aus direkt auf dem Fahrweg nach Cabasson wandern). Dem Talboden entlang, gelangen wir an eine geteerte Straße. Hier nach links geht es direkt zum Strand und zum Start der Etappe 9.2. Wer jedoch im Hotel Les Palmiers übernachtet, biegt hier rechts ab und geht dann im Weiler **Cabasson** links auf dem Chemin du Petit Fort zum Hotel hinunter (10 m).

Wer noch Lust auf einen Spaziergang hat, kann das nahegelegene Bio-Weingut Château Malherbe, über Jahrhunderte der Bauernhof des Fort de Brégançon, besuchen. Broschüren für einen Spaziergang durch den Weinberg liegen im Hotel auf.

9.2 Cabasson–l'Ayguade

Wanderzeiten	
Cabasson–Pointe de l'Estagnol	1 h 00
Pointe de l'Estagnol–Plage du Pellegrin	1 h 00
Plage du Pellegrin–Port de Miramar	0 h 40
Port de Miramar–les Salins d'Hyères	1 h 00
les Salins d'Hyères–l'Ayguade	1 h 00
Total	**4 h 40, T2**

Höhendifferenz	↗ 30 m ↘ 40 m

Schwierigkeit	T2

Posidonia Oceanica

Posidonia Oceanica oder Neptungras mag einige Badetouristen ärgern, da es die Sandstrände oft großflächig überdeckt, doch es ist ökologisch äußerst wertvoll. Die Seegraswiesen, die in sehr klarem Wasser bis in 60 m Tiefe reichen können, sind ein wichtiges Habitat für Fische und andere Meereslebewesen. Wenn im Herbst die alten Blätter abfallen, werden diese an die Küste gespült, wo sie an den Stränden große Grasbänke bilden und so vor Erosion schützen. Seegraswiesen sind zudem auch ein wichtige Senke, um CO_2 zu speichern.
Forscher haben über rund 15 km genetisch identische Klone von Neptungras gefunden und konnten auf diese Weise das Alter der Pflanzen auf rund 100 000 Jahre schätzen. Es wäre somit das älteste Lebewesen der Welt. Doch die Seegraswiesen sind bedroht. Kurzfristig durch Wasserverschmutzung und durch Jachten und Schiffe, die mit ihren Ankern das Neptungras ausreißen und zerstören. Langfristig durch den Klimawandel, da sie bei Wassertemperaturen über 20 bis 22 Grad absterben. Es wird deshalb vermutet, dass das Neptungras, das nur im Mittelmeer vorkommt, in 50 Jahren ausgestorben sein könnte. Bereits heute steht es auf der roten Liste der gefährdeten Arten.

Fort de Brégançon

Das Fort de Brégançon, die imposante Burg 500 m südlich des Strands von Cabasson, stammt aus dem 15. Jahrhundert und ist seit 1968 die offizielle (Ferien-)Residenz des Präsidenten von Frankreich. Alle Präsidenten aus dieser Zeit, von Charles de Gaulle bis zu Emmanuel Macron, haben hier ein paar Tage oder Wochen verbracht. Die Besuchszeiten haben sich in den letzten Jahren immer wieder verändert, beschränken sich in der Regel aber auf die Sommermonate und die Zeiten, in denen der Präsident nicht anwesend ist. Der Besuch ist nur geführt und mit einer Reservierung möglich (via Touristinfo in Bormes-les-Mimosas: bormeslesmimosas.com). Die Straße zum Fort verläuft über das Grundstück des Großherzogs von Luxemburg, der hier seit 1949 eine Sommerresidenz besitzt. Das Grundstück gleich nördlich davon (la Reine Jeanne) gehört der Industriellenfamilie Weiller, die mittlerweile mit der Familie des Großherzogs über Heirat verbunden ist.

Vom Hotel Les Palmiers in **Cabasson** (10 m) nehmen wir den kleinen Fußweg, der uns zur Straße führt. Am Eingang des Château Malherbe vorbei, erreichen wir in gut 5 min den Strand von Cabasson. Am nördlichen Ende des Strands beginnt der Sentier Littoral mit seinen gelben Markierungen, dem wir fast den ganzen Tag folgen werden. Wir wandern von Strand zu Strand, dazwischen kurze Auf- und Abstiege über Halbinseln, die mit Aleppokiefern und einzelnen Pinien bedeckt sind. Im Hinterland die Rebberge des Château de Brégançon. Das Weingut gehörte einst Hermann Sabran, dem Begründer des Spitals in Giens (siehe S. 169), dem er den Namen seiner mit acht Jahren an Tuberkulose verstorbenen Tochter gab. Auf den Stränden liegt (falls es nicht für die Badegäste weggekarrt wird) viel Posidonia (siehe Kasten).

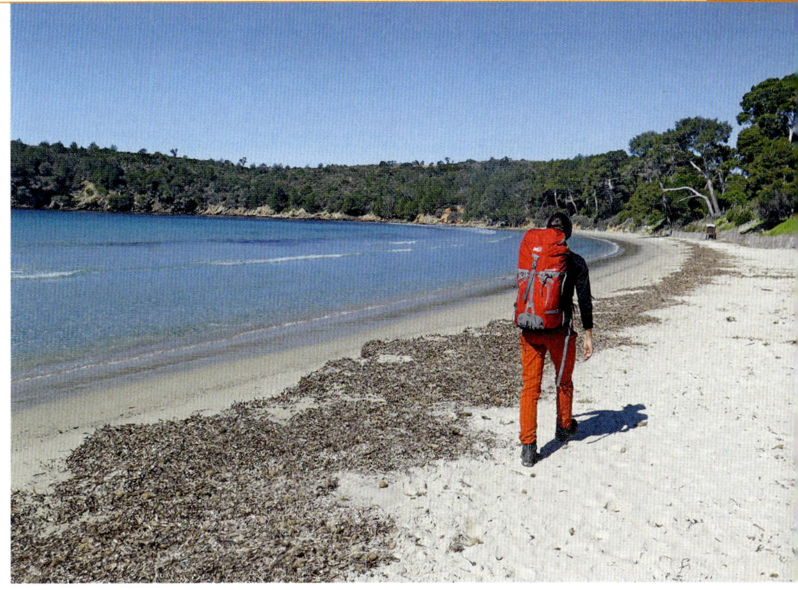

Die weite Bucht der Plage de l'Estagnol.

Bei der **Pointe de l'Estagnol** (10 m) haben wir einen freien Blick auf die beiden vorgelagerten Îlots de l'Estagnol. Unten an der Plage de l'Estagnol sollten wir nicht bis an das Ende des Strands wandern, sondern 50 m nach dem Eingang zum Restaurant de l'Estagnol rechts abbiegen und dann gleich links weiter dem Sentier Littoral folgen. Wir wandern über längere Zeit dem Grundstück des Château Léoube entlang. Das Schloss mit seinen großen Agrarflächen (67 Hektar Reben im Bio-Anbau, 25 Hektar Oliven) ist im Besitz der Familie Bamford, Eigentümerin der Bau- und Landmaschinenfirma JCB und eine der reichsten Familien Großbritanniens. Nach der langen **Plage du Pellegrin** (0 m) erreichen wir bei der Plage de l'Argentière erstmals wieder Häuser und Straßen. Am Ende des Strands wandern wir kurz auf einer Straße dem Meer entlang bis zum Jachthafen, dort über eine Fußgängerbrücke und dann links zum Hauptplatz von **Port de Miramar** (0 m) mit seinen Restaurants und Cafés. Wir gehen weiter der Straße nach und an deren Ende über die Plage de Miramar. Am Ende des Strands stehen noch deutsche Bunker, die gegen Ende des Zweiten Weltkriegs als Teil der Verteidigungslinie Südwall erstellt wurden. Über eine weitere kleine Brücke erreichen wir das Naturschutzgebiet der Salins d'Hyères. Wir wandern auf dem schmalen Landstreifen, der das Meer von der Lagune trennt. Mit etwas Glück können wir in den ehemaligen Salinen bereits Flamingos oder Reiher entdecken. Damit der Streifen erhalten bleibt, gibt es zahlreiche Holzzäune (Ganivelles), die die Düne stabilisieren und die Flora schützen sollen. Einzelne Kiefern geben zusätzliche Stabilität, doch können sie bei fortschreitender Erosion, wenn ihre Wur-

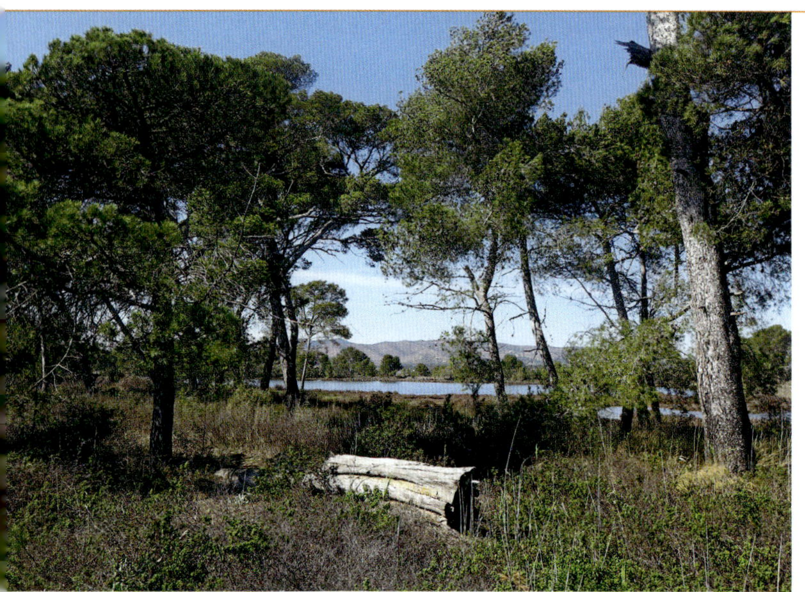

Ein schmaler Küstenstreifen trennt die ehemaligen Salinen vom Meer.

zeln im Salzwasser stehen, nicht überleben. Es ist absehbar, dass es in naher Zukunft einen Durchbruch zwischen dem Meer und den Salinen geben wird. Gegen Ende des Landstreifens gibt es nochmals die Möglichkeit zum Bad, zuerst an einem Nudistenstrand, näher am Dorf dann mit Textil. Über den Parkplatz und über eine Brücke (ein alte Schleuse) erreichen wir den kleinen Hafen und das Zentrum von **les Salins d'Hyères** (0 m, Restaurants und Cafés). Danach nehmen wir die erste Straße nach rechts (Rue St-Nicolas), die uns direkt an den Eingang der Espace Nature des Vieux Salins führt. Das Naturzentrum ermöglicht einen Spaziergang durch die alten Salinen bis zu einem Infozentrum mit einer kleinen Ausstellung über die Geschichte wie auch über die heutige Flora und Fauna der alten Salinen (etwas mehr als 5 min vom Eingang, geöffnet Mi–So meist 9–12 und 14–17.30 Uhr, Eintritt frei).

Unmittelbar an der Pforte des Naturzentrums biegt rechts (wenn man vom Infozentrum zurückkehrt) ein Fußweg auf Holzplanken ab. Am Ende des Wegs gehen wir nach links zwischen Wohnblöcken hindurch bis zu einer Quartierstraße (Avenue de la Victoire). Auf dieser Straße nach rechts bis zur Hauptstraße und auf dieser wieder nach rechts, bis wir nach 250 m links in einen Fahrradweg abbiegen können. Nach der Brücke über den Gapeau überqueren wir die Hauptstraße und nehmen die zweite Straße nach links, die uns ans Meer zurückführt. Dem Meer entlang erreichen wir die Häuser von **l'Ayguade** (0 m), ein etwas gesichtsloses Quartier von Hyères mit vielen Ferienhäusern.

Salinen von Hyères

Salz wurde bei Hyères vermutlich bereits im 4. Jahrhundert v. u. Z. gewonnen, um Fische zu salzen, die Würzsauce Garum oder den Farbstoff Purpur herzustellen. 963 wurden die Salinen von Hyères erstmals schriftlich erwähnt. Im 13. Jahrhundert erlebten sie ihre erste Blüte, als sie ein Quasi-Monopol zur Belieferung von Genua mit Salz innehatten. Aufgrund der starken Konkurrenz durch die Salzproduktion in der Camargue und in Italien erlebte die Produktion in Hyères in den folgenden Jahrhunderten jedoch einen langsamen Niedergang, bis die Nachfrage 1848 erneut anzog. Der Étang des Pesquiers (auf der Landzunge, die die Halbinsel Giens mit dem Festland verbindet), der bis dahin einen Fischereibetrieb beherbergte, wurde in dieser Zeit ebenfalls in Salinen umgewandelt. Bereits 1856 wurden die Salinen von Pesquiers mit denen von Vieux Salins zusammengeschlossen. Doch die Produktion war mit rund 40 000 Tonnen Salz pro Jahr im Vergleich zu der in der Camargue (400 000 Tonnen in Aigues-Mortes und 1 000 000 Tonnen in Giraud) weiterhin zu klein, um der Konkurrenz standzuhalten. 1995 wurde die Salzgewinnung in beiden Produktionsstätten der Salins d'Hyères beendet. 2001 wurde das Gebiet vom Conservatoire Littoral (siehe S. 157) aufgekauft und unter Schutz gestellt. Seit 2016 gehören sie, wie die ganze Halbinsel von Giens zum Gebiet des Nationalparks Port-Cros. Wichtig ist das Gebiet insbesondere als Rast- und Nistplatz für Vögel. 260 verschiedene Vogelarten wurden hier im Lauf eines Jahres gezählt. Besonders auffällig ist der Rosaflamingo. Im August und September werden hier bis zu 1800 Exemplare gezählt, im Winter sind es immerhin noch rund 800. Sie nutzen die Salins d'Hyeres zur Nahrungssuche und Rast. Zum Brüten fliegen sie zurück in die Camargue.

9.3 l'Ayguade–Giens

Wanderzeiten	
l'Ayguade–Port d'Hyères	0 h 45
Port d'Hyères–Plage de la Badine	1 h 15
Plage de la Badine–la Tour Fondue	0 h 50
la Tour Fondue–Giens	1 h 10
Total	**4 h**

Höhendifferenz	↗ 100 m ↘ 45 m
Schwierigkeit	T2

In **l'Ayguade** (0 m) queren wir vom Strand zur parallel verlaufenden Hauptstraße und überqueren auf dieser den Ceinturon. Unmittelbar nach der Brücke erreichen wir nach links wieder den Strand, dem wir nach Süden folgen. Für ein kurzes Zwischenstück müssen wir auf einem Gehsteig der Straße folgen, bis wir vor dem Hafen von Hyères wieder auf dem breiten Strand weitergehen können. In den Hafenanlagen von **Port d'Hyères** (viele Restaurants, Bars, Souvenirshops, Bushaltestelle Richtung Hyères und Giens und, vom Hafen etwas zurückversetzt, ein Supermarkt) folgen wir möglichst nah dem Wasser.

Nach den Hafenanlagen gehen wir an vielen kleineren Hotels vorbei dem Strand entlang. Nur an einer Stelle müssen wir kurz auf die Straße ausweichen. Eine Viertelstunde nach Port d'Hyères wird der Strand von einem geschützten Hain aus Aleppokiefern und wenigen Pinien begrenzt, die Pinède des Pesquiers. Wir befinden uns hier auf einem Tombolo, einem Dünenstreifen, der das Festland mit einer Insel verbindet. Im Fall der Halbinsel von Giens handelt es sich gar um einen doppelten Tombolo, der noch eine Lagune (die zur Salzgewinnung verwendet wurde) umschließt. Man schätzt, dass dieser Tombolo vor etwa 3000 Jahren entstanden ist,

Bucht von Hyères

Die Bucht von Hyères (Rade d'Hyères) ist aufgrund ihrer durch die vorgelagerten Inseln geschützten Lage seit dem Mittelalter ein beliebter Ankerplatz. Hier betrat Louis IX. (Saint-Louis) nach seinem sechsjährigen Kreuzzug ins Heilige Land und einer zehnwöchigen Überfahrt wieder französischen Boden. Hier ankerten 1707 102 Schiffe der englisch-niederländischen Flotte, als diese den Kriegshafen von Toulon belagerte (worauf Frankreich seine eigene Kriegsflotte versenkte, damit sie nicht in gegnerische Hände fiel), und hier starteten 1830 die 600 Schiffe, die die französische Invasionsarmee nach Algerien brachten.

In der Bucht ereignete sich am 19. März 1879 eine furchtbare Katastrophe, als die »Arrogante«, ein Schulungsschiff der französischen Marine für Kanoniere, in einem Sturm 600 m vor der Küste auf Grund lief. Von 130 Besatzungsmitgliedern fanden 40 den Tod.

Giens vor dieser Zeit also eine Insel war. Nach großen Stürmen 1811 und 1917 wurde der Tombolo durch das Meer unterbrochen und Giens für kurze Zeit vom Festland abgeschnitten.

Über zwei kurze Brücken erreichen wir den kleinen Hafen von la Capte (Restaurants, Einkaufsmöglichkeiten bei der Hauptstraße). Entlang des Dorfs gehen wir auf der Seepromenade, danach wieder dem breiten Strand entlang bis zu dessen Ende, das von einem Felsen markiert wird (**Plage de la Badine**). Wir übersteigen diesen und gleich darauf nochmals einen Felsen und kommen dazwischen jeweils an kleine Strände. Später werden die Felspassagen zwischen den Buchten etwas länger (gelbe Markierungen). Nach der Plage de la Baume (Duschen, Kanuverleih) gehen wir nicht auf den Fahrweg, sondern folgen weiter dem Fußpfad oberhalb des Meers

Bei der Plage de la Badine finden sich zwischen den Felsbändern kleine Sandbuchten.

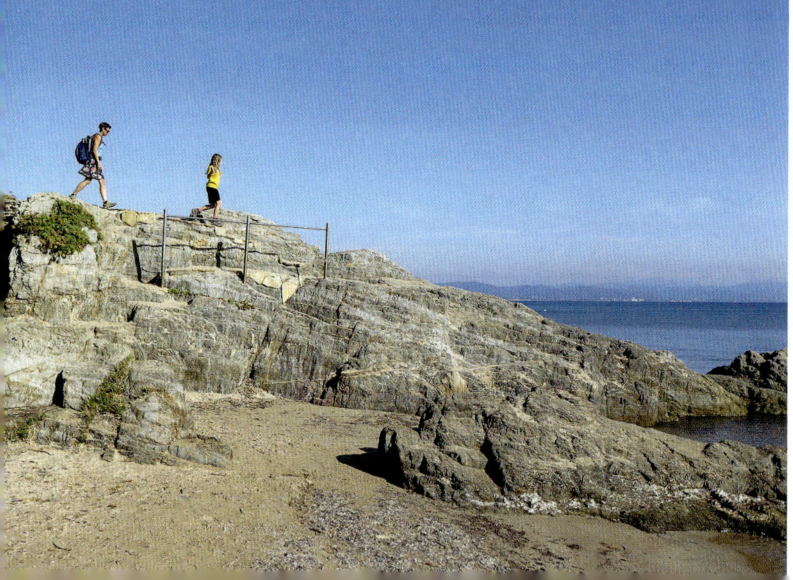

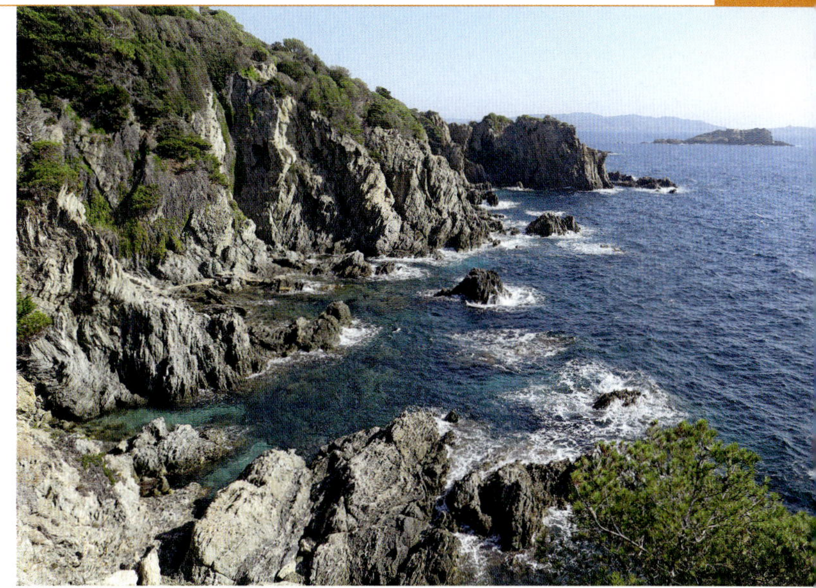

Zerklüftete Felsküste bei der Pointe Madame zwischen la Tour Fondue und Giens.

(markiert). Ein breiter Kiesweg führt uns danach an den Drahtzaun, der das Militärgebiet am Cap de l'Esterel absperrt. Auf diese Weise erreichen wir die Südseite der Halbinsel von Giens, wo der Weg zu Beginn innerhalb einer Feriensiedlung verläuft. Hier gilt es, den Abzweiger nicht zu verpassen: 15 m nachdem wir zwischen zwei Sitzbänken durchgegangen sind, biegt links ein Fußweg ab, der direkt dem Meer folgt. Der abwechslungsreiche Weg bringt uns bis zur kleinen Siedlung von **la Tour Fondue** (0 m, Restaurants, kleiner Supermarkt). Der Name leitet sich aus dem provenzalischen Tour Foundudo ab, was »zerfallener Turm« heißt. Das jetzige Fort aus dem 17. Jahrhundert, an der Landspitze gelegen, wurde am Ort eines ehemaligen, zerfallenen Turms errichtet. La Tour Fondue ist der Fährhafen für die Insel Porquerolles gleich gegenüber und Endstation der Buslinie nach Hyères. Wir folgen weiter dem Strand, kommen kurz danach an einem netten Restaurant unmittelbar oberhalb des Strands von Pradeau vorbei und erreichen später den kleinen Hafen von Port Auguier. Danach wird die Küste wilder und die Klippen werden höher. Der Weg windet sich hoch über dem Meer an den Zäunen der privaten Grundstücke vorbei. Die Küstenwanderung findet beim Grundstück des Hôpital Renée Sabran ein jähes Ende. Hier müssen wir auf zuerst auf einem Weg, später auf einer Straße der Grundstücksgrenze aufwärts folgen. Immer links haltend, gehen wir später durch eine Schranke. Bei der nächsten Abzweigung wieder links haltend, kommen wir am Haupteingang des Spitals vorbei und später ins Zentrum von **Giens** (55 m, Restaurants, Einkaufsmöglichkeiten).

9.4 Presqu'île de Giens

Wanderzeiten	
Giens–Plage des Darboussières	0 h 50
Plage des Darboussières–Pointe Escampo-Barriou	1 h 00
Pointe Escampo-Barriou–la Madrague	1 h 10
la Madrague–Giens	0 h 20
Total	**3 h 20**

Höhendifferenz	↗ 300 m ↘ 300 m

Schwierigkeit	T3

Da ein Wegstück des Sentier Littoral zur Zeit gesperrt ist, müssen wir den kleinen Port de Niel auf der Straße erreichen. Dazu gehen wir vom Hauptplatz von **Giens** (55 m) Richtung Westen und nehmen am Ausgang des Dorfs die Route du Port du Niel, die uns hinunter zum kleinen Hafen führt. 150 m vor dem Hafen nehmen wir die Straße, die rechts hinaufführt (Avenue des Sternes). Ab hier sind wir auf dem Sentier Littoral, der durchgängig gelb markiert ist. Nach 250 m geht es rechts eine Treppe hinauf und weiter bis zum Pic du Niel (immer markiert). Von diesem höchsten Punkt geht es wieder steil hinunter und dann der Küste entlang bis zur **Plage des Darboussières** (0 m), ein weiterer kleiner Traumstrand mit weißen Kieseln und kristallklarem Wasser. Danach steigt der Weg wieder an und führt oberhalb der Felsküste aussichtsreich zum nächsten Strand, der Plage d'Escampo-Barriou.

Nun folgt der längste Aufstieg des Tages. Durch den Wald mit Aleppokiefern führt der Weg hinauf zur Pointe de Rabat und dann noch weiter zur **Pointe Escampo-Barriou** (ca. 60 m, auf der Karte ist dieser Punkt als Pointe des Salis eingezeichnet). Unterhalb des Wegs erkennt man die Ruinen eines alten Leuchtturms aus dem 19. Jahrhundert, dessen elektrischer Projektor mit Öl betrieben wurde. Steigt man weiter zur Landspitze hinab, führt eine Treppe entlang einer schiefen Ebene abwärts zu einem kleinen Turm, in dessen Innerem ein vertikaler Schacht bis zum Meer führt. Dieser Schacht und die schiefe Ebene (auf der einst Schienen ausgelegt waren) dienten dazu, die Ölfässer vom Meer hinauf zum Leuchtturm zu transportieren. In den beiden Weltkriegen waren hier auch Geschütze stationiert. Gleich beim Turm, hinter einer Mauer, führt eine spektakuläre Treppe hinunter zu einer ehemaligen Anlegestelle – ein Abstieg, der nur trittsicheren Wanderern vorbehalten ist.

Der Sentier Littoral führt uns auf einem alten Militärweg, später durch einen von Steineichen geformten Tunnel, Richtung Norden. Der Mistral hat hier die ganze Vegetation Richtung Osten gebürstet. Die Abzweigungen sind jeweils klar gelb markiert, außer bei der Pointe des Chevaliers,

Bei der Pointe Escampo-Barriou führt eine Steintreppe ans Meer hinunter.

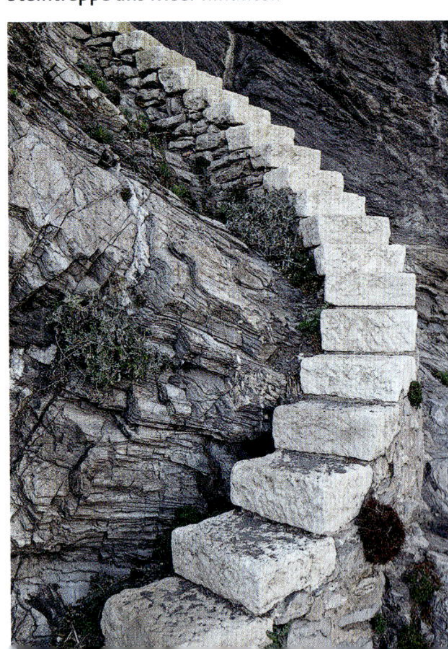

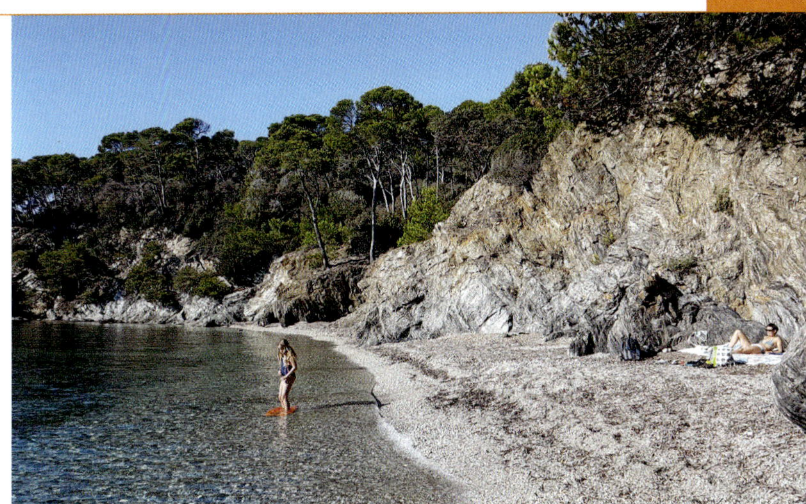

Plage des Darboussières an der Südküste der Giens-Halbinsel.

wo es gilt, auf einem Pfad nah der Felskante zu bleiben. Danach wird die Sicht frei auf das Festland und die kleinen vorgelagerten Inseln. Auf der weniger schroffen Nordseite der Halbinsel führt der Weg wieder an mehreren Badestränden vorbei. Bei der Calanque du Four à Chaux, dem ersten Strand, über dem Villen stehen, müssen wir uns entscheiden. Wir können hier weiter dem Sentier Littoral direkt am Meer beziehungsweise den Mauern und Zäunen der Villen entlang folgen, begehbar, aber in einem eher schlechten Zustand. Unmittelbar vor la Madrague werden wir nach einem Strauch (ein Phönizischer Wacholder), der bei einer Mauer am Meer den Weg überdeckt, rund 10 m auf Sand durch das (untiefe) Wasser waten müssen. Als Alternative kann man bei der Calanque du Four à Chaux nach rechts zur Straße und auf dieser nach links bis nach **la Madrague** (0 m, Restaurants) gehen. Der Name von la Madrague stammt von den speziellen Fangnetzen, die hier früher für den Thunfischfang benutzt wurden. Von la Madrague folgen wir für rund 8 min der Hauptstraße, um dann hinter dem Ortsschild und in einer Linkskurve halbrechts in den Chemin des Barques abzubiegen. Auf diesem wandern wir auf die Krete zurück, wobei sich eine gute Sicht auf den Tombolo und die ehemaligen Salinen ergibt. Oben auf der Krete halten wir uns links und erreichen so, am Ende durch eine Einbahnstraße, wieder den Dorfkern von **Giens** (55 m).

Als Alternative für den Schluss der Wanderung kann man beim Hafen von la Madrague auch links am Restaurant La Bouillabaisse vorbei, den Chemin de la Table Ronde hochlaufen. Beim Parkplatz weiter stets geradeaus, überqueren wir die Halbinsel und sind so in 10 min wieder bei der Plage des Darboussières. Von da auf dem gleichen Weg zurück nach Giens, wie wir zu Beginn der Wanderung gekommen sind (40 min länger).

Port-Cros

Die 7 km² große Insel Port-Cros kann auf eine bewegte Geschichte zurückblicken. Erstmals wurde sie vermutlich von den Griechen im 7. Jahrhundert vor Christus besiedelt, als diese auch Marseille gründeten. Auch von den Römern konnte man noch Spuren finden. Ab dem 4. Jahrhundert wohnten Mönche auf der Insel. Im Mittelalter stand sie während Jahrhunderten unter dem Kommando von Piraten und Korsaren. Immer wieder wurden die Bewohner der Insel gefangengenommen und auf den Sklavenmärkten Nordafrikas verkauft. Der berühmteste Korsar war Barbarossa (arab. Khair ad-Din), der zu Beginn des 16. Jahrhunderts mit seinen Brüdern das Mittelmeer unsicher machte, Algier eroberte und bald schon zu den reichsten Männern im Mittelmeerraum gehörte. Eine Zeitlang hatte er auf Port-Cros sein Quartier und unternahm von hier aus Raubzüge auf die Küste. Später schloss er als Oberbefehlshaber der osmanischen Flotte eine Allianz mit dem französischen König Franz I. gegen die Spanier. Abgesehen von ein paar englischen Übergriffen wurde es danach ruhiger, und es entwickelte sich im 18. Jahrhundert eine kleine Gemeinde, die Wein und Oliven anbaute. Die Insel wechselte oft die Besitzer. Zu Beginn des 20. Jahrhunderts zog das Ehepaar Marcel und Marceline Henry nach Port-Cros, wo zu dieser Zeit circa 35 Einwohner lebten. Marcel Henry war Notar in Avignon, doch es war in erster Linie seine Frau, die sich in die Insel verliebte und sich in der Hotellerie engagierte. Viele Schriftsteller waren auf der Insel ihre Gäste. 1937 konnten sie die reiche Erbin Paule Desmarais überzeugen, die Insel für vier Millionen Francs zu kaufen und so der Spekulation zu entziehen. Einen großen Teil der Insel verpachtete sie anschließend den Henrys. Als 1960 mit einem neuen Gesetz in Frankreich die Gründung von Nationalparks ermöglicht wurde, schenkten die Witwen Marceline Henry und Paule Desmarais die Insel dem französischen Staat unter der Bedingung, dass sie zum Nationalpark wurden. Dieser Wunsch ging am 14. Dezember 1963 in Erfüllung. Port-Cros wurde der zweite Nationalpark Frankreichs und der erste Nationalpark Europas, der terrestrische und maritime Flächen einbezog.

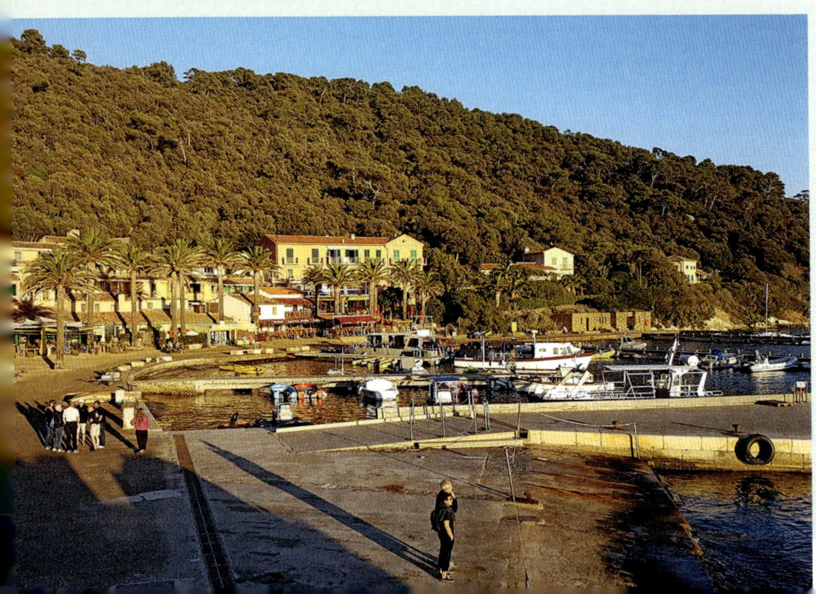

9.5 Île de Port-Cros

Wanderzeiten	
Port-Cros (Hafen)–Plage de la Palud	0 h 35
Plage de la Palud–Port Man	1 h 10
Port Man–Fortin de la Vigie (ohne Abstecher nach Le Tuf)	0 h 50
Fortin de la Vigie–Pointe du Cognet	1 h 05
Pointe du Cognet–Plage du Sud	0 h 15
Plage du Sud–Port-Cros (Hafen)	0 h 35
Total	**4 h 30**

Höhendifferenz	↗ 530 m ↘ 530 m
Schwierigkeit	T2

Wer sich vor Start der Wanderung noch mit Informationen zur Insel eindecken möchte: Gleich am Hafen gibt es ein Informationszentrum des Nationalparks Port-Cros, wo man für 3 Euro auch eine Karte der Insel kaufen kann. Vom **Hafen in Port-Cros** (0 m) folgen wir dem Wegweiser Richtung Plage de la Palud (später auch Sentier des Plantes) und gehen rechts an der Post vorbei zum Fort du Moulin hinauf. Das Fort wurde im 17. Jahrhundert unter Richelieu erbaut, 1793 von den Engländern zerstört und dann nochmals aufgebaut. Wir gehen um das Fort herum und kommen dahinter zum kleinen Friedhof der Insel. Bis um 1850 war das Dorf hier auf der Anhöhe um das Fort du Moulin angesiedelt, um vor den Angriffen der Piraten besser geschützt zu sein. Bei allen Abzweigungen folgen wir den Wegweisern bis zur **Plage de la Palud** (0 m, Sandstrand). Für den Abstieg zum Strand sind zwei Alternativen ausgeschildert. Diejenige, die nach links etwas steiler hinunterführt, dauert circa 5 min länger. Am Nordende des Strands ist im Meer ein Unterwasserpfad für Schnorchler ausgeschildert (Sentier sous-marin). Vom Strand steigen wir eine Treppe hinauf und folgen ab hier den Wegweisern Richtung Port Man par la Galère. Am Wegrand wachsen Steineichen, Aleppokiefern, Wacholder, Rosmarin, Zistrosen, Baum-Wolfsmilch, Erdbeerbaum und vieles mehr. Der Weg führt uns an der Pointe de la Galère vorbei, von der man die gegenüberliegende Île du Levant mit dem Dorf Heliopolis erblickt. Der größte Teil der Île du Levant wird vom Militär besetzt und ist nicht zugänglich. Die übrige Fläche mit dem Dorf Héliopolis ist FKK-Gebiet. Héliopolis wurde bereits 1931 von zwei Pariser Ärzten gegründet und war seinerzeit das erste Naturistendorf Europas. Heute gibt es dort mehrere Pensionen, Restaurants, eine Post und Läden.

Bei der Calanque Longue führt ein Weg ans Meer hinunter. Wir wandern danach direkt oberhalb des Meers bis zum Strand von **Port Man** (0 m). Hinter dem Strand findet man noch einzelne Ruinen einer Sodafabrik, die hier von 1817 bis 1833 in Betrieb war. Das hier aus Meersalz und Schwefelsäure gewonnene Soda wurde in Marseille für die Herstellung von Seife verwendet.

Gleich zu Beginn des Strands gehen wir rechts Richtung La Sardinière. Der Weg führt hinauf zu einem breiten Fahrweg, dem wir nach rechts folgen. 100 m weiter gibt es die Möglichkeit, nach links einen Abstecher zu den Felsen von Le Tuf zu machen. Nach wenigen Metern erreicht man einen Aussichtspunkt. Es lohnt sich aber, hier abzusteigen, um sich die versteinerte Düne von Nahem anzusehen. Wenn man unterhalb der Macchia etwas rechts hält, gibt es mit einer kleinen Kraxelei die Möglichkeit, ganz ans Meer zu gelangen und besonders verspielte Felsformen zu sehen (hin und zurück ca. 20 min). Zurück auf dem Weg halten wir uns links und folgen dem Fahrweg bis nach La Sardinière (Haus, Picknicktisch). Hier überqueren wir den

Îlot de la Gabinière

Die Insel (wie auch die westlich von Port-Cros gelegene Île de Bagaud) ist integral geschützt, das heißt der Zutritt ist generell untersagt. Auf dem Îlot de la Gabinière brüten viele Mittelmeermöwen und wenige Wanderfalken. Die Inseln um Port-Cros sind auch ein wichtiges Refugium des eher seltenen Mittelmeer-Sturmtauchers. Die größte Gefahr für die Vögel sind die Hausratten, die leider auch auf kleinsten Eilanden wir dem Îlot de la Gabinière weit verbreitet sind. Auf der Hauptinsel sind seit 2002 die Wildschweine ein Problem. Die Verwaltung des Nationalparks versucht, sie wieder auszurotten, was aber gar nicht so einfach ist.

trockenen Bachlauf auf der oberen Brücke und biegen unmittelbar danach links ab (kein Wegweiser). Der Weg führt stetig aufwärts bis zur Straße gleich unterhalb des **Fortin de la Vigie** (199 m), das immer noch vom Militär beansprucht wird und deshalb nicht zugänglich ist. Es ist der höchste Punkt der Insel und es bietet sich eine gute Aussicht auf Port-Cros und auf die benachbarte Île du Levant in ihrer ganzen Länge. Wir gehen auf der Straße nach links, bis wir nach 150 m bei einer Rechtskurve weiter geradeaus gehen (Richtung Les Crêtes). Nochmals 200 m weiter können wir nach rechts auf einen Fußweg abzweigen.

Bald darauf wird die Sicht frei auf die kleine Insel Îlot de la Gabinère. Wir folgen weiter der steil abfallenden Südküste. Beim nächsten Wegweiser könnte man

Küstenweg in der Bucht von Port Man.

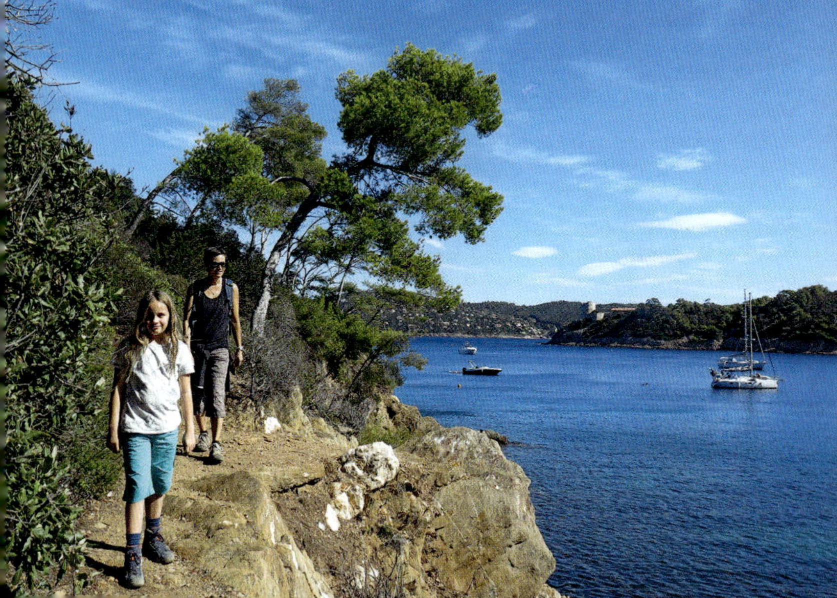

durch das Vallon de la Solitude in 30 min ins Dorf absteigen (siehe Variante 3). Wir gehen weiter geradeaus bis zum Wegweiser Mont Vinaigre, von wo man in 5 min den »Essigberg« besteigen kann. Die Sicht vom zweithöchsten Punkt der Insel ist wegen der Büsche jedoch etwas eingeschränkt. Wenn man vom höchsten Punkt noch ein paar Meter Richtung Meer läuft, hat man zumindest freie Sicht aufs Wasser. Danach gehen wir weiter bis zur Pointe du Cognet. Es lohnt sich, beim Abzweiger bis ganz zur **Pointe du Cognet** (ca. 35 m) vorzulaufen. Die Felsbänder der Landspitze sind von Wind und Wetter teilweise ganz durchlöchert und es bietet sich von hier eine gute Sicht auf die Klippen der Südküste. Zurück auf dem Weg, halten wir uns links Richtung Plage du Sud. Nach wenigen Minuten kommen wir bei Antinéa an Ruinen vorbei. Hier sollen um das Jahr 1700 Kanonenkugeln produziert worden sein. Ein kurzer Abstecher vom Wanderweg bringt uns an die **Plage du Sud** (0 m), den wohl schönsten Strand auf Port-Cros. Zum Schluss folgen wir den Wegweisern Richtung Village. Kurz vor dem Dorf steht am Südende der Bucht das heutige Hotel Le Manoir, das um 1830 vom Herzog von Vicence erbaut wurde und in dem das Ehepaar Henry (siehe Kasten Port-Cros) zu Beginn des 20. Jahrhunderts seine Gäste empfing. Am Eingang des Dorfs steht auf der rechten Seite die Kapelle, die 1866 durch die Umnutzung eines Militärgebäudes entstand. Danach erreicht man den **Hafen von Port-Cros** (0 m) und das kleine Dorf, in dem 15 bis 30 Personen dauerhaft wohnen. Ein Cocktail in einer der Bars oder Restaurants verkürzt die Zeit bis zur Abfahrt des Schiffes.

9.6 Île de Porquerolles (der Westen)

Wanderzeiten	
Porquerolles (Hafen)–Gorges du Loup	0 h 30
Gorges du Loup–Calanque du Brégançonnet	0 h 50
Calanque du Brégançonnet–Pointe Ste-Anne	0 h 50
Pointe Ste-Anne–Plage d'Argent	1 h
Plage d'Argent–Porquerolles	0 h 30
Total	**3 h 40**

Höhendifferenz	↗ 180 m ↘ 180 m
Schwierigkeit	T2

Vom **Hafen in Porquerolles** (0 m) gehen wir rechts zum Hauptplatz von Porquerolles, der großen Place d'Armes, wo am Abend gerne Pétanque gespielt wird. An der Westseite des Platzes gehen wir geradeaus und folgen dem Wegweiser Richtung Phare. Kurz darauf befindet sich rechts der Straße das Informationszentrum des Nationalparks und gleich dahinter der öffentliche Garten Emmanuel Lopez, der ehemalige Ziergarten der Villa Fournier. Wir folgen der Straße (ohne Autoverkehr) geradeaus. Rechts und links stehen viele Obst- und Olivenbäume; in der Sammlung des Conservatoire Botanique wachsen zu Erhaltungszwecken unter anderem 150 Olivensorten, 100 Oleastersorten (die Wildform der Olive), 250 Feigensorten und 50 Sorten der Maulbeere.

Nach rund 20 min gehen wir bei einem Abzweiger nicht links Richtung Phare, sondern geradeaus und folgen ab hier dem Wegweiser Richtung Langoustier par les crêtes. Kurz danach erreichen wir die felsige Bucht der **Gorges du Loup** (ca. 20 m). Hier halten wir uns rechts und gehen stets auf deutlichem Weg durch einen Wald mit Aleppokiefern und Erdbeerbäumen mehr

Porquerolles

Porquerolles ist die größte Insel der Îles d'Hyères und hat eine ähnliche Vorgeschichte wie Port-Cros (siehe S. 172): Römer, Mönche, Korsaren und danach der Bau vieler Festungen. Auch sie wechselte im 19. Jahrhundert häufig die Besitzer, bis sie 1912 für eine Million Francs von François Joseph Fournier erworben wurde. Es war sein Hochzeitsgeschenk an seine Frau. Fournier, geboren 1857, stammte aus einer einfachen belgischen Familie. Er ließ sich in Paris ausbilden und arbeitete danach als Ingenieur für den Bau der Canadian Pacific Railway und später an der Baustelle des Panamakanals, wo er an Gelbfieber erkrankte und sich nach San Francisco absetzte. Als Angestellter wurde er nach Mexiko entsandt, um nach Öl, Gold und kostbaren Hölzern zu suchen. Er machte sich bald selbständig und entdeckte 1901 in Mexiko eine ergiebige Goldader, die seinen Reichtum begründete. Nach zwei geschiedenen Ehen und im Vorfeld der Mexikanischen Revolution verließ er 1907 das Land und ließ sich in Südfrankreich nieder. Gemeinsam mit seiner dreißig Jahre jüngeren Frau Sylvia Johnston-Lavis, französisch-englisch-amerikanischer Herkunft, investierte er viel Zeit und Geld in den Wiederaufbau der Insel, die nach einem immensen Waldbrand, der 1897 während zwei Wochen auf der ganzen Insel wütete, immer noch stark gezeichnet war. Es wurde wieder aufgeforstet, und die Fourniers bauten einen großen Landwirtschaftsbetrieb und ein Weingut auf, die viele Arbeitsplätze auf der Insel schufen. Nach dem Tod ihres Mannes 1935 führte Sylvia Johnston-Lavis die Arbeit weiter und investierte auch in die touristische Entwicklung der Insel. Als auch sie 1971 starb, erwarb der französische Staat, aufgrund einer Intervention durch den französischen Präsidenten Georges Pompidou persönlich, 1000 Hektar der 1200 Hektar großen Insel für 30 Millionen Francs. Den Erben fehlten die Mittel, um das große Gut zu unterhalten. Die staatlichen Flächen von Porquerolles wurden in den Nationalpark Port-Cros integriert. Der große Touristenansturm im Sommer bringt Porquerolles an die Kapazitätsgrenze. Bei einer Einwohnerzahl von rund 300 Einwohnern wird die Insel an Sommertagen von rund 15 000 Touristen (v. a. Badetouristen) besucht. Die Grundwasservorräte sind mittlerweile aufgebraucht und die Insel wird mit einem Wassertanker vom Festland aus versorgt.

Die Place d'Armes in Porquerolles mit der Kirche Ste-Anne.

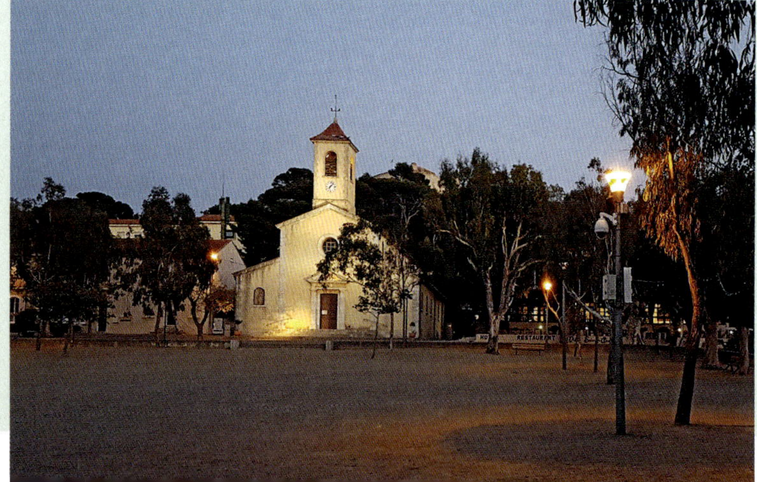

oder weniger der Klippe nach. Nachdem wir am Mont de Tiélo auf über 100 m aufgestiegen sind, führt der Weg hinunter zur **Calanque du Brégançonnet** (0 m, Kiesstrand, 100 m vom Weg), einem der ruhigeren Badeplätze auf der Insel. Kurz darauf folgen wir dem Wegweiser Langoustier/ Pointe des Carrières. Beim nachfolgenden Wegweiser gehen wir nicht links Richtung Pointe des Carrières (Sackgasse), sondern geradeaus bis zur Piste, die zum Mas de Langoustier führt. Wir überqueren die Piste und gehen weiter Richtung Plage du Langoustier. Der Weg umgeht das Nobelhotel in weitem Bogen und führt uns zur Piste, auf der wir nach links über den Isthmus wandern, der die kleine Halbinsel mit der Hauptinsel verbindet. Rechts und links des Wegs sind schöne Badestrände.

Am Ende der Landenge folgen wir dem größeren Weg nach rechts und erreichen die Landspitze **Pointe Ste-Anne** (23 m). Von hier gehen wir wenige Meter auf dem gleichen Weg zurück, um dann auf einem Pfad das sichtbare Fort du Grand Langoustier anzusteuern. Die Festung wurde im 17. Jahrhundert unter Richelieu erbaut und war bis 1885 in Betrieb. Das Gebäude gehört nach wie vor dem Staat, wird aber privat bewohnt. Wir gehen um das Fort herum und erreichen auf einem kleinen Pfad wieder die Landenge. Wir laufen nun auf demselben Weg, auf dem wir zur Landenge gelangt sind, zurück und folgen dem Fahrweg 300 m über den Abzweiger hinaus, von dem wir vorhin gekommen sind. Nach einem sanften Aufstieg biegen wir beim höchsten Punkt links in einen sichtbaren Pfad ab. Er führt uns auf die Felsen zwischen Macchia und Meer, auf denen wir

Mas du Langoustier

Dort wo heute das Hotel Mas du Langoustier steht, befand sich im 19. Jahrhundert eine Sodafabrik. Das für die Herstellung von Seife verwendete Soda wurde aus Meersalz (von der Halbinsel Giens) und Schwefelsäure in einem äußerst umweltverschmutzenden Prozess gewonnen, bei dem Chlorwasserstoffgas entweicht, und durfte infolge eines Gesetzes aus dem Jahr 1810 nicht mehr in der Nähe von Städten produziert werden. Aus diesem Grund verlagerten Industrielle aus Marseille die Produktion auf Inseln wie Port-Cros und Porquerolles oder andere abgelegene Küstenstreifen. Nachdem die Insel 1912 in den Besitz von François Joseph Fournier wechselte, installierte sich an diesem Landzipfel der arbeitslose Bruder der Besitzerin im ehemaligen Haus der Fabrikarbeiter. Er versuchte sich in der Schweinezucht und im Anbau von Bananen, ohne großen Erfolg. Walter Johnston-Lavis, dem man den Colonel nannte, war mehr ein Lebemann. Eines Tages bat er seine Schwester um ein paar Möbel, da er in der alten Fabrik ein Hotel eröffnen wollte. Schlussendlich war er aber meist allein im Haus, außer zu den Zeiten, in denen er jeweils eine ganze Schar von Prostituierten einlud, um sich in seinem Hotel zu vergnügen. In dieser Zeit, im Sommer 1926, hatte sich Georges Simenon mit seiner Frau Tigy, seinem Hund und seiner Katze in einer kleinen Hütte neben dem Hotel einquartiert. Scheinbar verstand er sich sehr gut mit dem Colonel. Als Sylvia Johnston-Levis von den Ausschweifungen ihres Bruders erfuhr, verjagte sie ihn von der Insel. Simenon hingegen kam immer wieder und meist für mehrere Monate nach Porquerolles zurück. Die Insel ist denn auch in vielen seiner Romane verewigt, unter anderem in *Auf Grand Langoustier* oder in *Die Ferien des Monsieur Mahé*.

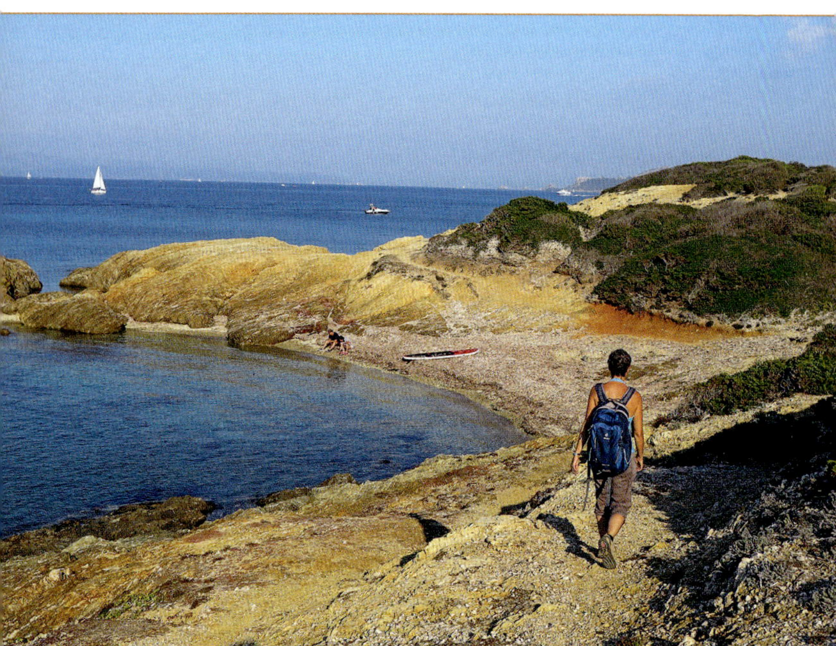

Wie hier am Cap Rousset gibt es an der Nordküste von Porquerolles eine Vielzahl kleiner und großer Sandstrände.

ohne Probleme der Küste folgen können. Wir kommen an der Calanque du Maure (Badestrand), später an der Plage des Maures (viel Schwemmholz) und dann an der idyllischen Bucht beim Cap Rousset vorbei. Bei der der folgenden Bucht (ohne Namen auf der IGN-Karte) führt der Weg ein wenig durchs Unterholz. Hier erreichen wir einen größeren Weg, auf dem man zurück zum Fahrweg gelangen könnte. Wir folgen aber noch weitere 500 m der Küste um die Pointe de l'Aiguade herum. Am Ende der nächsten Bucht nehmen wir einen Weg auf rötlicher Erde, der uns durch das Unterholz zurück auf den Fahrweg führt (die Pointe du Bon Renaud ist nicht begehbar). Auf dem Fahrweg wandern wir circa 400 m, bis uns eine Tafel den Weg nach links zur Anse du Bon Renaud weist. Auf dem Küstenweg wandern wir bis zur **Plage d'Argent** (0 m, Restaurant in der Saison), einem flach abfallenden Strand mit ganz feinem, hellen Sand und klarem Wasser. Ganz am Ende des Strands kann man über Felsen weiter der Küste folgen. Hinter der Pointe Maubousquet gelangen wir an ein Schild (propriété privée). Hier endet der Uferweg und wir gehen nach rechts dem geflochtenen Zaun entlang bis zur Straße und folgen dieser nach links zurück ins Dorf von **Porquerolles** (0 m).

9.7 Île de Porquerolles (der Osten)

Wanderzeiten	
Porquerolles (Dorf)–Phare de Porquerolles	0 h 35
Phare de Porquerolles–Mont des Salins	0 h 50
Mont des Salins–Col de la Galère	1 h 10
Col de la Galère–Batterie haute des Mèdes	0 h 40
Batterie haute des Mèdes–Plage Notre-Dame (Südende)	0 h 40
Plage Notre-Dame (Südende)–Porquerolles (Dorf)	0 h 45
Total	**4 h 40**

Höhendifferenz ↗ 400 m ↘ 400 m

Schwierigkeit T3
Ein GPS kann hilfreich sein.

Der Beginn der Wanderung in den Osten der Insel verläuft zu Beginn auf demselben Weg wie die Tour in den Westteil (siehe S. 175 f.). Nach 20 min endet der Asphaltbelag und wir biegen bei einem Wegweiser links ab Richtung Phare. An einem Häuserblock vorbei erreichen wir den Leuchtturm **Phare de Porquerolles** (ca. 60 m). Vor dem Tor zum Leuchtturm folgen wir nach links dem Wegweiser Richtung Calanque de l'Indienne. Wenige Minuten später bietet sich uns ein weiter Blick auf die Klippen und das Meer. Bei der Calanque de l'Indienne gehen wir weiter der Klippe entlang Richtung Oustau de Diéu, später Richtung Monts des Salins. Diverse Abzweiger nach links zum Dorf lassen wir unbeachtet. Auch die Schleife hinaus zur Pointe de l'Oustau de Diéu lassen wir aus. 20 m nach dem Wegweiser, auf dem der Mont des Salins noch mit 1,1 km angeschrieben ist, biegen wir nach links auf einen schmalen Weg ab (Wegweiser war 2018 beschädigt). An einer Zisterne vorbei, bleiben wir immer auf dem deutlichsten Weg und steigen mit einigen Kehren zum **Mont des Salins** (125 m) auf. Wir gehen links um das Militärgelände auf dem Gipfel herum und folgen dann nicht der Straße, sondern gehen auf einem kleinen Pfad abwärts (Wegweiser Notre-Dame). Wie meist auf den vorgelagerten Inseln laufen wir durch Wälder mit Steineichen, Aleppokiefern und Erdbeerbäumen.

Unten im Tal oberhalb der Calanque des Salins endet der ausgeschilderte Küstenpfad. Der Wegweiser zeigt nach links Richtung Village, wir gehen hier jedoch geradeaus und steigen entlang der Klippe wieder auf. Die Orientierung wird nun etwas schwieriger, ein GPS kann hilfreich sein. Nach der Quote 120 (auf der IGN-Karte) geht es auf einem leicht verbuschten Weg wieder abwärts. Unten im Tal folgen wir kurz einem etwas breiteren Weg nach rechts und gehen dann weiter der Küstenlinie entlang wieder aufwärts, wobei wir jeweils dem deutlichsten Weg folgen. Wir erreichen den Westgipfel der Monts Sarranier (P. 128), einen kleinen Felsen, von dem man einen guten Rundblick auf die Insel und auf die Halbinsel von Giens hat. Von diesem höchsten Punkt muss man wieder 10 m zurückgehen und sich dann links halten (oder beim Aufstieg vor dem höchsten Punkt rechts halten). Hinter dem Ostgipfel der Monts Sarranier (ebenfalls P. 128) führt uns der Pfad hinunter in ein kleines Tal, dem wir, ein paar umgekippte Bäume umgehend oder übersteigend, bis zu einer kleinen Bucht folgen. Von hier stets direkt der Küste entlang bis zur Crique und Plage de la Galère, von wo wir auf einem breiten Weg links hinauf zum **Col de la Galère** (62 m) aufsteigen können.

Auf dem Pass gehen wir nicht links und nicht ganz rechts (propriété privée), son-

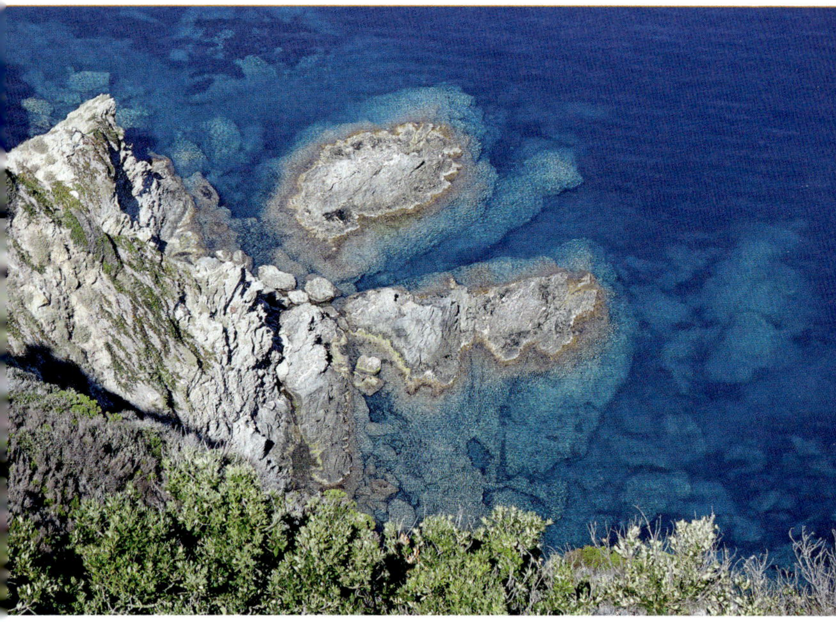

Das glasklare Meer unterhalb der Batterie haute des Mèdes.

dern halb rechts weiter. Nach 100 m, wo der Weg eine Linkskurve macht, gehen wir nach rechts in den Wald. Auf dem folgenden Wegstück braucht es zur Erkennung der Wegspuren etwas Fantasie und – gegen Kratzer auf den Beinen – lange Hosen. Wie schon beim Abstieg zur Plage de la Galère ist der Pfad auf OpenStreetMap eingezeichnet, auf der IGN-Karte jedoch nicht. Es gilt, auf den höchsten Punkt (P. 115) aufzusteigen, um dann auf Wegspuren, zuerst etwas westlich, später auf dem Grat Richtung Norden den Col du Galéasson (P. 86, ohne Name auf der IGN-Karte) zu erreichen. Hier hat man wieder einen Weg unter den Füßen. Vom Pass steigen wir nicht ab, sondern gehen westlich des Grats auf einem breiten Weg weiter Richtung Norden. Wir kommen an verschiedenen Bunkern vorbei und wandern bis zum Ende des Grats zur **Batterie haute des Mèdes** (122 m, auf der IGN-Karte als Ancien observatoire bezeichnet). Nach Norden bietet sich von hier eine eindrückliche Sicht auf die Nordspitze von Porquerolles, das Cap des Mèdes. Die Batterie haute des Mèdes wurde 1930–32 erbaut. Der Maler der französischen Marine höchstpersönlich hatte die Aufgabe, für die Tarnung der Geschützstellung zu sorgen: Er baute um die Stellung einen künstlichen Felsen und bemalte ihn. Ab 1942 von der deutschen Wehrmacht besetzt, wurde die Stellung im August 1944, zur Vorbereitung der Landung der Alliierten in der Provence, von einem französischen Panzerkreuzer bombardiert. Unmittelbar bei der Geschützstellung biegen wir nach links auf einen schmalen Weg ab, der uns hinunter zu einem Steinbruch führt. Hier gehen wir weiter geradeaus, erreichen die Piste, die dem Nordufer der Insel entlangführt, und folgen dieser nach links. Es folgen auf der linken Seite zwei weitere Einfahrten zum Steinbruch. 100 m nach der zweiten Einfahrt können wir auf einem Pfad nach rechts zum Meer queren. Nun folgen wir stets dem Meer, zuerst noch über Felsen, dann über viel Seegras bis zum großen, breiten Sandstrand der Plage de Notre-Dame. Ganz am **Südende der Plage Notre-Dame** steigen wir auf einer Treppe zur Piste hinauf, der wir nach rechts folgen. Einen Abzweiger zum Fort Alycastre lassen wir unbeachtet, nehmen aber den nächsten Abzweiger nach rechts. Dem breiten Weg, der zur Pointe du Lequin führt, folgen wir nur 100 m und biegen dann links ab. Bei der nächsten Abzweigung rechts haltend, kommen wir zur Plage du Lequin. Von hier wieder konsequent dem Meer entlang über die Pointe de la Tufière zur langen Plage de la Courtade. Am Ende des Strands gehen wir über die Felsen der Pointe Béarlieu zum Hafen und zum Dorf von **Porquerolles** (0 m).

Porquerolles Dorf

Im Dorf Porquerolles lohnt sich der Gang hinauf zum Fort Ste-Agathe. Das älteste Bauwerk der Insel wurde 1531 unter Franz I. erbaut, vermutlich an der Stelle einer noch älteren Festung. Immer wieder zerstört und wieder aufgebaut, erhielt sie ihr heutiges Aussehen unter Napoleon. Seit dem Sommer 2018 hat Porquerolles einen weiteren touristischen Anziehungspunkt. In einer Villa mit Garten circa 10 min außerhalb des Dorfs eröffnete die Sammlung moderner Kunst der Fondation Carmignac ihre Türen. Der Besuch der Ausstellung geschieht barfuß. fondationcarmignac.com.

Am Ende der Tour wandern wir über die lange Plage de la Courtade.

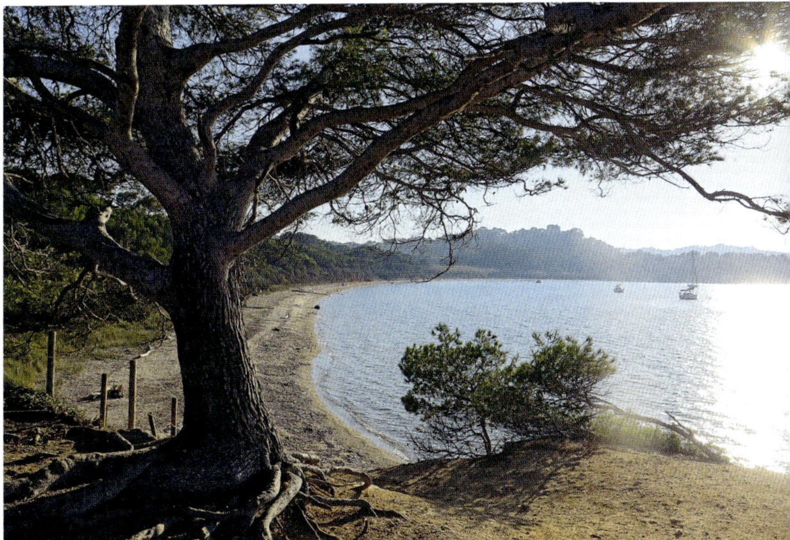

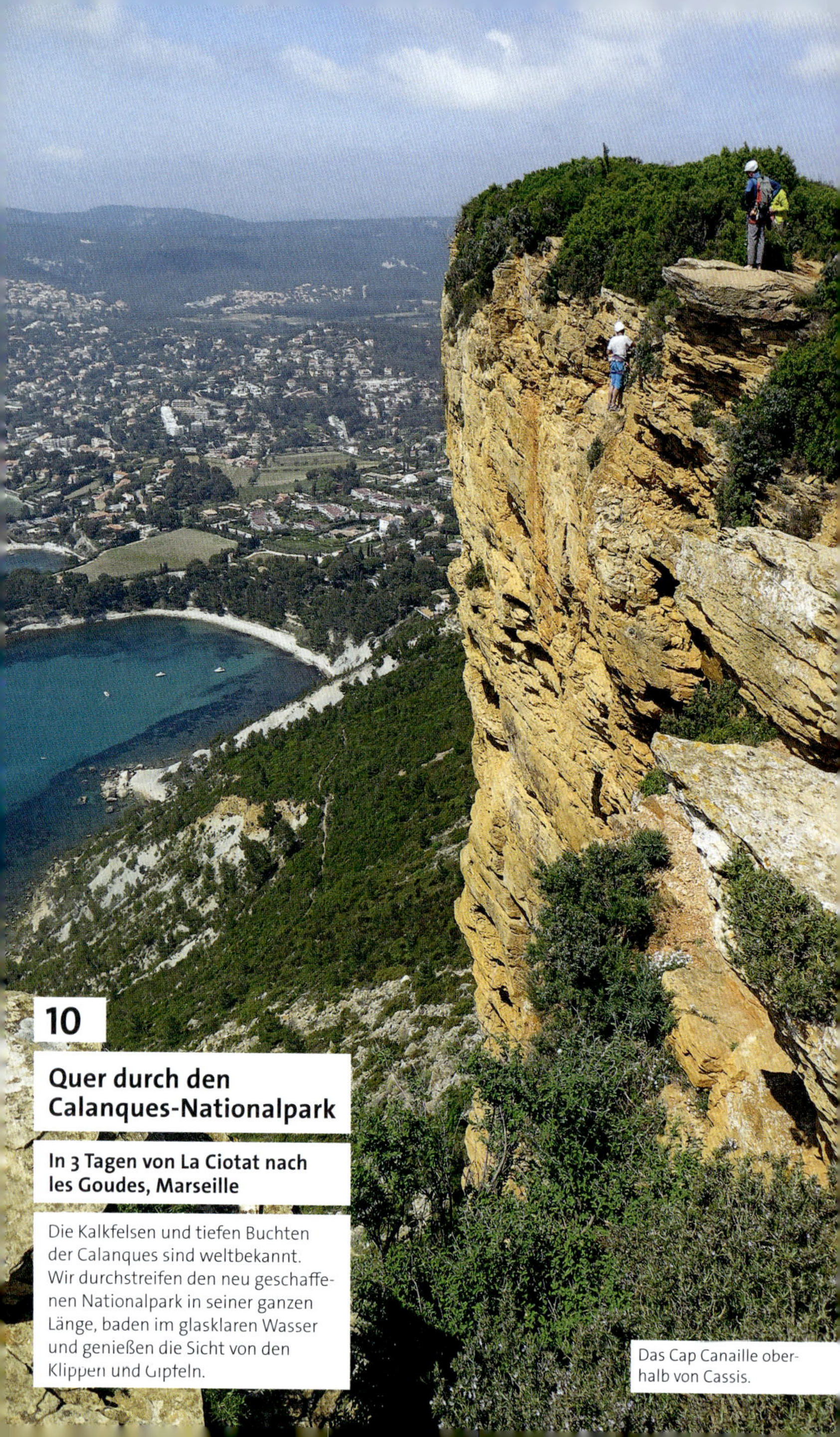

10

Quer durch den Calanques-Nationalpark

In 3 Tagen von La Ciotat nach les Goudes, Marseille

Die Kalkfelsen und tiefen Buchten der Calanques sind weltbekannt. Wir durchstreifen den neu geschaffenen Nationalpark in seiner ganzen Länge, baden im glasklaren Wasser und genießen die Sicht von den Klippen und Gipfeln.

Das Cap Canaille oberhalb von Cassis.

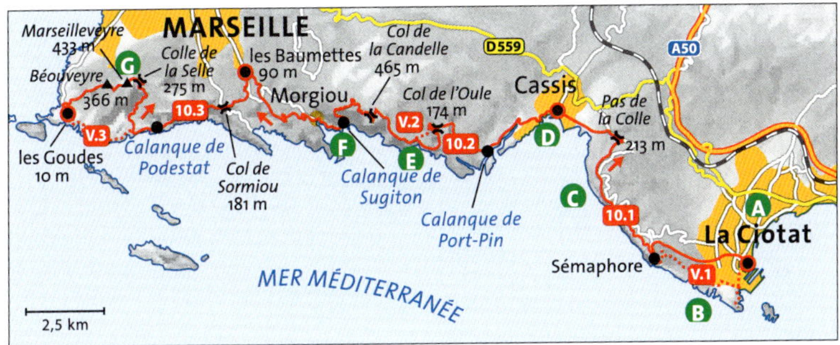

Beste Jahreszeit

Anfang März bis Mitte Juni und Mitte September bis Mitte November. Zu beachten ist die teilweise Sperrung des Gebiets wegen Waldbrandgefahr von Juni bis September (siehe S. 22).

Karten

IGN 3245 ET und 3145 ET

Varianten

1 Da die 1. Etappe relativ kurz ist, kann sie auch mit der bei La Ciotat beschriebenen Halbtageswanderung kombiniert werden. Dazu muss man nach dem Besuch der Kapelle Notre-Dame de la Garde wie beschrieben absteigen. Danach beim Abzweiger aber nicht rechts hinunter in die Stadt, sondern nach links Richtung Sémaphore abbiegen und dann zuerst auf der Straße und danach auf einem Wanderweg zum Leuchtturm aufsteigen. Dauer dieser Variante von La Ciotat bis Sémaphore ca. 2 h (ohne Besuch des Parc du Mugel).

2 Am 2. Tag auf dem GR bleiben und auf den Abstecher in das Vallon de l'Oule und zum Ostteil der Falaises du Devenson verzichten. Zeitersparnis 25 min.

3 Von der Calanque de Marseilleveyre kann man Callelongue und somit die Endstation der Buslinie 20 in 50 min erreichen. Die 3. Tagesetappe schrumpft so auf 2 h 30 und vereinfacht sich auf Niveau T2.

An- und Abreise

La Ciotat: Bahnverbindung Marseille–Toulon; der Bahnhof von La Ciotat liegt jedoch über 3 km außerhalb des Zentrums. Busverbindung vom Zentrum zum Bahnhof mit Linie 10 von Ciotabus (ca. alle 40 min).
Les Goudes: Busverbindung nach Madrague de Montredon mit Linie 20 von RTM (1 × pro Stunde). Von dort Bus Linie 19 bis Castellane, wo auf die Metro M1 umgestiegen werden kann (bedient auch den Bahnhof St-Charles).
Zurück zum Startpunkt: Via Marseille St-Charles und von dort mit der Bahn nach La Ciotat.

Sehenswertes

- A Altstadt und Kino Eden in La Ciotat
- B Calanque de Figuerolles
- C Cap Canaille
- D Cassis und Bootsfahrt in die Calanques
- E Falaises Devenson
- F Calanque Sugiton und Badebuchten
- G Aussicht vom Marseilleveyre

Etappenorte

La Ciotat
de.laciotat.info Alle Einkaufsmöglichkeiten. Nur wenige Hotels im Zentrum der Stadt: z. B. das günstige Croix de Malte (croix-de-malte.com) oder das teure Hôtel du Vieux Port (bestwestern-laciotat.com). Etwas Besonderes, aber auch nicht billig, sind die Zimmer und Wohnungen direkt an der Calanque de Figuerolles, mit gutem Restaurant (figuerolles.com). Mitten in der Alststadt gelegen sind die Chambres d'hôtes le Rayon Vert (location-laciotat.com). Diverse Angebote auch auf Airbnb.

Cassis

ot-cassis.com/de Bahnverbindung Marseille–Toulon; der Bahnhof von Cassis liegt jedoch rund 3 km außerhalb des Zentrums. Busverbindung zum Bahnhof mit Linie M1 von Marcouline (1× pro Stunde). Unzählige Hotels, viele in höheren Preisklassen. Bezahlbar und direkt am Hafen, aber mit begrenztem Charme ist das Hotel Liautaud (hotel-liautaud-cassis.com). Ideal auch die Fremdenzimmer im Haus Mirabeau (locations-cassis.fr). Es lohnt, einen Blick auf die Angebote von Airbnb und anderen Plattformen zu werfen.

Marseille, les Baumettes

Busverbindung mit Linie 22 nach Rond Point du Prado (ca. 2–3× pro Stunde), wo man auf die Metro M2 umsteigen kann (u. a. zum Bahnhof St-Charles). Folgende Unterkünfte sind von les Baumettes in wenigen Minuten mit dem Bus 22 erreichbar: Hotel 96 (hotel96.com, mit Pool und kleinem Park, Bushaltestelle Morgiou Rosier) oder, für Architekturliebhaber besonders interessant, das Hotel le Corbusier im Weltkulturerbe-Haus (hotellecorbusier.com, Bushaltestelle Le Corbusier).

Marseille, les Goudes

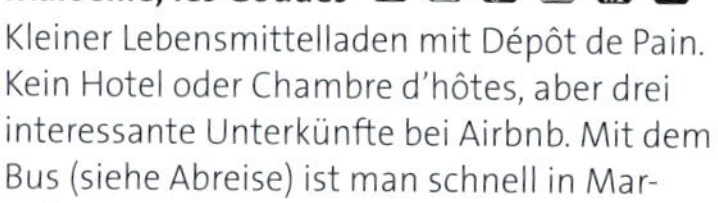

Kleiner Lebensmittelladen mit Dépôt de Pain. Kein Hotel oder Chambre d'hôtes, aber drei interessante Unterkünfte bei Airbnb. Mit dem Bus (siehe Abreise) ist man schnell in Marseille mit seinen unbegrenzten Möglichkeiten.

La Ciotat

La Ciotat ist eine kleine lebendige Stadt mit über 30 000 Einwohnern, die von ihrer großen Werft geprägt wurde. 1987 ging das letzte Schiff vom Stapel, Tausende von Arbeitsplätze waren bedroht. Dank der Initiative von Arbeitnehmern erwachte die Industriebrache zu neuem Leben. Heute ist die öffentlich-rechtliche Firma Ciotat Shipyards weltweit einer der führenden Anbieter für die Wartung großer Jachten. Jedes Jahr ist rund jede siebte Jacht mit einer Länge über 50 m weltweit zur Überholung in La Ciotat. Berühmt ist La Ciotat aber auch als Stadt der Innovationen. Die Gebrüder Lumière, die in La Ciotat eine Villa besaßen, drehten hier einen der ersten Filme überhaupt: die Ankunft eines Zugs im Bahnhof von La Ciotat. Und hier steht auch das weltweit älteste Kino, das, sorgfältig renoviert, immer noch in Betrieb ist, das »Eden«. Die erste Filmvorführung fand hier im September 1895 statt. Ebenfalls hier erfunden wurde das in ganz Frankreich äußerst beliebte Pétanque-Spiel. Der vom Rheumatismus geplagte Jules Le Noir konnte im Juni 1910 wegen seiner Beschwerden das *jeu provençal* nicht mehr spielen, sondern die Kugeln nur noch sitzend werfen. Die Gruppe passte sich an und der Abwurf mit den »pieds tanqués«, den Füßen fest am Boden, wurde zur Regel erhoben.

Über den Dächern von La Ciotat.

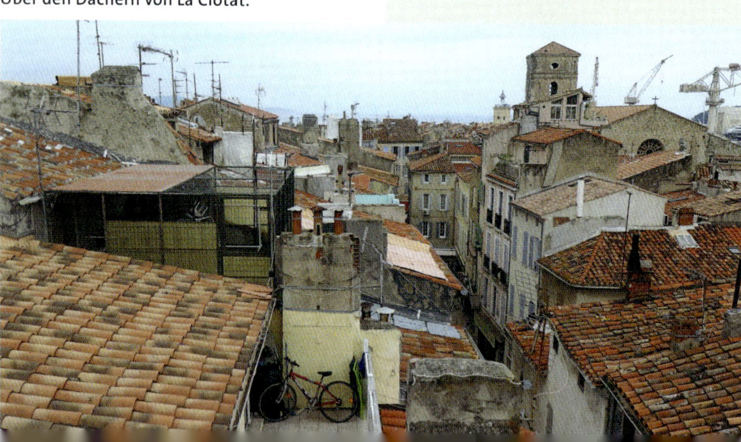

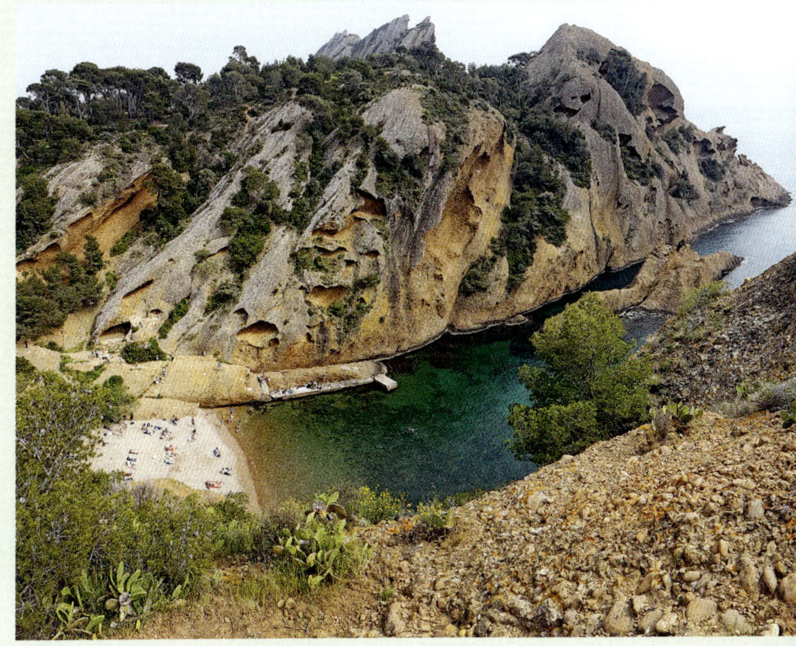

Die spektakuläre Calanque de Figuerolles.

Halbtageswanderung zur Calanque de Figuerolles

Es lohnt sich, in La Ciotat eine kurze Halbtageswanderung zum Parc du Mugel, der Calanque de Figuerolles und der Chapelle Notre-Dame de la Garde zu unternehmen. Dazu geht man um den alten Hafen und die Werftanlagen herum Richtung Süden. Die Anse du Grand Mugel gleich hinter der Werft ist eine schöne Badebucht mit Kiesstrand und Restaurant. Gleich dahinter liegt der Parc du Mugel, ein kleiner botanischer Garten direkt am eindrücklichen Felsen des Bec de l'Aigle (tägl. 9–18 Uhr, im Sommer bis 20 Uhr geöffnet). Auf einem Weg durch den Park gelangt man auf eine Aussichtsterrasse auf der Südseite des Felsens. Von der Anse du Grand Mugel erreicht man via Avenue du Mugel (am Ende links haltend) die Calanque de Figuerolles. Die roten, durchlöcherten Nagelfluhfelsen mit ihren verspielten Formen bilden eine spektakuläre Szenerie für einen Badehalt am Kiesstrand oder ein Essen im Restaurant. Wer will, kann bis zur Löweninsel hinausschwimmen. Bei einer alten Steineiche am hinteren Ende des Strands kann man relativ einfach mithilfe der Hände den Felsen erklimmen (Richtung Westen, weiter oben ist der Pfad blau markiert) und auf diese Weise direkt zur Chapelle Notre-Dame de la Garde gelangen. Für eine umfassende Aussicht auf die Küste lohnt es sich, den Nagelfluhblock gleich hinter der Kapelle zu besteigen. Sehenswert in der Kapelle sind die zahlreichen Exvotos, die meisten gespendet von Seefahrern, die aus einer Seenot gerettet wurden. Von der Kapelle führt ein Fahrweg abwärts. Der zweite Abzweiger nach rechts führt uns zurück ins Zentrum von La Ciotat.

10.1 La Ciotat–Cassis

Wanderzeiten	
La Ciotat (Tourismusbüro)–Sémaphore	1 h 15
Sémaphore–Pas de la Colle	1 h 30
Pas de la Colle–Cassis (Hafen)	0 h 30
Total	**3 h 15**
Höhendifferenz	↗ 680 m ↘ 680 m
Schwierigkeit	T2

Vom Touristoffice **in La Ciotat** (0 m) folgen wir den Quaimauern des alten Hafens (Vieux Port). An der Kirche Notre-Dame de l'Assomption vorbei, biegen wir bei der Ecke des Hafenbeckens rechts in die Rue Gueymard ab. Bei der Chapelle de Ste-Anne gehen wir bei einem kleinen Platz nach links, überqueren die Hauptstraße und gehen geradeaus die Avenue Gallieni bergan. Auch wenn der Straßenverkehr rechts abbiegt, gehen wir weiter geradeaus (Einbahn). 50 m nach der Friedhofsmauer biegen wir rechts in den Chemin de Ste-Croix ab (Wegweiser, ab hier gelbe Markierungen). Der Weg führt uns stetig ansteigend aus der Stadt hinaus. Bei einer Kette, die die Straße absperrt, können wir nach rechts auf einen Fußweg wechseln, der parallel der Straße folgt. Stets der Krete folgend, an Zistrosen, Kiefern und Kermeseichen vorbei, wird die Sicht zurück auf La Ciotat immer besser. Kurz vor dem **Sémaphore** (320 m, Leuchtturm) erreichen wir die Straße. Richtung Leuchtturm gibt es einen Aussichtspunkt mit Orientierungstafel. Das Gebiet um den Leuchtturm selbst ist abgesperrt. Für die Fortsetzung müssen wir vom Wanderweg kommend nur die Straße überqueren (stets gelb markiert). Bald schon führt der Weg direkt oberhalb der steil abfallenden Klippe entlang und erreicht mit 394 m den höchsten Punkt des Tages. Wir stehen auf der höchsten Klippe Frankreichs. Nachdem der Weg die Straße bei einer Aussichtsplattform gestreift hat, ändert sich die Gesteinsart nochmals. Beim Aufstieg sehen wir noch

Felsformationen auf dem Gratweg zum Cap Canaille.

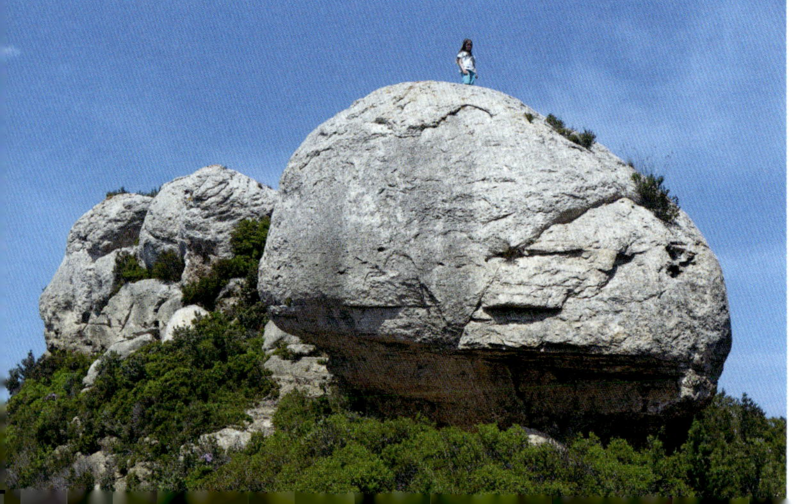

Cassis

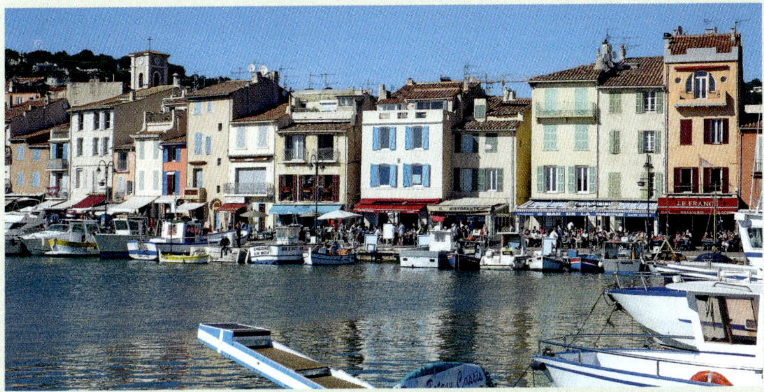

Cassis ist bei Touristen angesagt. Zu Tausenden drängen sie sich in den Sommermonaten der Hafenmole entlang. Dennoch hat das Fischerdorf seinen Reiz nicht verloren. Beliebt sind die Ausfahrten mit dem Schiff, um die Calanques vom Meer aus zu bewundern. Empfehlenswert sind auch kurze Wanderungen in die näheren Calanques. Man kann den Roches Blanches entlang und um das Cap Cable zur Calanque de Port-Miou (ein großer Jachthafen) wandern. Oder, etwas weiter, zur Calanque de Port-Pin (1 h 30 hin und zurück) oder zur eindrücklich zwischen hohen Felsen gelegenen Calanque d'En Vau (2 h 40 hin und zurück).

Cassis war vermutlich bereits unter den Römern eine Hafenstadt (Carcisis portus). Um sich vor Überfällen der Barbaren zu schützen, zog man sich im Mittelalter in das Castrum, auf den oberhalb des Hafens liegenden Burghügel zurück. Erst im 18. Jahrhundert entwickelt sich das Dorf rund um den Hafen. Die Burg ist seit 1896 Privatbesitz und kann nicht besucht werden. Während langer Zeit gehörte sie der Familie Michelin (die mit den Reifen). Heute beherbergt sie Chambres d'hôtes, die sich nur ganz wenige leisten können. Im Dorf selber gibt es ein kleines Gemeindemuseum (geöffnet Mi–Sa). Auch der ehemalige Gemeindebackofen kann besichtigt werden (Mo, Di, Do, Fr).

rundliche und viele andere verspielte Formationen aus weißem Kalk, der später von leicht rötlichem Kalksandstein abgelöst wird. Wir wandern nun auf den Falaises Soubeyranes und stehen schon bald auf dem Cap Canaille mit einer eindrücklichen Sicht hinunter nach Cassis. Danach verlassen wir den Rand der Klippe und steigen in ein kleines Zwischental ab, wo wir auf einen breiteren Weg treffen, dem wir nach links folgen. Er führt an der Grotte des Espagnols vorbei. Zum Schutz einer Kolonie der gefährdeten Langflügelfledermaus (Spannweite bis 34 cm) ist die Grotte verschlossen. Der Weg führt weiter abwärts zur Straße, auf der wir dann den **Pas de la Colle** (213 m) erreichen. Wir folgen hier der Straße nach Cassis (ab hier weiß-rot markiert). Nach 5 min biegen wir links in eine kleine Nebenstraße ab (markiert), die steil nach Cassis hinunterführt. Da der Uferweg um die Pointe des Lombards leider seit längerer Zeit wegen Steinschlags geschlossen ist, gibt es keine andere Wahl, als bis zum **Hafen von Cassis** (0 m) der Straße zu folgen.

10.2 Cassis–les Baumettes (Marseille)

Wanderzeiten	
Cassis (Hafen)–Calanque de Port Pin	0 h 45
Calanque de Port Pin–Colle de l'Oule	1 h 35
Colle de l'Oule–Colle de la Candelle	1 h 40
Colle de la Candelle–Calanque de Sugiton	1 h 00
Calanque de Sugiton–Morgiou	0 h 35
Morgiou–les Baumettes	1 h 20
Total	**6 h 55**

Höhendifferenz	↗ 1120 m ↘ 1030 m
Schwierigkeit	T3

Im **Hafen von Cassis** (0 m) folgen wir dem Quai Richtung Westen bis an sein Ende. Hier geht es rechts die Treppe hinauf (Wegweiser Plage du Bestouan). Auf der Straße nach links (ab hier rot-weiß markiert) erreichen wir eben diesen Strand. Wir gehen an ihm vorbei und wieder aufwärts, um dann bei der ersten Gelegenheit rechts abzubiegen. Nach 200 m nochmals scharf rechts, steigen wir später zur Calanque de Port Miou, der längsten und schmälsten der Calanques, ab. Der Weg führt an der Westseite der Calanque entlang. Noch gut sichtbar, diente dieses Ufer von 1720 bis 1982 als Steinbruch für den begehrten Kalkstein von Cassis. Die Kalkblöcke wurden direkt in der Calanque auf Schiffe verfrachtet und unter anderem für den Bau von Hafenanlagen rund um das Mittelmeer verwendet. Am Ende des Steinbruchs steigt der breite Fahrweg nochmals steil an und wir betreten das Gebiet des Calanques-Nationalparks.

Auf der Höhe biegt der markierte Wanderweg vom Fahrweg ab und führt uns hinunter zur **Calanque de Port Pin** (0 m) mit seinem Kiesstrand und den weißen Felsen. Schade, dass es fast noch zu früh ist für eine Badepause. Der Weg führt uns das Tal hinauf, überquert den Grat und steigt dann steil in das Vallon d'en Vau ab. Durch die vielen Badenden, die diese Calanque aufsuchen, ist der Felsen glatt poliert wie in einer italienischen Kathedrale. Im Talboden halten wir uns rechts (nach links würde man in 10 min die Calanque d'en Vau erreichen). Nach 800 m biegt unser Weg vom breiteren Talweg links ab und führt uns auf den Col de l'Oule (174 m). Ab hier sind deutlich weniger Personen auf den Wanderwegen anzutreffen. Vom Pass steigen wir auf dem markierten Weg ins Vallon de l'Oule ab. Im Talboden verlassen wir den rot-weiß markierten GR, biegen links ab (grüne Markierungen, Richtung L'Eissadon). 10 min nach der Abzweigung liegt circa 15 m links des Wegs die Grotte de l'Oule. Kurz darauf verlassen wir den Talboden nach rechts und steigen steil auf (grün markiert), teilweise so steil, dass wir die Hände zu Hilfe nehmen müssen. Oben angelangt, genießen wir einen atemberaubenden Blick die senkrechten Falaises du Devenson hinunter und auf den Felsen L'Eissadon mit seinem Felsenfenster und der vorgelagerten Aiguille de l'Eissadon. Wir folgen stets der Klippe und kommen so zurück auf den GR (ab hier wieder rot-weiß markiert). Weiter nah der Klippe entlang, gelangen wir an den Col des Charbonniers und steigen von hier, zuerst steil, zwischen den mächtigen Felsen der Grande Candelle und des Cap Gros zum **Col de la Candelle** (422 m, höchster Punkt des Tages) auf. Es eröffnet sich eine neue Aussicht hinunter zur Calanque de Morgiou und zur Calanque de Sugiton, unserem nächsten Ziel.

Aussichtsreich folgt der Weg nach einem ersten Abstieg einer Terrasse. Ein weiterer

Calanques-Nationalpark

Der Calanques-Nationalpark wurde 2012 ins Leben gerufen und ist somit der zehnte und jüngste der französischen Nationalparks. Er umfasst ein Gebiet von La Ciotat bis nach les Goudes vor den Toren Marseilles mit dem Stadtgebiet von Cassis als Insel zwischen den beiden Kernzonen (total 8500 Hektar; dazu kommen noch 43 500 Hektar Meeresgebiet). Seinen Namen erhielt er von den berühmten Felsbuchten (Calanques), die tief im Kalkgestein eingeschnitten sind. Diese Täler, die im Meer eine Fortsetzung finden, wurden von Flüssen geformt und sind später noch weiter erodiert. Der Kalk ist ein Sedimentgestein, das vor 110 bis 126 Millionen Jahren aus Muscheln, Korallen und Mikroorganismen entstand, die sich am Meeresgrund sammelten. Als sich vor 60 Millionen Jahren die afrikanische und die europäische Platte gegeneinander schoben, wurde das Gestein an die Oberfläche gehoben und der Erosion preisgegeben. Der Kalk und Kalksandstein am Cap Canaille ist circa 20 Millionen Jahre jünger als der Kalk der Calanques und wurde im Delta eines Urflusses geformt. Eine archäologische Sensation wurde 1991 entdeckt, als ein Taucher in einer Höhle am Cap Morgiou, die nur durch einen 175 m langen Unterwassergang zugänglich ist, über 500 Höhlenzeichnungen fand, darunter sehr viele Tiere (Pferde, Bisons, Hirsche und gar Pinguine). Entstanden sind die Zeichnungen 27 000 und 19 000 Jahre v. u. Z. – zu einer Zeit, als der Wasserspiegel 110 bis 120 m tiefer war als heute und die Höhle noch trockenen Fußes begangen werden konnte. Ab dem Jahr 2021 soll eine Reproduktion der Höhle in einer ständigen Ausstellung in der Villa Méditerranée (neben dem Mucem in Marseille) gezeigt werden.

Die Grande Candelle, im Hintergrund das Cap Morgiou.

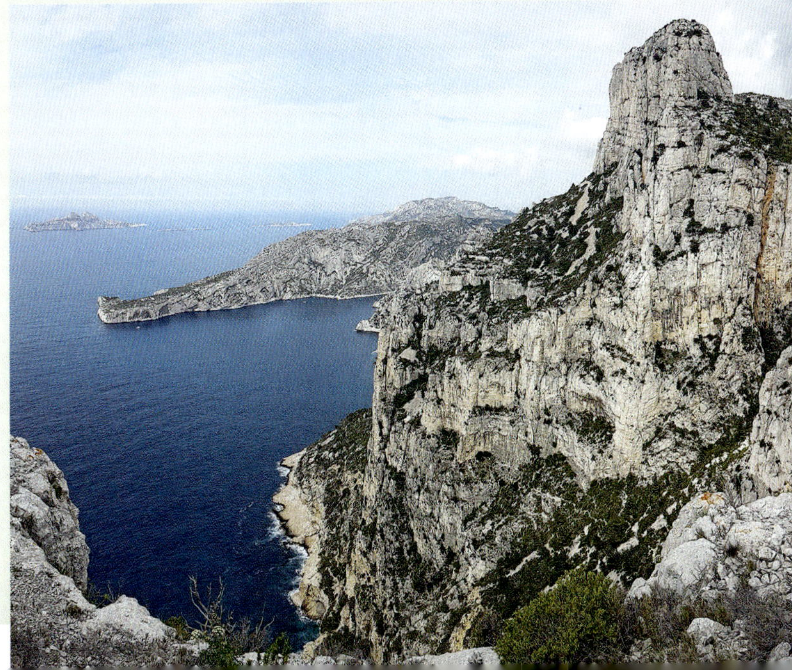

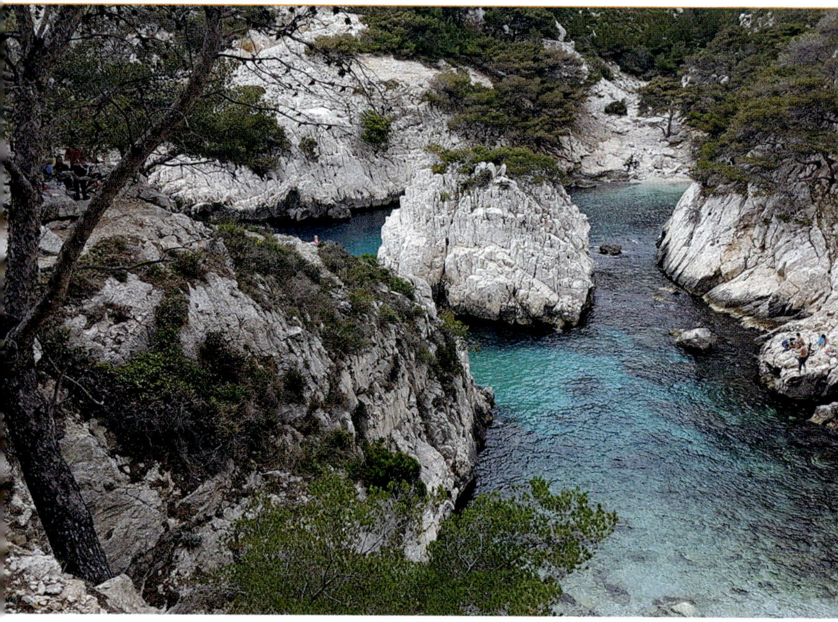

Die Calanque de Sugiton ist ein beliebter Badeplatz.

Abstieg bringt uns hinunter auf einen Fahrweg. Achtung: An dieser Stelle verlassen wir den GR (der nach rechts dem Fahrweg folgt) und überqueren den Fahrweg, um weiter abzusteigen (ab hier rot markiert). Nach einem kurzen Wegstück führt der Weg steil einen Kamin hinunter und danach unmittelbar am Fuß der Felswand (Falaise des Toits) entlang. Wir erreichen einen breiten Weg und halten uns dort links bis zu einer Plattform. Hier folgen wir weiter der Felswand (nicht markiert) und steigen dann rechts haltend in die **Calanque de Sugiton** (0 m) ab. Ein schöner Flecken Erde, der an schönen Tagen von vielen Badenden aufgesucht wird. Am Ende der Calanque gibt es zwei einzelne Buchten, die sich beide für ein Bad im glasklaren Wasser eignen. Um von der ersten zur zweiten Bucht zu gelangen, geht es nochmals über einen Felsen und dann auf einer Treppe hinunter an den kleinen Strand (rot markiert). Von hier steigen wir zuerst über eine Leiter 3 m aufwärts und folgen dann stets den roten Markierungen (teilweise finden sich auch noch rot-weiße Markierungen, da diese Route früher auch vom GR benutzt wurde). Hinter dem Cap Sugiton folgt ein steiler Abstieg auf poliertem Fels einem Spalt entlang. Danach führt der Weg oberhalb der Calanque de Morgiou bis nach **Morgiou** (0 m), wo man in einer Brasserie seinen Durst löschen kann. Morgiou ist ein kleines Fischerdorf, das heute noch von 25 Personen ganzjährig bewohnt wird. Berühmtheit erlangte die Calanque, weil hier 1622 im Beisein des Königs Louis XIII. eine große Madrague, das Gemetzel eingekesselter Thunfische, stattfand.

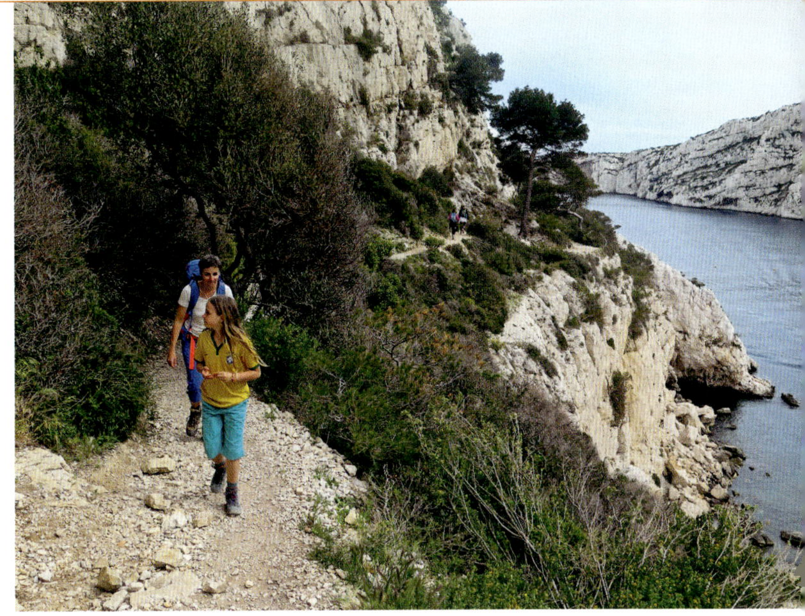

Küstenweg oberhalb der Calanque de Morgiou.

In Morgiou folgen wir der Straße das Tal hinauf. Hinter den letzten Häusern, unmittelbar vor einem kleinen Parkplatz, biegt unser Weg links ab (rot markiert). Wir steigen zur Krete hoch (Le Carrefour) und folgen dieser nach rechts (ab hier blau markiert). Nach dem höchsten Punkt beim Baou Rond biegt der blau markierte Weg links ab, wir gehen aber weiter geradeaus und kommen so zurück auf den rot-weiß markierten GR. Beim Col des Escourtines überqueren wir eine Straße und erreichen wenig später den Col de Morgiou. Wir folgen hier der Straße 20 m nach rechts und biegen dann links in den Weg ab, der uns ins Tal hinunterführt (rot markiert). Bei den Häusern von **les Baumettes** (90 m) nehmen wir die erste Straße nach rechts und erreichen bei der nächsten Kreuzung die Bushaltestelle (Endstation der Linie 22).

Wer noch einkehren möchte: Wenn man bei den Häusern geradeaus und dann links geht, gelangt man zum Restaurant/Pizzeria Chez Zé.

Bekannt ist les Baumettes wegen seines Gefängnisses, das über Jahre als eines der schlimmsten in Europa galt – mit 2000 Häftlingen hoffnungslos überfüllt, mit viel Gewalt zwischen den Insassen und 3 bis 4 Suiziden jährlich. Die NZZ titelte: »Lieber tot als eingesperrt in Marseille«. 2017 wurde ein Neubau eingeweiht und die Insassen konnten den Altbau aus den 1930er-Jahren verlassen. Doch kurz nach der Eröffnung gab es wieder einen Suizid und die Kritik ist nicht abgebrochen.

10.3 les Baumettes–les Goudes

Wanderzeiten	
les Baumettes–Col de Sormiou	0 h 30
Col de Sormiou–Calanque de Podestat	1 h 00
Calanque de Podestat–Col de la Selle	1 h 00
Col de la Selle–Gipfel Marseilleveyre	0 h 25
Gipfel Marseilleveyre–Béouveyre	0 h 25
Béouveyre–les Goudes	0 h 40
Total	**4 h 00**

Höhendifferenz	↗ 700 m ↘ 780 m

Schwierigkeit	T4 (Alternative T2 möglich)

Von der Bushaltestelle **les Baumettes** (90 m) laufen wir zur Parallelstraße (Chemin de Morgiou) und auf dieser nach rechts. Danach alles geradeaus Richtung Calanque de Morgiou (Straßenschild). Beim Parkplatz biegen wir rechts ab, überqueren den Parkplatz, gehen an einer Schranke vorbei und auf dem rot markierten Weg bergan. Auf einem Fahrweg halten wir nach rechts und gelangen so zum Col des Baumettes. Hier treffen wir wieder auf den GR, dem wir nach rechts folgen (rot-weiß markiert), um so nach 50 m den Fahrweg nach links verlassen zu können. Wieder auf dem Fahrweg zurück, aber immerhin mit einer schönen Sicht auf die Calanque de Sormiou, erreichen wir den **Col de Sormiou** (181 m). Hier überqueren wir die Straße, die nach Sormiou hinunterführt, und gehen auf dem GR aufwärts bis zum Col de Cortiou. Der Weg führt nun immer dem Hang nach sanft abwärts bis zur Küste. Nach dem wir über eine kleine Krete kommen, sehen wir unter uns einen Strand. 70 m nach dieser Krete können wir links auf einem Pfad zu diesem Strand in der **Calanque de Podestat** (0 m) absteigen (nicht markiert). Der Kiesstrand mit klarem Wasser ist ein idealer Ort für eine Pause. Auf der anderen Seite der Bucht führt der Weg über Treppen im Fels und leicht exponiert zurück auf den GR. Eine Viertelstunde später erreichen wir die Calanque de Marseilleveyre mit einem etwas größeren Strand und einem einfachen Bar-Restaurant, Chez le Belge. Der Küste hier vorgelagert ist die lange Île Riou, die ebenfalls zum Nationalpark gehört. Wir verlassen hier den GR und gehen nach rechts in das Tal hinein, zuerst über eine überraschend weite Ebene, den Plan des Cailles (grüne Markierung mit einer 3). Der Weg schlängelt sich durch die enger werdende Schlucht dem Talboden entlang. Wo sich der Weg teilt, halten wir uns links (grün markiert) und steigen dann steiler bergan bis zum **Col de la Selle** (275 m). Hier gehen wir links und folgen den blauen Markierungen, die uns zuerst entlang des Grats führen. Später weicht der Weg in die nördliche Flanke aus, vereinigt sich mit anderen Wegen und führt uns, zuerst durch einen Kamin und später über gut gestufte Felsen, problemlos auf den **Gipfel des Marseilleveyre** (433 m, Gipfelkreuz).

Marseilleveyre ist nicht nur der Name des Gipfels, sondern des ganzen Massivs zwischen les Goudes und der Calanque de Sugiton. Am gängigsten ist die These, dass der Name vom provenzalischen Verb *veire* abgeleitet ist, was »sehen« bedeutet. Der Gipfel hieße also »Sicht auf Marseille« – was in der Tat zutrifft. Im gleichen Sinn bedeutet der Name des folgenden Gipfels Béouveyre, schöne Aussicht, wie Belvédère.

Wir folgen vom Gipfel weiter den blauen Markierungen und gehen zuerst dem Grat nach. Bei einer höheren Felsstufe müssen wir beim Abstieg die Hände zuhilfe nehmen und erreichen kurz darauf den Col des

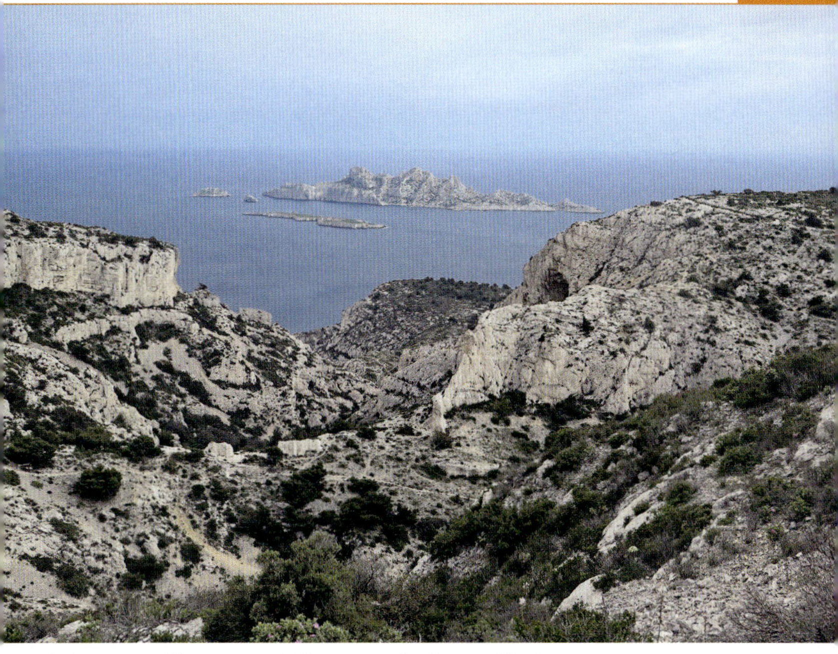

Blick vom Marseilleveyre-Massiv hinunter zur Île Plane und Île Riou.

Chèvres (Ziegenpass). Nun folgt der schwierigste Abschnitt des Tages. Gleich zu Beginn gilt es, vom Pass aus ein steileres Stück zu überwinden (grün-blau markiert). Später ist ein kleiner Kamin gut mit einem Drahtseil gesichert. Vom Gipfel des **Béouveyre** (366 m) führen verschiedene Wege nach unten und wir müssen achtgeben, den richtigen zu finden. Wir gehen nicht Richtung Norden (Richtung Marseille), sondern nach Westen, den braunen Markierungen folgend, in ein Tälchen. 10 min später kommen wir bei einem kleinen Pass zu einer Wegkreuzung. Ab hier folgen wir den gelben Markierungen geradeaus und steigen nochmals wenige Meter an. Danach geht es nördlich um den markanten Felskopf der Pointe Piazza herum, um kurz vor les Goudes wieder auf den GR zu treffen. Hier nicht weiter geradeaus, sondern nach links dem GR nach über den Grat und 50 m danach auf einen Kiesweg rechts abbiegen, der uns auf einen breiten Weg (rot markiert) und nach **les Goudes** (10 m) führt. Bei der Straße in les Goudes 100 m nach links finden sich die Bushaltestelle und eine Bar.

Früher oft als ein Nest von Ganoven bezeichnet, hat sich das Fischerdorf les Goudes in den letzten Jahrzehnten stark gewandelt. Die Preise der Häuser sind stark gestiegen und die Einwohner wurden bürgerlicher. Das Quartier von Marseille ist auch das Zuhause von Fabio Montale, dem kleinen Polizisten mit dem großen Herzen aus der Marseille-Trilogie des Marseiller Schriftstellers Jean-Claude Izzo. Das Buch zur Wanderung!

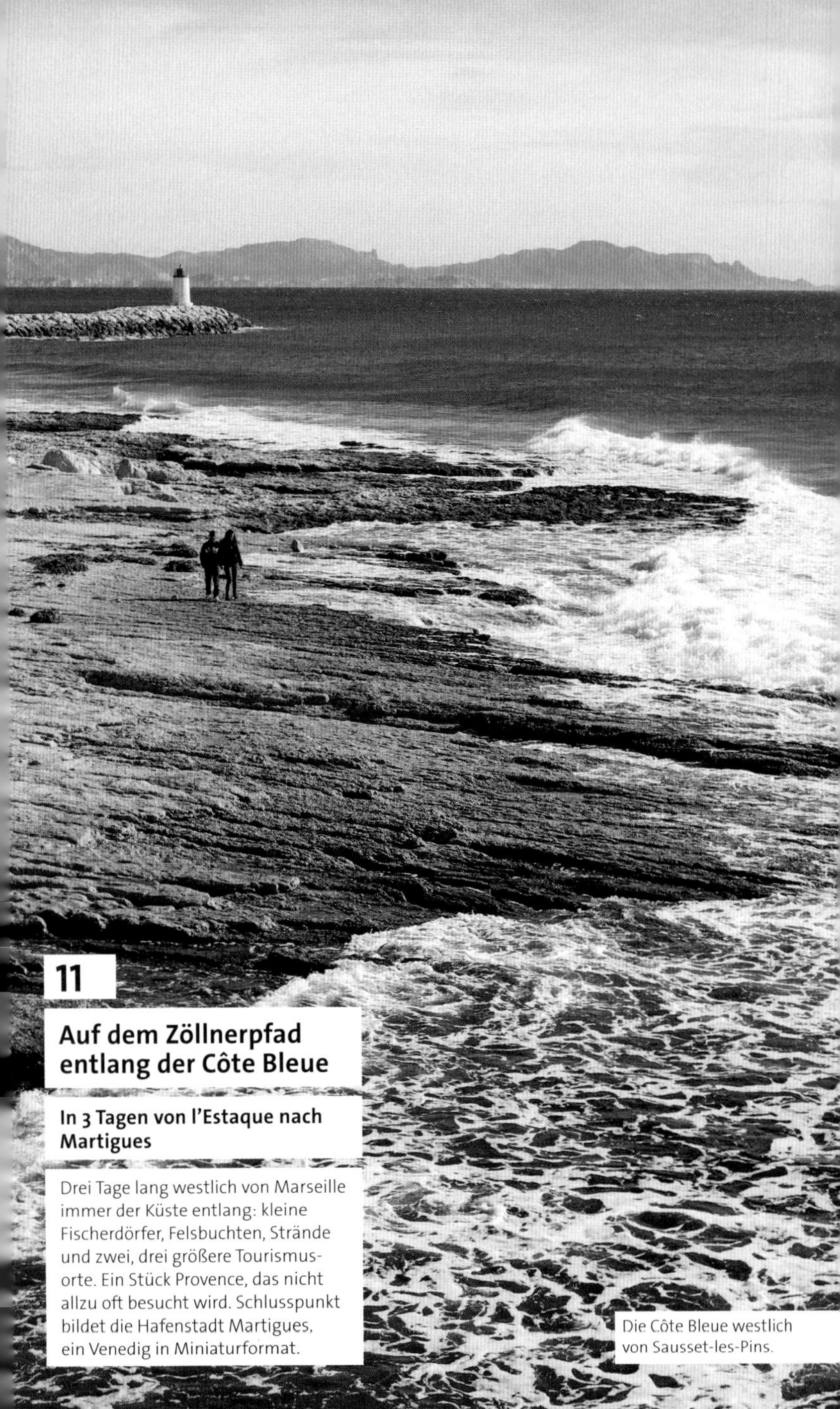

11

Auf dem Zöllnerpfad entlang der Côte Bleue

In 3 Tagen von l'Estaque nach Martigues

Drei Tage lang westlich von Marseille immer der Küste entlang: kleine Fischerdörfer, Felsbuchten, Strände und zwei, drei größere Tourismusorte. Ein Stück Provence, das nicht allzu oft besucht wird. Schlusspunkt bildet die Hafenstadt Martigues, ein Venedig in Miniaturformat.

Die Côte Bleue westlich von Sausset-les-Pins.

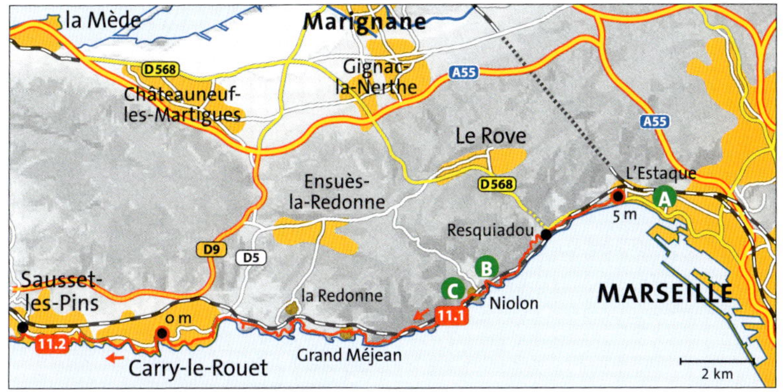

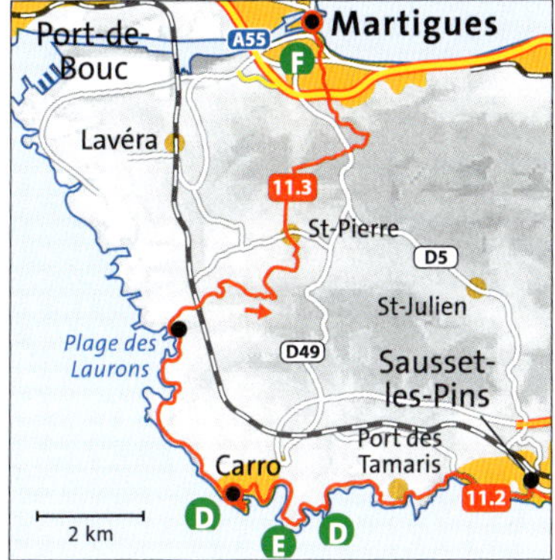

Sehenswertes

- A Dorf l'Estaque
- B Viadukte der Eisenbahnlinie Marseille–Miramas
- C Fischerdorf Niolon
- D Antike Kalksteinbrüche von Beaumaderie und Baou Tailla
- E Leuchtturm und Landspitze Cap Couronne
- F Altstadt von Martigues

Beste Jahreszeit

März bis Juni oder Mitte September bis Mitte November. Zu beachten ist die teilweise Sperrung des Gebiets wegen Waldbrandgefahr von Juni bis September (siehe S. 22). In dieser Zeit ist während der höchsten Risikostufe (schwarz) der Zugang auch für Wanderer gesperrt.

Karten

IGN 3145 ET, 3144 OT

Variante

Da die Wanderroute entlang der Bahnlinie Marseille–Martigues führt, kann die Wanderung problemlos nach Gutdünken abgekürzt oder etappiert werden. Haltestellen gibt es in l'Estaque, Niolon, la Redonne, Carry-le-Rouet, Sausset-les-Pins und la Couronne Carro. Eine Möglichkeit ist z. B., das weniger attraktive Stück zwischen Redonne und Carry mit der Bahn zurückzulegen und somit die etwas längere erste Etappe abzukürzen. Zeitersparnis 1 h 40.

An- und Abreise

Marseille, l'Estaque: Vom Bahnhof St-Charles in Marseille Metro M2 (Richtung Bougainville) bis Joliette, dann mit Bus Linie 35 bis Estaque Riaux (Endstation; ca. alle 20 min). Während den Ferien und im Sommer auch am Mittwoch fährt Linie 35 weiter bis Plages des Corbières, was einem ein paar hundert Meter Weg entlang der Straße erspart. Am besten ist die Bushaltestelle Resquiadou der Linie C7 von Les Bus des Collines. Der Bus fährt ab Fontaine des Tuiles oder Estaque Port (mit Linie 35 erreichbar, jedoch nur 4–8 × tägl. an Wochentagen)

Martigues: Bahnverbindung Marseille–Miramas (ca. 1× pro Stunde). Aber Achtung: Der Bahnhof liegt mehrere Kilometer außerhalb der Stadt. Busverbindung zwischen Zentrum und Bahnhof mit Linie 23 von Ulysse (alle 30 min, Sa/So weniger häufig). Busverbindung von Martigues Zentrum nach Marseille St-Charles mit Linie 34 von Cartreize (alle 30 min) und nach Aix-en-Provence mit Linie 39.
Zurück zum Startpunkt: Start und Zielort der Wanderung sind direkt über die Bahnlinie Marseille–Martigues (hält auch in l'Estaque) mit und Bus Linie 34 von Cartreize (bis Marseille St-Charles) miteinander verbunden.

Touristinfo

cote-bleue.com Infos zur Côte Bleue

Etappenorte

l'Estaque

Alle wichtigen Einkaufsmöglichkeiten im Ort. Unterkunftsmöglichkeiten sind das günstige Ibis budget (via Booking) oder die Bastide Bleue (via Booking) etwas oberhalb der Uferstraße mit Aussicht. Unzählige Möglichkeiten im nahen Marseille. Direkt an der Wanderroute liegt das günstige und etwas besondere Hotel Resquiadou eingeklemmt zwischen Eisenbahnstrecke und Straße, aber mit direktem Zugang zum Meer (Tel. 04 91 46 03 70).

Niolon

Bahnverbindung Marseille–Miramas. Direkte Busverbindung nach Marseille-l'Estaque mit Linie C7 von Les Bus des Collines. Kleiner Lebensmittelladen. Diverse Restaurants. Es gibt ein Hotel im Ort mit fünf Zimmern (aubergedumerou.fr), wobei die Zimmer ebenerdig zur kleinen Straße gehen.

la Redonne

Bahnverbindung Marseille–Miramas. Diverse Restaurants. Chambre d'hôtes La Palmeraie des Calanques (chambres-dhotes-gites-provence.com), ca. 1 km von der Küste und vom Weg entfernt im oberen Preissegment. Die kleinen Wohnungen der Gîtes de la Madrague (lesgitesdelamadrague.free.fr) können für einzelne Nächte nicht vorreserviert werden.

Carry-le-Rouet

otcarrylerouet.fr Bahnverbindung Marseille–Miramas. Busverbindung nach Martigues. Alle wichtigen Einkaufsmöglichkeiten im Ort; empfehlenswert die Bäckerei Reynier an der Avenue Joseph Arrighi im Zentrum. Unzählige Restaurants; empfehlenswert das Scoop am Hafen. Zwei Hotels im Zentrum, das Villa Arena (villa-arena-hotel.com, in einem historischen Gebäude) und das Carry (hotelcarry.com) sowie das Hotel Tuilière in Richtung Sausset (hotel-tuiliere.com, ebenfalls nah der Wanderroute).

Sausset-les-Pins

Bahnverbindung Marseille–Miramas. Busverbindung nach Martigues. Einkaufsmöglichkeiten, diverse Restaurants. Direkt am Hafen liegt das Hotel Paradou (paradou.fr, höheres Preissegment), ca. 1 km von Küste und Wanderweg entfernt liegt das Chambre d'hôtes la Restanque (larestanque-cotebleue.com).

Carro und La Couronne

Bahnverbindung Marseille–Miramas; der Bahnhof liegt ca. 2 km von der Plage du Verdon entfernt. Busverbindung nach Martigues Zentrum mit Linie 30 von Ulysse (regelmäßig außer So). Einkaufsmöglichkeiten, diverse Restaurants. Es gibt diverse Ferienkomplexe und Campingplätze, die jedoch keine Gäste für nur eine Nacht aufnehmen. Am besten gelegen ist das Chambre d'hôtes (www.lavilladupetitport.com) 200 m von der Plage du Verdon – aber nur mit zwei Zimmern. Ca. 2 km vom Strand liegt das Chez Manou (chezmanou-chambresdhotes.com). Eine Alternative ist der Camping du Pascalounet (camping-marseille.fr), ca. 700 m von den schönen Stränden von La Saulce und Ste-Croix entfernt (d. h. vor Carry und La Couronne), wo man in den Monaten April bis Mai und Sept. bis Okt. die Bungalows auch nur für eine Nacht mieten kann.

Martigues

martigues-tourisme.com ÖV siehe oben. Einkaufsmöglichkeiten im Ort. Auf der zentralen Kanalinsel gibt es keine Unterkünfte. Zentrumsnah sind das empfehlenswerte Hotel Clair (clair-hotel.fr), das edenhotel.biz, sowie nördlich des Kanals das günstige Le 5 (via Booking) sowie das ibis.com.

11.1 l'Estaque–Carry-le-Rouet

Wanderzeiten	
l'Estaque, Haltestelle Riaux–Resquiadou	0 h 35
Resquiadou–Niolon	1 h 30
Niolon–Grand Méjean	1 h 45
Grand Méjean–la Redonne	0 h 45
La Redonne–Carry-le-Rouet	1 h 45
Total	**6 h 20**

Höhendifferenz	↗ 540 m ↘ 540 m

Schwierigkeit	T3

L'Estaque war lange Zeit ein eigenständiges Fischerdorf und wurde erst 1946 von Marseille eingemeindet. Noch heute hat es seinen dörflichen Charme nicht ganz verloren. Berühmtheit erlangte es durch die vielen Maler, die hier zwischen 1860 und 1920 lebten und arbeiteten und mit ihren Werken die moderne Malerei begründeten – allen voran Cézanne und Braque. Der Chemin des Peintres – ein Dorfrundgang mit Infotafeln – erläutert die Geschichte der Maler in l'Estaque.

Wir beginnen unsere Wanderung an der Endstation der Buslinie 35 in **l'Estaque Riaux** (5 m), außerhalb des Dorfkerns von l'Estaque gelegen (für Möglichkeiten, mit dem Bus noch etwas weiter zu fahren, siehe S. 195 f.). Wir folgen der Hauptstraße stadtauswärts. Nach 15 min überqueren wir den Eingang des Canal du Rove.

Der Canal du Rove ist weltweit einer der längsten Tunnel für Schiffe und verbindet das Meer mit dem Étang de Berre. Sein Querschnitt ist zehnmal so groß wie der eines zweigleisigen Eisenbahntunnels. 1927 fertiggestellt, war er aufgrund eines Einsturzes nur bis 1963 befahrbar. Heute gibt es Überlegungen, den Tunnel wenigstens wieder mit Wasser zu fluten, um so-

Bahnviadukt oberhalb des Hafens von la Vesse.

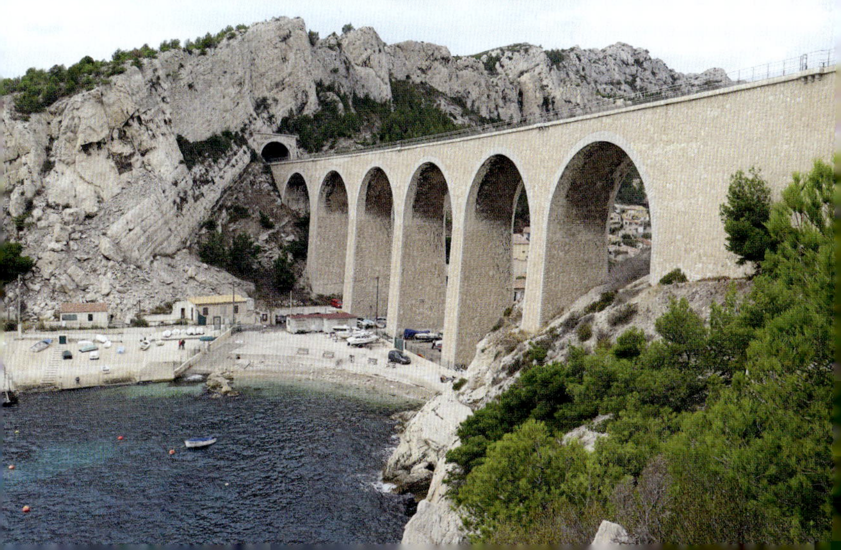

mit den Étang de Berre vor der fortschreitenden Eutrophierung zu schützen.
100 m weiter können wir links über Treppen zur Plage de Corbière absteigen. Wenige Minuten später geht es an Picknickplätzen vorbei und unter der imposanten Eisenbahnbrücke hindurch zurück auf die Straße, der wir nochmals circa 600 m bis kurz vor den Tunneleingang folgen. Beim Hotel **Resquiadou** (36 m) biegen wir links ab. Wir gehen noch 5 min auf dieser Nebenstraße, die wir 300 m nach einer Rechtskurve über eine kleine Brücke nach links verlassen.
Auf einen Schlag lassen wir den Lärm der Großstadt Marseille hinter uns. Wir betreten hier das Naturschutzgebiet der Côte Bleue, das sich bis kurz vor Port Méjean erstreckt. Das Conservatoire du Littoral, die staatliche Küstenschutzbehörde, konnte hier Anfang der 1980er-Jahre über 3000 Hektar erwerben, auf diese Weise den Bau von 2500 Villen durch Immobilienunternehmen verhindern und das Gebiet unter Schutz stellen. Die Kalksteinkette der Chaîne de l'Estaque (oder Chaîne de la Nerthe – beides Dörfer am Ostende des Massivs) war früher von Stein- und Flaumeichen bedeckt, doch Landwirtschaft und insbesondere die Überweidung mit Ziegen hat die Eichenwälder auf kleine Sprengsel reduziert. Heute prägen Aleppokiefern, Kermeseichen, Rosmarin und weitere Sträucher der Macchia die Landschaft.
Nach einem kleinen Pass gehen wir ins nächste Tal hinunter (gelb markiert). Dieses Tal queren wir und steigen auf der anderen Seite wieder auf (blau und gelb markiert). Auf der nächsten Anhöhe, wenn wir den Grat erreichen und vor uns das Fort de Figuerolles sehen, biegen wir links ab (Steinmännchen, hier verlassen wir den gelb markierten Weg). Das Fort, 1880–1890 vom französischen Militär erbaut, ist heute verlassen. Der Weg (nun stets blau markiert) führt hinunter zur Einfahrt des Eisenbahntunnels, die wir überqueren. Danach wandern wir leicht ausgesetzt oberhalb der Küste entlang, kommen nochmals an einer Eisenbahngalerie vorbei und steigen bis zu einem Strand mit grobem Kies ab. Vom Strand geht es steil aufwärts und dann um die Pointe de Figuerolles herum zum kleinen Dorf und Hafen von La Vesse. Das Dorf wird vom mächtigen Eisenbahnviadukt der Bahnlinie Marseille–Miramas dominiert.
Für den Bau der Linie der Côte Bleue entlang (auch Train Bleu genannt) wurden zwischen 1904 und 1915 23 Tunnels gebohrt und 18 Viadukte gebaut. Bis zu 5000 Arbeiter waren für den Bau beschäftigt, die meisten arme Bauern aus den benachbarten Départements, aber auch deutsche Kriegsgefangene und Annamiten (Personen aus dem ehemaligen französischen Protektorat Annam im heutigen Vietnam). An vielen dieser Bauten wandern wir an diesem Wandertag vorbei.
Unter dem Viadukt hindurch, erreichen wir die Dorfstraße, halten uns links und gehen nochmals unter dem Viadukt hindurch Richtung Meer. An einer Schranke vorbei, halten wir uns links und gleich wieder rechts, um ein geschlossenes Tor zu umgehen, und erreichen später einen Parkplatz, an dessen Ende der blau markierte Weg eine Treppe hinaufführt. Nochmals über eine kleine Kuppe, erreichen wir den kleinen Hafen von **Niolon** (0 m). Der Weiler wird von einer Festung dominiert (heute ein Taucherzentrum) und ist wie La Vesse eine Fraktion der Gemeinde Le Rove. Beim Hafen geht es nicht mehr weiter der Küste entlang, sondern wir steigen durch das Dorf auf, gehen unter der Bahnlinie durch

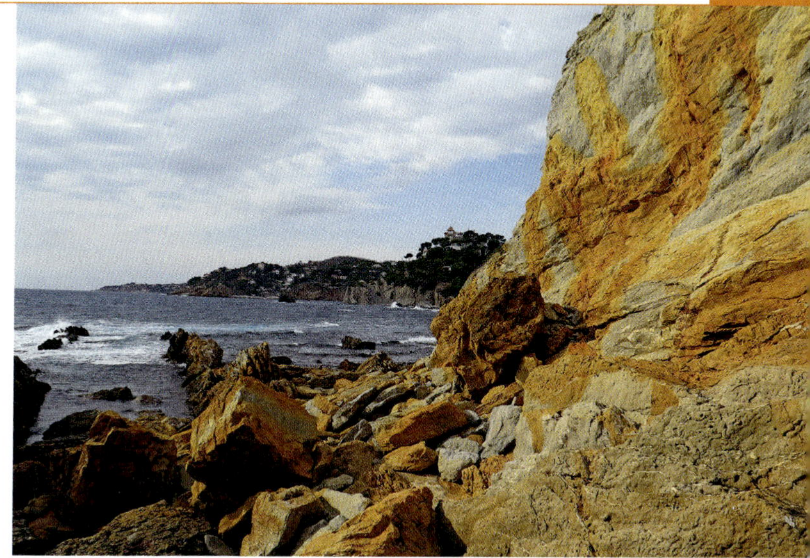

Küste zwischen der Calanque de Figuières und der Calanque des Anthénors.

und folgen ihr nach links. 80 m nachdem der Weg rechts von der Bahnlinie abgebogen ist, biegen wir links ab (blau markiert) und queren auf der anderen Talseite den Hang (nicht links zum Meer hinunter). Unter der Brücke hindurch, führt der Weg danach wieder aussichtsreich oberhalb der Küste entlang (stets blau markiert). Wie an manchen anderen Orten in Frankreich wird der Küstenweg hier auch Sentier des Douaniers (Zöllnerpfad) genannt, da die Zöllner früher an der Küste patrouillierten, um den Schmuggel zu unterbinden. Später muss ein nicht mehr benutzbarer Tunnel links etwas ausgesetzt umgangen werden. Am markanten Felsen der Halbinsel Le Moulon vorbei, erreichen wir die Calanque de l'Érevine mit ihrem kleinen Kiesstrand vis-à-vis der Île de l'Érevine. Der alte Turm in der Nähe des Strands ist ein Überbleibsel einer 1914 geplanten, aber nie fertiggestellten Sodafabrik. Das Projekt wurde gestoppt, da die Erbauer der Bahnlinie die Sodafabrik im Konflikt mit der nahen Bahnlinie sahen.

Von der Calanque ein weiteres Mal unter einem Eisenbahnviadukt hindurch und eine Treppe hinauf, verläuft der Weg für ein kurzes Stück nun etwas vom Meer entfernt. Circa 400 m nachdem wir auf einer Brücke die Bahnlinie überquert haben, gilt es, einen Abzweiger nach rechts über einen Felsen kurz aufsteigend nicht zu verpassen. Auf zunehmend besserem Weg erreichen wir den kleinen Hafen von **Grand Méjean** (0 m, Restaurant). Über eine kleine Kuppe geht es zu einem weiteren kleinen Hafen (Petit Méjean) und dann die Straße aufwärts bis zu einem kleinen Pass (Busstop Falaise), wo wir 10 m weiter links in die Allée Beaurivage abbiegen. Am Ende der Straße führt eine Treppe zu einem weiteren kleinen Hafen (Calanque de Figuières). Hier gibt es zwei Möglichkeiten, um

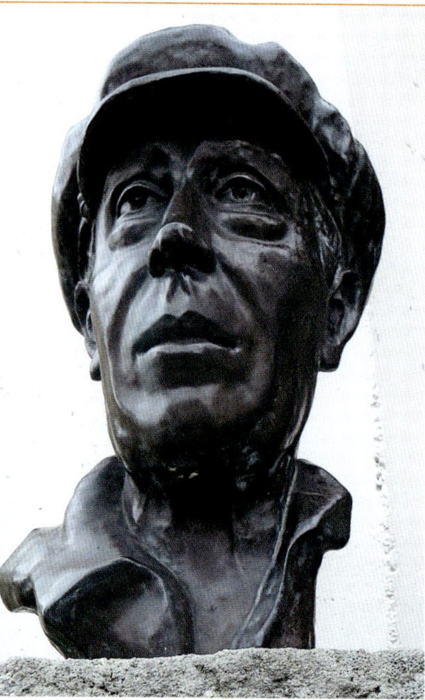

Der Schauspieler Fernandel ist Ehrenbürger von Carry-le-Rouet.

zur nächsten Calanque (Calanque d'Anthénors) zu gelangen. Die abenteuerlichere Variante führt stets der Küste entlang. Dazu muss man um die Bucht herumlaufen, dann eine Treppe hinauf und über ockerfarbene Felsen und einem langen Kiesstrand entlang bis zur nächsten Calanque wandern (gegen Ende des Strands muss man ein kurzes Stück im Meer gehen, bei hohem Wellengang nicht möglich). Für die andere Variante nimmt man bei der Calanque de Figuières die Straße, die vom Meer weg führt, und verlässt diese 20 m nach einer Schranke nach links. Auf dem steilen Pfad, der zu Beginn einer weißen Mauer entlang führt, steigt man zu einer Straße hoch, folgt dieser für 10 m nach rechts, um dann links (Wegweiser la Redonne) auf einem Pfad oberhalb der Klippe die Calanque d'Anthénors (kleiner Strand) zu erreichen. Von hier die Treppe hinauf und hinunter zur nächsten Bucht zum Hafen von **la Redonne** (0 m, Restaurant-Café direkt am Hafen). Der Bucht folgend, nehmen wir die erste Abzweigung nach links (Wegweiser Carry-le-Rouet), später biegen wir vor einem Tunnel, der unter der Bahnlinie hindurchführen würde, wieder links ab und steigen eine Treppe hinauf. Die Treppe führt auf eine Straße, der wir an kleinen Häusern vorbei bis zur nächsten Kreuzung folgen. Hier gehen wir nach rechts und beim nächsten Abzweiger nach links. Nach einer Schranke halten wir uns bei der nächsten Abzweigung links, folgen alles der Straße im stetigen Auf und Ab, bis wir später auf einem Fußweg zweimal unter dem Eisenbahnviadukt hindurchgehen und die Calanque des Eaux Salées erreichen (langer Strand mit grobem Kies). Von hier eine Treppe hinauf und der Bahnlinie entlang bis zu einem Abzweiger zur Notre-Dame-du-Rouet. Hier lohnt sich der Abstecher zur kleinen Kapelle (nur Mi 15–17 Uhr geöffnet) auf der aussichtsreichen Landspitze. Zurück auf dem Weg folgen wir den rot-weißen Markierungen (GR 51) hinunter zum breiten Sandstrand von Le Rouet. Der Strandpromenade folgen wir bis ans Ende und danach der Hauptstraße rund 500 m nach links. Die Markierungen führen uns durch ein Villenquartier und an der Calanque du Cap Rousset vorbei bis ins Zentrum und zum Hafen von **Carry-le-Rouet** (0 m) mit seinem Casino. Ehrenbürger der Stadt ist der französische Schauspieler Fernandel, der sich hier nach seinen ersten Erfolgen eine Villa am Meer bauen ließ, in der er jedes Jahr seine Sommerferien verbrachte.

11.2 Carry-le-Rouet–Carro

Wanderzeiten	
Carry-le-Rouet–Sausset-les-Pins	1h20
Sausset-les-Pins–Port des Tamaris	0h45
Port des Tamaris–Carro	1h40
Total	**3h45**
Höhendifferenz	↗60m ↘60m
Schwierigkeit	T2

Für das nächste Teilstück folgt der GR51 (stets rot-weiß markiert) vom Hafen in **Carry-le-Rouet** aus dem Sentier du Lézard, einem ausgebauten Weg mit vielen Infotafeln, zuerst bis zur Landspitze mit dem kleinen Leuchtturm und danach der ausgewaschenen Küste entlang. Bei der zweiten Bucht (mit Sandstrand) müssen wir für rund 1km der Hauptstraße folgen, bevor wir bei der ersten Gelegenheit nach links abzweigen und zuerst (immer noch auf einer Straße) der felsigen Küste und danach dem langen Strand bis zum Jachthafen von **Sausset-les-Pins** (0 m) folgen. Vom Hafen geht es weiter der Straße und der felsigen Küste entlang bis zum Restaurant-Glacier La Calanque Bleue, wo wir die Hauptstraße verlassen und auf einer stillgelegten Straße dem Meer entlang weitergehen. Wo diese Straße aufhört, können wir direkt zu einem kleinen Sandstrand absteigen und diesen bis zu einem Steinbruch queren. Am Ende des Steinbruchs ein Treppe hinauf; hier ist der Weg wieder als Sentier Littoral bezeichnet (der in den GR51 integriert ist). Wir folgen ihm und seinen Infotafeln für die nächsten 15 km bis an sein Ende in les Laurons (gelb markiert). Zuerst der Küste folgend, später auf einer kleinen Straße eine Landspitze abkürzend, erreichen wir den kleinen Hafen **Port des Tamaris** (0 m). Am Ende des Hafens bringt uns eine Treppe wieder auf die Ebene oberhalb der Steilküste. An deutschen Befestigungen aus dem Zweiten Weltkrieg vorbei,

Leuchtfeuer an der Hafeneinfahrt von Carry-le-Rouet.

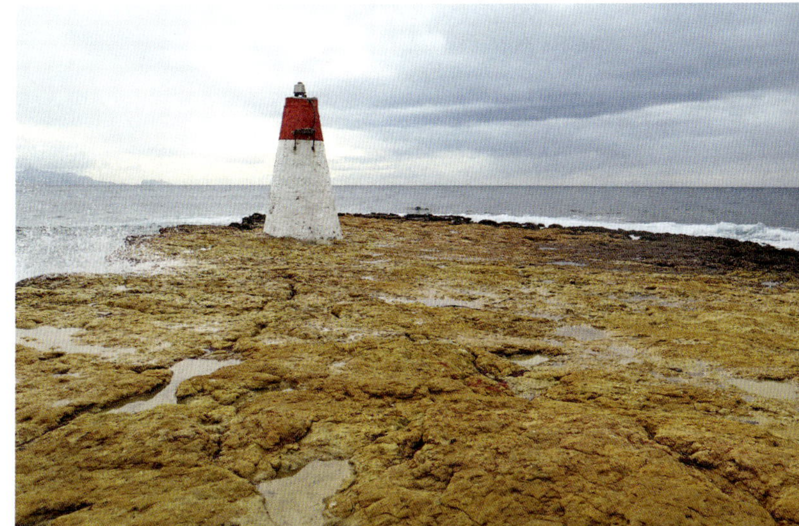

erreichen wir die beiden Kapellen von Ste-Croix. Die ältere aus dem 12. Jahrhundert ist nur noch als ein größerer Steinhaufen erkennbar, in der neueren aus dem 17. Jahrhundert wird in den Sommermonaten jeweils am Donnerstag die Messe gelesen. Gebaut wurde die Kapelle von Ste-Croix, weil der Legende nach Maria Magdalena, als sie mit anderen Gläubigen im 1. Jahrhundert aus Palästina gejagt wurde, hier am Strand von Ste-Croix einen Zwischenstopp einlegte, bevor sie dann in Saintes-Maries-de-la-Mer endgültig an Land ging (siehe auch S. 135).

Unterhalb der Kapelle liegt der feinsandige Strand von Ste-Croix und gleich dahinter die Plage de la Saulce, die beide eine gute Badegelegenheit bieten. Weiter der Küste nach erreichen wir circa 20 min nach der Plage de Ste-Croix eine Landspitze. Wo eine kleine Treppe auf eine höhere Felsplatte führt, erkennen wir links im Meer die Überreste eines alten Steinbruchs (siehe Kasten).

An einem weiteren Strand vorbei und immer konsequent der Küste entlang, erreichen wir das Cap Couronne mit seinem Leuchtturm. Es lohnt sich, ganz an der Spitze des Kaps über die vielfältigen Karstformationen zu gehen und dem Spiel der Wellen zuzuschauen. Weiter der Küste folgend, können wir 50 m vor den ersten Häusern von la Couronne links zum großen Sandstrand absteigen. Am Ende des Strands wieder eine Treppe hinauf, erreichen wir die nächste Landspitze und an deren Ende den Kalksteinbruch Baou Tailla. Auch hier wurde seit antiker Zeit und bis ins 19. Jahrhundert Kalkstein abgebaut. Seine Lage direkt am Meer erleichterte den Transport der Steine per Schiff nach Marseille. An einem weiteren Sandstrand und einer weiteren kleinen Landzunge vorbei, erreichen wir den Hafen von **Carro** (0 m). Im kleinen Fischerdorf findet noch heute jeden Morgen ab circa 8.30 Uhr auf der Hafenmole ein Fischmarkt der lokalen Fischer statt. Viele der rund 15 Boote sind auf Thunfisch spezialisiert. Das kleine Dorfmuseum, ebenfalls am Hafen, informiert über die Geschichte der Fischerei (geöffnet Mai bis Okt. Sa/So 10–12 Uhr und 16–19 Uhr).

Kalkstein für Marseille

Der Steinbruch La Carrière de la Beaumaderie wurde ab dem 3. Jahrhundert v. u. Z. für den Aufbau der Stadt Marseille genutzt. Während seiner Nutzung lag der Steinbruch noch oberhalb des zu dieser Zeit noch einen halben Meter tiefer liegenden Meeresspiegels. Auf dieser Landspitze mit dem Steinbruch soll es seit dem 6. Jahrhundert v. u. Z. eine gallische Siedlung gegeben haben, die im 4. Jahrhundert v. u. Z. von den Griechen aus Marseille zerstört wurde, worauf diese dann den Steinbruch ausbeuten konnten. Mit etwas Fantasie erkennt man noch Strukturen des alten Dorfs. Wer etwas genauer auf den Boden schaut, wird im Kalkstein auch eine Vielzahl versteinerter Muscheln finden.

Überreste eines Kalksteinbruchs.

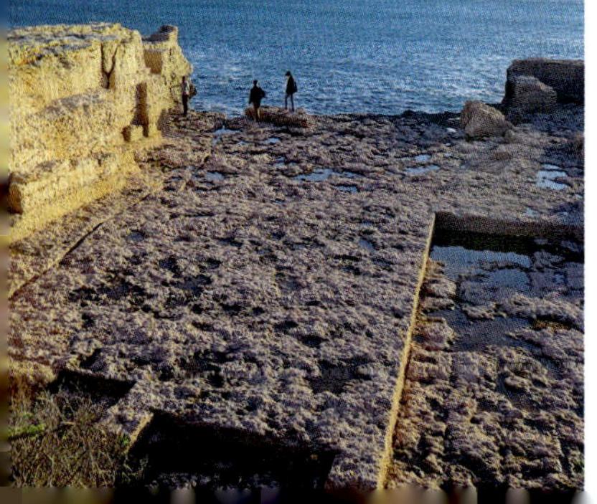

11.3 Carro–Martigues

Wanderzeiten	
Carro–Plage des Laurons	1h10
Plage des Laurons–St-Pierre, Oppidum	1h15
St-Pierre, Oppidum–Martigues (Zentrum)	1h50
Total	**4h15**

Höhendifferenz ↗ 260 m ↘ 260 m

Schwierigkeit T2
Ein GPS kann hilfreich sein.

Vom Hafen in **Carro** gehen wir noch um die letzte Landspitze der Côte Bleue, die Pointe Carro, herum und folgen danach auf dem guten, rot-weiß markierten Fußweg der Küste. Die Küste ist hier fast durchgängig vom ausgewaschenen Karst geprägt, und nur noch vereinzelt findet sich eine kleine Sandbucht. Am Horizont sehen wir bereits die großen Industrieanlagen, die das nordwestliche Ende der Estaque-Halbinsel prägen. Kurz vor der Anse de Bonnieu erreichen wir eine Straße und gehen auf dieser um die Bucht herum. Wo die Straße gegen Ende der Bucht rechts abbiegt, können wir auf einem Fußweg weiter der Küste folgen und erreichen so den Hafen von Les Laurons und in der Bucht danach die **Plage des Laurons** (0 m). Die Szenerie hat etwas Unwirkliches: Der Sandstrand mit den Picknicktischen, gleich daneben die vier Riesenkamine des Kraftwerks und dahinter die großen Container- und Tankerschiffe, die die Häfen im Golfe de Fos ansteuern. Weiter der Küste entlang, kommen wir direkt am Eingang des Thermischen Kraftwerks von Martigues-Ponteau vorbei, das seit seiner Umstellung von Öl auf Gas 2012/13 mit einer Leistung von 930 MW so viel Strom wie ein mittleres Atomkraftwerk produziert. 200 m nach dem Eingang zum Kraftwerk laufen wir auf einem breiten Weg weiter, der zuerst noch parallel der Straße verläuft, danach rechts abbiegt und unter der Eisenbahnlinie hindurchführt.

Unmittelbar nach dem Tunnel verlassen wir den rot-weiß markierten Weg und biegen links ab. (Man kann an dieser Stelle

Das Ende der Côte Bleue: das thermische Kraftwerk von Martigues-Ponteau.

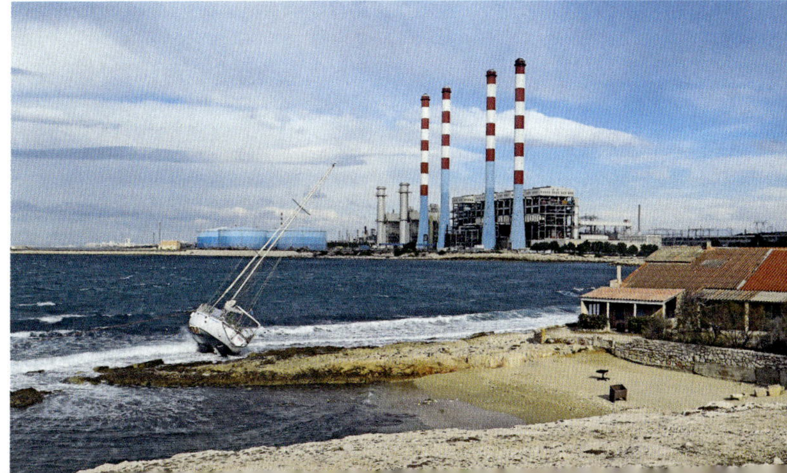

auch dem GR51 bis St-Pierre folgen, wandert dann aber mehr auf breiteren Wegen und Straßen.) Unser Weg verschmälert sich bald zu einem Fußpfad, der uns leicht aufwärts durch ein kleines Tälchen zu einem größeren Fußweg führt, dem wir nach links folgen. Nach rund 5 min und 20 m, bevor unser Weg eine deutliche Linkskurve macht, biegen wir rechts auf einen nur schwer erkennbaren Fußpfad ab. (Der Pfad ist nicht sehr deutlich, aber auf der IGN-Karte eingezeichnet. Ein GPS und lange Hosen sind hier von Nutzen.) Der Pfad schlängelt sich durch eine Landschaft mit Aleppokiefern und strauchartigen Kermeseichen. Immer auf der Höhe bleibend, erreichen wir bei einem kleinen Pass mit einer Zisterne wieder die Piste des GR51. Wir folgen jedoch auch hier nicht dem GR, sondern biegen links ab und wandern das Tal hinunter. Bei einem verfallenen Haus rechts haltend und bei der nächsten Abzweigung wieder rechts, erreichen wir die ersten Häuser von St-Pierre und bei einer Kreuzung wieder den GR51, dem wir auf der Straße nach links folgen.

Bis Martigues folgen wir nun den rot-weißen Markierungen. (Von St-Pierre gibt es auch die Möglichkeit, mit Bus Linie 30 von Ulysse direkt nach Martigues zu fahren, 7 × tägl.) Nach 250 m biegen wir bei der ersten Möglichkeit links von der Straße ab, um gleich danach rechts auf einer Treppe bis zum **Oppidum von St-Pierre** (71 m) hinaufzusteigen. Der Hügel wurde seit dem 6. Jahrhundert v. u. Z. von den Galliern bewohnt. Zur Veranschaulichung der ehemaligen Siedlung wurde ein Haus nachgebaut. Später haben hier die Römer einen Tempel (oder Mausoleum) errichtet, von dem noch Grundmauern zu sehen sind. Am Friedhof vorbei, kehren wir auf die Straße zurück und folgen ihr nach links alles geradeaus. Nach 15 min können wir die Straße nach links auf einen Fußweg verlassen (rot-weiß markiert). Rund 400 m, nachdem wir eine Pipeline-Schneise gekreuzt haben, biegt der markierte Wanderweg rechts ab und steigt leicht an. Bei drei ehemaligen Windmühlen vorbei (von wo sich eine schöne Sicht auf Martigues und den Étang de Berre bietet), erreichen wir die Hauptstraße D5. Auf der anderen Straßenseite führt der Weg auf einer Piste über eine Kuppe, hinter der wir links Richtung Martigues abbiegen. Durch ein Tälchen abwärts, gelangen wir zu einer Autobahnunterführung, nach der sich die Szenerie schlagartig ändert. Vorher noch in einem einsamen Tal mit Kiefern und Kalkfelsen, befinden wir uns nach der Unterführung in der Vorstadt von Martigues. Nach 300 m trennt sich der rot-weiß markierte und der gelb-rote markierte Wanderweg. Wir können den einen oder anderen Weg wählen (ich empfehle den gelb-roten); beide führen uns in die Innenstadt von **Martigues** (0 m).

In Martigues lohnt sich ein Bummel durch die Innenstadt. Auf zwei Inseln inmitten des Kanals befindet sich das Quartier L'Île. Oft gemalt wurde der »Miroir aux oiseaux«, die Wasserfläche, die die beiden kleinen Inseln trennt und von pastellfarbenen Häusern umgeben ist. Jonquières heißt das Quartier südlich des Kanals mit einer größeren Fußgängerzone und vielen Läden. Sehenswert ist die kleine Kapelle l'Annonciade der Pénitents Blancs (geöffnet Mi–Sa nachmittags). Im Quartier Ferrières, nördlich des Kanals, befindet sich in der alten Kaserne der Zöllner das Museum Ziem. Es zeigt Bilder des französischen Malers Félix Ziem und seiner Zeitgenossen sowie Wechselausstellungen (geöffnet Mi–So nachmittags).

Der König der Winde

Der Mistral gehört zur Provence wie der Lavendel, der Pastis oder das Boulespiel. Wer in der Provence wandert, wird ihn hassen und lieben. Wenn der Wind einem ins Gesicht bläst, jeder Schritt eine doppelte Anstrengung braucht und die Kälte durch Mark und Bein dringt, dann wird man den Mistral verfluchen. Aber wenn man die unglaubliche Fernsicht genießt, das tiefe Blau des Himmels und die klare Luft, die so nur durch den Mistral entsteht, dann wird man ihm danken.

Wer sich längere Zeit in der Provence aufhält, wird ihn mit Sicherheit kennenlernen, denn er ist kein seltener Gast. In Orange, im Norden der Provence, weht er durchschnittlich an 101 Tagen im Jahr (mit Böen über 58 km/h), in Toulon, am Meer, sind es noch 82 Tage. Er entsteht, wenn östlich der Provence, beispielsweise im Golf von Genua, ein Tief herrscht und über Spanien oder der Biskaya ein Hoch (siehe Karte). Das Hoch, das im Uhrzeigersinn dreht, und das Tief, das gegen den Uhrzeigersinn dreht, wirken dabei wie zwei Motoren, die die Luftmassen durch das Rhonetal treiben. Das Tal zwischen den Alpen und dem Zentralmassiv und den Cevennen wirkt dabei wie eine Düse, die den Wind noch beschleunigt. Deshalb ist der Mistral am Eingang der Provence, wo sich das Rhonetal weitet, am dominantesten. In der Höhe weht der Wind noch stärker als in der Ebene. Rekorde wurden am Mont Ventoux gemessen, der seinen Namen den Winden verdankt und sich wie eine Barriere dem Mistral in den Weg stellt. Am 20. März 1967 soll auf dem Gipfel eine Geschwindigkeit von 313 km/h gemessen worden sein (wobei man den alten Messinstrumenten eine Tendenz zur Überhöhung der Geschwindigkeiten nachsagt). Aber auch mit neuen Geräten misst man heute Rekordwerte zwischen 119 und 137 km/h (am 13. Mai 1995 in Toulon). Beim Wandern erleben wir den Mistral am stärksten an den Nordflanken der von West nach Ost verlaufenden Kalkberge, wie Sainte-Victoire, Sainte-Baume, Petit Luberon, Alpilles – oder eben am Mont Ventoux. Aber auch an der Küste bis nach St-Raphael bekommt man ihn zu spüren, denn nachdem er durch das Rhonetal zuerst von Nord oder Nordwest kommt, macht er an der Küste eine Linkskurve und weht der Küste entlang fast von Westen. Auf dem Meer spürt man ihn bis nach Korsika.

Über die Dauer des Mistrals gibt es unzählige Volksweisheiten. Weit verbreitet ist die Meinung, dass er jeweils drei, sechs oder neun Tage dauert. Leider lässt sich dies durch die modernen Statistiken nicht belegen. Diesen zufolge dauert er in 70 Prozent der Fälle nur ein bis zwei Tage (mit

Wenn über dem Golf von Genua ein Tief liegt, bläst der Mistral.

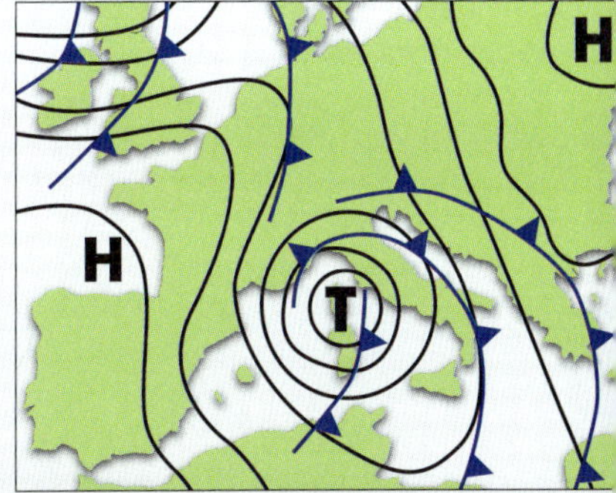

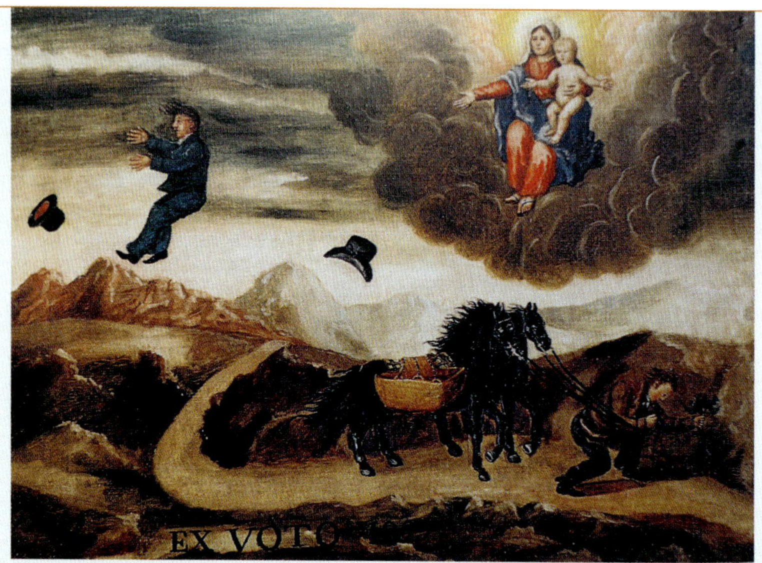

Exvoto von 1827 im Gedenken an einen Unfall, der durch eine Mistral-Bö am Mont Ventoux verursacht wurde.

Böen über 58 km/h). Und nur in 4 Prozent der Fälle bläst er während sechs Tagen oder mehr. Das sind dann die Phasen, in denen sich die Paare anbrüllen, die Nachbarn sich beschimpfen und die Hunde beißen. Doch es gibt noch dramatischere Nebeneffekte. Am schlimmsten ist wohl sein Wirken im Dienste der Waldbrände. Zuerst trocknet er die Bäume und Pflanzen aus, sodass sie einfach wie Zunder in Brand geraten. Und wenn der Brand mal da ist, verteilt der Wind das Feuer in Windeseile, erschwert die Arbeit der Feuerwehrleute und verunmöglicht den Löschflugzeugen und Helikoptern das Starten. Auch die landwirtschaftlichen Kulturen leiden durch die Trockenheit und die Abkühlung des Bodens. Mit der Pflanzung von Zypressen-, Thuja- oder Pappelreihen kann man den Wind an den Feldrändern etwas abschwächen. Ebenfalls einen Windschutz benötigen die Viadukte der TGV-Linien, doch selbst mit diesem Schutz müssen die Züge bei hoher Windstärke langsamer fahren oder fallen auch mal ganz aus. Dass auch Passagierflugzeuge bei solchen Extremen am Boden bleiben, versteht sich von selbst.

Und die Menschen in der Provence? Sie müssen sich mit dem Meister arrangieren, indem sie ihre Häuser mit dem Rücken gegen den Wind bauen und die trockene Haut mit Hautcreme pflegen. Der Schriftsteller Alphonse Daudet, der oft in der Provence weilte (siehe S. 115), schrieb einmal: »Diese Nacht konnte ich nicht schlafen. Der Mistral war wütend und die Ausbrüche seiner großen Stimme hielten mich bis zum Morgen wach. Es war wie auf See.« Van Gogh, der immer wieder während dem Mistral malte, hatte eine spezielle Technik entwickelt, um seine Staffelei am Boden zu befestigen, denn er wollte dieses Licht und die Bewegung einfangen (siehe S. 116 f.). Dies ist die positive Seite des Mistrals: dass der Himmel und die Luft wie mit einem Besen reinigt. Er wird deshalb in der Provence auch *lou mango fango* genannt, der »Dreckesser«, oder auch *l'escoubaire*, der »Straßenkehrer«. Ein anderes Sprichwort sagt: »Wenn der Mistral zum Fenster hineinkommt, geht der Arzt durch die Türe hinaus.« Die Provenzalen wussten den Wind schon seit jeher auch zu ihren Gunsten zu nutzen. Die vielen Windmühlen in der Landschaft zeugen davon. Moderne Windturbinen sind heute ihre Nachfolger. Woher der Wind kam, konnten sie sich jedoch lange nicht erklären. Im 18. Jahrhundert stellte der Pfarrer Michel-Ange Marin aus Marseille die gewagte These auf, der Mistral komme aus einer Grotte an der Nordseite des Mont Ventoux. Die Grotte nennt man noch heute *Grotte du vent*. Ein Jahrhundert später gab es solche, die sagten, er komme aus einem Felsenloch im Vivarais, an der Westseite des Rhonetals. In dieser Zeit schickten die Einwohner von Morières bei Avignon eine Delegation zur Regierung mit der Bitte, sie solle bei den Autoritäten im Vivarais intervenieren, damit sie das Felsenloch, aus dem der Mistral herauskommt, weniger oft öffnen.

Unzählige Schriftsteller und Dichter haben sich über den Mistral ausgelassen, ihn besungen und beschimpft: Stendhal, Victor Hugo, Emile Zola, Marcel Pagnol, Georges Brassens und viele andere mehr. Inspiration für ein ganzes Gedicht war der Wind für den Literaturnobelpreisträger Frédéric Mistral, der mit ihm den Namen teilt, und für Friedrich Nietzsche – und dies fast zur gleichen Zeit. Das Gedicht »Le Mistral«, das Frédéric Mistral auf Provenzalisch verfasste, beschreibt den Wind in allen Facetten:

Hört ihm zu: was für ein Sturm!
Wohin geht er? und woher kommt er?
Du bist eine echte Plage für uns, und doch
lieben wir dich, König der Winde.

In seinem elfstrophigen Gedicht »An den Mistral. Ein Tanzlied« vergleicht Nietzsche die aufklärende Kraft des Windes mit seinem eigenen Wirken:

Mistral-Wind, du Wolken-Jäger,
Trübsal-Mörder, Himmels-Feger,
Brausender, wie lieb' ich dich!
Sind wir Zwei nicht Eines Schoßes
Erstlingsgabe, Eines Loses
Vorbestimmte ewiglich?
[...]
Jagen wir die Himmels-Trüber,
Welten-Schwärzer, Wolken-Schieber,
Hellen wir das Himmelreich!
Brausen wir oh aller freien
Geister Geist, mit dir zu Zweien
Braust mein Glück dem Sturme gleich.

Den Mistral als Synonym für das Starke, Schnelle und Reinigende haben sich seither viele Werber zu eigen gemacht. Es gibt Autos, Kampfflugzeuge, Windsurfprodukte, Luftabwehrraketen, Lokomotiven, Putzmittel, Reisebüros, Weine – alles mit dem Namen Mistral. Die Liste ist endlos. Weltweit sind aktuell über 1500 Marken und Bildmarken mit Namen Mistral registriert.

Literatur

Bernard Moudon / Steffen Lipp, *Petite anthologie du mistral*, Editions Equinoxe, St-Rémy-de-Provence 2004.

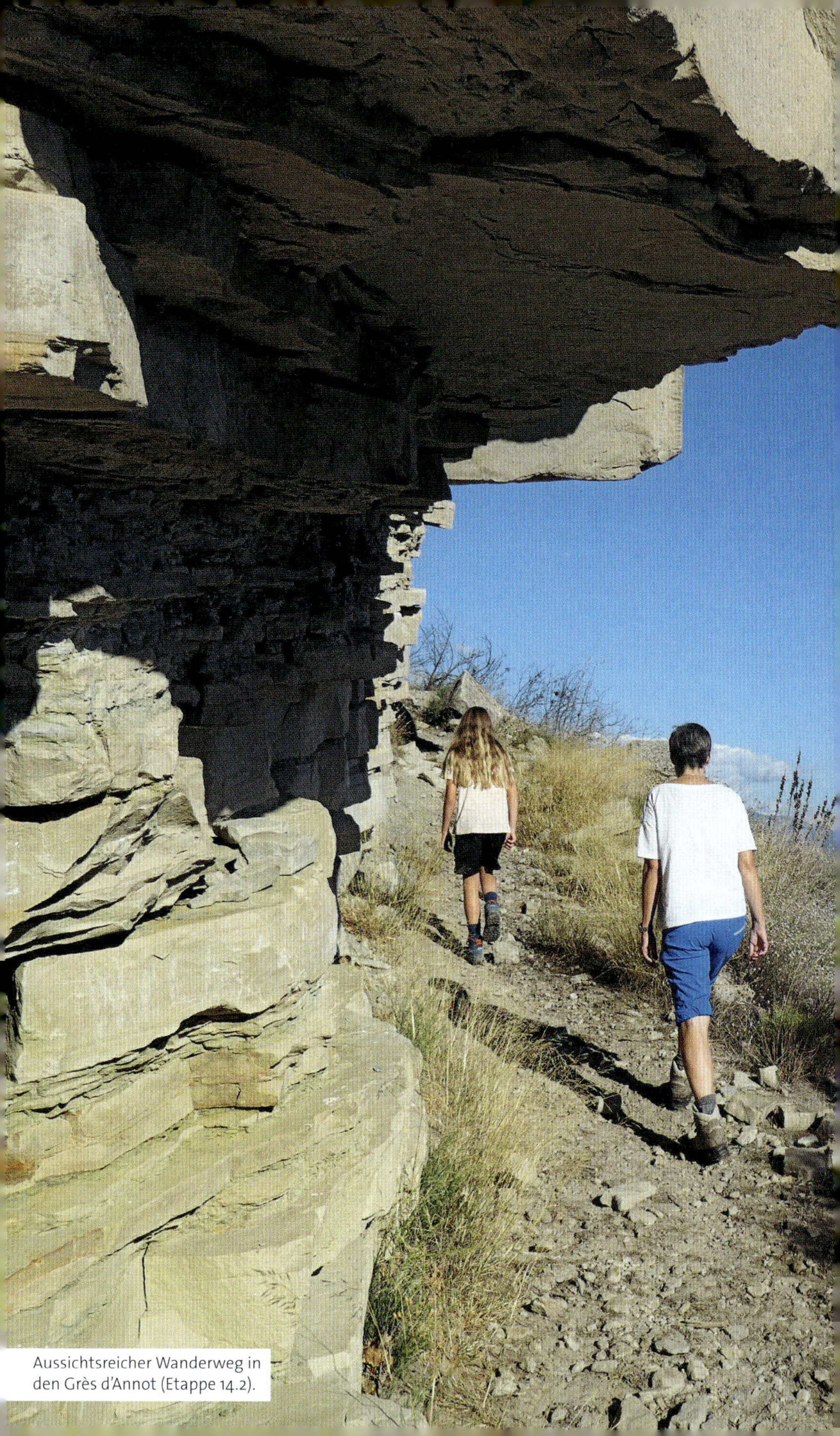

Aussichtsreicher Wanderweg in den Grès d’Annot (Etappe 14.2).

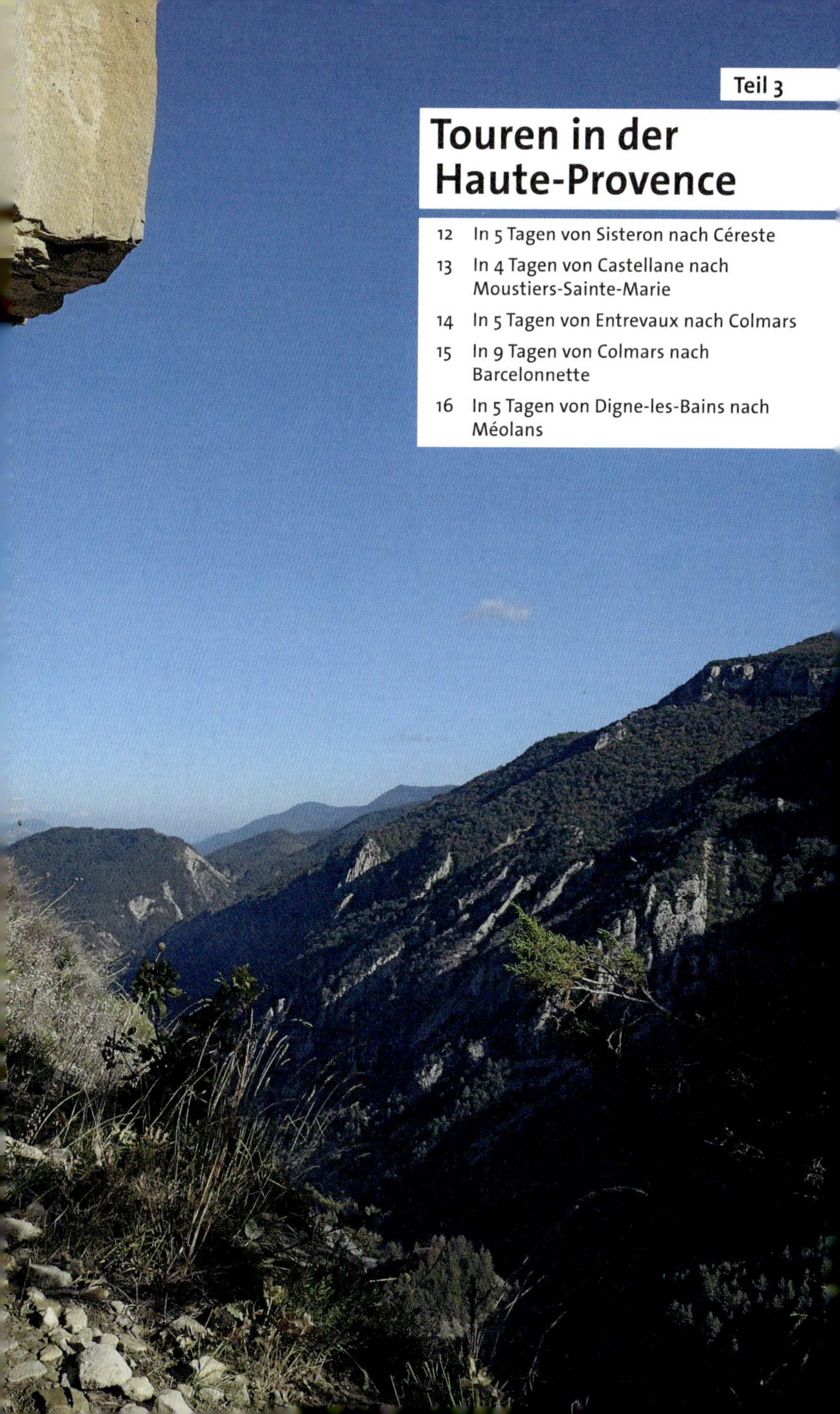

Teil 3

Touren in der Haute-Provence

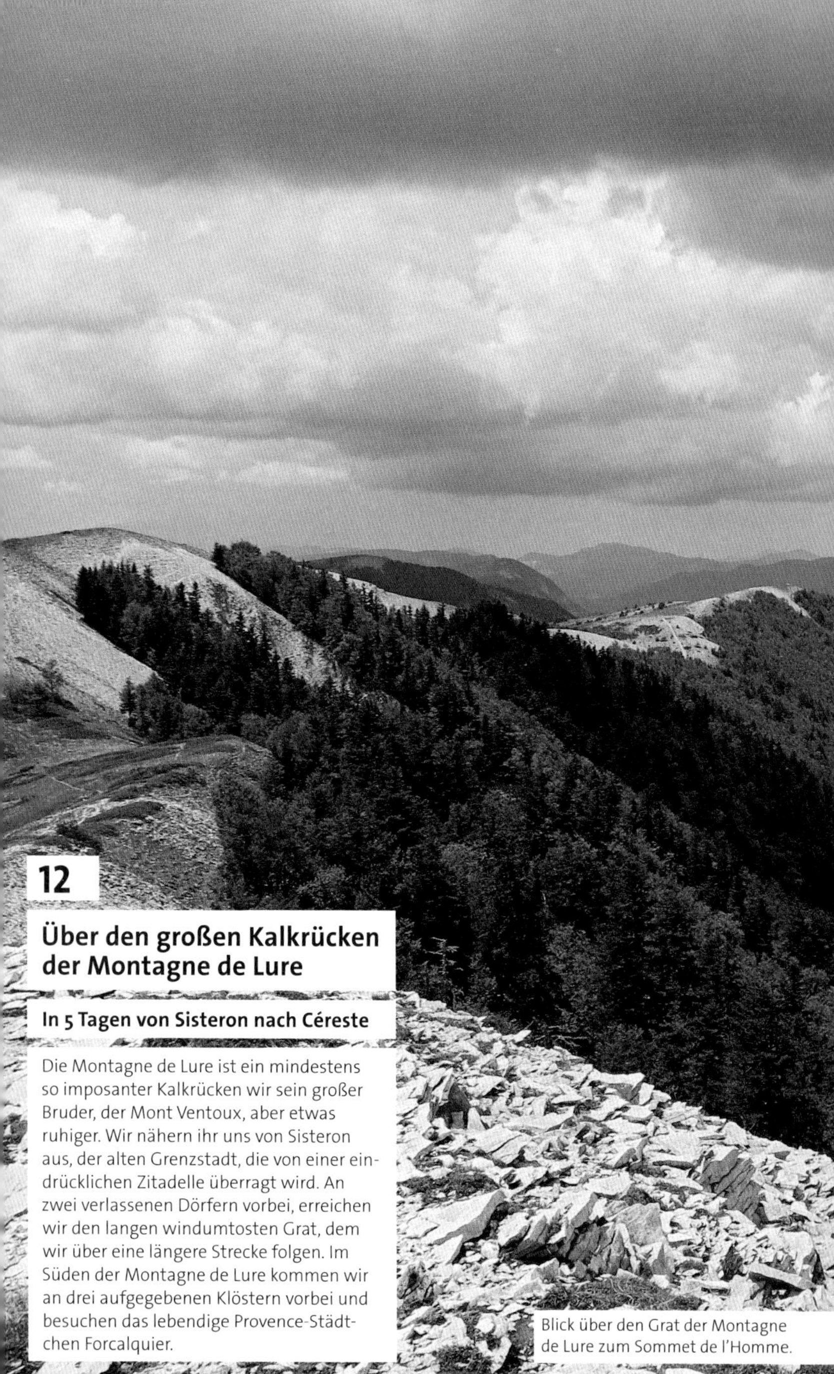

12

Über den großen Kalkrücken der Montagne de Lure

In 5 Tagen von Sisteron nach Céreste

Die Montagne de Lure ist ein mindestens so imposanter Kalkrücken wir sein großer Bruder, der Mont Ventoux, aber etwas ruhiger. Wir nähern ihr uns von Sisteron aus, der alten Grenzstadt, die von einer eindrücklichen Zitadelle überragt wird. An zwei verlassenen Dörfern vorbei, erreichen wir den langen windumtosten Grat, dem wir über eine längere Strecke folgen. Im Süden der Montagne de Lure kommen wir an drei aufgegebenen Klöstern vorbei und besuchen das lebendige Provence-Städtchen Forcalquier.

Blick über den Grat der Montagne de Lure zum Sommet de l'Homme.

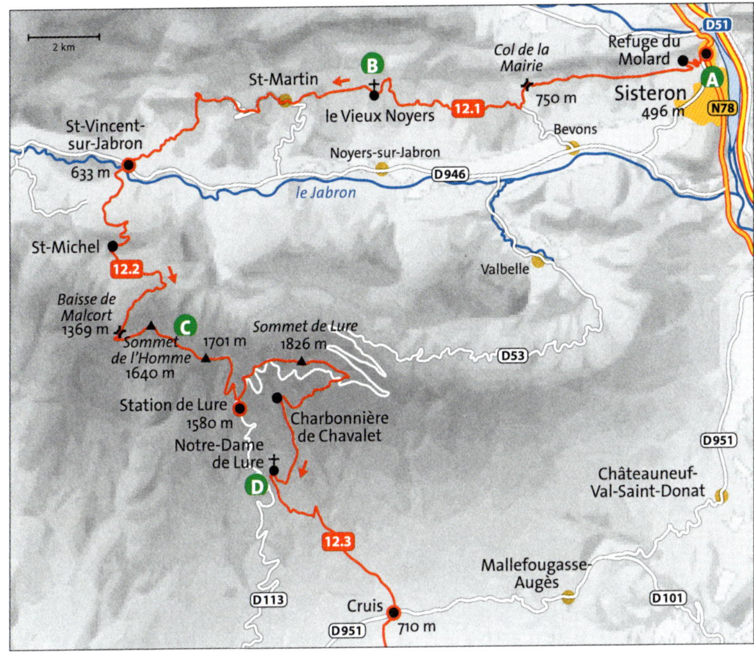

Sehenswertes

- A Sisteron mit Zitadelle
- B Ruinenstadt le Vieux Noyers
- C Aussichtsreicher Grat der Montagne de Lure
- D Notre-Dame de Lure

Beste Jahreszeit

Mitte April bis Ende Juni und Anfang September bis Ende Oktober. Zu beachten ist die teilweise Sperrung des Gebiets wegen Waldbrandgefahr (siehe S. 22).

Karten

IGN 3339 OT, 3341 OT, 3342 OT, 3242 OT (nur für den allerletzten Abschnitt ab dem Prieuré de Carluc)

Varianten

1 Die 1., etwas lange Etappe, kann man mit einer Übernachtung im Mas du Figuier (siehe Etappenorte) gut unterteilen.

2 Die 5. Etappe ist relativ kurz, was den Besuch von Forcalquier und dem Prieuré in Salagon ermöglicht. Wenn man die 5. und 6. Etappe an einem Tag läuft, wird sie etwas gar lang. Man kann sie etwas verkürzen, wenn man am Vortag noch bis Mane weiterläuft und dort z. B. im Chambre d'hôtes (lejardindesglycines.fr) übernachtet. Die beiden letzten Etappen wären in diesem Fall Cruis–Mane (6 h) und Mane–Céreste (7 h).

An- und Abreise

Sisteron: Direkte Bahnverbindung von Marseille und Aix-en-Provence (TER, alle 2–3 Std.). Auf der gleichen Strecke verkehrt auch der Bus Linie 29 von Ligne Express Régional (LER, ca. 4 × tägl.). 2 × tägl. wird Sisteron vom Bus LER 31 Nizza–Grenoble bedient. Grenoble ist von Genf aus mit dem Zug erreichbar.

Céreste: Busverbindung nach Avignon (Zentrum und TGV) mit Linie 22 von LER (4 × tägl., So nur 1 ×).

Zurück zum Startpunkt: Bus Linie 22 zum Bahnhof von La Brillane-Oraison, von dort mit dem Zug nach Sisteron.

Touristinfo

tourisme-alpes-haute-provence.com Deckt die ganze Route im Département Alpes-de-Haute-Provence ab

haute-provence-tourisme.com Gemeinsamer Webauftritt des Gebiets von der Montagne de Lure über Forcalquier nach Céreste

Etappenorte

Sisteron

sisteron-buech.fr Alle Einkaufsmöglichkeiten, Markt am Mi und Sa. Vier Hotels im Stadtzentrum: La Citadelle (hotel-lacitadelle.com, preiswert), Tivoli (hotel-tivoli.fr) und die etwas teureren Le Patio de Sophie (lepatiodesophie-sisteron.com, neueröffnet) und Le Cours (hotel-lecours.com). An besonderer Lage, ca. 1 km außerhalb der Stadt direkt am Zusammenfluss von Durance und Buëch, liegt ein Chambre d'hôtes (chateaudelacazette.fr, teuer).

Mas du Figuier

An der Wanderroute zwischen Sisteron und St-Vincent-sur-Jabron (ca. 2 h 30 von Sisteron) liegt das Mas du Figuier (chambre-hote-gite-cabane-sisteron.com) mit Chambres d'hôtes, Mehrbettzimmern und einem Baumhaus.

St-Vincent-sur-Jabron

lure-provence.com Der für alle nutzbare Schulbus Linie S3 (Payan Autocars) fährt während der Schulzeit morgens nach Sisteron und abends zurück (Mi mittags zurück). Samstags fährt er das ganze Jahr (morgens hin und mittags zurück). Keine Einkaufsmöglichkeiten. Isabelle vom Gîte de la Ribière bereitet jedoch auf Vorbestellung gerne ein Picknick zu. Kleiner Markt Mitte April bis Ende Okt. am Fr vormittags. Gîte d'étape und Chambre d'hôtes (gite-la-ribiere.com). Chambre d'hôtes bei Catherine Blancard (Tel. 06 51 54 54 36).

Sehenswertes

- A Felsformationen les Mourres
- B Altstadt von Forcalquier
- C Priorat von Salagon und botanischer Garten
- D Priorat von Carluc

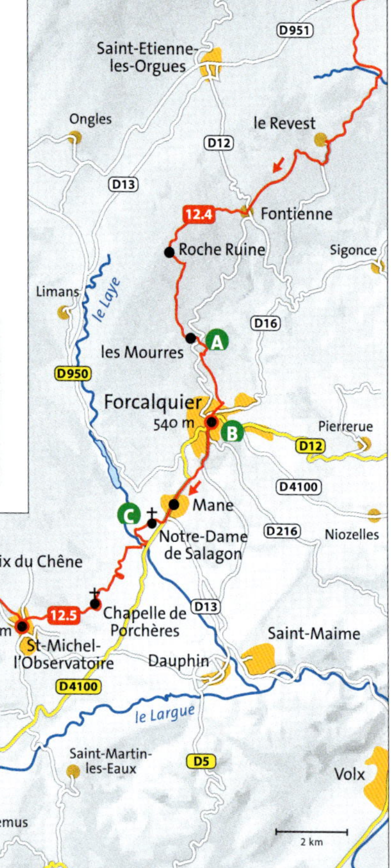

Station de Lure

Kein ÖV, keine Einkaufsmöglichkeiten. Gîte des Crêtes de Lure (gitesdelure.fr/gite/cretes-de-lure; keine E-Mail, Reservierung unter Tel. 04 92 73 19 14).

Cruis

Kaum ÖV, nur Mo morgens fährt ein Bus nach Forcalquier und wieder zurück. Kleiner Lebensmittelladen (tabac, libre-service) und eine Bäckerei am Ostausgang des Dorfs. Markt am Sa. Das einzige Hotel im Dorf hat vor kurzem seine Tore geschlossen, doch es gibt vier attraktive Chambres d'hôtes: labastideduclaus-vitaverde.com (400 m vom Zentrum), mas-des-grailles.com (1 km vom Dorf), fontaineneuve.com (ein Biohof, ca. 2 km südlich, nicht weit vom Wanderweg) und foulara.free.fr (2 km südlich, ebenfalls nah am Weg).

Forcalquier

Busverbindung nach Avignon (Zentrum und TGV) mit Linie 22 von LER (4 × tägl., So nur 1 ×). Busverbindung nach Aix und Marseille mit Linie 25 von LER (ca. 4 × tägl., mehr Verbindungen nur bis Manosque, wo man auf den Zug umsteigen kann). Alle Einkaufsmöglichkeiten, großer Markt am Mo. In einem alten Haus in der Altstadt befindet sich das Chambre d'hôtes (beatricecols.com/bed-breakfast), ebenfalls zentral ein Hotel (grandhotel-forcalquier.com). Wenige 100 m vom Zentrum mehrere Chambres d'hôtes (gitelestroisoliviers.fr, villa-st-marc.com und das preiswerte lecabanonforcalquier.e-monsite.com). Wenig außerhalb, aber direkt an der Wanderroute und in einem Park gelegen, ist das Chambre d'hôtes St-Lazare (stlazare.net).

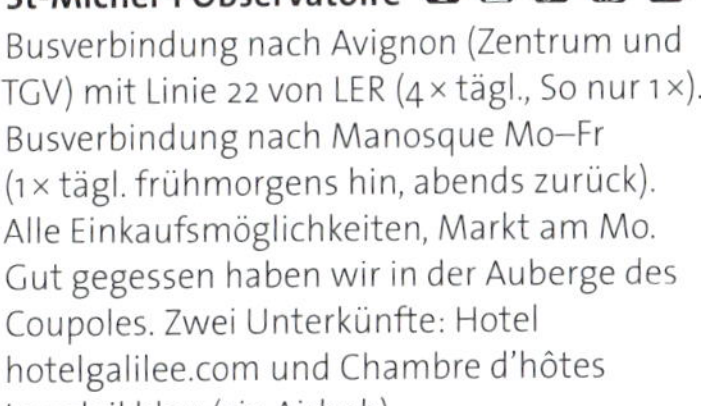

St-Michel-l'Observatoire

Busverbindung nach Avignon (Zentrum und TGV) mit Linie 22 von LER (4 × tägl., So nur 1 ×). Busverbindung nach Manosque Mo–Fr (1 × tägl. frühmorgens hin, abends zurück). Alle Einkaufsmöglichkeiten, Markt am Mo. Gut gegessen haben wir in der Auberge des Coupoles. Zwei Unterkünfte: Hotel hotelgalilee.com und Chambre d'hôtes Le soleil bleu (via Airbnb).

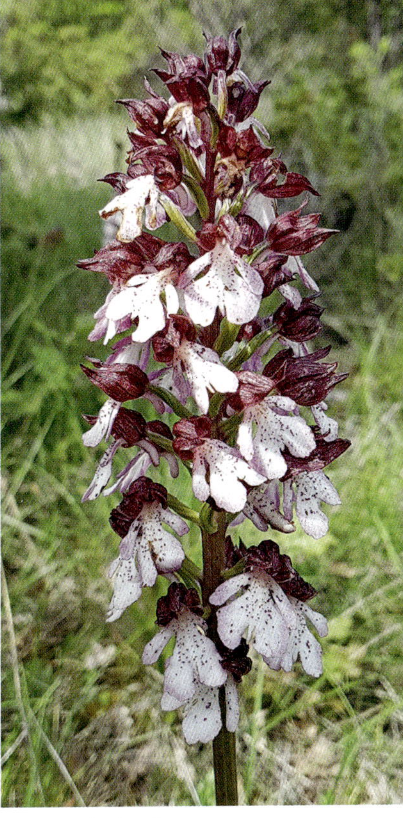

Purpur-Knabenkraut.

Céreste

Alle Einkaufsmöglichkeiten, kleiner Markt am Do. Unterkünfte im Zentrum: Hotel hotel-aiguebelle.com, Chambre d'hôtes maison-emma.com und Gîte d'étape der Gemeinde (Tel. 04 92 79 00 15), Mehrbettzimmer, günstig.

Sisteron

Es wäre schade, in Sisteron einfach loszulaufen, ohne sich die Stadt und vor allem die Zitadelle anzuschauen. Sisteron ist von Natur aus eine Grenzstadt. »Ici un pays finit, un autre commence.« (»Hier endet ein Land, ein anderes beginnt.«) Die enge Klus, von der Durance durchbrochen, trennt die Provence vom Dauphiné. Hier beginnt der Süden. Kein Wunder, dass auf dem Felsen oberhalb der Klus bereits vor unserer Zeitrechnung durch den gallischen Stamm der Vocontier ein Oppidum errichtet wurde. Die Römer taten es ihnen gleich, denn das römische Segustero war eine Station an der Via Domitia, die Italien mit Spanien verband. Die ältesten Teile der heute noch sichtbaren Festung (der Wehrgang und der mächtige Festungsturm) stammen aus dem 12. und 13. Jahrhundert. Weitere Bauten und Festungsringe kamen bis 1860 hinzu. Der Besuch (mind. 1 h 30 einberechnen) der Zitadelle lohnt auch wegen der Aussicht auf das Tal der Durance und die umliegenden Berge (geöffnet tägl. Ende März bis Anfang Nov.).

Der 15. August 1944 veränderte Sisteron nachhaltig. An diesem Tag begann die Bombardierung der Stadt durch 72 amerikanische und französische Bomber, mit dem Ziel, den Rückzug der deutschen Besatzer zu beschleunigen. 141 Personen kamen ums Leben, darunter acht deutsche Soldaten in der Zitadelle, und über 100 Gebäude wurden total zerstört.

Wer etwas mehr Zeit hat, wird noch durch die Altstadt schlendern und die eindrückliche Kathedrale besuchen (geöffnet nachmittags Mitte April bis Mitte Sept.). In der Stadt gibt es zwei kleine Museen: das moderne gallo-römische Museum (tägl. geöffnet, Okt. bis April So/Mo geschlossen) und das kleine Musée Terre et Temps (Di–Sa geöffnet) mit einer etwas speziellen Auswahl der gezeigten Objekte. Auf der anderen Seite der Durance kann man in den Schlitz der mächtigen Verwerfungsfalten der Montagne de la Baume hineinsteigen und ganz in der Nähe die Reste des Dominikanerklosters (der gotische Chor und der romanische Turm stehen noch) besuchen. Im Sommer ist am Ufer der Durance ein großes Freibad geöffnet.

Klus und Zitadelle von Sisteron.

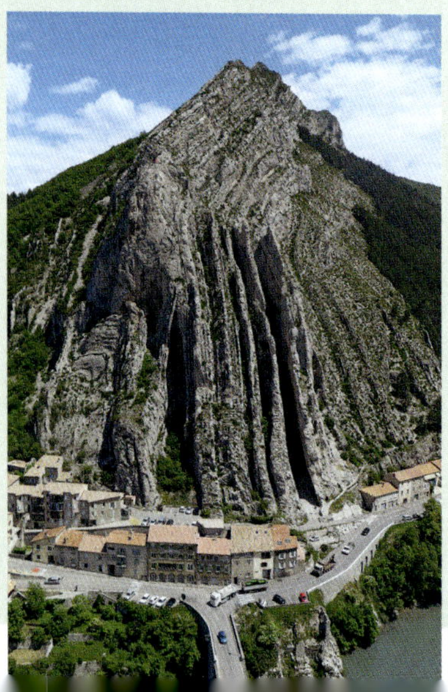

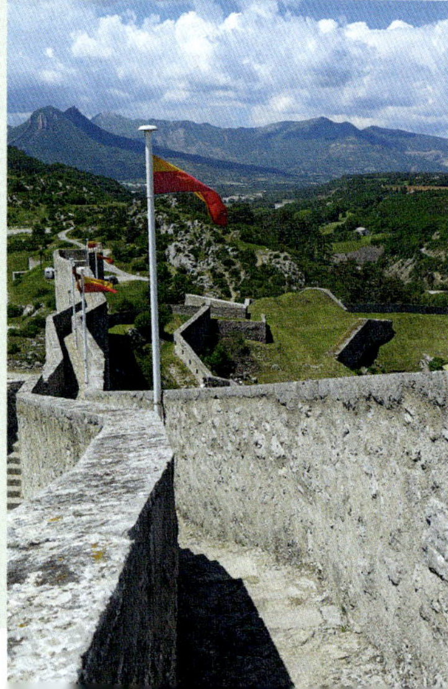

12.1 Sisteron–St-Vincent-sur-Jabron

Wanderzeiten	
Sisteron–Refuge du Molard	0 h 50
Refuge du Molard–Col de la Mairie	1 h 20
Col de la Mairie–le Vieux Noyers	1 h 45
le Vieux Noyers–St-Martin	0 h 50
St-Martin–St-Vincent-sur-Jabron	2 h 05
Total	**5 h 50**
Höhendifferenz	↗ 1040 m ↘ 900 m
Schwierigkeit	T2

Vom Busbahnhof/Tourismusbüro in **Sisteron** (496 m) aus folgen wir dem Wegweiser Montée du Molard (GR, rot-weiß markiert). Nach 100 m verlassen wir die Straße nach Noyers-sur-Jabron nach rechts (Wegweiser Table d'Orientation). Auf dem Sentier de Découverte du Molard steigen wir durch den Wald aufwärts bis zum **Refuge du Molard** (740 m, nur ein Unterstand) und zur Orientierungstafel auf der benachbarten Kuppe. Wir haben von hier eine gute Sicht auf die Montagne de Lure, eines der Ziele unserer Wanderung. Der attraktive, schmale Weg führt danach durch einen Flaumeichenwald dem Grat entlang. Beim Rocher du Turc überschreiten wir den höchsten Punkt des Grats (920 m) und steigen zum **Col de la Mairie** (750 m) ab. Vom Pass geht es weiter abwärts bis nach La Fontaine und zum Mas du Figuier (Chambre d'hôtes). Unmittelbar unterhalb des Mas biegen wir auf der Straße rechts ab und folgen später dem Wegweiser Vieux Noyers directe (GR 946, rot-weiß markiert). Wir gehen, meist auf einem Fahrweg, aufwärts bis zu einem kleinen Pass. Hier verlassen wir den Fahrweg und gehen auf dem markierten Weg geradeaus weiter. Der Höhenlinie folgend, wandern wir ins Tal des Ravin des Gorgonniers hinein bis zu einem Sträßchen, dem wir nach links folgen. Bereits 100 m weiter nehmen wir den Weg, der uns nach **le Vieux Noyers** (860 m, siehe Kasten) hinaufführt.

Bei der Kirche biegen wir rechts ab und wandern durch das verlassene Dorf aufwärts, stets dem GR 946 folgend bis zu der auf einem Pass gelegenen Chapelle

Verlassene Dörfer

Le Vieux Noyers zählte im 18. Jahrhundert noch rund 1000 Einwohner. Danach begannen die Leute, mehr und mehr ins Tal zu ziehen, wo das Dorf Noyers-le-Bas entstand. 1844 lebten nur noch 340 Menschen hier oben. 1855 wurde die Schule im Tal gebaut, gefolgt von einer Kirche 1866, und 1913 zog schließlich auch das Gemeindehaus ins Tal. Auf dem Friedhof gleich unterhalb der Kirche stammen die letzten Gräber von 1930. Heute ist le Vieux Noyers ein Ruinendorf. Gut erhalten ist die Kirche aus dem 13. Jahrhundert, eine der größten Kirchen des Départements (leider verschlossen). Oberhalb der Kirche liegt das verfallene Dorf, das von der Ruine der Burg (ebenfalls 13. Jh.) überragt wird.
Wie Noyers-le-Bas hat auch St-Vincent-sur-Jabron, das Ziel unserer Tagesetappe, sein verlassenes Dorf. Vom heutigen Dorfkern sind es nur wenige Minuten (ausgeschildert) hinauf auf den Hügel, auf dem noch die alte Kirche steht. Die Häuser unterhalb der Kirche sind alle verfallen und mit Pflanzen überwuchert. Von der Kuppe bietet sich eine gute Aussicht auf das Tal des Jabron und die Montagne de Lure. 1840 lebten hier oben noch etwas mehr als 400 Personen. Doch mit dem Bau der Straße gegen Ende des 19. Jahrhunderts begannen die Leute im Tal zu siedeln oder verließen das Dorf gleich ganz. 1975 zählte St-Vincent-sur-Jabron noch 124 Einwohner. Dank Zuwanderern aus der Stadt (les néoruraux) konnte die Bevölkerung bis 2012 wieder auf 228 anwachsen.

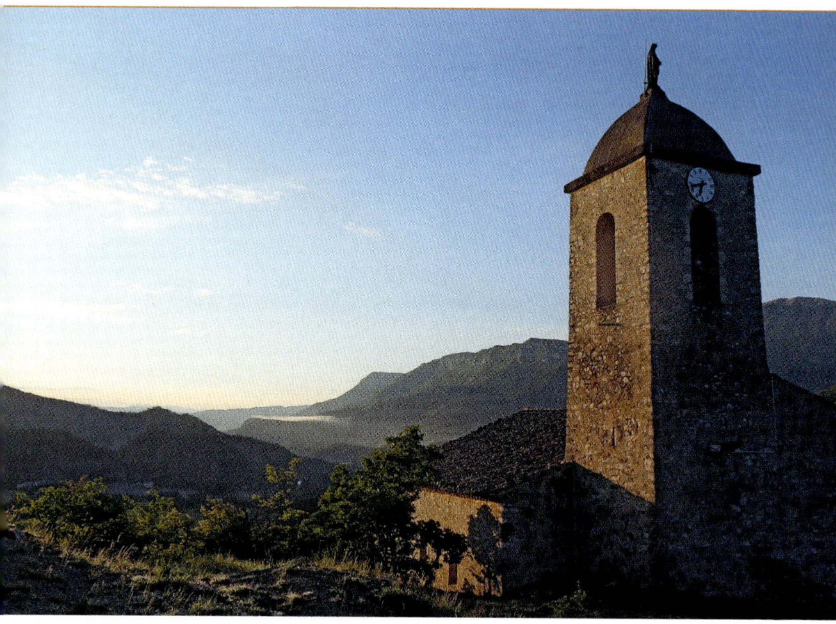

Morgenstimmung bei der Kirche St-Vincent im alten verlassenen Dorfteil von St-Vincent-sur-Jabron.

St-Claude (Baujahr 1620), einem schönen Ort für eine Rast. Wir gehen hinunter zum Weiler **St-Martin** (817 m), wobei wir die Kehren des Fahrwegs zweimal auf einem Fußweg abkürzen können. St-Martin ist erstaunlicherweise der Standort einer internationalen Bäckerschule, die sich auf Bio- und Sauerteigbrote spezialisiert hat. Von hier müssen wir rund 1,5 km der kleinen Straße folgen, bis wir sie 50 m hinter einer scharfen Rechtskurve nach rechts auf einen Fußweg verlassen können (nicht gut markiert). Beim Aufstieg kommen wir immer wieder für kurze Zeit auf die Piste zurück, bis wir zuoberst auf eine weitere Piste treffen (P. 1051). Hier verlassen wir den GR und folgen dem Wegweiser Richtung St-Vincent-sur-Jabron hinunter (ab hier nur noch gelb-rot markiert, GRP Tour de la Montagne de Lure). Auch beim Abstieg können wir die Kehren der Piste nochmals abkürzen. 40 min nach dem höchsten Punkt verlassen wir die Piste bei einem Wegweiser definitiv (Richtung St-Vincent, gelb-rot markiert) und gehen über eine kleine Brücke. Der Weg führt gleich danach durch einen ausgewaschenen Hang und kommt vor St-Vincent zurück auf einen Fahrweg, der uns an einem Taubenturm aus dem 17. Jahrhundert vorbeiführt. Wie üblich sind die Öffnungen für die Tauben gegen Süden und damit vor dem Mistral geschützt angeordnet. Auf der Straße rechts um die Kuppe mit der Kirche herum, erreichen wir **St-Vincent-sur-Jabron** (633 m, siehe Kasten S. 215). Zum Gîte d'étape folgen wir der Straße nach links Richtung Sisteron. Gleich neben dem Gîte befindet sich ein kleines Café, das durch einen Verein von Dorfbewohnern bewirtet wird.

12.2 St-Vincent-sur-Jabron–Station de Lure

Wanderzeiten	
St-Vincent-sur-Jabron–St-Michel	1 h 40
St-Michel–Baisse de Malcort	1 h 40
Baisse de Malcort–Sommet de l'Homme	0 h 45
Sommet de l'Homme–P. 1701	0 h 40
P. 1701–Station de Lure	0 h 45
Total	**5 h 30**
Höhendifferenz	↗ 1260 m ↘ 320 m
Schwierigkeit	T2

50 m vom Gîte de la Ribière in **St-Vincent-sur-Jabron** (633 m) talaufwärts biegt der Wanderweg nach links von der Straße ab (gelb-rot markiert, Richtung St-Michel, Lange). Der Weg überquert den Jabron, führt rechts an einem Hof vorbei und dann, ein kurzes Stück weglos, zum Waldrand hinauf. Durch den Wald steigen wir zu einer größeren Burgruine auf und 100 m weiter biegen wir links ab (Richtung Les Clausas, St-Michel, ab hier gelb markiert). Der Weg führt hinunter auf die Straße, dort nach rechts und biegt beim nächsten Fahrweg links ab. Im folgenden Aufstieg ist der Weg nicht immer gut markiert und verläuft teilweise auf einer anderen Route als auf der IGN-Karte eingezeichnet. Nach 200 m biegen wir rechts ab (nicht markiert). Bei einer weiteren Abzweigung halten wir uns nochmals rechts. In der folgenden Rechtskurve biegen wir links ab und gehen entlang einer Trockensteinmauer auf einem Pfad weiter aufwärts. Stets geradeaus, kommen wir rechts an einem alleinstehenden Haus vorbei und halten uns bei der nächsten Abzweigung links. Wir treffen auf einen breiteren Fahrweg, dem wir bis zur Lichtung von Clabouson folgen. Circa 300 m oberhalb der Lichtung biegt der gelb markierte Weg rechts auf einen kleinen Pfad ab. Zum Schluss über ein steileres Stück, erreichen wir die Geländeschulter von **St-Michel** (ca. 1075 m), bewachsen mit

Abstieg von St-Michel. Der lange Aufstieg auf den Grat der Montagne de Lure steht noch bevor.

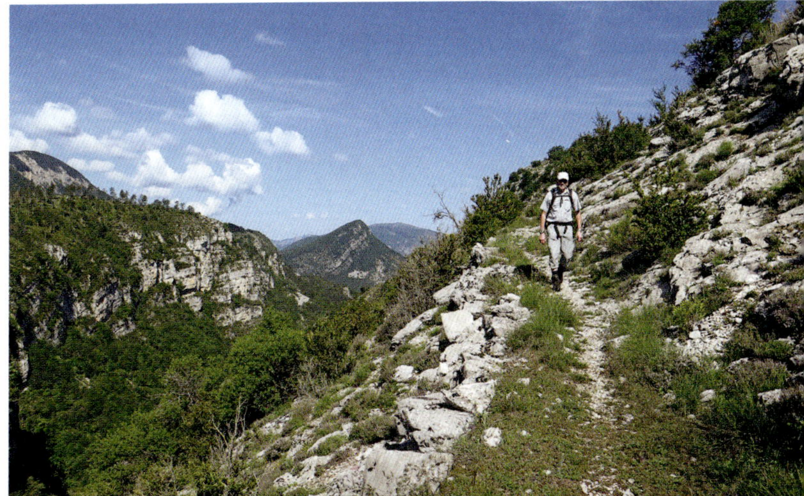

Die Montagne de Lure und ihr Skigebiet

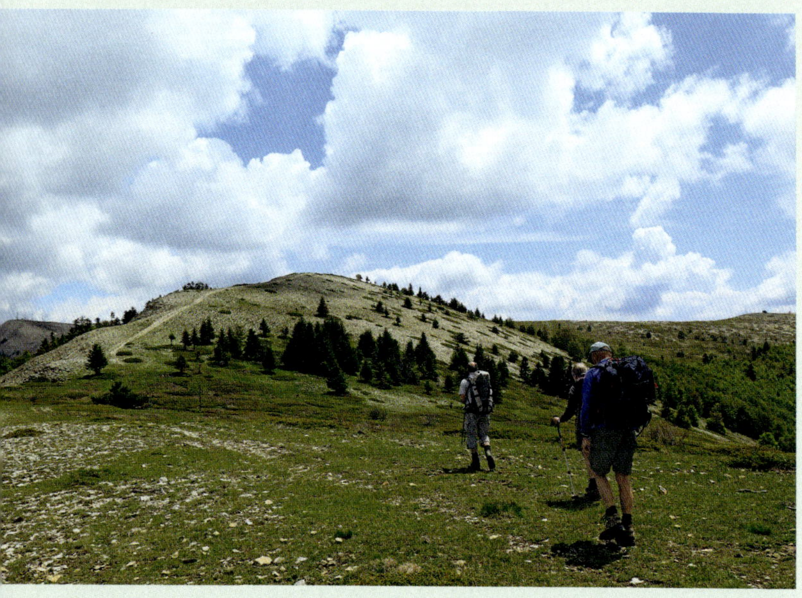

Die Montage de Lure gehört zum gleichen Kalkmassiv wie der Mont Ventoux und bildet seine Fortsetzung im Osten. Der steile Nordhang besteht aus Mergelschichten, der flachere Südhang aus urgonischem Kalkstein (siehe S. 102). Die höher gelegenen, nicht bewaldeten Hänge sind ein wichtiges Rückzugsgebiet der Wiesenotter (oder Kalkotter), deren Lebensraum durch die zunehmende Verwaldung stetig kleiner wird. Die kleinste Schlange Europas (bis 50 cm) ernährt sich fast ausschließlich von Heuschrecken und Grillen und gilt als stark gefährdet.

Die Station de Lure ist das älteste Skigebiet der Südalpen. Bereits 1934 wurden hier Skifahrer mit einem Lift den Hang hinaufgezogen. Die Station, ideal gelegen als nahes Skigebiet für den Großraum Marseille-Aix, hatte in den 1970er- und 80er-Jahren ihre beste Zeit, als sechs Lifte in Betrieb waren. Doch dann kam die Krise. Ab den 1990er-Jahren standen vier der sechs Lifte still und wurden 1997 zum Verkauf angeboten. Die Konkurrenz der großen Skigebiete in den Alpen wurde zu groß und der Schneemangel ein wiederkehrendes Problem. Für eine künstliche Beschneiung fehlte das Wasser. Kaufen wollte die Lifte niemand, und so wurden sie dank einer Initiative von Mountain Wilderness und unterstützt von vielen Freiwilligen 2011 zurückgebaut. Heute versucht sich die Station mit einem Vier-Jahreszeiten-Angebot zu positionieren. Im Winter sind noch zwei kleine Lifte für Anfänger in Betrieb und es gibt einen Schlittelhang und Trails für Schneeschuhläufer. Im Sommer setzt man auf Fahrradfahrer, Mountainbiker und Wiesen-Trottinettes. Frühling und Herbst sind die ideale Zeit zum Wandern. Und das ganze Jahr über gibt es öffentliche Abende in der Sternwarte (normalerweise an einem Samstag im Monat). Gut möglich, dass mit diesem Konzept ein realistisches Fundament für die Zukunft gelegt wurde. Nur der Parkplatz wirkt noch überdimensioniert.

Weißdorn, französischem Ahorn und Buchs.

Von der Schulter geht es auf einem attraktiven Weg entlang der Felsen und mit Blick in die Schlucht abwärts. Am Ausgang der Schlucht halten wir uns links, überqueren später das trockene Bachbett und wandern bis zum Pass bei P.1060. Hier biegen wir rechts ab (nicht markiert) und gehen auf dem breiten Weg zuerst durch einen Mischwald, später durch einen reinen Buchenwald aufwärts. Der Aufstieg führt uns zur **Baisse de Malcort** (1369 m). Auf der weiten Lichtung öffnet sich der Blick nach Süden. Rechts an verfallenen Häusern vorbei, verläuft der Weg etwas fantasielos und ohne Kehren geradeaus aufwärts bis zum **Sommet de l'Homme** (1640 m). Im Süden sehen wir den Luberon, gegen Osten folgt der Blick dem Grat bis zum Gipfel der Montagne de Lure. Diesem Grat, auf dem Wacholder und einzelne Kiefern den widrigen Bedingungen am besten trotzen können, folgen wir nun. Es geht hinunter und wieder hinauf und wieder hinunter. Bei der Crête des Cavalets (Wegweiser) kommen wir zurück auf einen gelb markierten Wanderweg. Nach einem kurzen Aufstieg erreichen wir **P. 1701,** den höchsten Punkt des Tages. Der Weg führt anschließend hinunter in die nächste Senke, wo wir den Grat verlassen und beim Wegweiser les Barres Richtung Replat du Roux weiterwandern. Von dort gehen wir nicht direkt zur Station de Lure, sondern folgen dem Wegweiser Richtung Bois des Glacières über einen Seitengrat. Beim Wegweiser Bois des Glacières halten wir links Richtung Station de Lure. Nach einer kurzen Gegensteigung überqueren wir die Straße und gehen hinunter zum großen Parkplatz der **Station de Lure** (1580 m), wo neben dem Restaurant das Gîte des Crêtes de Lure steht.

12.3 Station de Lure–Cruis

Wanderzeiten	
Station de Lure–Sommet de Lure	1 h 00
Sommet de Lure–Charbonnière de Chavalet	1 h 15
Charbonnière de Chavalet–Notre-Dame de Lure	0 h 50
Notre-Dame de Lure–Jas Roche	0 h 45
Jas Roche–Cruis	0 h 50
Total	**4 h 40**

Höhendifferenz	↗ 350 m ↘ 1220 m
Schwierigkeit	T2

Von der **Station de Lure** (1580) gehen wir den kleinen Wald hinauf und am Kinderlift vorbei zum oberen Parkplatz. Dort folgen wir dem Wegweiser Richtung Sommet de Lure (rot-weiß markiert). Der Weg führt zu Beginn noch links der Straße entlang und dann über die Hänge des ehemaligen Skigebiets weiter aufwärts. Wir streifen nochmals die Straße und gehen dann hinauf bis zum Grat (Panoramatafel). Von hier folgen wir dem Grat, nochmals hinunter und hinauf, dann noch über eine letzte Delle und links einem Zaun entlang bis zum Gipfel, dem **Sommet de Lure** (1825 m). Ein Teil des Gipfels ist abgesperrt und mit Sendeanlagen verstellt; nach Süden ist die Sicht damit zwar geraubt, doch nach Osten, Norden und Westen ist sie grenzenlos.

Vom Gipfel folgen wir dem GR und dem Grat noch für weitere 30 min bis zum Wegweiser Crête de Lure. Hier verlassen wir den Grat nach rechts und wandern ab hier immer in Richtung Notre-Dame de Lure. Wir überqueren die Straße und biegen 100 m weiter beim Wegweiser Creux des Chamois rechts ab (ab hier gelb markiert). Beim nächsten Wegweiser kurz darauf halten wir uns links und wandern anschließend über die blumenreichen, offe-

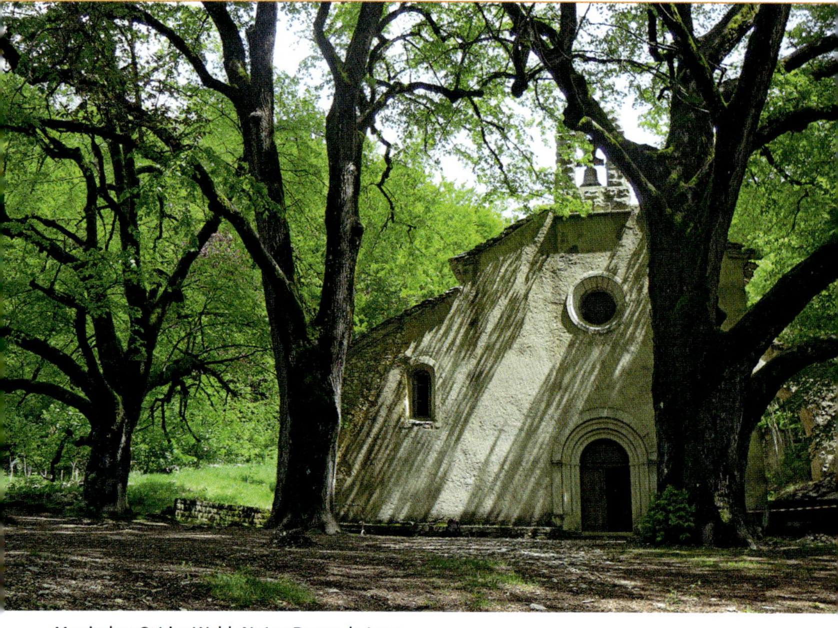

Magischer Ort im Wald: Notre-Dame de Lure.

Notre-Dame de Lure

Notre-Dame de Lure, mitten im Wald gelegen, umrahmt von drei uralten Linden und einem der größten Walnussbäume Frankreichs, ist ein magischer Ort. Einst stand hier ein Kloster des Chalais-Ordens (siehe auch S. 306), das 1165 erbaut, aber bereits 1481 säkularisiert wurde. 1562 wurde es während den Religionskriegen in Brand gesteckt und verfiel. Die Kirche wurde im 17. Jahrhundert vom endgültigen Verfall gerettet und restauriert. Sie ist das einzige Gebäude, das vom Kloster übriggeblieben ist. Im Gebäude nahe der Kirche wohnt Lucien, ein moderner Eremit, der hier nach dem Rechten schaut.

nen Flächen unterhalb des Gipfels sanft abwärts. Später tauchen wir in den Wald ein und erreichen beim Wegweiser **Charbonnière de Chavalet** (1500 m) den Talboden der Combe de Chavalet. Der Name des Wegweisers deutet darauf hin, dass es bis in die Mitte des 20. Jahrhunderts noch Köhler gab, die an der Montagne de Lure Holzkohle herstellten. Weiter geht es durch den Buchenwald auf dem Talboden, den wir nach circa 25 min bei einem Wegweiser nach rechts verlassen. Nach einem kurzen Aufstieg geht es wieder bergab bis zur **Notre-Dame de Lure** (1230 m). Die Picknicktische unterhalb der Kirche laden dazu ein, an diesem magischen Ort länger zu verweilen.

Der weitere Weg beginnt unterhalb der Picknicktische und folgt dem Talboden (immer noch gelb markiert). In einer Lichtung verlässt der Weg das Tal bei einer großen Linde nach links und steigt nochmals leicht an. Beim Wegweiser Défends des Bœufs auf dem Bergrücken gehen wir rechts Richtung Cruis. 50 m weiter biegen wir links ab und gehen auf einem schmalen Fußweg zurück in die Combe de Chavalet, der wir abwärts bis zur **Jas Roche** (1043 m, Picknicktisch), einer aufgegebenen Hirtenhütte, folgen. Von hier geht es zuerst auf einer Piste, danach auf gut markierten Wegen immer Richtung Cruis. Die Jägerhäuschen, die man kurz vor dem Dorf erkennt, dienen der Drosseljagd. Bei einem Brunnen mit Goldfischen und dem Waschhaus erreichen wir das Zentrum von **Cruis** (710 m). Im kleinen Dorf mit 600 Einwohnern steht noch die Kirche des ehemaligen Augustinerklosters (geöffnet Anfang Juni bis Mitte Sept.), um das sich ab dem 11. Jahrhundert das Dorf gebildet hat. Spärliche Überreste des Kreuzgangs sind noch sichtbar.

Die Holunder-Fingerwurz (auch Holunder-Knabenkraut) kommt auf der Montagne de Lure in ihrer gelben wie auch in ihrer roten Form vor. Beide riechen nach Holunder.

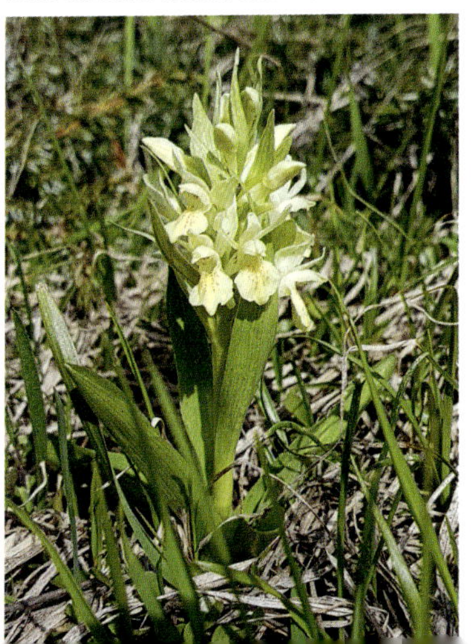

12.4 Cruis–Forcalquier

Wanderzeiten	
Cruis–le Revest	1 h 30
le Revest–Fontienne	1 h 10
Fontienne–Wegweiser Roche Ruine	1 h 00
Wegweiser Roche Ruine–Wegweiser les Mourres	0 h 45
Wegweiser les Mourres–Forcalquier	0 h 55
Total	**5 h 20**

Höhendifferenz	↗ 550 m ↘ 720 m
Schwierigkeit	T2

Beim Brunnen im Zentrum von **Cruis** (710 m) überqueren wir die Hauptstraße, folgen den gelben Markierungen und verlassen bei einem Waschhaus das Dorf Richtung le Perussier. Außerhalb des Dorfs findet sich linker Hand ein Eichenhain, der zur Gewinnung von schwarzen Trüffeln gepflanzt wurde. Bei Perussier halten wir uns rechts und überqueren kurz darauf den Lauzon, der nach Regenfällen so viel Wasser führt, dass man für die Querung die Schuhe ausziehen muss (ab hier gelbrot markiert; wir befinden uns wieder auf dem GRP Tour de la Montagne de Lure). Durch den Kiefernwald erreichen wir eine Ebene und gehen an ausgewaschenen Hängen vorbei bis zum kleinen Weiler **le Revest** (ca. 750 m). Wenig abseits des Wegs steht die kleine Kirche St-André, von deren Vorplatz man eine gute Sicht über den Südhang der Montagne de Lure genießt (Picknicktisch).

Zurück auf dem markierten Weg, folgen wir weiter der Straße und biegen bei der nächsten Abzweigung rechts ab (ab hier immer Richtung Fontienne). 700 m weiter (Wegweiser Le Raillouret) gehen wir geradeaus und sind nun wieder auf dem GR6 unterwegs (rot-weiß markiert). Nach einer Villa biegen wir links ab und wandern dann

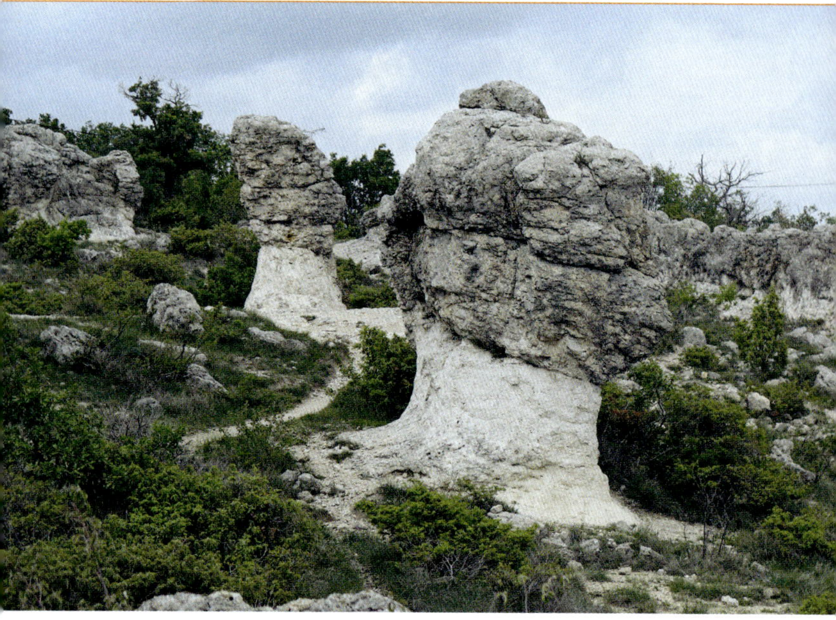

Die Felsformationen von les Mourres gleichen Riesenmorcheln.

meist auf kleinen Wegen durch den Wald bis nach **Fontienne** (720 m). Wir streifen das Dorf bloß und biegen bei der Kirche rechts ab (Wegweiser Forcalquier). Am unteren Ende des Dorfs (nicht direkt am Weg) gibt es eine alte, gefasste Quelle, die Fontaine de Diane, die dem Dorf den Namen gab. Wir wandern weiter auf dem GR6, der uns ein längeres Stück auf einem Pfad durch den Mischwald führt. Dann folgt eine Steigung auf einem Fahrweg bis zum Wegweiser **Roche Ruine** (879 m). 100 m nach dem kurz darauffolgenden Wegweiser Clot de Melly gehen wir in einer Rechtskurve geradeaus und verlassen den GR auf einem Fußpfad (um das folgende Wegstück auf der Piste zu vermeiden. Man kann alternativ auch auf dem GR bleiben). Nach 20 m auf dem Fußpfad halten wir uns rechts und 300 m weiter (bei P. 865 auf der IGN-Karte) nochmals rechts. Wir haben von hier erstmals einen Blick hinunter nach Forcalquier. Bei einer weiteren Gabelung halten wir uns links. Danach kommen wir eher rechts haltend auf die Piste zurück, der wir nach links folgen. Auf dem GR gelangen wir zum **Wegweiser les Mourres** (730 m). Hier verlassen wir den GR und folgen den gelben Markierungen (Richtung Parking des Mourres). Der Pfad führt uns durch die Felsformation von les Mourres. Riesenmorcheln oder großen Köpfen gleich, stehen die Kalkgebilde in der Landschaft. Entstanden sind sie vor 25 Millionen Jahren, als sich Wasserpflanzen und Algen in den Kalk eingebettet und eine härtere Schicht gebildet haben. Der umliegende Mergel wurde mit der Zeit ausgewaschen und ließ die besonderen Formen entstehen. Besucher werden ge-

Forcalquier

Durch die Teilung des Besitzes der Grafen der Provence entstand zu Beginn des 12. Jahrhunderts die Grafschaft Forcalquier. Die Grafenfamilie residierte in der Zitadelle auf dem Hügel oberhalb der Stadt. Doch bereits 1208 vereinigte sich die Grafschaft wieder mit der Grafschaft Provence und Forcalquier verlor an Bedeutung. Die Zitadelle wurde während der Französischen Revolution geschleift. Ein Gang auf den Burghügel, auf dem heute eine Kapelle im romanisch-byzantinischen Stil (1875) und ein Glockenspiel steht, lohnt trotzdem der Aussicht wegen. Gut erhalten ist auch die Altstadt am Fuß des Hügels mit der Place St-Michel und ihrem gotischen Brunnen. Ebenfalls einen Blick wert ist die Kirche Notre-Dame de Bourguet. Im ehemaligen Franziskanerkloster des Cordeliers mit seinem sehenswerten Kreuzgang ist seit Juni 2018 ein kleines Kräutermuseum untergebracht (Artemisia Museum, geöffnet tägl. Mai bis Sept., im Winter So/Mo geschlossen). Die Kapelle des ehemaligen Salesianerinnenklosters am Hauptplatz beherbergt heute das städtische Kino.

In einem aufsehenerregenden Entscheid beschloss 2009 der sozialistische Stadtpräsident (und heutige Innenminister Frankreichs) Christophe Castaner, der »visuellen Verschmutzung« an den Kragen zu gehen und im öffentlichen Raum keine Plakatwerbung mehr zuzulassen. Grenoble ließ sich von Forcalquier inspirieren und verbot die Plakatwände 2015. Welche Stadt folgt als nächste?

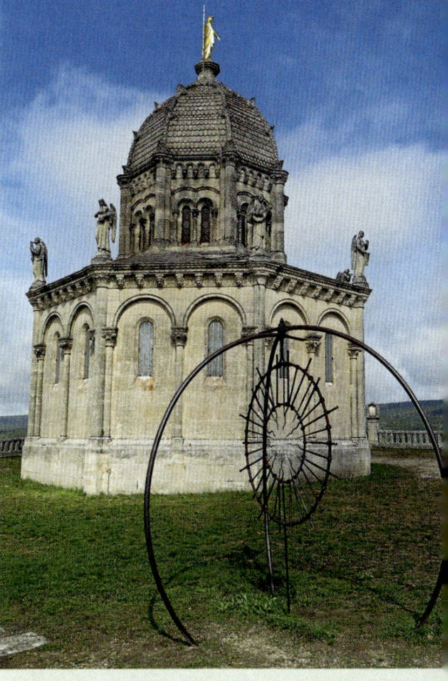

Die Kapelle Notre-Dame de Provence am Ort der ehemaligen Zitadelle.

beten, die markierten Wege nicht zu verlassen.

Beim Parking des Mourres gehen wir über die Straße geradeaus weiter. In einer kleinen Schlucht, bei einer Quellfassung, verlassen wir den markierten Weg nach links und gehen hinauf zur Piste, der wir nach links folgen. Ab dem Wegweiser Moureisses wandern wir auf dem GR 653D weiter Richtung Forcalquier. Der Weg führt oberhalb des Friedhofs vorbei. Ein kurzer Abstecher lohnt sich: Dazu gehen wir nach der Friedhofsmauer nach links durch den Durchgang einer Abschrankung und auf der Quartierstraße weiter bis zum Eingang des Friedhofs (geöffnet 8–17.30 Uhr, im Sommer bis 19 Uhr). Es sind die zu Beginn des 20. Jahrhunderts gepflanzten Eibenhecken, zu vier Meter hohen Mauern und Arkaden geschnitten, die dem Friedhof von Forcalquier ein ganz besonderes Ambiente verleihen. Vom Eingang des Friedhofs gehen wir immer geradeaus, später wieder rot-weiß markiert, bis zur Place du Bourguet, dem Zentrum von **Forcalquier** (540 m), mit der Kathedrale und dem Stadthaus.

12.5 Forcalquier–St-Michel-l'Observatoire

Wanderzeiten	
Forcalquier–Mane	0 h 40
Mane–Notre-Dame de Salagon	0 h 10
Notre-Dame de Salagon–Chapelle de Porchères	1 h 05
Chapelle de Porchères–St-Michel-l'Observatoire	0 h 50
Total	**2 h 45**

Höhendifferenz	↗ 200 m ↘ 170 m
Schwierigkeit	T2

Vom Hauptlatz in **Forcalquier** (540 m) gehen wir rechts an der Kirche vorbei in die Altstadt hinein (Rue Mercière) und nehmen dann die erste Straße nach rechts (Rue des Cordeliers). An der Fontaine Jeanne d'Arc vorbei, gehen wir am Ende der Altstadt stets geradeaus bis zu einer Kreuzung mit einem Wegkreuz. Ab hier folgen wir den weiß-roten Markierungen stadtauswärts. Wir werden den ganzen Tag, ohne Ausnahme, auf dem Jakobsweg GR 653D unterwegs sein. Nach einer Felslücke biegen wir rechts ab und wandern zuerst auf der Straße, später auf einem Fußweg bis kurz vor Mane. Hier überqueren wir die stillgelegte Bahnlinie, biegen gleich wieder links ab und gehen durch den alten Kern von **Mane** (ca. 450 m) bis zum Hauptplatz auf der anderen Seite des Dorfs. Für alle, die noch kein Picknick haben: Hier gibt es einen attraktiven Lebensmittelladen (Alimentation Manaraine). Weiter geradeaus an der Hauptstraße befindet sich 200 m später die Maison de Produits de Pays, ein großer Verkaufsladen für regionale Produkte (Lebensmittel, Handwerk, Parfüm; tägl. geöffnet). Unmittelbar dahinter biegen wir rechts von der Hauptstraße ab. 300 m später befindet sich auf der rechten Straßenseite das herausgeputzte Verkaufslokal eines Bioproduzenten von ätherischen Ölen und Kosmetika mit dazugehörendem öffentlichem Garten. Wenige Meter später biegt links der Fußweg zur **Notre-Dame de Salagon** (450 m) ab.

Hinter dem Parkplatz folgen wir der Straße nach links (nach wie vor rot-weiß markiert). 500 m weiter geht der Weg links von der Straße weg und danach, unmittelbar nach einem Haus, durch ein Tor wieder rechts weg. Über die Wiese erreichen wir den Pont des Trois Arches (12. Jh.). Wir überqueren auf der Brücke den Bach la Laye. Stets dem markierten Weg folgend, kommen wir nach 15 min bei les Craux an einer beeindruckenden Eiche vorbei, wo man sich gern für ein Mittagsschläfchen niederlegt. Auf dem Pilgerweg gehen wir in ein weiteres Tal hinunter, in dem wir auf einer Brücke den Bach überqueren. Beim Wegweiser le Petit Sauvan gehen wir weiter Richtung St-Michel-l'Observatoire und erreichen nach 15 min die überraschend mächtige **Chapelle de Porchères** (500 m), die während den Religionskriegen Ende

Notre-Dame de Salagon

Die Notre-Dame de Salagon lohnt einen Zwischenhalt (geöffnet tägl. 10–18 Uhr, Okt. bis Ende April Di geschlossen, Mitte Dez. bis Ende Jan. ganz geschlossen; Eintritt 8 Euro). Auf der kleinen Anhöhe standen bereits ein gallischer Hof, eine gallo-römische Villa und im 6. Jahrhundert eine Grabkirche. Die romanische Klosterkirche, die heute noch steht, stammt aus dem 12. Jahrhundert, andere Gebäude des ehemaligen Priorats aus dem 13. und 17. Jahrhundert. Neben der Kirche können auch ein ethnologisches Museum mit Wechselausstellungen und ein stattlicher ethnobotanischer Garten besucht werden.

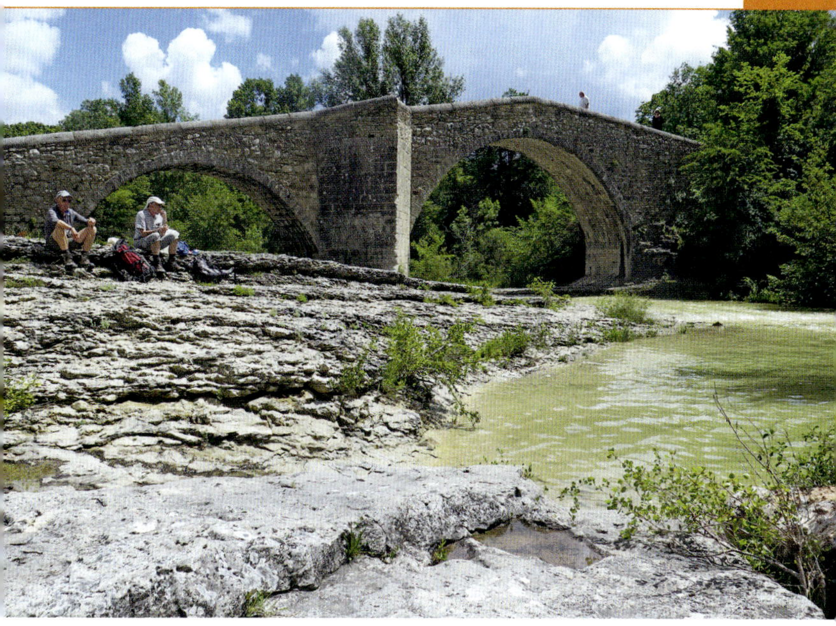

Der Pont des Trois Arches aus dem 12. Jahrhundert.

des 16. Jahrhunderts als Sitz einer Garnison genutzt wurde. Erst im 19. Jahrhundert ließ der private Besitzer das Innere des Turms in eine (nicht öffentlich zugängliche) Kapelle umbauen.
Circa 700 m nach der Kapelle gilt es den Fußweg nicht zu verpassen, der bei einem Steinmann nach links abzweigt. Es geht nochmals wenige Meter abwärts und dann meist auf einem Fahrweg hinauf nach **St-Michel-l'Observatoire** (570 m), das wir beim alten Waschhaus erreichen. Hier nach links, kommen wir zum Hotel und ins Zentrum (Place de la Fontaine). Viele Geschäfte und Restaurants befinden sich jedoch noch etwas weiter geradeaus an der Place du Serre.

St-Michel-l'Obervatoire

St-Michel-l'Observatoire hieß früher schlicht und einfach St-Michel. Erst als sich 1937 neben der Stadt die Forschungseinrichtungen des Observatoire de Haute-Provence niederließen, bekam der Gemeindename den Zusatz. Im Observatorium wurde 1957 das seinerzeit größte Teleskop Europas installiert, mit dem 1995 der erste Exoplanet (ein Planet, der außerhalb unseres Sonnensystems um einen Stern ähnlich der Sonne kreist) entdeckt wurde. Jeweils am Mittwochnachmittag werden im Observatorium (ca. 30 min zu Fuß) Führungen angeboten. Der Campus, auf dem nach wie vor geforscht wird, hat bereits etwas Patina angesetzt. Im Dorf lohnt sich ein Gang zur oberen Kirche, ein schöner Aussichtspunkt. An der unteren Kirche (Place de la Fontaine) ist eine überaus ausgeklügelte Sonnenuhr angebracht, die nicht nur die lokale Zeit, sondern auch die Weltzeit (UTC) angibt, was nicht ganz einfach zu deuten ist.

12.6 St-Michel-l'Observatoire–Céreste

Wanderzeiten	
St-Michel-l'Observatoire–Croix du Chêne	0 h 30
Croix du Chêne–Carrefour de l'Aubenas	0 h 40
Carrefour de l'Aubenas–Wegweiser le Paty	1 h 30
Wegweiser le Paty–Prieuré de Carluc	1 h 30
Prieuré de Carluc–Céreste	0 h 50
Total	**5 h 00**

Höhendifferenz	↗ 380 m ↘ 560 m

Schwierigkeit	T2

Am nördlichen Ausgang von **St-Michel-l'Observatoire** (570 m) folgen wir beim Waschhaus (lavoir) dem Weg nach les Eyssarts nach links (gelb markiert). Wo unser Weg auf die Straße trifft, verlassen wir sie gleich wieder nach rechts. Nach 400 m, in einer Rechtskurve bei etwas größeren Eichen, biegen wir links ab und gehen auf Pfadspuren über den Kalkstein leicht bergauf (nicht markiert). Später werden die Spuren etwas deutlicher. Bei der nächsten Möglichkeit nehmen wir einen Weg nach links und erreichen wieder die Straße, der wir nach rechts bis zur **Croix du Chêne** (636 m), einem Wegkreuz an der Straße, folgen. Hier kreuzen wir einen markierten Wanderweg. Nach links geht es nach Lincel. Wir nehmen nicht diesen Weg, sondern den Pfad, der 3 m weiter links von der Straße abzweigt (nicht markiert). Wenn sich der Pfad nach 150 m verzweigt, halten wir uns rechts. Bei der ersten deutlichen Wegkreuzung halten wir uns nochmals rechts und folgen der Stromleitung steil hinunter zur Straße. Auf der Straße gehen wir links, folgen ihr über einen Bach und danach noch rund 1,5 km geradeaus. Ein Wanderwegweiser 100 m vor der Abzweigung nach Aubenas (**Carrefour de l'Aubenas,** 533 m) zeigt uns, wo wir nach links auf einen Fußweg Richtung Reillane abbiegen können (ab hier gelb markiert). Der Weg führt teilweise steil durch den Kiefernwald bergauf und gibt immer wieder den Blick frei zur Montagne de Lure und weiter bis zu den Alpen. Auf dem Plateau wird der Weg von Flaumeichen gesäumt. Wo der Weg eine Piste kreuzt (nach links führt die Piste zu einem neuen Kartäuserinnenkloster), gehen wir geradeaus eine Mauer entlang, dann wenige Meter abwärts in ein Tal und wieder hinauf und biegen dann scharf rechts ab (ca. 300 m nach der Piste, ab hier nicht mehr markiert). Wir erreichen eine Straße, der wir 30 m nach rechts bergauf folgen, um sie dann halblinks wieder auf einem Fußweg zu verlassen. Es geht durch einen Eichenbestand aufwärts und dann einem Lavendelfeld entlang bis zur Straße. Hier halten wir uns links und kommen an einem Pferdegehöft vorbei (eine Schleife der Straße kann abgekürzt werden). Zurück auf der Straße, machen wir eine Linkskurve und biegen 50 m nach der Linkskurve nach rechts in einen Feldweg ab. Rechts an einem Lavendelfeld entlang und dann nochmals rechts haltend an einem weiteren Feld entlang, gehen wir am Ende des Felds geradeaus und kommen auf einen Wanderweg, dem wir nach links folgen (ab hier wieder gelb markiert). 200 m weiter kommen wir am **Wegweiser le Paty** (765 m) vorbei, dem wir Richtung Crête de Reclapous dem Grat entlang folgen. Bei der Crête de Reclapous geht es weiter geradeaus dem Grat entlang (Richtung Chemin des Lavandins). Wo der Wanderweg nach rund 1,5 km eine Linkskurve macht und vom Grat wegführt, gehen wir weiter ge-

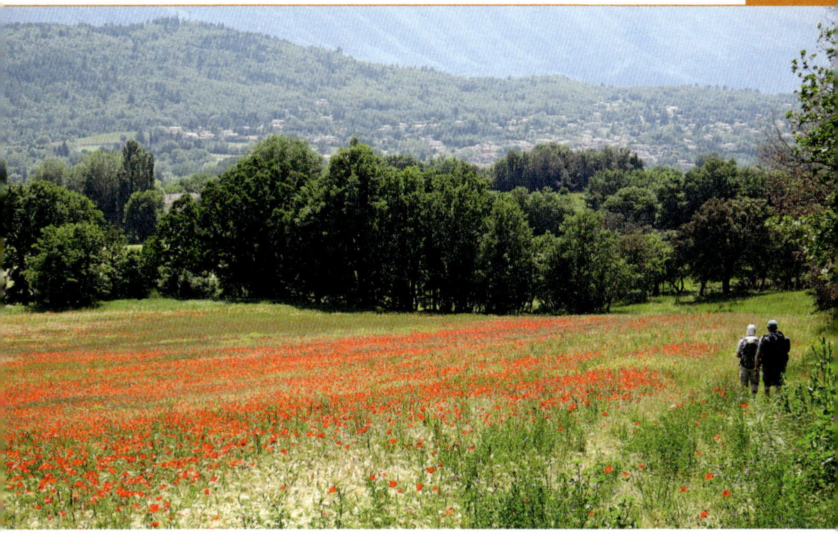

Felder voller Mohn beim Abstieg nach Céreste.

radeaus und bleiben auf dem Grat (ab hier nicht mehr markiert). Bereits 400 m weiter trifft der Weg auf eine halbwegs geteerte Straße. Gleich links befindet sich ein Wegweiser, dem wir, zurück auf dem Jakobsweg, Richtung Céreste folgen. Immer den weiß-roten Markierungen folgend, geht es in ein Tal hinunter und dann das Tal hinaus bis zum **Prieuré de Carluc** (442 m), wo eine große Wiese zum Verweilen einlädt. Die Bauten des Priorats, die man heute noch sehen kann – in erster Linie der noch erhaltene Chor und die Apsis einer Kirche, sowie spärliche Reste von zwei weiteren Kapellen, die teilweise in den Stein geschlagen wurden – stammen aus dem 12. Jahrhundert. Die in den Felsen geschlagenen Gräber sind vermutlich eine frühchristliche Nekropole und somit noch älter.

Wir folgen weiter dem Jakobsweg (weiß-rot markiert) Richtung Céreste, die erste Kehre der Straße abkürzend. Später verlässt der Weg die Straße und führt am ehemaligen Bahnhof vorbei, der heute als Ferienzentrum für die Eisenbahner benutzt wird (die Bahnlinie war nur von 1890 bis 1938 in Betrieb). Kurz vor Céreste überqueren wir die römische Brücke (Pont romain), die aber nicht viel Römisches an sich hat, da sie erst 1740 erbaut wurde. Immerhin fand man rund 200 m von hier die Fundamente einer echten römischen Brücke der Via Domitia, die Spanien via Provence mit Italien verband. Unmittelbar bevor unser Weg die Hauptstraße erreicht, nehmen wir rechts die Avenue de la Romane und erreichen auf diese Weise das Zentrum von **Céreste** (390 m). Nördlich der Hauptstraße mit den Geschäften und den Cafés liegt der alte Stadtkern. Nach einem Wandertag für die meisten spannender ist wohl die Eisdiele Scaramouche (mit einer Filiale in Paris und einer in Céreste), die Eiscreme in Spitzenqualität serviert (z. B. Honig mit Thymian oder Rosmarin und Olivenöl).

Die duftende Seele der Haute-Provence

Der Lavendel ist ein echter Provenzale. Auf den trockenen, karstigen Hügeln der Haute-Provence ist er zu Hause. Doch seine erste Nutzung ist von den Ägyptern überliefert, die ihre Toten mit Lavendelöl einbalsamierten. Bereits der altägyptische König Tutenchamun soll vor über 3000 Jahren mit dem Duft von Lavendel verwöhnt worden sein. Die Römer benutzten Lavendel als Zusatz fürs Badewasser. Vom Lateinischen *lavare* (waschen) leitet sich auch der Name ab. Ebenfalls in dieser Zeit nutzte man den Lavendel als Heilpflanze gegen alles Mögliche: Blähungen, Gelbsucht, Insektenstiche, Menstruationsbeschwerden, Epilepsie oder ganz schlicht zur Linderung von Schmerzen. In Frankreich empfahl man Lavendel im 13. Jahrhundert gegen Pest und Cholera. Und die Äbtissin Hildegard von Bingen fand im Mittelalter noch eine zusätzliche Anwendung: »Und wenn ein Mensch, der viele Läuse hat, oft am Lavendel riecht, sterben die Läuse an ihm.« Zudem soll er ihrer Meinung nach von unkeuschen Gefühlen befreien. Auch in der heutigen Naturheilkunde ist Lavendelöl ein wahrer Bestseller, der beruhigend, krampflösend und antiseptisch wirkt.

Der Aufschwung und die kommerzielle Nutzung des Lavendels in der Provence begannen im 18. Jahrhundert. In den Jahr-

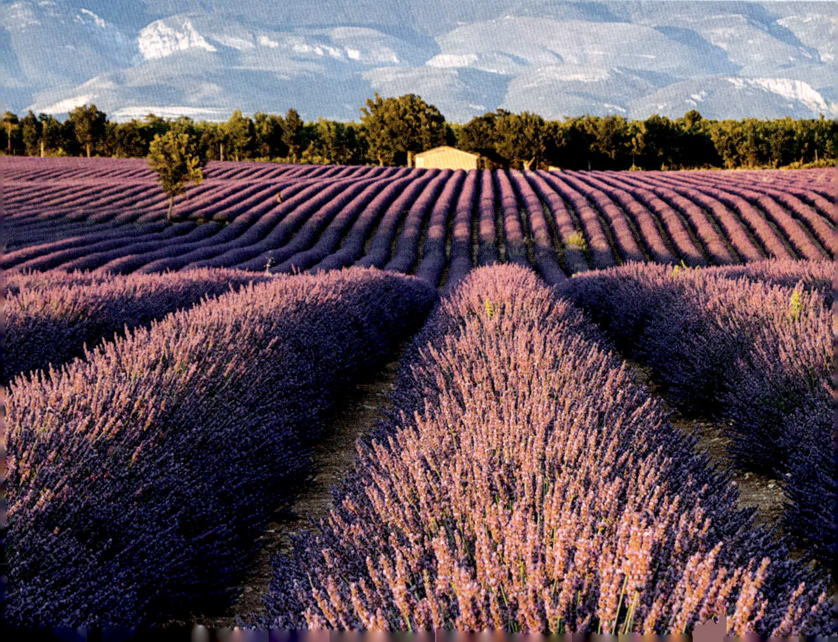

hunderten zuvor gab es in Grasse eine blühende Gerbereiindustrie, die Lederwaren nach ganz Europa exportierte. Da die Lederwaren aufgrund des Gerbprozesses schlecht rochen, versuchten die Gerber in Grasse das Problem schon früh mit Duftstoffen zu lösen. Ab dem 16. Jahrhundert parfümierten sie die Handschuhe, und ab dem 18. Jahrhundert hatte die Parfümindustrie in Grasse die Gerberei definitiv abgelöst. Die Parfümeure fanden ihre Ingredienzien in den umliegenden Bergen, wo auch der Echte Lavendel wuchs. Im 19. Jahrhundert waren viele Kleinbauern der Haute-Provence damit beschäftigt, wilden Lavendel zu sammeln. Mit der Zeit haben sie die Blüten gleich am Feldrand mit einem mitgeführten Destillationsapparat, dem Alambic, destilliert und nur noch das Öl nach Grasse geliefert. Das Gute am Lavendel war, dass er auf kargen Böden wuchs, auf denen sonst keine andere Nutzung möglich war. Die Nachfrage stieg stetig, und so wurden Ende des 19. Jahrhunderts bei den Dörfern größere Distillerien gebaut und für die Arbeit piemontesische Pflücker ins Land geholt. Nach dem Ersten Weltkrieg folgte ein weiterer Schritt Richtung Industrialisierung. Es wurden nun die ersten Lavendelfelder angelegt, bei denen später eine mechanische Ernte möglich wurde. Der große Boom aber kam mit der Kultivierung des Lavandin. Der Echte Lavendel (auch Schmalblättriger Lavendel) wächst nur in Hochlagen und hat einen begrenzten Ertrag. Von einem Hektar Lavendel kann man rund 15 kg Lavendelöl gewinnen. Der Lavandin, eine Kreuzung des Echten Lavendels mit dem Breitblättrigen Lavendel, setzt hier andere Maßstäbe. Das Hybrid wächst auch auf weniger kargen Böden in tieferen Lagen und hat einen Ertrag von 100 kg Lavendelöl pro Hektar. Die Qualität ist jedoch jener des Lavendels unterlegen. Mit dieser Ertragsexplosion konnte man die gesteigerte Nachfrage befriedigen, die durch die Erfindung der Waschmaschine und die Produktion von Waschpulver entstand.

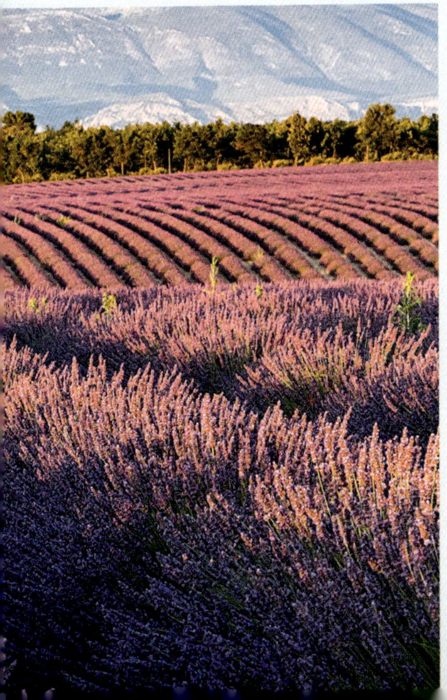

Heute produziert man in Frankreich rund 1000 Tonnen Lavandinöl und nur noch 70 Tonnen Lavendelöl, das in erster Linie für die Parfümindustrie und die Naturheilkunde verwendet wird. Der größte globale Hersteller von Lavendelöl ist heute Bulgarien mit 120 Tonnen, von denen rund 60 Prozent nach Frankreich exportiert werden. Diese billigen Importe, aber auch die Trockenheit und Schäden durch die Winden-Glasflügelzikade (eine kleine Zikadenart) gehören heute zu den größten Problemen des Lavendelanbaus in der Provence.

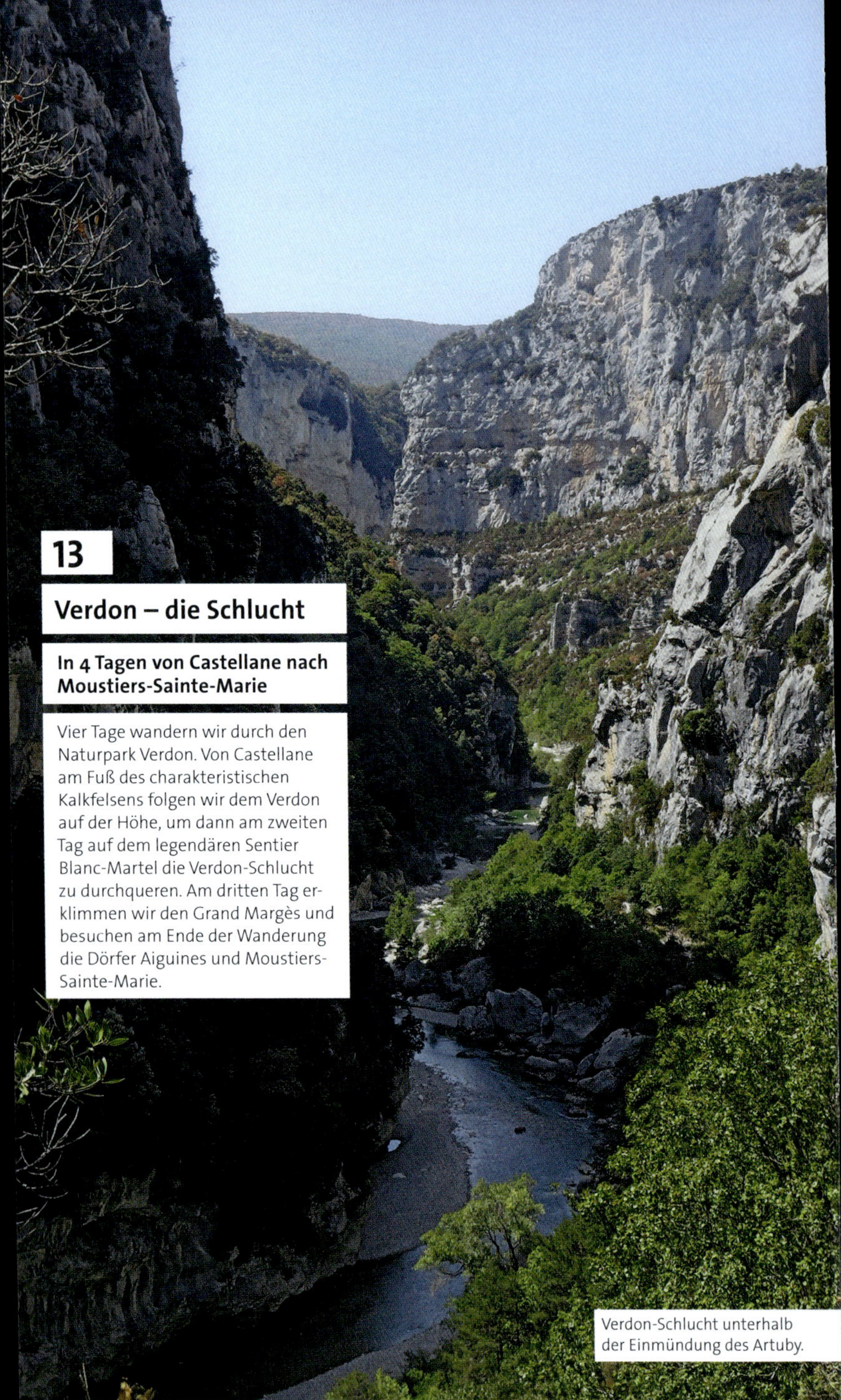

13

Verdon – die Schlucht

In 4 Tagen von Castellane nach Moustiers-Sainte-Marie

Vier Tage wandern wir durch den Naturpark Verdon. Von Castellane am Fuß des charakteristischen Kalkfelsens folgen wir dem Verdon auf der Höhe, um dann am zweiten Tag auf dem legendären Sentier Blanc-Martel die Verdon-Schlucht zu durchqueren. Am dritten Tag erklimmen wir den Grand Margès und besuchen am Ende der Wanderung die Dörfer Aiguines und Moustiers-Sainte-Marie.

Verdon-Schlucht unterhalb der Einmündung des Artuby.

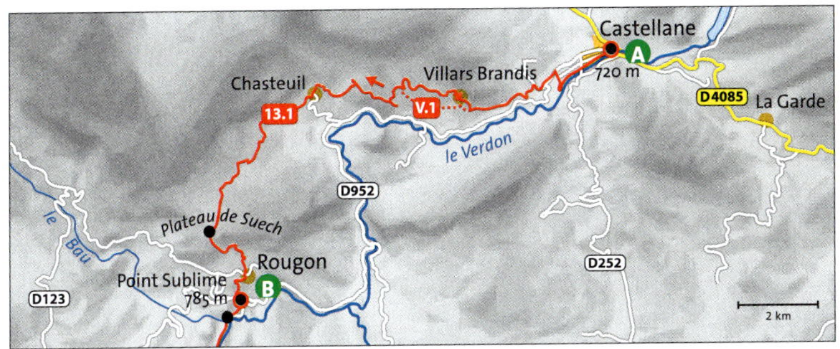

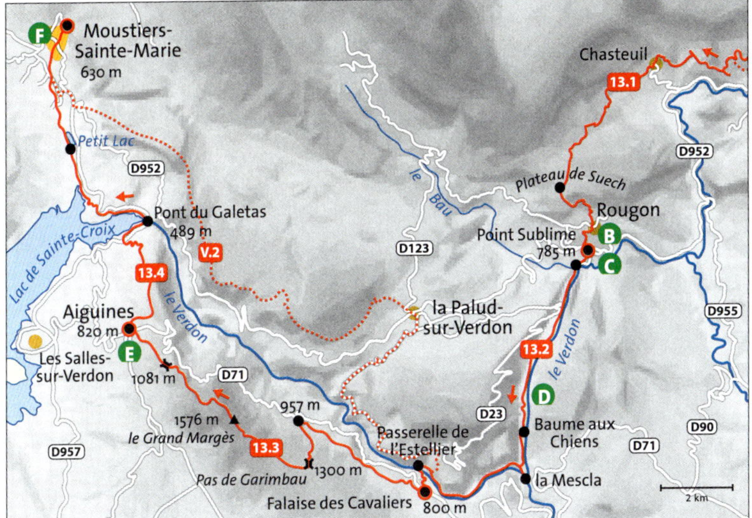

Sehenswertes

- A Castellane mit Felsen Notre-Dame du Roc
- B Rougon mit Burgruine und Aussicht auf die Verdon-Schlucht
- C Aussicht von der Pointe Sublime
- D Verdon-Schlucht
- E Aiguines und Holzdrechsler-Museum
- F Moustiers-Sainte-Marie mit Kirchen und Fayence-Museum

Beste Jahreszeit

April bis Oktober. Einschränkend sind die Öffnungszeiten der Hotels Point Sublime und Grand Canyon du Verdon, die erst gegen Ende April öffnen und im Oktober wieder schließen.

Karten

IGN 3542 OT und 3442 OT

Varianten

1 Am 1. Tag kann man auf den Umweg nach Villars-Brandis und Brandis verzichten und konsequent dem GR4 folgen. Zeitersparnis 40 min.

2 Anstatt am 2. Tag den Verdon zu queren und im Hotel du Grand Canyon du Verdon zu übernachten, kann man auch rechtsufrig zum Chalet de Maline aufsteigen und dort übernachten (chaletlamaline.ffcam.fr, Massenschlag, geöffnet Ende März bis Mitte November). Von dort kann man auf dem GR4 nach la Palud-sur-Verdon (2 h, Übernachtungs- und Einkaufsmöglichkeiten) und Moustiers-Sainte-Marie (6 h 15 ab Palud) weiterwandern.

An- und Abreise

Castellane: Busverbindung Nizza–Grenoble via Grasse, Castellane, Digne und Sisteron mit Linie 31 von LER (info-ler.fr, 2 × tägl.). Busverbindung nach Aix-en-Provence und Marseille mit Linie 27 von LER (nur Mo und Sa, reservationspflichtig), Juli/Aug. tägl. außer So.)
Moustiers-Sainte-Marie: Busverbindung mit der Linie BV1 nach Riez (2 × tägl. an Wochentagen während der Schulzeit), morgens mit Anschluss an den LER nach Aix und Marseille. Busverbindung nach Aix-en-Provence und Marseille mit Linie 27 von LER (nur Mo und Sa, reservationspflichtig). Taxi: www.verdon-transport-service.com.
Zurück zum Startpunkt: Busverbindung mit Linie 27 von LER (siehe oben).

Touristinfo

parcduverdon.fr Informationen zum Naturpark Verdon
tourisme-alpes-haute-provence.com Allgemeine Touristinfos auf der Infoseite des Départements
verdontourisme.com Infos zum oberen Lauf des Verdon bis zur Schlucht

Etappenorte

Castellane

castellane-verdontourisme.com Großes Angebot an Einkaufsmöglichkeiten. Markt am Mi und Sa. Mehrere Hotels: Unter anderem das etwas gediegene und teurere Hotel du Commerce (hotel-du-commerce-verdon.com) mit Pool oder die einfacheren Petite Auberge (mapetiteauberge.com) und Hotel du Levant (hoteldulevant-castellane.com). Mehrere Chambres d'hôtes, z. B. das Aqui Sian Ben (via Booking). Im Oustaou (oustaoucastellane04.fr) kann man zwischen Gîte d'étape (Massenschlag) und Chambre d'hôtes wählen.

Chasteuil

(zwischen Castellane und Rougon): Kein ÖV, keine Einkaufsmöglichkeit, kein Restaurant. Chambre d'hôtes (gitedechasteuil.com) mit beschränkter Möglichkeit, selbst zu kochen.

Rougon

Gîte d'étape Le Mur d'Abeilles (keine Website, Tel. 06 87 77 38 30), 5 Zimmer, günstig.

Point Sublime

Auberge du Point Sublime (auberge-pointsublime.com), einfaches Hotel mit guter Küche, geöffnet Ende April bis Ende Okt. Die Navette des Gorges du Verdon verbindet Castellane mit Point Sublime, la Palud sur Verdon und dem Chalet Maline (3 × tägl. Juli bis Mitte Sept., an Wochenenden bereits ab 1. April).

Falaise des Cavaliers

Hotel du Grand Canyon du Verdon (hotel-canyon-verdon.com), grandiose Aussicht auf den Canyon, geöffnet 1. April bis 1. Okt. Kein Trinkwasser vom Wasserhahn.

Aiguines

aiguines.fr Buslinie 1121 von Varlib nach Aups (1 × tägl., Juli/August 4 × tägl. nach Aups und Moustiers). Taxi Dumont: Tel. 04 94 70 22 22. Kleiner Lebensmittelladen. Kleiner Markt am Mi. Zwei Hotels: Vieux Château (hotelvieuxchateau.fr) direkt am Dorfplatz, geöffnet April bis Okt.; Altitude 823 (altitude823-verdon.com). 200 m vom Dorf das Chambre d'hôtes le Bosquet (verdon-lebosquet.com).

Moustiers-Sainte-Marie 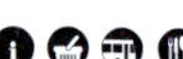  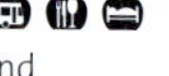

moustiers.eu Zahlreiche Hotels und Chambres d'hôtes, siehe Website der Touristinfo. Es gibt für den Besuch der Stadt auch eine gute App. Alle wichtigen Einkaufsmöglichkeiten.

Castellane und eine Rundwanderung zur Notre-Dame du Roc

Castellane, die sympathische Provinzstadt, lohnt einen Besuch. In der Maison Nature & Patrimoines am Hauptplatz sind gleich drei Ausstellungen untergebracht: Das Musée Sirènes et Fossiles zeigt Fossilienfunde der Region und macht einen Bogen zu den Meerjungfrauen, im mittleren Geschoss wird über die Geschichte der Staudämme am Verdon informiert und zuunterst ist ein Infozentrum des Naturparks Verdon einquartiert. Gemütlich ist auch ein Gang durch die Altstadt um die Kirche St-Victor. Der Höhepunkt ist jedoch die kurze, im Folgenden beschriebene Wanderung auf den Kalksteinfelsen, der die Stadt dominiert (hin und zurück 1 h 10). Beim Tourismusbüro gibt es eine schön gestaltete Broschüre für die Wanderung auf den Felsen (allerdings nur auf Französisch und auf einer anderen Route wie hier beschrieben).

Wir starten bei der alten Kirche St-Victor in der Altstadt von Castellane (720 m). Links um die Kirche herum steigen wir die Treppe hinauf und gehen immer aufwärts aus dem Städtchen hinaus. Am Hang ist der steile Weg in den Felsen geschlagen und führt uns zur alten Stadtmauer. Wir folgen dem hier nun gelb markierten Weg nach rechts und erreichen nach wenigen Metern die Tour Pentagonale. Der fünfeckige Wehrturm ist der größte und schönste der Stadtmauer. Die Wehranlagen wurden 1359 erbaut, als die Stadt in die Ebene am Fuß des Felsens transferiert wurde. Im 18. Jahrhundert wurde der Turm zum größten Taubenschlag der Stadt mit über tausend Vögeln umfunktioniert. Dem alten Kreuzweg folgend, steigen wir weiter auf bis zur Spitze des Kalksteinfelsens und zur Kapelle Notre-Dame du Roc (900 m).

Die erste Kapelle von Notre-Dame du Roc wurde um das Jahr 1000 gemeinsam mit der Festung der Burgherren von Castellane errichtet. Nachdem die Grafschaft Provence 1481 in das Französische Reich integriert wurde, ließ Ludwig XI. die Burg zerstören. Die Kapelle, bereits zu dieser Zeit ein beliebter Pilgerort, konnte jedoch gerettet werden und wurde seither immer wieder erneuert. Im Inneren der Kapelle bezeugen viele Votivtafeln aus den vergangenen Jahrhunderten den Dank der Pilger. Vom Felsen blickt man hinunter in die Stadt und dem Verdon entlang bis zum Beginn der Schlucht.

Wir gehen auf demselben Weg zurück, bis zur 7. Station des Kreuzwegs, wo uns ein Wegweiser den Weg zum Pont du Roc weist (gelb markiert). Auf dem schmalen Weg wandern wir durch die überwachsenen Ruinen von Petra Castellana, dem mittelalterlichen Zentrum von Castellane, das jedoch ab dem 11. Jahrhundert nach und nach zugunsten der Siedlung in der Ebene aufgegeben wurde. Der Weg führt unterhalb der Kirchenruine vorbei und weiter ins Tal hinunter. Im Talboden erreichen wir eine kleine Straße, der wir nach rechts folgen, unmittelbar dem Fuß der Felswand entlang und am Pont du Roc (15. Jh.) vorbei bis in die Stadt.

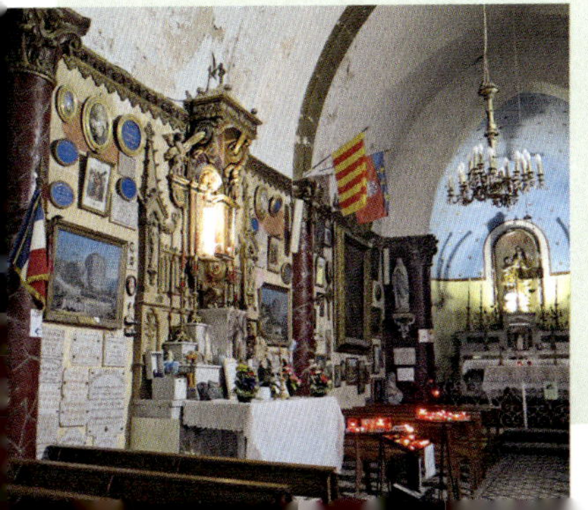

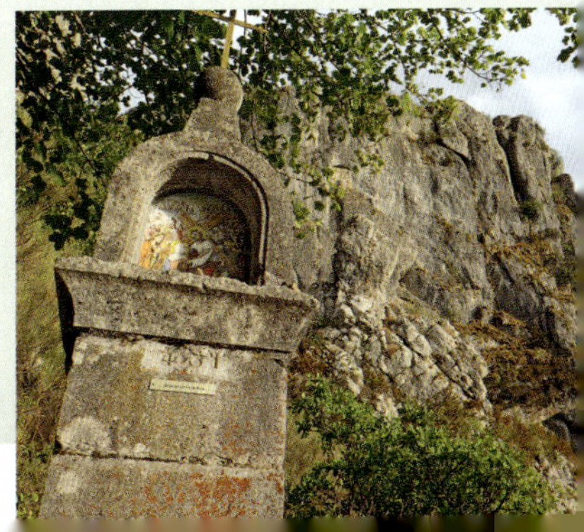

13.1 Castellane–Point Sublime

Wanderzeiten	
Castellane–Villars Brandis	1h30
Villars Brandis–Chasteuil	1h30
Chasteuil–Plateau de Suech	1h30
Plateau de Suech–Rougon	1h00
Rougon–Point Sublime	0h30
Total	**6h00**
Höhendifferenz	↗ 800 m, ↘ 740 m
Schwierigkeit	T2

Unsere Wanderung beginnt am Hauptplatz (Place Marcel Sauvaire) von **Castellane** (720 m). An seinem östlichen Ende (Richtung Nizza) überqueren wir die Hauptstraße und gehen durch die kurze Rue de la Grave bis zur Straße, die dem Verdon folgt. Mit einer kleinen Ausnahme wandern wir heute den ganzen Tag auf dem GR4 (weiß-rot markiert). Auf der Straße folgen wir dem Verdon flussabwärts, biegen beim Gîte d'étape l'Oustaou links ab und gehen weiter dem Fluss nach, der sich hinter einem Damm versteckt. Nach rund einer Viertelstunde macht die Straße bei der Kläranlage eine Rechtskurve vom Verdon weg. Wir erreichen die Hauptstraße, folgen dieser 150 m nach links und verlassen sie danach nach rechts (Wegweiser la Colle). Weiterhin auf der Straße, steigen wir nach la Colle hinauf und biegen kurz nach dem kleinen Pass links ab (Wegweiser Chasteuil, Rougon). Oberhalb des Verdon in seinem breiten Bett folgen wir der kleinen Straße bergauf bis zum Wegweiser Bassinet. Hier biegen wir rechts in einen Fußweg Richtung Villars Brandis ab (ab hier gelb markiert). Durch einen Eichenwald und zum Schluss nochmals den Kehren der Straße folgend, erreichen wir **Villars Brandis** (1000 m) und seine kleine Kapelle am oberen Rand des Dorfs (Wasserhahn 5 m unterhalb der

Die kleine Kapelle von St-Jean war die ehemalige Pfarrkirche von Brandis.

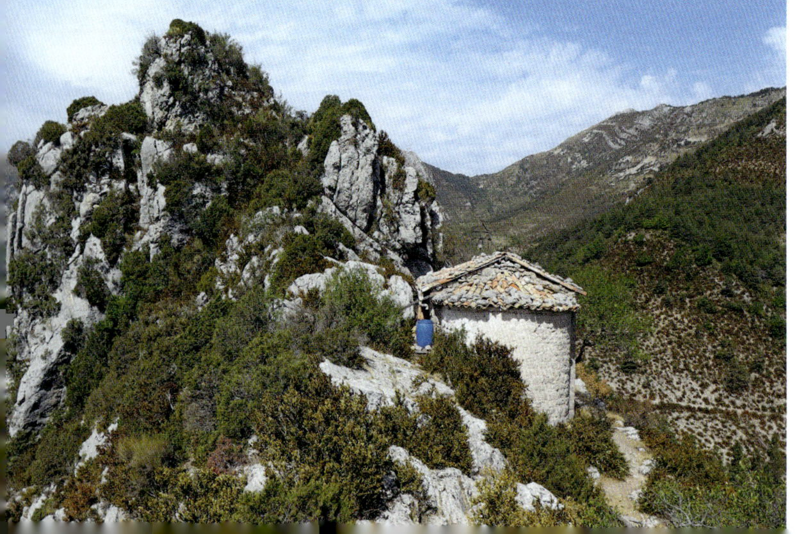

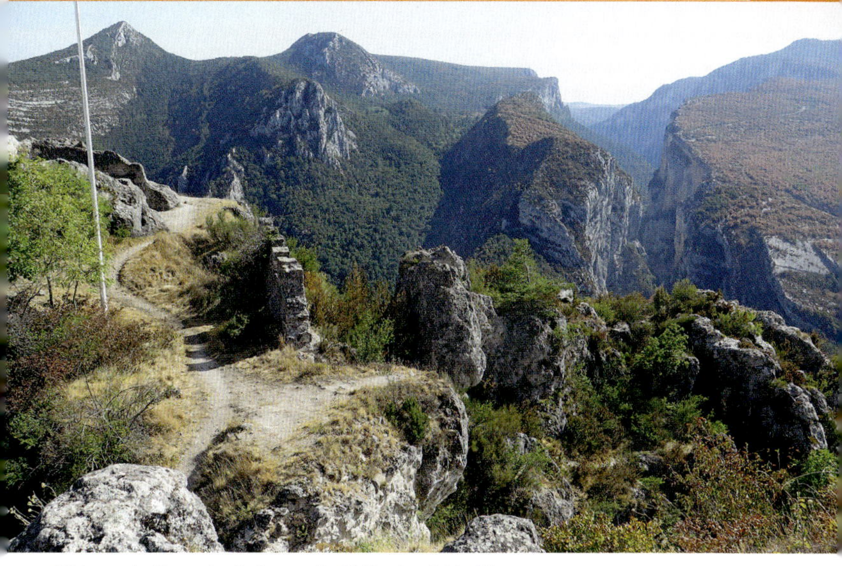

Blick von der Burgruine in Rougon in die Verdon-Schlucht.

Kapelle). Das kleine Dorf war in den 1960er-Jahren ganz verlassen, wird aber seit den 70er-Jahren wieder bewohnt.

Hinter der Kapelle steigen wir auf einem Weg weiter auf und biegen 5 min später bei einem Wegweiser links ab (Richtung Brandis, Chasteuil – gelb markiert). Hinter einer Kuppe öffnet sich der Blick nach rechts auf die eindrückliche Felsbastion der Cadières de Brandis und links unter uns auf die Porte de St-Jean, wo sich der Verdon zwischen zwei Bergen hindurchzwängt, die beide von einer kleinen Kapelle gekrönt sind. Rund 20 min nach Villars biegt der Wanderweg nach rechts vom breiteren Weg ab (gelb markiert). Nachdem wir den Fahrweg nochmals gekreuzt haben, erreichen wir das verlassene Dorf Brandis (Privatgrundstück). Das Dorf, während des Zweiten Weltkriegs ein Nest der französischen Résistance, wurde 1944 von der deutschen Wehrmacht vollständig abgebrannt. Hier steigen wir links ab und erreichen auf dem kleinen Weg nach 10 min beim Wegweiser Ravet de Brandis wieder den GR4, dem wir nach rechts folgen. Nach weiteren 10 min sind wir auf einem kleinen Pass, wo wir 200 m weiter nach links die immer offene Kapelle St-Jean, die einstige Pfarrkirche von Brandis, erreichen. In der Kapelle stehen frierenden Wanderern und Pilgern warme Decken zur Verfügung. Vom Felsen hinter der Kapelle bietet sich eine gute Aussicht auf den Beginn der Verdon-Schlucht und zurück zu den Cadières de Brandis. Ein idealer Platz für eine Rast.

Zurück auf dem GR4 führt der Weg oberhalb des Verdon meist eben bis nach **Chasteuil** (887 m). Beim Wegweiser am oberen Dorfrand 60 m nach links hinunter, findet sich ein Wasserhahn. Wie Villars Brandis war auch dieses Dorf Mitte des 20. Jahrhunderts fast ausgestorben, hat sich mittlerweile aber wieder in ein belebtes Dorf mit kleinen Ateliers und einem sympathischen Chambre d'hôtes gewandelt. Danach steigt der GR4 stetig bis zur Ebene des Plateau de Suech auf. Die Wegspur folgt dabei dem Trassee des alten Römerwegs, der Moustiers mit Castellane und Grasse verband. Noch bis in die Mitte des 18. Jahrhunderts war dieser Saumweg die einzige Verbindung zwischen diesen Städten. Wir überqueren das **Plateau de Suech** (1212 m) und steigen auf dem weiterhin weiß-rot markierten Weg nach Rougon ab, das sich oberhalb des Verdon an einen Felsen schmiegt. In **Rougon** (962 m, Lebensmittelladen) empfiehlt es sich, nicht gleich nach rechts dem GR zu folgen, sondern links ins Zentrum des kleinen Dorfs abzubiegen (siehe Kasten).

Unterhalb des kleinen Platzes vor dem Dorf, beim Waschhaus, findet man wieder auf den Wanderweg, der von hier an großen Eichen vorbei in knapp 30 min zur Hauptstraße und zur Auberge du **Point Sublime** (785 m) hinunterführt. Es lohnt sich, hier die Straße zu überqueren und 5 min weiter bis zum eigentlichen Point Sublime weiterzugehen (den Eidechsen-Markierungen folgen), einem Aussichtspunkt über dem Eingang zur Verdon-Schlucht.

Die bis zu 700 m tiefen Gorges du Verdon (Verdon-Schlucht) sind der größte Canyon Europas. Die Schlucht ist auch die Kernzone des regionalen Naturparks Verdon, den wir während der ganzen vier Tage durchwandern. Der Park wurde 1997 gegründet und deckt eine Fläche von 193 000 Hektar (ca. 60 × 30 km) mit 46 Gemeinden und 20 000 Einwohnern ab. Schützenswert ist unter anderem die extrem reiche Biodiversität mit rund 2000 Pflanzenarten (mehr als es auf den gesamten britischen Inseln gibt). Ziel des Parks ist aber nicht bloß der Naturschutz, sondern auch eine nachhaltige wirtschaftliche Entwicklung der Region und die Förderung der Kultur.

Für einen Abendspaziergang empfiehlt sich der Abstecher hinunter zum Pont du Tusset (hin und zurück 50 min). Dazu folgt man der Straße 150 m Richtung Castellane, biegt rechts ab und folgt anschließend den Wegweisern bis hinunter zum Verdon, der hier von der Bogenbrücke aus dem 17. Jahrhundert überspannt wird.

Rougon

Rougon lohnt einen kurzen Besuch. Hinter dem Dorfplatz befindet sich die Crêperie Le Mur d'Abeilles, wo man im lauschigen Garten bei grandioser Aussicht den Durst stillen oder sich ein Eis gönnen kann (geöffnet tägl. Anfang April bis Ende Okt.). Mit etwas Glück wird man auch Geier sichten, denn in Rougon wurden seit der Jahrtausendwende 90 Gänsegeier und 29 Mönchsgeier ausgewildert. Auf diese Weise konnte sich, hundert Jahre nachdem die Geier aus dem Gebiet verschwunden waren, in der Verdon-Schlucht wieder eine stabile Population bilden. Vom Dorfplatz der kleinen Gasse Richtung Felsen folgend, lässt sich mit der gebührenden Vorsicht (der Weg ist nicht gesichert) auch die Ruine der ehemaligen Burg besteigen. Mit ein wenig Kraxelei über eine Felsenstufe gelangt man hinauf zum Hauptteil der Ruine, von wo aus man eine eindrückliche Sicht auf den Eingang der Verdon-Schlucht hat. Von hier kann man auch auf der anderen Seite (der Westseite) des Felsens in das Dorf absteigen. 200 m vor dem Dorf in westlicher Richtung liegt die neu renovierte Kapelle St-Christophe. Sie beherbergt ein besonderes Exvoto, das den Heiligen Christophorus zeigt und angeblich von zwei Mördern gestiftet wurde als Dank dafür, dass sie nie überführt wurden.

13.2 Point Sublime–Falaise des Cavaliers

Wanderzeiten	
Point Sublime–Brücke Bau	0 h 30
Brücke Bau–Baume aux Chiens	2 h 00
Baume aux Chiens–la Mescla	1 h 10
la Mescla–Passerelle de l'Estellier	1 h 30
Passerelle de l'Estellier–Falaise des Cavaliers (Hotel)	0 h 50
Total	**6 h 00**

Höhendifferenz	↗ 500 m ↘ 490 m

Schwierigkeit	T3
Taschenlampe erforderlich	

Die heutige Tagesetappe führt uns auf dem legendären Sentier Blanc-Martel durch die Verdon-Schlucht. Um den Beginn des Wegs zu erreichen, gehen wir von der Auberge du **Point Sublime** (785 m) circa

Der Sentier Blanc-Martel

Der Sentier Blanc-Martel, auf dem die Schlucht durchwandert werden kann, ist nach Edouard-Alfred Martel, einem französischen Höhlenforscher im Dienst des Agrarministeriums, und Isidore Blanc, einem Lehrer aus Rougon, benannt, die beide der Verdon-Expedition im Jahr 1905 angehörten. Ziel der Expedition war die hydrologische Erforschung der Évêque-Quelle (heute im See von Ste-Croix verschwunden), die das Département Var und die Städte Toulon und Marseille mit Wasser versorgt. Der Gruppe gelang es zum ersten Mal, in dreieinhalb Tagen die ganze Schlucht vom Point Sublime bis nach Aiguines zu begehen beziehungsweise mit Kanus zu befahren. 1928 errichtete der Touring Club de France den heutigen Wanderweg zwischen dem Point Sublime und dem Belvédère de la Maline.

Die hohen Kalkfelsen unterhalb der Pointe Sublime.

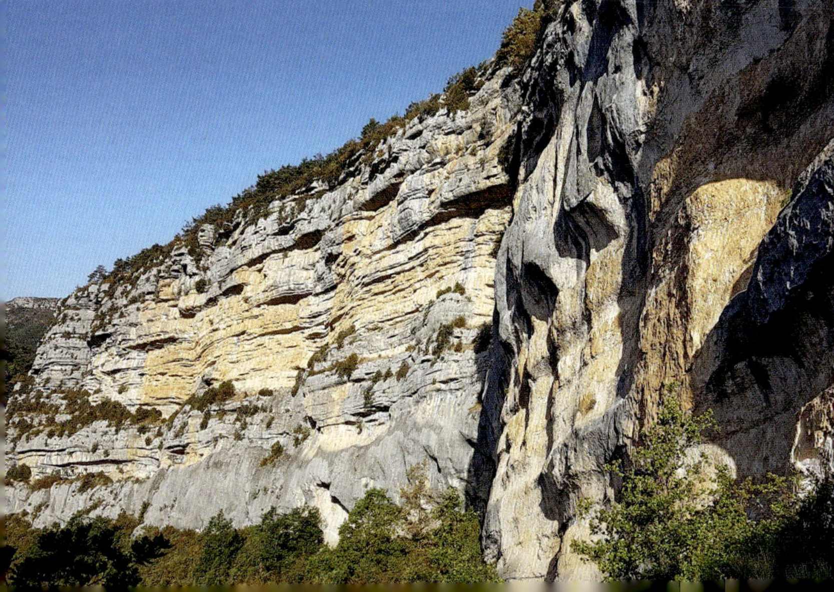

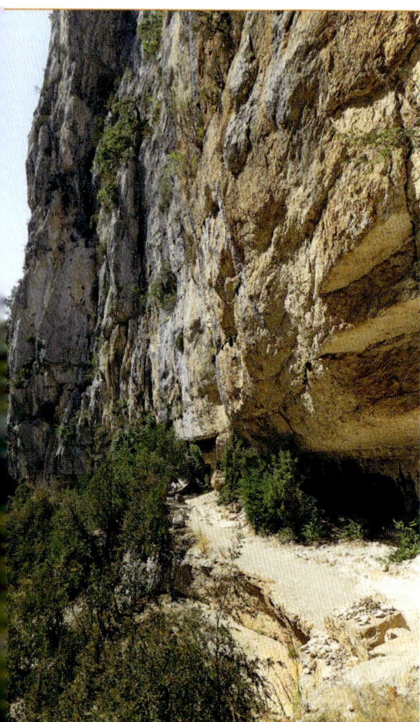

Auf dem Sentier Blanc-Martel durch die Schlucht.

150 m auf der Straße Richtung Castellane, um danach rechts in den Wanderweg abzubiegen. Nach 200 m auf dem Wanderweg halten wir uns bei einem weiteren Wegweiser wieder rechts (Richtung Chalet de la Maline). Fast die gesamte Tagesetappe ist als GR4 rot-weiß markiert. Unterhalb des Aussichtspunkts Point Sublime wandern wir an ausgewaschenen Kalkfelsen vorbei bis zum Parkplatz am Eingang der Schlucht. Auf der anderen Seite des Parkplatzes führt der Weg zur kleinen **Brücke über den Bau** (ca. 620 m) hinunter und anschließend in die Schlucht hinein. Bereits nach wenigen Minuten – die Schlucht wird im Couloir Samson sehr eng – führt der Weg durch den 650 m langen Tunnel du Baou. Ohne Taschenlampe ist man hier verloren. Der Tunnel du Baou, wie auch der folgende Tunnel du Trescaïre, sind Relikte eines aufgegebenen Kraftwerkprojekts. Bei der Enge von Carajuan, circa 3 km flussaufwärts, war Ende des 19. Jahrhunderts ein Staudamm geplant, der jedoch nie realisiert wurde. Als man 1928 den Wanderweg erstellte, war man für die Vorarbeiten dankbar.

In der Mitte des Tunnels lohnt der kurze Abstecher zur Baume aux Pigeons, unterhalb derer sich der Verdon durch das enge Couloir de Samson windet. Die eng zusammenstehenden Felswände sollen an die Tempelsäulen erinnern, die Samson mit seiner Kraft niederriss. Kurz nachdem wir unter dem mächtigen Felsen des Belvédère de Trescaïre hindurchgewandert sind, werden wir von einer Infotafel darauf hingewiesen, dass nun der einfache Teil des Wegs zu Ende ist und die weitere Wanderung mit schwierigen und gefährlichen Stellen nur erfahrenen und ausgerüsteten Wanderern empfohlen wird (es geht jedoch nicht über die Schwierigkeitsstufe T3 hinaus). Nach einer kurzen Stelle über einen Felsen führt der Weg für längere Zeit mehr oder weniger eben durch den Wald mit Eichen, Ahorn und Buchs. Später wird die Schlucht wieder enger und man hat die Möglichkeit, auf guten Trampelpfaden bis zum Flussbett abzusteigen. Danach geht es mit Kehren den Hang hinauf, später oft direkt dem Felsen entlang bis zur **Baume aux Chiens.** Immer nah am Felsen, wobei etwas ausgesetztere Stellen immer gut gesichert sind, gelangen wir im Auf und Ab zur gewaltigen Eisentreppe der Brèche Imbert. Die ersten Treppen wurden an dieser Stelle 1920 errichtet; im Jahr 2012 wurden sie durch eine gänzlich neue

Konstruktion ersetzt. 274 steile Treppenstufen gilt es durch den Felsspalt aufzusteigen. Oben angelangt, können wir noch einen kleinen Felsen besteigen, von dem wir eine herrliche Aussicht auf die Schlucht genießen.

Beim Abstieg empfiehlt es sich, nach 10 min links abzubiegen, um in weiteren 10 min **la Mescla** (ca. 560 m) zu erreichen. Der beliebte Rastplatz bietet nicht nur eine Sicht auf die Verdon-Schlucht, sondern auch auf jene des Artuby. La Mescla bedeutet »mischen« und weist hier auf die Vermischung des Wassers des Verdon mit jenem des Artuby-Zuflusses hin. Es lockt das Bad, doch Vorsicht: 1928 ertrank an dieser Stelle der Geistliche Pascal, einer der Pioniere bei der Erschließung der Schlucht.

Zurück auf dem GR4, wandern wir auf abwechslungsreichem Weg weiter die Schlucht hinunter. Nach einem Gegenaufstieg erreichen wir die Abzweigung, wo es rechts zum Chalet de la Maline hinaufgeht. Hier halten wir uns links, verlassen den GR4 und wechseln auf den GR99. Wir wandern hinunter bis zur **Passerelle de l'Estellier** (ca. 540 m), über die wir auf die linke Flussseite wechseln. Wer will, findet hier weiter flussabwärts schöne Rastplätze nah am Fluss. Wir halten uns aber unmittelbar nach der Brücke links und steigen steil, aber auf gutem Weg, aus der Schlucht hinaus. Wenn oberhalb der Schlucht der Weg eben und die Straße bereits sichtbar wird, können wir nach links auf einen Fußpfad abbiegen (nicht markiert), der uns direkt zum **Hotel du Grand Canyon du Verdon** auf der **Falaise des Cavaliers** (800 m) führt. Von der Terrasse des Hotel-Restaurants haben wir nochmals einen einmaligen Blick in die Schlucht.

Der Zusammenfluss von Artuby und Verdon bei la Mescla.

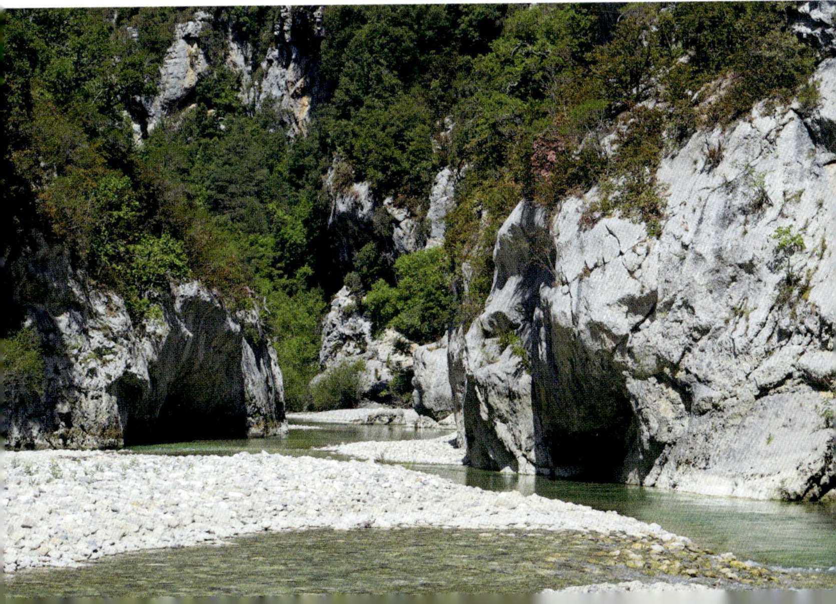

13.3 Falaise des Cavaliers–Aiguines

Wanderzeiten	
Falaise des Cavaliers (Hotel)–P. 957	1 h 15
P. 957–Pas de Garimbau	0 h 50
Pas de Garimbau–Grand Margès	1 h 05
Grand Margès–P. 1081	1 h 10
P. 1081–Aiguines	0 h 40
Total	**5 h 00**

Höhendifferenz	↗ 810 m ↘ 790 m
Schwierigkeit	T2

Vom **Hotel du Grand Canyon du Verdon** gehen wir vor auf die Straße und folgen ihr 250 m nach rechts, bis circa 70 m nach einer SOS-Säule der Wanderweg links abbiegt (weiß-rot markiert). Durch den Wald steigen wir angenehm aufwärts, bis wir nach circa 45 min einen breiteren Weg erreichen, dem wir nach rechts folgen bis wir bei **P. 957** wieder auf die Straße (D71) treffen. Wir müssen jedoch keinen Meter auf der Straße gehen, sondern steigen links (nicht scharf links) bergan (markiert) bis zum **Pas de Garimbau** (1300 m). Auf dem Pass begrüßen uns diverse Warnschilder wie »Terrain Militaire – Défense d'Entrer«, dies betrifft aber nicht den markierten GR99, sondern es ist vielmehr ein Hinweis, dass wir bis zum Gipfel des Grand Margès den Weg nicht verlassen sollten.

Wir durchqueren den äußersten Rand des Camp de Canjuers, des mit 350 km² größten Militärgebiets Europas. 2500 Personen sind hier dauerhaft stationiert. Die große Karstfläche des Plan de Canjuers ist auch

Die weite Aussicht vom Grand Margès (1576 m).

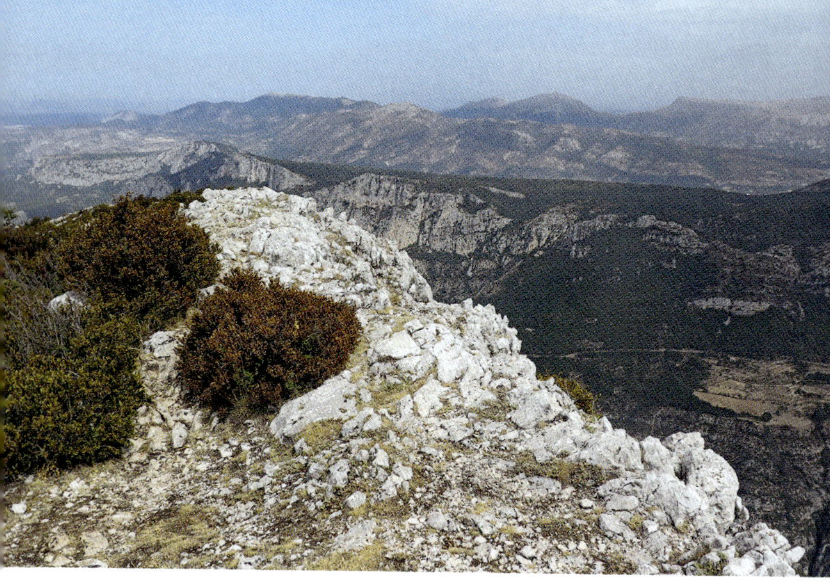

für die Biodiversität von großem Wert, und 1973 fand man hier Fossilien des kleinsten bekannten Dinosauriers. Unser Weg schlängelt sich durch das Karstgebiet bis auf den Gipfel des **Grand Margès** (1576 m). Hier weitet sich der Blick hinunter zum Lac de Ste-Croix, zur Hochebene von Valensole dahinter, aber auch zurück zu den steilen Abhängen der Verdon-Schlucht. Kalkstein, soweit das Auge reicht. All dies sind Sedimente (Korallen, Muscheln, etc.) die sich vor 100–250 Millionen Jahren auf dem Grund des Tethysmeers sammelten und später an die Oberfläche gedrückt wurden (siehe S. 13).

Wir folgen dem nun etwas ausgeprägteren Grat nach Norden und steigen dann in die kleine Ebene zwischen dem Großen und dem Kleinen Margès ab, ein kurzes Flachstück, bevor wir wieder dem Grat folgend mit Blick auf den Canyon weiter absteigen. Bei **P. 1081** erreichen wir einen kleinen Pass und eine Kreuzung, bei der wir dem markierten Weg weiter geradeaus folgen, bis wir wieder die Straße erreichen. Der Hauptstraße folgen wir 100 m nach links, um sie dann rechts auf einer kleinen Straße zu verlassen. Nochmals 100 m weiter können wir links in einen Fußweg abbiegen (nicht markiert), der uns zur Kapelle St-Pierre, einem Aussichtspunkt oberhalb von Aiguines, führt. Von hier die Treppe hinunter und auf der Straße nach links, erreichen wir entlang der weiß-roten Markierungen das Zentrum von **Aiguines** (820 m) mit der Place de la Fontaine.

Clot de la Glacière nennt sich die kleine Ebene zwischen dem Grand und dem Petit Margès.

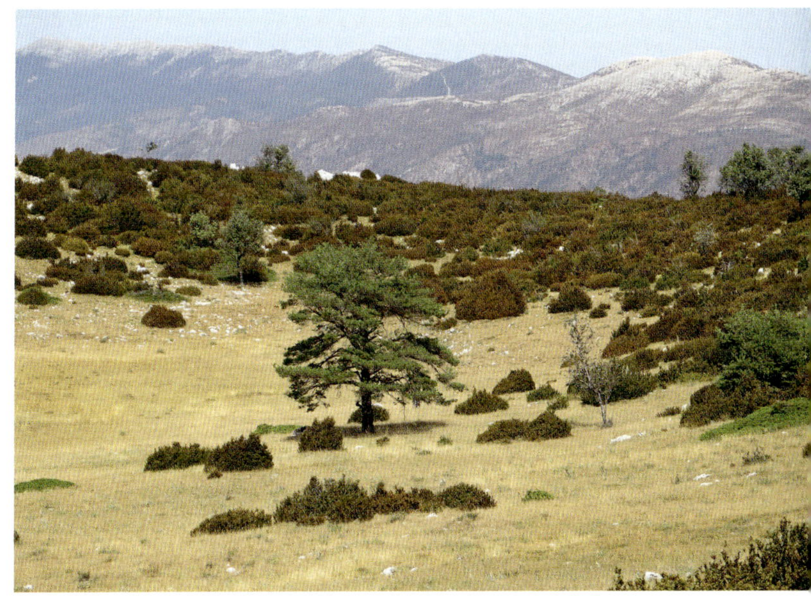

Holzdrechslerei in Aiguines

Wer Aiguines erkunden möchte, bekommt beim Tourismusbüro ein Faltblatt für einen kurzen Stadtrundgang, der auch beim Schloss (nicht öffentlich) vorbeiführt. Nicht verpassen sollte man das in einem modernen Gebäude untergebrachte Holzdrechslermuseum (Musée des Tourneurs sur Bois, geöffnet Juli/Aug. tägl. 10.30–18.30 Uhr, Mai/Juni und Sept./Okt. 10–18 Uhr, außer Mi, Sa und So). Aiguines war einst eine Hochburg der Holzdrechsler. Das Dorf hatte im 19. Jahrhundert rund 1000 Einwohner (heute sind es noch 250) und fast alles hier kreiste um die Drechslerei. Zu Beginn des 20. Jahrhunderts wurden hier in mehreren Werkstätten die benagelten Holzkugeln für das Boulespiel hergestellt. Zur Herstellung der Kugeln verwendete man die harten Wurzeln des Buchsbaums, der in der Gegend reichlich vorkommt, durch den großen Boom jedoch gefährdet wurde. 1879 wurde eine Verfügung in Kraft gesetzt, die die freie Ausbeutung des Buchsbaumholzs zwar garantierte, aber gleichzeitig jeden Verkauf von Buchsbaumholz oder von Abholzflächen an Drechsler in anderen Gemeinden strengstens verbot. Heute gibt es wieder vier Drechslerateliers in Aiguines, die ihre Produkte vor Ort verkaufen.

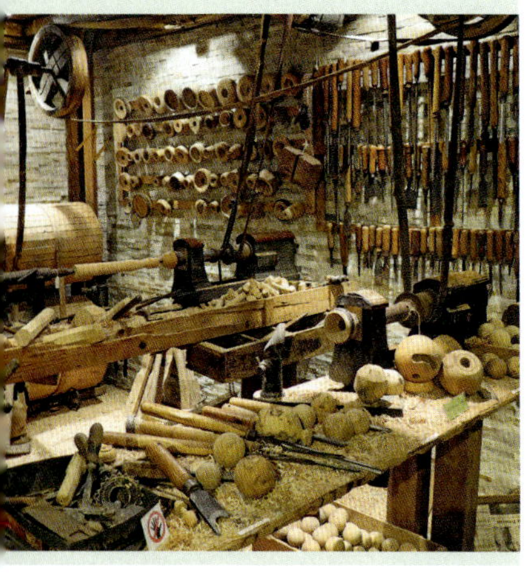

13.4 Aiguines–Moustiers-Sainte-Marie

Wanderzeiten	
Aiguines–Pont du Galetas	1 h 30
Pont du Galetas–Petit Lac	1 h 20
Petit Lac–Moustiers-Sainte-Marie	0 h 50
Total	**3 h 40**

Höhendifferenz	↗ 190 m ↘ 380 m
Schwierigkeit	T2

Vom Dorfplatz in **Aiguines** (820 m) gehen wir zur oberen Straße (Rue Haute) hinauf und am selben Punkt aus dem Dorf hinaus, an dem wir gestern angekommen sind. Am Dorfausgang steigen wir aber nicht auf dem GR99 zur Kapelle St-Pierre hinauf, sondern gehen auf der Straße weiter geradeaus und unterhalb des Campingplatzes vorbei. Circa 150 m hinter dem Campingplatz, bevor die Straße etwas steiler nach unten führt, biegen wir rechts auf einen Fußpfad ab (nicht markiert). Nochmals 300 m weiter biegen wir nochmals links ab, steigen wenige Höhenmeter hinunter und queren ein kleines Tal. Bei der nächsten Abzweigung, nach circa 500 m, nehmen wir den oberen Weg, der mehr oder weniger der Höhenlinie folgt und immer wieder eine schöne Aussicht auf den See bietet. Später steigt der Weg nochmals an und führt uns an den Fuß einer Felswand, die auch von Kletterern geschätzt wird. Rund 100 m weiter – wir sind nochmals wenige Meter aufgestiegen – nehmen wir bei einem weiteren Abzweiger den Weg, der abwärts führt. Angenehm geht es durch den Eichenwald abwärts, wobei der Weg immer etwas breiter wird. Oberhalb des Campingplatzes treffen wir auf eine Straße. Wir durchqueren den Campingplatz bis zu seinem Ausgang (Wegweiser Sortie),

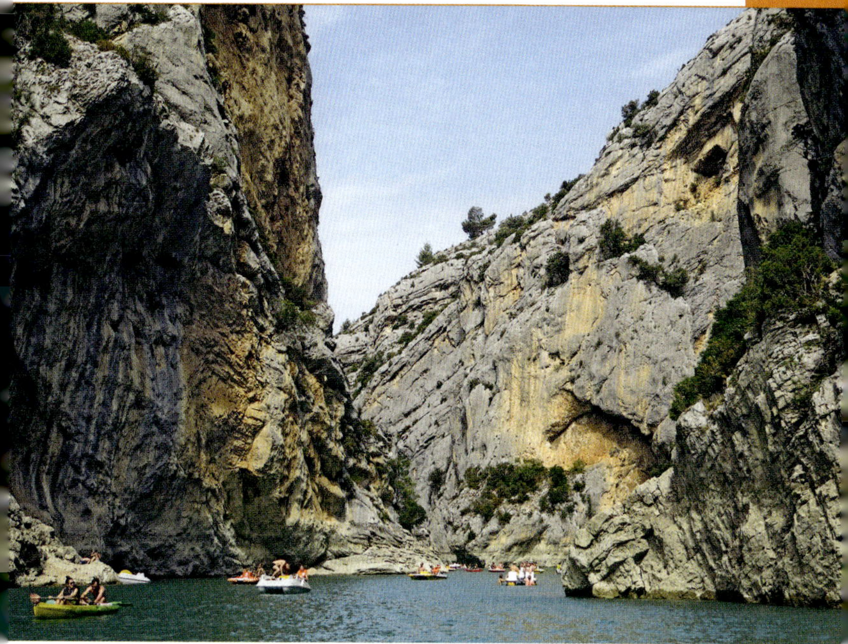

Vom Lac de Ste-Croix aus kann man den unteren Teil der Verdon-Schlucht mit Mietbooten befahren.

überqueren die Straße und gelangen so an das Seeufer. Hier (oder auch unmittelbar nach der Brücke) gibt es die Möglichkeit, im See zu baden sowie Boote oder Kayaks zu mieten, um den untersten Teil der Verdon-Schlucht zu besichtigen. Wir folgen dem Seeufer nach rechts und überqueren den Verdon beim **Pont du Galetas** (489 m). Die Brücke Pont du Galetas ersetzt den einst sehenswerten Pont d'Aiguines, eine 124 m lange, mittelalterliche Brücke mit acht Rundbögen, die vor der Flutung Moustiers mit Aiguines verband. Doch nicht nur die Brücke wurde 1973 im Lac de Sainte-Croix versenkt, sondern auch das ganze Dorf les Salles-sur-Verdon samt Kirche und vielen Hektar besten Ackerlands. Das Dorf wurde etwas oberhalb der alten Stelle wieder aufgebaut, das Kraftwerk liefert seither rund 160 Millionen Kilowatt Strom pro Jahr und der See wurde ein Magnet für den regionalen Tourismus. Gleich hinter der Brücke können wir auf einem Fußpfad wieder zum See absteigen. Nach einem Parkplatz gibt es für den Weiterweg zwei Möglichkeiten. Die um circa 10 min längere Variante ist auf kleinen Pfaden immer oberhalb des Seeufers (oder je nach Wasserstand direkt am Seeufer) weiter zu wandern, wobei man den Weg etwas suchen muss. Kurz vor einem Segelbootverleih wird der Weg dann wieder klar und deutlich. Die andere Variante führt rund 1 km der Hauptstraße entlang, um nach einer Rechtskurve auf einer kleinen Straße wieder zum See abzusteigen.

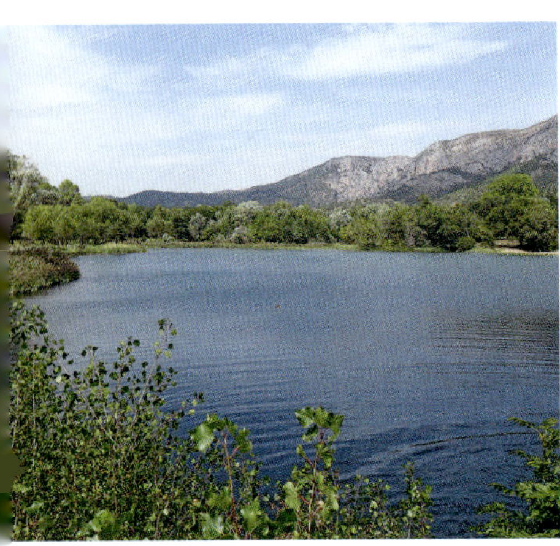

Der Petit Lac mit Bade- und Einkehrmöglichkeit.

Notre-Dame de Beauvoir oberhalb von Moustiers-Sainte-Marie.

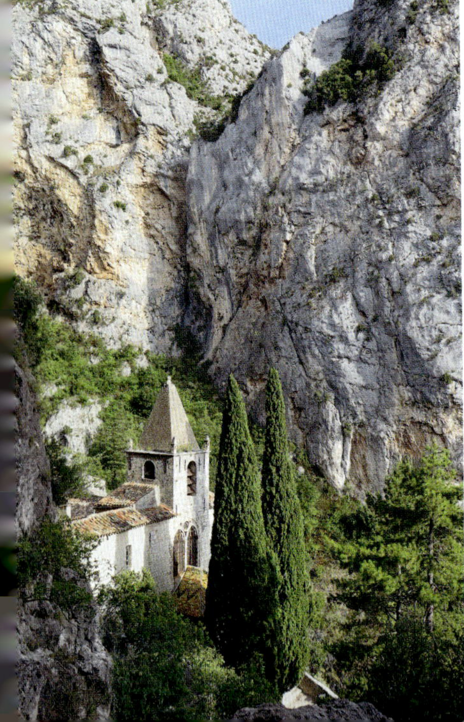

Bei beiden Varianten kommen wir an einem alten Gutshof, der Ferme St-Saturnin, vorbei und erreichen wenig später bei der Einmündung der Maïre das Ende dieses Seitenarms des Sees. Ab hier ist der Weg wieder gelb und als Mountainebikestrecke markiert. 2 min später gilt es am Ende eines Parkplatzes achtzugeben, um den Abzweiger nicht zu verpassen, der rund 50 m bevor unsere Piste die Hauptstraße erreicht, links in den Wald hineinführt. Immer mehr oder weniger geradeaus, später wieder weiß-rot markiert, gelangen wir zum **Petit Lac** (500 m), einem kleinen Stausee mit einem zum großen Teil naturbelassenen Seeufer. Vom Wanderweg aus kann man über die Staumauer das andere Ufer mit Bademöglichkeiten und dem Restaurant des Campingplatzes (geöffnet Mitte April bis Mitte Okt.) erreichen. Der Weg folgt dem östlichen Seeufer und führt später über die Felder bis zum Wegweiser Chemin de Quinson, wo wir auf einer kleinen Brücke den Bach überqueren (ab hier wieder nur gelb markiert). Nach 10 min überqueren wir die Hauptstraße und gehen steil bergauf bis ins Zentrum von **Moustiers-Sainte-Marie** (630 m).

Moustiers-Sainte-Marie

Moustiers-Sainte-Marie ist ein provenzalisches Dorf aus dem Bilderbuch und zieht im Sommer viele Touristen an. Sein Wohlstand fußt auf der Keramik- oder, genauer, der Fayence-Produktion, die gegen Ende des 17. Jahrhunderts zu einem Höhenflug startete, als Louis XIV. den Adel aufforderte, alles Gold- und Silbergeschirr einzuschmelzen, um seine Kriegsausgaben zu finanzieren. Fortan tischte der Adel Fayencen mit der weißen Glasur und der blauen Bemalung auf. Das Fayence-Museum zeigt die Kunstwerke und ihre Geschichte (geöffnet tägl. außer Di, im Jan. und über Mittag geschlossen). Sehenswert sind im Dorf auch die Pfarrkirche Notre-Dame-de-l'Assomption mit ihrem Altar aus einem umfunktionierten Marmorsarkophag aus dem 4. Jahrhundert und die Wehrmauern.

Das Wahrzeichen von Moustiers ist der goldene Stern, der an einer 227 m langen Kette zwischen zwei Felsen oberhalb des Dorfs funkelt. Es soll ein Ritter namens Blacas von Aups gewesen sein, der den Stern als Dank aufhängen ließ, weil er Mitte des 13. Jahrhunderts heil vom Kreuzzug im Heiligen Land und einer Gefangenschaft in seine Heimat zurückkehren konnte.

Besonders lohnenswert ist ein Spaziergang hinauf zur Grotte Ste-Madeleine, dann hinüber zur romanisch-gotischen Kirche Notre-Dame de Beauvoir und auf dem Pilgerweg zurück ins Dorf. Bereits im Jahr 435 sollen Mönche von Lérins in die Tuffsteinhöhlen oberhalb des Dorfs gezogen sein. Den Ort nannte man Monasterium (Kloster), von dem sich der heutige Name ableitet. Notre-Dame de Beauvoir wurde im 12. Jahrhundert erbaut und ist seither ein Pilgerort. Berühmtheit erlangte er im 17. Jahrhundert, als man von vielen »Wiederauferstehungen« berichtete, bei denen totgeborene Kinder für die kurze Zeit der Taufe wieder zum Leben erweckt worden sein sollen. Auf diese Weise konnten auch sie in den Himmel gelangen, der ungetauften Kindern verschlossen blieb.

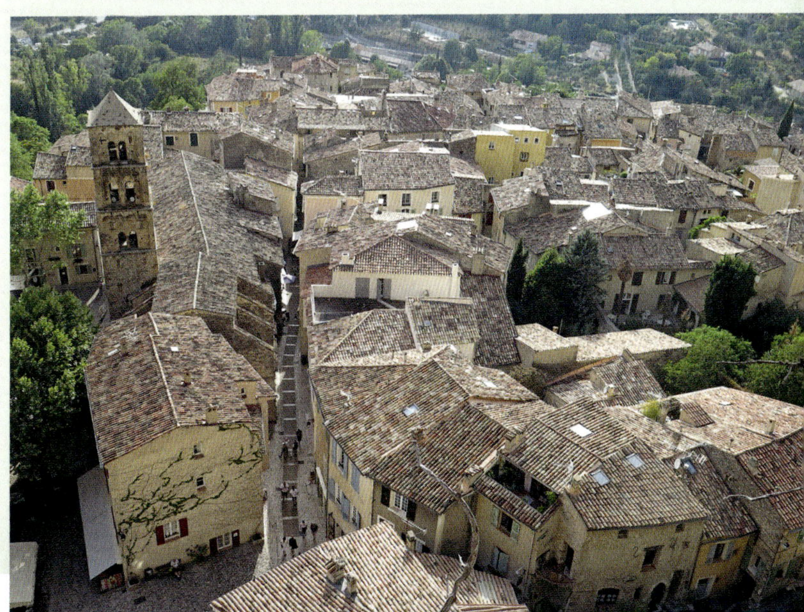

Der böse Wolf

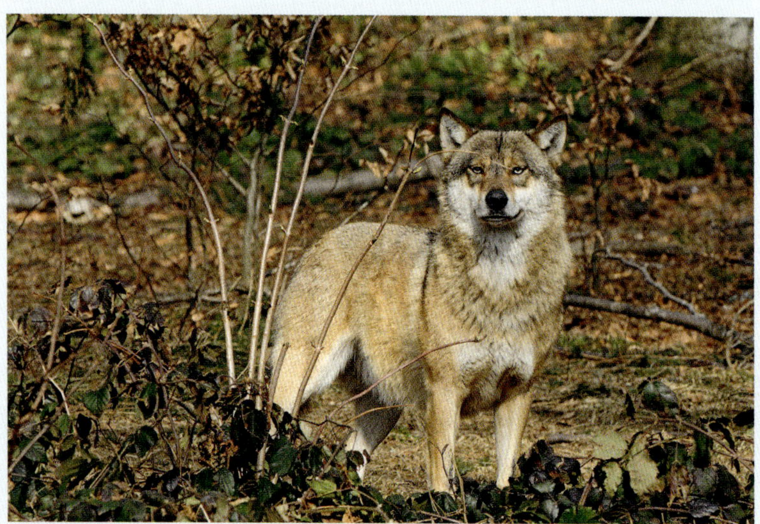

Der Wolf sorgt auch in der Provence immer wieder für Schlagzeilen.

1992 kam der Wolf zurück. Er kam aus den italienischen Abruzzen und schlich sich durch den Mercantour-Nationalpark ein. Seine Ankunft veränderte das Leben der Schafzüchter in Frankreich. Denn seit 1900 hatte es in den französischen Alpen keine Wölfe mehr gegeben, der letzte Wolf in ganz Frankreich wurde 1930 geschossen. Dann war Ruhe. Heute wird die Population der Wölfe auf 500 Exemplare geschätzt, rund die Hälfte davon in den Départements Alpes-Maritimes, Alpes-de-Haute-Provence und Var. Dies ist zwar nur ein Drittel der Populationen in Italien oder Spanien, aber das Wachstum war mit rund 20 Prozent pro Jahr in den letzten Jahren beträchtlich. Verglichen mit den historischen Zahlen – Ende des 18. Jahrhunderts lebten in Frankreich zwischen 10 000 und 20 000 Wölfe und 6000 wurden jährlich geschossen – ist dies zwar noch gering, aber für viele Züchter ist die Schmerzgrenze erreicht. Denn auch die Zahl der getöteten Schafe und Ziegen hat rasant zugenommen. 2018 wurden vom Wolf rund 12 000 Schafe und Ziegen gerissen – 2011 waren es noch 5000. Der Staat hat diese Verluste im Jahr 2016 mit 2,7 Millionen Euro kompensiert.

Der Wolf ist ein Opportunist und wird sich immer die einfachste Beute holen. Nach wie vor verspeist er lieber Rehe, Hirsche, Gemsen, Wildschweine und Mufflons, wobei er sich in erster Linie die kranken und schwachen Tiere schnappt. Nutztiere machen mit 16 Prozent einen relativ kleinen

Anteil seines Speiseplans aus. Damit jedoch der Schaden und die Wut der Züchter nicht noch größer werden, fördert der Staat diverse Schutzmassnahmen.

Zunächst einmal sollen Schafe und Ziegen die Nacht in einem mit Elektrozaun gesicherten Gehege verbringen. Dies hat Konsequenzen, da die Tiere dafür oft längere Wanderungen zum Nachtquartier machen müssen und sich somit die Weidezeit und die Nahrungsaufnahme verringert; zudem kann es an den betreffenden Stellen zur Überweidung führen. Aber die Maßnahme ist effizient. So effizient, dass mittlerweile die Hälfte der Attacken am Tag stattfinden.

Zudem sollen Herdenschutzhunde den Wolf abschrecken. Auch damit hat man gute Erfahrungen gemacht. Am meisten bei den Schafherden anzutreffen ist der große, weißhaarige Pyrenäenberghund, auch Patou genannt. Er hat eine ganz andere Aufgabe als der Treibhund, der den Hirten hilft, die Herde zusammenzutreiben und im Gegensatz zum Herdenschutzhund nicht immer bei der Herde ist. Schließlich sind Warnschüsse erlaubt, die jedoch eine zeitlich sehr begrenzte Wirkung haben. Falls der Wolf die Herde angreift, sind Schüsse zur Verteidigung erlaubt, was auch zum Abschuss führen kann. Bei hohen Schäden an der Herde können zusätzlich gezielte Abschüsse bewilligt werden. 2018 fielen diesen Abschüssen 40 Wölfe zum Opfer, 2019 könnte die Zahl auf 50 steigen (10 Prozent der Population). Die Notwendigkeit und der Nutzen der Abschüsse werden jedoch von vielen hinterfragt. In den Nationalparks sind sie generell verboten.

Für den Menschen stellen die Wölfe kaum ein Risiko dar. Seit der Wolf nach Frankreich zurückgekehrt ist, gab es rund 5000 registrierte Begegnungen (Sichtkontakt) zwischen einem Wolf und einem Menschen – aber in keinem dieser Fälle gab es eine Konfrontation. Zu Zwischenfällen kommt es aber immer wieder mit den Herdenschutzhunden, insbesondere wenn der Hirt nicht anwesend ist. Wanderer sollten deshalb folgende Verhaltensregeln beachten:

- Schafherden wenn möglich in einem weiten Bogen umgehen.
- Tempo verlangsamen, wenn der Herdenschutzhund sich nähert. Abrupte Bewegungen vermeiden. Keine Drohgebärden machen. Den Hund nicht mit den Augen fixieren. Langsam weitergehen, wenn der Hund es zulässt.
- Zutrauliche Hunde nicht streicheln oder füttern.
- Rückwärts gehen und gegebenenfalls den Hund im Auge behalten.
- Eigenen Hund an die Leine nehmen. Falls er angegriffen wird, nicht auf den Arm nehmen.

Meist wird für den Herdenschutz der Pyrenäenberghund (Patou) eingesetzt.

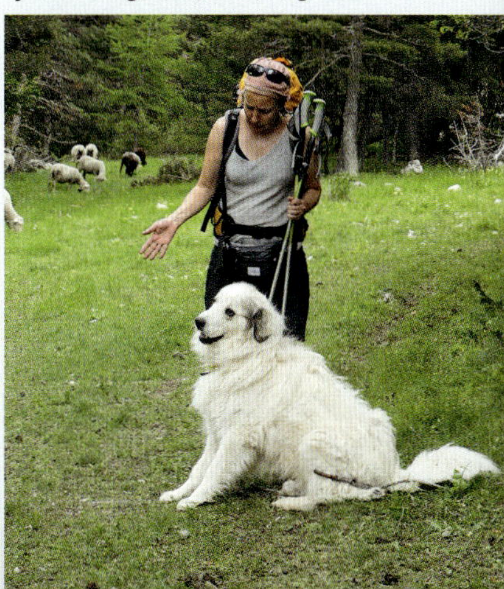

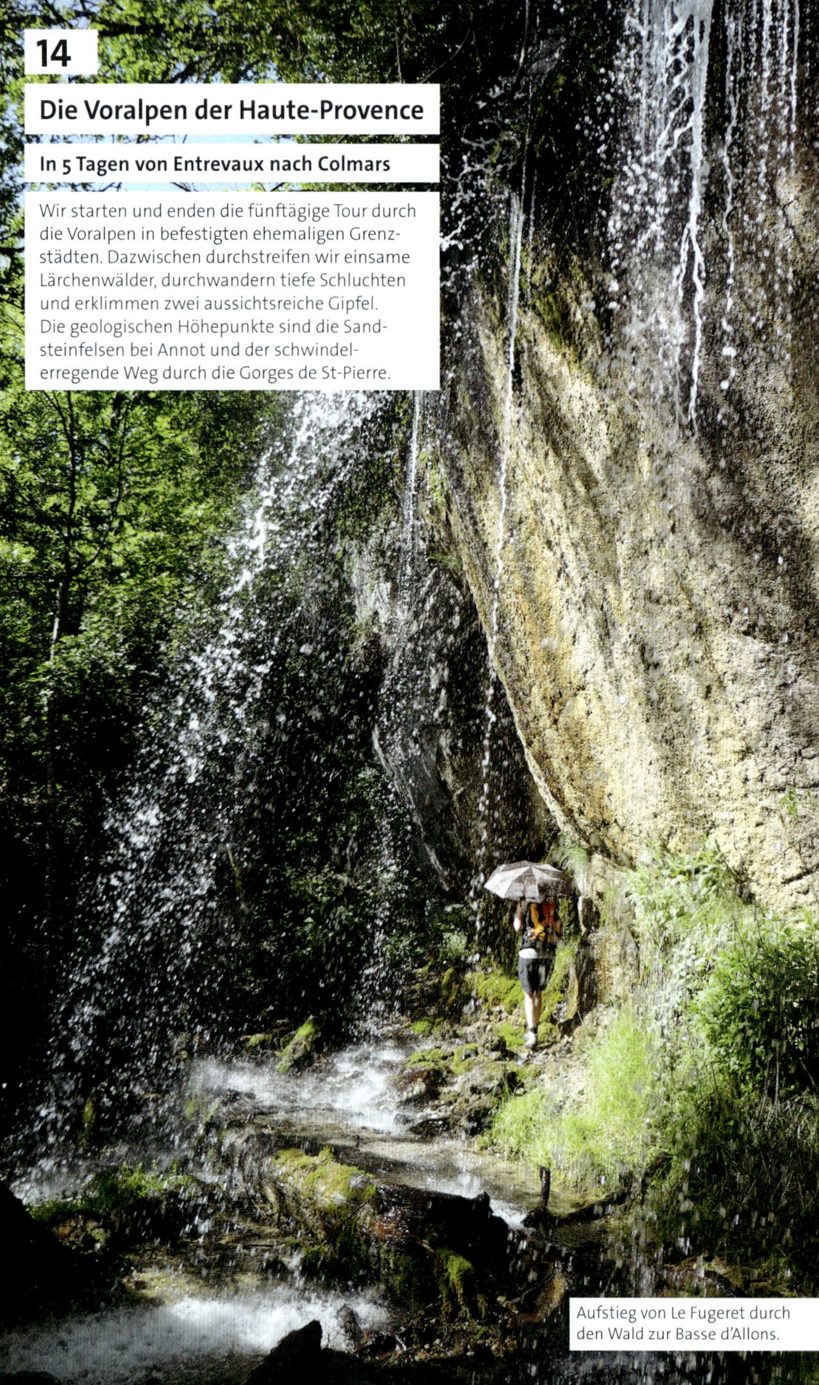

14

Die Voralpen der Haute-Provence

In 5 Tagen von Entrevaux nach Colmars

Wir starten und enden die fünftägige Tour durch die Voralpen in befestigten ehemaligen Grenzstädten. Dazwischen durchstreifen wir einsame Lärchenwälder, durchwandern tiefe Schluchten und erklimmen zwei aussichtsreiche Gipfel. Die geologischen Höhepunkte sind die Sandsteinfelsen bei Annot und der schwindelerregende Weg durch die Gorges de St-Pierre.

Aufstieg von Le Fugeret durch den Wald zur Basse d'Allons.

Beste Jahreszeit

Anfang Mai bis Ende Oktober

Karten

IGN 3540 OT, 3541 OT, 3641 OT (für den Beginn der 1. Etappe)

Varianten

Für die letzte, etwas längere Etappe gibt es diverse Abkürzungen:

1 Die Gorges de St-Pierre auslassen und von Beauvezer direkt zur Barre des Chabrières aufsteigen. Zeitersparnis 3 h 30 – aber man verpasst die Höhepunkte.

2 Von der Barre des Chabrières wieder nach Beauvezer absteigen und die Tour dort beenden. Zeitersparnis 30 min.

3 Am Ende der Wanderung den Abstecher zum Pont de Misson und zur Cascade de la Lance auslassen und direkt nach Colmars absteigen. Zeitersparnis 50 min.

An- und Abreise

Entrevaux: Bahnverbindung ab Nizza und Digne-les-Bains mit dem Train des Pignes (5 × tägl., tourisme.trainprovence.com). Zusätzlich auch Bus 790 ab Nizza Gare Routière.
Colmars: Busverbindung zum Bahnhof Thorame-Haute Gare (Linie HV1 von Haut

Sehenswertes

- A Altstadt und Befestigung von Entrevaux
- B Sandsteinfelsen Grès d'Annot
- C Kastanienselve bei Champ Long
- D Aussicht vom Puy de Rent
- E Wiederaufgebaute Dörfer Peyresc und Ondres
- F Gorges de St-Pierre
- G Wasserfälle der Lance
- H Altstadt und Befestigung von Colmars

Verdon Voyages, haut-verdon-voyages.fr), dort Anschluss zur Bahn (5 × tägl.); die Haltestelle in Colmars befindet sich bei der Tankstelle unterhalb des Dorfkerns, ca. 100 m Richtung St-André-les-Alpes.
Zurück zum Startpunkt: Bus bis Bahnhof Thorame-Haute Gare, von dort mit dem Train des Pignes nach Entrevaux (ca. 5 × tägl.).

Touristinfo

verdontourisme.com

Etappenorte

Entrevaux

tourisme-entrevaux.fr Alle wichtigen Einkaufsmöglichkeiten. Supermarkt beim Parkplatz vor dem Stadttor. Das einzige Hotel ist das Hôtel Vauban ebenfalls vor dem Stadttor (hotel-le-vauban.com). Ganz in der Nähe das Gîte d'étape der Gemeinde (Tel. 04 93 05 46 73), 2er- und 4er-Zimmer. Im alten Dorfkern befindet sich das Chambre d'hôtes Chambre 21 mit nur einem Zimmer (Tel. 06 74 74 19 43). Im Quartier le Plan (an der Wanderroute) befinden sich zwei weitere Chambres d'hôtes: La Maison de Julie (maison-julie.com) und Chez Joëlle et Daniel (Tel. 06 62 08 27 17).

Annot

annot-tourisme.com Annot liegt an der Bahnlinie des Train des Pignes (siehe oben). Wichtigste Einkaufsmöglichkeiten im Ort. Die Metzgerei Rigault, die auch Gemüse und Früchte führt, ist tägl. geöffnet. Markt am Di vormittags. Mehrere Restaurants. Im Dorf zwei Hotels: das Beauséjour (hotel-beausejour-annot.fr) und das etwas bessere Avenue (hotel-avenue.com) sowie ein Chambre d'hôtes (annot-histoire.com) im alten Dorfkern und eines 300 m vom Zentrum auf der anderen Seite der Vaïre (chambre-dhotes-sandra.business.site). Ebenfalls auf der rechten Seite des Flusses und unweit der Stadt liegt das Pré Martin (lepremartin.com), ein ehemaliges Kinderferienheim für (Waisen-) Kinder von Angehörigen der Armee aus den 1930er-Jahren. Heute stehen um das alte Gebäude rund 40 einfache Chalets für 4–5 Personen, die man günstig auch nur für eine Nacht mieten kann. Das Restaurant bietet eine ambitionierte Küche.

le Fugeret

Le Fugeret liegt an der Bahnlinie des Train des Pignes (siehe oben). Eine sehr beschränkte Einkaufsmöglichkeit (Kekse, Dosen) gibt es nur im Gîte Saint Pierre, das auch ein Dépôt de Pain hat (das Brot muss am Abend für den nächsten Tag bestellt werden). Einzige Restaurations- und Übernachtungsmöglichkeit ist das preiswerte Gîte Saint Pierre (gitestpierre.fr), 2er bis 6er-Zimmer.

la Colle St-Michel

Kein ÖV, keine Einkaufsmöglichkeit. Die beiden Unterkünfte bieten Halbpension an und stellen auf Wunsch ein Picknick zusammen: Gîte Colle Saint Michel (gite-haut-verdon.com) und Gîte Auberge Oustalet (gite-auberge-oustalet.com).

Beauvezer

Beauvezer liegt an der Buslinie HV1 (Haut Verdon Voyages), die Allos und Colmars mit dem Bahnhof von Thorame-Haute des Train des Pignes (Nice–Digne) verbindet (5 × tägl.). Lebensmittelladen (Mo geschlossen). In einer ehemaligen Fabrik gibt es eine Maison de Produits des Alpes de Verdon mit lokalen Spezialitäten (während der Saison tägl. geöffnet). Zwei Hotels: das zentral am Dorfplatz gelegene Bellevue (lebellevue.eu) und das Hotel Verdon (hotelduverdon.fr) beim Schwimmbad. Das Gîte de la Draperie (giteladraperieduhautverdon.com) ist in einer alten Fabrik untergebracht und das Chambre d'hôtes le Montagn'Art (lemontagn-art.com) wenige Meter oberhalb des Dorfs in einem Chalet.

Colmars

colmarslesalpes-verdontourisme.com (deckt auch Beauvezer und la Colle St-Michel ab). Einkaufsmöglichkeiten vor Ort. Das einzige Hotel ist das Hotel le France, direkt an der Stadtmauer (hotel-le-france.com). Im alten Stadtkern das preiswerte Gîte d'étape Gassendi (Tel. 04 92 83 42 25) und ca. 1 km außerhalb der Stadt zwei Chambres d'hôtes: Transhumances (lestranshumances.pagesperso-orange.fr) und Les Ronds de Sorcières (les.rondsdesorcieres.free.fr).

Entrevaux

Die geschichtsträchtige Stadt Entrevaux ist einen Besuch wert. In der Ebene am rechten Ufer des Var gab es die keltisch-ligurische Siedlung Glanate, die bereits im 5. Jahrhundert Bischofsstadt wurde. Im 10. Jahrhundert begann die Umsiedlung auf den heutigen Hügel links des Var, der einfacher zu verteidigen und nicht von den Hochwassern des Var bedroht war. Während Jahrhunderten – als zwischen 1388 und 1860 die Grafschaft Nizza zu Savoyen gehörte – war Entrevaux Grenzstadt und Bastion, zuerst der Grafschaft Provence, später des französischen Königreichs. Im Auftrag von Louis XIV. baute Vauban die Befestigung der Stadt stark aus. Auf diese Weise konnte die Stadt im Jahr 1707 einer Belagerung durch Savoyen standhalten. Nachdem die Grenze zur Grafschaft Nizza verschwand, hatte die Zitadelle keinen Nutzen mehr und wurde im Ersten Weltkrieg als Gefängnis für deutsche Kriegsgefangene benutzt.

Für Besucher lohnt sich zuerst ein Gang zum Tourismusbüro gleich hinter dem Stadttor links. Man erhält hier zum Beispiel ein iPad, um die alten Mühlen und das Äquadukt vor den Stadttoren zu besichtigen. Auch der Eingang für den Gang durch die Festungsmauern (Chemin de Ronde, kleine Ausstellung) befindet sich beim Tourismusbüro. Nachdem man durch die alten Gassen der Stadt geschlendert ist, kann man den befestigten Weg hinauf zur Zitadelle unter die Füße nehmen. Die Zitadelle (Eintritt 3 Euro) besteht aus mehreren Bauten, die zum Teil wieder hergestellt wurden. Dahinter ist ein Weg ausgeschildert, der durch Olivenhaine und vorbei an der Kathedrale zurück in die Stadt führt.

Der befestigte Aufgang zur Zitadelle und die Porte Royale in Entrevaux.

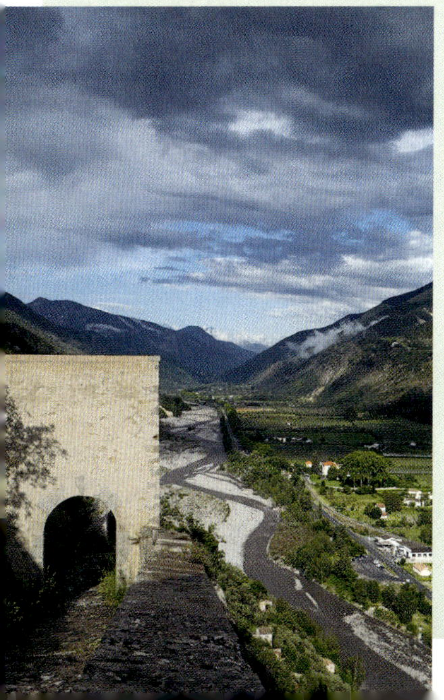

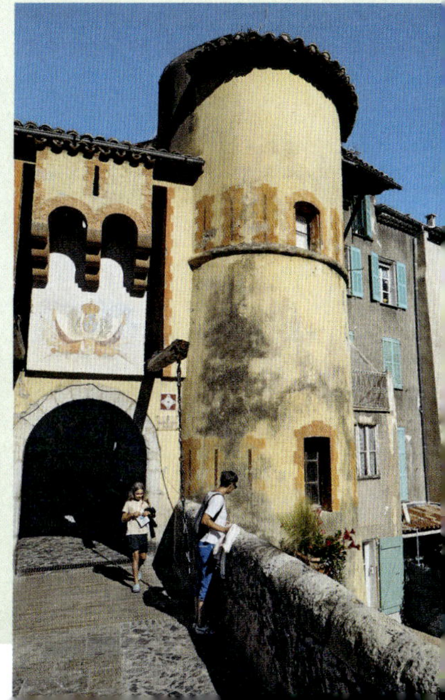

14.1 Entrevaux–Annot

Wanderzeiten	
Entrevaux–la Colle	1h20
la Colle–Col de St-Jeannet	1h20
Col de St-Jeannet–Chapelle St-Jean du Désert	0h25
Chapelle St-Jean du Désert–Pont St-Joseph	1h20
Pont St-Joseph–Annot	1h35
Total	**6h00**

Höhendifferenz	↗1060 m ↘840 m

Schwierigkeit	T3

Für alle, die angesichts der langen Tagesetappe bereits früh starten möchten, gibt es im Restaurant du Pont Levis bereits ab 6.15 Uhr Frühstück (Voranmeldung am Vorabend empfohlen). Der Beginn der Wanderung ist hartes Brot, da wir zuerst von **Entrevaux** (477 m) aus 1,5 km der Hauptstraße den Var hinauf folgen müssen. (Alternativ kann man bis zur Station Plan d'Entrevaux auch den Train des Pignes nehmen, siehe An- und Abreise S. 249. Achtung: Der Halt bei Plan d'Entrevaux muss dem Kontrolleur angekündigt werden.) Nach rund 20 min biegen wir links Richtung Le Plan ab. 400 m weiter, unmittelbar nach einer Brücke, können wir links in einen Fußpfad abzweigen. Zurück auf der Straße, nehmen wir die zweite Abzweigung nach links. Ab hier ist der Weg weißrot markiert, denn wir befinden uns auf dem GR4, der von Grasse bis zur Atlantikküste nach Royan führt.

Der Weg führt zuerst auf der Straße, später auf einem angenehmen Pfad durch den Flaumeichenwald stetig aufwärts bis zur Häusergruppe von **la Colle** (860 m). Rund 200 m weiter gilt es den Abzweiger nach links in einen Fußpfad nicht zu verpassen. Beim weiteren Aufstieg, zuerst durch Kiefern-, danach durch Buchenwald, deuten Wegkapellen darauf hin, dass wir uns auf einem Pilgerweg befinden. Seit 1605 wird um den 24. Juni im Rahmen einer feierlichen Prozession die Büste von Johannes

Chapelle St-Jean du Désert.

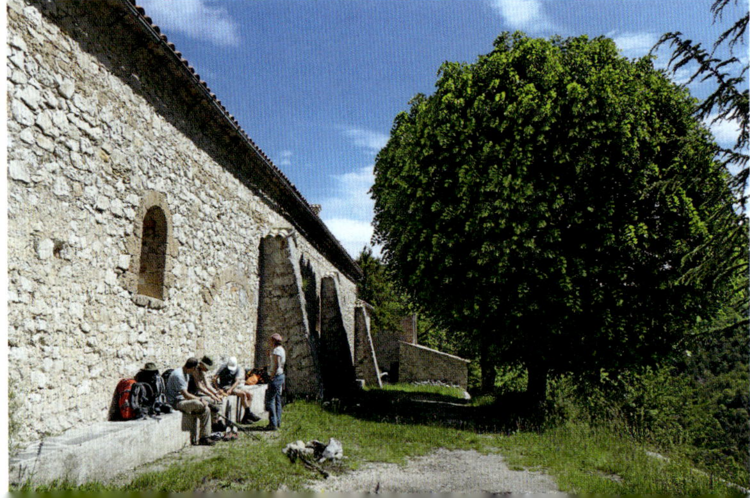

dem Täufer von Entrevaux über den Pass bis zur Kapelle St-Jean-du-Désert getragen. Wir gehen den gleichen Weg. Circa 600 m hinter dem **Col de St-Jeannet** (1278 m) finden wir eine größere Quelle, die jeweils während der Prozession geweiht wird und bei der wir unsere Wasserflaschen auffüllen können.

Kurz vor der Kapelle verlassen wir den GR4 und gehen nach rechts bis zur **Chapelle St-Jean du Désert** (1235 m, abgeschlossen) hinauf. Der Weg (ab hier gelb-rot markiert) führt um die Kapelle herum und dann hinunter zur Schlucht des Ravin de St-Jean, der wir auf einem Sims folgen. Unter uns hören wir das Brausen eines Wasserfalls, der jedoch vom Weg aus nicht einsehbar ist. Kurz vor dem verfallenen Weiler Ourges gilt es, bei einem Bachübergang eine etwas heikle und glitschige Stelle zu meistern. Unterhalb einer Felswand wandern wir das Tal hinaus, zum Schluss auf einem Fahrweg, der sich weit oberhalb der tiefen Schlucht (Clue de Rouaine) zum **Pont St-Joseph** (754 m) hinabschlängelt. An den trockenen Hängen rund um den Pont St-Joseph blüht im Juni und Juli die rote Seealpen-Lilie. Wir überqueren die Brücke (die nicht mehr allzu stabil aussieht), folgen der Hauptstraße für 300 m und biegen dann rechts in einen deutlichen Fußpfad ab (gelb-rot markiert). Steil geht es hier den Hang hinauf, um 100 Höhenmeter weiter oben rechts auf einen alten Weg abzubiegen, der teilweise leicht ausgesetzt weit über dem Talgrund dem Hang folgt. Nach einem weiteren Aufstieg führt uns der Wanderweg bis ins Tal hinunter, wo er dem Flusslauf der Vaïre folgt. Wir überqueren den Fluss auf der alten Brücke aus dem 17. Jahrhundert und erreichen das Zentrum von **Annot** (695 m, immer gelb-rot markiert).

Annot

In Annot (das t wird ausgesprochen) lockt ein Rundgang durch die Altstadt. Im Tourismusbüro (gleich rechts, wenn man über die Brücke kommt) kann man sich einen Stadtplan holen, der zu den wichtigsten Punkten der Altstadt führt. Dort ist auch ein guter Führer (auf Französisch) zu den Grès d'Annot erhältlich, die wir am folgenden Wandertag besichtigen werden (Voyage au gré des temps–Le Livret de Découverte). Die Sandsteinfelsen oberhalb des heutigen Orts waren bereits seit dem 4. Jahrhundert v. u. Z. bewohnt. Es waren Kelto-Ligurer, die ihre Behausungen und Ställe direkt an die Felsen bauten. Später soll ein Vorgängerbau der Kirche Notre-Dame de Vers-la-Ville (oberhalb des heutigen Dorfs) der Kern der damaligen Ortschaft Sigummana gewesen zu sein. Erst im 11. Jahrhundert entstanden die Kirche und die Stadt Annot am heutigen Ort. Für viele Bauten wurde dabei der Sandstein der Gegend verwendet.

Die stark gefährdete Seealpen-Lilie.

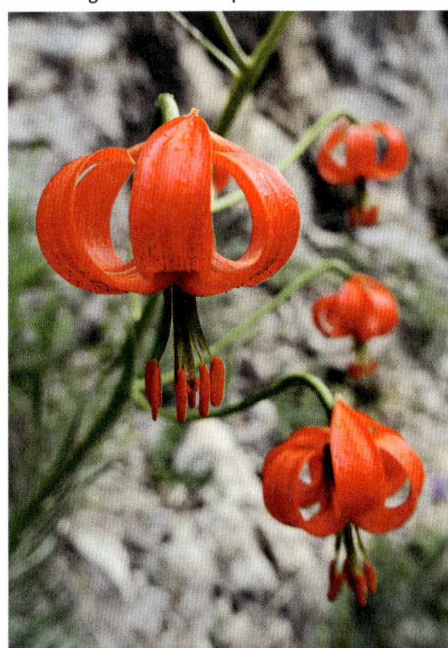

14.2 Annot–le Fugeret

Wanderzeiten	
Annot–Chambre du Roi	1 h 00
Chambre du Roi–Belvédère–les Portettes	0 h 50
Les Portettes–Col de Pelloussis	2 h 00
Col de Pelloussis–Chapelle St-Pierre	0 h 50
Chapelle St-Pierre–le Fugeret	1 h 00
Total	**5 h 40**

Höhendifferenz	↗ 850 m ↘ 715 m

Schwierigkeit	T3

Die Chambre du Roi

Die Legende der Chambre du Roi (die Königskammer) besagt, dass gegen Ende des 10. Jahrhunderts ein Landesfürst aus der Basse Provence, seine Prinzessin und sein Gefolge auf der Flucht vor Sarazenen nach Sigummana (so hieß Annot zu dieser Zeit) kamen. Die Herren von Sigummana brachten sie in das Versteck der Chambre du Roi, wo sich die Flüchtlinge längere Zeit aufhielten, bis ein Verräter das Geheimnis den Sarazenen verriet. Die Sarazenen kamen zurück, brachten den Landesfürsten, die Prinzessin und sein Gefolge um und warfen die Leichen über die Felsen ins Tal. Anschließend überfielen sie auch Sigummana, da die Bewohner der Stadt Komplizen ihrer Feinde waren. Die Legende besagt weiter, dass danach die Pest unter den Sarazenen wütete und die Überlebenden unter ihnen schnell das Gebiet verließen, worauf die Epidemie, einem Wunder gleich, ein Ende fand. Der Grès d'Annot entstand vor 35 Millionen Jahren durch Unterwasserlawinen aus Sand und Schlamm, die während der Alpenbildung an die Oberfläche gehoben, aufgebrochen und verformt wurden. Dieser Sandstein besteht vor allem aus Quarzkörnern und ist deshalb gegenüber der Erosion sehr resistent.

Am Hauptplatz in **Annot** (695 m, beim Hotel le Beauséjour) folgen wir dem Wegweiser Circuit des Grès d'Annot und gehen wenige Meter danach bei der Metzgerei Rigault nach rechts (gelb markiert). Entlang eines kanalisierten Bachs gehen wir circa 200 m auf dem Chemin de la Beite, bis wir vor einer Brücke mit einer Treppe zur Avenue de la Gare hinaufsteigen und dieser nach links folgen. Unter der Bahnlinie hindurch und auf der Höhe des Bahnhofs den Gleisen folgend führt uns der Weg in den Wald. Wir wandern auf einem Weg aus großen Sandsteinblöcken an hohen Sandsteinfelsen vorbei, an denen sich im Sommer die Kletterer tummeln. Unter einem dieser Felsen kauert das Abri de la Roubine. Es ist einer von rund 150 Unterständen oder Höhlenbehausungen rund um Annot, die im Schutz der überkragenden Sandsteinfelsen gebaut wurden. Die ältesten dieser Behausungen werden auf das 3. Jahrhundert v. u. Z. geschätzt, als die Kelten ins Land kamen. Sie dienten als Wohnraum, als Stall oder als Lagerort für Kastanien.

Im Folgenden überqueren wir eine Mergelschicht (ein Gemisch aus Ton und Kalk) und gelangen zum Wegweiser, der uns nach links via die Jardins du Roi zur Chambre du Roi führt. An beiden Orten führt der Weg zwischen hohen Sandsteinfelsen hindurch. Gleich beim Eingang der **Chambre du Roi** (ca. 950 m) gibt es rechts einen kleinen Durchgang, durch den man gebückt ein hohes, abgeschlossenes Zimmer zwischen den Sandsteinfelsen erreicht. Kein Wunder, dass dieses Felsenlabyrinth der Ursprung vieler Legenden ist (siehe Kasten).

Hinter der Chambre du Roi verläuft der Weg auf einem Sims. Rechts vom Weg fällt die Wand senkrecht ins Tal ab, doch ist der

Weg breit genug, dass die Passage keine Probleme verursacht. Oberhalb des Simses formt der Fels ein großes Gesicht, Lou Gardian, der über das Tal wacht. Danach geht es einem Bachlauf entlang bis zu einem Wegweiser, der uns auf einen 20-minütigen Abstecher zum Belvédère hinweist. Es lohnt sich, die große Felsplatte bis zu ihrem Ende zu besteigen, um von dort die Aussicht auf das Tal der Vaïre und des Coulomp zu genießen. Zurück auf dem Hauptweg, erreichen wir bei **les Portettes** (ca. 1040 m) ein weiteres großes Felsentor. Wir verlassen hier den Circuit der Grès d'Annot und folgen wir dem Wegweiser Richtung Annot par Champ Long. Bereits nach 20 m müssen wir achtgeben, dass wir den Linksabzweiger nicht verpassen, der über einen Felsbrocken und durch ein Felsentor hindurchführt (weiterhin gelb markiert). Wir wandern an weiteren eindrücklichen Sandsteinfelsen vorbei durch einen alten Kastanienwald.

Rund 200 m bevor unser Weg den (trockenen) Bachlauf des Ravin de Balme Michel überquert, gibt es wenige Meter rechts des Wegs von einem langen Felsband aus die Gelegenheit, eine weite Sicht ins Tal des Coulomp und darüber hinaus zu genießen. Circa 1 km nach dem Bachbett kommen wir an einen Wegweiser, der keine Abzweigung signalisiert, doch an der Stelle steht, an der ein Pfad rechts abbiegt. Wir steigen auf diesem Pfad (nicht markiert) leicht auf, gehen unterhalb des Hauses von Baume Longe vorbei, halten im offenen Gelände die Höhe und gelangen so wieder auf den gelb markierten Wanderweg, dem wir nach rechts folgen. (Alternativ kann man dem markierten Weg 200 m bis zu einem weiteren Wegweiser folgen und erst dann auf einen deutlicheren Pfad rechts abbiegen; gelb markiert, aber auf dem Wegwei-

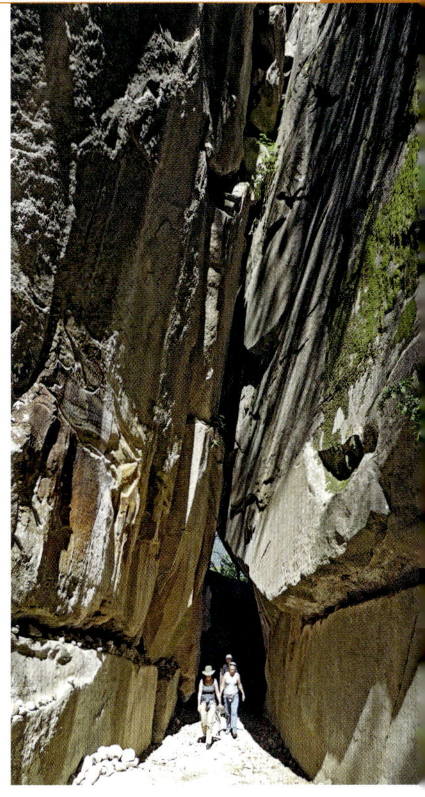

Die Chambre du Roi oberhalb Annot.

Kastanien

Die Kastanienselve findet auf dem sandigen und sauren Boden ideale Bedingungen vor (Kalk meidet sie). Seit dem 16. Jahrhundert hat sich die lokale Bevölkerung vom »Brot der Armen« ernährt. Im Sand vergraben oder getrocknet, hielten die Kastanien bis ins nächste Frühjahr. Heute drohen die nicht mehr genutzten Kastanienselven mehr und mehr von Waldkiefern überwuchert zu werden. Aus diesem Grund wurde 2005 ein Programm gestartet, das nicht nur den Baumbestand pflegt, sondern auch die Verarbeitung der Kastanien (z. B. zu Kastaniencreme) fördert.

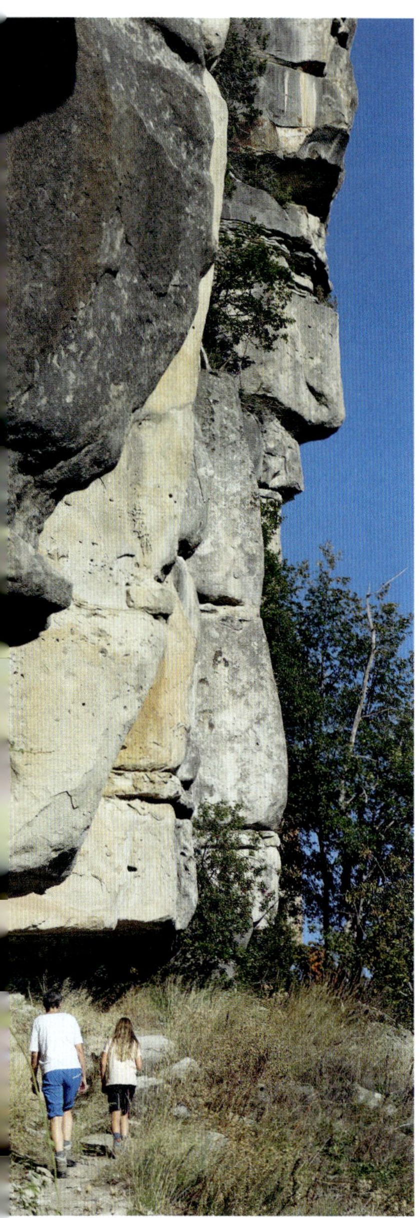

Lou Gardian wacht über das Tal.

ser nicht signalisiert.) Wir steigen sanft bis zum Grat an. Mittlerweile haben die Kastanien den Kiefern Platz gemacht, doch die Sandsteinformationen erfreuen uns nach wie vor. Auf dem Grat haben sie die Form von Riesenbällen.

Vom Grat geht es links hinunter bis zum **Col de Pelloussis** (1350 m). Vom wenig ausgeprägten Pass gehen wir nochmals auf einem deutlichen Weg Richtung Norden aufwärts (keine Markierungen). Nach der kleinen Kuppe kommen wir beim Abstieg nochmals an einer alten Behausung an einem Sandsteinfelsen vorbei. Gleich danach erreichen wir einen Fahrweg, dem wir nach links folgen (ab hier wieder markiert). Der Wegweiser gibt, im Gegensatz zur Karte, diese Stelle als Col de Pelloussis an. Wir folgen dem Wegweiser Richtung Le Fugeret zuerst noch auf dem Fahrweg, später auf einer Piste abwärts. Beim Wegweiser St-Pierre verlassen wir die Piste nach rechts und gehen auf dem breiten Weg hinauf zur Krete (gelb markiert). Oben angelangt, bei großen Sandsteinfelsen, führt uns der Wegweiser nach rechts. Bevor wir aber diesem Weg abwärts folgen, gehen wir hier nach links und erreichen auf diese Weise die Ruinen der **Chapelle St-Pierre** (1284 m, 11. Jh.), die links des Wegs auf einem Felssockel thront. Die bearbeiteten Felsen rund um die Kapelle, deuten darauf hin, dass der Ort bereits in vorchristlicher Zeit bewohnt war oder zumindest genutzt wurde.

Von der Kapelle gehen wir zurück zum Wanderweg und folgen den gelben Markierungen bis zu einem Fahrweg. Der Weg macht eine Kurve nach rechts und gleich danach eine Kurve nach links. 10 m nach dieser Linkskurve verlassen wir den Fahrweg nach rechts (gelbes Kreuz) und gehen auf einem Fußweg fast in der Falllinie den

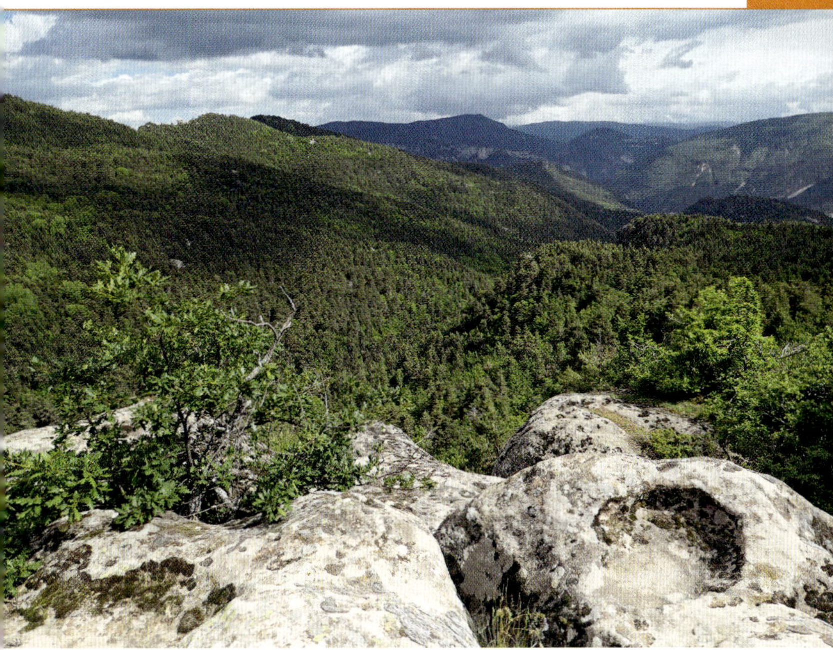

Weite Aussicht von der Chapelle St-Pierre über das Tal der Vaïre.

Hang hinunter (nicht markiert). Wir erreichen eine Piste und folgen ihr 100 m nach rechts bis zu einem Wegweiser nach Le Fugeret. Der Weg ist hier nicht klar ersichtlich. Er führt zuerst quer über die Wiese, später zwischen zwei alten Kastanienbäumen hindurch zu einem kleinen Tälchen. Im Wald ist er dann wieder gut sichtbar und gelb markiert. Später verläuft der historische Weg, der einst Fugeret mit St-Pierre verband, auf einem Sims und führt zu einer kleinen Wegkapelle, dem Oratoire Ste-Madeleine, die zu Beginn des 19. Jahrhunderts in den Sandstein geschlagen wurde. Im Zickzack geht es durch eine Kastanienselve den Berg hinunter. Im flacheren Gelände wandern wir durch ein Gebiet mit blauem Mergel, bevor wir beim Wegweiser von les Laouves auf die Straße treffen. Bereits nach 20 m können wir wieder auf einen Wanderweg abbiegen, der zweimal die Bahnlinie unterquert und auf eine Straße mündet, die uns nach **Le Fugeret** (830 m) führt. Das Gîte Saint Pierre befindet sich gleich rechts, wenn man auf die Hauptstraße trifft. Das Dorf macht einen etwas verlassenen Eindruck, doch rechts der Straße Richtung Colmars versteckt sich ein alter Dorfkern mit kleinen Gassen und einem öffentlichen Ofen.

14.3 Le Fugeret–la Colle St-Michel

Wanderzeiten	
Le Fugeret–Source de Roncharel	1 h 45
Source de Roncharel–Basse d'Allons	0 h 25
Basse d'Allons–Wegweiser les Gorgettes	0 h 45
Wegweiser les Gorgettes–Puy de Rent	1 h 10
Puy de Rent–la Colle St-Michel	1 h 10
Total	**5 h 15**

Höhendifferenz	↗ 1160 m ↘ 560 m

Schwierigkeit	T2

Wir wechseln heute zwar bloß die Talseite, doch geologisch sind wir Millionen Jahre von der letzten Etappe entfernt. War der Untergrund gestern 30 Millionen Jahre alter Flysch mit seinen imposanten Sandsteinformationen, besteht er heute aus 80 Millionen Jahre altem Kalk. Damit ändert auch die Flora. Kalkmeidende Kastanien werden wir heute keine sehen, dafür Pfingstrosen oder den knolligen Baldrian, die beide Kalk bevorzugen. Vom Gîte Saint Pierre in **Le Fugeret** (830 m) gehen wir auf der Hauptstraße Richtung Colmars durch das Dorf. Am Ausgang des Dorfs folgen wir dem Wegweiser nach Colle St-Michel, queren die Vaïre auf einer alten Steinbrücke und folgen den gelben Markierungen aufwärts. Unterhalb eines Hauses ist der Pfad für kurze Zeit schmal und etwas überwuchert, im Wald ist er wieder gut sichtbar. Stetig, teilweise steil, aber meist angenehm, führt der Weg durch den Mischwald (Buchs, Eichen, Kiefern) aufwärts. Kurz vor P. 988 führt der Weg nach Regenfällen unter einem Wasserfall hindurch. Nach einem steilen Wegstück erreicht der Weg den Ravin de Roncharel

Beim Aufstieg zum Puy de Rent durchstreifen wir lichte Lärchenwälder.

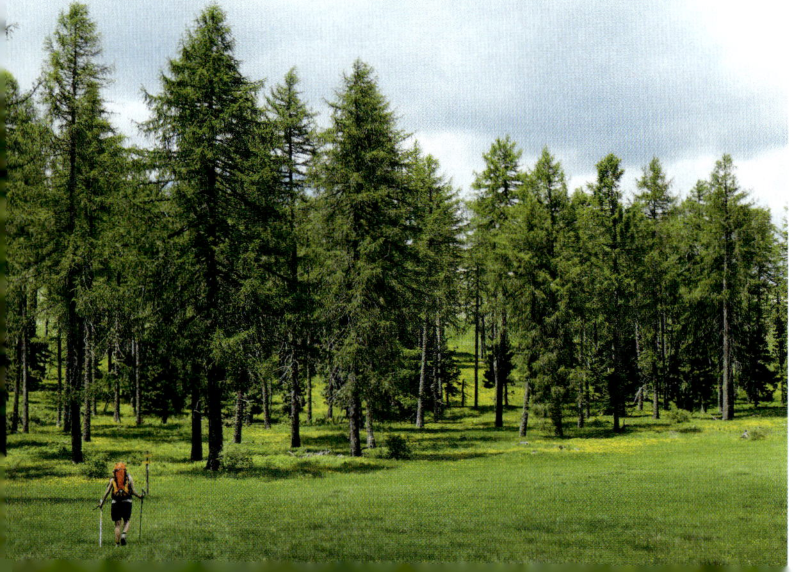

circa 100 m weiter unten als auf der Karte eingezeichnet und folgt dann dem Bachbett aufwärts. An der eigentlichen Quelle vorbei, folgen wir weiter dem Bachbett und erreichen 5 min später die gefasste Quelle der **Source de Roncharel** (ca. 1340 m). Hier nicht auf den Fahrweg, sondern auf einem schmalen Pfad weiter steil bergauf den gelben Markierungen folgen.

Wir erreichen ein trockenes Tälchen, dem wir auf dem Schotterbett circa 150 m aufwärts folgen, um dann links in den schmalen Pfad abzubiegen, der uns bis zur Lichtung auf der **Basse d'Allons** (1495 m) bringt. Im Wald vor dem Pass gedeihen Pfingstrosen. Von hier verläuft der breite Weg auf dem wenig ausgeprägten Grat durch einen Kiefernwald weiter aufwärts (gelbrot markiert). Auf rund 1700 m lichtet sich der Wald und wir wandern aussichtsreich über die Weiden dem Grat entlang. In einer Senke folgen wir beim Wegweiser **les Gorgettes** (1680 m), dem Fahrweg zwischen zwei Kuppen hindurch. Später wieder auf einem Fußweg, geht es entlang eines lichten Lärchenwalds, mehr oder weniger dem Grat entlang stetig aufwärts. Auf den Weiden blüht der knollige Baldrian mit seinem kugeligen lilafarbenen Blütenkopf. Vom Gipfel des **Puy de Rent** (1996 m, das t wird ausgesprochen) bietet sich eine weite Rundsicht. Im Tal des Verdon erblicken wir unter uns St-André-les-Alpes, weit im Westen die Montagne de Lure (Wanderung 12), gleich gegenüber im Nordosten den Grand Coyer und weiter im Norden den Mont Pelat (Wanderung 15) und die Tête de l'Estrop (Wanderung 16). Vom Gipfel wandern wir stets über die karge Wiese dem Grat entlang und über die letzte Erhebung, den Pic de Rent, in den lichten Lärchenbestand hinein. Einzelne Steinmännchen weisen uns den Weg. Im Kiefernwald führen uns dann die rot-gelben Markierungen auf einem deutlichen Pfad und zuletzt auf einem Fahrweg bis nach **la Colle St-Michel** (1431 m) und dem gleichnamigen Gîte. Für die Auberge l'Oustalet folgen wir der Hauptstraße 200 m nach rechts.

La Colle St-Michel

Der Pass des Colle St-Michel trennt das Tal des Var und jenes des Verdon und bildet einen Übergang zwischen einer alpinen und einer mediterranen Region. Seit 1000 Jahren bewohnt, leben heute nur noch zehn Personen dauerhaft in la Colle St-Michel (1850 waren es noch 100). Aufgrund der sinkenden Bevölkerung fusionierte la Colle St-Michel 1964 mit Peyresq und 1974 mit Thorame-Haute. Früher lebten die Einwohner von der Schafzucht, wobei sie mit ihren Herden während den Wintermonaten in die Basse Provence wanderten. Heute gibt es hier noch einen Schafzüchter, der keine Transhumanz mehr betreibt. Doch in den Sommermonaten, von Ende Juni bis Anfang Oktober, kommen Tausende von Schafen aus der Basse Provence in die Gegend um la Colle St-Michel. Mit 580 000 Schafen ist die Region Provence-Alpes-Côte d'Azur nach wie vor eine der wichtigsten Schafzuchtregionen Frankreichs. Auch der Wolf ist in der Gegend präsent, was immer wieder für Schlagzeilen sorgt, wenn Schafe gerissen werden. Im Winter mutiert la Colle St-Michel zu einem bedeutenden Langlaufzentrum.

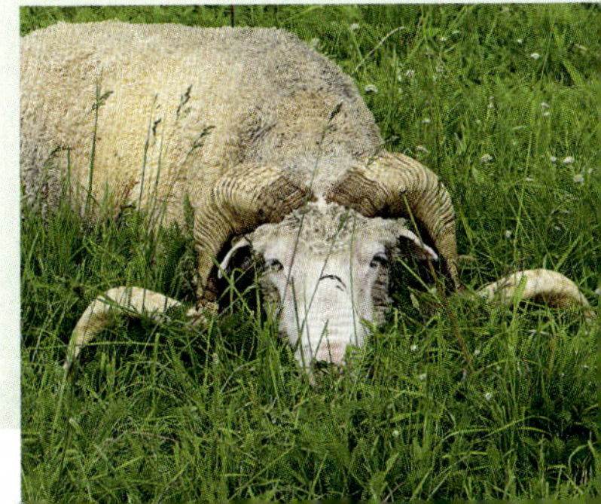

Verlassene und neu belebte Dörfer

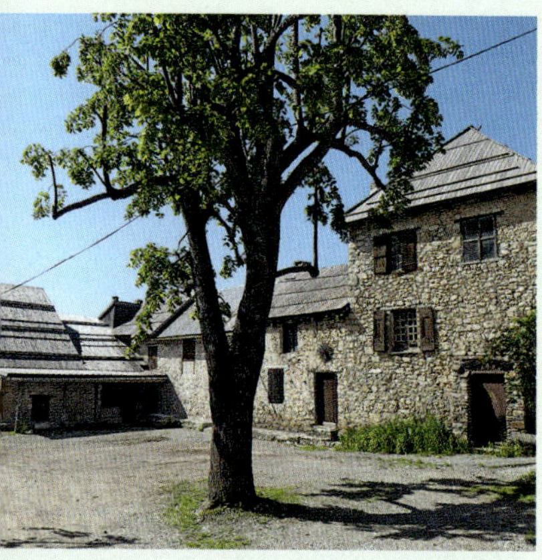

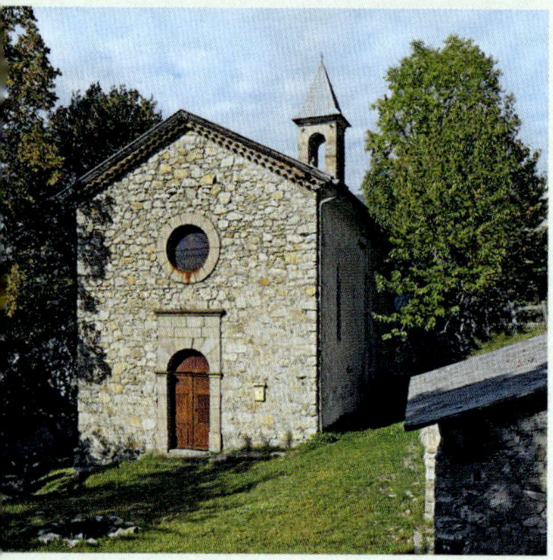

Peyresq (Bild oben) hatte 1952 noch drei Einwohner und das Dorf bestand zum großen Teil aus Ruinen. Dabei war es einst eine blühende Siedlung, die 1232 vom Grafen der Provence Raymond Béranger V. als Festung ausgebaut wurde. Berühmt wurde das Dorf, weil der bekannte Philosoph, Astronom und Mathematiker Nicolas-Claude Fabri de Peiresc (1580–1637), durch Vererbung Herr des Dorfs, den Namen in die Welt hinaustrug. Er führte Briefwechsel mit Galileo Galilei, Rubens und Pierre Gassendi (siehe S. 297), doch in Peyresc weilte er nie. Zu seinen Lebzeiten hatte das Dorf noch über 200 Einwohner, doch danach begann die kontinuierliche Entvölkerung. Auf der Suche nach einem Seminarhaus für seine Studenten reiste 1952 Georges Lambeau, Direktor der Akademie der schönen Künste in Namur (Belgien), durch die Gegend. In Peyresq fand er kein Haus, aber ein ganzes Dorf. Mithilfe seines Freundes und Mäzenen Toine Smets, und später im Rahmen des Vereins Pro Peyresq, wurde das Projekt, hier ein humanistisches Zentrum für Studenten, Künstler und Wissenschaftler zu erstellen, Realität. Wenn man heute durch das Dorf schlendert, sieht man den Erfolg des Vorhabens. Alle Häuser wurden wiederaufgebaut, und Studierende von diversen belgischen Universitäten beleben das Dorf in den Sommermonaten.

Auch das Dorf Ondres (Bild unten), das wir gegen Ende dieser Tagesetappe erreichen werden, war Mitte der 1950er-Jahre praktisch ausgestorben. Ondres war nie eine eigenständige Gemeinde, sondern gehörte immer zu Thorame-Haute und galt immer als der ärmste Weiler des Tales, in dem man »wenig Wein trank«, wie in einem Bericht aus dem Jahr 1820 zu lesen ist. Man war Selbstversorger, baute auf den Terrassen um das Dorf etwas Weizen, Hafer und Gerste an und hielt sich Schafe, Ziegen und etwas Kleinvieh. Die großen Weiden oberhalb des Dorfs wurden von Auswärtigen genutzt. Nach 1750 wurde im Ort kein neues Haus mehr gebaut, und ab Mitte des 19. Jahrhunderts schwand die Einwohnerzahl kontinuierlich, von 181 Einwohnern 1846 (gleich viele wie im Jahr 1700) auf 63 Einwohner 1906, 14 Einwohner 1936 und zu einer allerletzten Einwohnerin im Jahr 1956. Doch wie in Peyresq kamen in den 1950er-Jahren Auswärtige (in diesem Fall Franzosen aus dem Département oder von der Küste), kauften die verfallenen Häuser und wandelten sie in Feriendomizile um. Bereits in den 1970er-Jahren wurde von den neuen Bewohnern beschlossen, auf die Elektrifizierung des Dorfs zu verzichten. Man sucht hier das einfache Leben.

14.4 la Colle St-Michel–Beauvezer

Wanderzeiten	
la Colle St-Michel–Peyresq	1 h 30
Peyresq–Pré de Thorame	0 h 55
Pré de Thorame–Riou d'Ondres	1 h 05
Riou d'Ondres–Ondres	0 h 40
Ondres–Beauvezer	1 h 00
Total	**5 h 10**

Höhendifferenz	↗ 650 m ↘ 920 m

Schwierigkeit	T3

Beim Gîte **Colle Saint Michel** (1431 m) folgen wir dem Wegweiser Richtung Peyresq. Die heutige Tour ist mit ganz wenigen Ausnahmen gelb-rot markiert, denn wir wandern eine Etappe des regionalen Weitwanderwegs (GRP) Tour du Haut-Verdon. An der Kapelle vorbei, sind wir bald aus dem Dorf hinaus und wir haben eine gute Sicht auf den Puy de Rent und den Abstieg vom Vortag. Nach rund 25 min, bei P. 1549, ist ein Abzweiger rechts auf einen Wiesenweg nicht markiert. Wir wandern auf einem Plateau mit einem lichten Kiefernbestand. Beim Wegweiser la Coueste befinden wir uns mitten im Gebiet der ausgeschilderten Langlaufloipen und Schneeschuhrouten. Wir folgen immer den gelb-roten Markierungen und den Wegweisern Richtung Peyresq. Rund 600 m vor dem Dorf befindet sich rechts der Straße ein kleiner Skulpturengarten und links der Straße biegt beim Wegweiser Rocher de St-Restitut der Weg ab, den wir später aufsteigen wollen. Doch es lohnt sich, noch die wenigen Meter entlang der Straße bis nach Peyresq (1536 m, keine Einkaufsmöglichkeiten, kein Restaurant/Café, siehe Kasten S. 260) zu gehen.

Nach unserem kurzen Abstecher gehen wir vom Dorf Peyresq wieder zurück bis zum Wegweiser Rocher de St-Restitut und biegen dort rechts auf einen Fußpfad Richtung Ondres und Beauvezer ab (nach wie vor gelb-rot markiert). Der gleichmäßige Aufstieg, lange Zeit am Rand eines kleinen Tälchens, bis zum **Pré de Thorame** (1779 m) gestaltet sich angenehm. Der kleine Pass und höchste Punkt des Tages befindet sich in einer Lichtung des Lärchenwalds. Über die Wiese laufen wir auf der anderen Seite des Passes abwärts und gehen links des Taleinschnitts wieder in den Wald hinein. Ein schmaler Pfad führt uns durch steilen Lärchenwald und Wiesen voller Hahnenfuß. Beim Abstieg ins Haupttal hinunter zum Riou d'Ondres wird das Gelände nochmals etwas steiler und der Weg teilweise etwas ausgesetzt. Hier gilt es, gut auf die Markierungen zu achten. Bei der Überquerung des **Riou d'Ondres** (ca. 1300 m) werden wir von einem Alpen-Goldregen empfangen (stark giftig, blüht von Mai bis Juli). Unmittelbar nach der Bachüberquerung war der Hang im Sommer 2018 etwas abgerutscht, sodass es ratsam war, noch circa 20 m dem Bach talwärts zu folgen und erst dann zum Hangweg hinaufzusteigen. Eben führt der Weg das Tal hinaus, bis zu einer Piste, auf der wir nach rechts aufsteigen. Nach 300 m nehmen wir den breiten Fußweg nach rechts (nicht markiert), biegen vor dem nächsten Haus links ab, nehmen dann den ersten Weg nach rechts und erreichen so im Zickzack durch das kleine Dorf die Kirche von **Ondres** (ca. 1360 m, siehe Kasten S. 260). Die neu renovierte Kirche ist offen und beherbergt in der ehemaligen Sakristei auch eine kleine Ausstellung zum Dorf. Auf der Wiese vor der Kirche gibt es einen Brunnen mit Trinkwasser. Rechts an der Kirche vorbei, gehen wir aus dem Dorf hin-

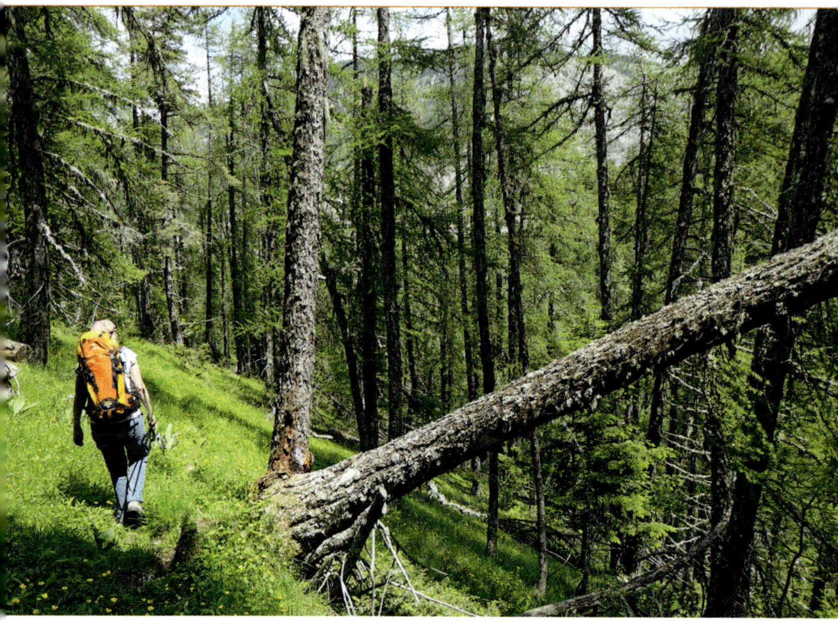

Der Weg durch den Lärchenwald ins Tal des Riou d'Ondres wird zum Talboden hin immer steiler.

Beauvezer

Beauvezer (der Name bedeutet »schön anzuschauen«) war seit jeher ein Zentrum der Wollverarbeitung. Im Mittelalter noch Heimarbeit der Frauen während der Wintermonate für den lokalen Bedarf, wurde der Sektor im 19. Jahrhundert industrialisiert. 1836 eröffnete die erste Fabrik, 1868, auf dem Höhepunkt, waren es bereits sechs Fabriken mit 206 Arbeitern. Die Fabriken deckten alle Arbeitsschritte ab, von der Reinigung der Wolle, zur Färberei, Spinnerei und Weberei. Doch die Industrie war international nicht konkurrenzfähig und der Fall kam so schnell wie der Aufstieg: 1914 gab es im Ort nur noch zwei Fabriken mit 44 Arbeitern, und 1950 schloss die letzte Fabrik ihre Tore. Zu einem kleinen Teil konnte dieser Wegfall mit einem aufkeimenden Tourismus wettgemacht werden.

aus und weiter bis zu einem Fahrweg. Der Wanderwegweiser weist uns den Weg, der auf einem schmalen Pfad Richtung Beauvezer führt (stets gelb-rot markiert). Nach dem Weiler le Plan folgt der Weg nahe dem Verdon und mündet dann auf eine Straße, der wir nach links folgen. Zum Schluss überqueren wir auf einer langen Brücke den Fluss und erreichen geradeaus über die Hauptstraße **Beauvezer** (1160 m, das r wird nicht ausgesprochen). Im Talboden stehen die großen Häuser der ehemaligen Textilfabriken, auf der Anhöhe der alte Dorfkern.

14.5 Beauvezer–Colmars

Wanderzeiten	
Beauvezer–Eingang Gorges de St-Pierre	1 h 00
Eingang Gorges de St-Pierre–Ende Gorges de St-Pierre	1 h 10
Ende Gorges de St-Pierre–Cabane du Chabanal	1 h 10
Cabane du Chabanal–le Cougouyon	1 h 45
le Cougouyon–Wegweiser Barre des Chabrières	0 h 45
Wegweiser Barre des Chabrières–Pont de Misson	1 h 25
Pont de Misson–Colmars	0 h 45
Total	**8 h 00**

Höhendifferenz	↗ 1230 m ↘ 1150 m
Schwierigkeit	T3+

Zu Beginn gehen wir von **Beauvezer** (1160 m) auf demselben Weg zurück, wie wir gestern ins Dorf gekommen sind. Wir queren den Verdon auf der langen Brücke und halten dann rechts, um danach dem Wanderweg auf der linken Flussseite zu folgen. In le Plan verlassen wir die Pfade von gestern und biegen beim Wegweiser links Richtung Gorges de St-Pierre ab. Alles den gelben Markierungen nach, biegen wir im oberen Teil des Weilers in einen Pfad ab, der oberhalb der Schlucht zum kleinen Weiler von Villars Heyssier aufsteigt. Von hier rechts der Straße folgend durch das Dorf und danach auf einem Fahrweg bis zum **Eingang der Gorges de St-Pierre** (1310 m). Auf Infotafeln wird hier nochmals darauf hingewiesen, dass der Weg durch die Schlucht ungesichert ist und bei ungünstigen Bedingungen (Regen, Schneeschmelze) wegen erhöhter Steinschlagge-

Der spektakuläre Weg durch die Gorges de St-Pierre.

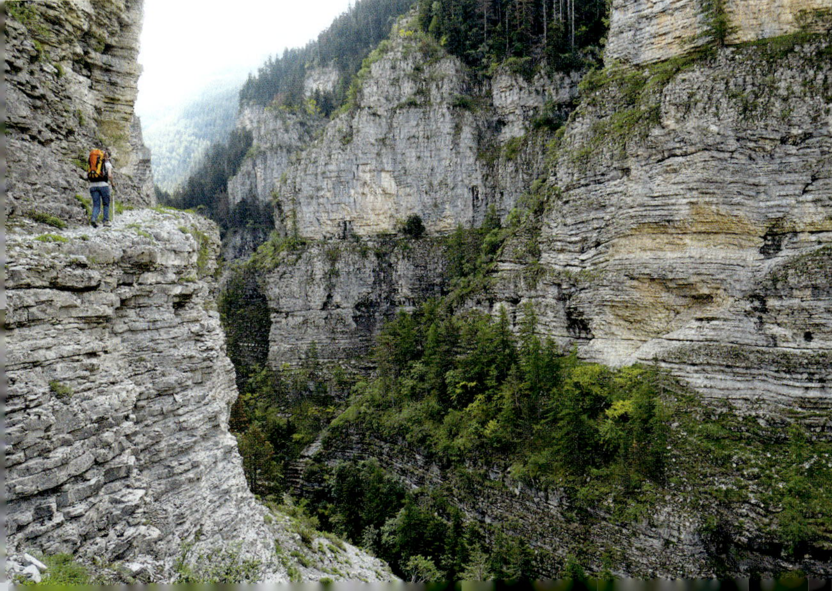

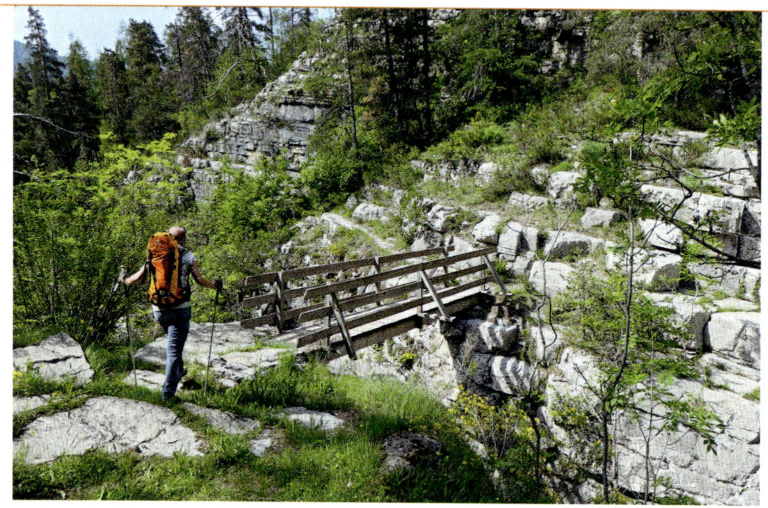

Der Pont de Misson führt uns über die Lance.

fahr auf die Wanderung verzichtet werden soll. Gleich der erste Abschnitt, bei dem wir auf einer Brücke den Ravin du Four überqueren, ist derjenige mit dem schmalsten Pfad. Nach 10 min gibt es die Möglichkeit, nach rechts auf einem markierten Waldlehrpfad in 5 min zur Kapelle St-Pierre (Picknicktische) hinunterzuwandern. Die Kapelle soll im 13. Jahrhundert von Eremiten erbaut worden sein, die zurückgezogen in Höhlen der Schlucht St-Pierre lebten und die Kapelle als Friedhof benutzten. Zurück zum Hauptweg gelangen wir auf einem anderen Pfad. Danach beginnt die eindrückliche Schluchtwanderung auf dem in den senkrechten Kalkfelsen geschlagenen und teilweise mit Stützmauern befestigten Weg. Er ist immer angenehm breit, doch auf der Schluchtseite ungesichert. Geschaffen wurde er als Verbindung zu den Weiden oben am Berg; später wurde er noch ausgebaut, damit er für die Forstwirtschaft auch mit Lasteseln benutzt werden konnte.

Am **Ende der Gorges de St-Pierre** (1561 m) biegen wir bei einem Wegweiser (Ravin de St-Pierre) links ab und steigen angenehm, aber stetig bis zum Bergrücken und zur **Cabane du Chabanal** (1890 m) hinauf (nach wie vor gelb markiert). Die Hütte befindet sich etwas unterhalb des Wegs hinter dem Bergrücken und ist verschlossen. Doch vor der Hütte gibt es einen Brunnen mit fließend Wasser. Der Weg führt von hier zuerst noch durch den Wald und danach durch den großen Erosionstrichter des Ravin du Four, eine spektakuläre Einöde. Der schmale Weg auf losem Schutt verlangt stets etwas Konzentration. Wir überqueren mehrere Bäche und steigen am Ende mit einigen Kehren zum Col de Cougouyon und von dort nach links zum Gipfel des **Cougouyon** (2147 m) hinauf. Direkt unter uns liegt Beauvezer.

Vom Gipfel gehen wir zurück zum Pass, folgen noch kurz dem Grat und gehen dann nach links talabwärts. Die Szenerie hat sich verändert; statt durch einen

Schuttkessel wandern wir nun durch einen lichten Lärchenwald. Beim Wegweiser **Barre des Chabrières** (1892) halten wir uns rechts Richtung Colmars (ab hier gelb-rot markiert). Der Weg verläuft danach oberhalb des Felsbands der Barre de Chabrières und mündet später in einen Fahrweg, dem wir nach links folgen. Beim Wegweiser Champ de la Bravaïre gehen wir weiterhin Richtung Colmars. Bei der nächsten Kreuzung können wir dann den Fahrweg verlassen und auf einem Fußweg weiter absteigen (gelb-rot markiert). Beim nächsten Wegweiser Richtung Colmars verlassen wir (falls man nach dem langen Tag noch Lust auf einen spannenden Abstecher hat) den markierten Weg in einer engen Linkskurve und folgen dem Fahrweg leicht bergan. Nach circa 250 m biegen wir bei einem (nicht offiziellen) Holzwegweiser links Richtung Pont de Misson ab (einzelne gelbe Markierungen). Kurz bevor der Weg den Fluss erreicht, biegen wir nochmals links ab und wandern auf dem schmalen Pfad, der nah dem Wasser folgt, bis zum **Pont de Misson** (ca. 1390 m), einer Holzbrücke über die Lance, die hier als Wasserfall zwischen den Felsen hinabstürzt. Hier gibt es, etwas oberhalb der Brücke auf der rechten Seite des Bachs, die Möglichkeit, ein kleines Bad zu nehmen (Achtung, dass man nicht den Wasserfall hinuntergespült wird) oder sich auf den Felsen zu sonnen. Ein schöner Ort für eine Pause. Auf der rechten Bachseite (in Flussrichtung) geht es hinter der Brücke auf einem Pfad leicht abwärts weiter, um dann in Kehren aufzusteigen, ein Bachbett zu überqueren und ebenaus über eine Wiese zu einem anderen Weg zu gelangen. (Auf dem Abschnitt vom Pont Misson bis hierher zeigen gelbe Kreuze an, dass dies kein offizieller Wanderweg ist.) Wir folgen dann diesem Weg (ab hier alte gelbe Markierungen) nach links abwärts, teilweise ausgesetzt, weit über der Schlucht. Hier gilt es besonders darauf zu achten, keinen Steinschlag zu verursachen, da unter uns der viel begangene Weg zum Wasserfall verläuft. Bei der nächsten Abzweigung links erreichen wir den Talweg, der zur Cascade de la Lance führt. Ein Blick auf die stiebenden Wassermassen kostet uns 10 min hin und zurück. Von der Abzweigung führt uns ein breiter Fußweg (gelb markiert) dem Bach entlang bis nach Colmars. Bei einem Parkplatz am Ende des Wegs können wir rechts abbiegen und erreichen so den alten Dorfkern von **Colmars** (1240 m) und die Touristeninformation.

Colmars

Colmars war zwischen 1388 und 1713 Grenzstadt zu Savoyen, bis 1482 als Teil der Grafschaft Provence und danach als Teil des französischen Königreichs. Aufgrund dieser strategischen Bedeutung wurde Vauban vom Sonnenkönig Louis XIV. beauftragt, die bereits bestehende Befestigung der Stadt auszubauen. So bekam Colmars die beiden Befestigungen Fort de Savoie im Norden und Fort de France im Süden der Stadt, sowie eine bessere Sicherung der Stadtmauer durch zusätzliche Türme – Bauwerke, die auch heute noch das Gesicht der Stadt prägen.

Leider sind die Öffnungszeiten für die Besichtigungen des Fort de Savoie begrenzt (Juli/Aug. tägl. nachmittags, 2. Juni- und 1. Sept.-Hälfte nur Sa/So nachmittags). Dennoch lohnt sich ein Gang durch den befestigten Stadtkern. Eine kleine Infobroschüre zum Rundgang ist bei der Touristeninformation erhältlich (Mémoire des Rues). Auch das sehenswerte Museum Maison-Musée du Haut-Verdon, durch das auch die Stadtmauer (mit weiteren Ausstellungsräumen) bestiegen werden kann, hat nur sehr begrenzte Öffnungszeiten (wie Fort de Savoie, siehe oben).

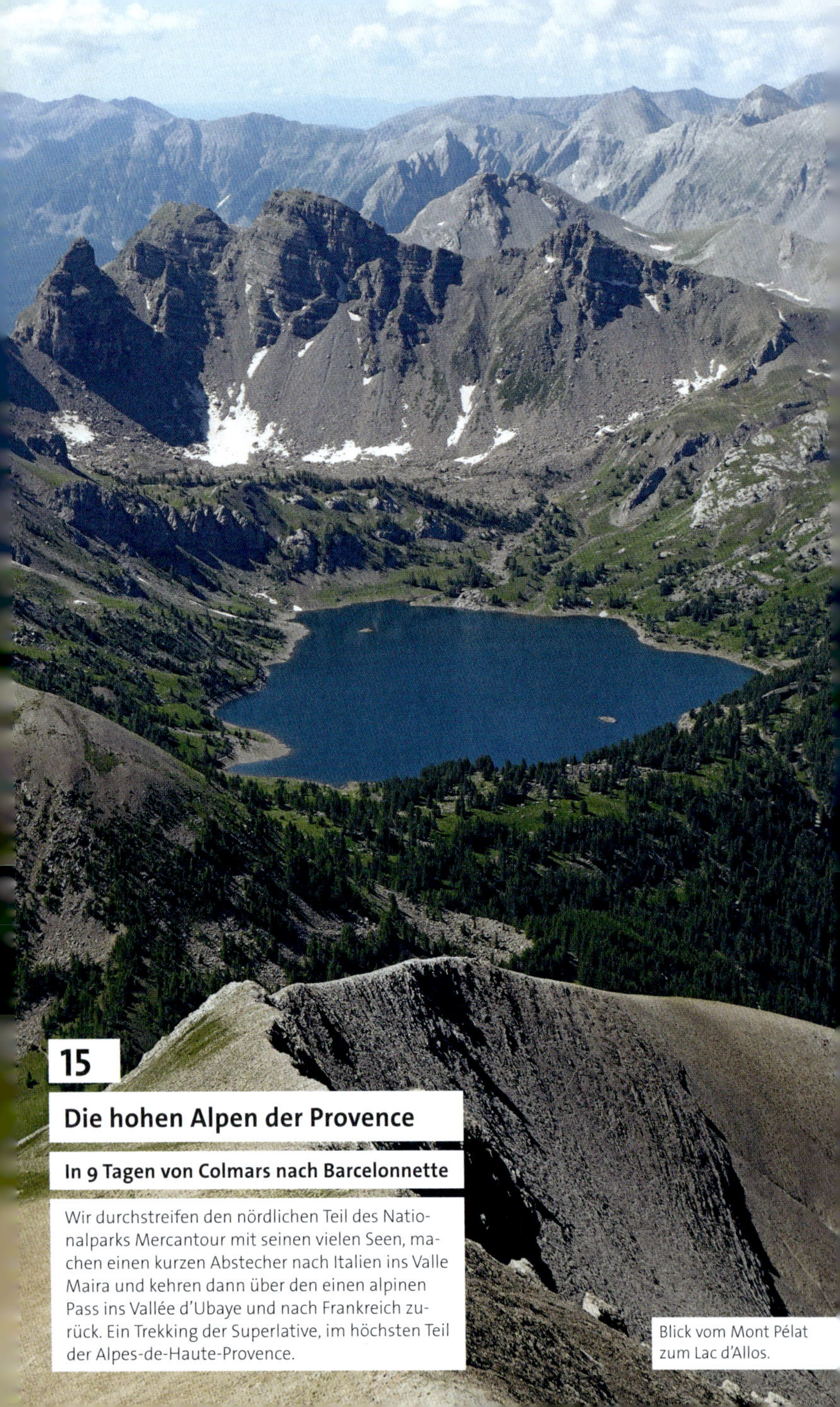

15

Die hohen Alpen der Provence

In 9 Tagen von Colmars nach Barcelonnette

Wir durchstreifen den nördlichen Teil des Nationalparks Mercantour mit seinen vielen Seen, machen einen kurzen Abstecher nach Italien ins Valle Maira und kehren dann über den einen alpinen Pass ins Vallée d'Ubaye und nach Frankreich zurück. Ein Trekking der Superlative, im höchsten Teil der Alpes-de-Haute-Provence.

Blick vom Mont Pélat zum Lac d'Allos.

Beste Jahreszeit

Ende Juni bis Mitte September

Karten

IGN 3540 OT, 3639 OT, 3538 ET
Die IGN-Karten decken den italienischen Teil der Wanderung aber nur schlecht ab. Hier empfiehlt sich z. B. die Karte Valle Maira 1:25 000 von L'Escursionista & Monti Editori.

Varianten

1 Am 2. Tag auf den Gipfelaufstieg zum Mont Pelat verzichten und direkt zum Col de la Petite Cayolle aufsteigen. Zeitersparnis 2 h 50. Der lange Wandertag kann auch verkürzt werden, indem man bereits im Refuge de la Cayolle übernachtet. Zeitersparnis 2 h.
2 Am 3. Tag vom Col de Colombert direkt nach Bousiéyas absteigen. Zeitersparnis 45 min.
3 Es gibt die Möglichkeit, die Tour zu halbieren und in Larche zu enden oder zu beginnen. Vom Pont Rouge nach Larche ist man auf weiß-rot markiertem Weg ca. 1 h unterwegs. Mi und Sa gibt es eine Busverbindung mit Barcelonnette, sonst das Taxi Sherpa Ubaye (Tel. 06 88 68 06 41, ca. 60 Euro nach Barcelonnette). In Larche diverse Unterkünfte, z. B. das einfache Gîte d'étape (gite-etape-larche.com) oder das Gîte Auberge du Lauzanier (gite-le-lauzanier-larche.com).
4 Von Larche kann man die Tour um einen Tag verkürzen, indem man auf dem GR 5/GR 56 direkt nach Fouillouse wandert. Dauer ca. 6 h.
5 Wer den Pas du Roy zwischen Tournoux und Ste-Anne am 7. Tag umgehen möchte, steigt auf markiertem Weg bis nach La Condamine-Châtelard ab und dann wieder nach Ste-Anne hinauf. Dauer in etwa gleich lang oder etwas länger.

An- und Abreise

Colmars: Bahnverbindung ab Nizza und Digne-les-Bains (dort gute Busverbindung nach Marseille oder Aix-en-Provence) mit dem Train des Pignes nach Thorame-Haute Gare (5 × tägl.); dort Umsteigemöglichkeit in den Bus nach Colmars (5 × tägl.).
Barcelonnette: Busverbindung mit Linie 28 von LER nach Aix-en-Provence und Marseille (2 × tägl., 1 × direkt und 1 × mit einer Wartezeit in Digne-les-Bains (dort auch Bahnverbindung nach Nizza), So 1 × tägl.). Alternativ mit Buslinie 30 von LER direkt nach Gap (2 × tägl., So 1 × tägl.), von dort mit dem Zug über Grenoble nach Genf.
Zurück zum Startpunkt: Buslinie 28 von LER bis Digne, von dort mit dem Zug bis Thorame-Haute Gare und mit dem Bus nach Colmars.

Touristinfo

tourisme-alpes-haute-provence.com Deckt fast die ganze Route im Département Alpes-de-Haute-Provence ab
ubaye.com Regionale Touristinfo für das Ubaye-Tal
haute-ubaye.com Regionale Touristinfo für das obere Ubaye-Tal

Etappenorte

Colmars: siehe S. 250.

Lac d'Allos
Refuge du Lac d'Allos (refugedulacdallos.com, Tel. +33 6 21 71 94 83), Mehrbettzimmer, einfach, Dusche im Nebenhaus. Auf Bestellung wird ein Picknick für den Folgetag vorbereitet (wie in allen weiteren Unterkünften auch).

Refuge de la Cayolle
Rund 2 h vor Bayasse liegt das Refuge de la Cayolle (refugedelacayolle.com), Mehrbettzimmer.

Bayasse
Kein ÖV, keine Einkaufsmöglichkeit. Hotel-Refuge de Bayasse (refuge-bayasse.fr), moderner Bau mit Zimmern für 2 bis 6 Personen, mit Bad. Chambre d'hôtes Les Cordiers (gite-bayasse.com) in einem alten Haus, in dem auch noch eine Bäckerei untergebracht ist. Zimmer für 2 bis 6 Personen. Brotverkauf Juli/Aug. Mo, Di, Do, Fr ab 15 Uhr.

Bousiéyas
Kein ÖV, keine Einkaufsmöglichkeit. Im Weiler gibt es drei Häuser und alle bieten eine Schlafmöglichkeit an. Mehrbettzimmer im Gîte d'étape (gitedebousieyas.com), hier auch ein einfaches Restaurant. Doppel- und Mehrbettzimmer im Chambre d'hôtes Le Café à Marius (chambres-d-hotes-bousieyas.fr). 1er-, 2er- oder 4er-Zimmer im Chambre d'hôtes La Clé du Vert Eden (lacleduverteden.fr).

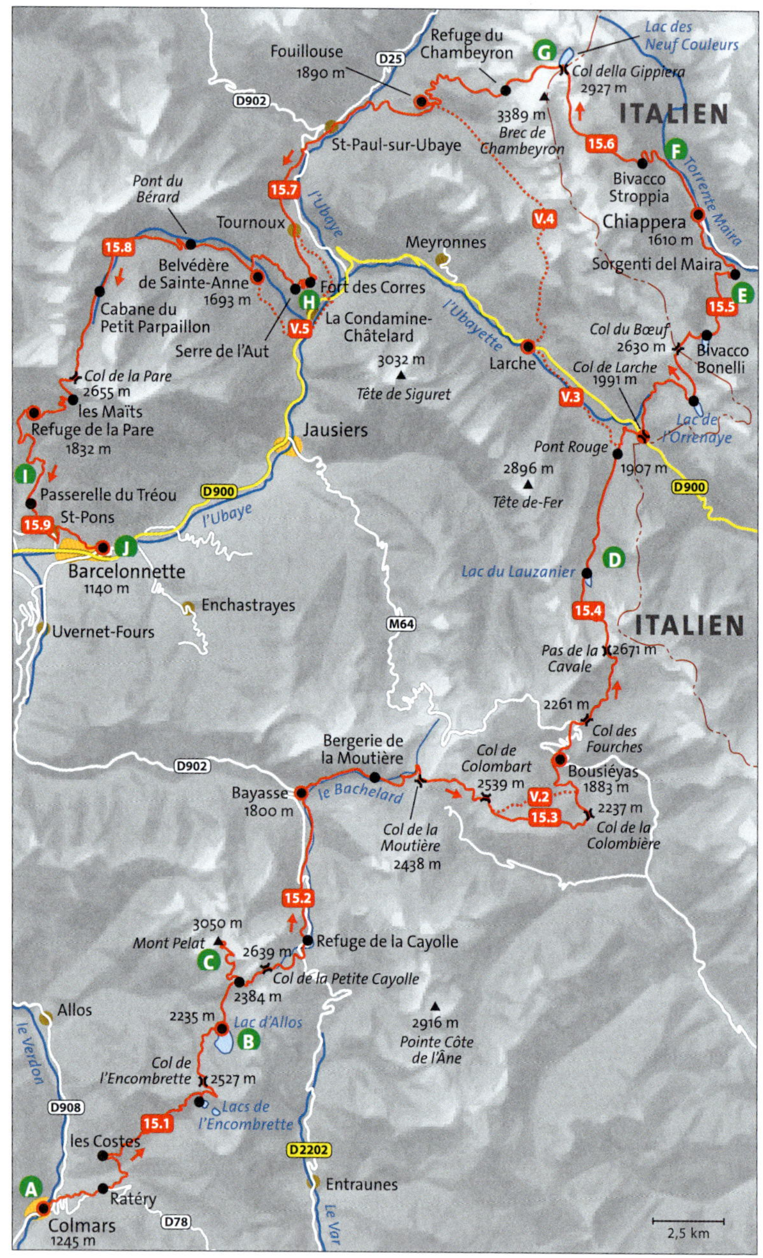
Fouillouse
1890 m
D25
Refuge du
Chambeyron
Lac des
Neuf Couleurs
Col della Gippiera
2927 m
D902
3389 m
Brec de
Chambeyron
ITALIEN
St-Paul-sur-Ubaye
15.6
Bivacco
Stroppia
Torrente Maira
15.7
l'Ubaye
V.4
Chiappera
1610 m
Pont du
Bérard
Tournoux
Meyronnes
15.8
Belvédère
de Sainte-Anne
1693 m
Fort des Corres
Sorgenti del Maira
Cabane du
Petit Parpaillon
La Condamine-
Châtelard
15.5
V.5
l'Ubayette
Col du Bœuf
2630 m
Bivacco
Bonelli
Serre de l'Aut
3032 m
Larche
Col de Larche
1991 m
Col de la Pare
2655 m
Tête de Siguret
V.3
les Maïts
Lac de
l'Orrenaye
Refuge de la Pare
1832 m
Jausiers
Pont Rouge
2896 m
1907 m
Tête de-Fer
D900
Passerelle du Tréou
D900
St-Pons
l'Ubaye
15.9
Barcelonnette
1140 m
Lac du Lauzanier
Enchastrayes
15.4
Uvernet-Fours
M64
ITALIEN
Pas de la
Cavale
2671 m
2261 m
Col des
Fourches
Bergerie de
la Moutière
Col de
Colombart
D902
Bousiéyas
1883 m
Bayasse
1800 m
le Bachelard
2539 m
V.2
2237 m
15.3
Col de la
Colombière
Col de la
Moutière
2438 m
15.2
3050 m
Mont Pelat
2639 m
Refuge de la Cayolle
Col de la Petite Cayolle
2384 m
Allos
2235 m
Lac d'Allos
2916 m
Pointe Côte
de l'Âne
le Verdon
Col de
l'Encombrette
2527 m
D908
Lacs de
l'Encombrette
15.1
les Costes
D2202
Ratéry
Entraunes
Colmars
1245 m
D78
Le Var
2,5 km

Sehenswertes

- A Befestigte Stadt Colmars
- B Lac d'Allos, der höchste Bergsee Europas
- C Aussicht vom Mont Pelat
- D Vallon du Lauzanier
- E Maira-Quelle
- F Stroppia-Wasserfälle
- G Lac des Neuf Couleurs
- H Fort de Tournoux
- I Erosionsgraben des Riou Bourdoux
- J Museum und Friedhof von Barcelonnette

Col de Larche / Colle della Maddalena

Kein ÖV, kleiner Shop für Alkohol, Süßigkeiten und Fleischwaren (geöffnet 10–18 Uhr). Rifugio della Pace (keine eigene Website, aber über booking.com buchbar, Tel. +39 345 960 706), Mehrbettzimmer.

Bivacco Bonelli

An der Wanderstrecke zwischen Col de Larche und Chiappera liegt das unbewartete Bivacco Bonelli mit Matratzenlager für 8 Personen, Gaskocher, Quelle in der Nähe; nur mit Schlüssel, Infos auf comune.acceglio.cn.it/pagina.asp?id=109.

Chiappera

vallemaira.org (Chiappera ist unter Acceglio aufgeführt). Der Bus von Cuneo fährt nur bis Acceglio. Von dort nach Chiappera mit Sherpabus (Tel. +39 348 8231477). Keine Einkaufsmöglichkeit im Ort. Eine ganz besondere Unterkunft in Chiappera ist La Scuola di Chiappera (lascuoladichiappera.it), mit Zimmern in der alten Schule und einzelnen Gebäuden des Dorfs. Ebenfalls stilvoll das Agriturismo laprovenzalechiappera.it gleich beim Dorfeingang. 15 min hinter dem Dorf, auf dem Weg nach Fouillouse, liegt das Rifugio Campo Base (Massenschlag) campobaseacceglio.it. Überall wird Halbpension angeboten.

Bivacco Stroppia und Bivacco Barenghi

An der Wanderstrecke zwischen Chiappera und Fouillouse liegen die unbewarteten Bivacco Stroppia und Bivacco Barenghi. Infos auf comune.acceglio.cn.it/pagina.asp?id=109.

Refuge du Chambeyron 

Auf der französischen Seite liegt das Refuge du Chambeyron, bewartet Mitte Juni bis Ende Sept. (refugeduchambeyron.ffcam.fr).

Fouillouse

Kein ÖV. Lebensmittelladen (geöffnet tägl. 8.30–19 Uhr) mit Wäscheservice. Bäckerei beim Gîte. Das Gîte-Refuge Les Granges (gite-les-granges.com) bietet 2er-, 4er- oder Mehrbettzimmer. Vor dem Haus gibt es eine Bar mit Terrasse. Man kann sich hier auch in den Hotpot setzen oder einen Esel für Wanderungen mieten.

St-Paul-sur-Ubaye  

Im Sommer eine Busverbindung tägl. (außer So) nach Barcelonnette. Lebensmittelladen beim Gîte d'étape (geöffnet Juli/Aug. tägl. 8–12.30 und 16–19.30 Uhr). Zwei Möglichkeiten zum Übernachten: Gîte la Souste (gitelasouste.com) mit 4er-Zimmer und Massenschlag. Oder das Chambre d'hôtes La Posada (Tel. 04 92 84 37 07), etwas vor dem Dorf, beim Pont de l'Estrech direkt am Wanderweg.

Ste-Anne la Condamine 

Kein ÖV. Keine Einkaufsmöglichkeit. Gîte d'étape Le Belvédère de Ste-Anne (hiver.belve.fr) mit diversen Zimmern für 2–5 Personen. Öffnet erst um 17 Uhr!

Refuge de la Pare

Sympathisches Refuge (refuge-artisanat.com) mit Mehrbettzimmern und Gemüse aus dem eigenen Garten, geöffnet Mitte Juni bis Mitte Sept.

Barcelonnette

Touristinfo im Zentrum. Alle Einkaufsmöglichkeiten, Markt am Mi und Sa, Bauernmarkt Juli/Aug. am Mo. Im Zentrum mehrere einfache Hotels (grand-hotel-barcelonnette.fr, hotel-barcelonnette.fr, lechoucas-barcelonnette.fr, chevalblancbarcelonnette.com). Etwas teurer und ruhiger gelegen, aber ebenfalls zentral: azteca-hotel.fr. Ca. 500 m außerhalb des Zentrums: hotelgrandeperviere.com.

15.1 Colmars–Lac d'Allos

Wanderzeiten	
Colmars–Ratéry	1h05
Ratéry–Wegweiser les Costes	1h00
Wegweiser les Costes–Lacs de l'Encombrette	2h20
Lacs de l'Encombrette–Col de l'Encombrette	0h40
Col de l'Encombrette–Refuge du Lac d'Allos	0h55
Total	**6h00**
Höhendifferenz	↗1640 m ↘650 m
Schwierigkeit	T3

Beim Pas de l'Echelle wurde der Saumweg in den Felsen geschlagen.

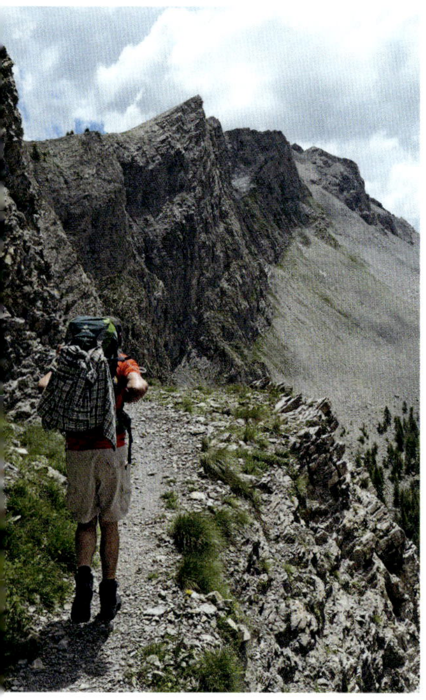

In **Colmars** (1245 m, siehe Kasten S. 265) gehen wir vom nördlichen Stadttor, der Porte de Savoie, auf dem Fahrweg rechts um das Fort de Savoie herum. Wo wir wieder auf die Hauptstraße treffen und die Passstraße zum Col des Champs abbiegt, biegt auch unser Wanderweg rechts ab (Wegweiser Richtung Ratéry, GR52a). Immer den weiß-roten Markierungen folgend, führt uns der Weg durch den Wald aufwärts. Nach rund 1 h folgen wir noch für ein kurzes Stück der Straße bis nach **Ratéry** (1685 m). Im Winter ein kleines Langlaufzentrum, ist das Restaurant-Café zum Glück auch im Sommer geöffnet und bietet noch eine letzte Möglichkeit, ein kühles Getränk oder einen Kaffee zu genießen. Wir folgen der Straße noch 100 m und biegen dann nach links in den Wanderweg ab (Wegweiser Cabane Vieille).

Auf dem kleinen Plateau der Cabane Vieille (Picknicktisch) verlassen wir den GR und biegen links ab (Wegweiser Col de l'Encombrette). Ab hier bis zum Lac d'Allos gelb-rot markiert. Mit vielen Kehren geht es hinunter ins Tal, wo wir auf einer neuen Hängebrücke den Ravin de Clignon überqueren und auf der Gegenseite, vorbei an aufgegebenen Terrassen aus Trockensteinmauern, wieder aufsteigen. Beim Wegweiser **les Costes** (1570 m) biegen wir rechts ab. Nach dem Durchgang von la Portette wird der Weg von Rosen und Sanddorn gesäumt. Bei der Weide von Lamberet betreten wir die Kernzone des Nationalparks Mercantour, der 1979 ins Leben gerufen wurde. Er erstreckt sich über eine Fläche von 2142 km², davon befinden sich 685 km² unter einem erhöhten Schutzstatus (die Kernzone). Bis zum Col de Larche werden wir diese Kernzone während vier Tagen durchwandern.

Durch lichten Lärchenwald wandern wir

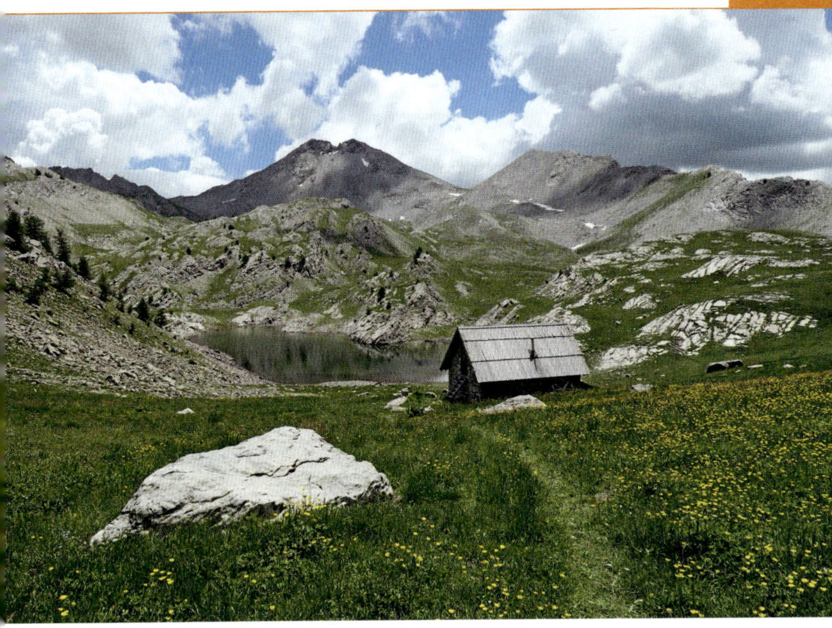

Der erste der Lacs de l'Encombrette liegt nur wenige Minuten vom Wanderweg entfernt.

bis zur Felsbarriere am Talende. Dort links den Hang hinauf und dann auf einem in den Felsen geschlagenen Weg, dem Pas de l'Echelle, oberhalb der Schlucht zum weiten Talkessel von Encombrette. Vom Weg erreichen wir in 5 min, vorbei an einer offenen, nicht bewarteten Hütte, den ersten der **Lacs de l'Encombrette** (2290 m). Zurück auf dem Weg, steigen wir durch die steile Bergflanke zum **Col de l'Encombrette** (2527 m) hinauf. Um die Passhöhe herum gibt es gute Chancen, Steinböcke zu sehen. Zu Beginn des 20. Jahrhunderts war der Steinbock in den Südalpen ausgestorben, doch seit 1921 wurden immer wieder Tiere ausgesetzt, sodass man heute wieder rund 1200 Exemplare im Mercantourgebiet zählen kann. Vom Pass erkennt man den Mont Pelat, den wir morgen erklimmen werden. Und nach wenigen Metern des Abstiegs sehen wir auch den Lac d'Allos. Der Weg führt uns hinunter zum See und zum **Refuge du Lac d'Allos** (2235 m). Den malerisch gelegenen Gletschersee mit seiner Fläche von 54 Hektar und unterirdischem Abfluss kann man auf einem viel begangenen Wanderweg in einer Stunde umkreisen. In diversen Publikationen wird er als der höchstgelegene natürliche See oder als höchster Bergsee in Europa bezeichnet. Dieser Rekord ist etwas schwer zu verifizieren, da es nirgends Hinweise gibt, ab welcher Größe eine Wasserfläche als See bezeichnet werden kann. Denn selbst in der unmittelbaren Umgebung gibt es viele Seen, die höher liegen (jedoch kleiner sind).

15.2 Lac d'Allos–Bayasse

Wanderzeiten	
Refuge du Lac d'Allos–P. 2384	0 h 50
P. 2384–Mont Pelat	1 h 50
Mont Pelat–Col de la Petite Cayolle	2 h 00
Col de la Petite Cayolle–Refuge de la Cayolle	0 h 55
Refuge de la Cayolle–Bayasse	2 h 00
Total	**7 h 35**

Höhendifferenz	↗ 1190 m ↘ 1630 m
Schwierigkeit	T3

Der Weg vom **Refuge du Lac d'Allos** (2235) zum Mont Pelat ist ausgeschildert und gelb markiert. Er führt oberhalb der Hütte an der kleinen Kapelle Notre-Dame des Monts vorbei und danach durch einen lichten Lärchenwald zu einer offenen kleinen Hochebene. Hier beginnt der Aufstieg zum Gipfel – noch rund 800 Höhenmeter sind zu bewältigen. Nach den ersten 100 Höhenmetern biegen wir bei **P. 2384** zum Mont Pelat ab. Da man wieder bis hierhin zurückkehrt, kann man in der Nähe ein Rucksackdepot einrichten, sollte aber für den rund dreistündigen Ausflug auf den Gipfel etwas zu trinken und zu essen und je nach Witterung wärmere Kleidung mitnehmen.

Die Landschaft wird nun schnell karger. Der Weg quert einen Felsriegel, führt dann kurz in etwas flacheres Gebiet, um danach in weiten Kehren zum Grat hinaufzuführen. Ein letztes steileres Stück bringt uns auf den Gipfel des **Mont Pelat** (3051 m). Die Aussicht ist überragend. Markante Punkte im Norden sind die Aiguille de Chambeyron und der Monte Viso. Die Broschüre des Nationalparks Mercantour be-

Morgenstimmung am Lac d'Allos. Dahinter die Tours du Lac.

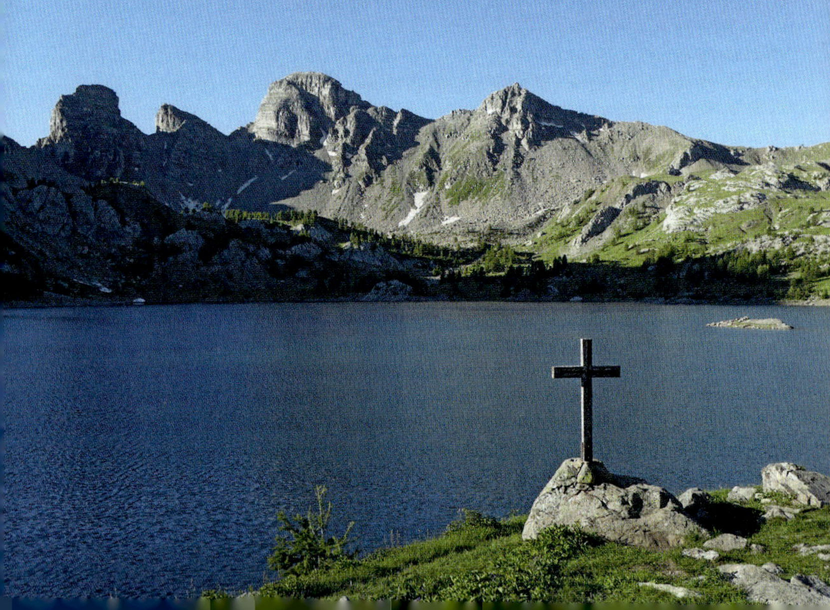

hauptet gar, dass man hier bei gutem Wetter den Montblanc und Korsika sehen könne. Seinen Namen erhielt der Kalksteingipfel vom französischen *pelé*, was so viel wie kahl oder öde bedeutet. Ein treffender Name.

Der Abstieg folgt auf dem gleichen Weg zurück bis zum Abzweiger bei P. 2384, wo wir den Weg Richtung Col de la Petite Cayolle einschlagen. Nach einer weiteren Abzweigung 10 min später ist der Weg wieder weiß-rot markiert. Wir wandern ab hier – und fast bis zum Col de Larche – während zweieinhalb Tagen auf dem GR56, der Tour de l'Ubaye (hier zu Beginn noch auf einer Variante). Es geht nun nochmals steil hinauf zum Lac de la Petite Cayolle und dem gleich dahinterliegenden **Col de la Petite Cayolle** (2639 m). Beim Abstieg überqueren wir wenige Meter unterhalb des Col de Cayolle die Straße.

Vom Pass sind es nur noch wenige Minuten bis zum **Refuge de la Cayolle** (2274). Eine gute Möglichkeit, um einzukehren und das kleine Informationszentrum des Nationalparks Mercantour zu besuchen. Wer für heute genug hat, kann hier auch sein Lager beziehen. Vom Refuge folgt der Weg 50 m der Passstraße bergauf und biegt dann rechts ab (weiß-rot markiert). Ein kurzes Stück leicht ausgesetzt oberhalb der Straße entlang, kommen wir danach durch einen Lärchenwald mit viel Unterwuchs auf die Straße zurück. Nach rund 600 m können wir diese kurz vor einer Brücke nach links verlassen. Wer hier noch die hohe Brücke überquert und 100 m bis zu einer weiteren Brücke weiterläuft, bekommt als Lohn die Aussicht auf einen Wasserfall. Nach einem steileren Stück überqueren wir noch ein letztes Mal die Straße und gehen auf dem schönen Weg durch lichten Lärchenwald das Tal hinun-

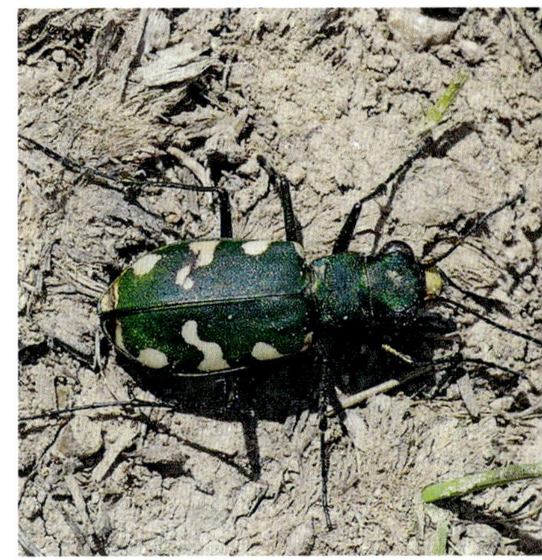

Feld-Sandlaufkäfer.

Der lange, steinige Aufstieg auf den Mont Pelat wird mit einer grandiosen Aussicht belohnt.

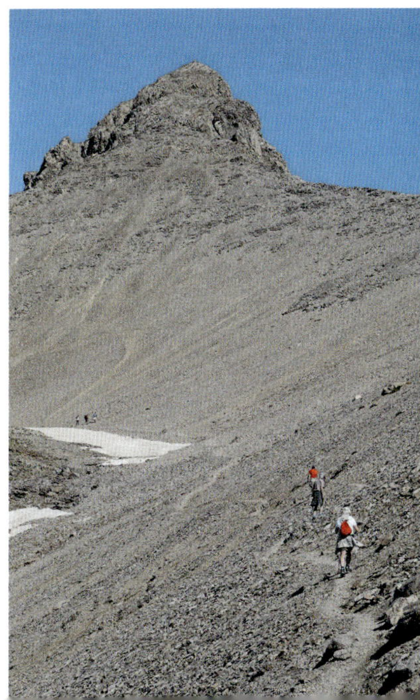

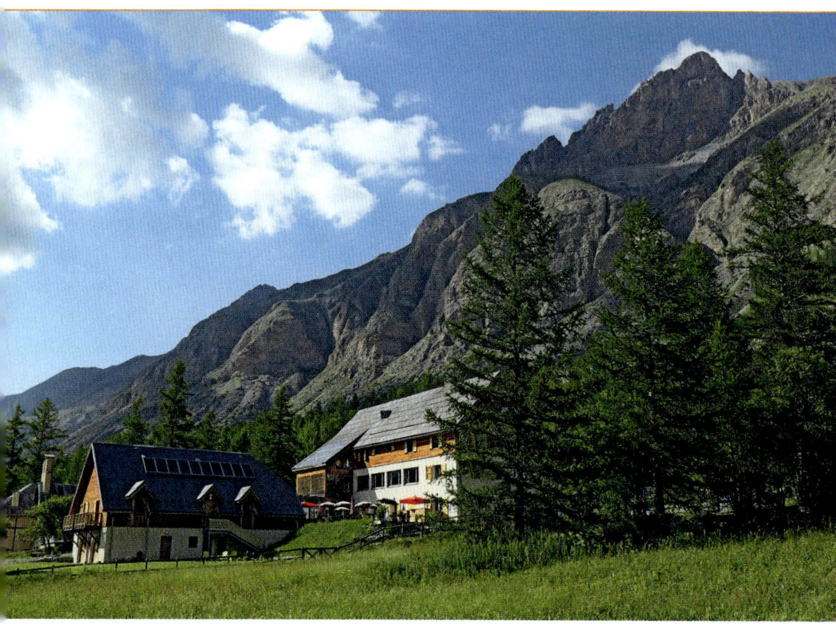

Das moderne Hotel-Refuge de Bayasse.

Col de Cayolle

Der Col de Cayolle war von 1713, als mit dem Vertrag von Utrecht das Ubaye-Tal zu Frankreich kam, bis ins Jahr 1860, als die französischen Truppen in Nizza einmarschierten, die Landesgrenze zwischen Frankreich und der Grafschaft Nizza (die zum Königreich Savoyen gehörte). Die Passstraße wurde zwischen 1907 und 1914 errichtet und hätte am 11. August 1914 durch den französischen Präsidenten Raymond Poincaré mit großem Pomp eingeweiht werden sollen. Doch da Deutschland Frankreich eine Woche vorher den Krieg erklärt hatte, fiel die Feier ins Wasser. Die Marmorschüssel, die man dem Präsidenten an der Feier übergeben wollte, steht noch heute im Stadthaus von Barcelonnette. Der Pass ist Teil der Route des Grandes Alpes, einer Route, die den Genfersee mit Nizza verbindet und 17 Pässe überwindet. Ins Leben gerufen wurde die Strecke vom Touring Club de France, um den Auto- und Fahrradtourismus zu fördern. Das Ziel wurde erreicht.

ter. Der Weg überquert später auf einer Passerelle den Bach (Le Bachelard). Achtung: Der Übergang kann leicht übersehen werden, da es auch einen Weg gibt, der weiter dem linken Ufer folgt. Der letzte Abschnitt, bei dem wir dem rechten Bachufer entlang durch den Auenwald mit vielen Weiden bis zum Weiler von **Bayasse** (1800 m) wandern, ist ein krönender Abschluss der langen Etappe.

15.3 Bayasse–Bousiéyas

Wanderzeiten	
Bayasse–Bergerie de la Moutière	1h10
Bergerie de la Moutière–Col de la Moutière	1h10
Col de la Moutière–Col de Colombart	1h00
Col de Colombart–Col de la Colombière	1h40
Col de la Colombière–Bousiéyas	1h00
Total	**6h00**

Höhendifferenz	↗910m ↘830m
Schwierigkeit	T3

Wenige Meter oberhalb des **Refuge de Bayasse** (1800 m), bei den Infotafeln zum Nationalpark, führt der Wanderweg links weg (unsere Route ist den ganzen Tag weiß-rot markiert). Danach 150 m der Straße nach rechts folgend, verlassen wir sie anschließend nach links, kommen an wenigen alten Häusern vorbei und gehen auf einem Wiesenweg hinauf zum Fahrweg, dem wir das Tal hinauf folgen. Außerhalb des Waldes können wir nach einer scharfen Linkskurve in einen Fußweg abbiegen. Zurück auf dem Fahrweg kommen wir an der **Bergerie de la Moutière** (2128 m) vorbei. Bei der ersten Rechtskurve nach der Schäferei kann man den Fahrweg geradeaus auf einem Fußweg verlassen (nur schwach markiert). Unser Weg kreuzt nun mehrere Male den Fahrweg, kommt auf eine kleine Zwischenebene und geht dann an der Seite eines Wasserfalls hinauf zur weiten Hochebene des Vallon de Restefond. Hier halten wir uns scharf rechts und folgen der geteerten Straße bis zum **Col de la Moutière** (2454 m), Grenzpass vom Département Alpes-de-Haute-Provence und dem Département Alpes-Maritimes. Der kleine Bunker auf der Passhöhe war Teil der Maginot-Linie, des französischen Verteidigungssystems an der Grenze, und wurde zwischen 1931 und 1938 erbaut. Er beherbergte 42 Soldaten und einen Offizier.

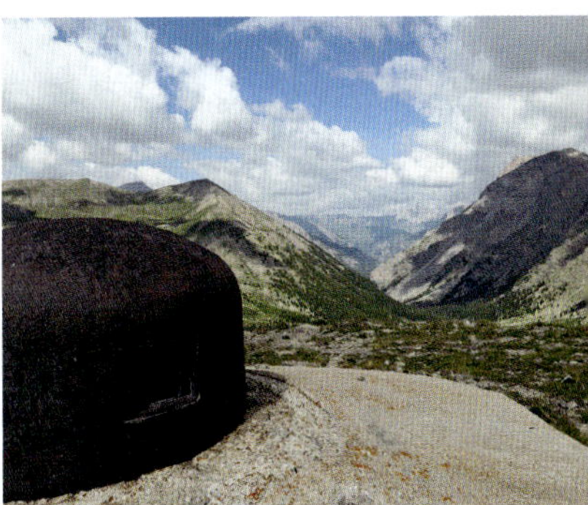

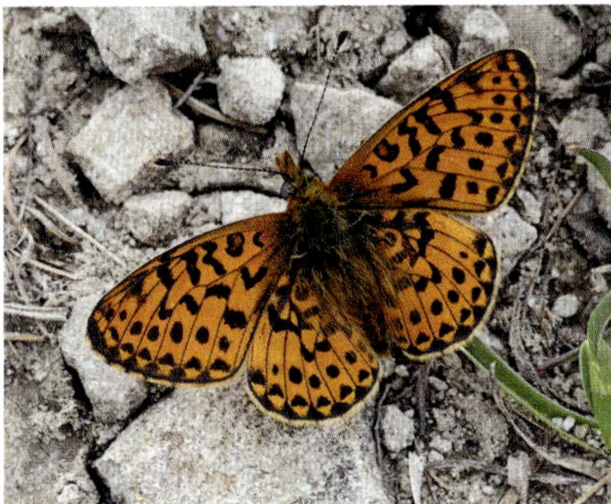

Oben: Blick vom Bunker am Col de Moutière ins Vallon de la Moutière.
Unten: Mittlerer Perlmuttfalter.

Auf dem Pass biegen wir nach links von der Straße ab, steigen noch wenige Meter aufwärts und queren danach den weiten Hang bis zum **Col de Colombart** (2539 m). Vom Col de Colombart wandern wir nicht direkt nach Bousiéyas hinunter (siehe Variante 2), sondern folgen weiter dem GR und überqueren noch den Col de l'Alpe (2590 m). Auf der anderen Seite steigen wir wenige Meter ab und folgen danach, mal rechts, mal links des Grats aussichtsreich

der Crête de la Blanche. Der Weg führt danach auf die Südseite des Grats und quert den steilen Hang (leicht ausgesetzt) bis zum **Col de la Colombière** (2237 m).
Von hier müssen wir nicht dem breiten Fahrweg folgen, sondern können auf einem Pfad absteigen. Auch wo der Pfad kurz darauf wieder auf den Fahrweg trifft (und der GR dem Fahrweg folgt), können wir auf deutlichen Pfadspuren unterhalb des Fahrwegs entlanglaufen und nochmals ein längeres Stück Fahrweg vermeiden. Wir kommen später nur kurz auf den Fahrweg zurück und biegen nach einem Tümpel rechts ab (markiert). Durch den Lärchenwald wandern wir in Kehren abwärts. Der Fahrweg führt uns zum Schluss bis zum Talboden, wo wir die Tinée überqueren und auf der anderen Seite die Hauptstraße erreichen. Auf dieser noch wenige Meter aufwärts, erreichen wir **Bousiéyas** (1883 m), den höchstgelegenen Weiler des Départements Alpes-Maritimes. Der Weiler bietet drei verschiedene Unterkünfte, obwohl er kaum mehr als fünf Häuser zählt.

Col de la Bonette

Das Tourismusmagnet der Gegend ist die Straße hinauf zur Cime de la Bonette, die höchste Straße der Alpen, die bis auf 2802 m hinaufführt. Den Rekord erreichte man nur mit einer kleinen Schummelei. Der eigentliche Pass, der Col de la Bonette, ist nur 2715 m und somit weniger hoch als die Straße über den Col d'Iseran mit 2764 m und nur die vierthöchste Passstraße Europas. Um die fehlenden Meter wettzumachen, baute man noch eine Schleife um die naheliegende Cime de la Bonette und erreichte somit die Rekordhöhe.

15.4 Bousiéyas–Col de Larche/Colle della Maddalena

Wanderzeiten	
Bousiéyas–Col des Fourches	1 h 10
Col des Fourches–Pas de la Cavale	2 h 10
Pas de la Cavale–Lac du Lauzanier	1 h 15
Lac du Lauzanier–Pont Rouge	1 h 15
Pont Rouge–Col de Larche	0 h 30
Total	**6 h 20**
Höhendifferenz	↗ 1080 m ↘ 970 m
Schwierigkeit	T3

Vom Gîte d'étape in **Bousiéyas** (1883 m) gehen wir die breite Treppe hinauf und können unmittelbar vor dem Café à Marius links auf den Wanderweg abbiegen (weiß-rot markiert), der uns bis zu den Ruinen des Camp des Fourches hinaufführt.
Die 26 Baracken des Camp des Fourches wurden 1896 fertiggestellt und konnten bis zu 1000 Gebirgsjäger (man nannte sie die »blauen Teufel«) aufnehmen, die hier zur Verteidigung der Grenze stationiert waren. Im Sommer waren es rund 800 Mann, im Winter noch 40. Eine Straße gab es zu dieser Zeit noch nicht, und so wurde das Camp mit Maultieren und mit einer Art Lastenaufzug versorgt, der von Le Pra im Tinée-Tal über den benachbarten Mont des Fourches und hinunter zur Kaserne führte. 2014 begann man mit der Renovierung der Ruinen. Einige Häuser wurden wieder aufgebaut, andere zumindest stabilisiert, um sie vor dem totalen Verfall zu retten.
Bei der ehemaligen Kaserne überqueren wir die Straße und queren hinauf zum **Col des Fourches** (2261 m). Hier wird der Blick frei auf den Talkessel Salso Moreno, der seinen sonderbaren Namen den spani-

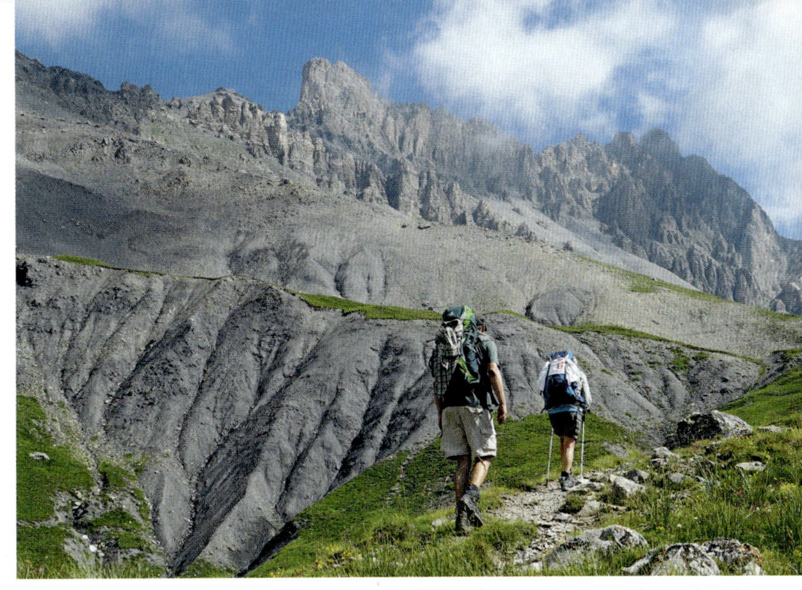

Schier unüberwindbar erscheint der Pas de la Cavale (2671 m) beim Aufstieg aus dem Talkessel von Salso Moreno.

schen Truppen verdankt, die sich 1744–47 als Koalitionspartner der französischen Armee im Gebiet aufhielten. Da sich der Bach nach Regenfällen aufgrund des ausgewaschenen schwarzen Mergels immer braun verfärbte, gaben sie dem Talkessel den Namen Salso Moreno, braune Sauce. Vom Pass steigen wir rund 200 Höhenmeter zur braunen Sauce hinunter, überqueren einen der charakteristischen ausgewaschenen Gräben mit schwarzem Mergel und kommen an einer (offenen) Schäferhütte vorbei. Nach der Überquerung eines weiteren Grabens biegen wir links ab (Wegweiser). Beim Aufstieg bemerken wir zwei große Dolinen, eine weitere Besonderheit dieses Tals. Sie entstanden durch Auswaschung des gut löslichen Gips. Auf einem schmalen Pfad überwinden wir am Ende des Aufstiegs

Vallon du Lauzanier

Das Vallon du Lauzanier wurde 1935 unter Schutz gestellt und war somit eines der ersten Naturschutzgebiete Frankreichs. Mit der Gründung wollte man vor allem die reichhaltige Flora, insbesondere die großen Vorkommen von Alpen-Mannstreu im unteren Tal sowie die rund 1500 Murmeltiere schützen. Die Schutzvorschriften waren strenger als diejenigen der heutigen Nationalparks, zumindest auf dem Papier. Denn weil dem französischen Naturschutzbund in den Jahren vor wie auch nach dem Krieg das Geld fehlte, musste er den Boden an Schafhirten verpachten. Das Gebiet wurde überweidet und der Alpen-Mannstreu war 1966 praktisch verschwunden. Auch heute noch verbringen rund 7000 Schafe aus der Provence ihre Sommerferien im Tal. Die Verwaltung des Nationalparks versucht, mit den Schafhirten zusammenzuarbeiten, um die Beweidung möglichst umweltverträglich zu gestalten.

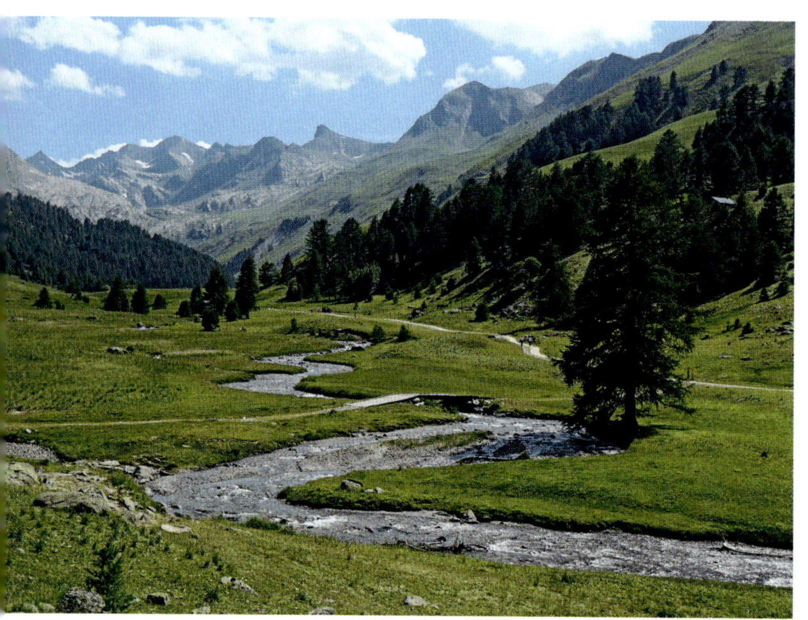

Seit fast hundert Jahren unter Schutz und oft besucht: das Vallon du Lauzanier.

einen Felsriegel und erreichen den **Pas de la Cavale** (2671 m). Auf der anderen Seite ist die Landschaft schon um einiges lieblicher. Vor uns liegt das lange Vallon du Lauzanier, das wir in seiner ganzen Länge durchwandern werden.

Vom Pass queren wir zuerst ein Schuttfeld und steigen dann zu einem ersten See (Lac de derrière la Croix) und, nachdem wir den Bach überquert haben, zum **Lac du Lauzanier** (2284 m) ab. Im Sommer ist der See ein beliebtes Wanderziel, obwohl das Wasser zum Baden empfindlich kalt ist. Am Ende des Sees steht eine kleine Kapelle (geschlossen), die von einem Meer von Gutem Heinrich (wilder Spinat) umgeben ist. Nach dem See folgt nochmals eine Geländestufe, nach der wir den flachen und weiten Talboden erreichen und auf einem breiten Weg dem mäandrierenden Bach entlang das Tal hinauswandern. Beim Pont Rouge (1907 m), kurz vor dem Parkplatz, verlassen wir den GR, überqueren die Ubayette auf einer Brücke und steigen auf der rechten Talseite sanft bergan (kein Wegweiser, nicht markiert). Am Wegrand zeigen grüne Punkte die Grenze der Kernzone des Nationalparks an. Auf einer Geländeschulter biegen wir rechts in einen kleineren Weg ab (ab hier gelb-rot markiert) und folgen dem Wegweiser bis zum **Col de Larche** (1991 m, ital. Colle della Maddalena).

Col de Larche

Der Col de Larche ist einer der tiefstgelegenen und einfachsten Alpenübergänge. Selbst im Winter ist er meist offen. Kein Wunder, dass er in der Vergangenheit auch für militärische Zwecke benutzt wurde. Ein besonderes Schauspiel gab es im August 1515, als während fünf Tagen 30 000 Infanteristen mit 72 Kanonen und 9000 Reiter den Pass querten. Sie standen im Dienste des französischen Königs François I. und waren auf dem Weg nach Mailand, wo sie die Schweizer in der historischen Schlacht von Marignano besiegten. Die Straße, die sie benutzten, war nur einen Monat vorher von 3000 Pionieren in kürzester Zeit erbaut worden. Die Grenze blieb bis in die Neuzeit umkämpft. Im 19. und 20. Jahrhundert wurden die Befestigungen auf beiden Seiten der Grenze stetig ausgebaut, um dem Feind diesen einfachen Übergang zu verwehren. Umso symbolischer ist in dieser kriegsgesättigten Gegend der Name des Rifugio della Pace (Bild), welches im ehemaligen Zöllnerhaus untergebracht ist und direkt auf der Grenzlinie steht. Gegessen wird in Italien, geduscht in Frankreich. Zöllner braucht es keine mehr. Dafür finden wir dort heute einen Alkoholshop und zwei Denkmäler vor. Eines erinnert an die Radlegende Fausto Coppi, der 1949 in einer legendären Etappe des Giro d'Italia, die über den Colle della Maddalena und vier weite Alpenpässe von Cuneo nach Pinerolo führte, seinem großen Widersacher Gino Bartali eine vernichtende Niederlage zufügte. Das andere Denkmal erinnert an den Motorsportler Tazio Nuvolari, der 1930 in seinem Alfa Romeo als Schnellster von Cuneo zum Passo della Maddalena hinaufraste.

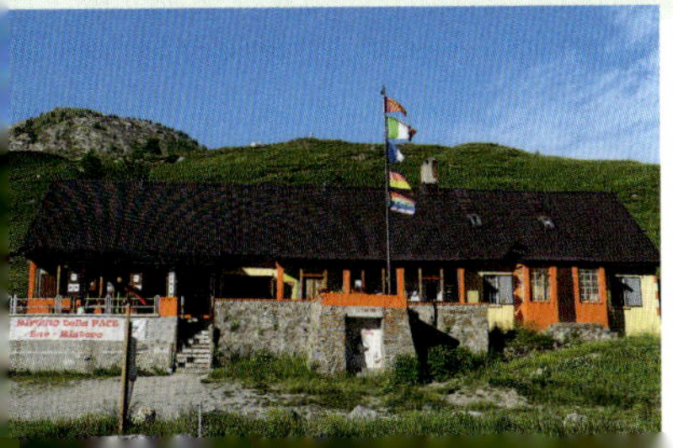

15.5 Col de Larche/ Colle della Maddalena–Chiappera

Wanderzeiten	
Col de Larche–Lac de l'Orrenaye	1 h 25
Lac de l'Orrenaye–Col du Bœuf	1 h 10
Col du Bœuf–Bivacco Bonelli	0 h 40
Bivacco Bonelli–Sorgenti del Maira	1 h 30
Sorgenti del Maira–Chiappera	0 h 45
Total	**5 h 30**
Höhendifferenz	↗ 810 m ↘ 1190 m
Schwierigkeit	T3

Vom Rifugio auf dem **Col de Larche** (1991 m) gehen wir links neben dem Alkoholshop eine kleine Treppe hinauf, queren einen kleinen Bach und folgen der Pfadspur, die uns ansteigend zum Taleinschnitt des Orrenaye führt (nicht markiert). Nachdem wir den Orrenaye-Bach überquert haben, kommen wir auf den markierten Weg, dem wir nach rechts folgen. Nach circa 50 min gehen wir bei einem Wegweiser rechts Richtung Lac de l'Orrenaye (ab hier gelb markiert). Kurz darauf kommen wir auf den GRP Ubaye/Viso zurück und folgen diesem bis zum **Lac de l'Orrenaye** (2411 m). Vom Wegweiser beim See gehen wir weglos über die Wiese und visieren den Col du Bœuf an, der sich links (nordwestlich) der markanten Felsnadeln (Aiguille Jean Coste u. a.) im Grat nordwestlich der Tête de Moïse befindet. Nach einer ersten Wiesenschulter steigen wir leicht ab, um danach am Gegenhang wieder quer aufzusteigen. Wir gehen an einem charakteristischen Felsblock mit roten Flechten vorbei in Richtung eines kleinen Einschnitts, aus dem (saisonal) ein Bach herunterfließt. Wir queren den Bachlauf auf einer kleinen Ebene und besteigen den Moränenhügel

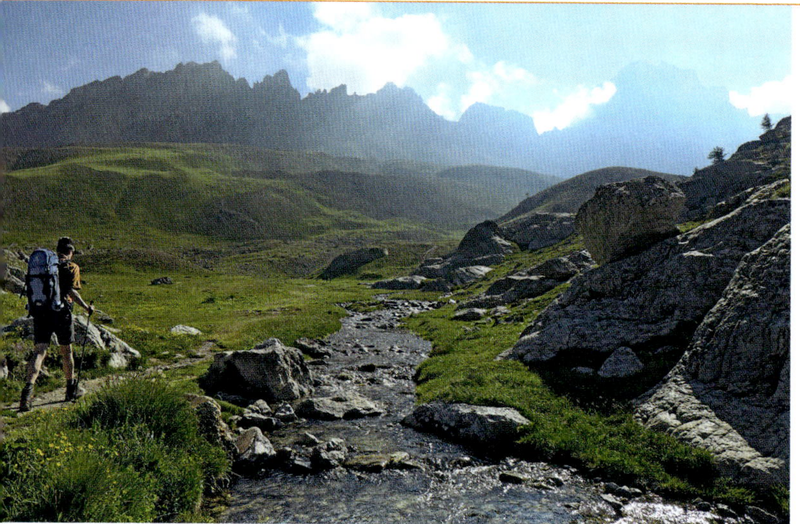

Dem Orrenaye entlang geht es aufwärts. Vor uns die Aiguilles de l'Orrenaye und die Tête de Moïse (3104 m).

(P. 2491), der parallel zum Hauptgrat verläuft. Auf einigen Karten ist ein Weg in der Schutthalde am Hauptgrat eingezeichnet, der aber kaum vorhanden und nur äußerst mühsam zu begehen ist. Besser ist, auf dieser Moräne zu bleiben und an ihrem Ende wenige Höhenmeter auf eine mit Felsen übersäte Wiese abzusteigen, um danach über die Wiese auf Schafspuren auf einen kleinen Boden unmittelbar unterhalb des Passes hinaufzuwandern. Am östlichen Ende (rechts wenn man hinaufkommt) dieses Bodens führen Wegspuren (wenige rot-blaue Markierungen) durch den Schutt zum **Col du Bœuf** (2631 m) hinauf. Auf Italienisch heißt der Pass Colle Villadel und wird stets mit 2627 m angegeben.

Auf der italienischen Seite des Passes folgen wir deutlichen Wegspuren hinunter zum Lago delle Munie inferiore. Vor dem See kann auf einem steileren Wegstück auch im Frühsommer noch lange Schnee liegen; Stöcke können hier hilfreich sein. Wenn wir rechts am See vorbei und über die Wiese Richtung Nordosten gehen, kommen wir an einen gut sichtbaren Weg, dem wir nach rechts folgen (rot-weiß und blau-rot markiert). Bald schon sehen wir den Lago d'Apzoi. Oberhalb des Sees liegt die kleine Holzhütte des **Bivacco Bonelli** (2330 m). Wer auf dem Weg bleibt, wird nicht direkt am Bivacco vorbeikommen, sondern auf dem Sentiero Pier Giorgio Frassati weiter ins Tal hinabwandern (weiß-rot markiert). Der Weg ist nach einem jungen Alpinisten und Katholiken aus einer bürgerlichen Familie benannt, der sich um die Armen in den Elendsvierteln Turins kümmerte und 1925 im Alter von 24 Jahren an Kinderlähmung erkrankte und starb. 1990 wurde er von Papst Johannes Paul II. seliggesprochen.

Bald schon sehen wir unter uns den Lago Visaisa in seiner tiefen Mulde. In vielen Kehren steigen wir ab und queren dann hinüber auf eine Schulter oberhalb des Lago Visaisa. Eine Infotafel macht darauf aufmerksam, dass hier von 1911 bis 1928 das stattliche Albergo-Rifugio Principe di Piemonte stand; die Überresten sind noch zu sehen. Vor der Infotafel geht es rechts ab und auf dem markierten Weg in vielen Kehren den lichten Lärchenwald hinunter. Bei einem Wegweiser 25 min nach der Schulter gehen wir geradeaus Richtung Chiappera und halten dann bei einem Sendemast rechts hinunter zur Quelle der Maira (**Sorgenti del Maira**, 1628 m), die man schon von weitem hört. Die Quelle ist zwar gefasst, aber der breite Flusslauf gleich darunter ist trotzdem sehenswert. Die Quelle wird durch das Wasser der Seen Apzoi und Visaisa gespeist, an denen wir vor kurzem vorbeigewandert sind. Nun ist auch klar, wo das Wasser dieser Seen ohne Abfluss hinfließt. Wir folgen dem jungen Fluss, gehen am Eingang des schön gelegenen Campingplatzes vorbei und folgen der geteerten Straße nach links. Nach 10 min können wir die Straße nach links verlassen (Wegweiser PO Chiappera).

An einem idyllischen Quellgebiet vorbei, folgen wir danach der Wasserleitung (gelb und rot-weiß markiert). Wo wir einen Weg kreuzen, verlassen wir den Wasserlauf und gehen 40 m nach links leicht bergauf und dann gleich nach rechts auf einem breiten Weg bergab (nach wie vor markiert). Wir erreichen die Straße, der wir nach links am Friedhof vorbei bis zum Weiler **Chiappera** (1610 m) folgen. Er ist die letzte Siedlung im Talschluss des Mairatals und gehört zu Acceglio. Gleich am Dorfeingang liegt die Bar Maria, wo man den Durst stillen kann, bevor man durch den Weiler schlendert oder die renovierte Dorfkirche besucht. Wer im Rifugio Campo Base nächtigt, folgt noch für weitere 15 min der Straße.

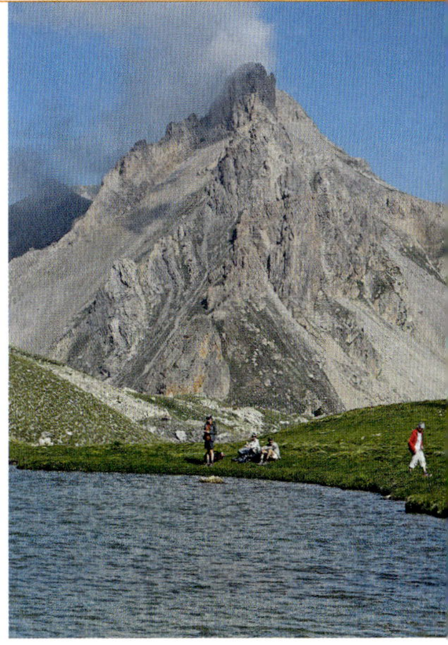

Hinter dem Lac de l'Orrenaye erhebt sich der Bec du Lièvre.

Percorsi Occitani

PO steht für Percorsi Occitani, die Wanderroute, die das Mairatal in 14 Tagen umrundet. Aber die PO sind mehr als ein markierter Wanderweg, sie sind ein Tourismusprojekt, das dazu beiträgt, das entvölkerte Tal neu zu beleben. Engagierte Persönlichkeiten aus dem Tal wollten den Verfall der alten Wege nicht hinnehmen und lancierten 1992 die »Okzitanischen Pfade«. Um die notwendigen Unterkünfte zu schaffen, wurden alte Schulen oder Pfarrhäuser in »Posti Tappa« umfunktioniert. Unterstützt wurde das Projekt durch den GTA-Wanderführer von Werner Bätzing und insbesondere durch Jürg Frischknecht und Ursula Bauer und ihr Buch *Antipasti und alte Wege*. »Dieses Buch hat das Mairatal bekannter gemacht als alle Zeitungsartikel und das Weitersagen oder gar das Internet«, schrieb die *Frankfurter Allgemeine Zeitung*. Beide Bücher sind im Rotpunktverlag erschienen.
Infos auf percorsioccitani.com.

15.6 Chiappera–Fouillouse

Wanderzeiten	
Chiappera–Bivacco Stroppia	1h50
Bivacco Stroppia–Colle della Gippiera	2h00
Colle della Gippiera–Refuge du Chambeyron	1h00
Refuge du Chambeyron–Fouillouse	1h50
Total	**6h40**

Höhendifferenz	↗1320 m ↘1040 m

Schwierigkeit	T3

Von **Chiappera** (1610 m) folgen wir den Wegweisern Richtung Rifugio Campo Base das Tal hinauf. Am Eingang des Rifugio und Campings vorbei, gehen wir auf dem Fahrweg weiter und halten uns nach dem Camping Senza Frontiere bei der ersten Weggabelung links (Wegweiser Cascate di Stroppia). Wir gehen unterhalb des eindrücklichen Wasserfalls vorbei und stellen uns die Frage, wo denn hier unser Weg hinaufführen soll. Gleich danach biegen wir nach links vom Talweg ab (Wegweiser Rifugio Stroppia, Colle della Gippiera). Der Weg ist hier auch als Sentiero Dino Icardi und als S18 angeschrieben (gelb-blau und weiß-rot markiert). Der Pfad schlängelt sich den Hang hinauf, führt auf einer Brücke über den Bach, steigt mit vielen Serpentinen zu einem Zwischenplateau und quert dann oberhalb des Plateaus nochmals den Bach. (Achtung: Abzweigung nicht verpassen; es gibt auch Spuren, die weiter geradeaus hinaufführen.)

Nun beginnt der spannendste Teil des Wegs, der sich, teilweise in den Fels geschlagen, mit vielen Stufen den Hang hinaufschlängelt und am Ende zum **Bivacco Stroppia** (2259 m) quert. Der Blick schweift immer wieder auf die andere Talseite, wo sich oberhalb von Chiappera der Felsturm Rocca Provenzale erhebt. Vom Bivacco queren wir unterhalb des obersten Wasserfalls nochmals den Bach und steigen in 15 min zum Lago Niera auf, einem schönen

Der Lac des Neuf Couleurs ist bis in den Sommer hinein mit Eisschollen bedeckt.

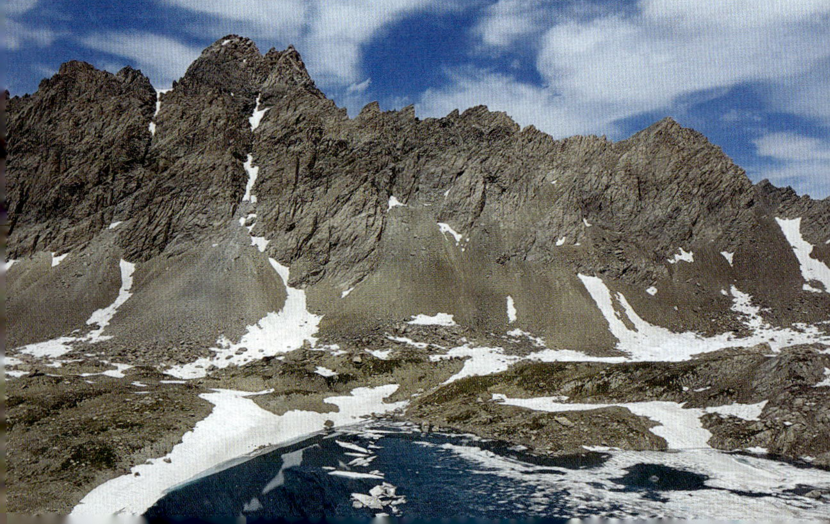

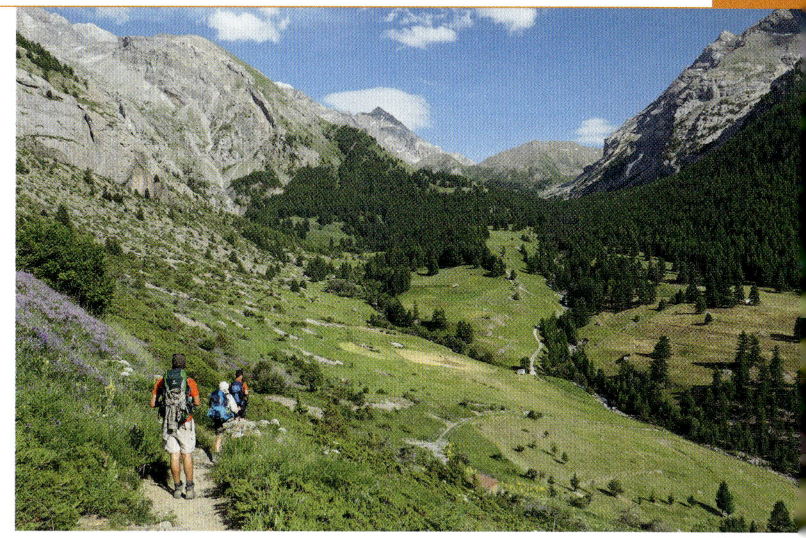

Das grüne Tal von Fouillouse beim Abstieg vom Refuge du Chambeyron.

Ort für eine Rast. Nun wird das Gelände flacher und der Weg schlängelt sich durch das Vallone di Stroppia dem Grenzgrat entgegen. Bei Abzweigungen bleiben wir immer auf dem Weg S18 und folgen den Wegweisern Richtung Colle della Gippiera (immer weiß-rot markiert). Eine Abzweigung zum Bivacco Barenghi lassen wir rechts liegen und nehmen dann den letzten Anstieg zum **Colle della Gippiera** (2927 m, frz. Col de la Gypière) in Angriff. Wer noch Kraft hat, kann vom Pass einfach die benachbarte Tête de la Fréma besteigen (200 Höhenmeter, ca. 1 h hin und zurück). Doch der Blick ist bereits vom Pass aus eindrücklich, insbesondere hinunter auf den Lac des Neuf Couleurs, der bis in den Hochsommer mit Eis bedeckt ist und hinter dem sich die Aiguille de Chambeyron erhebt. Der Abstieg zum See führt bis in den Sommer über ein Schneefeld. Lac des Neuf Couleurs (See der neun Farben) ist ein wahrlich schöner Name, doch ist man in Italien der Meinung, dass der Name verändert wurde und der See eigentlich Lac des Neuf Couloirs avalancheux (See der neun Lawinencouloirs) heißen müsste. Wie auch immer – der See ist von der französischen Seite her ein beliebtes Wanderziel. Vom See führt der Weg (gelb-rot markiert) auf einem abwechslungsreichen Weg am Lac Long vorbei hinunter zum **Refuge du Chambeyron** (2626 m) – eine gute Gelegenheit, um sich für den Schlussabstieg zu stärken.

Obwohl es bis nach Fouillouse nochmals 700 Höhenmeter sind, erweist sich der Abstieg (immer gelb markiert) als äußerst angenehm. Er ist nie sehr steil und der weiche Untergrund schont die Gelenke. In **Fouillouse** (1890 m) kommen wir zuerst an der Kirche vorbei; weiter der Straße folgend, gelangen wir zur Épicerie und ganz am Ende des Dorfs zum Gîte les Granges.

15.7 Fouillouse–Ste-Anne la Condamine

Wanderzeiten	
Fouillouse–St-Paul-sur-Ubaye	1 h 45
St-Paul-sur-Ubaye–Tournoux	1 h 20
Tournoux–Fort des Corres	0 h 55
Fort des Corres–Serre de l'Aut	0 h 40
Serre de l'Aut–Belvédère de Ste-Anne	1 h 35
Total	**6 h 15**
Höhendifferenz	↗ 930 m ↘ 1130 m
Schwierigkeit	T4 (siehe auch Variante 5)

Vom Refuge in **Fouillouse** (1890 m) gehen wir das Dorf hinauf bis zur Kirche. Hier startet der Fernwanderweg GR6, der über rund 1000 km bis in die Nähe von Bordeaux führt. Wir werden auf unserer weiteren Wanderung die ersten beiden Etappen des GR6 kennenlernen. Zugleich sind wir zurück auf dem GR56, der Tour de l'Ubaye, auf der wir bereits zu Beginn unserer langen Tour gewandert sind. Das bedeutet, dass unser Weg für die nächsten zwei Tage durchgehend weiß-rot markiert ist. Hinter der Kirche führt der Weg hinunter zum Bach und am Gegenhang wieder hinauf. Über die offene Weide geht es das Tal hinaus. Am Ende der Weide, wo der Weg in den Lärchenwald führt, gilt es, auf den Linksabzweiger zu achten, der leicht verfehlt werden kann. Auf einem kleinen Pfad gehen wir den Lärchenwald hinunter bis zum Ufer der Ubaye, deren linkem Ufer wir talabwärts folgen. Beim Pont de l'Estrech überqueren wir den Fluss und gehen zur Straße hinauf, der wir nach links bis nach **St-Paul-sur-Ubaye** (1466 m) folgen.

Wir verlassen die Hauptstraße vor dem Gemeindehaus nach links und gehen unterhalb der Kirche weiter. 100 m nach der Überquerung des Bachs biegen wir links in einen Fußweg ab (nicht gut markiert) und

Viele Schafherden bevölkern im Sommer die Weiden der Haute-Provence.

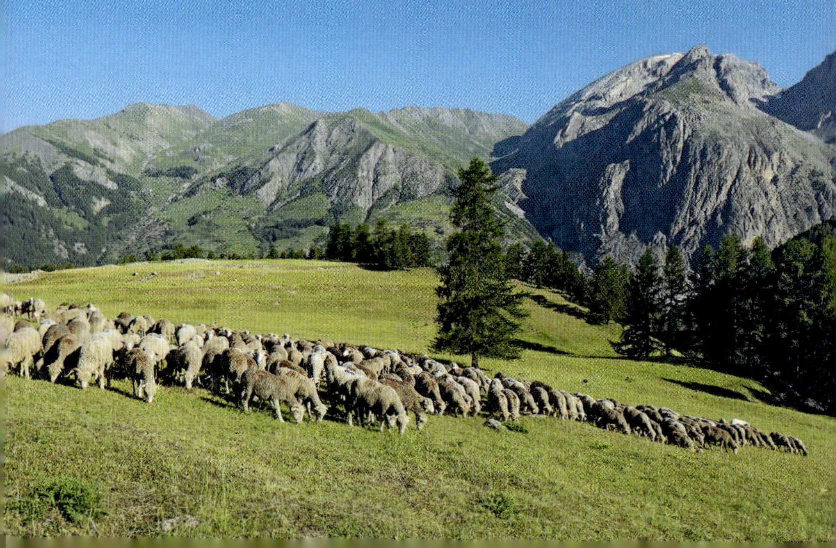

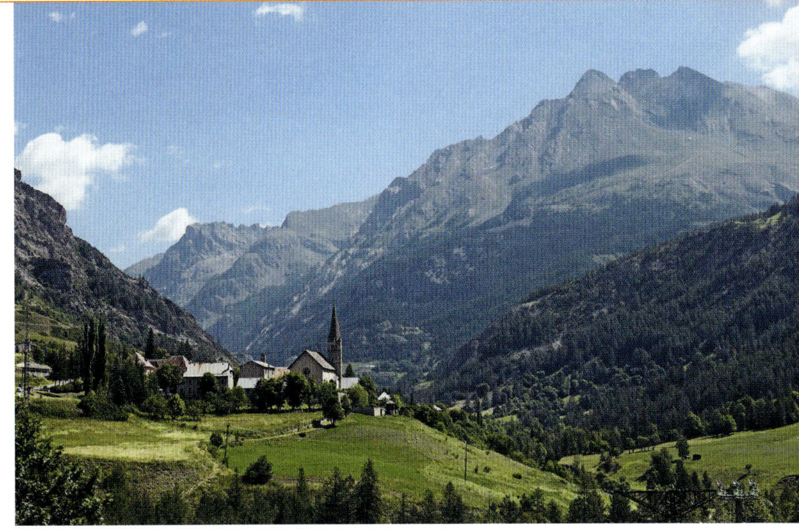

St-Paul-sur-Ubaye.

gehen bis zur Straße hinauf. Auf der anderen Seite geht es dann kurz, aber heftig steil aufwärts. Danach folgen wir der Höhenlinie und überqueren zwei Bachläufe mit großen Schuttkesseln. (Achtung: Beim zweiten ist der Übergang nicht gut markiert. Hier gilt es, nach einer Kehre nicht auf dem Fahrweg weiter abzusteigen, sondern geradeaus den Bach zu überqueren.) Wir erreichen **Tournoux** (1490 m), das etwas ausgestorben wirkt, da die meisten Liegenschaften zu Ferienhäusern umfunktioniert wurden. Immerhin gibt es bei der Kirche einen Brunnen mit Trinkwasser und ein Stück Wiese mit einem Picknicktisch. Beim Brunnen halten wir uns rechts, gehen aus dem Dorf hinaus und sanft den Hang hinauf. Der Weg führt uns durch den Wald bis zur Festung **Fort des Corres** (1750 m), um die wir nach rechts dem Graben nach herumwandern.

Am Eingang des Forts an dessen Südseite verlassen wir die Festungsmauern und

St-Paul-sur-Ubaye

Das kleine Dorf St-Paul-sur-Ubaye mit seinen 200 Einwohnern (inkl. den dazugehörenden Weilern) kann einige Rekorde aufweisen. Es ist das höchstgelegene Dorf im Département Alpes-de-Haute-Povence, es ist die einzige Gemeinde Frankreichs mit über 30 Gipfeln über 3000 m, und es ist flächenmäßig die siebtgrößte Gemeinde des Landes – wenn man bei der Berechnung der Fläche auch die Hangneigung einbezieht, ist es gar die größte. Mit ihrer Fläche von 205 km² ist sie rund doppelt so groß wie Paris! Zudem gibt es hier die höchstgelegene Brauerei Frankreichs. Das Biobier La Sauvage wird im ganzen Tal serviert. Die Bevölkerungszahl hat bis in die 1960er-Jahre stetig abgenommen, konnte sich seither jedoch stabilisieren. Im 19. Jahrhundert emigrierten etliche Bewohner nach Mexiko (siehe S. 292 f.) und brachten es dort zu einigem Erfolg. Deshalb gibt es auf dem Friedhof bei der Kirche auch ein paar pompöse Gräber von heimgekehrten »Mexikanern«. Ein kleines ethnografisches Museum zeigt, wie man hier früher gelebt hat (geöffnet im Sommer tägl. außer Do 14–19.30 Uhr).

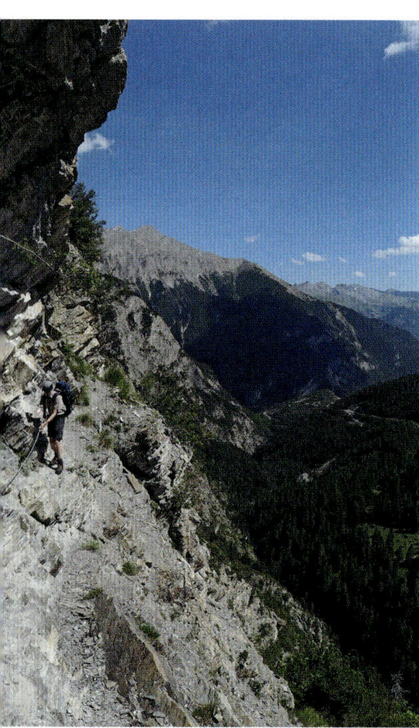

Pas du Roy nennt sich der steile Abstieg ins Tal des Parpaillon. Im Bild die mit Ketten gesicherte Schlüsselstelle.

Fort de Tournoux

Die große Festung, die vom Talboden bis auf über 2000 m reicht, wird auch das militärische Versailles des 19. Jahrhunderts genannt. Erbaut wurde die Festung 1843–65 in erster Linie, um den Zugang zum Col de Larche zu kontrollieren. Um den veränderten Ansprüchen zu genügen, wurde sie 1880 mit den beiden Festungen Fort des Corres und Serre de l'Aut gegen oben erweitert. Zur Abwehr von Feinden wurde die Festung nur einmal gebraucht. Als Mussolini Frankreich am 10. Juni 1940 den Krieg erklärte, dauerte es nur zehn Tage, bis die Alpenschlacht begann. Am 20. Juni wurde Frankreich mit 50 000 Mann in der Ubaye angegriffen. Die französischen Festungssoldaten zählten 15 000 Mann. Die Angriffe erfolgten an mehreren Pässen entlang der Grenze. Ziel von Mussolini war es, die alten Stammlanden von Savoyen zurückzuerobern. Am 23. Juni kamen seine Truppen über den Col de Larche. Doch die französischen Truppen hielten, auch dank ihrer Befestigungen, dem Angriff stand. In diesen Tagen wurde auch vom Fort des Corres aus zum ersten und letzten Mal gefeuert. Am 24. Juni 1940 unterschrieb Frankreich den von Italien diktierten Waffenstillstand. Ein 50 km breiter Streifen bis zur Grenze wurde in Frankreich demilitarisiert, Nizza und Menton besetzt.

gehen auf dem breiten Weg in weiten Kehren hinauf zur **Serre de l'Aut** (1990 m, die Festung liegt etwas oberhalb des Wegs). Nun beginnt der spannende Teil der Wanderung. Der schmale Pfad windet sich ab hier durch die Südwestflanke des Berggrats, zuerst noch durch einen lichten Wald, und dann zunehmend in einem felsigen Hang. Unter uns sehen wir bereits die kleine Retortensiedlung von les Pras und daneben unser Gîte d'étape. Jetzt gilt es nur noch, da hinunterzukommen. Der folgende Wegabschnitt nennt sich Pas du Roy und ist etwas ausgesetzt. Auf schmalen Bändern traversieren wir den Hang, wobei die schwierigsten Stellen mit Kabeln gesichert sind. Etwas unangenehm ist der feine Schutt auf dem Weg, vor allem im steileren Schlussabschnitt. Bei Regen ist der Abstieg eher zu meiden, sonst aber mit der notwendigen Vorsicht gut machbar. Am Talboden überqueren wir auf einer Brücke den quirligen Bergbach und steigen auf der anderen Seite, wiederum steil, aber diesmal durch den Wald, bis zur Straße hinauf. Hier nach links sind wir nach 500 m beim Gîte d'étape **Belvédère de Ste-Anne** (1693 m).

15.8 Ste-Anne la Condamine–la Pare

Wanderzeiten	
Belvédère de Ste-Anne–Pont du Bérard	0 h 50
Pont du Bérard–Cabane du Petit Parpaillon	1 h 25
Cabane du Petit Parpaillon–Col de la Pare	1 h 30
Col de la Pare–Wegweiser les Maïts	0 h 55
Wegweiser les Maïts–Refuge de la Pare	1 h 10
Total	**5 h 50**
Höhendifferenz	↗ 1010 m ↘ 870 m
Schwierigkeit	T3

Vom Gîte d'étape in **Ste-Anne la Condamine** (1693 m) gehen wir den Weg zurück, den wir gestern gekommen sind, und folgen dann weiter der Straße das Tal hinauf (den ganzen Tag weiß-rot markiert). Die auf dem Wegweiser angegebenen 7 h 15 bis zum Refuge de la Pare sind unserer Meinung nach etwas übertrieben.

Der erste Wegabschnitt ist ein bisschen eintönig, dazu kommen je nach Saison und Wetter noch Motorrad- oder Geländewagenfahrer, die hinauf zum Tunnel du Parpaillon fahren. Der 520 m lange Scheiteltunnel nahe der Passhöhe und die zu großen Teilen unbefestigte Straße sind ein Spielplatz für Offroader. Der Tunnel wurde von 1890 bis 1900 vom Militär erbaut um eine Rückzugsmöglichkeit vom Fort de Tournoux zu ermöglichen. An der Kapelle Ste-Anne vorbei (ab hier nicht mehr geteert) kommen wir zum **Pont du Bérard** (1840 m). Leider ist der Weg, der bei der nächsten Linkskurve den Fahrweg verlässt (und auf der Karte noch als GR eingezeichnet ist) wegen eines Hangrutschs nicht mehr begehbar. Wir müssen deshalb weiter der Piste folgen. Rund 300 m nachdem

Wir folgen dem weiten, ruhigen Tal des Parpaillon bis an sein Ende am Col de la Pare.

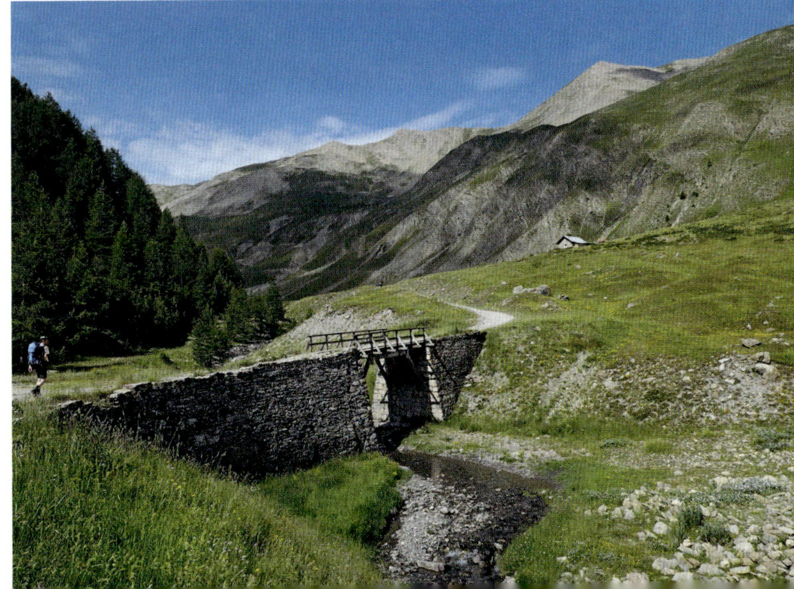

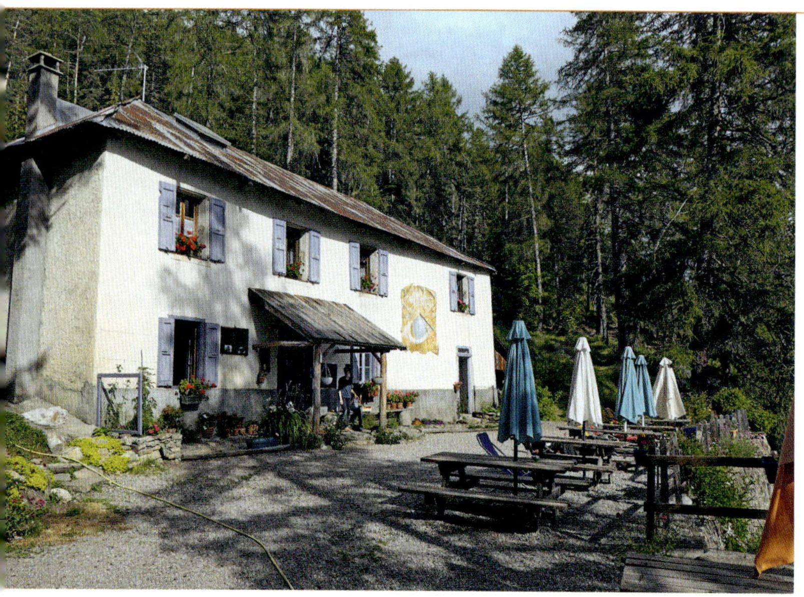

Das Refuge de la Pare ist ein altes Försterhaus.

wir den Ruisseau de Parpaillon auf einer Brücke überquert haben, können wir nach links den Fahrweg verlassen und in das weite Tal einbiegen. Wir atmen sogleich etwas freier. Außer Schafen gibt es nicht viel in diesem weiten Tal. So viel Leere trifft man selten an. Immer weiter das Tal hinauf, an der **Cabane du Petit Parpaillon** (2148 m) vorbei, wird der Fußweg zur Passhöhe hin etwas steiler. Auf dem **Col de la Pare** (2655 m) ändert sich dann die Szenerie. Die liebliche Weite liegt hinter uns. Vor uns ein von Erosionstälern durchfurchter Wald und unten im Tal die Zivilisation. Nach dem Pass queren wir zuerst einen Schutthang. Je weiter wir absteigen, desto grüner wird es. Zuerst vereinzelte Lärchen und Arven, bis wir beim **Wegweiser les Maïts** (2280 m) in den Wald gelangen. Weiter dem GR folgend, kommen wir unmittelbar am oberen Ende des tief erodierten Bachbetts entlang und erreichen danach das **Refuge de la Pare** (1832 m), das in einem alten Försterhaus untergebracht ist. Der Garten mit Aussicht lädt zum Entspannen ein.

Le Pare war einst einer von fünf Weilern der Pfarrgemeinde Cervières, die hier oben am Hang lang. Doch die Weidewirtschaft schuf Probleme. Die Erosion nahm stetig zu und die dadurch verursachten Schäden verlangten im 19. Jahrhundert die Aufforstung des Talkessels. Dieser Druck auf die Weideflächen sowie die Auswanderung bedeutete das Ende von Cervières. Von den drei Häusern in le Pare blieb noch eines, das die Forstbeamten während der Aufforstungszeit als Försterhaus benutzten.

15.9 la Pare–Barcelonnette

Wanderzeiten	
Refuge de la Pare–Passerelle du Tréou	1h05
Passerelle du Tréou–St-Pons	1h30
St-Pons–Barcelonnette	0h45
Total	**3h20**

Höhendifferenz	↗ 280 m ↘ 970 m
Schwierigkeit	T3

Vom **Refuge de la Pare** folgen wir 15 Min lang dem GR6/56 und halten dann bei einem Wegweiser nach links (Richtung les Dalis, ab hier gelb markiert). 10 m weiter zweigt der markierte Fußpfad links ab. Beim nächsten Wegweiser (l'Église) gehen wir Richtung le Tréou nach links. Einzelne Ruinen des Weilers der ehemaligen Pfarrgemeinde Cervières sind noch erkennbar. Der Weg folgt nun dem Sentier de découverte mit vielen Infotafeln und führt uns durch die Schuttflächen mit dem schwarzen Mergel hinunter zum Talboden. Wir überqueren den Riou Bourdoux und folgen dem Bach auf seiner linken Seite.

Beim Wegweiser **Passerelle du Tréou** (1410 m) biegen wir links ab und steigen Richtung Crête de Chalanche auf (weiterhin gelb markiert). Am Hang wurden viele Strauchige Hauhecheln gepflanzt, um die Hänge zu stabilisieren. Oben folgen wir nach rechts dem Grat, der sich kurz darauf für wenige Meter etwas verengt, weil die Erosion von beiden Seiten an ihm nagt. Danach wird er schnell wieder breiter und wir wandern auf dem Chemin des Cognetons bequem durch den Kiefernwald abwärts. Vorbei an einem großen Abbruch auf der rechten Wegseite, folgt links des Wegs ein offenes Feld. 100 m nach diesem Feld und nach einer Wiederaufforstung macht der markierte Weg eine Rechtskurve. Hier (kurz nach P. 1441 auf der IGN-Karte) biegen wir links ab (gelbes Kreuz) und verlassen den markierten Weg auf einem

Erosion am Riou Bourdoux

Der Gebirgsbach Riou Bourdoux wird auch »alpines Monster« genannt. Denn seine Verwüstungen durch das Geschiebe und den Schlamm, den er ins Tal trug, waren immens. Sein Schwemmkegel hat das einst fruchtbare Land am Talboden mit einer 2–6 m hohen Schuttschicht bedeckt. Aber dieses Monster wurde von den Menschen geschaffen: Der Bevölkerungsdruck in früheren Jahrhunderten bewirkte, dass immer mehr Wald zugunsten von Weiden und für Brennholz gerodet wurde. In der ersten Hälfte des 19. Jahrhunderts erlebte diese Entwicklung ihren Höhepunkt; die Hänge waren kahl und konnten der Erosion nichts entgegensetzen. Durch einen Gesetzesbeschluss begann man 1860, Gras zu pflanzen, um die Erosion zu bremsen und den Bauern gleichzeitig ihre Existenz, die Weideflächen, zu belassen. Doch bereits vier Jahre später sah man sich zu anderen Maßnahmen gezwungen und begann ein großes Aufforstungsprogramm. Von den 2200 Hektar, die der Talkessel von Riou Bourdoux umfasst, waren zu Beginn des Projekts nur noch 65 Hektar bewaldet. Der Plan sah nun vor, dass 1872 Hektar bewaldet werden sollten, in erster Linie mit Kiefern. Zudem wurden im Bachbecken unzählige Treppen gebaut, um die Kraft des Riou Bourdoux zu bremsen. Und die Maßnahmen begannen zu wirken. Heute fühlen sich die Bewohner offenbar so sicher, dass sie mitten in das Mündungsgebiet des Bachs ein Flugfeld bauten. Doch ein Blick in die Hänge genügt, um zu sehen, dass die Hänge noch immer rutschen. Der Kampf gegen die Erosion ist noch nicht beendet.

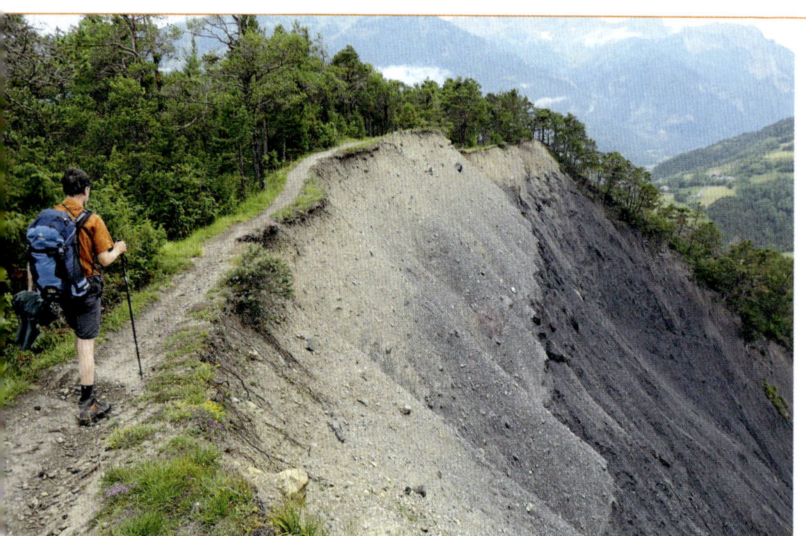

Unentwegt frisst der Riou Bourdoux an den Hängen (hier beim Chemin des Cognetons).

etwas überwucherten Fahrweg. Wir folgen dem unteren Feldrand 100 m weit, gehen danach rechts weg und kommen 20 m weiter wieder auf einen gut sichtbaren Weg, der uns weiter abwärtsführt. Bei weiteren Verzweigungen halten wir uns rechts, kommen an einem Unterstand vorbei (Puy Haut), und folgen später einer offenen Fläche bis zu den Ruinen von Puy Bas. Unmittelbar nach der Ruine verlassen wir den breiten Weg, gehen nach rechts über die Wiese und treffen gleich dahinter wieder auf einen gelb markierten Wanderweg, dem wir nach links abwärts folgen. An einem aussichtsreichen Picknicktisch vorbei, kommen wir hinunter zur Straße und gehen hier rechts und dann stets geradeaus bis zur Kirche von **St-Pons** (1160 m), wo sich ein Blick auf die naiven Figuren an den Portalen aus dem 12. Jahrhundert lohnt. Hier folgen wir der Straße (D9) Richtung Barcelonnette. Unmittelbar nach einer kleinen Brücke und dem Ortsschild von St-Pons biegen wir links ab und folgen dem kanalisierten Bach aufwärts. Auf der Höhe eines großen Erdwalls gehen wir rechts vom Fahrweg ab (Wegweiser Richtung ancienne caserne, ab hier wieder gelb markiert). Nach der Querung des Hangs kommen wir oberhalb der nach dem Abzug des Militärs neu genutzten Kaserne zum Wegweiser ancienne caserne (1175 m). Hier gehen wir weder rechts noch links den Wegweisern nach, sondern geradeaus, überqueren einen kleinen Bachlauf und kommen bei einem Mehrfamilienhaus wieder auf eine Straße, der wir abwärts folgen. Wo diese Straße auf den Boulevard de l'Adroit trifft, überqueren wir die Straße und gehen auf der anderen Seite auf einem Fußpfad weiter abwärts. Danach halten wir zweimal links und gelangen vorbei an einer ersten Mexikanervilla und der Kirche ins Zentrum von **Barcelonnette** (1140 m).

Barcelonnette

In Barcelonnette lohnt sich ein Besuch des Musée de la Vallée in der alten Mexikanervilla la Sapinière (geöffnet im Sommer tägl. 10–12 und 14.30–18.30 Uhr). Ein Teil der Ausstellung widmet sich der Emigration nach Mexiko (siehe auch S. 292 f.). Im Untergeschoss des Hauses ist ein kleines Informationszentrum des Nationalparks untergebracht. Ebenfalls einen Besuch lohnt der historische Friedhof von Barcelonnette, vom Museum noch circa 500 m stadtauswärts. Auch hier haben die Mexiko-Rückkehrer mit ihren großen Gräbern ihren Reichtum zelebriert.
Barcelonnette wurde 1231 von Raimund Berengar V., Graf der Provence, am Ort eines zerstörten Dorfs gegründet. Da er aus dem Hause Barcelona stammte (sein Großvater Alfons war nicht nur König von Aragonien, sondern auch Graf von Barcelona und der Provence), wird vermutet, dass es sich beim Namen um eine Verkleinerungsform von Barcelona handelt. So klar ist dies jedoch nicht, da der zerstörte Ort bereits um 1200 als *villa Barcilona* erwähnt wurde. 1388 wurde das Tal erstmals durch die Savoyer erobert, zwei Jahre später durch die Provenzalen wieder zurückerobert. Und so war das während Jahrhunderten ein ewiges Hin und Her. Erst mit dem Abkommen von Utrecht kam die Talschaft 1713 definitiv zu Frankreich. Geprägt wurde die Kleinstadt (2800 Einw.) durch die Heimkehrer aus Mexiko, die zwischen 1880 und 1930 rund um Barcelonnette über 50 Villen erbauten.

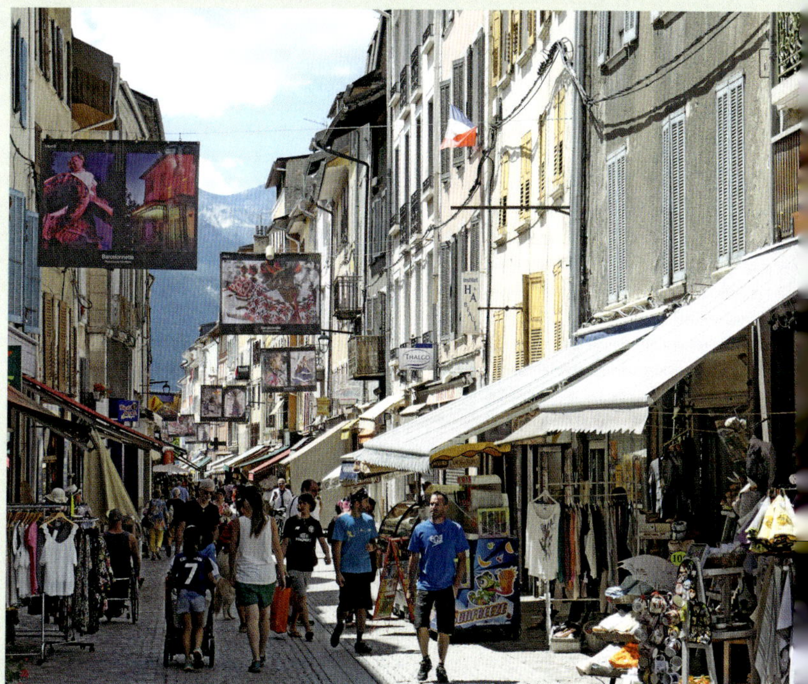

Die Mexikaner aus Barcelonnette

Ab dem 17. Jahrhundert etablierte sich im abgeschiedenen Ubaye-Tal die Produktion von Stoffen, Tüchern und Seilen, teils in Manufakturen, teils durch Heimarbeit, zunächst vor allem aus Schafwolle, später auch aus einem Gemisch von Wolle und Hanf, das aus dem Piemont importiert wurde – ebenso wie die Seide, die man ebenfalls im Tal verarbeitete. Um die Produkte zu verkaufen, schwärmten viele Talbewohner als Hausierer ins Rhonetal aus und weiter ins Burgund, nach Flandern und bis nach Amsterdam.

Im Jahr 1805 verließ der 24-jährige Jacques Arnaud das Ubaye-Tal Richtung Louisiana, das zwei Jahre zuvor von Napoleon an die jungen Vereinigten Staaten von Amerika verkauft worden war. Wenig später reisten ihm seine beiden Brüder nach. Da ihre Eltern eine Spinnerei besaßen, hatten sie bereits Erfahrungen im Textilhandel. Als Hausierer zogen sie durchs Land und dehnten ihr Geschäft schon bald ins benachbarte Mexiko aus, wo sie 1821, kurz nach der Unabhängigkeit, in Mexiko-Stadt ihren ersten Stoffladen eröffneten. 1830 ließen sie drei weitere Talbewohner nachkommen. Zwei von ihnen kehrten 1845 mit viel Geld ins Ubaye-Tal zurück, was der weiteren Emigration nach Mexiko einen wichtigen Impuls gab. Im überbevölkerten Ubaye-Tal gab es kaum Perspektiven, während auf der anderen Seite des Ozeans das große Geld lockte. Bis zum Ende des Jahrhunderts wanderten rund 5000 Talbewohner nach Mexiko aus, bis 1950 werden es zwischen 6000 und 7000 gewesen sein. Meist waren es junge Bauern, die die bis zu 100 Tage lange Reise auf sich nahmen, um in der Ferne das Glück zu suchen.

In Mexiko organisierten sich die Barcelonnettes, wie die Immigranten aus dem Ubaye-Tal genannt wurden, wie ein großer Clan in einem solidarischen und gleichzeitig strikten System. Die Neuankömmlinge wurden von der Gruppe aufgenommen, bekamen ein Bett und etwas zu essen – aber zu Beginn nur einen kleinen Lohn. Sie wurden in den Textilhandel eingeführt, arbeiteten als Verkäufer oder reisten als Hausierer durchs Land, später arbeiteten sie auch als Aufseher in den Fabriken. Die Besten wurden in andere Städte geschickt, um Filialen aufzubauen, wobei sie in einer Art

Der Palacio de Hierro war zu seiner Zeit das größte Warenhaus in Mexiko.

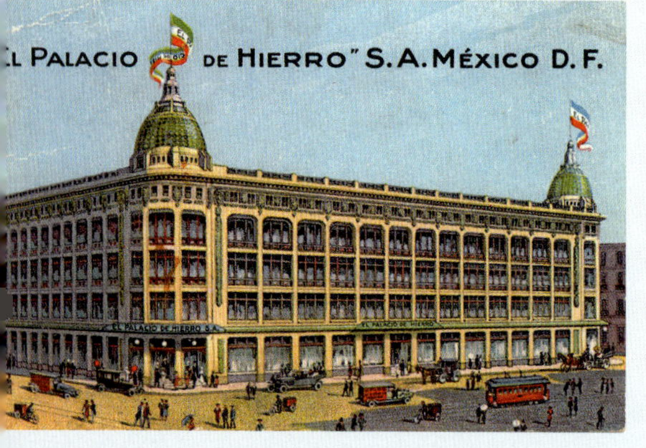

Franchisesystem mit dem Mutterhaus verbunden blieben. Es entstand so etwas wie ein Kleiderkartell, das nach und nach zuerst den Textilhandel und dann auch die Textilproduktion im Land dominierte. An den Barcelonnettes kam keiner mehr vorbei.

Der große Boom folgte unter der Diktatur von Porfirio Díaz, der Mexiko mit einem kurzen Unterbruch von 1877 bis 1911 regierte. Zu dieser Zeit bauten die Barcelonnettes gemäß den Vorbildern in Paris und New York die größten Warenhäuser des Landes. 1888 wurde in Mexiko-Stadt der Palacio de Hierro eingeweiht, das erste Gebäude dieser Größenordnung aus Eisen und Stahl im Land. 1898 folgte das Centro Mercantil, in dem heute ein berühmtes Grand-Hotel untergebracht ist. Zur selben Zeit wurden am Río Blanco im Bundesstaat Veracruz die ersten Fabriken eröffnet: Spinnereien, Webereien und Druckereien für die Stoffe. 1910 gab es 133 Fabriken mit 30 000 Arbeitern, in denen zumindest ein Barcelonnette im Verwaltungsrat saß. 1907 wehrten sich die Arbeiter am Río Blanco gegen die schlechten Arbeitsbedingungen mit einem Streik, der vom Militär brutal niedergeschlagen wurde und Hunderte von Angestellten das Leben kostete. Die Diktatur stellte sich klar hinter die ausländischen Industriellen und das Kapital.

Die allermeisten Immigranten aus dem Ubaye-Tal, die in den diesen Jahren nach Mexiko kamen, hatten nur ein Ziel: mit viel Geld wieder nach Frankreich zurückzukehren. Im Gegensatz zu anderen Immigranten heirateten sie deshalb auch kaum Mexikanerinnen, sondern blieben ledig und konzentrierten sich aufs Geschäftemachen. Die vielen mexikanischen Villen rund um Barcelonnette sind ein Zeugnis dieser Heimkehrer.

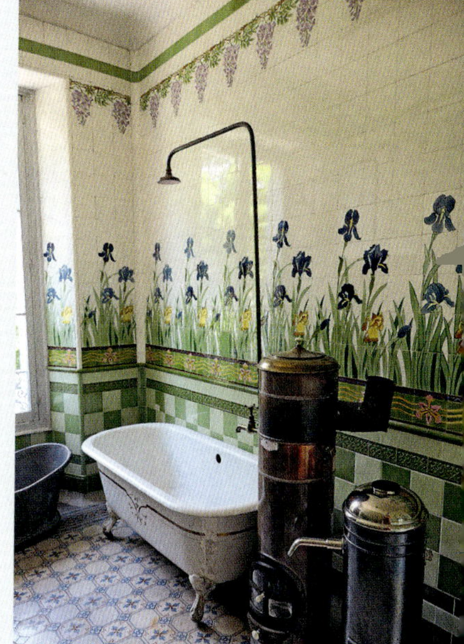

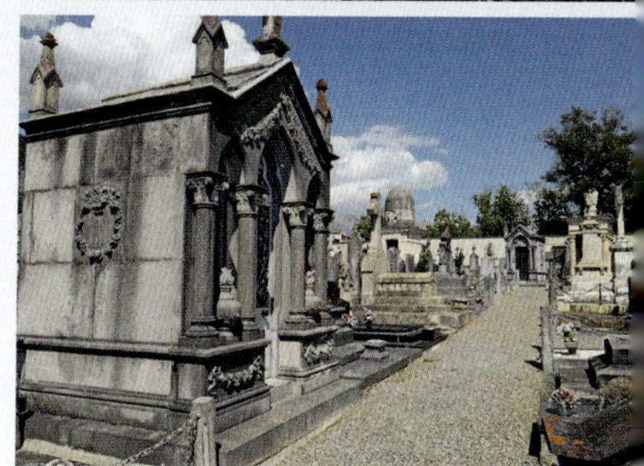

Spuren der Mexiko-Heimkehrer in Barcelonnette: Bad in der Villa la Sapinière und pompöse Gräber auf dem Friedhof.

Nach der Mexikanischen Revolution änderte sich dies, und die Franzosen integrierten sich immer mehr in Mexiko. Heute leben Schätzungen zufolge ungefähr 50 000 Nachkommen der Barcelonnettes in Mexiko – ein Vielfaches der heutigen Bevölkerung des Ubaye-Tals (ca. 8000 Einwohner).

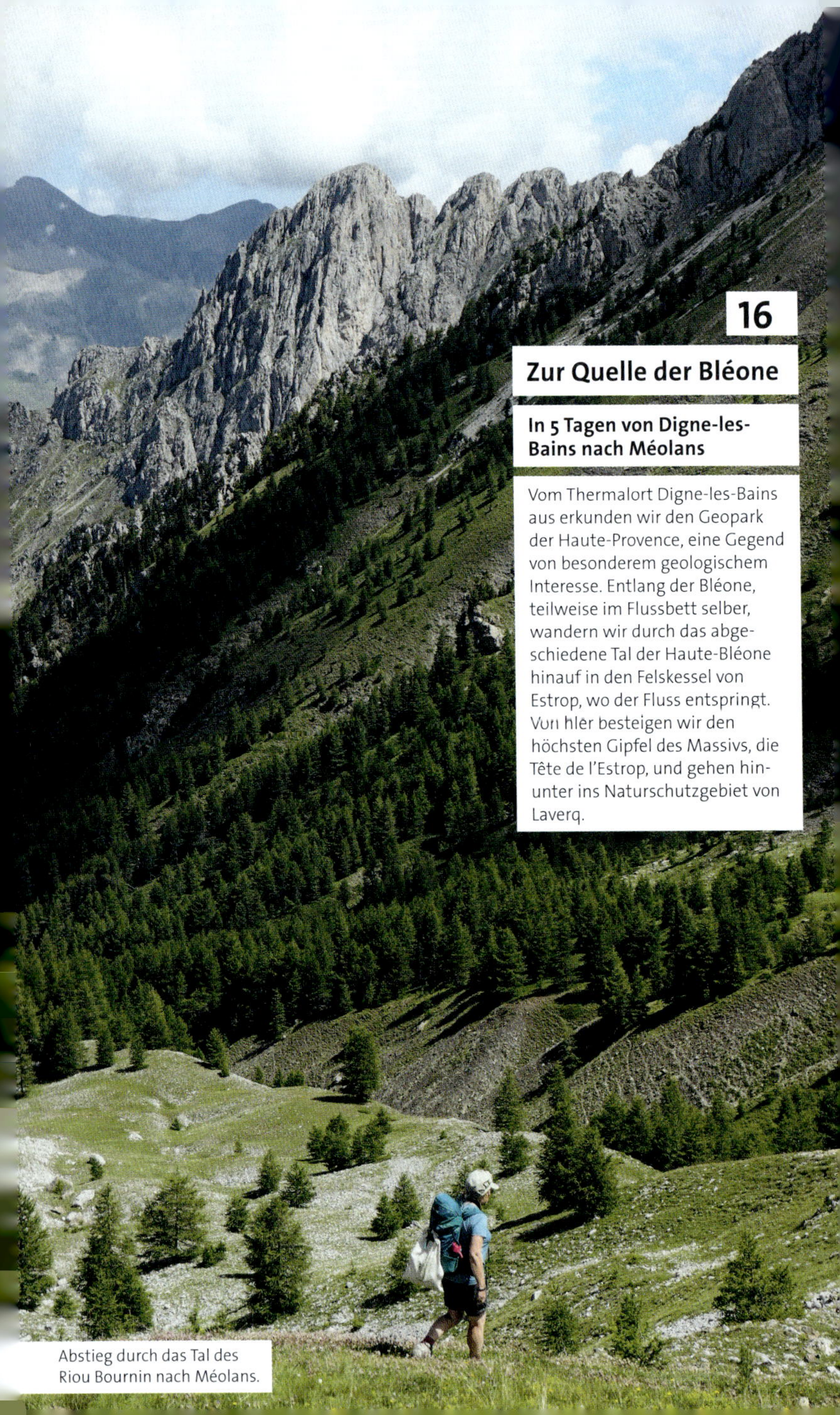

16

Zur Quelle der Bléone

In 5 Tagen von Digne-les-Bains nach Méolans

Vom Thermalort Digne-les-Bains aus erkunden wir den Geopark der Haute-Provence, eine Gegend von besonderem geologischem Interesse. Entlang der Bléone, teilweise im Flussbett selber, wandern wir durch das abgeschiedene Tal der Haute-Bléone hinauf in den Felskessel von Estrop, wo der Fluss entspringt. Von hier besteigen wir den höchsten Gipfel des Massivs, die Tête de l'Estrop, und gehen hinunter ins Naturschutzgebiet von Laverq.

Abstieg durch das Tal des Riou Bournin nach Méolans.

Beste Jahreszeit
Ende Juni bis Ende September

Karten
IGN 3440 ET, IGN 3439 ET

Varianten
Eine alternative 8-Tageswanderung rund um Digne ist die Route Refuge d'Art, wo man in drei vom Künstler Andy Goldsworthy gestalteten Unterkünften übernachten kann (refugedart.fr). Weitere Infos dazu auch im Musée Gassendi in Digne.

1 Die erste, durch die Wanderung im Flussbett etwas spezielle Etappe, kann man auch auslassen. Bei (seltenem) Hochwasser ist sie ohnehin nicht begehbar. In diesem Fall empfiehlt sich aber trotzdem eine Wanderung

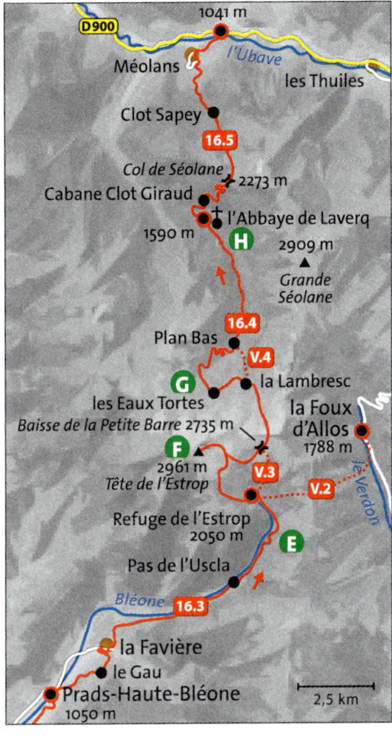

Sehenswertes

- A Digne mit Musée Gassendi und alter Kathedrale
- B Musée Promenade
- C Dalle à Ammonites
- D Flusslauf der Bléone
- E Cascade de la Piche und Talkessel von Estrop
- F Aussicht von der Tête de l'Estrop
- G Moorlandschaft les Eaux Tortes
- H Kirche und Weiler von Laverq

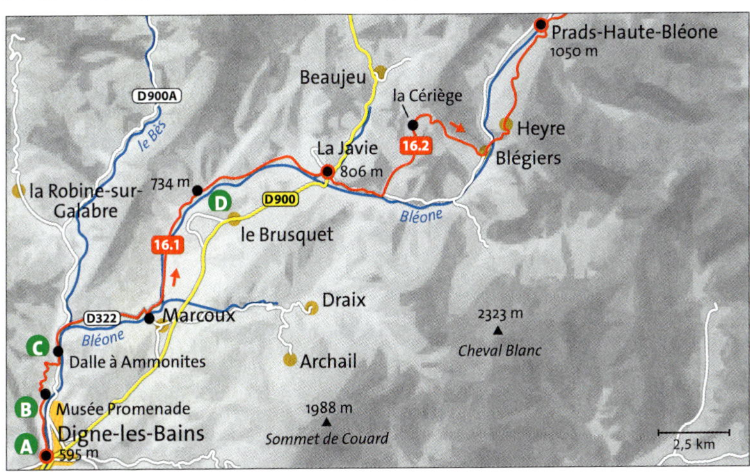

bis zur Dalle à Ammonites und zurück. Buslinie 28 von LER, die Digne 2× tägl. mit Barcelonnette verbindet, hält auch in la Javie.

2 Vom Refuge de l'Estrop gibt es die Möglichkeit, in 3 h 15 nach la Foux d'Allos abzusteigen. Dort mehrmals tägl. Busverbindung zum Bahnhof Thorame-Haute Gare, von dort Bahn nach Digne oder Nizza.

3 Auf den Pic de l'Estrop verzichten und vom Refuge de l'Estrop in ca. 2 h 30 direkt zur Baisse de la Petite Barre aufsteigen. Zeitersparnis 2 h.

4 Von la Lambresc direkt nach Abbaye de Laverq absteigen (ohne den Umweg über Eaux-Tortes). Zeitersparnis 1 h.

An- und Abreise

Digne: ist sehr gut mit öffentlichen Verkehrsmitteln erschlossen. Der Train des Pignes verbindet Digne via St-André-les-Alpes 4× tägl. mit Nizza. Die Ligne Express Regional (LER) 31 verbindet 2× tägl. Digne mit Sisteron und Grenoble (dort Anschluss an die Bahn Richtung Genf) sowie mit Nizza. Die LER Linie 22 fährt ca. 4× tägl. nach Avignon (So weniger), und die LER Linie 28 fährt ebenfalls ca. 4× tägl. nach Aix-en-Provence und Marseille (am So weniger).

Méolans: liegt an der Route der LER 28, die Barcelonette 2× tägl. (am So 1×) mit Digne, Aix und Marseille verbindet. Die Haltestelle ist unten an der Hauptstraße.

Zurück zum Startpunkt: 2× tägl. (am So 1×) direkt mit der LER 28 in 1 h 15.

Touristinfo

tourisme-alpes-haute-provence.com Deckt die ganze Route im Département Alpes-de-Haute-Provence ab

dignelesbains-tourisme.com Das regionale Touristoffice von Digne-les-Bains deckt neben Digne auch die ersten 3 Etappen bis zur Tête de l'Estrop ab

ubaye.com Regionale Touristinfo für das Ubaye-Tal, betreut auch Laverq und Méolans

Etappenorte

Digne

Alle Einkaufsmöglichkeiten, Marché Provençal Juni–Sept. am Mi und Sa. Zentral und einfach: Hotel Central (keine eigene Website, Tel. 04 92 31 31 91), oder Hotel Aiglon (hotelaiglon-digne.fr). Teurer, aber ebenfalls zentral das Hotel Grand Paris (hotel-grand-paris.com).

la Javie

Buslinie 28 von LER nach Digne-les-Bains (2× tägl., So 1×) und weiter bis Aix-en-Provence und Marseille. Wichtigste Einkaufsmöglichkeiten (Bäckerei, Lebensmittelladen). Hotel Auberge Roman (auberge.roman.free.fr) mit angeschlossenem Restaurant.

Prads-Haute-Bléone

Kein ÖV, keine Einkaufsmöglichkeit. Gîte de Belle Valette (gite-prads.fr), 2er- und 4er- Zimmer, auf Wunsch wird man auch bekocht. Im Camping Mandala, 300 m nördlich des Dorfs (camping-mandala.fr) können außerhalb der Hochsaison (bis Ende Juni und ab Sept.) die kleinen Chalets auch nur für eine Nacht gemietet werden. Kleiner Lebensmittelladen. Es wird ein Frühstück und an einzelnen Tagen auch ein Abendessen angeboten.

la Favière

Chambre d'hôtes Au bout de la Route (keine eigene Website, aber über diverse Hotelportale buchbar, Tel. 06 27 22 23 19). Keine Einkaufsmöglichkeit.

Refuge de l'Estrop

Klassische Berghütte mit großem Massenschlag. Spezialität des Hauses ist die Brennnesselsuppe. lerefugedelestrop.e-monsite.com

Abbaye de Laverq

Kein ÖV, keine Einkaufsmöglichkeit. Das Refuge de Laverq wurde 2014 geschlossen, doch hat sich die Gemeinde Méolans-Revel dazu entschieden, eine neue Unterkunft ca. 300 m unterhalb der Kirche zu bauen. Die Gelder sind genehmigt und das Gîte soll 2020 eröffnet werden. Neuigkeiten dazu werden auf wanderweb.ch publiziert. Wer vor der Eröffnung hier ankommt, wird ein Taxi nehmen müssen (zum Beispiel Taxi Sherpa Ubaye, das sich auf Wanderer spezialisiert hat, Tel. 06 88 68 06 41) oder die Variante 2 wählen.

Méolans

Keine Einkaufsmöglichkeit. Gîte (gitedemeolans.fr) mit 4er-Zimmer oder Massenschlag und einer schönen Terrasse, um etwas zu essen oder zu trinken. Gîte-Auberge les Terres Blanches (gite-auberge-ubaye.fr) mit 2er-, 4er- und 6er-Zimmern.

16.1 Digne-les-Bains–la Javie

Wanderzeiten	
Digne-les-Bains–Musée Promenade	0 h 50
Musée Promenade–Dalle à Ammonites	0 h 45
Dalle à Ammonites–Bléone-Brücke bei Marcoux	1 h 05
Bléone-Brücke bei Marcoux–P. 734	1 h 35
P. 734–la Javie	1 h 30
Total	**5 h 45**

Höhendifferenz ↗ 460 m ↘ 250 m

Schwierigkeit T3
weglose Abschnitte im Flussbett, Wandersandalen (o. ä.) hilfreich.

Vom Busbahnhof und der Touristinfo in **Digne-les-Bains** (595 m) überqueren wir auf der Brücke die Bléone. Danach geradeaus, gelangen wir an einen Wegweiser, der uns den Weg nach rechts Richtung Musée Promenade anzeigt (weiß-rot markiert). Der Weg verläuft attraktiv auf einem Absatz oberhalb der Bléone und bietet eine schöne Sicht zurück nach Digne. Nach 15 min verlassen wir den GR (ab hier gelb markiert) und gehen weiter geradeaus bis zum Eingang des **Musée Promenade** (620 m, siehe Kasten).

20 m vom Eingang des Museums führt der rot-grün (Nr. 23) und gelb markierte Fußpfad links hinauf, teilweise auch steil über felsiges Gelände. Nach einem kurzen Abstieg steigen wir nochmals aufwärts, nun über rötliche Erde, und hinunter in ein Seitental. Hier gehen wir beim Wegweiser la Platrière nach rechts, folgen später der Straße, überqueren eine Brücke und erreichen die **Dalle à Ammonites** (627 m).

Auf der 350 m2 großen Kalkplatte der Dalle à Ammonites ist das größte Ammonitenfeld Europas zu sehen. 1550 Ammoni-

Digne-les-Bains

Einen halben Tag sollte man für den Besuch von Digne-les-Bains, der Hauptstadt des Départements Alpes-de-Haute-Provence, einberechnen. Sehenswert ist das Musée Gassendi, benannt nach dem Mathematiker, Philosophen und Astronomen Pierre Gassendi. Die Ausstellung spielt mit dem Spannungsbogen von Kunst und Natur (geöffnet tägl. außer Di, 11–19 Uhr). Ebenfalls sehenswert die romanische Kathedrale Notre-Dame-du-Bourg mit ihrer archäologischen Krypta, circa 1 km vom Stadtzentrum (geöffnet tägl. außer Mo, 14–18.30 Uhr). Die Nachfolgekathedrale St-Jérôme wurde auf dem Hügel, um den sich die heutige Stadt gruppiert, erbaut. Zudem gibt es in Digne noch einen etwas verwilderten botanischen Garten, den Jardin des Cordeliers. Das Thermalbad befindet sich in der Nähe des Busbahnhofs.
Ebenfalls lohnenswert ist das Musée Promenade, das etwa 50 min außerhalb von Digne am Wanderweg liegt. Im weiten Park des Museums sind diverse Kunstobjekte verstreut, darunter auch die Cairns von Andy Goldsworthy. Ebenfalls im Park befindet sich ein bemooster Wasserfall und ein Schmetterlingsgarten sowie die Maison des Remparts mit einem kleinen Museum zum Geopark und zur Geologie. Für einen vollständigen Besuch sollte man circa 1 h 30 einberechnen (geöffnet tägl. ab 9 Uhr).

Einer von 1550 Ammoniten der Dalle à Ammonites.

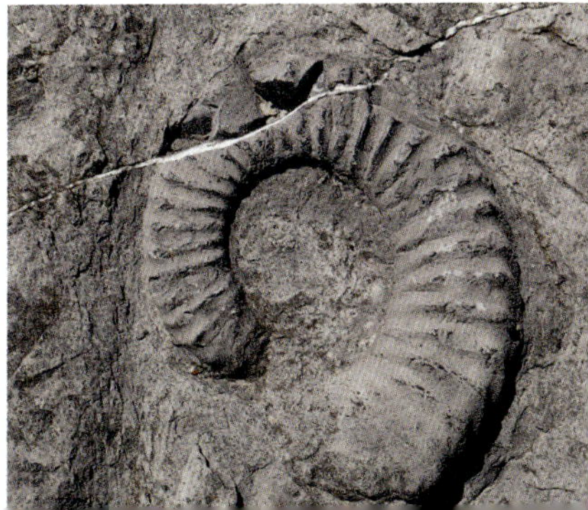

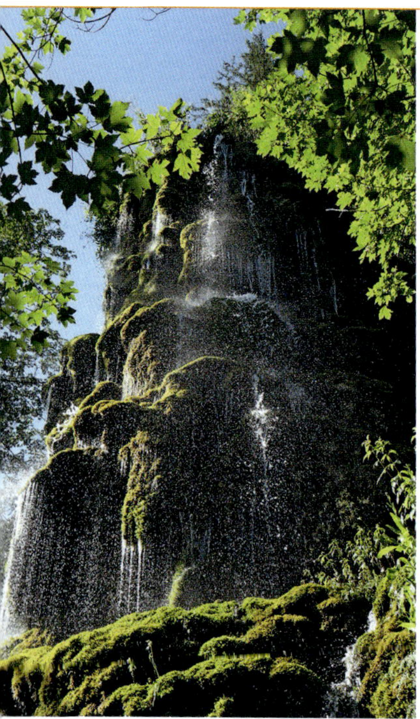

Wasserfall im Musée Promenade.

ten und ein paar Nautilus wurden hier gezählt. Vor über 200 Millionen Jahren schwammen sie hier noch im Meer. Die Platte befand sich rund 250 m unter dem Meeresspiegel und wurde bei der Alpenfaltung an die Oberfläche gehoben. Die Platte ist eine der Attraktionen des Unesco-Géoparc de Haute-Provence. Er wurde im Jahr 2000 ins Leben gerufen und war der erste Park unter diesem Label, das heute weltweit über 130 geologisch einmalige Gebiete umfasst. Seine Fläche umfasst 58 Gemeinden der Haute-Provence.

Nun folgt der eintönigste Teil des Tages. Während rund 20 min müssen wir der Hauptstraße Richtung Norden folgen, bevor wir nach rechts auf die D322 Richtung Marcoux abbiegen können. Auf der kleinen Landstraße wandern wir bis zur **Brücke über die Bléone kurz vor Marcoux** (ca. 670 m). Unmittelbar vor der Brücke befindet sich 4 m links der Straße eine kleine Mauer, an der wir rechts vorbeigehen und in das Flussbett absteigen. Nun folgt ein Wegabschnitt durch das breite Flussbett der Bléone, die hier mit vielen mäandrierenden Flussarmen Richtung Durance fließt. Wir werden in den kommenden drei Tagen immer wieder dem Fluss folgen und bis in sein Quellgebiet wandern. Da das Ufer des Flussbetts nicht immer begehbar ist, werden wir bei der Flusswanderung ab und zu die Schuhe abziehen müssen, um einen Seitenarm zu überqueren. Oft kommt man in der Mitte des Flussbetts am besten voran. Bei Hochwasser, nach ergiebigen Regenfällen, ist der Abschnitt so nicht begehbar (siehe Varianten). Circa 150 m bevor ein Stromkabel das Flussbett überquert (das Kabel führt zum Weiler le Guéni auf der orografisch rechten Flussseite), halten wir uns links und suchen nach einem trockenen Bachbett eines Seitenbachs, indem wir das Dickicht am Flussufer durchqueren und auf einen Fahrweg gelangen können (alternativ gibt es auch direkt unter dem Stromkabel einen Durchgang, oder man geht noch weiter im Flussbett bis zur nächsten Brücke).

Auf dem Fahrweg gehen wir das Tal hinauf, halten uns bei einer ersten Abzweigung rechts und gehen weiter bis zu einer starken Rechtskurve unmittelbar nach einer kleinen Brücke. In dieser Kurve (**P. 734** auf der IGN-Karte) gehen wir geradeaus auf einen anderen Fahrweg. (Der Fahrweg, auf dem wir gekommen sind, würde gleich danach auf die Brücke über die Bléone und weiter nach le Mousteiret führen.) 30 m nach dem Abzweiger biegen wir nach links auf einen kleinen, aber deutlichen Fußpfad ab (keine Markierungen). Der schmale Pfad verläuft teilweise etwas oberhalb des Flusses leicht ausgesetzt auf einem Sims. Nach einer kleinen Brücke über einen Seitenbach gehen wir nach links 10 m einem trockenen Bachbett entlang und können dann wieder nach rechts dem Fußpfad folgen. Bei l'Iscle de Chaussegros führt der Weg über eine aufgegebene Weide, die wohl schon in wenigen Jahren überwuchert sein wird. Nach der Ebene gehen wir ein paar Meter nach links einem trockenen Bachbett entlang und können dann rechts wieder auf dem Pfad weiterlaufen. Etwas oberhalb des Flusses geht es danach einem trockenen Südhang entlang, bis wir auf einen breiteren Weg kommen, dem wir geradeaus folgen. Wo ein besserer Weg links abgeht (in der Nähe von P. 786) und auch ein Weg geradeaus führt, halten wir leicht rechts, überqueren einen Bachlauf und nehmen den Weg, der möglichst nah der Bléone folgt. Vor uns erhebt sich der weiße Bergrücken der Montagne du Cheval Blanc. Zum Schluss erreichen wir eine geteerte Straße, der wir bis zu einer Passerelle folgen. Die Passerelle führt uns über den Arigéol, einem Zufluss der Bléone, und nach **la Javie** (806 m). Zur Auberge Roman geht es auf der Hauptstraße noch 100 m nach rechts. la Javie hat ein kleines Ecomusée, das im Sommer am Wochenende besucht werden kann (lajavieautrefois.com, geöffnet 16–19 Uhr oder mit Anmeldung). Im Dorf ist auch ein kleiner Rundgang ausgeschildert, der mit etwas Suchen von Waschhaus zu Waschhaus führt (Sentier des Lavoirs).

Der Weg folgt den ganzen Tag dem Lauf der Bléone.

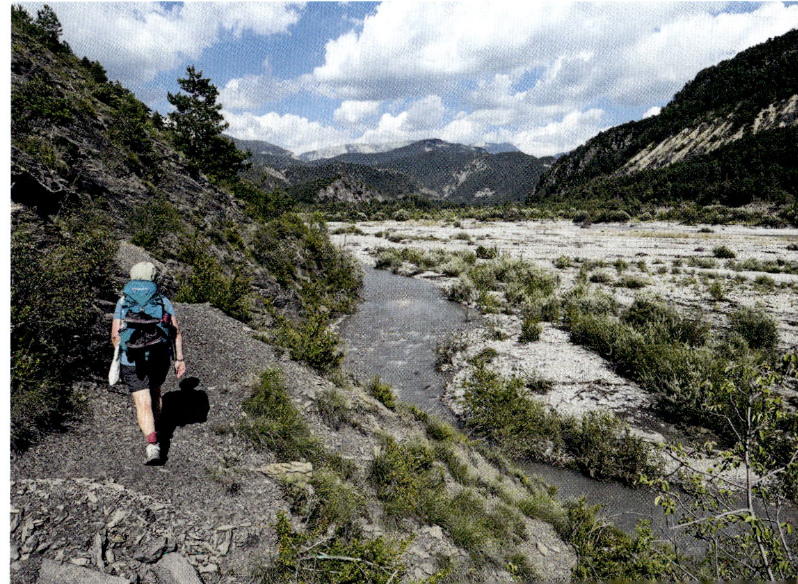

16.2 la Javie–Prads-Haute-Bléone

Wanderzeiten	
la Javie–la Cériège	1 h 35
la Cériège–Blégiers	1 h 30
Blégiers–Heyre	0 h 50
Heyre–Prads-Haute-Bléone	1 h 25
Total	**5 h 20**

Höhendifferenz	↗ 950 m ↘ 700 m
Schwierigkeit	T3

Bei der Auberge Roman in **la Javie** nehmen wir die Nebenstraße Richtung Blégiers (D107). Wir folgen ihr circa 30 min, bis wir unmittelbar nach einer Brücke links abbiegen und das Seitental hinaufwandern (ab hier lückenhaft gelb markiert). Der Pfad ist im Wald meist schmal, aber da es kaum Abzweigungen gibt, ist die Orientierung nicht allzu schwierig. Nachdem wir wenige Minuten einem Bachlauf gefolgt sind, führt der Weg auf eine Krete hinauf, quert dann den Hang bis zu einem kleinen Pass und steigt in der Hangflanke sanft weiter aufwärts bis wir auf der linken Seite, circa 30 m unterhalb des Wegs, bei einer Lichtung die Hütte von **la Cériège** (ca. 1150 m) entdecken. Die Hütte ist offen und kann als Unterstand dienen. Vor der Hütte ein Picknicktisch, der zur Rast einlädt. Zurück auf dem Weg, überqueren wir einen kleinen Pass und kommen 5 min später an einen Wegweiser, wo wir nach rechts Richtung Blégiers abbiegen können. Nach den Ruinen von Trécouleboeuf gilt es, gut auf die gelben Markierungen zu achten, die uns über ein kleines Tal und dann etwas steiler zu einem Pass führen. Auf einem teilweise schmalen Grat geht es danach zwischen zwei Bacheinschnitten hinunter ins Bachbett. Die Hänge sind stark der Erosion ausgesetzt und man kann nur hoffen, dass der Weg noch einige Jahre erhalten bleibt. Wir folgen danach stets dem Bachbett, dem Ravin de Mardaric, teilweise auf seiner Seite oder im Bachbett selbst, bis an die Stelle, wo die Schlucht von einer Piste gekreuzt wird. Wir folgen dieser Piste nach links und gehen auf ihr weiter das Tal hinunter bis nach **Blégiers** (920 m). Hier gehen wir nach links, auf der Straße am Waschhaus und der Kirche vorbei, bis wir nach circa 600 m auf einer Brücke die Bléone überqueren. Unmittelbar nach der Brücke folgen wir dem Wegweiser Richtung Heyre und steigen auf einem gelb markierten, oben mit Steinmännchen gekennzeichneten Weg mit vielen Kehren den trockenen Südhang hinauf. Wenig unterhalb von Heyre steht die Kapelle St-Roch, und gleich dahinter liegt ein Aussichtspunkt mit einem Kreuz, von wo wir einen Blick auf das Tal der Bléone werfen können. Von der Kapelle gehen wir zu den Häusern von **Heyre** (1180 m), das wie so viele Weiler in der Gegend nahezu aufgegeben war, bis Mitte des 20. Jahrhunderts die Sommerfrischler Einzug hielten.

Im Dorf halten wir links und gehen oberhalb des winzigen Friedhofs mit drei Gräbern vorbei. Wir erreichen eine Piste, der wir nach links folgen. Am höchsten Punkt lassen wir eine Abzweigung nach rechts unbeachtet, um bei der nächsten Verzweigung den linken Fahrweg zu nehmen und 100 m weiter rechts in einen Fußweg abzubiegen (Wegweiser Prads, gelb markiert). Auf der anderen Seite des Tals bieten die marmorierten Hänge bei Beau Clue einen besonderen Blickfang. Es sind Schichten von schwarzem Mergel, die sich mit hellen Kalkbänken abwechseln und wild gefaltet wurden. Ganz aufmerk-

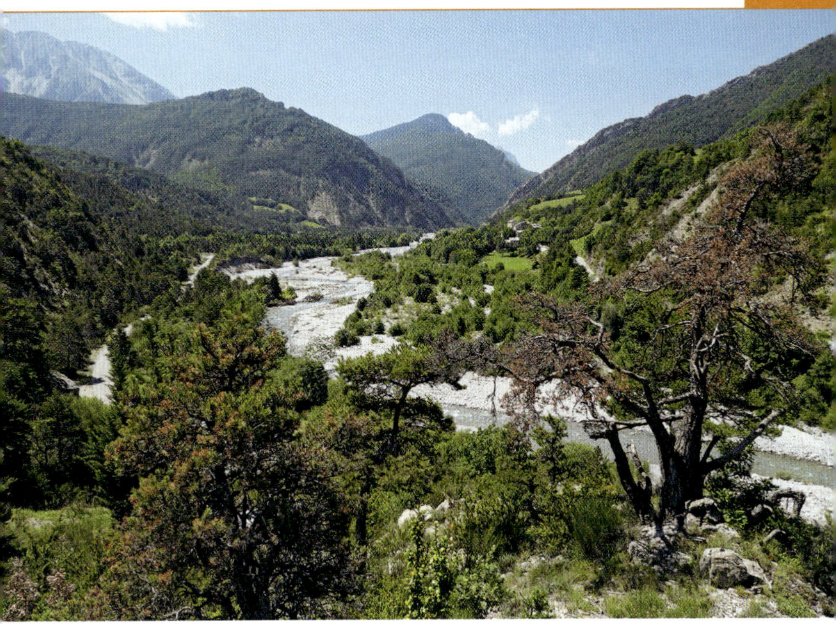

Blick zurück ins Tal der Bléone beim Aufstieg nach Heyre.

same Wanderer werden, kurz bevor wir in der Nähe der Grange Rencure vorbeigehen, rechts des Wegs im Gestein einen goldenen Punkt entdecken. Es handelt sich dabei um ein Kunstwerk des holländischen Künstlers Herman de Vries (mehr zu ihm und seinen »Points« auf der Website des Musée Gassendi in Digne). Wir erreichen danach eine Piste, der wir nach links abwärts folgen, überqueren dann zuerst auf einer Brücke einen Seitenbach und danach links haltend auf einer Fußgängerbrücke die Bléone. Von hier stets geradeaus kommen wir nach **Prads-Haute-Bléone** (1050 m). Beim Dorfeingang gibt es links ein Restaurant, wo man auch nur auf ein Getränk einkehren kann (falls geschlossen, die angegebene Telefonnummer anrufen). Zum Gîte geht es an der Dorfkreuzung circa 200 m nach links Richtung la Javie. Zum Camping geht man bei der Dorfkreuzung rechts.

Bereits 1145 wurde auf dem Gebiet von Prads-Haute-Bléone, im Seitental des Riou de l'Aune, ein Kloster des Chalais-Ordens errichtet (siehe auch S. 306), das aber in den Religionskriegen zerstört und nicht wieder aufgebaut wurde. In die Schlagzeilen kam das Dorf, als am 24. März 2015 eine Maschine von Germanwings am Südhang des Pic des Têtes, auf dem Gemeindegebiet von Prads, zerschellte. Alle Insassen, 150 Personen, kamen ums Leben, weil der Co-Pilot das Flugzeug willentlich in die Bergflanke steuerte. In der Nähe des Gîte ist für die Opfer eine Gedenkstätte errichtet worden.

16.3 Prads-Haute-Bléone–Refuge de l'Estrop

Wanderzeiten	
Prads-Haute-Bléone–le Gau	0 h 55
le Gau–la Favière	0 h 50
la Favière–Wegkreuzung bei Pas de l'Uscla	2 h 00
Wegkreuzung bei Pas de l'Uscla–Refuge de l'Estrop	2 h 00
Total	**5 h 45**

Höhendifferenz	↗ 1370 m ↘ 370 m
Schwierigkeit	T3

Von **Prads-Haute-Bléone** (1050 m) gehen wir zurück auf die Fußgängerbrücke über die Bléone. Nach der Brücke halten wir links und folgen dem Wegweiser Richtung la Favière (gelb markiert). Zuerst geht es dem Fluss entlang, wobei man gut darauf achten muss, wo der kleine markierte Pfad vom größeren Weg rechts abbiegt (markiert). Über Mergel geht es in Kehren hinauf, dann queren wir eine Weide und kommen auf einen Fahrweg, halten uns hier links und biegen nach 50 m nach rechts ab. Wir steigen weiter auf und erreichen den verlassenen Hof **le Gau** (ca. 1325 m). Den Fahrweg oberhalb von le Gau verlassen wir nach 30 m nach links. Der Pfad führt uns an der Fontaine de Gau vorbei, einer gefassten Quelle, und dann hinunter bis zum Talboden.

Kreuzdorn-Zipfelfalter.

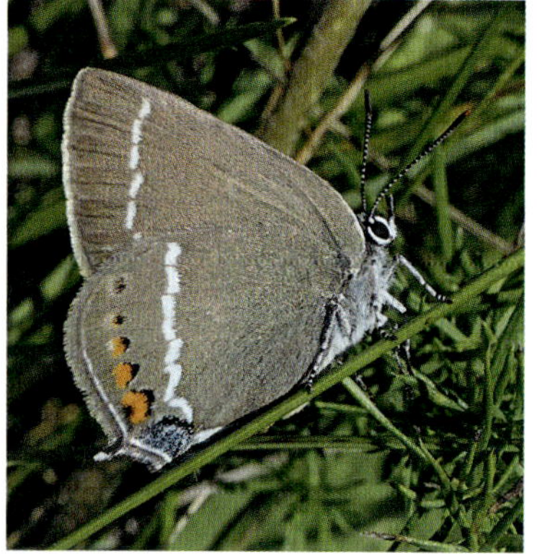

Auf der Piste halten wir uns links und überqueren den Riou. Nach einer Lagerhalle können wir den Weg nach rechts verlassen und auf dem Fußpfad hinter der Halle den Hang hinaufsteigen. Nach einer Linkskurve ist der Weg etwas überwuchert, aber man kann hier auch auf ein Feld ausweichen. Wir überqueren dann die Straße und erreichen auf einem nochmals etwas überwucherten Pfad **la Favière** (1180 m). Bei der Kapelle nehmen wir die Straße, die gerade hinaufführt. An ihrem Ende geht sie in einen Pfad über, auf dem wir um das letzte Haus herumgehen. Bei einem Holzkreuz an einem Baum müssen wir darauf achten, dass wir den Abzweiger nach links nicht verpassen. Anschließend erreichen wir eine Piste, die wir in einer Rechtskurve wieder nach links verlassen. An einer Quelle vorbei, kommen wir nochmals kurz auf die Piste zurück und biegen 100 m weiter nach rechts auf einen Fußpfad ab, der uns bis zum Grat hinaufführt. Auf dem Grat nehmen wir bei einem Wegweiser den Weg Richtung Refuge de l'Estrop. Angenehm führt der gelb markierte Weg sanft zum Talboden der Bléone. Im Sommer 2018 war der Abschnitt entlang der Bléone teilweise stark überwuchert und die Markierungen nur noch schwer zu finden. Es ist vorgesehen, den Weg wieder zu verbessern. Solange dies noch nicht gemacht ist, kann man auch ins Bachbett ausweichen. Aufgrund der großen Steine ist dies jedoch etwas mühsam. Die Richtung ist klar. Wir müssen auf der linken Bachseite (in unse-

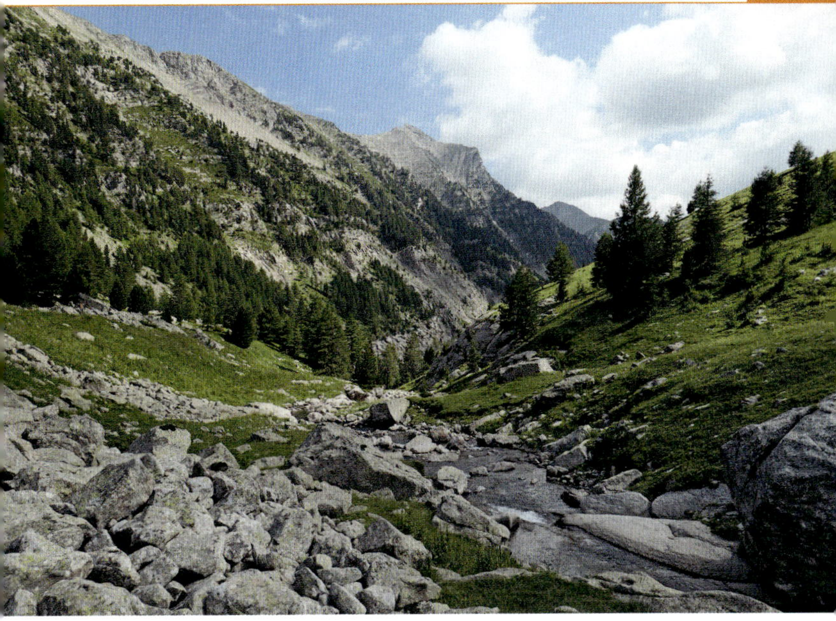

Das Tal der jungen Bléone unterhalb des Refuge de l'Estrop.

rer Laufrichtung auf der rechten Seite) bleiben und der Bléone aufwärts folgen. Nach dem Pas de Peyras, wo der Felsen bis zum Bachbett reicht, gibt es wieder einen besseren Weg im Wald, den man jedoch etwas suchen muss. Nach P. 1336 verläuft der Weg wenige Meter oberhalb des Bachbetts am Hang und wird, nachdem wir zwei Seitenbäche überquert haben, wieder besser. Nach wie vor findet man auch Markierungen. Unterhalb des **Pas de l'Uscla** (ca. 1420 m) mündet unser Weg in den Wanderweg ein, der von der anderen Talseite kommt. Ab hier ist der Weg durchwegs gelb und teilweise gelb-rot markiert und in sehr gutem Zustand.

Wir steigen nun durch das immer enger werdende Tal stetig an und gelangen zu einem Felsriegel, bei dem der breite Weg in den Felsen geschlagen wurde und mit Ketten gesichert ist. Weiter vorne stürzt sich der Wasserfall Cascade de la Piche ins Tal. Hinter dem Riegel weitet sich das Tal und der Weg wird flacher. Es gibt da die Möglichkeit, zur jungen Bléone abzusteigen, wo sich einzelne kleine, natürliche Pools befinden. Durch den Talkessel, im Sommer eine große Weide für Schafe aus der Basse Provence, steigen wir bis zum **Refuge de l'Estrop** (2050 m). Die Hütte, ganz in Fronarbeit erbaut, liegt aussichtsreich hinten im Talkessel. Ein kühles Getränk bei der Ankunft in der Hütte entschädigt für die Mühen des Aufstiegs.

16.4 Refuge de l'Estrop–Abbaye de Laverq

Wanderzeiten	
Refuge de l'Estrop–Tête de l'Estrop	2 h 40
Tête de l'Estrop–Baisse de la Petite Barre	1 h 45
Baisse de la Petite Barre–la Lambresc	1 h 10
la Lambresc–les Eaux Tortes	0 h 30
les Eaux Tortes–Plan Bas	1 h 20
Plan Bas–Abbaye de Laverq	0 h 55
Total *kann einfach mit Varianten 3 und/oder 4 verkürzt werden	**8 h 20***

Höhendifferenz	↗ 1240 m ↘ 1700 m
Schwierigkeit	T3

Es wird ein langer Tag, daher empfiehlt es sich, beizeiten loszuwandern. Vom **Refuge** (Wegweiser Tête de l'Estrop) steigen wir wenige Meter zum Bach hinunter und auf der anderen Seite auf dem Grasrücken auf Wegspuren wieder hinauf. Markiert ist der Weg mit grün-roten Tafeln oder mit roter Farbe auf den Felsen. Nach rund 1 h 30 kommen wir an einer ersten Abzweigung vorbei, wo auch Laverq angeschrieben ist. Diese Route ist nicht zu empfehlen, da der Abstieg auf der anderen Seite des Grats zum Gletscher hinunter heikel ist. Wir gehen weiter Richtung Tête de l'Estrop. Immer wieder überwindet der Weg Felsstufen aus Sandstein (Grès d'Annot). Der Weg ist nicht immer klar, es gilt, sich gut an den roten Strichen und einzelnen Steinmännchen zu orientieren. Nach der nächsten Abzweigung (wo es nach rechts Richtung la Petite Barre geht) kann man den Rucksack deponieren, da wir nach dem Gipfelaufstieg hierher zurückkommen. Es folgt von hier nochmals ein etwas steileres Stück. An großen Felsblöcken vorbei, steigen wir auf eine letzte, tausendfach zersplitterte große Platte, auf der wir bis zum

Aufstieg Richtung Tête de l'Estrop im Morgengrauen.

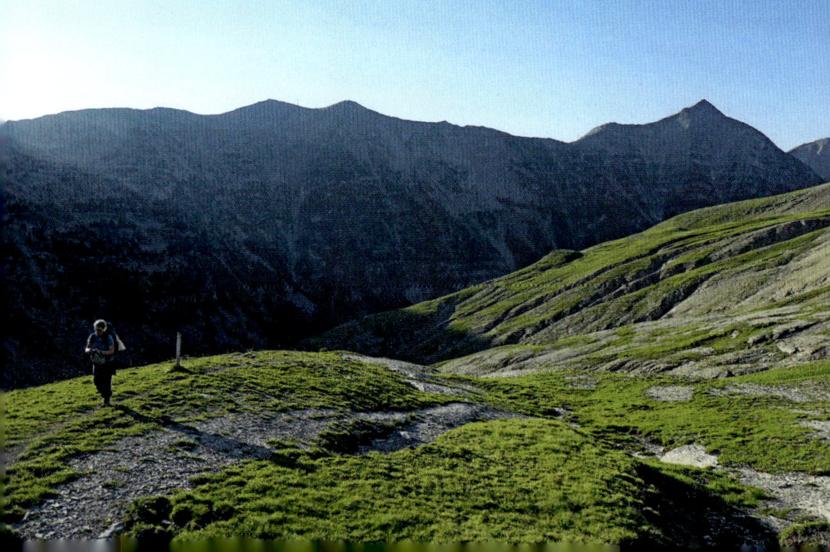

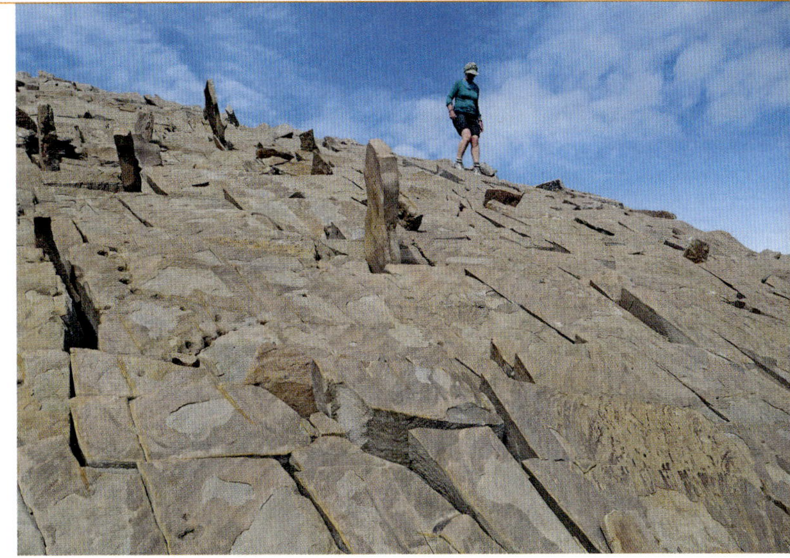

Felsplatten unter dem Gipfel der Tête de l'Estrop.

Gipfel der **Tête de l'Estrop** (2961) gehen. Der Blick schweift auf unzählige Gipfel im Rund. In der Ferne, am Alpenhauptkamm, ragt der Monviso empor. Unter uns das Tal von Laverq, in das wir später absteigen werden.

Wir gehen zurück zur Abzweigung und von dort in einer Mulde weiter geradeaus (Steinmännchen, rot markiert). Nach rund 1 h vom Gipfel haben wir bei einem trockenen Bachbett den tiefsten Punkt des Zwischenabstiegs erreicht (ca. 2500 m). Der Weg steigt gleich wieder an und führt zu einem Wegweiser, der uns den Weg zur Abbaye de Laverq zeigt (ab hier gelb markiert). Wenig später erreichen wir den Übergang **Baisse de la Petite Barre** (2735 m). Auf dem Kalkschutt vor dem Pass wächst die seltene Berardia (siehe S. 17). Im Osten des Übergangs erhebt sich der Gipfel der Trois Évêchés, der darauf hinweist, dass dies der Grenzpunkt der drei Bistümer Digne, Embrun und Senez war. Beim Abstieg folgen wir weiter den gelben Zeichen und Steinmännchen, wobei hier im Frühsommer noch lange mit Altschnee zu rechnen ist. Beim Wegweiser **la Lambresc** (2190 m) müssen wir uns entscheiden: Entweder wir machen noch einen kleinen Umweg über das Moorgebiet des Eaux Tortes oder wir steigen von hier direkt ab (siehe Variante 5). Auf einem kurzweiligen Weg (gelb markiert) über die vom Gletscher abgeschliffenen Felsen erreichen wir **les Eaux Tortes** (2250 m), eine Moorebene mit vielen offenen Wasserflächen. Eaux Tortes könnte man als »gewundene Wasser« übersetzen. Die Mulde wurde bis vor 20 000 Jahren durch den Gletscher Glacier de la Blanche ausgehobelt. Oben am Nordhang der Tête de l'Estrop gibt es noch ein Restchen des Gletschers, das immer mehr von Steinschutt bedeckt wird. Der südlichste Gletscher der französischen Alpen ist dem Tod geweiht; bedeckte er 1928 noch eine Fläche von 15 Hektar, so ist es heute noch etwas mehr als ein Viertel davon.

Der Weg führt um die offenen Wasserflächen der Eaux Tortes herum, dann an großen Felsplatten entlang und weiter bis zur halbverfallenen Alphütte von la Séléta, die inmitten eines Ampfermeers liegt. Hier beginnt der lange Abstieg, der uns in vielen Kehren durch einen lichten Lärchenwald mit einzelnen Arven hinunter zum Talboden und der Brücke bei **Plan Bas** (1820 m) führt. Nun wandern wir das lange das Tal hinaus (ab Plan Bas weiß-rot markiert), zum Schluss auf einem Fahrweg bis zur **Abbaye de Laverq** (1590 m). Gleich bei der Kirche gibt es eine Buvette, wo man etwas zu trinken oder eine Kleinigkeit zu essen bekommt. Das Gîte liegt noch etwas weiter unten.

Tal des Laverq

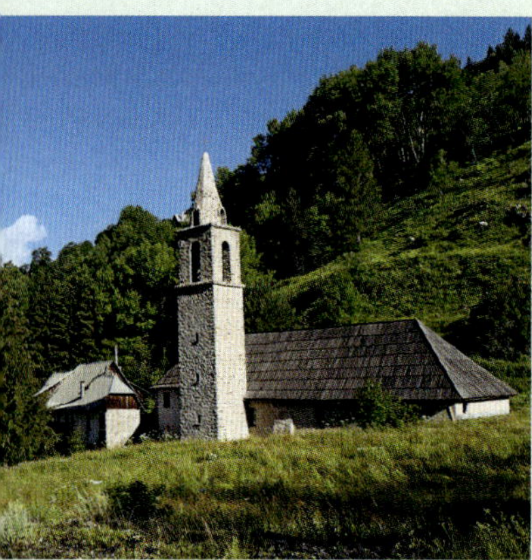

Die Kirche St-Antoine wurde an der Stelle des ehemaligen Klosters errichtet.

Heute gibt es im oberen Tal des Laverq keine dauerhaften Bewohner mehr. Das war mal anders. Bereits 1135 wurde hier ein Priorat des Chalais-Ordens errichtet. Der Orden hatte seinen Ursprung im Chartreuse-Massiv im Dauphiné und umfasste während seiner Blütezeit im 13. Jahrhundert zehn Klöster und drei Priorate, darunter dieses in Laverq. Sie standen in abgelegenen Gebieten, wo die Mönche wie Bergbauern lebten, Schafzucht und Landwirtschaft betrieben oder als Holzfäller arbeiteten. 1354 brannte das Kloster ab und die meisten Mönche verließen das Tal. Doch andere blieben, und 1450 wurde eine neue Pfarrei gegründet. Die vor wenigen Jahren sorgfältig renovierte Kirche stammt aus dem 17. Jahrhundert. Die Bevölkerung nahm stetig zu, und um 1851 gab es im Tal ein gutes Dutzend Weiler mit 387 Einwohnern, drei Schulen und 3000 Schafe. Die Transhumanz wurde umgekehrt betrieben, das heißt, dass die Schafe den Winter in der Basse Provence verbrachten. Zwischen Laverq und St-Barthélemy, weiter unten im Tal, standen sechs Sägereien und vier Mühlen. Dieser Bevölkerungsdruck hinterließ im Tal seine Spuren. Der Wald war fast vollständig abgeholzt und die Erosion nagte an den Hängen. Doch es gab eine starke Reaktion. Während sich das Tal mehr und mehr entvölkerte, wurden zwischen 1894 und 1914 1,5 Millionen Bäume (Bergföhren, Lärchen, Arven) gepflanzt. 1906 lebten im Tal noch 272 Einwohner, 1936 noch 60 und 1968 noch 21. Die letzten Einwohner verließen das Tal 1986. Heute gibt es oberhalb des Weilers St-Barthélemy keine ständigen Bewohner mehr. Bereits 1922, als die Natur das Tal zurückzuerobern begann, wurde eine Studie erstellt, um hier einen Nationalpark zu gründen. Das Projekt wurde nie verwirklicht, doch seit 1982 ist das obere Talende ein Naturschutzgebiet, eine Réserve Biologique Domaniale.

16.5 Abbaye de Laverq–Méolans

Wanderzeiten	
Abbaye de Laverq–Cabane Clot Giraud	0 h 50
Cabane Clot Giraud–Col de Séolane	1 h 10
Col de Séolane–Clot Sapey	1 h 10
Clot Sapey–Méolans	1 h 10
Méolans–Bushaltestelle	0 h 10
Total	**4 h 30**

Höhendifferenz	↗ 700 m ↘ 1250 m
Schwierigkeit	T2

Der Weg beginnt in **Laverq** bei der Kirche und führt zwischen zwei Häusern bergan. Wir sind den ganzen Tag auf den GR6 und 56 unterwegs (gut ausgeschildert und weiß-rot markiert). Er führt zuerst noch an einzelnen Höfen vorbei und dann über Weiden aufwärts. Am Wegrand findet man die Edelraute, aus der der Kräuterlikör Génépi hergestellt wird. Bei P. 1889 wurde die **Cabane Clot Giraud** (1889 m) renoviert und wird nun für Wanderer als Unterstand offengehalten. Von hier geht es weiter auf gutem Weg mit einer weiten Aussicht auf das Laverq-Tal hinauf zum **Col de Séolane** (2273 m). Der Abstieg führt angenehm zuerst über die Weide, dann durch einen Lärchen- und später durch einen Fichtenwald mit viel Unterwuchs bis zur kleinen Ebene von **Clot Sapey** (1714 m). Nach einem etwas steileren Stück erreichen wir einen Fahrweg, den wir aber später wieder nach links verlassen. Auf dem weiteren Weg kreuzen wir immer wieder die Straße oder folgen ihr ein kurzes Stück, aber die Abzweigungen sind bis Méolans gut markiert. Wenn wir in **Méolans** (1060 m) ankommen, geht es zu den beiden Gîtes nach links ins Dorf, zur Bushaltestelle geht es nach rechts hinunter.

Der Blickfang von Méolans ist der weitherum sichtbare Kirchturm auf dem Felsen oberhalb des Flusses. Erbaut wurde er 1857, weil sich die Bewohner der umliegenden Weiler beschwerten, dass sie die Glocken der Kirche (unten an der Dorfstraße) nicht hörten und deshalb immer zu spät zur Messe kämen. Der Felsen diente auch zur Überwachung der Straße durchs Ubaye-Tal, die früher noch durch das Dorf führte. Der kurze Gang hinauf zum Kirchturm lohnt sich allemal.

Auf dem Weg zur Hauptstraße kommen wir an der Maison du Bois vorbei, ein Museum, das über die Holzindustrie des Dorfs berichtet (geöffnet Juli/August tägl. 15–18.30 Uhr, in der Nebensaison Mi–Sa 14.30–18 Uhr). Von der Maison du Bois sind es noch wenige Meter bis zur Hauptstraße, auf der sich wenige Meter nach links die **Bushaltestelle la Fresquière** (1041 m) befindet. Wer etwas zu früh an der Bushaltestelle ist, dem sei ein Gang zur Distillerie Lachanenche empfohlen, gleich auf der anderen Seite der Straßenbrücke (geöffnet tägl. außer So). Dort kann man im Shop unter anderem den Génépi kaufen, an dessen Zutaten wir heute vorbeigewandert sind.

Beim Col de Séolane findet sich viel Edelweiß.

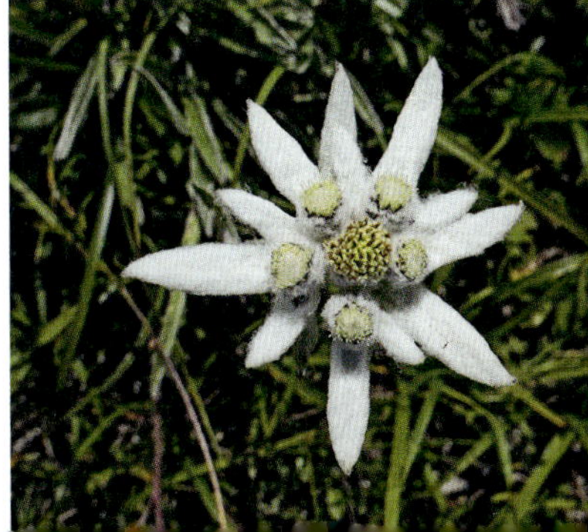

Ortsregister

Bildnachweis

Alle Fotos von François Meienberg außer:

Marion Nitsch, S. 13, Autorenporträt Umschlag; Sonja Wipf, S. 36; www.bedoin-mont-ventoux.fr, S. 41; eroicabritannia.co.uk, S. 42; Urheber unbekannt (italienische Schule), S. 43; Kupferstich von Gustave Doré; www.paroissesaintmaximin.fr, S. 137; Tina Goethe, S. 142, S. 144; Bernard Mondon / Steffen Lipp, *Petite anthologie du mistral,* Editions Equinoxe, St-Rémy-de-Provence 2004, S. 206; Nena2112/photocase.de, S. 228; wikicommons, S. 97, S. 116, S. 120, S. 136, S. 157; www.ferus.fr, S. 292.

Karten S. 8, S. 11, S. 205: Rotpunktverlag

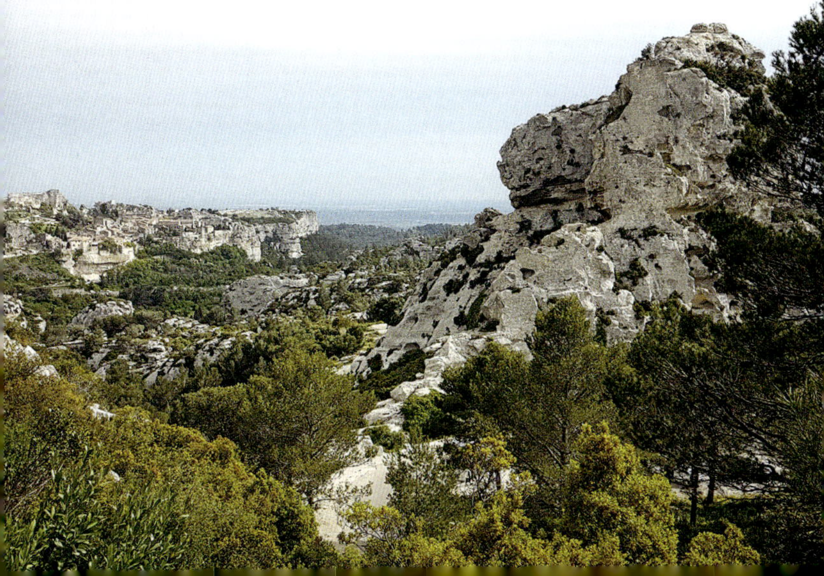

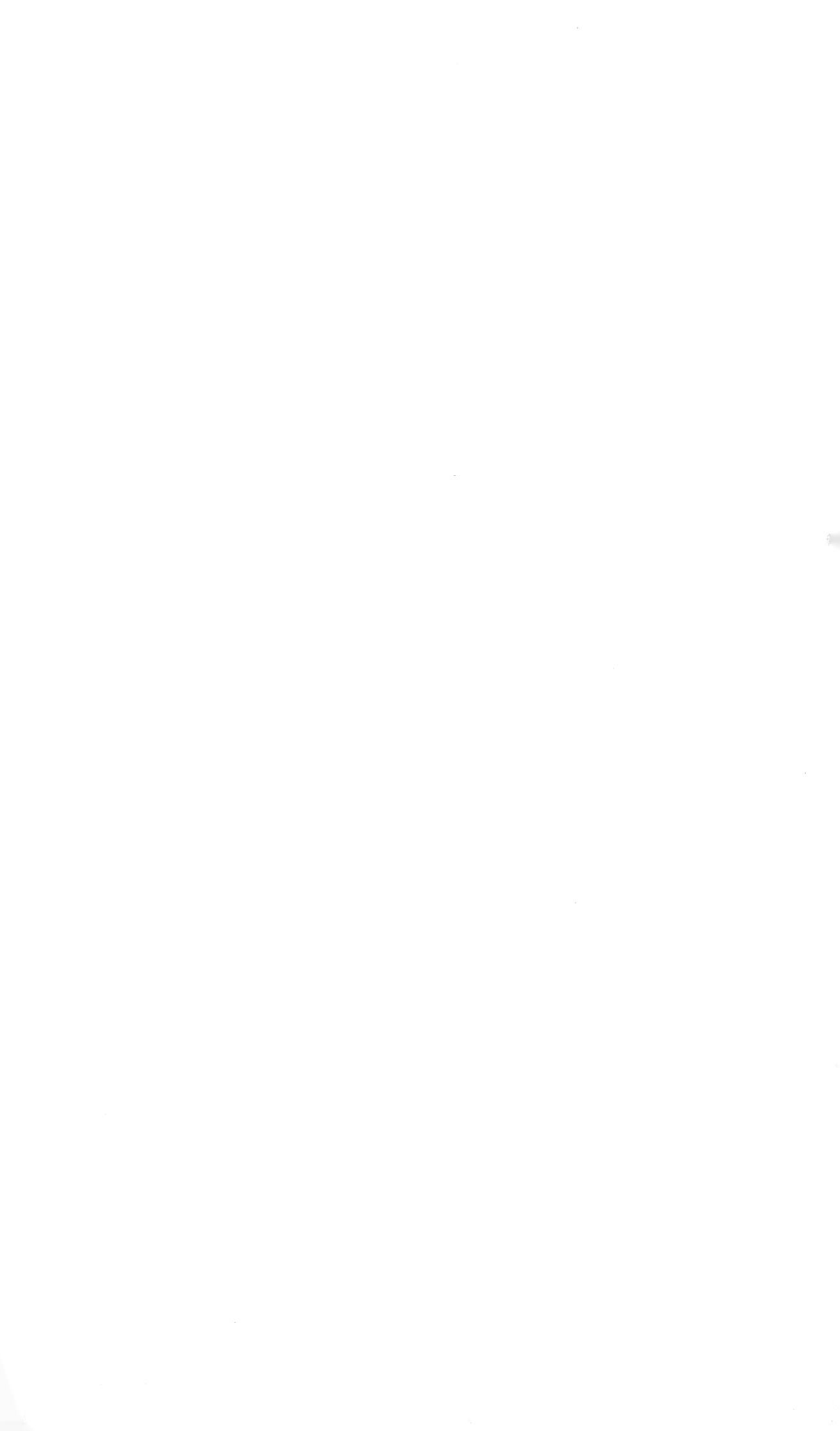